G
H
I
J
1
2
3
4
5
6
MACEDONIA
Philippi
Abdera
Pella
Thessalonice
LEMNUS
Ilium/Troia
THESSALIA
Olympos
EPIRUS
Assus
MYSIA
ASIA
Pergamum
CORCYRA
Pharsalus
Artemisium
LESBUS
Kyme
Magnesia
Sardes
EUBOEA
Actium
Thermopylae
CHIUS
Smyrna
LYDIA
Colophon
Delphi
Thebae
Ithaca
Ephesus
Marathon
SAMUS
Patrae
Megara
CARIA
ACHAIA
Athenae
Corinthus
Salamis
Miletus
Nemea
Mycenae
ARCADIA
Argus
Troezen
DELUS
Olympia
COS
Cnidus
Sparta
Rhodus
CRETA
0
100
200 km
Vistula
DACIA
Hister
MOESIA
Pontus Euxinus
THRACIA
Byzantium
BITHYNIA
PONTUS
ARMENIA
yrrhachium
ACEDONIA
GALACIA
Gordium
EPIRUS
Pergamum
ASIA
Parthi
Mare
Halys
CAPPADOCIA
Delphi
Magnesia
Athenae
Tarsus
Issus
MESOPOTAMIA
Corinthus
Miletus
Euphrates
ACHAIA
CILICIA
Tigris
ASSYRIA
Antiochia
Aegaeum
RHODUS
SYRIA
Susa
CRETA
CYPRUS
Damascus
Babylon
t e r n u m
Tyrus
Caesarea
PALAESTINA
Iericho
Hierosolyma
IUDAEA
Cyrene
Masada
Alexandria
CYRENAICA
ARABIA
AEGYPTUS
Nilus
Sinus
Arabicus
Thebae

Andrea Westermeier 10b

Legamus!

Lateinisches Lesebuch 2

Herausgegeben von Michael Hotz,
Matthias Lausmann und Dr. Sven Lorenz

unter Mitarbeit von Peter Möltgen, Dr. Gerhard Müller,
Dr. Margot Neger, Knut Reinartz, Robert Reisacher,
Andreas Schulze und Dr. Sabine Wedner-Bianzano

Oldenbourg

Autoren

Michael Hotz, München
Matthias Lausmann, München
Dr. Sven Lorenz, München
Peter Möltgen, München
Dr. Gerhard Müller, Geisenheim-Johannisberg
Dr. Margot Neger, Salzburg
Knut Reinartz, Mainz
Robert Reisacher, Gersthofen
Andreas Schulze, Landsberg am Lech
Dr. Sabine Wedner-Bianzano, Karlsruhe

Redaktion: wort & tat Linda Strehl, München
Bildredaktion: Stefanie Portenhauser
Karten und Grafik: Detlef Seidensticker, München
Umschlagkonzept: Mendell & Oberer, München
Umschlaggestaltung: Erasmi & Stein, München
Technische Umsetzung: cs print consulting GmbH, Berlin

www.oldenbourg-bsv.de

1. Auflage, 2. Druck 2013

Alle Drucke dieser Auflage sind inhaltlich unverändert und können im Unterricht nebeneinander verwendet werden.

Druck: Mohn Media Mohndruck, Gütersloh

ISBN 978-3-637-01291-2

Inhalt gedruckt auf säurefreiem Papier aus nachhaltiger Forstwirtschaft.

Liebe Schülerinnen und Schüler,

auch in diesem Schuljahr wird es in Ihrem Lateinunterricht vor allem um die Übersetzung lateinischer **Originaltexte** gehen. Aus dem reichhaltigen Angebot überlieferter Texte bietet Ihnen *Legamus! Lateinisches Lesebuch 2* eine abwechslungsreiche Auswahl. Die Kapitel zu den einzelnen Autoren sind **chronologisch** angeordnet, sie stehen also in der Abfolge, in der die Autoren lebten. Wir beginnen mit **antiken Texten** von der **römischen Republik** über die **römische Kaiserzeit** bis in die **Spätantike** und präsentieren dann eine Auswahl aus der Literatur des **Mittelalters** und der **Renaissance.**

Auch in *Legamus 2* beginnt jedes Kapitel mit einer **Einleitung zu Leben und Werk des jeweiligen Autors.** Eine zentrale Persönlichkeit ist Marcus Tullius Cicero, der größte Redner Roms und ein bedeutender Politiker der späten römischen Republik. Durch Reden und Schriften Ciceros sowie weitere Texte zur Rhetorik möchten wir Ihnen einen Eindruck davon vermitteln, welch große Bedeutung die Redekunst in Rom hatte.

Berühmt sind auch Ciceros philosophische Schriften. So spielt die antike Philosophie in *Legamus 2* – ebenso wie die in der Antike damit eng verbundene Naturwissenschaft – eine zentrale Rolle. Die ausgewählten Texte informieren Sie über das Leben und Wirken griechischer Philosophen, deren Gedanken die Philosophie in Rom prägten. Auch werden Sie sich bei der Arbeit mit *Legamus 2* mit Überlegungen auseinandersetzen, die antike Denker zu Fragen nach der richtigen Lebensweise, nach den Verpflichtungen jedes Einzelnen für die Gemeinschaft oder auch nach dem Weg zum Glück anstellten. Und wenn Sie durch die Beschäftigung mit den Texten in *Legamus 2* selbst dazu angeregt werden, verstärkt über solche Fragen nachzudenken, wäre das natürlich ganz besonders erfreulich.

Weiterhin sind Auszüge aus Briefen Ciceros enthalten, die uns faszinierende Einblicke in sein Denken und Fühlen bieten. Überhaupt zeigen die zahlreichen lateinischen Brieftexte in *Legamus 2,* dass Briefe ganz unterschiedliche Formen und Funktionen haben können – enthalten sind z. B. die philosophischen Lehrbriefe Senecas, die literarisch anspruchsvollen Kunstbriefe des Plinius oder auch die in Gedichtform abgefassten Briefe mythologischer Frauen des Ovid. Der Dichter Ovid ist eine weitere bedeutende Persönlichkeit, die Sie bei der Arbeit mit unserem Buch besser kennenlernen sollen. So werden Sie Texte aus seinem großen Epos *Metamorphosen* lesen, das zahlreiche bekannte und weniger bekannte mythologische Geschichten enthält.

Auf die häufigen Ähnlichkeiten, die zwischen den einzelnen Texten bestehen, werden Sie mit **Querverweisen** in einer „**Linkleiste**“ am Seitenende hingewiesen. Dies soll Sie zu Textvergleichen anregen und so zur **Vernetzung Ihrer Kenntnisse** über die lateinische Literatur beitragen. Vorschläge für Projektarbeit, die längerfristig und vielleicht auch unter Mitwirkung verschiedener Fächer umgesetzt werden können, zeigen Möglichkeiten zur Auseinandersetzung mit Themen der lateinischen Literatur in einem noch größeren Rahmen.

Das Übersetzen der Texte werden Ihnen die Anmerkungen zur Übersetzung erleichtern. Hinzu kommt zu jedem Text ein **LERNWORTSCHATZ (LW),** mit dem Sie Ihre Vokabelkenntnisse festigen und erweitern können: Einige der Vokabeln im Lernwortschatz werden Ihnen bereits bekannt sein, sollen aber wiederholt werden, andere werden Sie neu dazulernen. Zudem bietet *Legamus 2* Übungen, durch die Sie die Techniken des Wörterbuchgebrauchs verinnerlichen sollen.

Weiterhin enthalten die Kapitel Kästen mit Informationen zu Sprache und Kultur: Die **Info-Boxen (i)** sind wichtige Hilfsmittel für die Arbeit mit den lateinischen Texten und sollen stets einbezogen werden. In **Sprach-Boxen (S)** werden einzelne Grammatikprobleme wiederholt oder auch neu vorgestellt. Zudem bieten antike und neuzeitliche **Paralleltexte** weitere Informationen und regen zu Textvergleichen an. Und am Ende jedes Kapitels fasst eine **Box** das Wichtigste noch einmal zusammen. Eine Zusammenstellung des zentralen **Grundwissens** finden Sie am Ende des Buches.

Zuletzt bietet *Legamus 2* Seiten, auf denen Ihnen **grundlegende Fertigkeiten** für den Umgang mit lateinischen Texten vermittelt werden. Diese sind nicht an einzelne Kapitel gekoppelt, sondern Sie können und sollen darauf im Lauf des Schuljahres immer wieder zurückgreifen.

Wir hoffen, dass Sie durch die Arbeit mit *Legamus 2* immer versierter mit lateinischen Texten umgehen, dass Sie bei der Arbeit mit dem Lesebuch Ihre **Lateinkenntnisse** weiter verbessern und zahlreiche Informationen über **Geschichte und Kultur der Antike, des Mittelalters und der Neuzeit** gewinnen. Vor allem aber wünschen wir Ihnen bei der Lektüre dieser wirklich spannenden Texte viel Spaß!

Die Herausgeber

Legamus! ist kein Schulbuch, das von Anfang bis Ende komplett durchgearbeitet werden sollte, sondern die Lehrkraft sollte für die Lektüre geeignete Kapitel und Texte unter Beachtung des Lehrplans und gemäß den Voraussetzungen ihrer Lerngruppe bzw. den in der Schule oder der Fachschaft gängigen Vorgehensweisen auswählen. Ebenso ist die Behandlung der zu den einzelnen Texten gebotenen S- und T-Aufgaben grundsätzlich fakultativ.

Die Lektüretexte sind chronologisch angeordnet. Ihre Lektüre wird häufig aber auch in thematischen Blöcken erfolgen. In eckigen Klammern werden solche Themenblöcke (vgl. S. 5) benannt, zu denen die Texte aus den einzelnen Kapiteln zusammengefasst werden können.

Die Texte aus den einzelnen Kapiteln können zu den folgenden Themenblöcken zusammengefasst werden:

[KOM]: **Antike Reden und Briefe und ihr Nachleben („Kommunikation in der Antike"):**
Auswahl aus: Reden Ciceros, ggf. ergänzt durch: rhetorische Schriften Ciceros
Auswahl aus: Briefe Ciceros – Plinius der Jüngere, ggf. ergänzt durch: Ovid, *Epistulae heroidum* – Hieronymus – Petrarca
vgl. weiterhin: Projekt „Briefliteratur"

[MYT]: **Ovids Verwandlungssagen („Mythos – Verwandlung und Spiel"):**
Auswahl aus: Ovid, *Metamorphosen*

[DEN]: **Antike Philosophie und Naturwissenschaft und ihr Nachleben („Denken – ein Schlüssel zur Welt"):**
Auswahl aus: Philosophische Schriften Ciceros – Seneca – Erasmus von Rotterdam, ggf. ergänzt durch: Vitruv – Celsus – Valerius Maximus – Plinius der Ältere – Minucius Felix – Laktanz – Hieronymus – Augustinus – Isidor von Sevilla – Caesarius von Heisterbach – Kopernikus – Luther – Hexenhammer – Melanchthon
vgl. weiterhin: Projekte „Weltbilder", „Vorsokratiker", „Christliche Autoren", „Naturkatastrophen"

Verzeichnis der Abkürzungen

AH	Arbeitsheft	LW	Lernwortschatz	u. a.	unter anderem
d. h.	das heißt	m.	mit	V.	Vers
etw.	etwas	mlat.	mittellateinisch	v. a.	vor allem
Fw.	Fremdwort	röm.	römisch	vgl.	vergleiche
ggf.	gegebenenfalls	S	Aufgabe zur Sprache	W	Aufgabe zum Wörterbuchgebrauch
griech.	griechisch	S.	Seite		
jmd.	jemand	s.	siehe	z. B.	zum Beispiel
lat.	lateinisch	T	Aufgabe zum Textinhalt	Z.	Zeile

Cicero und die römische Republik

Marcus Tullius Cicero (106–43 v. Chr.) ist neben **Gaius Iulius Caesar (100–44 v. Chr.)** die bedeutendste Persönlichkeit der **späten römischen Republik** (1. Jh. v. Chr.). Beide gelten nicht nur als die **Meister der klassischen römischen Prosa,** sondern sie haben vor allem als **Politiker** (und Caesar zudem als Feldherr) die römische Geschichte mitbestimmt.

Nach der Überwindung der **Königsherrschaft** hatte sich in der Zeit der **frühen Republik** (5./4. Jh. v. Chr.) ein stabiles Staatsgebilde entwickelt. Die militärischen Erfolge in der Zeit der **mittleren Republik** (3./2. Jh. v. Chr.), als das römische Reich seinen Einfluss auf den Mittelmeerraum ausdehnte, führten jedoch zu neuen Problemen. Vor allem die **Zerstörung Karthagos** im **Dritten Punischen Krieg (146 v. Chr.)** wurde auch als Anlass für Dekadenz gesehen: Autoren wie der Geschichtsschreiber **Gaius Sallustius Crispus (Sallust)** (86–35/34 v. Chr.) übten heftige Kritik an dem neuen Reichtum, der nun – wie sie meinten – zu Verweichlichung und Sittenverfall führte.

Sallust setzte sich unter anderem in seinem zeitgeschichtlichen Werk über die Verschwörung des Catilina ***(De coniuratione Catilinae)*** mit dem Zustand der römischen Gesellschaft auseinander. **Lucius Sergius Catilina** hatte im Jahr **63 v. Chr.** versucht, die Macht im römischen Staat zu übernehmen, und sogar ein Heer gegen Rom aufgestellt. Sallust bewertete diese Ereignisse als Zeichen für die Zerrissenheit des von Luxusstreben und Egoismus angegriffenen Staatsgebildes zur Zeit der **späten Republik.**

Die Verhinderung der Catilinarischen Verschwörung war das Verdienst des Konsuls **Cicero.** Berühmt ist vor allem die **erste von vier Reden,** die Cicero **gegen Catilina** hielt und in der er seiner Entrüstung über die Umtriebe der Verschwörer Ausdruck verlieh. Cicero veranlasste schließlich, dass die in Rom festgenommenen **Anhänger der Verschwörung hingerichtet** wurden. Catilina selbst fand in der Entscheidungsschlacht mit den römischen Legionen den Tod. Für Cicero war dies der Höhepunkt seiner Karriere, und er wurde nun als ***pater patriae*** **(Vater des Vaterlands)** gefeiert. Seinen Ruf als **größter Redner der Römer** hatte er sich schon längst durch zahlreiche öffentliche Reden erworben.

Begonnen hatte seine beeindruckende Karriere mehr als 20 Jahre zuvor. Einer seiner ersten öffentlichen Gerichtsprozesse hatte im Jahr 80 v. Chr. stattgefunden: Cicero verteidigte den jungen **Sextus Roscius** in einem Mordprozess und erwirkte dessen Freispruch – und das, obwohl er sich damit gegen einen Günstling des Diktators **Sulla** stellte. Ciceros rhetorisches Geschick und sein Mut erregten Aufsehen.

Den Durchbruch als Redner erlebte er dann im Jahr 70 v. Chr.: Auf Bitten der Einwohner von **Sizilien,** wo sich Cicero zuvor als **Quästor** einen guten Namen erworben hatte, übernahm er die Anklage gegen den Verwalter der Provinz **Gaius Verres,** der die Insel während seiner Amtszeit schamlos ausgebeutet hatte. Wieder bewies Cicero Mut, denn Verres verfügte über hervorragende Kontakte in der römischen Oberschicht. Zudem setzte sich Cicero in diesem Prozess gegen den bis dahin führenden Redner in Rom durch: **Hortensius,** der vergeblich versuchte, Verres gegen die von Cicero zusammengestellten Beweise zu verteidigen.

Cicero war ein ***homo novus,*** d. h. er gehörte einer Familie an, die ursprünglich nicht zu den Patriziern zählte und aus der es noch niemand zu einem hohen Staatsamt wie dem des Konsuls gebracht hatte. Dennoch durchlief er den ***cursus honorum*** (Ämterlaufbahn) und wurde wie erwähnt 63 v. Chr. Konsul. Die Hinrichtung der Anhänger Catilinas ohne Gerichtsverfahren wurde Cicero jedoch von seinen Gegnern später zum Vorwurf gemacht. Vor allem der Volkstribun **Publius Clodius Pulcher,** mit dem Cicero sowohl politisch als auch persönlich verfeindet war, arbeitete mit aller Kraft gegen Cicero und erwirkte schließlich im Jahr **58 v. Chr.** seine **Verbannung.**

Bereits **57 v. Chr.** wurde Cicero nach Rom zurückberufen, aber er hatte an politischem Einfluss verloren, zumal nun andere die Abläufe im Staat lenkten: **Caesar,** der bedeutende Feldherr **Gnaeus Pompeius** und der schwerreiche Politiker **Marcus Licinius Crassus** hatten **60 v. Chr.** das sogenannte **erste Triumvirat** gebildet. Cicero hingegen war politisch kaltgestellt. Vor allem Caesars Machtfülle sorgte dafür, dass Politiker wie Cicero kaum mehr Gelegenheit zur Einflussnahme hatten und dass die **römische Republik ihrem Ende entgegenging.**

Unter anderem zeigen zahlreiche **Briefe** Ciceros, wie wichtig ihm der aktive Einsatz für den Staat war und wie sehr er unter der Verbannung und der folgenden politischen Bedeutungslosigkeit zu leiden hatte. Hinzu kamen private Schicksalsschläge wie der Tod seiner Tochter **Tullia** im Jahr 45 v. Chr., um die Cicero – wie wir aus seinen Briefen wissen – sehr trauerte. Bis heute sind Sammlungen von Briefen an seinen Freund **Atticus** ***(Ad Atticum),*** an seinen Bruder **Quintus** ***(Ad Quintum fratrem)*** und an sonstige **Familienmitglieder sowie Freunde** ***(Ad familiares)*** erhalten, in denen Ciceros Denken und Fühlen deutlich wird.

Einen Ersatz für die politische Betätigung bot nun das Schreiben. Er verfasste bedeutende Werke zur **Staatsphilosophie** ***(De re publica)*** und wurde durch seine Schriften zur **Rhetorik** ***(De oratore)*** zum berühmtesten römischen Redetheoretiker. Die Frage, ob ein guter Redner auch ein anständiger Mensch sein müsse, taucht dabei immer wieder auf. Ciceros Meinung nach musste ein ***orator perfectus*** rhetorische Fähigkeiten mit großer Bildung und hohen moralischen Ansprüchen an sich und die Allgemeinheit (beides beschreibt der für Cicero sehr wichtige Begriff ***humanitas***) verbinden.

Vor allem aber widmete sich Cicero in den folgenden Jahren der **Philosophie,** und es entstanden zahlreiche **philosophische Schriften** (z. B. ***Tusculanae disputati-***

→ Rede für Sextus Roscius: S. 9
→ Reden gegen Verres: S. 10
→ Reden gegen Catilina: S. 16
→ Cicero und Publius Clodius Pulcher: S. 42
→ Ciceros Trauer um seine Tochter: S. 46

Die Abbildung aus der englischen „Comic History of Rome" (19. Jh.) zeigt eine humorvolle Version von Ciceros erster Rede gegen Catilina. Arbeiten Sie heraus, wie hier die Situation des Staates zum Ausdruck gebracht wird. Erklären Sie, worin der Humor der Darstellung liegt.

ones und ***De officiis***). Bereits in jungen Jahren hatte er eine **Studienreise nach Griechenland** unternommen, und die griechische Philosophie blieb für ihn prägend. So entstanden seine philosophischen Werke in Auseinandersetzung mit den Schriften griechischer Philosophen, aus denen er eine Auswahl an Gedanken und Themen traf **(Eklektizismus)** und diese an die römische Lebenswelt anpasste. Voller Stolz verkündete er, dass er seinen Mitbürgern die **griechische Philosophie in lateinischer Sprache** nahegebracht habe, und tatsächlich schuf er eine lateinische Terminologie für die griechischen philosophischen Begriffe. Neben seinem Zeitgenossen **Titus Lucretius Carus (Lukrez)**, dessen **Lehrgedicht *De rerum natura*** Inhalte der **epikureischen Philosophie** vorstellt, ist er sicher der bedeutendste Verfasser lateinischer philosophischer Schriften seiner Zeit.

An den **Iden des März (15. März) 44 v. Chr.** wurde Caesar ermordet, und in Cicero keimte die Hoffnung auf, dass die Republik doch noch gerettet werden könne. Er griff vor allem in seinen berühmten **Philippischen Reden** Caesars ehemaligen Gefolgsmann **Marcus Antonius** an, in dem er nun die größte Gefahr für die Republik sah. Antonius, an dessen Seite Caesars Neffe und Adoptivsohn **Octavian** stand, besaß jedoch bereits große Macht, und er veranlasste im Jahr **43 v. Chr.** die **Ermordung Ciceros.**

Zwischen **Octavian** und **Antonius** kam es in den folgenden Jahren zum Bürgerkrieg um die Macht in Rom. Erst als Antonius gemeinsam mit der ägyptischen Königin **Kleopatra** in der Seeschlacht bei **Actium (31 v. Chr.)** besiegt worden war, endeten die Kämpfe, und Octavian war Alleinherrscher über Rom. Im Jahr 27 v. Chr. erhielt er vom Senat den Ehrentitel **Augustus** und wurde somit de facto zum ersten römischen **Kaiser.** Die römische Republik, um deren Bewahrung Cicero sein ganzes Leben lang gekämpft hatte, war unwiederbringlich verloren.

→ Rede gegen Antonius: S. 23
→ Ciceros philosophische und rhetorische Schriften: S. 28
→ Cicero und Atticus: S. 40
→ Cicero und Caesar: S. 45 und S. 47
→ Octavian/Augustus: S. 50

Cicero: Leben und Werk

Marcus Tullius Cicero: bedeutender **Politiker** und **Schriftsteller; größter Redner der Römer;** Verfasser bedeutender **philosophischer, staatsphilosophischer** und **rhetorischer Schriften** und zahlreicher **Briefe** (erhalten sind die Sammlungen ***Ad Atticum,*** „An Atticus", ***Ad Quintum fratrem,*** „An seinen Bruder Quintus", ***Ad Brutum,*** „An Brutus", ***Ad familiares,*** „An Familie und Freunde").

Cicero-Büste aus den Kapitolinischen Museen in Rom. Beschreiben Sie die Abbildung und diskutieren Sie, in welcher Phase seines Lebens Cicero hier dargestellt sein dürfte.

106 v. Chr.	Geburt Ciceros in **Arpinum** (Latium)
80 v. Chr.	erfolgreiche Verteidigung des **Sextus Roscius** (Rede ***Pro Sexto Roscio***)
79 v. Chr.	Studienreise nach **Griechenland**
75 v. Chr.	als **Quästor** Statthalter von **Sizilien** (Beginn des ***cursus honorum*** [Ämterlaufbahn])
70 v. Chr.	erfolgreiche Anklage gegen den Provinzverwalter **Verres,** der für die Ausbeutung der **Provinz Sizilien** verurteilt wurde (Reden ***In Verrem;*** Sieg gegen Hortensius, den bislang prominentesten Redner in Rom)
63 v. Chr.	**Konsul** (als ***homo novus***); Aufdeckung der Verschwörung **Catilinas** (Reden ***In Catilinam***); Hinrichtung der Verschwörer
58 v. Chr.	auf Betreiben seines Gegners Publius Clodius Pulcher **Verbannung** Ciceros wegen der Hinrichtung der Anhänger Catilinas ohne Gerichtsverhandlung; **politische Kaltstellung**
57 v. Chr.	**Rückkehr** aus der Verbannung; in der Folgezeit: Abfassung u. a. **staatsphilosophischer** (***De re publica,*** „Über den Staat"; ***De legibus,*** „Über die Gesetze") und **rhetorischer Schriften** (***De oratore,*** „Über den Redner")
52 v. Chr.	Verteidigung des Volkstribuns **Milo** gegen die Anhänger des Publius Clodius Pulcher (Rede ***Pro Milone***)
46–44 v. Chr.	Abfassung bedeutender **philosophischer Schriften** (***De natura deorum,*** „Über das Wesen der Götter; ***De finibus bonorum et malorum,*** „Über das höchste Gut und größte Übel"; ***Tusculanae disputationes,*** „Gespräche in Tusculum"; ***De officiis,*** „Über die Pflichten"); Auswahl von Gedanken und Themen aus der griechischen Philosophie (Eklektizismus); Entwicklung einer **römischen philosophischen Terminologie**
44 v. Chr.	**Ermordung Caesars** (Iden des März): Hoffnung Ciceros auf Fortbestand der Republik
44/43 v. Chr.	Angriffe gegen **Marcus Antonius** (***Orationes Philippicae,*** „Philippische Reden")
43 v. Chr.	**Ermordung Ciceros** auf Veranlassung des Antonius

Inhaltsübersicht zu Cicero

Reden
Pro Sexto Roscio

Die Verteidigung des Sextus Roscius

Mit der Rede für Sextus Roscius (80 v. Chr.) trat **Cicero** im Alter von sechsundzwanzig Jahren **zum ersten Mal als Anwalt** in einem Kriminalprozess *(causa publica)* auf. Kurz zuvor, im Jahr 82 v. Chr., hatte sich **Sulla** zum **Diktator** ernennen lassen. Nach seinem Sieg gegen die Truppen des **Marius** erklärte er die Anhänger seiner Gegner Marius und Cinna für vogelfrei. Ihre Namen wurden auf weiße Tafeln geschrieben, sogenannte **Proskriptionslisten.** Es war Aufgabe eines jeden Bürgers, die Proskribierten bei den Behörden anzuzeigen. Sklaven, die ihre Herren anzeigten, wurde darüber hinaus die Freiheit geschenkt. Die **Nachkommen** der Geächteten verloren ihr Recht, sich auf politische Ämter zu bewerben, ihr **Vermögen** wurde **konfisziert** und auf dem Forum versteigert.

Der Angeklagte **Sextus Roscius** war Sohn eines gleichnamigen reichen **Gutsbesitzers** aus Ameria (Kleinstadt im heutigen Umbrien), der von Verwandten ermordet und von **Chrysogonus,** einem Freigelassenen und **Günstling Sullas,** nachträglich auf die Proskriptionslisten gesetzt worden war. Nun war der junge Sextus ein Opfer der Intrige des Chrysogonus geworden, der das Vermögen des Roscius an sich gerissen hatte. Da Chrysogonus um seine Beute fürchtete, klagte er den Sohn des Ermordeten des Vatermordes an. Die Schwierigkeit für Cicero bestand nun darin, die Schurkerei des Chrysogonus aufzudecken, ohne Sulla gegen sich aufzubringen. Der noch junge Cicero beginnt seine erste große öffentliche Rede mit den folgenden Ausführungen.

S. Rosc. 1–3 Am Beginn der Karriere

Credo ego vos, iudices, mirari, quid sit, quod, cum tot summi oratores hominesque nobilissimi sedeant, ego potissimum surrexerim, is, qui neque aetate neque ingenio neque auctoritate sim cum his, qui sedeant, comparandus. Omnes hi, quos videtis adesse in hac causa, iniuriam novo scelere conflatam putant oportere defendi, defendere ipsi propter iniquitatem temporum non audent. Ita fit, ut adsint propterea, quod officium sequuntur, taceant autem idcirco, quia periculum vitant. Quid ergo? Audacissimus ego ex omnibus? Minime. An tanto officiosior quam ceteri? Ne istius quidem laudis ita sum cupidus, ut aliis eam praereptam velim. Quae me igitur res praeter ceteros impulit, ut causam S. Rosci reciperem? Quia, si qui istorum dixisset, quos videtis adesse, in quibus summa auctoritas est atque amplitudo, si verbum de re publica fecisset – id, quod in hac causa fieri necesse est –, multo plura dixisse, quam dixisset, putaretur. Ego autem si omnia, quae dicenda sunt, libere dixero, nequaquam tamen similiter oratio mea exire atque in volgus emanare poterit.

6 *cōnflāre* (hier) aushecken – 7 *inīquitās, -ātis f* Ungerechtigkeit – 9 *idcircō* deswegen – 10 ergänze: *audācissimus ego* <*sum*> – 11 *officiōsus* pflichtbewusst – 12 *praeripere (PPP: praereptum)* wegschnappen; ergänze: *eam praereptam* <*esse*> – 13/14 *causam recipere* die Verteidigung übernehmen – 14 *Rōscī* ~ *Rōsciī* – 14–18 *Quia … putārētur* unvollständiger Satz (in der gesprochenen Sprache) – 14 *sī quī* ~ *sī aliquī vir* – *dīcere* (hier) das Wort ergreifen – 16 *amplitūdō, -inis f* Berühmtheit – *verbum facere dē* ein Wort verlieren über – 19 *nēquāquam* keineswegs – 20 *volgus* ~ *vulgus* – *ēmānāre* sich verbreiten

S 1 Erstellen Sie zu den Sätzen Z. 1–5 sowie Z. 14–18 eine syntaktische Analyse nach der Einrückmethode. Beachten Sie dabei, dass der zweite der beiden Sätze keinen Hauptsatz enthält.

S 2 Erschließen Sie beim Übersetzen die Sinnrichtung von *cum* (Z. 1). Stellen Sie zudem die weiteren Bedeutungen von *cum* mit Konjunktiv zusammen.

S 3 Erklären Sie anhand von Z. 5, Z. 14/15 und Z. 16/17 den Aufbau eines verschränkten Relativsatzes und stellen Sie mögliche Übersetzungsvarianten zusammen.

T Erschließen Sie, was mit *novo scelere* (Z. 6) gemeint sein dürfte.

Die traditonellen Teile einer Rede *(partes orationis)*

1. Das ***exordium (prooemium)*** ist die Einleitung. Dazu gehört die *captatio benevolentiae,* mit der sich der Redner bei den Zuhörern einschmeichelt und versucht, sie auf seine Seite zu ziehen.
2. In der ***narratio*** schildert der Redner den Sachverhalt, um den es in der Rede geht.
3. In der ***propositio*** bzw. ***partitio (divisio)*** wird eine These aufgestellt oder die Beweisführung gegliedert.
4. Die ***argumentatio,*** die Beweisführung, ist der eigentliche Hauptteil der Rede. In ihr legt der Redner die Glaubwürdigkeit der eigenen Argumente dar oder widerlegt die Argumente des Gegners.
5. In der ***peroratio*** oder ***conclusio*** appelliert der Redner schließlich noch einmal an die Gefühle seiner Zuhörer.

Schreiben Sie eine kurze Rede zu einem aktuellen schulischen Thema unter Berücksichtigung der klassischen Redebestandteile und ihrer Abfolge.

Geben Sie an, wie Cicero das *exordium* gestaltet. Arbeiten Sie insbesondere heraus, wie Cicero damit umgeht, dass er als Redner noch relativ unbekannt ist.

→ die Redeteile in der *Rhetorica ad Herennium*: S. 36
→ AH: Konjunktiv in Haupt- und Nebensätzen: S. 41
→ AH: Relativsätze: S. 57

In Verrem

Die Reden gegen Verres

Die Reden gegen Verres bedeuteten für Cicero den Durchbruch als Anwalt, und tatsächlich dürfte das Verfahren gegen **Gaius Verres** der größte Prozess in seiner Karriere gewesen sein. Verres, ein Mitglied der **Senatsaristokratie,** hatte von 73 bis 71 v. Chr. sein Amt als **Statthalter** *(propraetor)* in **Sizilien** schamlos missbraucht und sich skrupellos bereichert. Als Verres angeklagt wurde, wählten die sizilischen Abgesandten **Cicero** als Rechtsvertreter aus, da sie ihn aus seiner Zeit als **Quästor** in Sizilien als rechtschaffenen Beamten kannten. Die Anklage gegen Verres war kein leichtes Unterfangen, denn dieser verfügte über **einflussreiche Freunde** im Senat. Tatsächlich versuchte die Clique um Verres, Cicero bei seinen Untersuchungen zu behindern.

Cicero stieg zum Prozessauftakt am 5. August 70 v. Chr. bei seiner ***actio prima* (erste Rede bei der Vorverhandlung)** ohne ausführliches Plädoyer in die Beweisführung ein und wies Verres in den folgenden Tagen nach, während seiner Amtszeit **40 Millionen Sesterze** von der Bevölkerung erpresst zu haben. Die Gegenseite war von diesem Angriff so überrumpelt, dass Cicero gar nicht mehr zu seiner ***actio secunda* (Hauptverhandlung)** kam, da **Verres** sich **freiwillig mit seinem Vermögen ins Exil** nach Massilia absetzte. In seiner **zweiten Rede**, die zwar nicht gehalten, wohl aber veröffentlicht wurde, stellt Cicero die Verbrechen des Verres besonders eindrucksvoll zur Schau: Er verfügte nach intensiven Recherchen vor Ort über so viel Beweismaterial, dass die zweite Rede ganze **fünf Bücher** umfasst.

Verr. 2.1.32–33 Ich will gar nicht davon anfangen …

Nunc mihi temporis eius, quod mihi ad dicendum datur, quoniam in animo est causam omnem exponere, habenda ratio est diligenter. Itaque primum illum actum istius vitae turpissimum et flagitiosissimum praetermittam. Nihil a me de pueritiae suae flagitiis peccatisque audiet, nihil ex illa impura adulescentia sua; quae qualis fuerit, aut meministis aut ex eo, quem sui simillimum produxit, recognoscere potestis. Omnia praeteribo, quae mihi turpia dictu videbuntur, neque solum, quid istum audire, verum etiam, quid me deceat dicere, considerabo. Vos, quaeso, date hoc et concedite pudori meo, ut aliquam partem de istius impudentia reticere possim.

Omne illud tempus, quod fuit, antequam iste ad magistratus remque publicam accessit, habeat per me solutum ac liberum. Sileatur de nocturnis eius bacchationibus ac vigiliis; lenonum, aleatorum, perductorum nulla mentio fiat. Damna, dedecora, quae res patris eius, aetas ipsius pertulit, praetereantur. Lucretur indicia veteris infamiae. Patiatur eius vita reliqua me hanc tantam iacturam criminum facere.

1–3 *temporis ratiōnem habēre* die Zeit einteilen – 4 *āctus, -ūs* Abschnitt – *flāgitiōsus* schimpflich – 6 *peccātum* Vergehen – *impūrus* lasterhaft – 7 *ex eō, quem* vgl. T1 – 8 *recōgnōscere* besichtigen – 9 *dictū* vgl. S-Box – 11 *cōnsīderāre* überlegen – 12 *impudentia* Schamlosigkeit – 13 *reticēre* verschweigen – 16 *solūtus* (hier) unberücksichtigt – *silēre* schweigen – *bacchātiō, -ōnis f* Orgie – 17 *vigilia* (hier) durchzechte Nacht – *lēnō, -ōnis m* Zuhälter – *āleātor, -ōris m* (Würfel-)Spieler – *perductor, -ōris m* Kuppler – 18 *mentiō, -ōnis f* Erwähnung – *dēdecus, -oris n* Schande – *rēs* (hier) Vermögen – 19 *lucrārī* herumkommen um – *indicium* Beweis – 20 *īnfāmia* übler Ruf – 21 *iactūra* Auslassung

S Das hier vorkommende Supin auf *-u* (**Supin II**) dient der Angabe einer Beurteilung und steht meist in **Verbindung** mit **Adjektiven** wie *facilis, difficilis, mirabilis, incredibilis,* z. B.:

- *incredibile **auditu*** unglaublich zu hören
- *difficile **dictu*** schwer zu sagen

Das **Supin I** (gebildet wie das PPP auf *-um*) hat finale Bedeutung:

- *venire auxilium **postulatum*** kommen, um Hilfe zu fordern

Die Praeteritio

Mit der Praeteritio erklärt der Redner, dass er augenscheinlich **Unwichtiges beiseitelassen** wolle („Ich will gar nicht reden von …"), wobei er gerade durch die Aufzählung dieser scheinbaren Nebensächlichkeiten die **Aufmerksamkeit** seiner **Zuhörer** weckt.

S *… praetermittam. Nihil … audiet* (Z. 5/6): Arbeiten Sie weitere lateinische Begriffe heraus, mit denen Cicero seine Praeteritio zum Ausdruck bringt und so Verres charakterisiert.

T 1 Offenbar um bei den Richtern Mitleid zu erregen, brachte Verres – wie es bei Prozessen durchaus üblich war – seinen jungen Sohn mit in die Verhandlung. Erklären Sie aus dem Text, wie Cicero gerade dieses Vorgehen für seine Zwecke nutzt.

T 2 Erörtern Sie, inwieweit die hier von Cicero (nicht) genannten Kritikpunkte für das Verfahren gegen Verres überhaupt relevant sind.

T 3 Erklären Sie, wie gerade der letzte Satz die Funktionsweise von Ciceros Praeteritio verdeutlicht.

→ Rhetorische Stilmittel: S. 224

Verr. 2.3.47 Was hat er aus diesem blühenden Land gemacht?

Nam cum quadriennio post in Siciliam venissem, sic mihi adfecta visa est, ut eae terrae solent, in quibus bellum acerbum diuturnumque versatum est. Quos ego campos antea collisque nitidissimos viridissimosque vidissem, hos ita vastatos nunc ac desertos videbam, ut ager ipse cultorem desiderare ac lugere dominum videretur. Herbitensis ager et Hennensis, Murgentinus, Assorinus, Imacharensis, Agyrinensis ita relictus erat ex maxima parte, ut non solum iugorum, sed etiam dominorum multitudinem quaereremus. Aetnensis vero ager, qui solebat esse cultissimus, et, quod caput est rei frumentariae, campus Leontinus – cuius antea species haec erat, ut, cum obsitum vidisses, annonae caritatem non vererere – sic erat deformis atque horridus, ut in uberrima Siciliae parte Siciliam quaereremus. Labefactarat enim vehementer aratores iam superior annus, proximus vero funditus everterat.

1 *quadriennium* Zeitraum von vier Jahren – 2 *adfectus* (hier) heruntergekommen – 3 *diūturnus* lang andauernd – *versārī* (hier) wüten – 4 *collīs* ~ *collēs* – *nitidus* blühend – *viridis, -e* grün – 6 *cultor, -ōris m* Bauer – *lūgēre* betrauern – 7/8 *Herbitēnsis ager et Hennēnsis, Murgentīnus, Assorīnus, Imacharēnsis, Agyrīnēnsis* das Gebiet um Herbita, Henna, Murgantia, Assorus, Imachara, Agyrium – 9 *iugum* Morgen (Flächenmaß) – *dominus* (hier) Eigentümer – 10/11 *Aetnēnsis ager* das Gebiet um den Aetna – 11 *cultus (Adj.)* gepflegt – 11/12 *rēs frūmentāria* Getreideversorgung – 12 *campus Leontīnus* Ebene um Leontini – 13 *obsitus* bepflanzt – *annōnae cāritās* Teuerung des Getreides – 14 *verērēre* ~ *verērēris* – *dēfōrmis, -e* hässlich – *horridus* schrecklich – 15 *ūber, -eris* fruchtbar – *labefactāre* erschüttern; *labefactārat* ~ *labefactāverat* – 16 *arātor, -ōris m* Bauer – 17 *proximus* ergänze *annus* – *funditus (Adv.)* völlig

S Schreiben Sie Begriffe aus dem Text heraus, die zeigen, dass Cicero die Orte von Verres' Taten bei seinen Nachforschungen selbst in Augenschein genommen hat.

Karte des antiken Sizilien. Suchen Sie die im Text genannten Orte und diskutieren Sie, ob Verres bei deren Auswahl ein „Beuteschema" hatte, nach dem er die Städte heraussuchte. Erörtern Sie, welchen Eindruck Cicero mit der Nennung der Namen vermittelt.

Verr. 2.4.1 Dreister Diebstahl

Venio nunc ad istius, quemadmodum ipse appellat, studium, ut amici eius, morbum et insaniam, ut Siculi, latrocinium. Ego quo nomine appellem, nescio. Rem vobis proponam, vos eam suo – non nominis – pondere penditote. Genus ipsum prius cognoscite, iudices; deinde fortasse non magno opere quaeretis, quo id nomine appellandum putetis. Nego in Sicilia tota, tam locupleti, tam vetere provincia, tot oppidis, tot familiis tam copiosis, ullum argenteum vas, ullum Corinthium aut Deliacum fuisse, ullam gemmam aut margaritam, quicquam ex auro aut ebore factum, signum ullum aeneum, marmoreum, eburneum, nego ullam picturam neque in tabula neque in textili, quin conquisierit, inspexerit, quod placitum sit, abstulerit.

2 *ut amīcī ... ut Siculī* ergänze jeweils *appellant* – *īnsānia* Wahnsinn – *Siculus* Sizilier – 3 *latrōcinium* Räuberei – 4 *pondus, -eris n* Gewicht – 5 *penditōte* Imperativ II („ihr sollt ...") – 7 ergänze: *appellandum* <*esse*> – *locuplēs, -plētis* wohlhabend – 9 *argenteus* aus Silber – *Corinthius* aus Korinth – 10 *Dēliacus* aus Delos – *gemma* Edelstein – *margarīta* Perle – 11 *ebur, -oris n* Elfenbein – *aēneus* aus Bronze – 12 *marmoreus* aus Marmor – *eburneus* aus Elfenbein – *pictūra* Gemälde – 13 *textile, -is n* Gewebe – *quīn* (hier) ohne dass – *conquīsierit* ~ *conquīsīverit* – 14 *placitus* gefällig

S Analysieren und erklären Sie den Aufbau des Satzes in Z. 7–14. Erläutern Sie, welchen Effekt Cicero dadurch erreicht. Benennen Sie dazu auch die verwendeten Stilmittel.

T 1 In Z. 9/10 werden die griechische Stadt Korinth und die Insel Delos erwähnt. Erschließen Sie, was der antike Leser mit diesen Ortsangaben assoziierte.

T 2 Erschließen Sie aus der Textstelle, welche Absicht Cicero mit der Darstellung von Siziliens Wohlstand verfolgt.

→ Rhetorische Stilmittel: S. 224

Verr. 2.4.2 Nichts ließ er zurück!

Magnum videor dicere: attendite etiam, quemadmodum dicam. Non enim verbi neque criminis augendi causa complector omnia: cum dico nihil istum eiusmodi rerum in tota provincia reliquisse, Latine me scitote, non accusatorie loqui. Etiam planius: nihil in aedibus cuiusquam, ne in hospitis quidem, nihil in locis communibus, ne in fanis quidem, nihil apud Siculum, nihil apud civem Romanum, denique nihil istum, quod ad oculos animumque acciderit, neque privati neque publici neque profani neque sacri tota in Sicilia reliquisse.

1 *attendere* Acht geben – 4 *Latīnus* lateinisch – *scītōte* Imperativ II („ihr sollt ...") – 5 *accūsātōriē* wie ein Ankläger – 5–10 ergänze und konstruiere: *plānius <dīcam> nihil ... istum ... reliquisse (AcI)* – 5 *plānus* deutlich – 6 *quisquam* LW *Verr.* 2.4.1 – ergänze: *in <aedibus> hospitis* – 8/9 *ad oculōs animumque accidere* vor die Augen und in den Sinn kommen

T Erklären Sie, was Cicero mit der Gegenüberstellung von *Latine loqui* und *accusatorie loqui* (Z. 4/5) ausdrücken möchte. Erarbeiten Sie eine passende Übersetzung.

S 1 Erklären Sie anhand des Textes die Funktion der Hyperbel und arbeiten Sie weitere Stilmittel heraus, mit denen Cicero einen ähnlichen Effekt erzielt.

S 2 Erklären Sie das deutsche Fremdwort „profan", indem Sie es zu seinem lateinischen Ursprungswort *profanus* (vgl. Z. 10) in Beziehung setzen, und erklären Sie schließlich mithilfe des Wörterbuchs die wörtliche Bedeutung des lateinischen Adjektivs.

Verr. 2.4.106–107 Die Ceres von Henna

Vetus est haec opinio, iudices, quae constat ex antiquissimis Graecorum litteris ac monumentis, insulam Siciliam totam esse Cereri et Liberae consecratam. Hoc cum ceterae gentes sic arbitrantur, tum ipsis Siculis ita persuasum est, ut in animis eorum insitum atque innatum esse videatur.

Nam et natas esse has in his locis deas et fruges in ea terra primum repertas esse arbitrantur et raptam esse Liberam, quam eandem Proserpinam vocant, ex Hennensium nemore, qui locus, quod in media est insula situs, umbilicus Siciliae nominatur. Quam cum investigare et conquirere Ceres vellet, dicitur inflammasse taedas iis ignibus, qui ex Aetnae vertice erumpunt; quas sibi cum ipsa praeferret, orbem omnem peragrasse terrarum.

Henna autem, ubi ea, quae dico, gesta esse memorantur, est loco perexcelso atque edito, quo in summo est aequata agri planities et aquae perennes, tota vero ab omni aditu circumcisa atque directa est; quam circa lacus lucique sunt plurimi atque laetissimi flores omni tempore anni, locus ut ipse raptum illum virginis, quem iam a pueris accepimus, declarare videatur.

3 zu *Cerēs, Lībera* und den übrigen Eigennamen vgl. die Info-Box auf der folgenden Seite – *cōnsecrāre* weihen – 5 *īnsitus* angestammt – *innātus* angeboren – 10 *nemus, -oris n* Hain – *quī locus* greift *ex Hennēnsium nemore* auf („von einem Ort, der...") – 11 *umbilīcus* Nabel – *quam* greift *Prōserpinam* auf – *investīgāre* suchen – 12 *conquīrere* LW *Verr.* 2.4.1 – *dicitur* ergänze <ea> *īnflammāsse* – *īnflammāre* anzünden; *īnflammāsse* ~ *īnflammāvisse* – 13 *taeda* Fackel – *vertex, -icis m* (hier) Krater – 14 *peragrāre* durchwandern; *peragrāsse* ~ *peragrāvisse*

S Bei *insitum atque innatum esse videatur* (Z. 5/6), *dicitur inflammasse ... peragrasse* (Z. 12 und 14) und *ea gesta esse memorantur* (Z. 16/17) liegt jeweils ein NcI vor. Erklären Sie den Aufbau dieser Konstruktion und stellen Sie verschiedene Übersetzungsmöglichkeiten zusammen.

T Vergleichen Sie die Lage von Henna auf der Karte auf S. 11 und geben Sie die im Text erwähnte Besonderheit der Lage in eigenen Worten wieder.

W Zum letzten Absatz des Textes gibt es weder Anmerkungen noch einen Lernwortschatz (vgl. jedoch die Info-Box auf der folgenden Seite). Übersetzen Sie ihn mithilfe des Wörterbuchs. Achten Sie vor allem bei den markierten Begriffen darauf, eine dem Inhalt angemessene Bedeutung auszuwählen.

Dieses römische Mosaik (Tunesien, 3. Jh. n. Chr.) zeigt die Göttin Demeter (lat. *Ceres*). Erschließen Sie, welche Situation hier dargestellt ist.

→ der Raub der Proserpina bei Ovid: S. 72
→ Rhetorische Stilmittel: S. 224
→ AH: AcI und NcI: S. 26

Verr. 2.4.108–109 Die Verehrung der Ceres

Nec solum Siculi, verum etiam ceterae gentes nationesque Hennensem Cererem maxime colunt. Etenim si Atheniensium sacra summa cupiditate expetuntur, ad quos Ceres in illo errore venisse dicitur frugesque attulisse, quantam esse religionem convenit eorum, apud quos eam natam esse et fruges invenisse constat?
Itaque apud patres nostros atroci ac difficili rei publicae tempore, cum Tiberio Graccho occiso magnorum periculorum metus ex ostentis portenderetur, P. Mucio L. Calpurnio consulibus aditum est ad libros Sibyllinos; ex quibus inventum est Cererem antiquissimam placari oportere. Tum ex amplissimo collegio decemvirali sacerdotes populi Romani, cum esset in urbe nostra Cereris pulcherrimum et magnificentissimum templum, tamen usque Hennam profecti sunt. Tanta enim erat auctoritas et vetustas illius religionis, ut, cum illuc irent, non ad aedem Cereris, sed ad ipsam Cererem proficisci viderentur.
Non obtundam diutius. Etenim iam dudum vereor, ne oratio mea aliena ab iudiciorum ratione et a cottidiana dicendi consuetudine esse videatur. Hoc dico, hanc ipsam Cererem antiquissimam, religiosissimam, principem omnium sacrorum, quae apud omnis gentis nationesque fiunt, a C. Verre ex suis templis ac sedibus esse sublatam.

S 1 Benennen Sie die Konstruktion *P. Mucio L. Calpurnio consulibus* (Z. 9/10) und erläutern Sie ihre Funktion.

S 2 Der Satz in Z. 2–6 enthält mehrere verschränkte Relativsätze. Benennen Sie die Art der Verschränkung und übersetzen Sie entsprechend.

i Ceres und Proserpina

Sizilien ist ein Ort, an dem sich zahlreiche Sagen ereignet haben sollen. So galt die Gegend um die Stadt **Henna** (Adj. *Hennensis, -e;* Einwohner: *Hennensis, -is*) als Heimat der **Ceres** (*-is;* griech. **Demeter**), der Göttin der Feldfrüchte, sowie ihrer Tochter **Proserpina** (auch **Libera**, griech. **Persephone**). Der Sage nach wurde Proserpina, als sie gerade beim Blumenpflücken auf einer Wiese saß, von **Dis** (griech. **Hades, Pluto;** in *Verr.* 2.4.111 **Orcus**), dem Gott der Unterwelt, entführt, worauf sich Ceres auf eine lange und verzweifelte Suche nach ihrer Tochter machte und dabei das Feuer des Vulkans **Aetna** zur Beleuchtung nutzte.
Informieren Sie sich über den Fortgang des Mythos. Die Schilderung des Dichters **Ovid** in seinem Werk ***Metamorphosen*** (S. 72) ist eine nützliche Quelle.

1 *vērum* LW *Verr.* 2.1.32–33 – 3 *Athēniēnsis, -is* Einwohner von Athen – 4 *frūgēs* LW *Verr.* 2.4.106–107 – 5 *convenit (m. AcI)* (hier) es muss – 7–15 vgl. die Info-Box unten – 9 *ostentum* Wunderzeichen – *portendere* ankündigen – 11 *plācāre* besänftigen – 14 *māgnificus* (Superlativ: *māgnificentissimus*) prächtig – 15 *ūsque* ~ *ūsque ad* – 17 *aedis* LW *Verr.* 2.4.2 – 19 *obtundere* belästigen – *iam dūdum* schon längst – 20 *iūdiciōrum ratiō* gerichtliche Vorgehensweise – *cottīdiānus* täglich – 22 *religiōsus* ehrwürdig – *prīnceps* (hier) Urheberin – 23 *omnīs gentīs* ~ *omnēs gentēs*

T 1 Weisen Sie anhand von Belegen aus dem Text nach, dass Cicero der Göttin Ceres eine besondere Bedeutung zukommen lässt. Erläutern Sie, warum er dies tut.

T 2 Geben Sie mit eigenen Worten wieder, welchen Auftrag die Sibyllinischen Bücher den Römern erteilen.

i Die Sibyllinischen Bücher

In der Überlieferung heißt es, dass die **Sibylle von Cumae**, die berühmteste **Seherin** der Antike, **Tarquinius Superbus**, dem letzten König Roms, **neun** ihrer **Orakelbücher** verkaufen wollte. Als der König, dem der Preis für die Bücher zu hoch war, sie zurückwies, verbrannte sie drei Bände und bot ihm die restlichen sechs zum selben Preis an. Als der König wieder ablehnte, warf sie drei weitere Bücher ins Feuer. Schließlich gab Tarquinius nach und kaufte die drei letzten Bände zum Preis von neun.
Diese wurden zuerst zwei Adligen anvertraut, deren Zahl später auf zehn erhöht wurde. Die Aufgabe des **Zehnmännerkollegiums *(collegium decemvirale)*** war es, die Sibyllinischen Bücher ***(libri Sibyllini)*** zu deuten. Die Bücher bewahrte man in einem unterirdischen Raum unter dem Tempel des Iuppiter Capitolinus auf. 83 v. Chr wurden sie bei einer Feuersbrunst **vernichtet.** Danach erstellte man eine **neue Sammlung** aus anderen Orakeln von verschiedenen Heiligtümern. Seit dem 5. Jahrhundert n. Chr. sind die Bücher verschollen.
In Z. 7–15 werden Ereignisse aus dem Jahr **133 v. Chr.** geschildert, als die **Reformversuche des Tiberius Gracchus** und dann dessen gewaltsamer Tod im Staat für Unruhe sorgten – eine Zeit, in der man ungünstige Vorzeichen beobachtet zu haben meinte und sich daher von den Sibyllinischen Büchern Hinweise darauf erhoffte, was zu tun sei.
Informieren Sie sich über das Schicksal des Tiberius Gracchus und die Vorgänge des Jahres 133 v. Chr. und stellen Sie Ihre Ergebnisse in einem Kurzreferat vor.

→ Tiberius Gracchus: S. 17
→ AH: Partizipien und *nd*-Formen: S. 16
→ AH: Relativsätze: S. 57

Verr. 2.4.110–111 Der Schmerz der Einwohner

Tatsächlich gibt sich Verres nicht mit dem Raub der Ceresstatue zufrieden.

Ante aedem Cereris in aperto ac propatulo loco signa duo sunt: Cereris unum, alterum Triptolemi, pulcherrima ac perampla. Pulchritudo periculo, amplitudo saluti fuit, quod eorum demolitio atque asportatio perdifficilis videbatur. Insistebat in manu Cereris dextra grande simulacrum pulcherrime factum Victoriae; hoc iste e signo Cereris avellendum asportandumque curavit. Qui tandem istius animus est nunc in recordatione scelerum suorum, cum ego ipse in commemoratione eorum non solum animo commovear, verum etiam corpore perhorrescam? Venit enim mihi fani, loci, religionis illius in mentem. Versantur ante oculos omnia: dies ille, quo, cum ego Hennam venissem, praesto mihi sacerdotes Cereris cum infulis ac verbenis fuerunt, contio conventusque civium, in quo, ego cum loquerer, tanti gemitus fletusque fiebant, ut acerbissimus tota urbe luctus versari videretur.

Non illi decumarum imperia, non bonorum direptiones, non iniqua iudicia, non importunas istius libidines, non vim, non contumelias, quibus vexati oppressique erant, conquerebantur. Cereris numen, sacrorum vetustatem, fani religionem istius sceleratissimi atque audacissimi supplicio expiari volebant. Omnia se cetera pati ac neglegere dicebant. Hic dolor erat tantus, ut Verres alter Orcus venisse Hennam et non Proserpinam asportasse, sed ipsam abripuisse Cererem videretur. Etenim urbs illa non urbs videtur, sed fanum Cereris esse. Habitare apud sese Cererem Hennenses arbitrantur, ut mihi non cives illius civitatis, sed omnes sacerdotes, omnes accolae atque antistites Cereris esse videantur.

1 *aedis* LW *Verr.* 2.4.2 – *Cerēs* vgl. die Info-Box auf der vorangehenden Seite – *prōpatulus* nach vornehin frei – *sīgnum* LW *Verr.* 2.4.1 – 2 *Triptolemus* vgl. die Info-Box – 3 *peramplus* sehr groß – *perīculō* vgl. S2 – *amplitūdō, -inis f* Größe – 4 *dēmōlītiō, -ōnis f* Niederreissen – *asportātiō, -ōnis f* Abtransport – *perdifficilis, -e* sehr schwierig – 5 *īnsistere* stehen auf – 7 *āvellere* wegreissen – *asportāre* wegbringen – 8 *tandem* (hier) denn eigentlich – *recordātiō, -ōnis f* Erinnerung – 9 *commemorātiō, -ōnis f* Erwähnung – 11 *perhorrēscere* erschaudern – ergänze: *enim mihī <recordātiō> fānī; fānum* LW *Verr.* 2.4.2 – 12 *religiō* LW *Verr.* 2.4.108–109 – 13–15 *praestō esse* entgegenkommen – 14 *īnfula* Opferbinde – *verbēna* heiliger Zweig – 15 *conventus, -ūs* Zusammenkunft – 16 *flētus, -ūs* Weinen – *acerbus* LW *Verr.* 2.3.47 – 18 *decumārum imperium* Befehl, den Zehnten zu entrichten – *dīreptiō, -ōnis f* Plünderung – 19 *importūnus* rücksichtslos – 20 *contumēlia* Beleidigung – *vexāre* misshandeln – 21 *conquerī* sich beschweren – *sacrum* LW *Verr.* 2.4.108–109 – 22 *vetustās* LW *Verr.* 2.4.108–109 – 23 *audāx, -ācis* LW *S. Rosc.* 1–3 – *supplicium* (hier) Bestrafung – *expiāre* (durch Sühne) reinigen – 25 *Orcus* ~ *Plūtō; alter Orcus* prädikativ zu übersetzen („als") – 26 *asportāsse* ~ *asportāvisse* – 27 *etenim* LW *Verr.* 2.4.108–109 – 28 *apud sēsē* bei ihnen (gemeint sind die Einwohner von Henna) – 30 *accola, -ae m* Nachbar – *antistes, -stitis m* Tempelvorsteher

Der italienische Bildhauer Gian Lorenzo Bernini hat den Raub der Proserpina in dieser Skulptur festgehalten (1621/22). Erläutern Sie, inwiefern Berninis Kunstwerk Ciceros Darstellung des Verres als räuberischer Pluto entspricht.

S 1 Zerlegen Sie die folgenden zusammengesetzten Begriffe mithilfe des Wörterbuchs in ihre Bestandteile und ermitteln Sie jeweils ihre wörtliche Bedeutung: *peramplus* (Z. 3), *demolitio, asportatio, perdifficilis* (Z. 4), *insistere* (Z. 5), *avellere* (Z. 7), *recordatio* (Z. 8), *commemoratio* (Z. 9), *commovere* (Z. 10), *perhorrescere* (Z. 11), *conventus* (Z. 15). Vergleichen Sie jeweils die wörtliche und die tatsächliche Bedeutung der Vokabeln und erklären Sie ggf. die Unterschiede.

S 2 Bei *periculo* und *saluti* (Z. 3) handelt es sich jeweils um den Dativ des Zwecks *(dativus finalis)*. Erarbeiten Sie die passende Übersetzung. Übersetzen Sie die folgenden Wendungen entsprechend: *gaudio esse – honori esse – odio esse – ornamento esse – auxilio venire.*

T Stellen Sie aus dem Text die Details zusammen, mit denen Cicero die Notlage der Einwohner Siziliens und seine enge Verbindung mit ihnen verdeutlicht.

i **Triptolemos**
Triptolemos war der Sohn des Königs Keleos. Er wurde von **Demeter** losgeschickt, um überall den **Getreideanbau** zu **verbreiten.** Daher wurde er auf Sizilien zusammen mit der Göttin verehrt.

→ Wortbildung (Assimilation): S. 53
→ AH: Kasusfunktionen: S. 8

Verr. 2.4.120–121 Es geht auch anders

Schließlich erinnert Cicero an den römischen Feldherrn Marcus Claudius Marcellus, der im Jahr 212 v. Chr. Syrakus, die Hauptstadt Siziliens, nach langer Belagerung einnahm und der dort bestehenden hohen Kultur rücksichtvoll entgegengetreten sei.

Qui cum tam praeclaram urbem vi copiisque cepisset, non putavit ad laudem populi Romani hoc pertinere hanc pulchritudinem, ex qua praesertim periculi nihil ostenderetur, delere et exstinguere. Itaque aedificiis omnibus, publicis privatis, sacris profanis, sic pepercit, quasi ad ea defendenda cum exercitu, non oppugnanda venisset. In ornatu urbis habuit victoriae rationem, habuit humanitatis. Victoriae putabat esse multa Romam deportare, quae ornamento urbi esse possent, humanitatis non plane exspoliare urbem, praesertim quam conservare voluisset.
In hac partitione ornatus non plus victoria Marcelli populo Romano adpetivit, quam humanitas Syracusanis reservavit. Romam quae adportata sunt, ad aedem Honoris et Virtutis itemque aliis in locis videmus. Nihil in aedibus, nihil in hortis posuit, nihil in suburbano. Putavit, si urbis ornamenta domum suam non contulisset, domum suam ornamento urbi futuram. Syracusis autem permulta atque egregia reliquit. Deum vero nullum violavit, nullum attigit.
Conferte Verrem, non ut hominem cum homine comparetis, ne qua tali viro mortuo fiat iniuria, sed ut pacem cum bello, leges cum vi, forum et iuris dictionem cum ferro et armis, adventum et comitatum cum exercitu et victoria conferatis.

Ciceros Darstellung des Verres
In seinen Reden gegen Verres präsentiert Cicero verschiedene Darstellungen Charakterzüge seines Gegners. Diese lassen sich u. a. den folgenden Themenbereichen zuweisen:
- dem verkommenen Lebenswandel des Verres,
- der zerstörerischen Kraft des Verres,
- dem Frevel des Verres …

Stellen Sie die in den von Ihnen übersetzten Passagen enthaltenen Informationen über Verres zusammen und ordnen Sie sie diesen Themenbereichen zu. Entwickeln Sie weitere Überschriften, mit denen sich Eigenschaften des Verres gliedern lassen.

1 *Quī* gemeint ist Marcellus – 3 *pulchritūdō* LW *Verr.* 2.4.110–111 – 4 *ostendī* (hier) zu erkennen sein – 5 ergänze: *pūblicīs* <et> *prīvātīs, sacrīs* <et> *profānīs; profānus* LW *Verr.* 2.4.2 – 7 *ōrnātus, -ūs* Schmuck – *ratiōnem habēre (m. Gen.)* Rücksicht nehmen auf – 8–10 *Victōriae esse … hūmānitātis* <esse> Gen. der Zugehörigkeit (*genitivus possessivus*, „passend sein zu …") – 9 *dēportāre* fortschaffen – *hūmānitātis* ergänze *esse putābat* – 10 *plānus* LW *Verr.* 2.4.2 – *exspoliāre* ausplündern – 12 *partītiō, -ōnis f* Aufteilung – 14 *reservāre* bewahren – ordne und ergänze: <ea>, *quae Rōmam adportāta sunt* – *aedis* LW *Verr.* 2.4.2 – 15 *Honos* (hier) Gott der Ehre – *Virtūs* (hier) Göttin der Tapferkeit – 16 *suburbānum* (ergänze *praedium*) Landgut bei Rom – 18 ergänze: *futūram* <esse> – 19 *permulta, -ōrum n Pl.* sehr viel – 21 *hominem cum homine* gemeint sind Marcellus und Verres – 23 *iūris dictiō (-ōnis f)* Rechtsprechung – 24 *comitātus, -ūs* Gefolgschaft

S 1 Schreiben Sie aus dem Text ein Beispiel für den Dativ des Zwecks *(dativus finalis)* (vgl. S2 auf der vorangehenden Seite) heraus und übersetzen Sie entsprechend.

S 2 Erläutern Sie den Unterschied zwischen den Bedeutungen von *aedis* im Singular und im Plural *(aedes)*. Arbeiten Sie heraus, was Cicero zum Ausdruck bringt, wenn er in Z. 14 und 16 *aedis* und *aedes* einander gegenüberstellt.

T 1 Wie in der Rhetorik üblich führt Cicero ein *exemplum* an (vgl. die Info-Box auf S. 17), mit dem hier ein Gegenbild zu Verres geschaffen werden soll. Arbeiten Sie die einzelnen Vergleichspunkte heraus und stellen Sie das Verhalten des Marcellus dem des Verres gegenüber.

T 2 Erörtern Sie, inwieweit Sie die Bewertung der Taten des Marcellus überzeugt. Informieren Sie sich zudem über die Einnahme von Syrakus und bewerten Sie Ciceros Darstellung auch vor diesem Hintergrund.

Das Denkmal für Archimedes von Luciano Campisi (1885) im heutigen Syrakus. Der berühmte Philosoph und Erfinder Archimedes gehörte zu den Einwohnern, die bei der Einnahme der Stadt durch Marcellus zu Tode kamen. Informieren Sie sich über den Tod des Archimedes. Die Darstellung durch Valerius Maximus (S. 104) bietet zahlreiche Informationen.

→ Valerius Maximus: S. 100
→ AH: Kasusfunktionen: S. 8

In Catilinam

i

Die Catilinarische Verschwörung

Im Jahr **63 v. Chr.** wurde Rom durch die Machenschaften des Patriziers **Lucius Sergius Catilina** erschüttert. Catilina, ein ehemaliger **Handlanger Sullas,** der bereits durch diverse Verbrechen zu zweifelhaftem Ruhm gekommen war, hatte sich im Sommer 63 v. Chr. zum wiederholten Mal um das **Konsulat** beworben, war aber erneut gescheitert. Nun bereitete er den **gewaltsamen Umsturz** vor. Als im Herbst desselben Jahres dem amtierenden Konsul Cicero Informationen über geplante Mordanschläge auf hochrangige Senatoren zugespielt wurden, alarmierte dieser den Senat, welcher daraufhin den **Ausnahmezustand** verhängte. Damit hatten die Konsuln uneingeschränkte Vollmacht.

In einer **geheimen Versammlung** in der Nacht vom 5. zum 6. November im Hause des Marcus Porcius Laeca beschlossen die Verschwörer, Cicero zu ermorden. Der Plan scheiterte jedoch, da Cicero gewarnt war. Als am 7. November eine Senatssitzung im Tempel des Iuppiter Stator („der die römischen Soldaten zum Stehen bringt und von der Flucht abhält") einberufen wurde, erschien überraschenderweise auch Catilina. Cicero hielt darauf hin seine **erste** von insgesamt **vier Reden gegen Catilina,** in der er auch seine Entrüstung über den Verschwörer zum Ausdruck bringt.

Cat. 1.1–2 Wie lange denn noch …?

Quo usque tandem abutere, Catilina, patientia nostra? Quam diu etiam furor iste tuus nos eludet? Quem ad finem sese effrenata iactabit audacia? Nihilne te nocturnum praesidium Palati, nihil urbis vigiliae, nihil timor populi, nihil concursus bonorum omnium, nihil hic munitissimus habendi senatus locus, nihil horum ora voltusque moverunt? Patere tua consilia non sentis, constrictam iam horum omnium scientia teneri coniurationem tuam non vides? Quid proxima, quid superiore nocte egeris, ubi fueris, quos convocaveris, quid consilii ceperis, quem nostrum ignorare arbitraris? O tempora, o mores! Senatus haec intellegit. Consul videt; hic tamen vivit. Vivit? Immo vero etiam in senatum venit, fit publici consilii particeps, notat et designat oculis ad caedem unum quemque nostrum. Nos autem fortes viri satis facere rei publicae videmur, si istius furorem ac tela vitemus. Ad mortem te, Catilina, duci iussu consulis iam pridem oportebat, in te conferri pestem, quam tu in nos omnes iam diu machinaris.

1 *quō ūsque tandem* wie lange denn noch – *abūtī (m. Abl.)* missbrauchen; *abūtēre* ~ *abūtēris* (Person, Tempus?) – 2 *ēlūdere* verhöhnen – 3 *sēsē* LW *Verr.* 2.4.110–111 – *effrēnātus* zügellos – 3–6 *nihil … ~ nōn …* – 3 *nocturnus* LW *Verr.* 2.1.32–33 – 4 *Palātium* Palatin (einer der sieben Hügel Roms) – 5 *concursus, -ūs* Zusammenlaufen – *bonī* (hier) gute Bürger, Patrioten – 6 *mūnītus* geschützt – 7 *voltus* ~ *vultus* – 8 *cōnstringere (PPP: cōnstrictum)* in Fesseln legen – 9 ergänze: *proximā <nocte>* – *superior, -ōris* (hier) der vorletzte – 11 *nostrum (gen. partitivus)* von uns – 14 *notāre* kennzeichnen – *dēsīgnāre* bestimmen – 18 *oportēbat* Realis – *cōnferre in (m. Akk.)* übertragen auf – 19 *māchinārī* ersinnen

S 1 Untersuchen Sie den Textabschnitt auf stilistische Besonderheiten. Benennen Sie möglichst viele Stilmittel und erklären Sie ihre Verwendung. Die Markierungen im Text bieten Ihnen einen Ansatzpunkt.

S 2 Vergleichen Sie die Darstellung Catilinas mit der des Senats, indem Sie die Merkmale zusammenstellen, mit denen Cicero beide Parteien beschreibt.

S 3 Erschließen Sie, wer mit dem Pronomen *horum* (Z. 6 und 8) gemeint ist.

T 1 Die Wendung *notat et dēsignat ad caedem* (Z. 14/15) soll offenbar an einen Opferpriester denken lassen. Erklären Sie, welche Handlung hier beschrieben wird, und erörtern Sie, inwiefern dieses Bild zu Catilina passt.

T 2 Tragen Sie in der Klasse verschiedene Möglichkeiten, eine Rede zu beginnen, zusammen. Erörtern Sie dann, inwiefern es sich bei dem Text um ein typisches *exordium* (vgl. die Info-Box auf S. 9) handelt.

In seinem berühmten Fresko (1888) stellt Cesare Maccari die Senatssitzung am 7. November dar. Beschreiben Sie, welche Personen auf der Abbildung dargestellt sind, und erörtern Sie, inwiefern die Personenkonstellation die von Cicero in seiner Rede beschriebenen Verhältnisse widerspiegelt.

→ Rhetorische Stilmittel: S. 224
→ Szenisches Spiel (u. a. zu Cicero und Catilina): S. 231
→ AH: Realis: S. 43

Cat. 1.3–4 Früher war das noch anders

An vero – vir amplissimus, P. Scipio, pontifex maximus, Ti. Gracchum mediocriter labefactantem statum rei publicae privatus interfecit – Catilinam orbem terrae caede atque incendiis vastare cupientem nos consules perferemus? Nam illa nimis antiqua praetereo, quod C. Servilius Ahala Sp. Maelium novis rebus studentem manu sua occidit.

Fuit, fuit ista quondam in hac re publica virtus, ut viri fortes acrioribus suppliciis civem perniciosum quam acerbissimum hostem coercerent. Habemus senatus consultum in te, Catilina, vehemens et grave, non deest rei publicae consilium neque auctoritas huius ordinis; nos, nos, dico aperte, consules desumus.

Decrevit quondam senatus, ut L. Opimius consul videret, ne quid res publica detrimenti caperet. Nox nulla intercessit; interfectus est propter quasdam seditionum suspiciones C. Gracchus, clarissimo patre, avo, maioribus; occisus est cum liberis M. Fulvius consularis. Simili senatus consulto C. Mario et L. Valerio consulibus est permissa res publica. Num unum diem postea L. Saturninum tribunum plebis et C. Servilium praetorem mors ac rei publicae poena remorata est?

At vero nos vicesimum iam diem patimur hebescere aciem horum auctoritatis. Habemus enim huiusce modi senatus consultum, verum inclusum in tabulis tamquam in vagina reconditum. Quo ex senatus consulto confestim te interfectum esse, Catilina, convenit.

Vivis, et vivis non ad deponendam, sed ad confirmandam audaciam. Cupio, patres conscripti, me esse clementem, cupio in tantis rei publicae periculis me non dissolutum videri, sed iam me ipse inertiae nequitiaeque condemno.

S 1 Bestimmen Sie die Funktionen der im Text markierten Genitive und übersetzen Sie dementsprechend.

S 2 Informieren Sie sich in Ihrer Grammatik über die Wiedergabe des Realis bei Ausdrücken wie *convenit* (Z. 27) oder *oportet/oportebat* (vgl. Cat. 1.1–2, Z. 18).

i Das *senatus consultum ultimum*

Wurde in Rom der Notstand ausgerufen, ernannte man ursprünglich einen **Diktator**, dem man auf **begrenzte Zeit** sämtliche Vollmachten im politischen wie militärischen Bereich überließ, damit er die Aufgaben durchführte, die zur Krisenbewältigung nötig waren. In der **späten Republik** ging der Senat dazu über, diese Aufgaben den **Konsuln** mit den Worten *Videant consules, ne quid res publica detrimenti capiat* („Die Konsuln sollen dafür sorgen, dass der Staat keinen Schaden nimmt") zu übertragen (vgl. Z. 14/15).

1 *an* LW S. *Rosc.* 1–3; das Prädikat des Fragesatzes ist *perferēmus* (Z. 5) – *P. Scīpiō* zu den Eigennamen vgl. die Info-Box unten – 2 *labefactāre* ins Wanken bringen – *status, -ūs* Verfassung; Verhältnisse – 3 *prīvātus* (hier) ohne Amtsgewalt – 4 *caedēs* LW *Cat.* 1.1–2 – *vāstāre* LW *Verr.* 2.3.47 – 6/7 *novīs rēbus studēre* auf Umsturz sinnen – 10 *acerbus* LW *Verr.* 2.3.47 – 10/11 *senātūs cōnsultum* vgl. die Info-Box oben – 13 *apertus* LW *Verr.* 2.4.110–111 – 15 *dētrīmentum* Schaden – 16 *intercēdere (Perf.: intercessī)* vorübergehen – 18 *cōnsulāris, -is m* ehemaliger Konsul – 22 *remorārī* warten lassen – 23 *vīcēsimus* der zwanzigste – *hebēscere* stumpf werden – 24 *aciēs* (hier) Schärfe – *hōrum* gemeint sind die Senatoren – 24/25 *huiusce modī ~ huius modī* – 25 *in tabulīs* (hier) in den Akten – 26 *vāgīna* Schwertscheide – *recondere (PPP: reconditum)* aufbewahren – 27 *cōnfestim* unverzüglich – *convēnit* Realis – 31 *dissolūtus* nachlässig – *inertia* Trägheit – *nēquitia* Nichtsnutzigkeit – 32 *condemnere* schuldig sprechen

T 1 Informieren Sie sich über die Brüder Tiberius und Gaius Sempronius Gracchus. Erklären Sie, warum Cicero die beiden Politiker wiederholt als Beispiel heranzieht, und nehmen Sie Stellung zu seiner Haltung, was die schnelle Beseitigung von Staatsfeinden angeht.

T 2 Erörtern Sie, wie Catilina und die anwesenden Senatoren auf Ciceros *exempla* reagiert haben dürften.

T 3 Erklären Sie den Vergleich *tamquam in vagina reconditum* (Z. 26).

i *Exempla*

Cicero gibt verschiedene Beispiele, sogenannte *exempla*. Dabei handelt es sich zumeist um **Persönlichkeiten aus der römischen Geschichte** und ihre Taten, die stellvertretend für eine besondere **Tugendhaftigkeit** stehen. Sie werden häufig **kontrastierend** zu negativen Beispielen oder zu der Person, um die es sich gerade handelt, eingesetzt. Als moralische Instanz vertreten sie den ***mos maiorum*** („Sitte der Vorfahren"). So steht **Publius Cornelius Scipio Nasica** als Vorbild dem Staatsfeind **Tiberius Gracchus** († 133 v. Chr.) gegenüber, gegen den er vorging. Der Oberstallmeister **Gaius Servilius Ahala** ermordete im 5. Jh. v. Chr. den Ritter **Spurius Maelius** wegen monarchistischer Umtriebe. Unter der Führung des **Lucius Opimius** kamen der Volkstribun **Gaius Gracchus** und sein Amtskollege **Marcus Fulvius** zu Tode (121 v. Chr.), während der Volkstribun **Lucius Appuleius Saturninus** und der Popular **Gaius Servilius Glaucia** unter den Konsuln **Gaius Marius**, Opponent des Sulla, und **Lucius Valerius** 100 v. Chr. umgebracht wurden.

Die Tradition der Exemplaliteratur wird in der Antike (z. B. von Valerius Maximus) und selbst noch im Humanismus von Schriftstellern wie Erasmus von Rotterdam gepflegt.

→ Tiberius Gracchus: S. 13
→ Valerius Maximus: S. 100
→ Erasmus von Rotterdam: S. 190
→ Rhetorische Stilmittel: S. 224
→ AH: Kasusfunktionen: S. 8
→ AH: Realis: S. 43

Cat. 1.5 Der Feind sitzt hier im Senat

Castra sunt in Italia contra populum Romanum in Etruriae faucibus collocata, crescit in dies singulos hostium numerus; eorum autem castrorum imperatorem ducemque hostium intra moenia atque adeo in senatu videmus intestinam aliquam cottidie perniciem rei publicae molientem. Si te iam, Catilina, comprehendi, si interfici iussero, credo, erit verendum mihi, ne non potius hoc omnes boni serius a me, quam quisquam crudelius factum esse dicat.
Verum ego hoc, quod iam pridem factum esse oportuit, certa de causa nondum adducor, ut faciam. Tum denique interficiere, cum iam nemo tam improbus, tam perditus, tam tui similis inveniri poterit, qui id non iure factum esse fateatur.

2 *Etrūria* Etrurien (heute: Toskana) – *faucēs, -ium f Pl.* (hier) Schluchten – *in diēs singulōs* von Tag zu Tag – 4 *atque adeō* und sogar – 5 *intestīnus* von innen her – 6 *iam* (hier) jetzt – 6/7 ergänze: *sī iusserō <tē> interficī* – 7/8 ordne und ergänze: *nē omnēs bonī nōn potius <dicant> hoc ā mē sērius <factum esse>, quam …* – 8 *quam* (hier) als dass – *quisquam* LW *Verr.* 2.4.1 – 10 *vērum* LW *Verr.* 2.1.32–33 – *prīdem* LW *Cat.* 1.1–2 – 10/11 ordne: *nōndum addūcor, ut hoc faciam, quod* – 10 *oportuit* Realis (vgl. S2 auf der vorangehenden Seite) – 11 *addūcī* (hier) sich entschließen – 12 *inter-ficiēre* ~ *inter-ficiēris* (Person, Tempus?)

S 1 Schlagen Sie im Wörterbuch die korrekte Wiedergabe von *iam* im verneinten Satz nach. Finden Sie dann eine passende Übersetzung für *iam nemo* (Z. 12).

S 2 Stellen Sie, ausgehend von Z. 13/14, die verschiedenen Formen des Relativsatzes mit Nebensinn zusammen.

T 1 Paraphrasieren Sie Z. 1–6. Erläutern Sie, was Cicero Catilina konkret vorwirft.

T 2 Erörtern Sie, welche die *causa* (Z. 11) sein könnte, die Cicero davon abhält, Catilina töten zu lassen.

Cat. 1.6 Du hast keine Chance!

Quamdiu quisquam erit, qui te defendere audeat, vives, et vives ita, ut nunc vivis, multis meis et firmis praesidiis obsessus, ne commovere te contra rem publicam possis. Multorum te etiam oculi et aures non sentientem, sicut adhuc fecerunt, speculabuntur atque custodient. Etenim quid est, Catilina, quod iam amplius expectes, si neque nox tenebris obscurare coeptus nefarios nec privata domus parietibus continere voces coniurationis tuae potest, si illustrantur, si erumpunt omnia? Muta iam istam mentem, mihi crede, obliviscere caedis atque incendiorum! Teneris undique; luce sunt clariora nobis tua consilia omnia; quae iam mecum licet recognoscas.

1 *quisquam* LW *Verr.* 2.4.1 – 2 *praesidium* LW *Cat.* 1.1–2 – 3 *commovēre* (hier) regen – 5 *speculārī* beobachten – 6 *iam amplius* noch weiter – 7 *obscūrāre* verbergen – *coeptus, -ūs* Vorhaben – *nefārius* abscheulich – 8 *pariēs, -etis m* Wand – 9 *coniūrātiō* LW *Cat.* 1.1–2 – *illūstrāre* ans Licht bringen – *ērumpere* LW *Verr.* 2.4.106–107 – 11 *caedēs* LW *Cat.* 1.1–2 – *incendium* LW *Cat.* 1.3–4 – 13 ergänze: *licet<, ut>* – *recōgnōscere* Revue passieren lassen

S 1 Geben Sie an, welche Konstruktion bei *te non sentientem* (Z. 4/5) vorliegt, und geben Sie die Stelle möglichst treffend im Deutschen wieder.

S 2 Informieren Sie sich über den Gebrauch von Komparativen im Lateinischen. Erarbeiten Sie eine treffende Übersetzung von *luce (sunt) clariora* (Z. 11/12), z. B. mit einem deutschen Adjektiv.

T Cicero spricht in Z. 1/2 Catilina mit den Worten *vives, et vives ita, ut nunc vivis* an. Interpretieren Sie diese Wiederholung in ihrem Zusammenhang und vergleichen Sie sie mit der ähnlichen Äußerung in *Cat.* 1.3–4 *vivis, et vivis* (Z. 28).

i **Die *genera dicendi***
In der Schrift ***Rhetorica ad Herennium*** (vgl. S. 36), die lange Zeit **Cicero** zugeschrieben wurde, teilt ein anonymer Autor die Rede in **drei Gattungen** ein:
- das ***genus demonstrativum:*** die darlegende Rede, meist Lobrede, aber auch Schmährede,
- das ***genus deliberativum:*** die abwägende bzw. beratende Rede, meist im politischen Kontext,
- das ***genus iudiciale:*** die Gerichtsrede.

Weisen Sie Ciceros erste Catilinarie einem *genus* zu. Begründen Sie Ihre Entscheidung.

→ Redegattungen: S. 36
→ Rhetorische Stilmittel: S. 224
→ AH: Kasusfunktionen: S. 8
→ AH: Partizipien und *nd*-Formen: S. 16
→ AH: Realis: S. 43
→ AH: Relativsätze: S. 57

Cat. 1.8–9 Ich weiß, was du letzte Nacht getan hast

Recognosce tandem mecum noctem illam superiorem; iam intelleges multo me vigilare acrius ad salutem quam te ad perniciem rei publicae. Dico te priore nocte venisse inter falcarios – non agam obscure – in M. Laecae domum; convenisse eodem complures eiusdem amentiae scelerisque socios. Num negare audes? Quid taces? Convincam, si negas. Video enim esse hic in senatu quosdam, qui tecum una fuerunt.
O di immortales! Ubinam gentium sumus? In qua urbe vivimus? Quam rem publicam habemus? Hic, hic sunt in nostro numero, patres conscripti, in hoc orbis terrae sanctissimo gravissimoque consilio, qui de nostro omnium interitu, qui de huius urbis atque adeo de orbis terrarum exitio cogitent! Hos ego video consul et de re publica sententiam rogo et, quos ferro trucidari oportebat, eos nondum voce vulnero!
Fuisti igitur apud Laecam illa nocte, Catilina, distribuisti partes Italiae, statuisti, quo quemque proficisci placeret, delegisti, quos Romae relinqueres, quos tecum educeres, discripsisti urbis partes ad incendia, confirmasti te ipsum iam esse exiturum, dixisti paulum tibi esse etiam nunc morae, quod ego viverem. Reperti sunt duo equites Romani, qui te ista cura liberarent et sese illa ipsa nocte paulo ante lucem me in meo lectulo interfecturos esse pollicerentur.

S Suchen Sie aus dem zweiten Absatz des Textes (bis *vulnero*) alle Pronomina heraus und ordnen Sie sie nach ihrer Funktion. Erklären Sie anhand Ihrer Ergebnisse, bei welchen Pronomina Verwechslungen auch mit anderen Wortarten auftreten können.

1 *recōgnōscere* vgl. die vorangehende Stelle – *superior* (hier) vorangegangen (gemeint ist die Nacht vom 5. auf den 6. November) – 2 *multō* LW *S. Rosc.* 1–3 – 3 *perniciēs* LW *Cat.* 1.5 – 4 *inter falcāriōs* in der Sichelmachergasse – *obscūrus* (hier) unverständlich – 4/5 *M. Laeca* vgl. T1 – 6 *āmentia* Wahnsinn – 9 *dī ~ deī* – *ubinam gentium* wo in aller Welt – 11 *patrēs cōnscrīptī* LW *Cat.* 1.3–4 – 12/13 ergänze: *<iī,> quī* – 13 *atque adeō* und sogar – 14 *exitium* Vernichtung – 15 *sententiam rogāre* zur Abstimmung aufrufen – *trucīdāre* abschlachten – 16 *nōndum* (hier) noch nicht einmal – 17 *distribuere (Perf.: distribuī)* zuteilen – 19 *Rōmae* vgl. S-Box – 20 *discrībere (Perf.: discrīpsī)* bestimmen – *incendium* LW *Cat.* 1.3–4 – *cōnfīrmāstī ~ cōnfīrmāvistī* – 23 *sēsē* LW *Verr.* 2.4.110–111 – *lectulus* Diminutivum von *lectus*

T 1 Bei Marcus Laeca handelte es sich um das Mitglied einer alten und berühmten römischen Familie. Erschließen Sie, welchen Effekt es gehabt haben dürfte, dass Cicero in diesem Zusammenhang seinen Namen nannte.

T 2 Cicero wird wohl kaum innerhalb so kurzer Zeit derartig genaue Informationen über die Geschehnisse im Hause des Laeca erhalten haben. Erklären Sie, was er damit bezweckt haben könnte, dass er dennoch so detailliert berichtet. Entwickeln Sie weiterhin eine mögliche Antwort Catilinas, z. B. in Form eines Zwischenrufs.

S **Der Lokativ**
Bei Namen von Städten und kleineren Inseln werden **Ortsangaben,** soweit die Namen **Singularia der a- und o-Deklination** sind, im Lateinischen mit dem Lokativ ausgedrückt. Die Endungen gleichen **lautlich** dem **Genitiv,** z. B. *Romae* („in Rom“) oder *Corinthi* („in Korinth“). Auch in Wörtern wie *domi* („zu Hause“) oder *humi* („auf dem Boden“) ist der **Lokativ** noch erhalten.

Mit *inter falcarios* (Z. 4) gibt Cicero sogar die Adresse des Hauses an, in dem sich die Verschwörer getroffen haben. Tatsächlich war die genaue Angabe von Adressen in antiken römischen Städten schwierig. Straßenschilder im heutigen Sinn gab es nicht, doch die Angabe einer Adresse konnte über Hinweise auf Handwerksbetriebe erfolgen, die sich in der Gegend befanden und auf die dann mit entsprechenden Schildern gezielt hingewiesen wurde. Erschließen Sie aus dem Relief an einem Haus in Pompeji, welche Art von Betrieb sich dort befunden haben dürfte. Erörtern Sie weiterhin, was Cicero mit der Angabe der Adresse bezwecken wollte.

→ Orts- und Richtungsangaben: S. 43
→ AH: Substantive, Adjektive, Adverbien und Pronomina: S. 4

Cat 1.10[a] Ein vergeblicher Mordversuch

Haec ego omnia vixdum etiam coetu vestro dimisso comperi; domum meam maioribus praesidiis munivi atque firmavi, exclusi eos, quos tu ad me salutatum mane miseras, cum illi ipsi venissent, quos ego iam multis ac summis viris ad me id temporis venturos esse praedixeram.

1 *vixdum etiam* kaum erst – *coetus, -ūs* Versammlung – 2 *praesidium* LW Cat. 1.1–2 – 3 *fīrmāre* sichern – *exclūdere (Perf.: exclūsī)* abweisen – 4 *māne* morgens – 5 *id temporis* ~ *eō ipsō tempore* – 6 *praedīcere (Perf.: praedīxī)* prophezeihen

i Die Geschehnisse aus der Sicht des Sallust

In der Monografie ***De coniuratione Catilinae*** *(Cat.* 27–28) beschreibt der Historiker Sallust (1. Jh. v. Chr.) die Ereignisse im Haus des Laeca folgendermaßen:

Schließlich, als [Catilina] trotz eifriger Bemühungen gar nicht vorwärts kommt, ruft er erneut in tiefer Nacht die Häupter der Verschwörung durch Marcus Porcius Laeca zu sich, und nachdem er sich dort bitter über ihre Trägheit beklagt hat, eröffnet er ihnen, dass er Manlius zu dem Haufen vorausgeschickt habe, den er für eine bewaffnete Auseinandersetzung angeworben hatte, ebenso andere Leute in anderen strategisch günstig gelegenen Gegenden, um den Krieg zu beginnen. Er selbst beabsichtige zum Heer aufzubrechen, wenn er erst einmal Cicero kaltgestellt habe. Dieser sei seinen Plänen sehr im Wege. Während also die Übrigen entsetzt und unschlüssig waren, sagte ihm der römische Ritter Gaius Cornelius seine Unterstützung zu und mit ihm der Senator Lucius Vargunteius. Sie beschlossen kurz darauf, noch in dieser Nacht mit bewaffneten Leuten zu Cicero zu gehen, als wollten sie einen Morgenbesuch machen, und den Ahnungslosen wie aus heiterem Himmel in seinem Haus niederzustechen.

S 1 Informieren Sie sich über die Erscheinungsformen und die Verwendung des Supins (vgl. auch die Sprach-Box auf S. 10). Erklären Sie dann den Gebrauch des Supins bei *salutatum* (Z. 3) und finden Sie eine passende Übersetzung.

S 2 In Z. 4–6 befindet sich ein verschränkter Relativsatz. Untersuchen Sie seine Struktur und versuchen Sie, mehrere Übersetzungsvarianten anzubieten.

T 1 Informieren Sie sich über die in römischer Zeit weit verbreitete Praxis der *salutatio*. Erklären Sie, wieso sich Cicero hier tatsächlich in großer Gefahr befand.

T 2 Vergleichen Sie die Ausführungen des Sallust (vgl. die Info-Box) mit dem, was Cicero über das Treffen bei Laeca gesagt hat. Stellen Sie inhaltliche Gemeinsamkeiten, aber auch Unterschiede zusammen.

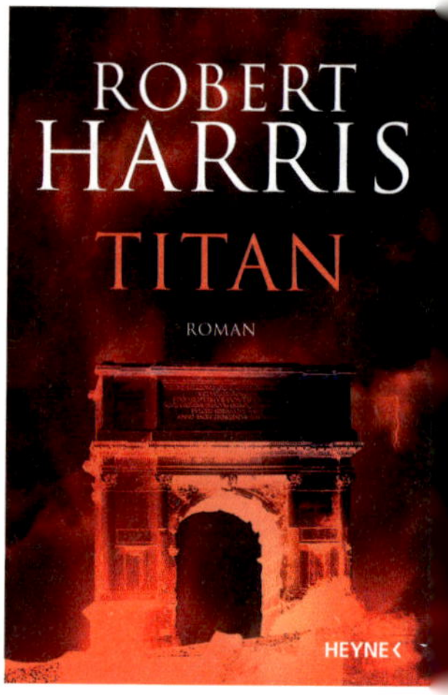

In seinen Romanen „Imperium“ (2006) und „Titan“ (2009) schildert der englische Schriftsteller Robert Harris das Leben Ciceros. Arbeiten Sie heraus, wie Harris mit antiken Quellen gearbeitet und wie er den Stoff literarisch umgesetzt hat. Diskutieren Sie, welchen Eindruck die Gestaltung des Covers beim Leser erwecken soll.

In **Robert Harris**' Roman **„Titan“** erhalten Cicero, sein Bruder Quintus, seine Frau Terentia und der Sklave Tiro (der Erzähler des Romans) Besuch von einem Bekannten, Rufus:

„Rufus“, sagte Cicero mit ruhiger Stimme, „ich dachte, du wärst uns in diesen Tagen zum Fremden geworden.“
„Ich werde nie ein Fremder für dich sein.“
Er machte einen Schritt vorwärts, aber Quintus legte ihm die Hand auf die Brust und hielt ihn auf. „Arme hoch!“, befahl er und nickte den Leibwächtern zu. Rufus hob hastig die Arme, und Titus Sixtus tastete ihn ab. „Ich glaube, er ist nur gekommen, um uns auszuspionieren“, sagte Quintus, der nie viel von Rufus gehalten hatte und mich oft nach meiner Meinung fragte, warum sein Bruder einen solchen Rabauken um sich dulde.
„Ich will nicht spionieren. Ich bin gekommen, um dich zu warnen: Catilina ist wieder da.“
Cicero schlug mit der Faust auf den Tisch. „Ich hab's gewusst! Nimm die Hände runter, Rufus. Seit wann?“
„Seit heute Abend.“
„Und wo ist er jetzt?“
„Im Haus von Marcus Laeca, in der Gasse der Sichelmacher.“
„Wer ist bei ihm?“
„Sura, Cethegus, Bestia – die ganze Bande. Ich komme gerade von da.“
„Und?“
„Sie werden dich bei Sonnenaufgang töten. [...] Zwei Männer, Vargunteius und Cornelius, werden dich bei Tagesanbruch aufsuchen, dir ihre Treue schwören und behaupten, sie hätten sich von Catilina abgewandt. Sie werden Waffen tragen. Sie werden von anderen Männern begleitet, die deine Leibwachen überwältigen sollen. Du darfst sie auf keinen Fall ins Haus lassen.“
„Das werden wir nicht“, sagte Quintus.
„Aber ich hätte sie hereingelassen“, sagte Cicero. „Einen Senator und einen Ritter hätte ich nicht abgewiesen. Ich hätte ihnen die Hand der Freundschaft gereicht. [...] Aber du stehst immer noch hinter ihrer Sache, oder?“
„Ihrer Sache ja, aber nicht hinter ihren Methoden – nicht mehr.“
„Was sind das für Methoden?“
„Sie haben sich darauf verständigt, Italien in Militärregionen aufzuteilen. Nach deinem Tod wird Catilina zur Rebellenarmee in Etrurien stoßen. Teile von Rom werden in Brand gesteckt. Sie werden auf dem Palatin ein Massaker unter den Senatoren anrichten, und dann werden die Stadttore für Manlius und seinen Pöbel geöffnet.“

→ Sallust: S. 6
→ Cicero und sein Bruder Quintus: S. 45
→ Robert Harris: S. 137
→ AH: Relativsätze: S. 57

Cat. 1.10[b] Worauf wartest du noch?

Quae cum ita sint, Catilina, perge, quo coepisti: Egredere aliquando ex urbe! Patent portae. Proficiscere! Nimium diu te imperatorem tua illa Manliana castra desiderant. Educ tecum etiam omnes tuos, si minus, quam plurimos! Purga urbem! Magno me metu liberabis, dum modo inter me atque te murus intersit. Nobiscum versari iam diutius non potes; non feram, non patiar, non sinam.

3 *Mānliāna castra* Heerlager von (Catilinas Verbündetem) Manlius – 4 *dēsīderāre* LW *Verr.* 2.3.47 – *ēdūcere* LW *Cat.* 1.8–9 – *sī mīnus* ~ *sī nōn omnēs* – 5 *pūrgāre* reinigen – 7 *diūtius* LW *Verr.* 2.4.108–109

S Suchen Sie aus dem Textabschnitt sämtliche Imperative heraus, setzen Sie diese in den Plural und nennen Sie jeweils den Infinitiv Präsens Aktiv.

T Arbeiten Sie aus dem Text Beispiele für folgende Stilmittel heraus und geben Sie an, mit welchem Effekt Cicero diese einsetzt: Alliteration, Anapher, Asyndeton, Trikolon.

→ Für eine Aufgabe zur Interpretation der Stelle s. S. 223.

Cat 1.13 Geh endlich!

Quid est, Catilina? Num dubitas id me imperante facere, quod iam tua sponte faciebas? Exire ex urbe iubet consul hostem. Interrogas me, num in exilium; non iubeo, sed, si me consulis, suadeo. Quid est enim, Catilina, quod te iam in hac urbe delectare possit? In qua nemo est extra istam coniurationem perditorum hominum, qui te non metuat, nemo, qui non oderit.

5 *iam* (hier) noch – 6 *perditus* LW *Cat.* 1.5

> **i**
>
> **Exil**
>
> Gegen Angehörige der römischen **Oberschicht** wurde in der Regel **nicht die Todesstrafe** vollstreckt. Vielmehr ließ man den Verurteilten die **Möglichkeit, ins Ausland zu fliehen.** Dem folgte allerdings meist die *aquae et ignis interdictio,* die für den Verurteilten einen Ausschluss von lebensnotwendigen Gütern darstellte. Zudem bedeutete die Verbannung einen **Verlust** des **Vermögens** und der **Bürgerrechte.** Eine mildere Form des Exils war die ***relegatio,*** bei welcher der Verbannte sein Bürgerrecht sowie sein Vermögen behielt.
>
> Offenbar hatte Cicero zu diesem Zeitpunkt nicht die rechtliche Möglichkeit, Catilina zu verbannen. Arbeiten Sie heraus, an welchen Stellen des Textes dies deutlich wird.

Cat. 1.17–18 Die erste Rede der Patria

Überraschenderweise lässt Cicero auch die personifizierte Heimat selbst auftreten und Catilina scharf angreifen.

Nunc te patria, quae communis est parens omnium nostrum, odit ac metuit et iam diu nihil te iudicat nisi de parricidio suo cogitare. Huius tu neque auctoritatem verebere nec iudicium sequere nec vim pertimesces? Quae tecum, Catilina, sic agit et quodam modo tacita loquitur: „Nullum iam aliquot annis facinus exstitit nisi per te, nullum flagitium sine te; tibi uni multorum civium neces, tibi vexatio direptioque sociorum inpunita fuit ac libera; tu non solum ad neglegendas leges et quaestiones, verum etiam ad evertendas perfringendasque valuisti. Superiora illa, quamquam ferenda non fuerunt, tamen, ut potui, tuli; [...] nullum videri contra me consilium iniri posse, quod a tuo scelere abhorreat, non est ferendum. Quam ob rem discede atque hunc mihi timorem eripe; si est verus, ne opprimar, sin falsus, ut tandem aliquando timere desinam."

1 *nostrum (gen. partitivus)* von uns – 2 *ōdisse* LW *Cat.* 1.13 – 2/3 ordne: *et tē iam diū nihil nisī dē parricīdiō suō cōgitāre iūdicat* – 3 *parricīdium* Hochverrat (vgl. S2) – 4 *verēbere* ~ *verēberis* – *sequēre* ~ *sequēris* – *pertimēscere* in Furcht geraten vor – 7 *flāgitium* LW *Verr.* 2.1.32–33 – 8 *vexātiō, -ōnis f* Misshandlung – *dīreptiō, -ōnis f* Plünderung – *inpūnītus* ungestraft – 10 *quaestiō, -ōnis f* Untersuchung – *vērum* LW *Verr.* 2.1.32–33 – *ēvertere* LW *Verr.* 2.3.47 – *perfringere* zerstören – 11 *superiōra illa n Pl.* jene früheren Verbrechen – 13 *abhorrēre ā (m. Abl.)* nichts zu tun haben mit – 15 *vērus ... falsus* begründet ... unbegründet

S 1 Bestimmen Sie den Kasus von *uni* (Z. 7). Nennen Sie weitere Adjektive, die ebenso dekliniert werden.

S 2 Ermitteln Sie mithilfe des Wörterbuchs die genaue Bedeutung von *parricidium* (Z. 3) und erklären Sie, warum der Begriff an dieser Stelle besonders treffend gewählt ist.

T 1 Die Patria übertreibt. Weisen Sie nach, dass Cicero die Patria das Stilmittel der Hyperbel gebrauchen lässt.

T 2 Die Worte, die Cicero der Patria in den Mund legt, ähneln seinen eigenen Aussagen. Belegen Sie dies.

T 3 Etwas später lässt Cicero die Patria noch eine zweite Rede halten (vgl. die folgende Seite). Stellen Sie die Unterschiede zwischen den beiden Reden zusammen und erklären Sie, welche Effekte Cicero dadurch erzielt.

→ Ciceros Verbannung: S. 42
→ Vertiefte Interpretation: S. 218
→ Rhetorische Stilmittel: S. 224
→ AH: Substantive, Adjektive, Adverbien und Pronomina: S. 4
→ AH: Tempora: S. 35

Cat. 1.27–28 Die zweite Rede der Patria

„M. Tulli, quid agis? Tune eum, quem esse hostem comperisti, quem ducem belli futurum vides, quem expectari imperatorem in castris hostium sentis, auctorem sceleris, principem coniurationis, evocatorem servorum et civium perditorum, exire patiere, ut abs te non emissus ex urbe, sed immissus in urbem esse videatur? Nonne hunc in vincla duci, non ad mortem rapi, non summo supplicio mactari imperabis? Quid tandem te impedit? Mosne maiorum? At persaepe etiam privati in hac re publica perniciosos cives morte multarunt. An leges, quae de civium Romanorum supplicio rogatae sunt? At numquam in hac urbe, qui a re publica defecerunt, civium iura tenuerunt. An invidiam posteritatis times? Praeclaram vero populo Romano refers gratiam, qui te, hominem per te cognitum, nulla commendatione maiorum tam mature ad summum imperium per omnis honorum gradus extulit, si propter invidiam aut alicuius periculi metum salutem civium tuorum neglegis."

2 ergänze: *futūrum <esse>* – 4 *coniūrātiō* LW *Cat.* 1.1–2 – *ēvocātor, -ōris m* Aufwiegler – 5 *perditus* LW *Cat.* 1.5 – *patiēre ~ patiēris* – *abs ~ ab* – 6 *immittere (PPP: immissum)* hineintreiben – 7 *vinclum ~ vinculum* – 8 *mactāre* hinrichten – 9 *persaepe* sehr oft – 10 *perniciōsus* LW *Cat.* 1.3–4 – 11 *multārunt ~ multāvērunt* – *an* LW *S. Rosc.* 1–3 – 11/12 *lēgem rogāre* ein Gesetz beantragen – 13 ergänze: *<iī,> quī* – 15 *per tē* durch deine eigene Leistung – 16 *commendātiō, -ōnis f* Empfehlung – 17 *omnīs ~ omnēs*

Statue der personifizierten Roma auf dem Kapitol. Geben Sie an, welche Eigenschaften Roms hier bildlich dargestellt werden.

S 1 Erstellen Sie zu Z. 1–7 eine syntaktische Analyse.

S 2 Schreiben Sie aus dem Text drei Beispiele für einen verschränkten Relativsatz heraus und übersetzen Sie entsprechend.

T 1 Erklären Sie den Begriff *homo novus* (vgl. ggf. die Einleitung). Weisen Sie anhand des Textes nach, dass Cicero ein *homo novus* war.

T 2 Redner verweisen häufig durch *exempla* auf den *mos maiorum*, den die Patria hier erwähnt (Z. 9). Vergleichen Sie die in *Cat.* 1.3–4 (S. 17) genannten *exempla* und stellen Sie diejenigen zusammen, die auch an der vorliegenden Stelle genannt werden könnten.

Cat. 1.30 Es gibt nur eine Lösung

Quamquam nonnulli sunt in hoc ordine, qui aut ea, quae imminent, non videant aut ea, quae vident, dissimulent; qui spem Catilinae mollibus sententiis aluerunt coniurationemque nascentem non credendo corroboraverunt; quorum auctoritate multi non solum improbi, verum etiam imperiti, si in hunc animadvertissem, crudeliter et regie factum esse dicerent. Nunc intellego, si iste, quo intendit, in Manliana castra pervenerit, neminem tam stultum fore, qui non videat coniurationem esse factam, neminem tam improbum, qui non fateatur.

Hoc autem uno interfecto intellego hanc rei publicae pestem paulisper reprimi, non in perpetuum comprimi posse. Quodsi se eiecerit secumque suos eduxerit et eodem ceteros undique collectos naufragos adgregarit, exstinguetur atque delebitur non modo haec tam adulta rei publicae pestis, verum etiam stirps ac semen malorum omnium.

1 *ōrdō* LW *Cat.* 1.3–4 – 2 *dissimulāre* verheimlichen – 4 *coniūrātiō* LW *Cat.* 1.1–2 – *nāscī* LW *Verr.* 2.4.108–109 – 5 *corrōborāre* stärken – 6 *vērum* LW *Verr.* 2.1.32–33 – *imperītus* unerfahren – 7 *rēgiē (Adv.)* nach Art eines Königs, tyrannisch – 8 *quō intendit* was sein Ziel ist – *Mānliāna castra* vgl. zu *Cat.* 1.10[b], Z. 3 – 9 *fore ~ futūrum esse* – 13 *pestis* LW *Cat.* 1.1–2 – *paulisper* für kurze Zeit – *reprimere* eindämmen – *comprimere* unterdrücken – 14/15 *ēdūcere* und *eōdem* LW *Cat.* 1.8–9 – 15 *naufragus* Schiffbrüchiger – *adgregāre* um sich scharen; *adgregārit ~ adgregāverit* – 16 *dēlēre* LW *Verr.* 2.4.120–122 – *adultus* ausgewachsen – 17 *stirps, stirpis f* Wurzel

S Erklären Sie anhand des letzten Satzes die Verwendung von Futur I und Futur II im konditionalen Satzgefüge.

T 1 Erläutern Sie, welche Gefahr Cicero bei einer Ermordung Catilinas sieht.

T 2 Nehmen Sie Stellung zu Ciceros „Lösungsvorschlag" in Z. 12–18. Wäre eine Verbannung Catilinas wirklich das Ende allen Übels? Ziehen Sie dazu auch die Info-Box auf der vorangehenden Seite heran.

T 3 Stellen Sie sämtliche Argumente zusammen, die Cicero in den von Ihnen übersetzten Passagen für eine strengere Verfolgung Catilinas vorgebracht hat. Erörtern Sie, welche Punkte am überzeugendsten wirken.

→ *exempla* in der Rede: S. 17
→ AH: Tempora: S. 35
→ AH: Relativsätze: S. 57

Orationes Philippicae

Die Philippischen Reden ***(Orationes Philippicae)***

Nach der Ermordung Caesars entstand ein **Machtvakuum**, das mehrere Kräfte in Rom für ihre politischen Zwecke zu nutzen suchten. Entgegen den Wünschen der republikanisch gesinnten Caesarmörder reagierte Caesars Amtskollege **Marcus Antonius** schnell, verlas öffentlich Caesars Testament und trat dessen **Nachfolge** an. Die Caesarmörder wurden aus Rom vertrieben. Auch Cicero, der nicht aktiv an der Verschwörung beteiligt war, reiste ab und verfolgte das politische Geschehen von außerhalb. Als im Mai 44 v. Chr. **Gaius Octavius,** Caesars Großneffe, Adoptivsohn und Haupterbe, **Anspruch auf** dessen **Nachfolge** erhob, spitzte sich die Lage zu. Antonius, der seinen Machtanspruch gefährdet sah, sammelte außerhalb Roms Truppen um sich. Cicero, der in Antonius das personifizierte Übel und eine immense Bedrohung für Rom sah, versuchte nun zwischen Octavian und dem Senat zu vermitteln.

Inzwischen hatte Antonius am 28. November 44 v. Chr. den Senat gezwungen, einem Provinzentausch zuzustimmen und ihm anstelle des ursprünglich vorgesehenen Makedonien die Provinz Gallia Cisalpina zuzusprechen. Der amtierende Statthalter Decimus Brutus verweigerte jedoch die Übergabe und verschanzte sich in der norditalienischen Stadt Mutina (heute: Modena), wo Antonius ihn belagerte. In seinen **14 Philippischen Reden** nahm Cicero den **Kampf gegen Antonius** und für die Rettung der Republik auf. Nach Rücknahme des Beschlusses vom 28. November rief Cicero vor der Volksversammlung offen zum Krieg gegen Antonius auf und prophezeihte ein Scheitern der Gesandtschaft, die Antonius dazu bringen sollte, die Belagerung Mutinas abzubrechen.

Antonius sann auf Rache für Ciceros Angriffe. Nach der Versöhnung mit Octavian kam es zum **zweiten Triumvirat** (**Octavian, Antonius, Lepidus**). Nach dem Vorbild Sullas wurden nun **Proskriptionen** durchgeführt, denen auch Cicero zum Opfer fiel: Am 7. Dezember 43 v. Chr. wurde er bei der Stadt **Formiae** von Soldaten des Antonius erschlagen.

Der Begriff *Philippicae* stammt von Cicero selbst und spielt auf den berühmten griechischen Rhetor **Demosthenes** an, der Mitte des 4. Jahrhunderts v. Chr. die Athener zum Abwehrkampf gegen **Philipp von Makedonien**, den Vater Alexanders des Großen, aufgerufen hatte.

Phil. 6.4 Ein gewagter Vergleich

Quamquam, Quirites, non est illa legatio, sed denuntiatio belli, nisi paruerit. Ita enim est decretum, ut si legati ad Hannibalem mitterentur. Mittuntur enim, qui nuntient, ne oppugnet consulem designatum, ne Mutinam obsideat, ne provinciam depopuletur, ne dilectus habeat, sit in senatus populique Romani potestate. Facile vero huic denuntiationi parebit, ut in patrum conscriptorum atque in vestra potestate sit, qui in sua numquam fuerit! Quid enim ille umquam arbitrio suo fecit? Semper eo tractus est, quo libido rapuit, quo levitas, quo furor, quo vinulentia. Semper eum duo dissimilia genera tenuerunt: lenonum et latronum. Ita domesticis stupris, forensibus parricidiis delectatur, ut mulieri citius avarissimae paruerit quam senatui populoque Romano.

1 *quamquam* (hier) indes – *Quirītēs* Quiriten (Anrede an die röm. Bürger) – *dēnūntiātiō, -ōnis f* Androhung – 2 *dēcernere* LW *Cat.* 1.3–4 – *ut sī* als ob – 3 *Hannibal, -alis* vgl. die Info-Box unten – *nūntiāre, ut* (hier) anordnen, etw. zu tun – 4 *cōnsul dēsīgnātus* für das nächste Jahr gewählter Konsul – 5 *obsidēre* LW *Cat.* 1.6 – *dēpopulārī* verheeren – 5/6 *dīlēctūs habēre* Truppen ausheben – 6 ergänze: <ut> *sit* (abhängig von *nūntient*) – *esse in potestāte (m. Gen.)* (hier) sich in die Gewalt begeben von – 7–9 ergänze: <is> *parēbit ... quī* – 7/8 *patrēs cōnscrīptī* LW *Cat.* 1.3–4 – 8 ergänze: *in suā <potestāte>* – 9 *arbitriō suō* nach freiem Willen – 10 *levitās, -ātis f* Leichtsinn – 11 *vīnulentia* Trunksucht – 12 ergänze: *genera <hominum>* – *lēnō, -ōnis m* Zuhälter – 13 *stuprum* Unzucht – *forēnsis, -e* (von *forum*) öffentlich – *parricīdium* Mord (an einem nahen Verwandten)

S Finden Sie eine treffende Übersetzung für die pointierte Aussage in Z. 7–9.

T 1 Arbeiten Sie aus dem Text die Stelle heraus, an der Cicero das Stilmittel der Ironie anwendet.

T 2 Entwickeln Sie aus der vorliegenden Passage eine kurze Charakterisierung des Antonius.

T 3 Erklären Sie, welchen Effekt Cicero mit dem Vergleich von Antonius und Hannibal (vgl. die Info-Box) erzielt.

Antonius und Hannibal

Mehrfach vergleicht Cicero **Antonius** mit dem **Karthager Hannibal,** dem bislang größten Feind Roms. Hannibal hatte Rom im **Zweiten Punischen Krieg** (218–201 v. Chr.) bei Kämpfen in Italien schwere militärische Niederlagen zugefügt. Vor allem die Katastrophen, die das römische Heer in den **Schlachten am Trasimener See und bei Cannae** erlitten hatte, waren noch in schmerzhafter Erinnerung. Und dann war Hannibal sogar Rom selbst gefährlich nahe gekommen.

Tatsächlich wurde der berühmte Schreckensruf ***Hannibal ad portas!*** (bekannt ist auch die Version ***Hannibal ante portas!***) von Cicero in seinen **Philippischen Reden** geprägt – und das natürlich als Bezeichnung für Antonius.

→ Proskriptionen: S. 9
→ Rhetorische Stilmittel: S. 224

Phil. 6.6–7 **Ihr unterschätzt diesen Mann!**

Non is est Antonius; nam, si esset, non commisisset, ut ei senatus tamquam Hannibali initio belli Punici denuntiaret, ne oppugnaret Saguntum. Quod vero ita avocatur a Mutina, ut ab urbe tamquam pestifera flamma arceatur – quam habet ignominiam, quod iudicium senatus? Quid? Quod a senatu dantur mandata legatis, ut D. Brutum militesque eius adeant iisque demonstrent summa in rem publicam merita beneficiaque eorum grata esse senatui populoque Romano iisque eam rem magnae laudi magnoque honori fore – passurumne censetis Antonium introire Mutinam legatos, exire inde tuto?

Numquam patietur, mihi credite! Novi violentiam, novi inpudentiam, novi audaciam. Nec vero de illo sicut de homine aliquo debemus, sed ut de importunissima belua cogitare.

2 *tamquam* LW *Cat.* 1.3–4 – *Hannibal* und *bellum Pūnicum* vgl. die Info-Box auf der vorangehenden Seite – *dēnūntiāre* befehlen – 3 *Saguntum, -ī f* Sagunt (Stadt in Spanien, um die sich der Zweite Punische Krieg entzündete) – *quod (vērō)* was (aber) die Tatsache betrifft, dass – 4 *āvocāre* wegrufen – *Mutina* vgl. die Einleitung auf der vorangehenden Seite – *pestifer, -era, -erum* unheilvoll – 5 *īgnōminia* Schande – *iūdicium* (hier) vernichtendes Urteil – 7 *D. Brūtus* vgl. die Einleitung auf der vorangehenden Seite – 8 *meritum* das Verdienst – 10 *fore ~ futūrum esse* – ergänze: *passūrum* <esse> *(AcI)* – 11 *legātōs introīre* ... *exīre* ein weiterer AcI (von *passūrum* abhängig) – 13 *violentia* Gewalttätigkeit – 14 *inpudentia* Schamlosigkeit – 15 *importūnus* rücksichtslos – *bēlua* Ungeheuer

S 1 Erklären Sie anhand von Z. 1–3 die Funktion des Irrealis der Gegenwart und der Vergangenheit.

S 2 Bestimmen Sie jeweils den Kasus und die Kasusfunktion der markierten Wörter. Erklären Sie, an welchen besonderen Merkmalen sich diese erkennen lassen und welche Verwechslungsmöglichkeiten es gibt.

S 3 Arbeiten Sie einerseits die Gemeinsamkeiten im Aufbau der beiden mit *quod* eingeleiteten Sätze (Z. 3–6 und Z. 6–12) heraus und benennen Sie andererseits die Unterschiede in der Struktur.

T In der vorliegenen Textstelle zieht Cicero mehrere Vergleiche. Erstellen Sie eine Liste der Vergleiche und erörtern Sie, welcher für Antonius wohl den schwerstwiegenden Angriff ausgedrückt haben dürfte.

Die Abbildung zeigt eine Rekonstruktion des Forum Romanum. In der Mitte ist die Rednerbühne *(rostra)* dargestellt. Erörtern Sie, welche Voraussetzungen ein Rhetor in der Antike mitbringen musste und welche Wirkung Ciceros Rede unter den hier dargestellten Rahmenbedingungen in der Öffentlichkeit gehabt haben dürfte.

→ Rhetorische Stilmittel: S. 224
→ AH: Kasusfunktionen: S. 8
→ AH: Konjunktiv in Haupt- und Nebensätzen: S. 41

LERNWORTSCHATZ: Reden

LW *S. Rosc.* 1–3

mīrārī, mīror, mīrātus sum	bewundern, sich wundern
est, quod *m. Konj.*	es gibt einen Grund dafür, dass
potissimum *Adv.*	hauptsächlich, gerade
surgere, surgō, surrēxī, surrēctum	aufstehen, sich erheben; aufsteigen
comparāre, comparō, comparāvī, comparātum	(vor)bereiten, beschaffen; vergleichen
propterea quod	deswegen weil
audāx, -ācis	mutig, kühn; unverschämt
minimē *Adv.*	am wenigsten, keineswegs, ganz und gar nicht
an *(in der Frage)*	oder (etwa)
tanto *m. Komp.*	umso
praeter *m. Akk.*	ausgenommen, außer
multō *m. Komp.*	um vieles, viel
vulgus, -ī *n*	Volk, Masse, Pöbel

LW *Verr.* 2.1.32–33

quoniam	weil ja, da ja, wo doch
expōnere, expōnō, exposuī, expositum	darstellen, aussetzen
praetermittere, praetermittō, praetermīsī, praetermissum	vorbei(gehen) lassen; übergehen, weglassen
pueritia, -ae *f*	Kindheit, Knabenalter
flāgitium, -ī *n*	Schande, Schandtat, Vergehen
meminisse, meminī *m. Gen.*	sich erinnern, gedenken
prōdūcere, prōdūcō, prōdūxī, prōductum	(vor)führen; hervorbringen
vērum *Adv.*	aber; sondern
decēre, deceō, decuī	schmücken, passen; sich gehören; decet es gehört sich
pudor, -ōris *m*	Scham, Keuschheit; Ehrgefühl, Anstand; guter Ruf
magistrātus, -ūs *m*	Amt, Behörde; Beamter
ad rem pūblicam accēdere	in den Staatsdienst eintreten
nocturnus, -a, -um	nächtlich
damnum, -ī *n*	Schaden, Verlust, Nachteil
reliquus, -a, -um	übrig, restlich; künftig

LW *Verr.* 2.3.47

acerbus, -a, -um	herb, bitter; hart, unfreundlich
anteā *Adv.*	vorher
collis, -is *m*	Hügel, Anhöhe
vāstāre, vāstō, vāstāvī, vāstātum	verwüsten, ausplündern, entvölkern
dēsīderāre, dēsīderō, dēsīderāvī, dēsīderātum	sich sehnen nach, wünschen; vermissen
ēvertere, ēvertō, ēvertī, ēversum	zerstören, umstürzen; umstimmen

LW *Verr.* 2.4.1

pendere, pendō, pependī, pēnsum	abwiegen; bezahlen; schätzen
fortāsse *Adv.*	vielleicht
cōpiōsus, -a, -um	reich (ausgestattet mit); ausführlich, wortreich
ūllus, -a, -um *(Gen. Sg.* ūllīus, *Dat. Sg.* ūllī)	irgendeiner
quisquam, quidquam (quicquam)	irgendjemand, irgendetwas
sīgnum, -ī *n*	Merkmal, Zeichen; Statue
tabula, -ae *f*	Tafel, Schreibtafel, Brett, Gemälde
conquīrere, conquīrō, conquīsīvī, conquīsītum	zusammensuchen; aufspüren
īnspicere, īnspiciō, īnspexī, īnspectum	hineinschauen; genau betrachten
auferre, auferō, abstulī, ablātum	rauben, wegbringen

LW *Verr.* 2.4.2

complectī (*und* **conplectī**) complector, complexus sum	umfassen, umarmen; darstellen, begreifen
ēiusmodī	derartig, so beschaffen
plānus, -a, -um	flach, eben; deutlich; plānē *Adv.* völlig, deutlich
aedis, -is *f*	Tempel; *Pl.* Haus
fānum, -ī *n*	Heiligtum, Tempel
profānus, -a, -um	ungeweiht, gottlos

LW *Verr.* 2.4.106–107

monumentum, -ī *n*	Denkmal
cum ... tum	sowohl ... als auch (besonders)
frūgēs, -um *f Pl.*	Feldfrüchte
locus, -ī *m*	Ort, Platz, Stelle; *Pl.* loca, -ōrum *n* Orte, Gegend
īnsula, -ae *f*	Insel; Wohnblock
situs, -a, -um	gelegen
ērumpere, ērumpō, ērūpī, ēruptum	ausbrechen, hervorbrechen
praeferre, praeferō, praetulī, praelātum	vor sich her tragen; vorziehen; zeigen

LW *Verr.* 2.4.108–109

etenim	nämlich; und in der Tat
sacrum, -ī *n*	Heiligtum, Opfer
expetere, expetō, expetīvī, expetītum	erstreben, verlangen; aufsuchen
error, -ōris *m*	Irrtum; Irrfahrt
religiō, -ōnis *f*	Götterverehrung, Kult, Glaube; religiöses Empfinden
nāscī, nāscor, nātus sum	geboren werden, entstehen
atrōx, -ōcis	wild, abscheulich
templum, -ī *n*	Tempel, Heiligtum
ūsque *Adv.*	ununterbrochen; ūsque ā *m. Abl.* seit; ūsque ad *m. Akk.* bis zu

vetustās, -ātis *f*	(hohes) Alter, langes Bestehen
illūc *Adv.*	dahin, dorthin
diūtius *Adv.*	länger
cōnsuētūdō, -inis *f*	Gewohnheit, Lebensweise, Gewöhnung

LW *Verr.* 2.4.110–111

apertus, -a, -um	offen, offenkundig
pulchritūdō, -inis *f*	Schönheit
dext(e)ra (manus), -ae *f*	die rechte Hand
grandis, -e	groß; alt; bedeutend
cūrāre, cūrō, cūrāvī, cūrātum	sorgen (für), Sorge tragen, *m. Gerundiv* lassen
cōntiō, -ōnis *f*	(Volks-)Versammlung; Ansprache
gemitus, -ūs *m*	Seufzen, Stöhnen, Klage
lūctus, -ūs *m*	Trauer, Schmerz
libīdō (*und* **lubīdō**), -inis *f*	Begierde, Lust; Willkür
vexāre, vexō, vexāvī, vexātum	quälen, bedrängen
nūmen, -inis *n*	Gottheit, göttlicher Wille
scelerātus, -a, -um	verbrecherisch, frevelhaft, verflucht
arripere, arripiō, arripuī, arreptum	an sich reißen, gewaltsam ergreifen
sēsē (*verstärktes* sē)	sich

LW *Verr.* 2.4.120–121

pertinēre, pertineō, pertinuī (ad *m. Akk.*)	betreffen, gehören (zu), sich erstrecken (bis)
praesertim (cum)	zumal, besonders (da, weil)
dēlēre, dēleō, dēlēvī, dēlētum	zerstören, vernichten
quasi *Adv.*	wie wenn, als ob; gleichwie; gewissermaßen
hūmānitās, -ātis *f*	Menschlichkeit; Zivilisation; Bildung
ōrnāmentum, -ī *n*	Schmuck(stück), Verzierung, Ehre
cōnservāre, cōnservō, cōnservāvī, cōnservātum	bewahren, retten
appetere (*und* **adpetere**), appetō, appetīvī, appetītum	erstreben
apportāre (*und* **adportāre**), apportō, apportāvī, apportātum	herbeibringen
item *Adv.*	ebenso, in gleicher Weise, auch
hortus, -ī *m*	Garten
violāre, violō, violāvī, violātum	verletzen, entehren
attingere, attingō, attigī, attāctum	berühren, erreichen

LW *Cat.* 1.1–2

patientia, -ae *f*	Ertragen; Geduld; Fähigkeit, etw. zu ertragen
praesidium, -ī *n*	(Wach-)Posten, Schutz(truppe); Hilfe
vigilia, -ae *f*	Nachtwache
coniūrātiō, -ōnis *f*	Verschwörung
convocāre, convocō, convocāvī, convocātum	zusammenrufen, versammeln
particeps, -cipis *m. Gen.*	beteiligt, teilnehmend an; Teilnehmer
caedēs, -is *f*	Mord, Blutbad; Blut
tēlum, -ī *n*	Wurfwaffe, Waffe, Geschoss
iussū	auf Befehl
prīdem *Adv.*	längst, seit langer Zeit
pestis, -is *f*	Seuche, Pest; Unheil, Verderben

LW *Cat.* 1.3–4

pontifex, -icis *m*	Priester; *später auch* Papst
mediocris, -e	mittelmäßig, maßvoll
incendium, -ī *n*	Brand, Feuer
perniciōsus, -a, -um	bedrohlich, schädlich
coercēre, coerceō, coercuī, coercitum	einschränken, zwingen, strafen
cōnsultum, -ī *n*	Beschluss
ōrdō, -inis *m*	Ordnung, Reihe, Stand
dēcernere, dēcernō, dēcrēvī, dēcrētum	entscheiden, beschließen; zuerkennen
vidēre, ut *m. Konj.*	darauf achten/dafür sorgen, dass
sēdītiō, -ōnis *f*	Aufruhr, Aufstand
suspīciō, -ōnis *f*	Verdacht, Vermutung
avus, -ī *m*	Großvater
permittere, permittō, permīsī, permissum	erlauben, überlassen
tribūnus, -ī *m*	Tribun (röm. Offizier und Beamter)
praetor, -ōris *m*	Prätor (für die Rechtsprechung zuständiger Beamter)
at	aber, dagegen, jedoch
inclūdere, inclūdō, inclūsī, inclūsum	einschließen; umgeben; versperren
tamquam	wie; wie wenn, als ob
patrēs (cōnscrīptī) *m Pl.*	Senatoren
clēmēns, -entis	sanft(mütig), mild

LW *Cat.* 1.5

cottīdiē *Adv.*	täglich
perniciēs, -ēī *f*	Verderben, Vernichtung
mōlīrī, mōlior, mōlītus sum	(an)treiben; planen, unternehmen
comprehendere, comprehendō, comprehendī, comprehēnsum	begreifen; ergreifen, festnehmen
sērus, -a, -um	spät, zu spät
perditus, -a, -um	verdorben, verkommen; verzweifelt

LW *Cat.* 1.6

quamdiū *Adv.*	solange; wie lange
fīrmus, -a, -um	fest, stark
obsidēre, obsideō, obsēdī, obsessum	belagern; bedrängen
custōdīre, custōdiō, custōdīvī/custōdiī, custōdītum (ā) *m. Abl.*	bewachen (vor)
tenebrae, -ārum *f Pl.*	Dunkelheit, Finsternis
oblīvīscī, oblīvīscor, oblītus sum	vergessen

LW *Cat.* 1.8–9

vigilāre, vigilō, vigilāvī, vigilātum	wach sein, (durch)wachen; unermüdlich tätig sein
prior, -ōris	der erste; der frühere
eōdem *Adv.*	ebendort(hin)
convincere, convincō, convīcī, convictum	(einer Schuld) überführen; widerlegen; beweisen
ūnā *Adv.*	zugleich, zusammen
interitus, -ūs *m*	Untergang, Vernichtung
vulnerāre, vulnerō, vulnerāvī, vulnerātum	verwunden
quisque, quaeque, quidque (quodque)	jeder
dēligere, dēligō, dēlēgī, dēlēctum	wählen, auswählen
ēdūcere, ēdūcō, ēdūxī, ēductum	herausführen
mora, -ae *f*	Aufenthalt, Verzögerung
paulō *Adv.*	(um) ein wenig

LW *Cat.* 1.10[a]+[b]

salūtāre, salūtō, salūtāvī, salūtātum	(be)grüßen; besuchen
modo *Adv.*	gerade eben; nur; modo ... modo bald ... bald

LW *Cat.* 1.13

sponte (meā, tuā, suā)	freiwillig, von selbst
exilium, -ī *n*	Verbannung
suādēre, suādeō, suāsī, suāsum	raten
ōdisse, ōdī, ōsūrus	hassen

LW *Cat.* 1.17–18

parēns, -entis *m/f*	Vater/Mutter, *Pl.* Eltern
tacitus, -a, -um	schweigend, lautlos, still
aliquot	einige, ein paar
exsistere, exsistō, exstitī	hervortreten, entstehen
nex, necis *f*	Tod, Ermordung

LW *Cat.* 1.27–28

ēmittere, ēmittō, ēmīsī, ēmissum	entsenden; von sich geben; freilassen
vinculum, -ī *n*	Fessel
impedīre, impediō, impedīvī, impedītum	(be)hindern, verhindern
multāre, multō, multāvī, multātum	bestrafen
posteritās, -ātis *f*	Nachwelt
mātūrus, -a, -um	reif; erwachsen; frühzeitig
gradus, -ūs *m*	Schritt; Stellung, Stufe, Rang

LW *Cat.* 1.30

imminēre, immineō	drohen; bevorstehen
mollis, -e	weich, angenehm; freundlich
animadvertere, animadvertō, animadvertī, animadversum	bemerken, wahrnehmen; animadvertere in *m. Akk.* vorgehen gegen
quodsī	wenn aber, wenn nun
ēicere, ēiciō, ēiēcī, ēiectum	hinauswerfen, vertreiben
colligere, colligō, collēgī, collēctum	sammeln, aufheben
sēmen, -inis *n*	Samen, Aussaat; Ursprung
malum, -ī *n*	Übel

LW *Phil.* 6.4

lēgātiō, -ōnis *f*	Gesandtschaft
umquam *Adv.*	jemals
eō *Adv.*	dorthin; deswegen
dissimilis, -e	unähnlich, verschieden
latrō, -ōnis *m*	Räuber, Schurke
domesticus, -a, -um	häuslich, privat, einheimisch
citō *Adv.* (*Komp.* citius)	schnell, rasch
avārus, -a, -um	(hab)gierig

LW *Phil.* 6.6–7

initium, -ī *n*	Anfang, Eingang
flamma, -ae *f*	Feuer, Flamme, Glut
arcēre, arceō, arcuī	abwehren, fernhalten
mandatum, -ī *n*	Auftrag, Befehl, Weisung
introīre, introeō, introiī/introīvī, introitum	hineingehen, betreten
inde *Adv.*	von dort; deshalb
nōscere, nōscō, nōvī, nōtum	kennenlernen, erfahren; *Perf.* nōvisse kennen, wissen

Philosophische und rhetorische Schriften
Die Philosophie und ihre Geschichte

i

Philosophie

Der griechische Begriff „**Philosophie**" (φιλοσοφία) bedeutet wörtlich „**Liebe zur Weisheit**". Bei den ersten Philosophen des Abendlandes handelte es sich um die sogenannten **Vorsokratiker** im 6. Jahrhundert v. Chr. Sie fragten vor allem nach dem Ursprung der Dinge (s. Info-Boxen S. 30 und S. 56), waren also in erster Linie Naturphilosophen. Im 5. Jahrhundert v. Chr. trat dann mit **Sokrates** der wohl bedeutendste griechische Philosoph auf. Von ihm selbst sind keine Schriften überliefert – was wir über ihn wissen, verdanken wir im Wesentlichen den Werken seiner Schüler **Platon** und **Xenophon**. Sokrates rückte den Menschen und **ethische** bzw. **moralische** Fragen ins Zentrum, was man in der Philosophiegeschichte als „**Sokratische Wende**" bezeichnet. **Platon** (ca. 427–347 v. Chr.) entwickelte die **Ideenlehre** und gründete die Philosophenschule der **Akademie.** Einer seiner Schüler war **Aristoteles** (384–322 v. Chr.), der später seine eigene Schule, den **Peripatos,** gründete. Im Hellenismus entstanden mit der **Stoa** und der Schule **Epikurs** (ca. 341–270 v. Chr.) zwei philosophische Richtungen, die sich vor allem mit Wegen zum persönlichen Glück befassten.

Die Leistung **Ciceros** bestand dagegen weniger darin, eigene Ideen zu entwickeln, als seinen Mitbürgern die griechische Philosophie in lateinischen Abhandlungen zu vermitteln und eine lateinische Terminologie (Begrifflichkeit) zu schaffen. Er folgte dabei der Methode des **Eklektizismus,** d. h., er wählte aus allen Richtungen das aus, was ihm wichtig erschien. Aus seinen **philosophischen Schriften** lässt sich erkennen, dass ihm die Gedanken der Akademie und Stoa offenbar sympathischer waren als die der Epikureer.

Die **Rhetorik** (Theorie und Praxis der Beredsamkeit) ist bei Cicero nicht von der Philosophie zu trennen, und das drücken auch seine zahlreichen **rhetorischen Schriften** aus. Sein Ideal ist das des ***orator perfectus,*** des umfassend gebildeten und philosophischen Grundsätzen entsprechenden Redners.

Tusc. 5.5–6 Die Leistungen der Philosophie

In seinem Werk *Tusculanae disputationes* („Gespräche in Tusculum") gibt Cicero philosophische Gespräche auf seinem Landgut bei Tusculum wieder. Darin preist er auch die Philosophie.

O vitae philosophia dux, o virtutis indagatrix expultrixque vitiorum! Quid non modo nos, sed omnino vita hominum sine te esse potuisset? Tu urbis peperisti, tu dissipatos homines in societatem vitae convocasti, tu eos inter se primo domiciliis, deinde coniugiis, tum litterarum et vocum communione iunxisti, tu inventrix legum, tu magistra morum et disciplinae fuisti. Ad te confugimus, a te opem petimus, tibi nos, ut antea magna ex parte, sic nunc penitus totosque tradimus. Est autem unus dies bene et ex praeceptis tuis actus peccanti inmortalitati anteponendus. Cuius igitur potius opibus utamur quam tuis, quae et vitae tranquillitatem largita nobis es et terrorem mortis sustulisti?

1 *indāgātrīx, -trīcis f* Erforscherin – *expultrīx, -trīcis f* Vertreiberin – 3 *urbīs ~ urbēs* – 4 *dissipātus* verstreut – *convocāstī ~ convocāvistī* – 5 *domicilium* Wohnsitz – 6 *commūniō, -ōnis f* Gemeinschaft – *inventrīx, -trīcis f* Erfinderin – 8/9 *māgnā ex parte* großenteils – 9 *penitus (Adv.)* aus tiefstem Herzen – 10 *ex praeceptīs tuīs* nach deinen Lehren

T Nach seiner Verbannung, als Cicero sich kaum aktiv für den Staat einsetzen konnte (vgl. S. 6/7), bedeutete für ihn die Abfassung philosophischer Schriften eine andere Art des Dienstes an der Gesellschaft. Weisen Sie nach, dass es ihm in der Passage auch um den Nutzen philosophischer Inhalte für ein Staatsgefüge geht.

S 1 *indagatrix* (Z. 1) – *expultrix* (Z. 1) – *inventrix* (Z. 6): Erklären Sie zu diesen Substantiven die Wortbildung. Geben Sie – wenn nötig, mithilfe des Wörterbuchs – die Verben an, von denen diese Substantive abgeleitet sind.

Darstellung der personifizierten Philosophia in einer mittelalterlichen Handschrift des Werkes *De consolatione philosophiae* von Boethius (ca. 480–535 n. Chr.). Erörtern Sie, wie sich die Abbildung zu Ciceros Beschreibung der Philosophie im Text verhält.

S 2 Anapher, Personifikation, rhetorische Frage ... Schreiben Sie Belege für diese Stilmittel aus dem Text heraus und erklären Sie ihre Funktion im Text. Arbeiten Sie weitere Stilmittel heraus.

S 3 Das Präfix *co(n)-* (auch *com-*, *col-* usw.) kann die Bedeutung „zusammen" *(cum)* haben oder eine Verstärkung ausdrücken. Weisen Sie beide Verwendungen im Text nach.

→ die „Sokratische Wende": S. 31
→ antike Trostliteratur: S. 46
→ Sokrates: S. 102
→ der Begriff „Philosoph" bei Isidor: S. 172
→ Rhetorische Stilmittel: S. 224
→ Projekt: Die Vorsokratiker: S. 238

Tusc. 5.7 Über die Anfänge von Weisheit und Philosophie

Quam rem antiquissimam cum videamus, nomen tamen esse confitemur recens. Nam sapientiam quidem ipsam quis negare potest non modo re esse antiquam, verum etiam nomine? Quae divinarum humanarumque rerum, tum initiorum causarumque cuiusque rei cognitione hoc pulcherrimum nomen apud antiquos adsequebatur. Itaque et illos septem, qui a Graecis σοφοί [sophoí], sapientes a nostris et habebantur et nominabantur, et multis ante saeculis Lycurgum, cuius temporibus Homerus etiam fuisse ante hanc urbem conditam traditur, et iam heroicis aetatibus Ulixem et Nestorem accepimus et fuisse et habitos esse sapientis.

> **i** **Die sieben Weisen**
> Die Liste jener Männer, die man in der Antike zu den **sieben Weisen** (zu besonders bedeutenden griechischen Denkern) rechnete, enthielt nicht immer dieselben Namen. Es handelte sich bei ihnen nicht nur um Philosophen, sondern auch um Politiker. **Platon** führt in seinem Dialog *Protagoras* folgende Personen an: **Thales** von Milet, **Pittakos** von Mytilene, **Bias** von Priene, **Solon** von Athen, **Kleobulos** von Lindos, **Myson** von Chenai und **Chilon** von Sparta. In anderen Listen zählen auch der Philosoph **Pythagoras** oder der athenische Herrscher **Peisistratos** zu diesen weisen Männern.

Übersetzung:
Obwohl wir sehen, dass diese Sache sehr alt ist, bekennen wir dennoch, dass die Bezeichnung neu ist. Denn wer könnte leugnen, dass die Weisheit selbst sicher nicht nur tatsächlich, sondern auch der Bezeichnung nach alt ist? Diese erlangte diesen sehr schönen Namen bei den Alten durch die Erkenntnis der göttlichen und menschlichen Angelegenheiten, dann besonders durch die Erkenntnis der Anfänge und Ursachen einer jeden Sache. Deshalb haben wir vernommen, dass auch jene Sieben, die von den Griechen für σοφοί (*sophoí*, „weise") und von uns für *sapientes* gehalten und auch so genannt wurden, und viele Jahrhunderte zuvor Lykurg, zu dessen Zeiten auch Homer bereits vor der Gründung dieser Stadt gelebt haben soll, und bereits in den Zeitaltern der Heroen Odysseus und Nestor sowohl weise waren als auch dafür gehalten wurden.

S Vergleichen Sie den lateinischen Text mit der deutschen Übersetzung und geben Sie zu den markierten Begriffen die lateinischen Entsprechungen an. Beziehen Sie auch den Lernwortschatz in Ihre Überlegungen ein. Erklären Sie, wo freie Übersetzungen gewählt wurden.

T Bei Homer handelt es sich um den ältesten griechischen Dichter und Verfasser der Epen *Ilias* und *Odyssee;* Lykurg ist ein legendärer Gesetzgeber Spartas; Odysseus und Nestor sind bedeutende Helden im Troianischen Krieg. Stellen Sie weitere Informationen zu diesen Personen zusammen und erörtern Sie, inwieweit diese Ihren Vorstellungen von einem *sapiens* entsprechen.

Tusc. 5.8[a] Vom Mythos zur Naturphilosophie

Im Folgenden erwähnt Cicero Atlas, der das Himmelsgebäude trägt, Prometheus, der an den Kaukasus geschmiedet ist, und den unter die Gestirne versetzten Kepheus – die alle den Zorn der Götter auf sich zogen. Durch ihre Taten kommen auch diese mythologischen Figuren der Vorstellung von einem „Weisen" schon sehr nahe:

A quibus ducti deinceps omnes, qui in rerum contemplatione studia ponebant, sapientes et habebantur et nominabantur, idque eorum nomen usque ad Pythagorae manavit aetatem.

1 *ā quībus ductī* in deren Nachfolge – *deinceps (Adv.)* daraufhin – 3 *Pȳthagorās, -ae m* vgl. die folgende Seite – 4 *mānāre* sich ausbreiten

Die Qualen des Atlas und des Prometheus auf einem Trinkgefäß (6. Jh. v. Chr.). Tragen Sie in der Klasse Informationen zu den Taten von Atlas und Prometheus zusammen. Erklären Sie dann, warum Cicero gerade diese beiden als Vorläufer der Philosophen darstellt.

→ Pythagoras: S. 30
→ Thales: S. 30 und S. 239
→ Prometheus: S. 63
→ Homerische Epen: S. 89
→ Lykurg bei Erasmus von Rotterdam: S. 194

Tusc. 5.8[b]–9 Der Philosoph Pythagoras

Quem – ut scribit auditor Platonis Ponticus Heraclides, vir doctus in primis – Phliuntem ferunt venisse eumque cum Leonte, principe Phliasiorum, docte et copiose disseruisse quaedam. Cuius ingenium et eloquentiam cum admiratus esset Leon, quaesivisse ex eo, qua maxime arte confideret; at illum: artem quidem se scire nullam, sed esse philosophum.
Admiratum Leontem novitatem nominis quaesivisse, quinam essent philosophi, et quid inter eos et reliquos interesset. Pythagoram autem respondisse similem sibi videri vitam hominum et mercatum eum, qui haberetur maxumo ludorum apparatu totius Graeciae celebritate:

Nam ut illic
alii corporibus exercitatis gloriam et
nobilitatem coronae peterent,
alii emendi aut vendendi quaestu et
lucro ducerentur,
esset autem quoddam genus eorum –
idque vel maxime ingenuum –,
qui nec plausum nec lucrum quaererent,
sed visendi causa venirent
studioseque perspicerent,
quid ageretur et quo modo,
item nos
– quasi in mercatus quandam celebritatem ex urbe aliqua –
sic in hanc vitam ex alia vita et natura profectos
alios gloriae servire,
alios pecuniae,
raros esse quosdam,
qui ceteris omnibus pro nihilo habitis
rerum naturam studiose intuerentur.

Hos se appellare sapientiae studiosos (id est enim philosophos). Et ut illic liberalissimum esset spectare nihil sibi adquirentem, sic in vita longe omnibus studiis contemplationem rerum cognitionemque praestare.

S 1 Wiederholen Sie anhand des Textes die Grundregeln der indirekten Rede: Geben Sie an, was bei Hauptsätzen, Nebensätzen und Pronomina zu beachten ist.

S 2 Stellen Sie sämtliche Infinitive aus der indirekten Rede zusammen und unterscheiden Sie zwischen Infinitiv Präsens (gleichzeitig) und Infinitiv Perfekt (vorzeitig). Achten Sie bei der Übersetzung auf die korrekte Wiedergabe mit den entsprechenden deutschen Konjunktiven.

i Cicero stellt in den ***Tusculanae disputationes*** zunächst den **Vorsokratiker Pythagoras** (*-ae;* 6. Jh. v. Chr.) vor, der auch heute noch vor allem als Mathematiker berühmt ist. Dabei bezieht Cicero sich wie so oft auf eine griechische Quelle: den Philosophen **Heraclides Ponticus** (4. Jh. v. Chr.), einen Schüler des **Platon** *(-onis).* Cicero erzählt die berühmte Geschichte, derzufolge Pythagoras in die griechische Stadt **Phlius** (*-untis f;* Einwohner: *Phliasii, -orum*) kam und mit dem dortigen Herrscher **Leon** *(-ontis)* diskutierte. Damals sei erstmals der Begriff „Philosoph“ verwendet worden.

1 *Quem* gemeint ist Pythagoras – *audītor, -ōris m* Schüler – 2 *in prīmīs* besonders (wörtlich?) – 9 *quī-nam (Pl.)* wer denn – 11 *mercātus, -ūs* Markt – *haberī* (hier) abgehalten werden – 12 *māxumō ~ māximō* – *apparātus, -ūs* Prunk – *celebritās, -ātis f* Anwesenheit – 15 *exercitātus* trainiert – 16 *corōna* Ehrenkranz – 17 *quaestus, -ūs* Gewinn – 20 *ingenuus* edel – 21 *plausus, -ūs* Beifall – 26/27 ergänze: *ex urbe aliquā <profectōs>* – 29/30 *aliī ... aliī* teils ... teils – 32 *prō nihilō habēre* für unbedeutend halten – 35 *illīc* gemeint ist der Markt – 36 *sibī adquīrere* für sich erwerben – *contemplātiō* LW *Tusc.* 5.8[a]

T 1 Beschreiben Sie, was nach der Darstellung im Text zu einem *mercatus* (Z. 11) gehört.

T 2 Erörtern Sie, welche heutige Einrichtung oder Veranstaltung als ein Bild für das menschliche Leben, in dem einige nach Ruhm und Geld und andere nach Erkenntnis streben, verwendet werden könnte.

Auch in seiner Schrift ***Academica*** (2.118) äußert sich Cicero über die **Vorsokratiker:**
*Als erster behauptete **Thales**, einer von den sieben [Weisen], [...] dass alles aus Wasser bestehe. Doch davon war **Anaximander**, sein Landsmann und Freund, nicht überzeugt; er sagte nämlich, es sei die Unbegrenztheit der Natur, aus der alles entstehe. Danach behauptete sein Schüler **Anaximenes**, es sei die unbegrenzte Luft, doch die Dinge, die daraus hervorgingen, seien begrenzt: Es entstünden aber Erde, Wasser und Feuer, dann aus diesen alles andere. **Anaxagoras** sagte, es sei unbegrenzter Stoff, doch aus diesem seien kleine Teilchen hervorgegangen, einander ähnlich und ganz klein; zuerst seien sie ungeordnet gewesen, doch später durch göttliche Vernunft geordnet worden. [...] **Parmenides** sagte, es sei Feuer, das die Erde bewegte [...]. **Leukipp** behauptete, es sei das Volle und Leere. Darin ähnelt ihm **Demokrit** [...]. **Empedokles** führte die allgemein bekannten vier Elemente an. **Heraklit** das Feuer. [...] Die **Pythagoreer** glauben, dass alles aus Zahlen und Regeln der Mathematik hervorgegangen sei.*
Stellen Sie die Kernprobleme zusammen, mit denen sich diese Philosophen beschäftigen.

→ die sieben Weisen: S. 29
→ Vitruv über die Grundstoffe/Vorsokratiker: S. 56
→ Sokrates: S. 102
→ der Begriff „Philosophie“ bei Isidor: S. 172
→ Projekt: Die Vorsokratiker: S. 238
→ AH: Die *oratio obliqua:* S. 50

Sokrates und die Ethik

i **Sokrates** (*Socrates, -is;* **469–399 v. Chr.**) gilt als **Begründer der Ethik.** Während die Philosophen vor ihm hauptsächlich mit der Beobachtung der Natur befasst waren, rückte Sokrates den Menschen und die Frage nach dem richtigen Handeln und Leben in den Mittelpunkt. Dieser Schritt wird **„Sokratische Wende“** genannt.
Sokrates stellte nicht etwa Thesen auf, sondern brachte seine Gesprächspartner durch geschicktes Fragen dazu, selbst zu einer Erkenntnis zu gelangen. Dieses Vorgehen soll er selbst in Anspielung auf den Beruf seiner Mutter als **Mäeutik** (μαιευτική *[maieutiké]*, **„Hebammenkunst“**, von μαῖα *[maía]*, „Hebamme“) bezeichnet haben.
Sokrates behauptete, eine innere Stimme – sein sogenanntes **Daimonion** – leite ihn. So wurde er unter dem Vorwurf angeklagt, er leugne die Existenz der Götter und verderbe die Jugend. Er wurde zum Tode verurteilt und starb durch einen Giftbecher (**Schierlingsbecher**).
Sokrates selbst verfasste keine Schriften. Seine Philosophie ist uns vor allem durch die Werke seines Schülers **Platon** *(-onis)* bekannt.

Tusc. 5.10–11 Die „Sokratische Wende“

Socrates autem primus philosophiam devocavit e caelo et in urbibus conlocavit et in domus etiam introduxit et coegit de vita et moribus rebusque bonis et malis quaerere.
Cuius multiplex ratio disputandi rerumque varietas et ingenii magnitudo Platonis memoria et litteris consecrata plura genera effecit dissentientium philosophorum.

1 *philosophia* LW *Tusc.* 5.5–6 – *dēvocāre* herabrufen – 2 *conlocāvit ~ collocāvit* – *intrō-dūcere* hineinführen – 5 *multiplex, -plicis* vielfältig – 6 *cōnsecrāre* verewigen

S *memoria – consecrata – plura – genera:* Bestimmen Sie die auf *-a* endenden Wörter in Z. 6/7 nach Kasus, Numerus und Genus und stellen Sie die Bezüge her.
T Lesen Sie die Info-Box und arbeiten Sie aus dem lateinischen Text eine Definition der Ethik sowie einen Hinweis auf die Mäeutik des Sokrates heraus.

Tusc. 1.97 Sokrates über den Tod (I)

In den *Tusculanae disputationes* geht Cicero auch auf den Prozess gegen Sokrates ein. Unter Berufung auf Platon gibt er Teile der Rede des Sokrates vor den Athener Richtern wieder.

„Magna me“, inquit, „spes tenet, iudices, bene mihi evenire, quod mittar ad mortem. Necesse est enim sit alterum de duobus: ut aut sensus omnino omnes mors auferat aut in alium quendam locum ex his locis morte migretur. Quam ob rem – sive sensus exstinguitur morsque ei somno similis est, qui non numquam etiam sine visis somniorum placatissimam quietem adfert – di boni, quid lucri est emori! Aut quam multi dies reperiri possunt, qui tali nocti anteponantur! Cui si similis futura est perpetuitas omnis consequentis temporis, quis me beatior?“

2 *necesse est (m. Konj.)* es ist nötig, dass – 3 *alterum* (hier) eine (von zwei Meinungen) – 5 *migrāre* gehen – 6 *nōn numquam* manchmal – 7 *vīsum* Bild – *plācātus* friedlich – *adfert ~ affert* – 8 *dī ~ deī* – *lucrum* LW *Tusc.* 5.8[b]–9; *quid lucrī est* was ist es für ein Gewinn – 9 *antepōnere* LW *Tusc.* 5.5–6 – 10 *perpetuitās, -ātis f* Ewigkeit – 11 ergänze: *quis mē beātior <est>*

S 1 Bei der Übersetzung des lateinischen Passivs können Sie das deutsche Passiv, aber auch das Pronomen „man“ oder reflexive Ausdrücke („sich“) verwenden. Schreiben Sie die Passivformen heraus und übersetzen Sie passend.
S 2 Bestimmen Sie die Kasus und ihre Funktion bei *lucri* (Z. 8) und *me* (Z. 11).
T Die Menschen haben schon immer versucht, sich das ihnen so schwer begreifbare Phänomen Tod zu erklären. Diskutieren Sie, inwieweit Ihnen die Beschreibung des Todes durch Sokrates und seine Argumentation einleuchtet. Ziehen Sie in Ihrer Debatte auch weitere Ihnen bekannte Ansätze zur Erklärung des Todes (etwa aus Religion oder Philosophie) heran.

Personifikation von Hypnos (lat. *Somnus*) und Thanatos (lat. *Mors*) als junge Knaben. Erörtern Sie, wie sich der antike Künstler das Verhältnis von Schlaf und Tod vorgestellt hat. Arbeiten Sie dabei Gemeinsamkeiten mit der Argumentation des Sokrates heraus.

→ Sokrates: S. 102
→ Umgang mit Tod und Trauer: S. 107
→ Ethik im antiken Philosophiebegriff: S. 114
→ AH: Substantive, Adjektive, Adverbien und Pronomina: S. 4
→ AH: Kasusfunktionen: S. 8
→ AH: Tempora: S. 35

Tusc. 1.98–99 Sokrates über den Tod (II)

„Sin vera sunt, quae dicuntur, migrationem esse mortem in eas oras, quas, qui e vita excesserunt, incolunt, id multo iam beatius est. Tene – cum ab is, qui se iudicum numero haberi volunt, evaseris – ad eos venire, qui vere iudices appellentur, Minoem, Rhadamanthum, Aeacum, Triptolemum, convenireque eos, qui iuste et cum fide vixerint – haec peregrinatio mediocris vobis videri potest? Ut vero conloqui cum Orpheo, Musaeo, Homero, Hesiodo liceat, quanti tandem aestimatis? Equidem saepe emori, si fieri posset, vellem, ut ea, quae dico, mihi liceret invisere. Quanta delectatione autem afficerer, cum Palamedem, cum Aiacem, cum alios iudicio iniquo circumventos convenirem! Temptarem etiam summi regis, qui maximas copias duxit ad Troiam, et Ulixi Sisyphique prudentiam, nec ob eam rem, cum haec exquirerem, sicut hic faciebam, capite damnarer.

Ne vos quidem – iudices i, qui me absolvistis – mortem timueritis. Nec enim cuiquam bono mali quicquam evenire potest, nec vivo nec mortuo; nec umquam eius res a dis inmortalibus neglegentur, nec mihi ipsi hoc accidit fortuito. Nec vero ego is, a quibus accusatus aut a quibus condemnatus sum, habeo, quod suscenseam, nisi quod mihi nocere se crediderunt."

Et haec quidem hoc modo; nihil autem melius extremo: „Sed tempus est", inquit, „iam hinc abire, me, ut moriar, vos, ut vitam agatis. Utrum autem sit melius, dii inmortales sciunt; hominem quidem scire arbitror neminem."

T 1 Cicero will im ersten Buch seiner *Tusculanae disputationes* zeigen, dass die Angst vor dem Tod unbegründet ist, und referiert in diesem Zusammenhang die Rede des Sokrates (*Tusc.* 1.97–99). Fassen Sie den Gedankengang der Rede in eigenen Worten zusammen.

T 2 Erörtern Sie, wie die Richter in Athen auf die Aussagen des Sokrates reagiert haben könnten. Stellen Sie verschiedene mögliche Reaktionen zusammen.

2 ergänze: *quās <iī>, quī* – 3/4 *tē<ne> ... ad eōs venīre* dass man zu denen gelangt (wörtlich: dass du ...) – 3 *īs* ~ *iīs* – 4 *<in> numerō haberī (m. Gen.)* gehalten werden für – 5–15 zu den Eigennamen vgl. die Info-Box – 7 *peregrīnātiō, -ōnis f* Wanderung – 11 *invīsere* erblicken – *dēlectātiō, -ōnis f* Freude – 13 *circumvenīre* (hier) zu Fall bringen – 14 *summī rēgis* gemeint ist Agamemnon (vgl. die Info-Box) – 16 *exquīrere* (durch Fragen) erforschen – 18 *ī* ~ *iī* – 20 *ēvenīre* LW *Tusc.* 1.97 – 21 *dīs* ~ *deīs* – 22 *fortuītō* zufällig – *īs* ~ *iīs* – 23 *suscēnsēre (m. Dat.)* zornig sein auf – 24 *nisī quod* außer deshalb, weil – 25 ergänze: *hōc modō <dīxit>* – *extrēmum* Ende (der Rede)

S 1 Vergleichen Sie die Form *beatius* (Z. 3) mit dem letzten Wort des vorangehenden Abschnitts *beatior*. Erklären Sie den Unterschied zwischen den beiden Formen.

S 2 Wie jede gute Rede ist auch die des Sokrates stilistisch ausgefeilt. Arbeiten Sie Aussagen aus dem Text heraus, die durch die Verwendung von Stilmitteln besonders hervorgehoben werden.

S 3 Erklären Sie den Konjunktiv der Formen *vixerint* (Z. 7), *suscenseam* (Z. 23) und *sit* (Z. 27).

Die Unterweltsrichter Rhadamanthys, Minos und Aiakos auf einer rotfigurigen Vase (4. Jh. v. Chr.). Informieren Sie sich über die „Aufgaben" dieser Richter. Suchen Sie aus dem Text zwei mythische Personen heraus, über die ein (berühmtes) Urteil gefällt wurde, und führen Sie Gründe an, weshalb Sokrates/Cicero diese mythischen Personen in seinem Text explizit nennt (vgl. auch die Info-Box).

i **Die Unterwelt**

Sokrates führt aus, dass für ihn der Gedanke, sich bald in der Unterwelt aufhalten zu dürfen, äußerst attraktiv ist – und das wegen der Persönlichkeiten, die er dort treffen wird. Den irdischen Richtern, vor denen er nun steht, stellt er die Unterweltsrichter **Minos** *(Minos, -ois)*, **Rhadamanthys** *(Rhadamantus)*, **Aiakos** *(Aeacus)* und **Triptolemos** *(Triptolemus)* gegenüber, die über die Toten urteilen.

Weiterhin freut er sich auf Gespräche mit den mythischen Sängern **Orpheus** und **Musaios** *(Musaeus)* sowie den frühen griechischen Dichtern **Homer** *(Homerus)* und **Hesiod** *(Hesiodus)*. Auch zentrale Figuren aus dem von Homer besungenen **Krieg um Troia** möchte er gerne treffen: **Palamedes** *(Palamedes, -is)*, einen der Griechen vor Troia, der, nachdem er durch eine List den **Odysseus** *(Ulixes, -i)* zur Teilnahme am Troianischen Krieg gezwungen hatte, von diesem selbst überlistet und mit dem Tode bestraft wurde, und **Ajax** *(Aiax, -acis)*, einen griechischen Helden, der, nachdem er im Wettstreit um die Waffen **Achills** gegen Odysseus verloren hatte, dem Wahnsinn verfiel, die Schafherde des Odysseus tötete und dann aus Scham über diese Tat Selbstmord beging. Schließlich erwähnt Sokrates den griechischen König **Agamemnon** und außerdem **Sisyphus**, den für seine Schlauheit berühmten Unterweltsbüßer, der einen immer wieder zurückrollenden Stein auf einen Berg wälzen muss.

→ Orpheus in der Unterwelt: S. 76
→ Rhetorische Stilmittel: S. 224
→ AH: Substantive, Adjektive, Adverbien und Pronomina: S. 4
→ AH: Konjunktiv in Haupt- und Nebensätzen: S. 41

Von der Atomlehre zum Epikureismus

Eine der einflussreichsten Philosophenschulen war die des **Epikur von Samos** (ca. 341–270 v. Chr.), die nach ihrem Versammlungsort, einem Garten in Athen, auch als κῆπος (***képos***, Garten) bezeichnet wurde. Wie den Stoikern (vgl. die folgende Seite) ging es auch den **Epikureern** um ein Leben in Unabhängigkeit von äußeren Einflüssen.
Die Grundlage für Epikurs Lehre ist die Vorstellung, dass die Welt aus kleinsten unteilbaren Teilchen (**Atomen**) bestehe, wie es neben anderen der vorsokratische Philosoph **Demokrit** ausführte (vgl. dazu den Text auf S. 240/241). Der Gedanke, dass alles – auch der Mensch – aus Atomen bestehe und irgendwann einfach wieder in seine Atome zerfallen werde, soll den Menschen die Angst vor dem Tod nehmen. Für Epikur ist es außerdem wichtig, die Menschen von der Angst vor den Göttern zu befreien, die nach seiner Lehre zwar existieren, aber keinen Einfluss auf die Menschen ausüben.
Die **Überwindung der Angst vor dem Tod und vor höheren Mächten** ist eine Voraussetzung für die ***voluptas*** („Lust"), welche die Epikureer als das höchste Gut (***summum bonum***) ansehen. Die epikureische Lust ist jedoch nicht etwa mit einem Leben im Luxus und Schwelgerei zu verwechseln, sondern zur wahren ***voluptas*** gehört vielmehr eine innere Ruhe. Daher ist es für die Epikureer auch wichtig, sich vom politischen Leben möglichst fernzuhalten (vgl. den Leitspruch Λάθε βιώσας! [***Láthe biósas!***, „Lebe im Verborgenen!"]). Das Ideal ist ein ruhiges Privatleben im Kreise von Freunden. Die griechische Entsprechung von ***voluptas*** ist die ἡδονή (***hedoné***), wovon der auch heute noch geläufige Begriff „**Hedonismus**" (das Ideal eines Lebens voller Genuss) abgeleitet ist.
Erschließen Sie, wieso ausgerechnet die Philosophie Epikurs häufig missverstanden und falsch umgesetzt wurde.

Fin. 2.9–10 Die Definition der *voluptas*

Im ersten Buch von *De finibus* hat der Epikureer Torquatus dargelegt, was er unter *voluptas* versteht: die Abwesenheit von Schmerz. In Buch 2 beginnt Cicero nun eine Diskussion mit Torquatus über die Gedanken Epikurs und bestreitet die Richtigkeit dieser Definition von *voluptas*. Torquatus widerspricht vehement:

„Nam, ut paulo ante docui, augendae voluptatis finis est doloris omnis amotio."

„Non dolere", inquam, „istud quam vim habeat, postea videro; aliam vero vim voluptatis esse, aliam nihil dolendi, nisi valde pertinax fueris, concedas necesse est."

„Atqui reperies", inquit, „in hoc quidem pertinacem. Dici enim nihil potest verius."

„Estne, quaeso", inquam, „sitienti in bibendo voluptas?"

„Quis istud possit", inquit, „negare?"

„Eademne, quae restinctā siti?"

„Immo alio genere. Restincta enim sitis stabilitatem voluptatis habet", inquit, „illa autem voluptas ipsius restinctionis in motu est."

„Cur igitur", inquam, „res tam dissimiles eodem nomine appellas?"

2 *āmōtiō, -ōnis f* Beseitigung – 3/4 ordne: *posteā viderō, quam vim habeat ... nōn dolēre* – *vīs* (hier) Bedeutung – 4 ergänze: *aliam <vim>* – 5 *pertināx, -ācis* starrsinnig – *necesse est (m. Konj.)* es ist nötig, dass – 6 *in hōc* in diesem Punkt – ergänze: *<mē> pertinācem* – 8 *sitīre* Durst haben – 11 *Eademne <voluptās>, quae ...?* Ist es dieselbe <Lust> wie ...? – 12 *restinguere (PPP: restīnctum)* löschen – *stabilitās, -ātis f* Beständigkeit – 13 *habēre* (hier) zur Folge haben – 14 *restīnctiō, -ōnis f* Löschen (des Durstes)

S Cicero präsentiert die Debatte als lebhaften Dialog. Arbeiten Sie aus dem Text Stellen heraus, die Charakteristika gesprochener Sprache aufweisen.

T Geben Sie die Debatte über das Löschen von Durst mit eigenen Worten wieder. Erklären Sie, was Cicero mit diesem Vergleich hier aussagen will.

Ciceros Schrift ***De finibus bonorum et malorum*** („Über das höchste Gut und das größte Übel") ist eine wichtige Quelle für die antiken Philosophenschulen. Das zentrale Thema des Werkes ist das ***summum bonum*** („höchstes Gut") der einzelnen Schulen.
Das Werk ist in Dialogform abgefasst. So lässt Cicero den berühmten Patrizier und Epikureer Lucius Manlius Torquatus in Buch 1 die epikureische Lehre vorstellen, worauf in Buch 2 über die Thesen des Torquatus diskutiert wird. In den folgenden Büchern werden dann die Stoa und weitere Philosophenschulen präsentiert.

Darstellung der personifizierten Voluptas (Daniel Hopfner, 15./16. Jh.). Erklären Sie, wie sich die *voluptas* des neuzeitlichen Künstlers zum antiken Konzept Epikurs verhält.

→ die Vorsokratiker: S. 30, S. 56 und S. 238
→ Epikureismus: S. 116
→ Demokrit: S. 240

Stoiker und Kyniker

i Die zweite sehr einflussreiche antike Philosophenschule war die der **Stoa** (dieser Name bezeichnet den ursprünglichen Versammlungsort der Schule, eine **Säulenhalle in Athen**). Für die **Stoiker** liegt das höchste Lebensziel in einem tugendhaften Leben gemäß der ***ratio*** („Vernunft“) und nach den Regeln der **Natur.** Dazu gehören auch die **Unabhängigkeit von Begierden und Affekten** sowie das gelassene Ertragen des menschlichen Schicksals, das von den Göttern bestimmt ist („**stoische Ruhe**“). Anders als im Epikureismus gilt der Einsatz für die Gemeinschaft als Pflicht des Menschen, da dieser nur im öffentlichen Leben seine **Tugend** ***(virtus)*** vervollkommnen könne.
Der Philosoph **Diogenes** (4. Jh. v. Chr.) und seine Schüler, die nach seinem Beinamen κύων (*kýon*, „Hund“) **Kyniker** genannt wurden (davon unser Wort „**Zyniker**“), vertraten eine Philosophie, die in einigen Punkten dem Stoizismus ähnlich war, sich aber auch von ihm unterschied. Den Kynikern ging es um ein einfaches Leben, das der **Natur** möglichst nah sein und den Menschen von den Einflüssen der Zivilisation unabhängig machen sollte. Berühmtheit erlangte Diogenes auch dadurch, dass er das Leben in einem Haus ablehnte und in einer Tonne schlief.
In allen genannten Philosophenschulen strebte man nach **Weisheit** ***(sapientia)***. Ein **Weiser** ***(sapiens)*** setzt seine Philosophie ideal in die Tat um. So lebt etwa der stoische Weise in seelischer Unerschütterlichkeit. Häufig wird der *sapiens* sogar mit den Göttern verglichen. Tatsächlich bleibt der Weise aber ein Ideal, dessen Verwirklichung zwar angestrebt wird, aber stets in dem Wissen, dass Perfektion eben nicht erlangt werden kann.

Fin. 3.68 Der Stoiker in der Gesellschaft

Cum autem ad tuendos conservandosque
homines hominem natum esse videamus,
consentaneum est huic naturae,
ut sapiens velit gerere et administrare rem publicam atque,
ut e natura vivat,
uxorem adiungere et velle ex ea liberos.

3 *cōnsentāneum est (m. Dat.)* es passt zu

S Vieldeutige Präpositionen: Arbeiten Sie bei der Übersetzung von *ad* (Z. 1), *e* (Z. 6), *ex* (Z. 7) und *a* (Z. 8) jeweils die passende deutsche Übersetzung heraus.

T Lesen Sie die Info-Box oben und arbeiten Sie aus dem Text drei Gedanken heraus, die im Einklang mit der stoischen Philosophie stehen.

Tusc. 1.104 Diogenes als Todesverächter

Nachdem Cicero in den *Tusculanae disputationes* von der Todesverachtung des Sokrates berichtet hat (S. 31/32), erzählt er eine Anekdote über Diogenes *(-is)*.

Durior Diogenes, et is quidem eadem sentiens, sed ut Cynicus asperius: proici se iussit inhumatum. Tum amici: „Volucribusne et feris?“
„Minime vero“, inquit, „sed bacillum propter me, quo abigam, ponitote.“
„Qui poteris?“ illi, „Non enim senties.“
„Quid igitur mihi ferarum laniatus oberit nihil sentienti?“

2 ergänze: *asperius <dīxit>* – *inhumātus* unbestattet – 3 *volucris, -is f* Vogel – 4 *bacillum* Stock – *propter* (hier) neben – 5 *abigere* vertreiben – *pōnitōte* Imperativ II („ihr sollt …“) – 7 *laniātus, -ūs* Zerfleischung

S Wie in Ciceros Text *Fin.* 2.9–10 (vgl. S. 33) handelt es sich um einen Dialog. Weisen Sie Ähnlichkeiten in der sprachlichen Gestaltung beider Passagen nach.

T Vergleichen Sie die Gedanken des Sokrates zum Tod mit denen des Diogenes. Erörtern Sie, ob Sokrates dasselbe meint (*eadem sentiens*, Z. 1) wie Diogenes.

Erklären Sie, wie der Künstler Jean-Léon Gérôme Inhalte der kynischen Philosophie in seiner Darstellung des Diogenes (1860) verarbeitet. Informieren Sie sich weiterhin über die Bedeutung der Lampe für Diogenes.

→ Cicero, *Tusculanae disputationes*: S. 28
→ Cicero, *De finibus*: S. 33
→ Sokrates: S. 102
→ der Weise bei Seneca: S. 106
→ die stoische und kynische Philosophie: S. 116
→ Sokrates (über die Bestattung) und Diogenes bei Erasmus: S. 192

Rhetorische Schriften

Rhetorik und Philosophie

Cicero stellt am Beginn seines Werkes ***De inventione*** – einer Anleitung zur „Auffindung" der Redeinhalte (vgl. die folgende Seite) – Überlegungen zum Verhältnis von Rhetorik und Philosophie an. Er greift dabei Gedanken auf, die schon in der griechischen Philosophie eine Rolle spielten: Im 5. Jahrhundert v. Chr. gewann die Beredsamkeit durch die sogenannten **Sophisten** besondere Bedeutung. Diese Gelehrten betrachteten die Redekunst als erlernbares Mittel, das dazu diene, sich in Gesellschaft und Politik durchzusetzen. Sie trennten somit die Redekunst von ethischen Regeln und entwickelten den Leitspruch, man könne durch rhetorische Überzeugungskraft „die schlechtere Sache zur besseren machen". Dafür wurden die Sophisten vor allem von **Sokrates** und seinem Schüler **Platon** heftig kritisiert.

Inv. 1.1 Beredsamkeit und Philosophie

Ac me quidem diu cogitantem ratio ipsa in hanc potissimum sententiam ducit, ut existimem sapientiam sine eloquentia parum prodesse civitatibus, eloquentiam vero sine sapientia nimium obesse plerumque, prodesse numquam.
Quare si quis omissis rectissimis atque honestissimis studiis rationis et officii consumit omnem operam in exercitatione dicendi, is inutilis sibi, perniciosus patriae civis alitur. Qui vero ita sese armat eloquentia, ut non oppugnare commoda patriae, sed pro his propugnare possit, is mihi vir et suis et publicis rationibus utilissimus atque amicissimus civis fore videtur.

3 *ēloquentia* LW *Tusc.* 5.8[b]–9 – 4 *obesse* LW *Tusc.* 1.104 – 6 ergänze: *sī <ali>quis* – 9 ergänze: *<Is,> quī* – 10 *prōpūgnāre* kämpfen – 11 *ratiōnēs* (hier) Interessen – 12 *amīcus (Adj.)* freundlich gesinnt

S Arbeiten Sie aus dem Text Begriffe heraus, die zum Sachfeld „Krieg" gehören. Erklären Sie, welchen Effekt diese Metaphorik hier hat.

T 1 Weisen Sie nach, dass Cicero hier gegen die Ansichten der Sophisten (vgl. die Info-Box) Stellung bezieht.

T 2 *Ratio* (Z. 1, 7, 11) ist ein Kernbegriff der stoischen Philosophie (vgl. die Info-Box auf der vorangehenden Seite). Weisen Sie nach, dass dieser Text aus einer rhetorischen Schrift Ciceros Gedanken der stoischen Philosophie enthält.

Inv. 1.2 Die Ursprünge der Beredsamkeit

Zunächst blickt Cicero in die menschliche Frühzeit zurück:

Nam fuit quoddam tempus, cum in agris homines passim bestiarum modo vagabantur et sibi victu fero vitam propagabant nec ratione animi quicquam, sed pleraque viribus corporis administrabant. […]
Quo tempore quidam magnus videlicet vir et sapiens cognovit, quae materia esset et quanta ad maximas res opportunitas in animis inesset hominum, si quis eam posset elicere et praecipiendo meliorem reddere. Qui dispersos homines in agros et in tectis silvestribus abditos ratione quadam compulit unum in locum et congregavit; et eos in unam quamque rem inducens utilem atque honestam primo propter insolentiam reclamantes, deinde propter rationem atque orationem studiosius audientes ex feris et immanibus mites reddidit et mansuetos.

2 *vagārī* umherschweifen – *ferus* LW *Tusc.* 1.104 – 2/3 *vītam propāgāre* das Leben führen – 3 *quisquam* LW *Tusc.* 1.98–99 – 4 *administrāre* LW *Fin.* 3.68 – 5 *vidēlicet (Adv.)* offenbar – 6 *māteria* (hier) geistige Anlage – 7 *opportūnitās, -ātis f* günstige Veranlagung – ergänze: *sī <ali>quis* – 8 *ēlicere* hervorlocken – 9 *dīspersus* zerstreut – *silvestris, -e* Wald-… – *abditus* verborgen – 10 *compellere (Perf.: compulī)* zusammentreiben – *congregāre* vereinigen – 11 *quisque* LW *Tusc.* 5.7 – 11/12 ordne: *eōs in ūnam quamque rem ūtilem atque honestam indūcēns* – 12 *īnsolentia* Überheblichkeit – *reclāmāre* laut widersprechen – 13 *propter rātiōnem atque ōrātiōnem* wegen seiner Vernunft und Redegewandtheit – 14 *mītis, -e* sanft – 15 *mānsuētus* friedlich

S 1 Suchen Sie alle Ablative aus dem Text heraus und benennen Sie ihre grammatikalischen Funktionen.

S 2 Die Markierung einiger aufeinander bezogener Substantive, Adjektive, Pronomina und Partizipien helfen Ihnen bei der Übersetzung. Bestimmen Sie diese nach Kasus, Numerus und Genus.

T 1 Weisen Sie anhand des Textes nach, dass für Cicero die Beredsamkeit ein zentraler Punkt der Zivilisation ist.

T 2 Vergleichen Sie dazu Vitruvs Beschreibung der Entstehung der Sprache (S. 55). Arbeiten Sie dabei Ähnlichkeiten und Unterschiede zu Ciceros Darstellung von der Entstehung der *eloquentia* heraus.

→ Vitruv: S. 55
→ Sokrates: S. 102
→ Arbeit mit Sachfeldern: S. 143
→ die Sophisten: S. 173
→ AH: Substantive, Adjektive, Adverbien und Pronomina: S. 4
→ AH: Wortschatzarbeit: S. 68

Rhet. Her. 1.2–3 Die Aufgaben des Redners

Nunc quas res oratorem habere oporteat, docebimus, deinde, quo modo has causas tractari conveniat, ostendemus. Oportet igitur esse in oratore inventionem, dispositionem, elocutionem, memoriam, pronuntiationem.

Inventio est excogitatio rerum verarum aut veri similium, quae causam probabilem reddant.

Dispositio est ordo et distributio rerum, quae demonstrat, quid quibus locis sit collocandum.

Elocutio est idoneorum verborum et sententiarum ad inventionem adcommodatio.

Memoria est firma animi rerum et verborum et dispositionis perceptio.

Pronuntiatio est vocis, vultus, gestus moderatio cum venustate.

Haec omnia tribus rebus adsequi poterimus: arte, imitatione, exercitatione.

Ars est praeceptio, quae dat certam viam rationemque dicendi.

Imitatio est, qua inpellimur cum diligenti ratione, ut aliquorum similes in dicendo valeamus esse.

Exercitatio est adsiduus usus consuetudoque dicendi.

Ratgeber für die Verbesserung der rhetorischen Fähigkeiten verkaufen sich heutzutage sehr gut. Auch in der Antike waren Lehrbücher zur Rhetorik verbreitet. Erörtern Sie, welche Gemeinsamkeiten und Unterschiede zwischen den Bedürfnissen von modernen und antiken Rhetorikschülern und -interessierten bestehen dürften.

1 rēs (hier) Fähigkeiten – ordne: *Nunc rēs, quās ōrātōrem habēre oportet, docēbimus* – 3–5 *inventiōnem … prōnūntiātiōnem* vgl. die Info-Box – 6 *excōgitātiō, -ōnis f* das Ausdenken – 7 *probābilis, -e* glaubhaft – 8 *distribūtiō, -ōnis f* Verteilung – 11 *adcommodātiō, -ōnis f* Anpassung – 12/13 *animī … perceptiō (-ōnis f) (m. Gen.)* das geistige Erfassen von – 14 *gestus, -ūs* Gebärdenspiel, Gestik – *moderātiō, -ōnis f* maßvoller Gebrauch – 15 *venustās, -ātis f* Eleganz – 16 *adsequī* LW *Tusc.* 5.7 – *imitātiō, -ōnis f* Nachahmung – 17 *exercitātiō* LW *Inv.* 1.1 – 18 *praeceptiō, -ōnis f* Vorschrift – 20 *inpellere ~ impellere* – 22 *adsiduus* beharrlich

S 1 Stellen Sie sämtliche Wörter und Wendungen zusammen, die deutlich machen, dass es sich um einen Text handelt, mit dem ein Inhalt vermittelt werden soll (z. B. bestimmte Verben, Anweisungen, Ausdrücke der Notwendigkeit usw.).

S 2 Schreiben Sie alle Gerund- und Gerundivkonstruktionen aus dem Text heraus und bestimmen Sie diese.

S 3 Schreiben Sie alle Relativ- und Fragepronomen heraus. Unterscheiden Sie zwischen Relativsätzen und indirekten Fragesätzen.

T 1 Gehen Sie die hier gebotenen Definitionen für die einzelnen Begriffe durch und diskutieren Sie, inwieweit diese Ihnen einleuchten. Entwickeln Sie bei Abweichungen eigene Definitionen.

T 2 Stellen Sie in der Klasse Aspekte zusammen, die Ihrer Meinung nach bei der Erstellung und dem Vortrag einer Rede ebenfalls von Bedeutung sind.

T 3 Verfassen Sie eine kurze Rede zu einem in der Klasse abgesprochenen Thema. Folgen Sie dabei den antiken Vorgaben.

i **Das rhetorische System**

Zu den frühesten erhaltenen Lehrwerken zur Rhetorik in der lateinischen Literatur zählt neben Ciceros Schrift ***De inventione*** auch ein Werk mit dem Titel ***Rhetorica ad Herennium.*** Ging man früher von **Cicero** als Verfasser aus, so gilt heute als wahrscheinlicher, dass diese Schrift von einem anderen Autor stammt. Das darin behandelte antike System der Rhetorik beruhte insbesondere auf folgenden Prinzipien:

Zu den **Aufgaben des Redners** *(**officia oratoris**)* zählten 1. die ***inventio*** (Auffindung des Stoffes), 2. die ***dispositio*** (Gliederung), 3. die ***elocutio*** (stilistische Ausgestaltung), 4. die ***memoria*** (Auswendiglernen) und 5. die ***pronuntiatio/actio*** (Vortrag). Cicero befasst sich in *De inventione* nur mit dem ersten dieser fünf Stadien.

Genau festgelegt waren bei den Römern auch die **Teile**, aus denen eine **Rede** bestehen soll *(**partes orationis;*** vgl. auch die Info-Box auf S. 9): 1. ***exordium/prooemium*** (Einleitung), 2. ***narratio*** (Darlegung des Sachverhalts), 3. ***propositio/partitio (divisio)*** (Gliederung der folgenden Beweisführung), 4. ***argumentatio*** (Beweisführung) und 5. ***peroratio/conclusio*** (Schluss).

Was die **Redegattungen** betraf, unterschied man zwischen **Gerichtsrede, Beratungsrede** und **Lob**- bzw. **Festrede** (vgl. auch die Info-Box auf S. 18).

Nach Cicero verfasste gegen Ende des 1. Jahrhunderts n. Chr. der Rhetoriklehrer **Quintilian** ein Lehrwerk mit dem Titel ***Institutio oratoria*** in zwölf Büchern.

→ Cicero-Reden: S. 9
→ *genera dicendi*: S. 18
→ Quintilian: S. 45
→ AH: Partizipien und *nd*-Formen: S. 16
→ AH: Relativsätze: S. 57

LERNWORTSCHATZ: Philosophische und rhetorische Schriften

LW *Tusc.* 5.5–6

philosophia, -ae *f*	Philosophie
parere, pariō, peperī, partum, paritūrus	gebären, hervorbringen
societās, -ātis *f*	Verbindung, Gemeinschaft
coniugium, -ī *n*	Verbindung, Ehe
(con)**iungere,** iungō, iūnxī, iūnctum	verbinden, vereinigen
cōnfugere, cōnfugiō, cōnfūgī	Zuflucht nehmen, sich flüchten
peccāre, peccō, peccāvī, peccātum	einen Fehler machen, sich irren; sündigen
immortālitās (*und* **inmortālitās**), -ātis *f*	Unsterblichkeit
antepōnere, antepōnō, anteposuī, antepositum	voranstellen; vorziehen
trānquillitās, -ātis *f*	Stille, (Gemüts-)Ruhe
largīrī, largior, largītus sum	spenden, schenken

LW *Tusc.* 5.7

cōnfitērī, cōnfiteor, cōnfessus sum	gestehen, bekennen
recēns, -entis	neu, jung, frisch
initium, -ī *n*	Anfang, Eingang
quisque, quaeque, quidque (quodque)	jeder
assequī (*und* **adsequī**), assequor, assecūtus sum	erreichen

LW *Tusc.* 5.8[a]

contemplātiō, -ōnis *f*	Betrachtung
ūsque *Adv.*	ununterbrochen; ūsque ā *m. Abl.* seit; ūsque ad *m. Akk.* bis zu

LW *Tusc.* 5.8[b]–9

cōpiōsus, -a, -um	reich (ausgestattet mit), ausführlich, wortreich
disserere, disserō, disseruī, dissertum	erörtern, besprechen
ēloquentia, -ae *f*	Redegewandtheit, Ausdrucksfähigkeit
philosophus, -ī *m*	Philosoph
novitās, -ātis *f*	Neuheit
interest	es besteht ein Unterschied
illīc *Adv.*	da, dort
nōbilitās, -ātis *f*	Adel, Berühmtheit, Vortrefflichkeit
emere, emō, ēmī, ēmptum	nehmen, kaufen
vēndere, vēndō, vēndidī, vēnditum	verkaufen, versteigern
lucrum, -ī *n*	Gewinn, Vorteil, Lohn
vīsere, vīsō, vīsī	besichtigen, besuchen, nachsehen
perspicere, perspiciō, perspexī, perspectum	erkennen, genau betrachten, durchschauen
rārus, -a, -um	selten, vereinzelt
intuērī, intueor, intuitus sum	anschauen, genau betrachten
līberālis, -e	edel, freigebig
cōgnitiō, -ōnis *f*	Kennenlernen, Bekanntschaft, Erkenntnis

LW *Tusc.* 5.10–11

disputāre, disputō, disputāvī, disputātum	diskutieren, erörtern
varietās, -ātis *f*	Vielfalt, Verschiedenheit; Abwechslung
dissentīre, dissentiō, dissēnsī, dissēnsum	verschiedener Meinung sein, uneins sein, widersprechen

LW *Tusc.* 1.97

ēvenīre, ēveniō, ēvēnī, ēventum	sich ereignen, eintreten, ausgehen; bene ēvenit *m. Dat.* es trifft sich gut für
sēnsus, -ūs *m*	Sinn, Verstand, Gefühl
auferre, auferō, abstulī, ablātum	rauben, wegbringen
sīve	oder; oder wenn; sīve ... sīve (*oder* seu ... seu) sei es dass ... oder dass
somnus, -ī *m*	Schlaf
somnium, -ī *n*	Traum
quiēs, -ētis *f*	Ruhe, Erholung, Schlaf
ēmorī, ēmorior, ēmortuus sum	sterben, in den Tod gehen

LW *Tusc.* 1.98–99

sīn	wenn aber
migrātiō, -ōnis *f*	Wegziehen, Wanderung
ōra, -ae *f*	Küste, Gegend
excēdere, excēdō, excessī, excessum	herausgehen, hinausgehen über
incolere, incolō, incoluī, incultum	wohnen, bewohnen
multō *m. Komp.*	um vieles, viel
ēvādere, ēvādō, ēvāsī, ēvāsum	entkommen, herauskommen; hinaufsteigen, sich entwickeln
mediocris, -e	mittelmäßig, maßvoll
colloquī (*und* **conloquī**), colloquor, collocūtus sum	sich unterhalten, sprechen, verhandeln
aestimāre, aestimō, aestimāvī, aestimātum	einschätzen, beurteilen
māgnī aestimāre	hoch einschätzen
plūris aestimāre	höher einschätzen
Quantī aestimātis?	Wie hoch schätzt ihr ein?
equidem *Adv.*	(ich) allerdings, (ich) freilich
inīquus, -a, -um	ungünstig, ungerecht
capitis/capite damnāre	zum Tode verurteilen
absolvere, absolvō, absolvī, absolūtum	losmachen, befreien; freisprechen; vollenden

quisquam, quidquam (quicquam)	irgendjemand, irgendetwas
immortālis *(und* **inmortālis**), -e	unsterblich
condemnāre, condemnō, condemnāvī, condemnātum	verurteilen
hinc *Adv.*	von hier, daher, daraufhin
uter, utra, utrum *(Gen. Sg.* utrīus, *Dat. Sg.* utrī)	welcher (von beiden)

LW *Fin.* 2.9–10

inquam *(in die Rede eingeschaltetes Verb)*	sag(t)e ich; *2. Pers. Sg.* inquis sagst/sagtest du; *3. Pers. Sg.* inquit sagt(e) er
valdē *Adv.*	sehr
atquī(n)	und doch, aber doch
quaesō	(ich) bitte dich; bitte
sitis, -is *f*	Durst
immō *Adv.*	ja sogar, im Gegenteil
mōtus, -ūs *m*	Bewegung, Antrieb
dissimilis, -e	unähnlich, verschieden

LW *Fin.* 3.68

tuērī, tueor, tuitus/tūtus sum	ansehen; bewahren
cōnservāre, cōnservō, cōnservāvī, cōnservātum	bewahren, retten
administrāre, administrō, administrāvī, administrātum	verwalten, lenken
adiungere, adiungō, adiūnxī, adiūnctum	anfügen, verbinden

LW *Tusc.* 1.104

prōicere, prōiciō, prōiēcī, prōiectum	(vor)werfen, hinwerfen
ferus, -a, -um	wild; *Subst.* fera, -ae *f* wildes Tier
minimē *Adv.*	am wenigsten, keineswegs, ganz und gar nicht
quī? *Adv.*	wie?
obesse, obsum, offuī	hinderlich sein, schaden

LW *Inv.* 1.1

potissimum *Adv.*	hauptsächlich, gerade
parum *Adv.*	(zu) wenig
prōdesse, prōsum, prōfuī, prōfutūrus	nützen, nützlich sein
cōnsūmere, cōnsūmō, cōnsūmpsī, cōnsūmptum	verbrauchen, verwenden, aufzehren; cōnsūmere operam in *m. Abl.* Mühe verwenden auf
exercitātiō, -ōnis *f*	Übung
inūtilis, -e	nutzlos, unbrauchbar, wertlos
perniciōsus, -a, -um	bedrohlich, schädlich
sēsē *(verstärktes* sē)	sich
armāre, armō, armāvī, armātum *m. Abl.*	bewaffnen, ausrüsten mit
commodus, -a, -um	angenehm, günstig, angemessen

LW *Inv.* 1.2

passim *Adv.*	überall, weit und breit, verstreut
bestia, -ae *f*	(wildes) Tier, Bestie
vīctus, -ūs *m*	Lebensunterhalt, Nahrung, Lebensweise
inesse, īnsum, īnfuī	enthalten sein, sich befinden, innewohnen
tēctum, -ī *n*	Dach; Haus, Behausung
indūcere, indūcō, indūxī, inductum	(hin)einführen; verleiten, veranlassen
immānis, -e	grausam, gewaltig, unermesslich, wild, roh

LW *Rhet. Her.* 1.2–3

tractāre, tractō, tractāvī, tractātum	(be)handeln, abhandeln, bearbeiten
ōrdō, -inis *m*	Ordnung, Reihe, Stand
cōnsuētūdō, -inis *f*	Gewohnheit, Lebensweise, Gewöhnung

Briefe
Theoretisches und Praktisches zum Brief

i **Cicero und die römische Briefkultur**

Anders als in der heutigen Zeit, in der uns Telefon, SMS, E-Mail, Facebook und ähnliche elektronische Kommunikationsmöglichkeiten zur Verfügung stehen, war man in der Antike auf Briefe angewiesen, wenn man eine Nachricht an eine räumlich entfernte Person übermitteln wollte. Als Material, auf dem man schriftliche Mitteilungen verfasste, dienten in der Antike vor allem **Papyrusblätter** und **Holztäfelchen.** Die Begriffe, die man für Briefe verwendete, waren im Lateinischen *epistula*, außerdem *tabella* oder *codicillus* (beides bezeichnet eigentlich Schreibtafeln) und *charta* („Papyrusblatt"); daneben konnte ein Brief auch mit *libellus* („kleines Buch"), *scriptum* („Geschriebenes"), *litterae* (eigentlich „Buchstaben", „Geschriebenes") oder *missum* („Geschicktes") bezeichnet werden. Das deutsche Wort „Brief" kommt vom lateinischen Adjektiv *brevis* („kurz") - schon in der Antike galt Kürze als eine besonders wichtige Eigenschaft von Briefen.

Anfang und Ende von Briefen wurde durch **formelhafte Wendungen** gebildet wie z. B. *Cicero Terentiae suae s(alutem) d(icit)* („Cicero grüßt seine Terentia" ~ „Liebe Terentia") bzw. *Vale(te)* („Lebe/lebt wohl").

Ebenso wie heute dienten auch antike Briefe in erster Linie zum **praktischen Gebrauch** der Kommunikation. Anders als heute gab es zur Zeit Ciceros im römischen Reich - zumindest für Privatbriefe - kein öffentliches Postwesen. Der Absender musste selbst dafür sorgen, dass der Brief beim Empfänger ankam. So wurden etwa Sklaven, reisende Freunde, Seefahrer oder Kaufleute als Kuriere genutzt. Daneben entwickelte sich aber auch eine **literarisch stilisierte Form des Briefes.** Neben alltäglichen und privaten Themen (vgl. die Briefe von **Cicero** oder **Plinius dem Jüngeren**, ca. 61/62–113/115 n. Chr.) konnten Briefe auch Äußerungen über Politik, Philosophie (z. B. **Seneca,** ca. 1–65 n. Chr.) und Literatur enthalten. Außerdem gab es Versbriefe (**Horaz, Ovid**). Die Literarisierung der Briefe hatte zur Folge, dass Briefschreiber und andere Gelehrte **Theorien** aufstellten: So wurde der Brief etwa als **Ersatz einer direkten Kommunikation** und demzufolge als die eine **Hälfte eines Dialogs** beschrieben. Man unterschied außerdem zwischen Briefen mit berichtendem bzw. **erzählerischem Charakter** *(narrare)* und solchen, in denen man mit dem Empfänger eine Art **leichte Unterhaltung** führte *(loqui/iocari)*.

Von **Cicero** ist uns ein umfangreiches Briefkorpus überliefert - insgesamt **etwa 900 Briefe,** die zwischen 68 und 43 v. Chr. geschrieben worden sein dürften. Es handelt sich dabei um die **nach Adressaten** benannten Sammlungen ***Ad Familiares*** (u. a. an seine Ehefrau **Terentia** und seine Tochter **Tullia**), ***Ad Atticum, Ad Quintum fratrem*** und ***Ad Brutum***. Die Forscher sind sich allerdings weitgehend einig, dass diese Briefe großenteils **nicht von Cicero selbst publiziert** wurden, sondern erst später unter den Kaisern Augustus und Nero.

Att. 1.13.1 Probleme beim Versenden

Accepi tuas tres iam epistulas: unam a M. Cornelio, quam a Tribus Tabernis, ut opinor, ei dedisti; alteram, quam mihi Canusinus tuus hospes reddidit; tertiam, quam, ut scribis, iam ancora soluta de phaselo dedisti. [...] Quibus epistulis sum equidem abs te lacessitus ad rescribendum, sed idcirco sum tardior, quod non invenio fidelem tabellarium. Quotus enim quisque est, qui epistulam paulo graviorem ferre possit, nisi eam perlectione relevarit!

2 *ā Trībus Tabernīs* von Tres Tabernae aus (Ortschaft an der Via Appia ca. 50 km von Rom entfernt; heute: Cisterna di Latina) – 3 *Canusium* Stadt in Apulien, heute: Canosa; *Adj.* und Einwohner: *Canusīnus* – 4 *phasēlus* Boot – 5 *lacessere (PPP: lacessītum)* veranlassen – 6 *idcircō ... quod* deshalb ... weil – *tardus* langsam – 7 *fidēlis, -e* zuverlässig – *tabellārius* Briefbote – *quotus ... quisque est, quī (m. Konj.)* wie wenige gibt es, die – 8 *nisī* (hier) ohne dass – *perlēctiō, -ōnis f* das Durchlesen – 9 *relevārit* ~ *relevāverit; relevāre* wieder leicht machen

S Erklären Sie, was Cicero mit den Begriffen *epistula gravis* und *relevare* aussagt (Z. 8/9).

T Stellen Sie die Informationen zum antiken Postwesen aus dem lateinischen Text zusammen und ergänzen Sie so die in der Info-Box gebotenen Punkte.

Der junge Cicero beim Lesen auf einem Fresko von Vincenzo Foppa (1464). Beschreiben Sie das Bild und vergleichen Sie es mit weiteren Darstellungen Ciceros, die Sie kennen. Arbeiten Sie über das Alter der dargestellten Person hinausgehende Unterschiede heraus.

→ Seneca: S. 106
→ Plinius der Jüngere: S. 130
→ Hieronymus über das Verschicken von Briefen: S. 156
→ Projekt: Lateinische Briefliteratur: S. 242

Att. 2.23.1 Wie schreibt man einen Brief?

Cicero entschuldigt sich bei seinem Freund Atticus dafür, dass er den Brief nicht selbst geschrieben, sondern einem Sklaven diktiert hat.

Numquam ante arbitror te epistulam meam legisse nisi mea manu scriptam. Ex eo colligere poteris, quanta occupatione distinear. Nam cum vacui temporis nihil haberem et cum recreandae voculae causa necesse esset mihi ambulare, haec dictavi ambulans.

2 *colligere* (hier) schließen – *occupātiō, -ōnis f* Inanspruchnahme (durch Geschäfte) – 3 *distinēre* beschäftigen – 4 *vōculam recreāre* die Stimme kräftigen – 5 *dictāre* diktieren

S Bestimmen Sie den Kasus von *vacui temporis* (Z. 3) und seine Funktion. Zeigen Sie, an welcher Stelle des folgenden Briefes dieselbe Kasusfunktion vorkommt.

T Erklären Sie, an welcher Stelle im Text Cicero auf seine Tätigkeit als Redner anspielt.

> **i Die Atticusbriefe**
> **Titus Pomponius Atticus** (110–32 v. Chr.) war ein wohlhabender und gebildeter Römer, der eng mit den führenden kulturellen Persönlichkeiten seiner Zeit verbunden war. Der berühmte Biograf **Cornelius Nepos** widmete ihm seine Sammlung von Biografien berühmter Feldherren und Könige und schrieb eine Atticusvita. Atticus selbst war ebenfalls schriftstellerisch tätig und verfasste u. a. ein Geschichtswerk. Besondere Berühmtheit erlangte er aber als **Freund, Verleger und Briefpartner Ciceros:** In der Sammlung ***Ad Atticum*** sind 16 Bücher mit Briefen Ciceros an Atticus erhalten; die Briefe des Atticus an Cicero sind dagegen verloren.
> Auch während Ciceros Verbannung scheint Atticus seinen Freund unterstützt und sich für diesen eingesetzt zu haben. Dass Atticus anders als Cicero ein **Anhänger der epikureischen Philosophie** gewesen sein dürfte, scheint ihrer Freundschaft keinen Abbruch getan zu haben.

Att. 9.10.1 Trost im Schreiben

Nihil habebam, quod scriberem; neque enim novi quicquam audieram et ad tuas omnes rescripseram pridie. Sed cum me aegritudo non solum somno privaret, verum ne vigilare quidem sine summo dolore pateretur, tecum ut quasi loquerer, in quo uno acquiesco, hoc nescio quid nullo argumento proposito scribere institui.

2 *audīeram* ~ *audīveram* – ergänze: *ad tuās omnēs* <*epistulās*> – *rescrībere* LW *Att.* 1.13.1 – *prīdiē* am Tag zuvor – 6 *nesciō quid* irgendetwas

S 1 Unterscheiden Sie die folgenden Nebensätze in ihrer Verwendung: *quod scriberem* (Z. 1), *cum ... privaret ... pateretur* (Z. 3–5), *ut ... loquerer* (Z. 5).

S 2 Bestimmen Sie die Konstruktion *nullo argumento proposito* (Z. 6) und erarbeiten Sie eine möglichst elegante Übersetzung.

T Vergleichen Sie zum Inhalt des Briefes die Info-Box auf der vorangehenden Seite. Arbeiten Sie heraus, welche Funktion für Cicero dieser Brief hat. Diskutieren Sie, ob sich Ähnliches auf Ihre Kommunikation mit Freunden per SMS, Chat oder E-Mail übertragen lässt.

Gabriel Metsu, „Der Briefschreiber" (17. Jh.). Vergleichen Sie die Informationen über die antike Brieftheorie aus den beiden lateinischen Texten und der folgenden Info-Box und arbeiten Sie heraus, inwieweit die Abbildung auch die antike Vorstellung vom Brief widerspiegelt.

> **i Typische inhaltliche und stilistische Merkmale privater Briefe**
> Die antike Vorstellung vom **Brief** als der **Hälfte eines Dialogs** (vgl. S. 39) sorgt dafür, dass sich vor allem Privatbriefe von weiteren literarischen Texten aus der römischen Antike deutlich unterscheiden. Charakteristisch für zahlreiche Privatbriefe ist, dass die Wortwahl und der Satzbau an **gesprochene Sprache** erinnern: Dies beinhaltet direkte **Anreden** an den Adressaten (**Apostrophen**). Weiterhin finden sich häufig **dialogartige Passagen** und **unvollständige Sätze** (die **Ellipse** ist eines der typischen Stilmittel). Zur gebildeten Umgangssprache gehört auch die Verwendung **griechischer Fremdwörter**, und griechische Ausdrücke kommen gerade in **Ciceros Atticusbriefen** häufig vor. Die Wortwahl kann – je nach dem persönlichen Verhältnis zwischen Absender und Adressat – zudem von Formulierungen geprägt sein, die **Nähe** oder **Herzlichkeit** deutlich werden lassen. Inhaltlich treffen wir schließlich nicht selten auf Aussagen, die uns nicht mehr unmittelbar verständlich sind, da sie auf privates Wissen der Briefpartner anspielen.

→ Epikureismus: S. 33 und S. 116
→ AH: Kasusfunktionen: S. 8
→ AH: Partizipien und *nd*-Formen: S. 16
→ AH: Konjunktiv in Haupt- und Nebensätzen: S. 41
→ AH: Relativsätze: S. 57

Politik und Persönliches in Ciceros Briefen

Att. 1.14.3–5 Unruhe in Senat und Volksversammlung

In diesem Brief aus dem Jahr 61 v. Chr. schildert Cicero politische Auseinandersetzungen – vor allem mit seinem Gegenspieler Clodius (vgl. die Info-Box auf der folgenden Seite). Er berichtet aus dem Senat und der Volksversammlung, wo er und andere versuchen, gegen den Willen des Clodius ein Gesetz durchzubringen. Cicero schreibt zunächst von einer ihm sehr willkommenen Senatsrede: Der einflussreiche Marcus Licinius Crassus (der später mit Caesar und Pompeius das sogenannte erste Triumvirat bilden wird) preist Ciceros Leistungen als Konsul bei der Aufdeckung der Verschwörung Catilinas:

Crassus […] surrexit ornatissimeque de meo consulatu locutus est, cum ita diceret: se, quod esset senator, quod civis, quod liber, quod viveret, mihi acceptum referre; quotiens coniugem, quotiens domum, quotiens patriam videret, totiens se beneficium meum videre. Quid multa? Totum hunc locum, quem ego varie meis orationibus, quarum tu Aristarchus es, soleo pingere de flamma, de ferro, valde graviter pertexuit. […] Romanae autem se res sic habent. Senatus Ἄρειος πάγος [Áreios págos]: nihil constantius, nihil severius, nihil fortius. Nam, cum dies venisset rogationi ex senatus consulto ferendae, concursabant barbatuli iuvenes, totus ille grex Catilinae, duce filiola Curionis et populum, ut antiquaret, rogabant. Piso autem consul lator rogationis idem erat dissuasor. Operae Clodianae pontes occuparant, tabellae ministrabantur ita, ut nulla daretur VTI ROGAS. Hic tibi in rostra Cato advolat, commulcium Pisoni consuli mirificum facit, si id est commulcium: vox plena gravitatis, plena auctoritatis, plena denique salutis.

Auch weitere namhafte Senatoren wenden sich gegen den offensichtlichen Wahlbetrug. Nicht ohne Genugtuung berichtet Cicero, wie Clodius auch durch Betteln nichts daran ändern kann, dass die Mehrheit des Senats den Gesetzesantrag durchzubringen bereit ist.

3/4 *acceptum referre (m. Dat.)* jmd. etw. verdanken – 6 *Quid multa?* Muss ich noch mehr sagen? – *locus* (hier) Thema – 7 *Aristarchus* berühmter griech. Literaturwissenschaftler und Kritiker – *pingere* schildern – 8 *pertexere (Perf.: pertexuī)* ausführen – 9 *sē habēre* sich verhalten – 9/10 *Áreios págos* Areopag (Blutgericht in Athen) – 11/12 *ex senātūs cōnsultō* vom Senat beschlossen – 12 *concursāre* zusammenlaufen – *barbātulus* milchbärtig – 13 *duce fīliolā Cūriōnis* Mit „Curios Töchterchen" ist Gaius Scribonius Curio der Jüngere, ein Freund des Clodius, gemeint. – 14 *antīquāre* einen Gesetzesvorschlag ablehnen – *lātor, -ōris m* Antragsteller – 15 *dissuāsor, -ōris m* „Abrater" (als Vorsitzender des Senats musste der Konsul der Volksversammlung Gesetzesvorschläge vorlegen, auch wenn er – wie in diesem Fall – offensichtlich dagegen war) – *operae Clōdiānae* die (gekauften) Anhänger des Clodius – 16 *pōntēs* (hier) Zugangsstege zu den Schranken, innerhalb derer die Abstimmung stattfand – *occupārant* ~ *occupāverant* – *tabellae* (hier) Stimmtäfelchen – 17 *VTI ROGAS* Jeder Stimmberechtigte erhielt ein Stimmtäfelchen mit der Aufschrift *VR* (*utī rogās:* „Ja" [„Wie du es forderst"]) und eines mit *A* (*antīquō:* „Nein" [„Es soll beim Alten bleiben"]). – *Marcus Porcius Cato* der berühmte Gegner Caesars und Verteidiger der Republik – *advolāre* herbeieilen – 18 *commulcium facere* eine Standpauke halten

S 1 Cicero referiert in *oratio obliqua* aus dem Inhalt einer Rede des Crassus, die er als besonders gelungen bezeichnet (Z. 2–5). Arbeiten Sie heraus, welche Stilmittel Cicero seinerseits verwendet, wenn er Crassus als Redner charakterisiert, und betrachten Sie in ähnlicher Weise auch das Beispiel des Cato (Z. 17–20).

S 2 Schlagen Sie im Wörterbuch die Verben *pingere* (Z. 7) und *pertexere* (Z. 8) nach und erklären Sie die Bildsprache, die Cicero hier zur Beschreibung der Rede verwendet.

S 3 Lesen Sie die Info-Box auf der vorangehenden Seite und weisen Sie nach, dass auch dieser Atticusbrief trotz seines politischen Inhalts typische Merkmale eines Privatbriefes aufweist.

T 1 Die politische Auseinandersetzung erfolgt alles andere als zurückhaltend. Erklären Sie, welchen Eindruck Cicero von seinen Gegnern durch die Beschreibung in Z. 11–17 vermittelt.

T 2 Cicero schildert in diesem Brief die turbulenten Vorgänge während einer Abstimmung in der Volksversammlung über einen Gesetzesvorschlag des Senats. Informieren Sie sich über die Funktionen von Senat und Volksversammlung bei der Gesetzgebung. Arbeiten Sie aus dem Text heraus, was bei dem hier geschilderten Verfahren offenbar nicht korrekt abgelaufen ist.

→ Catilina: S. 16
→ Clodius: S. 42 und S. 44
→ Cato: S. 111
→ AH: Die *oratio obliqua:* S. 50

Fam. 14.1.1 und 5–7 In der Verbannung

Im Jahr 58 v. Chr. schreibt Cicero aus der Verbannung (vgl. die Info-Box) an seine Frau Terentia und seine Kinder Tullia und Marcus Cicero.

Et litteris multorum et sermone omnium perfertur ad me incredibilem tuam virtutem et fortitudinem esse teque nec animi neque corporis laboribus defatigari. Me miserum! Te ista virtute, fide, probitate, humanitate in tantas aerumnas propter me incidisse Tulliolamque nostram, ex quo patre tantas voluptates capiebat, ex eo tantos percipere luctus! Nam quid ego de Cicerone dicam? Qui cum primum sapere coepit, acerbissimos dolores miseriasque percepit.

Cicero macht sich Vorwürfe, weil er seine Familie in diese Lage gebracht hat. Er geht aber auch auf praktische Dinge ein:

Quod ad me, mea Terentia, scribis te vicum vendituram – quid, obsecro te, me miserum! Quid futurum est? Et, si nos premet eadem fortuna, quid puero misero fiet? Non queo reliqua scribere – tanta vis lacrimarum est –, neque te in eundem fletum adducam. Tantum scribo: si erunt in officio amici, pecunia non deerit; si non erunt, tu efficere tua pecunia non poteris. Per fortunas miseras nostras, vide, ne puerum perditum perdamus. Cui si aliquid erit, ne egeat, mediocri virtute opus est et mediocri fortuna, ut cetera consequatur. Fac valeas et ad me tabellarios mittas, ut sciam, quid agatur, et vos, quid agatis. Mihi omnino iam brevis exspectatio est. Tulliolae et Ciceroni salutem dic. Valete.

3 *dēfatīgāre* zermürben – 4–7 AcI als Ausruf („Dass du …“) – 4 *istā virtūte, … hūmānitāte* Abl. der Beschaffenheit *(ablativus qualitatis)* – *probitās, -ātis f* Tüchtigkeit – 5 *aerumna* Mühsal – 6 ordne: *ex eō patre, ex quō tantās voluptātēs capiēbat* – 7 *percipere (Perf.: percēpī)* empfinden – 10 *vīcus* (hier) Häuserkomplex – ergänze: *vēnditūram* <esse> – 14 *flētus, -ūs* Weinen – 15 *in officiō* esse seine Pflicht tun – 21 ergänze: *fac<, ut> valeās* – *tabellārius* Briefbote – 22 *exspectātiō, -ōnis f* Zeit (zum Warten)

i Ciceros Verbannung

Der **Volkstribun Publius Clodius Pulcher** (vgl. auch S. 6) erlangte Berühmtheit als politischer (und persönlicher) Gegner Ciceros. In Ciceros Schriften begegnet er uns als moralisch durch und durch verkommener Mensch. Clodius hatte großen Anteil daran, dass Cicero für die angeblich unrechtmäßige Hinrichtung der Verschwörer um **Catilina** (63 v. Chr.) angeklagt und schließlich im Jahr **58 v. Chr. verbannt** wurde. Die Verhinderung der Catilinarischen Verschwörung, nach Ciceros Meinung die größte Tat seines **Konsulats**, sorgte also auch für seinen Niedergang.

S 1 Erklären Sie die Form *Tulliola* (Z. 5), die Cicero hier für seine Tochter Tullia verwendet.

S 2 Der Verfasser bzw. Sprecher dieses Briefes wirkt auf den Leser aufgeregt und emotional. Stellen Sie eine Liste der sprachlichen und stilistischen Mittel zusammen, mit denen Cicero diese Stimmung erzeugt.

T Erstellen Sie anhand dieses Briefes eine Charakterisierung Ciceros. Vergleichen Sie diese dann mit dem Bild von Cicero, das weitere Texte Ciceros, die Sie bereits übersetzt haben (z. B. aus den Reden oder den philosophischen Schriften), entwerfen.

Antike Exil-Literatur: Ovids Tristien

Vergleichen Sie Ciceros Brief an seine Ehefrau Terentia mit **Ovids Versepistel** (*Trist.* 1.6.5–36) aus der Verbannung in **Tomi** an seine Gattin. Arbeiten Sie vor allem Gemeinsamkeiten heraus, die auf die Exilsituation zurückzuführen sind:

Du hast meinen Sturz wie eine Stütze aufgefangen: Wenn ich noch jetzt etwas bin, ist das alles Dein Verdienst. Du sorgst dafür, dass ich keine Diebesbeute bin und nicht von denen beraubt werde, die auf die Trümmer meines Schiffbruchs aus sind. Denn wie der räuberische Wolf, getrieben von Hunger und Blutdurst, über den unbewachten Schafstall herfällt […], so wollte jemand, der mich im Unglück verriet, mir meinen Besitz wegnehmen, wenn Du es zugelassen hättest. Diesen hast Du entschlossen abgewehrt mithilfe der Freunde, denen ich niemals genug danken kann. […] Wenn Dir das Los den Maeonier (= Homer) als Sänger zugeteilt hätte, würde Penelopes Ruhm hinter Deinem zurückstehen. […] Weh mir, dass meine Gedichte keine größeren Kräfte haben und meine Stimme zu schwach ist für Deine Verdienste! Wenn auch früher etwas an Lebenskraft in mir war, dann ist es ausgelöscht worden durch das lange Leid! Unter den heiligen Heldinnen hättest Du den ersten Platz, als Erste würde man Dich aufgrund Deiner trefflichen Gesinnung bewundern. Dennoch, wie viel auch immer meine Verherrlichung wert ist, in meinen Gedichten wirst Du für ewige Zeit leben.

→ Cicero und Catilina: S. 16
→ Exil: S. 21
→ Clodius: S. 44
→ Ovid: S. 60
→ Rhetorische Stilmittel: S. 224

Att. 4.1.1 und 4–5 Triumphale Rückkehr aus dem Exil

Bereits 57 v. Chr. konnte Cicero aus der Verbannung (vgl. die Info-Box auf der vorangehenden Seite) in der griechischen Stadt Dyrrachium (an der Adria, heute: Durrës in Albanien) wieder nach Rom zurückkehren. Noch im selben Jahr verfasste er einen Brief, in dem er seinem Freund Atticus die Reaktionen auf seine Rückkehr schildert.

Cum primum Romam veni fuitque, cui recte ad te litteras darem, nihil prius faciendum mihi putavi, quam ut tibi absenti de reditu nostro gratularer. […]

Nunc, etsi omnia aut scripta esse a tuis arbitror aut etiam nuntiis ac rumore perlata, tamen ea scribam brevi, quae te puto potissimum ex meis litteris velle cognoscere. Pr. Non. Sext. Dyrrachio sum profectus ipso illo die, quo lex est lata de nobis. Brundisium veni Non. Sextilibus.

Ibi mihi Tulliola mea fuit praesto, natali suo ipso die, qui casu idem natalis erat et Brundisinae coloniae et tuae vicinae Salutis; quae res animadversa a multitudine summa Brundisinorum gratulatione celebrata est. Ante diem III Id. Sext. cognovi, cum Brundisi essem, litteris Quinti mirifico studio omnium aetatum atque ordinum, incredibili concursu Italiae legem comitiis centuriatis esse perlatam. Inde a Brundisinis honestissime ornatus iter ita feci, ut undique ad me cum gratulatione legati convenerint.

Ad urbem ita veni, ut nemo ullius ordinis homo nomenclatori notus fuerit, qui mihi obviam non venerit, praeter eos inimicos, quibus id ipsum, se inimicos esse, non liceret aut dissimulare aut negare. Cum venissem ad Portam Capenam, gradus templorum ab infimo plebe completi erant. A qua plausu maximo cum esset mihi gratulatio significata, similis et frequentia et plausus me usque ad Capitolium celebravit, in foroque et in ipso Capitolio miranda multitudo fuit.

1 Erklären Sie anhand von Z. 6/7 die Struktur eines verschränkten Relativsatzes.

2 Geben Sie die Aussage des Satzes in Z. 20–23 in eigenen Worten wieder. Beachten Sie dabei die mehrfache Verneinung.

Diskutieren Sie, ob Ciceros Selbstdarstellung eher irritierend wirkt oder ob sie durch seine besondere Situation verständlich ist.

Der römische Kalender

Zur Angabe von Daten waren allein drei Tage in jedem Monat festgelegt: Die **Kalenden** am 1. Tag des Monats, die **Nonen** am 5. (bzw. im März, Mai, Juli und Oktober am 7.) Tag des Monats, die **Iden** am 13. (bzw. im März, Mai, Juli und Oktober am 15.) Tag des Monats. Die übrigen Tage wurden bestimmt, indem man vom nächsten festgelegten Zeitpunkt aus rückwärts rechnete, wobei die beiden Grenztage mitgezählt wurden. Der 11. August (zu Ciceros Zeit hieß dieser Monat noch *Sextilis*) ist also der dritte Tag vor den Iden des August.

Erklären Sie, welches moderne Datum in Z. 7, 8/9 und 14 jeweils angegeben wird.

1 *cum prīmum* LW *Fam.* 14.1 und 5–7 – *fuit* es gab jemanden – *rectē* (hier) geradewegs – 2 ergänze: *faciendum* <esse> – 3 *grātulārī* seine Freude zeigen – 5 *brevī* kurz – 7 *Pr<īdiē> Nōn<ās> Sext<īlēs>* am Vortag der Nonen des Sextilis (4. August) – 8 *lēgem (per)ferre* ein Gesetz einbringen – *Brundisium* Stadt in Kalabrien, heute: Brindisi; *Adj.* und Einwohner: *Brundisīnus* – 8/9 *Nōn<īs> Sextīlibus* am 5. August – 10 *Tulliola* Ciceros Tochter Tullia (vgl. S1 auf der vorangehenden Seite) – *praestō esse (m. Dat.)* jmd. entgegenkommen – *nātālis diēs* Geburtstag – 12 *tuae vīcīnae Salūtis* Der Tempel der Göttin *Salūs (-ūtis)* befand sich auf dem Quirinal unweit vom Haus des Atticus und war am 5. August 302 v. Chr. geweiht worden. – 13 *grātulātiō, -ōnis f* Freude – 14 *ante diem III (tertium) Īd<ūs> Sext<īlēs>* vgl. die Info-Box – *Brundisī* ~ *Brundisiī* (vgl. die Sprach-Box) – 15 *Quīntus* Ciceros Bruder – *mīrificus* LW *Att.* 1.14.3–5 – 16 *concursus, -ūs* Mitwirkung – 16/17 *comitia centuriāta n Pl.* Zenturiatskomitien (Versammlung des röm. Volkes) – 20 *nōmenclātor, -ōris* ein Sklave, der seinem Herrn unterwegs die Namen der Begegnenden ansagen musste – 21 *obviam venīre* entgegenkommen – 23 *dissimulāre* verheimlichen – 24 *Porta Capēna* röm. Stadttor – *ab īnfimō* von unten bis oben – 25 *plausus, -ūs* Beifall – 26 *frequentia* große Masse – 27 *Capitōlium* das Kapitol – 28 *mīrandus* wunderbar

Orts- und Richtungsangaben

Bei Orts- und Richtungsangaben mit Eigennamen von Städten (und kleinen Inseln) stehen keine Präpositionen, sondern der bloße **Akkusativ (der Richtung)** bzw. **Ablativ (des Ortes oder des Ausgangspunktes)**: *Athenas* (nach Athen) – *Athenis* (in/von Athen). Bei Städtenamen der a- und o-Deklination im Singular (also auf *-a, -us, -um*) steht zur Angabe des Ortes (auf die Frage „wo?“) nicht der Ablativ, sondern der **Lokativ**, der die Endungen *-ae* bzw. *-i* hat (wie der Genitiv): *Romae* (in Rom).

Schreiben Sie Beispiele für die hier genannten Fälle aus dem Text heraus und übersetzen Sie diese.

→ Lokativ: S. 19
→ AH: Kasusfunktionen: S. 8
→ AH: Relativsätze: S. 57

Quint. 2.3.2 Eine turbulente Gerichtsverhandlung auf dem Forum

Die Auseinandersetzungen zwischen Clodius und Milo (vgl. die Info-Box) werden auch vor Gericht ausgetragen. In diesem Brief aus dem Jahr 56 v. Chr. berichtet Cicero seinem Bruder Quintus von einer Gerichtsverhandlung, in der Clodius Milo der Anwendung von Gewalt beschuldigt. Anwesend sind auch Clodius' Schwester Clodia und Gnaeus Pompeius Magnus, der berühmte Feldherr und Triumvir.

A. d. VII Id. Febr. Milo adfuit. Dixit Pompeius – sive voluit. Nam, ut surrexit, operae Clodianae clamorem sustulerunt, idque ei perpetua oratione contigit, non modo ut acclamatione, sed ut convicio et maledictis impediretur. Qui ut peroravit (nam in eo sane fortis fuit: non est deterritus; dixit omnia atque interdum etiam silentio, cum auctoritate pervicerat) – sed ut peroravit, surrexit Clodius: ei tantus clamor a nostris (placuerat enim referre gratiam), ut neque mente nec lingua neque ore consisteret. Ea res acta est, cum hora sexta vix Pompeius perorasset, usque ad horam octavam, cum omnia maledicta, versus denique obscenissimi in Clodium et Clodiam dicerentur. Ille furens et exsanguis interrogabat suos in clamore ipso, quis esset, qui plebem fame necaret. Respondebant operae: „Pompeius!“

Clodius stachelt seine Gefolgsleute weiter gegen Pompeius an, sodass die Lage immer unruhiger wird.

Hora fere nona quasi signo dato Clodiani nostros consputare coeperunt; exarsit dolor. Urgere illi, ut loco nos moverent; factus est a nostris impetus, fuga operarum; eiectus de rostris Clodius, ac nos quoque tum fugimus, ne quid in turba. Senatus vocatus in curiam, Pompeius domum.

T 1 Stellen Sie die Handlungen der beiden verfeindeten Gruppen in einem Protokoll zusammen. Beziehen Sie darin auch die Zeitangaben mit ein.

T 2 Diskutieren Sie, inwieweit solche Vorkommnisse (sowie das in *Att.* 1.14.3–5 [vgl. S. 41] Geschilderte) für die politische und juristische Kultur in Rom typisch gewesen sein dürften. Vergleichen Sie die politische Kultur im 21. Jahrhundert: Könnte Derartiges auch heute noch passieren?

W Zu den im Text markierten Wörtern gibt es weder Anmerkungen noch Lernwortschatz. Hier soll der Gebrauch des Wörterbuchs geübt werden: Schlagen Sie zunächst die markierten Wörter nach und notieren Sie die Bedeutungen, die am besten in den Zusammenhang passen dürften. Übersetzen Sie dann den Text. Ziehen Sie dabei auch weiterhin das Wörterbuch heran.

S Arbeiten Sie heraus, wie Cicero die turbulenten Abläufe auch durch den Satzbau ausdrückt. Vergleichen Sie dazu die Info-Box auf S. 40 und weisen Sie nach, dass der Text typische Merkmale römischen Briefstils aufweist.

1 *a<nte> d<iem> VII (septimum) Īd<ūs> Febr<uāriās>* 7. Februar – 2 *surgere* LW *Att.* 1.14.3–5 – *operae Clōdiānae* die (gekauften) Anhänger des Clodius – 3 *perpetuā ōrātiōne* während der gesamten Rede – 4 *acclāmātiō, -ōnis f* Zurufen – *convīcium* Beschimpfung – *maledictum* Schmähung – 10 *cōnsistere* (hier) die Fassung bewahren – 11 *perōrāsset* ~ *perōrāvisset* – *ūsque* LW *Att.* 4.1.1 und 4–5 – 12 *dēnique* (hier) schließlich sogar – 13 *furēns, -entis* rasend – 15 *quī plēbem fame necāret* Anspielung auf die Organisation der Getreideversorgung durch Pompeius – 17 *Clōdiānī, -ōrum* Anhänger des Clodius – 18 ergänze: *urgēre <coepērunt>* – 20 *rōstra* LW *Att.* 1.14.3–5 – 21 ergänze: *nē quid in turbā <accideret>*

i **Cicero, Clodius und Milo**

Publius Clodius Pulcher entstammte ursprünglich der römischen Adelsfamilie der Appii Claudii, trat jedoch mit Caesars Genehmigung zur **Plebs** über und nahm den Namen Clodius, die plebejische Form von Claudius, an, um das Amt des **Volkstribuns** ausüben zu können. Im Zuge des sogenannten **Bona-Dea-Skandals** – Clodius soll in Frauenkleidern an einer religiösen Feier teilgenommen haben, von der Männer ausgeschlossen waren – wurde Clodius von Cicero vor Gericht belastet, woraus sich eine tiefe Feindschaft zwischen den beiden Männern entwickelte. Diese gipfelte darin, dass Cicero Clodius seine **Verbannung** zu verdanken hatte (vgl. die Info-Box auf S. 42): Clodius setzte ein rückwirkendes Gesetz durch, auf dessen Grundlage Cicero für die Hinrichtung der Anhänger Catilinas (63 v. Chr.) mit der Verbannung bestraft wurde. Der Volkstribun **Titus Annius Milo** setzte sich für die Rückberufung Ciceros aus der Verbannung (57 v. Chr.) ein. Im Jahr 53 v. Chr. bewarben sich Milo und Clodius um das **Konsulat** bzw. die **Prätur**, und zwischen ihren Anhängern kam es nun immer wieder zu heftigen Straßenschlachten. Schließlich wurde Clodius bei einem Zusammenstoß der Parteien im Januar 52 v. Chr. auf der **Via Appia** getötet. Cicero verteidigte Milo daraufhin in seiner berühmten Rede ***Pro Milone.***

→ Pompeius: S. 6
→ Catilina: S. 16
→ Clodius: S. 42

Quint. 2.16.4–5 Literarische Tätigkeit

Im Jahr 54 v. Chr. schreibt Cicero an seinen Bruder Quintus. Besonders erfreut zeigt er sich über einen Brief, den Quintus ihm von einer Reise nach Britannien *(Britannia)* geschickt hat.

O iucundas mihi tuas de Britannia litteras! Timebam Oceanum, timebam litus insulae. Reliqua non equidem contemno, sed plus habent tamen spei quam timoris; magisque sum sollicitus exspectatione ea quam metu. Te vero ὑπόθεσιν [hypóthesin] scribendi egregiam habere video. Quos tu situs, quas naturas rerum et locorum, quos mores, quas gentes, quas pugnas, quem vero ipsum imperatorem habes! Ego te libenter, ut rogas, quibus rebus vis, adiuvabo et tibi versus, quos rogas – hoc est Athenas noctuam –, mittam.

Sed heus tu, celari videor a te! Quo modo nam, mi frater, de nostris versibus Caesar? Nam primum librum se legisse scripsit ad me ante, et prima sic, ut neget se – ne Graeca quidem – meliora legisse; reliqua ad quendam locum ῥᾳθυμότερα [rhathymótera] (hoc enim utitur verbo).

Dic mihi verum: num aut res eum aut χαρακτὴρ [charaktér] non delectat? Nihil est, quod vereare. Ego enim ne pilo quidem minus me amabo. Hac de re φιλαληθῶς [philaléthos] et, ut soles scribere, fraterne.

i **Caesar in Britannien und als Literat**
In den Büchern 4 und 5 der ***Commentarii de bello Gallico*** berichtet **Caesar** von den **Britannienexpeditionen**, die er in den Jahren 55 und 54 v. Chr. unternahm. Ciceros jüngerer Bruder **Quintus** war ab 54 v. Chr. als Legat mit Caesar in Gallien und Britannien.
Caesar war nicht nur als herausragender **Feldherr**, sondern auch wegen seines **literarischen und rhetorischen Talents** hoch angesehen. Ende des 1. Jahrhunderts n. Chr. schrieb zum Beispiel der Redelehrer **Quintilian:**
Hätte Gaius Caesar ausschließlich dem Forum seine Zeit gewidmet, dann würde man keinen anderen von unseren Rednern dem Cicero gegenüberstellen. So gewaltig sind bei ihm die Kraft, der Scharfsinn und die Leidenschaft, dass er offenbar mit derselben Energie, mit der er Kriege führte, Reden hielt. Dennoch schmückt er das alles mit einer bewundernswerten sprachlichen Eleganz, um die er sich besonders bemühte (Quint. *Inst.* 10.1.114).
Caesar soll Cicero ein (verlorenes) Werk über grammatische Sprachrichtigkeit *(**De analogia**)* gewidmet haben.

2 *Ōceanus* der Ozean (gemeint sind die Gefahren der Seereise) – *reliquus* LW *Fam.* 14.1 und 5–7 – *equidem* (hier) ich zwar – 3 *contemnere* (hier) für unbedeutend halten – 4 *exspectātiō, -ōnis f* Neugierde – 5 *hypóthesin (gr. Akk. f)* Thema – 9 *versus* LW *Quint.* 2.3.2 – 10 *Athēnās* vgl. S-Box auf S. 43 – *noctua* Eule – 11 *cēlāre* (hier) im Unklaren lassen – *mī* Vokativ zu *meus* – 12 ergänze: *Caesar <dīxit>* – 13 *prīma, -ōrum n Pl.* (hier) der Anfang (des Werkes); ergänze: *prīma <esse>* – 15 *rathymótera (gr. Akk. n Pl.)* etwas schlaff – 17 *charaktér (gr.)* Art der Darstellung – 18 *vereāre ~ vereāris* – 19 *nē pilō quidem minus* um kein Haar weniger – ergänze: *<mihī responde> hāc dē rē* – 19 *philalethós (gr. Adv.)* aufrichtig – 20 *frāternus* brüderlich

i **Cicero als Dichter**
Von keinem nichtchristlichen Autor ist eine so große Menge lateinischer Texte erhalten wie von Cicero. Doch sind auch etliche seiner Schriften verlorengegangen. So gibt es von seinen dichterischen Werken nur Fragmente. Cicero hatte nicht nur griechische Dichtung ins Lateinische übertragen, sondern z. B. auch sein Konsulat *(**De consulatu suo**)* und die Abläufe bei seiner Verbannung und Rückberufung (***De temporibus suis*** – um dieses Werk geht es hier offenbar) in Versen dargestellt. Die Qualität seiner Dichtung war in der Antike jedoch umstritten. So spottete der römische **Satiriker Juvenal** (1./2. Jh. n. Chr.), Cicero wäre sicher nicht ermordet worden, wenn er allein solche (d. h. so unbedeutende) Verse geschrieben hätte wie:
O fortunatam natam me consule Romam! („O glückliches Rom, [wieder]geboren, als ich Konsul war!")
Erklären Sie, was Cicero damit aussagen wollte. Erschließen Sie, warum Juvenal an diesem Vers Anstoß nahm.

T 1 Gerade gegenüber seinem Bruder äußert sich Cicero auf besonders vertraute Weise. Arbeiten Sie Belege dafür aus dem Text heraus. Ziehen Sie dazu auch die Info-Box zum Stil von Privatbriefen auf S. 40 heran.

T 2 Erklären Sie, warum gerade dieser Brief so viele griechische Ausdrücke enthält.

T 3 Erörtern Sie mit Belegen aus dem Text, welchen Eindruck der Brief vom Verhältnis zwischen Cicero und Caesar vermittelt.

S 1 Bestimmen Sie die syntaktische Funktion folgender Genitive und Ablative: *plus ... spei quam timoris* (Z. 3), *exspectatione ... metu* (Z. 4), *quibus rebus* (Z. 9), *quo modo* (Z. 11), *ne pilo ... minus* (Z. 19).

S 2 Geben Sie an, welchen heute noch gebräuchlichen sprichwörtlichen Ausdruck Cicero in Z. 10 verwendet.

Szene aus dem Zeichentrickfilm „Asterix bei den Briten" (1986). Beschreiben Sie, wie Caesar hier dargestellt wird. Informieren Sie sich über den Ablauf der Britannienexpeditionen.

→ Caesar: S. 6 und S. 47

→ AH: Kasusfunktionen: S. 8

Fam. 4.6.1–2 Trauer über den Tod der Tochter

Im Februar 45 v. Chr. verstarb Ciceros geliebte Tochter Tullia. Auf ein Trostschreiben des Redners und Juristen Servius Sulpicius reagiert Cicero folgendermaßen:

Ego vero, Servi, vellem – ut scribis – in meo gravissimo casu affuisses. Quantum enim praesens me adiuvare potueris et consolando et prope aeque dolendo, facile ex eo intellego, quod litteris lectis aliquantum acquievi. Nam et ea scripsisti, quae levare luctum possent, et in me consolando non mediocrem ipse animi dolorem adhibuisti. […]

Me autem non oratio tua solum et societas paene aegritudinis, sed etiam auctoritas consolatur. Turpe enim esse existimo me non ita ferre casum meum, ut tu, tali sapientia praeditus, ferendum putas. Sed opprimor interdum et vix resisto dolori, quod ea me solacia deficiunt, quae ceteris, quorum mihi exempla propono, simili in fortuna non defuerunt: nam et Q. Maximus, qui filium consularem, clarum virum et magnis rebus gestis, amisit, et L. Paullus, qui duo septem diebus, et vester Galus et M. Cato, qui summo ingenio, summa virtute filium perdidit, iis temporibus fuerunt, ut eorum luctum ipsorum dignitas consolaretur ea, quam ex re publica consequebantur.

Mihi autem amissis ornamentis iis, quae ipse commemoras quaeque eram maximis laboribus adeptus, unum manebat illud solacium, quod ereptum est: non amicorum negotiis, non rei publicae procuratione impediebantur cogitationes meae. Nihil in foro agere libebat; aspicere curiam non poteram. Existimabam – id quod erat – omnes me et industriae meae fructus et fortunae perdidisse. […]

Non enim, ut tum me a re publica maestum domus excipiebat, quae levaret, sic nunc domo maerens ad rem publicam confugere possum, ut in eius bonis acquiescam. Itaque et domo absum et foro, quod nec eum dolorem, quem a re publica capio, domus iam consolari potest nec domesticum res publica.

1 *vellem* vgl. S1 – 2 *cāsus* LW *Att.* 4.1.1 und 4–5 – 4 *acquiēscere* LW *Att.* 9.10.1 – 5 *luctus* LW *Fam.* 14.1.1 und 5–7 – 6 *mediocris* LW *Fam.* 14.1.1 und 5–7 – 6/7 *dolōrem adhibēre* Anteilnahme beweisen – 8 *aegritūdō* LW *Att.* 9.10.1 – 9–11 *Turpe … putas* vgl. S2 – 11 *praeditus (m. Abl.)* versehen mit – ergänze: <id> *ferendum* <esse> – 15 *cōnsulāris, -is m* ehemaliger Konsul – 19 *ea* bezieht sich auf *dīgnitās* – 24 *prōcūrātiō, -ōnis f* Verwaltung – *impedīre* LW *Quint.* 2.3.2 – 26/27 *id quod erat* was auch tatsächlich zutraf – 34 ergänze: *domesticum* <dolōrem>

S 1 Ebenso wie *utinam* können auch *vellem* (Z. 1) oder *velim* zur Einleitung eines Optativs stehen. Stellen Sie in der Klasse die verschiedenen Formen des Optativs zusammen. Übersetzen Sie dann den ersten Satz entsprechend.

S 2 Der Satz *Turpe … putas* (Z. 9–11) enthält drei AcI-Konstruktionen. Arbeiten Sie heraus, wo diese stehen, und geben Sie jeweils an, wovon der AcI abhängig ist.

S 3 Bestimmen Sie die Funktion folgender Ablative im Text: *consolando et … dolendo* (Z. 3), *litteris lectis* (Z. 4), *tali sapientia* (Z. 10/11), *magnis rebus gestis* (Z. 15/16), *septem diebus* (Z. 16), *summo ingenio, summa virtute* (Z. 17/18), *iis temporibus* (Z. 18), *amissis ornamentis iis* (Z. 21), *maximis laboribus* (Z. 22), *negotiis … procuratione* (Z. 24), *domo* (Z. 30 und 32).

T Vergleichen Sie zu diesem Text den Brief *Att.* 9.10.1 (S. 40), indem Sie Gemeinsamkeiten in der Wortwahl und der inhaltlichen Aussage zusammenstellen.

i **Antike Trostliteratur**

In der Antike waren Schriften, in denen jemand getröstet werden sollte ***(consolationes)***, weit verbreitet. Besonders gut bezeugt sind Trostschriften zur Verbannung (vgl. *Fam.* 14.1.1 und 5–7, S. 42) und zu Todesfällen *(consolatio mortis)*. In der lateinischen Literatur sind neben Cicero vor allem der Philosoph **Seneca der Jüngere** *(Ad Helviam, Ad Marciam, Ad Polybium)* und aus der Spätantike **Boethius** (ca. 480–525 n. Chr.) zu nennen. Die Verfasser von Trostliteratur bringen ähnliche Argumente (sogenannte **Topoi**) vor, z. B. dass der Tod kein Übel sei oder der Verstorbene gar in eine bessere Existenz übergehe (vgl. auch die Rede des **Sokrates**, S. 31/32). Außerdem werden immer wieder ***exempla*** (vgl. die Info-Box auf S. 17) angeführt, die zeigen, dass andere ein ähnliches oder gar noch schlimmeres Schicksal erlitten hätten.

So nennt Cicero in diesem Brief berühmte Männer, die ebenfalls den Verlust eines Kindes ertragen mussten (Z. 14–20), nämlich **Quintus Fabius Maximus Cunctator,** einen römischen Staatsmann, Diktator und Heerführer im **Zweiten Punischen Krieg** (218–201 v. Chr.), dessen Sohn in diesem Krieg fiel; weiterhin den Feldherrn und Politiker **Lucius Aemilius Paullus Macedonicus,** den Sieger in der Schlacht von **Pydna** gegen die Makedonen (168 v. Chr.), dessen zwei jüngste Söhne kurz vor bzw. nach dem Triumphzug starben; außerdem einen Vorfahren des Adressaten namens **Galus** (Konsul 166 v. Chr.) und schließlich den **älteren Cato**, dessen Sohn 153 v. Chr., vier Jahre vor dem Vater, verstarb.

Erklären Sie, wie sich laut Cicero seine eigene Situation von der dieser Männer unterscheidet. Arbeiten Sie heraus, welche Vorstellung vom Einsatz für den Staat Cicero hier ausdrückt.

→ Zweiter Punischer Krieg: S. 23
→ Seneca: S. 106
→ Cato der Ältere: S. 126

→ AH: Kasusfunktionen: S. 8
→ AH: AcI und NcI: S. 26
→ AH: Konjunktiv in Haupt- und Nebensätzen: S.43

Att. 13.52 Caesar speist bei Cicero

Ende des Jahres 45 v. Chr. berichtet Cicero Atticus von einem Gastmahl, das er in seiner Villa für Caesar veranstaltete:

O hospitem mihi tam gravem ἀμεταμέλετον [ametaméleton]! Fuit enim periucunde. Sed cum secundis Saturnalibus ad Philippum vesperi venisset, villa ita completa a militibus est, ut vix triclinium, ubi cenaturus ipse Caesar esset, vacaret; quippe hominum MM. Sane sum commotus, quid futurum esset postridie. Ac mihi Barba Cassius subvenit: custodes dedit. Castra in agro; villa defensa est. Ille tertiis Saturnalibus apud Philippum ad horam septimam; nec quemquam admisit; rationes, opinor, cum Balbo. Inde ambulavit in litore. Post horam octavam in balneum. Tum audivit de Mamurra, vultum non mutavit. Unctus est, accubuit. Ἐμετικὴν [Emetikén] agebat. Itaque et edit et bibit ἀδεῶς [adeós] et iucunde, opipare sane et apparate; nec id solum, sed „bene cocto et condito, sermone bono et, si quaeris, libenter."

Praeterea tribus tricliniis accepti οἱ περὶ αὐτὸν [hoi perí autón] valde copiose. Libertis minus lautis servisque nihil defuit. Nam lautiores eleganter accepi. Quid multa? Homines visi sumus. Hospes tamen non is, cui diceres: „Amabo te, eodem ad me, cum revertere." Semel satis est. Σπουδαῖον οὐδὲν [Spoudaíon oudén] in sermone, φιλόλογα [philóloga] multa. Quid quaeris? Delectatus est et libenter fuit.

S 1 Der Text enthält zahlreiche Ellipsen. Ergänzen Sie die unvollständigen Sätze, wo dies in den Anmerkungen noch nicht geschehen ist, durch passende Verbformen.

S 2 Erklären Sie die Verwendung des Partizip Futur bei *ubi cenaturus ... esset* (Z. 4/5) und *quid futurum esset* (Z. 6).

S 3 Schreiben Sie die von Adjektiven abgeleiteten Adverbien heraus und geben Sie die Adjektivform an.

S 4 Erschließen Sie, was Cicero mit dem Satz *Homines visi sumus* (Z. 20) ausdrücken möchte.

T 1 Dieser Brief enthält vieles, das für Privatbriefe gebildeter Römer typisch ist. Belegen Sie dies anhand von Inhalt und Sprache (vgl. die Info-Box auf S. 40).

T 2 Weisen Sie nach, dass Cicero den Besuch Caesars nicht allein als ernste Angelegenheit darstellt, sondern ihm durchaus auch komische Seiten abgewinnen kann.

T 3 Teilweise ähnelt Caesars Besuch öffentlichen Auftritten heutiger Politiker. Belegen Sie dies am Text, zeigen Sie aber auch, wo die Grenzen eines solchen Vergleichs liegen.

Der Schauspieler Allan Morgan als Julius Caesar in einer Aufführung von William Shakespeares gleichnamigem Drama (2007). Erschließen Sie, wie die Figur Caesar in dieser Inszenierung dargestellt wird. Erörtern Sie, inwieweit Quellen wie der vorliegende Brief eine solche Auffassung von Caesar nahelegen. Beziehen Sie auch weitere Ihnen bekannte antike Haltungen zu Caesar in Ihre Überlegungen ein.

1 *ametaméleton* nicht zu bereuen – 2 *periūcundē esse* bestens gelaunt sein – 2/3 *secundīs Sāturnālibus* am 2. Saturnalientag (18. Dezember; vgl. die Info-Box) – 3 *Lucius Mārcius Philippus* Konsul 56 v. Chr., Stiefvater Octavians – 4 *triclīnium* Speisezimmer – 6 *sānē* LW *Quint.* 2.3.2 – 7 *Barba Cassius* Kommandant von Caesars Stabswache – *sub-venīre* zu Hilfe kommen – 8 *tertiīs Sāturnālibus* am 3. Saturnalientag (19. Dezember) – 9 *ad hōram septimam* bis zur 7. Stunde, d. h. bis ca. 13 Uhr – 10 *ratiōnēs* (ergänze *putābat*) er hielt eine finanzielle Besprechung ab – *opīnārī* LW *Att.* 1.13.1 – *Balbus* Vertrauter Caesars – 11 *post hōram octāvam* nach der achten Stunde, d. h. gegen 14 Uhr – *balneum* Bad – 11/12 *audīvit dē Māmurrā* vermutlich erfuhr Caesar vom Tod seines Günstlings Mamurra – 12 *ungere (PPP: ūnctum)* salben – *accumbere (Perf.: accubuī)* sich zu Tisch legen – 13 *emetikén agēbat* er hatte vor, ein Brechmittel einzunehmen – 14 *adeós (Adv.)* unbekümmert – *opiparus* reichlich – *apparātus (Adj.)* prächtig – 15/16 *„bene ... libenter"* Zitat des röm. Satirendichters Lucilius: „gut gekocht und zubereitet, mit guten Gesprächen und, wenn du es wissen willst, vergnüglich" – 17 *hoi perí autón* seine Gefolgsleute – 18 *lautus* vornehm – 19/20 *Quid multa?* Muss ich noch mehr sagen? – 21 *eōdem ad mē* komm mal wieder (wörtlich: an denselben Ort) zu mir – *revertere ~ reverteris* – *semel* einmal – 22 *spoudaíon oudén* kein ernstes Wort – 23 *philóloga* Literarisches – 24 *libenter esse* sich wohlfühlen

i **Die Saturnalien,** ein Fest zu Ehren des Gottes **Saturn,** begannen am 17. Dezember und dauerten bis zum 23., später 30. Dezember. Während der Feiertage waren die öffentlichen Einrichtungen und Schulen geschlossen. Außerdem wurde **die übliche soziale Ordnung zumindest dem Schein nach vorübergehend aufgehoben:** Sklaven und Herren tauschten ihre Rollen. Ähnlich wie wir heute beim Weihnachtsfest machten sich die Römer an den Saturnalien gegenseitig **Geschenke.** Es fanden auch zahlreiche **Gastmähler** statt, an denen eifrig **Wein** konsumiert und **Glücksspiel** betrieben wurde.
Erörtern Sie, inwieweit bei Ciceros Gastmahl für Caesar die Stimmung der Saturnalien spürbar ist. Gehen Sie dabei auch auf den Umgang mit Menschen von unterschiedlichem gesellschaftlichem Rang ein.

→ Caesar: S. 6 und S. 45
→ Rhetorische Stilmittel: S. 224
→ AH: Substantive, Adjektive, Adverbien und Pronomina: S. 4
→ AH: Partizipien und *nd*-Formen: S. 16
→ AH: Konjunktiv in Haupt- und Nebensätzen: S. 41

LERNWORTSCHATZ: Briefe

LW *Att.* 1.13.1

opīnārī, opīnor, opīnātus sum	glauben, meinen
ancora, -ae *f*	Anker; ancoram solvere/tollere die Anker lichten, absegeln
equidem *Adv.*	(ich) allerdings, (ich) freilich
abs *m. Abl.*	~ ā, ab
rescrībere, rescrībō, rescrīpsī, rescrīptum	zurückschreiben, antworten

LW *Att.* 2.23.1

vacuus, -a, -um	leer, frei
ambulāre, ambulō, ambulāvī, ambulātum	spazieren gehen

LW *Att.* 9.10.1

quisquam, quidquam (quicquam)	irgendjemand, irgendetwas
aegritūdō, -inis *f*	Schmerz, Kummer; Krankheit
somnus, -ī *m*	Schlaf
prīvāre, prīvō, prīvāvī, prīvātum *m. Abl.*	(einer Sache) berauben
vērum *Adv.*	aber; sondern
vigilāre, vigilō, vigilāvī, vigilātum	wach sein, (durch)wachen, unermüdlich tätig sein
quasi *Adv.*	wie wenn, als ob; gleichwie; gewissermaßen
acquiēscere, acquiēscō, acquiēvī, acquiētum	zur Ruhe kommen, ausruhen
argūmentum, -ī *n*	Beweismittel, Beweis, Argument

LW *Att.* 1.14.3–5

surgere, surgo, surrēxī, surrēctum	aufstehen, sich erheben; aufsteigen
ōrnātus, -a, -um	schmuckvoll, schön
cōnsulātus, -ūs *m*	Konsulat
quotiē(n)s … totiē(n)s	wie oft … so oft
valdē *Adv.*	sehr
cōnstāns, -antis	beständig, gleichbleibend, fest
rogātiō, -ōnis *f*	Anfrage, Gesetzesantrag/-vorschlag; rogātiōnem ferre einen Gesetzesvorschlag einbringen
grex, gregis *m*	Herde, Schar, Trupp
ministrāre, ministrō, ministrāvī, ministrātum	verschaffen; dienen
rōstra, -ōrum *n Pl.*	Rednerbühne
mīrificus, -a, -um	wunderbar, außerordentlich; sonderbar
gravitās, -ātis *f*	Gewicht, Würde, Ernst

LW *Fam.* 14.1.1 und 5–7

incidere, incidō, incidī (in) *m. Akk.*	hineinfallen; geraten (in)
lūctus, -ūs *m*	Trauer, Schmerz
cum (prīmum) *m. Ind. Perf.*	sobald (als)
sapere, sapiō, sapīvī/sapiī/sapuī	Verstand haben; Geschmack haben; schmecken
acerbus, -a, -um	herb, bitter; hart, unfreundlich
miseria, -ae *f*	Unglück, Not
vīcus, -ī *m*	Dorf, Stadtviertel, Gasse
obsecrāre, obsecrō, obsecrāvī, obsecrātum	anflehen, beschwören
quīre, queō, quīvī/quiī	können
reliquus, -a, -um	übrig, restlich; künftig
vidēre, ut *m. Konj.*	darauf achten/dafür sorgen, dass
egēre, egeō, eguī *m. Abl.*	Mangel leiden an, etw. nicht haben
mediocris, -e	mittelmäßig, maßvoll
opus est *m. Abl.*	es ist nötig

LW *Att.* 4.1.1 und 4–5

absēns, -entis	abwesend
reditus, -ūs *m*	Rückkehr
etsī	auch wenn, obwohl
rūmor, -ōris *m*	Gerede, Gerücht; Nachricht
potissimum *Adv.*	hauptsächlich, gerade
cāsus, -ūs *m*	Fall, Zufall, Schicksalsschlag; cāsū zufällig
colōnia, -ae *f*	Niederlassung, Siedlung, Kolonie
vīcīnus, -a, -um	benachbart; *Subst.* Nachbar
celebrāre, celebrō, celebrāvī, celebrātum	feiern, verherrlichen; (oft) besuchen
ōrdō, -inis *m*	Ordnung, Reihe, Stand
inde *Adv.*	von dort; deshalb
praeter *m. Akk.*	ausgenommen, außer
gradus, -ūs *m*	Schritt; Stellung, Stufe, Rang
templum, -ī *n*	Tempel, Heiligtum
sīgnificāre, sīgnificō, sīgnificāvī, sīgnificātum	bezeichnen, anzeigen, ein Zeichen geben
ūsque *Adv.*	ununterbrochen; ūsque ā *m. Abl.* seit; ūsque ad *m. Akk.* bis zu

LW *Quint.* 2.3.2

sīve	oder; oder wenn; sīve … sīve (oder seu … seu) sei es dass … oder dass
silentium, -ī *n*	Schweigen, Stille, Verschwiegenheit; silentiō stillschweigend
clāmōrem tollere	ein Geschrei erheben
impedīre, impediō, impedīvī, impedītum	(be)hindern, verhindern
sānē *Adv.*	in der Tat, durchaus; allerdings; ganz, wirklich
versus, -ūs *m*	Zeile, Gedichtzeile, Vers
famēs, -is *f*	Hunger
ēicere, ēiciō, ēiēcī, ēiectum	hinauswerfen, vertreiben

LW *Quint.* 2.16.4–5

īnsula, -ae *f*	Insel; Wohnblock
sollicitus, -a, -um	beunruhigt
situs, -ūs *m*	Lage, Stellung, Gegend
heus	he!, pass auf!
est, quod *m. Konj.*	es gibt einen Grund dafür, dass

LW *Fam.* 4.6.1–2

quantum *Adv.*	wie viel, wie sehr
praesēns, -entis	anwesend, gegenwärtig; mē praesente in meiner Anwesenheit
cōnsōlārī, cōnsōlor, cōnsōlātus sum	trösten, lindern
aequus, -a, -um	eben, gleich, ruhig, gerecht
aliquantum *Adv.*	ziemlich, beträchtlich
levāre, levō, levāvī, levātum	heben, erleichtern
societās, -ātis *f*	Gemeinschaft, Bündnis
opprimere, opprimō, oppressī, oppressum	niederwerfen, unterdrücken
interdum *Adv.*	manchmal, bisweilen
solācium, -ī *n*	Trost(mittel)
ōrnāmentum, -ī *n*	Schmuck(stück), Verzierung, Ehre
commemorāre, commemorō, commemorāvī, commemorātum	in Erinnerung rufen, erwähnen
adipīscī, adipīscor, adeptus sum	erlangen, erreichen, erringen
cōgitātiō, -ōnis *f*	Denken, Überlegung
libet (*und* **lubet**), libuit	es gefällt, es beliebt
industria, -ae *f*	Fleiß, Eifer
maestus, -a, -um	traurig, betrübt
maerēre, maereō, maeruī	traurig sein, (be)trauern
cōnfugere, cōnfugiō, cōnfūgī	Zuflucht nehmen, sich flüchten
domesticus, -a, -um	häuslich, privat, einheimisch

LW *Att.* 13.52

vesper, -erī *m*	Abend, Westen; *Adv.* vespere (*und* vesperī) am Abend
vacāre, vacō, vacāvī, vacātum	frei sein von *m. Abl.*, nicht haben; leer stehen; Zeit haben für, sich widmen *m. Dat.*
quippe *Adv.*	freilich, allerdings; denn, nämlich
postrīdiē *Adv.*	am folgenden Tag
edere, edō, ēdī, ēsum	essen, verzehren
praetereā *Adv.*	außerdem
cōpiōsus, -a, -um	reich (ausgestattet mit), ausführlich, wortreich
lībertus, -ī *m*	Freigelassener
ēlegāns, -antis	geschmackvoll, gewählt
eōdem *Adv.*	ebendort(hin)

Zusammenfassung: Marcus Tullius Cicero (106–43 v. Chr.)
[Eine ausführlichere Übersicht über Leben und Werk Ciceros finden Sie auf S. 8.]

- **bedeutender Politiker** (Konsul als ***homo novus***) und **Schriftsteller,**
- **größter Redner der Römer,**
- **Verfasser bedeutender philosophischer, staatsphilosophischer und rhetorischer Schriften;** Auseinandersetzung mit ausgewählten Gedanken und Themen griechischer Philosophie (Eklektizismus) in lateinischer Sprache,
- besonders **bedeutende Werke: *De re publica*** („Über den Staat"), ***De finibus bonorum et malorum*** („Über das höchste Gut und das größte Übel"), ***Tusculanae disputationes*** („Gespräche in Tusculum"),
- Verfasser zahlreicher **Briefe,**
- Durchbruch als Redner durch Anklage des Provinzverwalters **Verres** (70 v. Chr.),
- als Konsul: Aufdeckung der Verschwörung **Catilinas** (63 v. Chr.),
- **Verbannung** wegen Hinrichtung der Anhänger Catilinas (58 v. Chr.); Rückkehr aus der Verbannung (57 v. Chr.); dennoch politische Kaltstellung,
- Angriffe gegen Marcus Antonius in den **Philippischen Reden,**
- **Ermordung** Ciceros auf Veranlassung des **Antonius** (43 v. Chr.).

Die römische Kaiserzeit

Im Jahr **27 v. Chr.** erhielt **Octavian** vom Senat den Ehrentitel **Augustus** („der Erhabene"). Dieses Ereignis gilt als Beginn der **römischen Kaiserzeit,** denn auch wenn Augustus selbst betonte, er habe die Republik wiederhergestellt, hatte er seit seinem Sieg über **Antonius** und **Kleopatra** in der Schlacht bei **Actium (31 v. Chr.)** die alleinige Macht inne.

Zur Selbstdarstellung des Augustus gehörte es, dass er als ***princeps senatus*** („führender Mann im Senat") bzw. ***primus inter pares*** („Erster unter Gleichen") auftrat. Weiterhin stilisierte Augustus sich als **Friedensbringer** und verkündete eine ***pax Augusta.*** Mit der Errichtung beeindruckender **Bauten** in Rom ließ Augustus seine Herrschaft auch öffentlich repräsentieren, und viele Schriftsteller priesen in ihren Werken den Herrscher. Augustus' Anspruch, den ***mos maiorum*** („Sitte der Vorfahren") wiederherzustellen, spiegelte sich z. B. im Geschichtswerk des **Titus Livius** wider, der zahlreiche glorreiche *exempla* aus der römischen Frühzeit beschrieb.

Vor allem aber entstanden während der Zeit des Augustus bedeutende Werke der lateinischen **Dichtung.** So verfasste **Horaz** unter anderem seine **Oden,** eine Sammlung lyrischer Gedichte. Darin geht es etwa um Liebeserfahrungen und Politisches, aber auch philosophische Themen werden behandelt. Bis heute berühmt ist der von Horaz geprägte Ausspruch ***Carpe diem!*** („Pflücke den Tag!"), der zu einem sinnvollen Umgang mit der Lebenszeit aufruft. Unter den Förderern des Horaz war Augustus' Vertrauter **Maecenas,** dessen Name der Ursprung unseres Begriffs „Mäzen" ist.

Zum Kreis des Maecenas zählte auch der Dichter **Vergil,** zu dessen Werken die ***Georgica,*** ein **Lehrgedicht** über den Landbau, und die ***Aeneis*** gehören. Dieses **Epos** handelt von der Flucht des Aeneas aus dem brennenden Troia, von seinen Irrfahrten, die ihn zu Dido nach Karthago führten, und schließlich von der Ankunft in Italien und kriegerischen Auseinandersetzungen in der neuen Heimat. Vergils Bericht über den **Stammvater der Römer,** den Augustus – wie zuvor **Caesar** – zu seinen Vorfahren zählte, trug zur Rechtfertigung der Herrschaft des Augustus bei. Obwohl unvollendet, galt es bald als das **römische Nationalepos.**

Ganz andere Themen behandelten die **Elegiker Properz, Tibull** und **Ovid:** Diese erzählten in **elegischen Distichen,** dem Versmaß der Liebesdichtung, zumeist von den mehr oder weniger erfolgreichen Bemühungen eines verliebten jungen Mannes um eine Angebetete. Die Verherrlichung des *princeps* kommt in diesen Werken in der Regel nur am Rande vor.

Das Hauptwerk des Ovid ist jedoch sein **Epos *Metamorphosen.*** In 15 Büchern reiht Ovid Sagen aneinander, in denen es stets um eine Verwandlung geht. Berühmt ist auch Ovids ***Ars amatoria,*** ein humorvolles **Lehrgedicht** über die Liebe, an dem Augustus, der sich ja als Sittenwächter darstellte, jedoch Anstoß genommen haben

Die während der Herrschaft des Augustus errichtete Ara Pacis in Rom. Informieren Sie sich über dieses Bauwerk und seine Bedeutung für die Selbstdarstellung des Herrschers.

→ *exempla:* S. 17
→ Ovid: S. 60
→ Dido und Aeneas: S. 89
→ Livius: S. 101
→ Umgang mit der Zeit: S. 112
→ Versanalyse: S. 228

könnte. In jedem Fall wurde Ovid im **Jahr 8 n. Chr.** verbannt und verbrachte seine letzten Jahre im Exil am Schwarzen Meer.
Auch in der **frühen (1. Jh. n. Chr.)** und **mittleren Kaiserzeit (2./3. Jh. n. Chr.)** wurden hochwertige literarische Werke verfasst. So dürfte **Phaedrus,** der möglicherweise ein Freigelassener des Augustus war, der Erste gewesen sein, der ein ganzes Buch **lateinischer Versfabeln** schuf. Unter **Tiberius** entstand **Valerius Maximus'** Sammlung berühmter *exempla* aus der griechischen und römischen Geschichte. Und in der Zeit des Kaisers **Nero** verfasste der Philosoph **Seneca** – angeregt u. a. von den Schriften **Ciceros – Dialoge und Lehrbriefe** über Fragen der **Ethik,** also Fragen nach der moralisch korrekten Lebensweise. Seneca, der auch der Erzieher des jungen Kaisers gewesen war, wurde von diesem später der Teilnahme an einer Verschwörung angeklagt und zum Selbstmord gezwungen. Dasselbe Schicksal scheint auch **Petron,** den Verfasser des humorvollen und in seinen Inhalten nicht immer anständigen **Romans *Satyrica*,** getroffen zu haben.

Sogenannte Doppelherme, die Seneca und Sokrates zeigt (3. Jh. n. Chr.). Informieren Sie sich über die beiden Philosophen und erschließen Sie, warum gerade diese beiden hier gemeinsam abgebildet werden.

Auch die **Epigramme** (kurze, pointierte Gedichte) **Martials** sind bisweilen frivol. Sie präsentieren ein lebhaftes – aber auch satirisch verzerrtes – Bild des römischen Alltags. Martials Epigramme enthalten darüber hinaus zahlreiche Preisungen der amtierenden Kaiser, vor allem des **Domitian (81–96 n. Chr.).** Unter **Nerva (96–98 n. Chr.)** und **Trajan (98–117 n. Chr.),** die nach der Ermordung Domitians auf dem Kaiserthron folgten, war der Schriftsteller und Politiker **Plinius der Jüngere** aktiv, von dem Sammlungen mit **Briefen** erhalten sind. Wie auch sein Zeitgenosse, der **Geschichtsschreiber Tacitus,** preist Plinius Trajan überschwänglich und prangert Domitian als grausamen Tyrannen an. Ein negatives Bild des Domitian zeichnet auch **Sueton (Beginn des 2. Jh. n. Chr.)** in seinen **Kaiserbiografien.**
Nicht nur die vor allem von Seneca vertretene Moralphilosophie der Kaiserzeit hat bis heute große Bedeutung, vielmehr gab es auch zahlreiche **Denker,** die insbesondere **naturwissenschaftliche Themen** behandelten und im Bereich der **Fachschriftstellerei** aktiv waren. Zu nennen ist **Vitruv,** dessen Werk über die **Architektur** Augustus gewidmet ist. Zur Zeit des Tiberius wirkte der **Enzyklopädist Celsus,** der v. a. als Verfasser **medizinischer Schriften** bis in die Neuzeit großen Einfluss hatte. Das berühmteste naturwissenschaftliche Werk der römischen Antike ist jedoch die **Naturgeschichte *(Naturalis historia)*** des **älteren Plinius.** Dieser fand beim Ausbruch des **Vesuv** im Jahr **79 n. Chr.** den Tod – ein Ereignis, das sein Neffe Plinius, der bereits erwähnte Verfasser von Briefen, ausführlich beschreibt.

Die römische Kaiserzeit ist zudem die Epoche, in der das **Christentum** aufkam und **Christenverfolgungen** stattfanden. Auch zur Zeit des Kaisers Trajan wurde gegen die Christen vorgegangen, wie ein berühmter Brief des jüngeren Plinius belegt – allerdings weitaus weniger hart als etwa unter **Nero.** Die Schrift des **Minucius Felix,** der wohl im 2. oder 3. Jahrhundert n. Chr. wirkte, belegen, wie sich das Christentum im römischen Reich nach und nach behauptete.
In der **späten Kaiserzeit (4./5. Jh. n. Chr.)** spielt **christliches Denken** dann eine zentrale Rolle. Auch kam unter Kaiser **Konstantin** durch das so genannte **Toleranzedikt von Mailand (313 n. Chr.)** die Christenverfolgung zu einem Ende, und noch im 4. Jahrhundert wurde das Christentum **Staatsreligion.** Gleichzeitig blieb die **antike Philosophie** sehr einflussreich, was sich etwa in den Werken des **Kirchenvaters Laktanz** erkennen lässt, der als **„christlicher Cicero"** bezeichnet wurde. Zu den Kirchenvätern werden auch **Hieronymus** und **Augustinus** gezählt, die sich ebenfalls mit antikem Denken auseinandersetzen. Und der spätantike **Enzyklopädist Isidor von Sevilla** trug als christlicher Autor wesentlich dazu bei, dass die Errungenschaften antiker Philosophie und Wissenschaft nicht verloren gingen.
Seit der **Teilung des Reiches** in **West- und Ostrom** am **Ende des 4. Jahrhunderts n. Chr.** war jedoch deutlich, dass Roms Vorherrschaft im Mittelmeerraum zu ihrem Ende kam. Die Absetzung des letzten Kaisers **Romulus Augustulus** markierte **476 n. Chr.** das Ende des **weströmischen Reichs.** In Mitteleuropa setzten sich nun die kulturellen Strömungen des **Mittelalters** durch.

→ Vitruv: S. 52
→ Valerius Maximus: S. 100
→ Sokrates: S. 102
→ Seneca: S. 106
→ der Tod des älteren Plinius: S. 135
→ Plinius der Jüngere über die Christen: S. 141

Vitruv: *De architectura*

Die naturwissenschaftliche und technische Literatur im antiken Rom war von ganz unterschiedlichen Einflüssen geprägt. Praktische Erfahrungen im Umgang mit technischen Errungenschaften konnten sich in ihr ebenso niederschlagen wie frühere naturwissenschaftliche Abhandlungen und auch die Gedanken der **Philosophen.** Ein Beispiel für eine besonders einflussreiche Schrift eines antiken Technikers und Denkers ist **Vitruvs** Werk ***De architectura.***

Marcus Vitruvius Pollio wurde wohl um das Jahr **84 v. Chr.** geboren. Über sein Todesjahr, ja selbst über seinen Vornamen gibt es keine gesicherten Erkenntnisse. Vitruv genoss eine Ausbildung als **Architekt,** was in der Antike auch die **Ingenieurwissenschaften** im Allgemeinen, vor allem den Maschinenbau, mit einschloss. Mit diesen Vorkenntnissen war Vitruv während seines Militärdienstes unter Caesar, später auch unter Augustus, für die Konstruktion von **Kriegsmaschinen** zuständig. Danach arbeitete er als Architekt und Ingenieur ab 33 v. Chr. am Bau von **Wasserleitungen** und an der Wasserversorgung der römischen Privathäuser.

Wohl zwischen 33 und 14 v. Chr. verfasste er die ***De architectura libri decem,*** das einzige aus dem Altertum erhaltene Werk über Architektur. Von den zehn Büchern behandelt das erste die Ausbildung des Architekten, architektonische Grundbegriffe und den Städtebau, das zweite die Baumaterialien. Nach diesen Grundlagen folgen in Buch 3 und 4 Anweisungen für den Tempelbau, in Buch 5 geht es um öffentliche Gebäude, in Buch 6 und 7 um Privathäuser, in Buch 8 um Wasserleitungen. Danach wendet sich Vitruv den allgemeinen Ingenieurstätigkeiten zu: Buch 9 beschreibt den Bau von Uhren, das letzte Buch die Konstruktion von Maschinen.

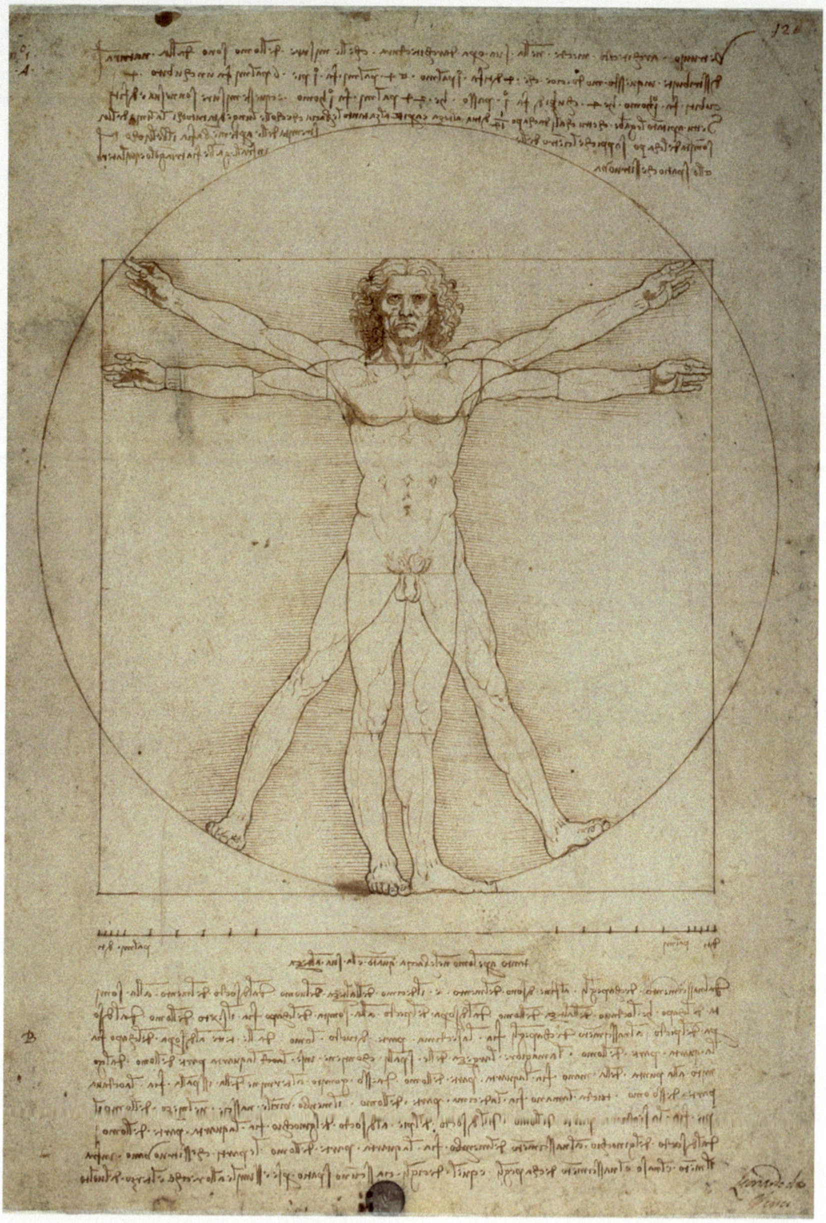

Leonardo da Vinci (1452–1519), Proportionsschema der menschlichen Gestalt nach Vitruv, auch bekannt als „Vitruvianischer Mensch" (1490). Mit der Wiederentdeckung der Antike in der Renaissance wuchs auch das Interesse am Werk Vitruvs. Die Skizze Leonardos bezieht sich auf eine Passage in *De Architectura* (3.1.2), wo Vitruv die Symmetrie und die Proportionen des menschlichen Körpers als Muster für die Proportionen eines Tempels bezeichnet. Erschließen Sie, inwieweit dieser Gedanke Vitruvs für Leonardo als Künstler interessant gewesen sein könnte.

Jedes dieser Bücher beginnt mit einem **Prooemium** (Vorrede), in dem Vitruv meist allgemeine philosophische Betrachtungen als Einstieg für das jeweilige Thema nimmt. Dadurch gehört er neben Cicero und Lukrez zu den ersten römischen Autoren, die die Lehren der **griechischen Philosophen in lateinischer Sprache** verbreitet haben. Mit Cicero teilt er auch das Bildungsideal: So wie dieser für den Redner eine **umfassende Bildung in allen Wissenschaften** fordert, tut dies Vitruv auch für den Architekten. Damit verbindet ihn mit Cicero auch das Ideal der **Einheit von Theorie und Praxis.**

→ Cicero: S. 6
→ Lukrez: S. 7
→ antike Naturwissenschaften bei Plinius dem Älteren: S. 120
→ Fortleben der Antike in Humanismus und Renaissance: S. 170

Arch. 1.1.2 Grundanforderungen an den Architekten

Nach einer Widmung an Augustus in der Vorrede beginnt Vitruv seine Ausführungen, indem er aufzeigt, welche Kompetenzen ein Architekt haben muss. Dabei ist ihm die Verbindung von praktischen und theoretischen Fähigkeiten besonders wichtig.

Itaque architecti, qui sine litteris contenderant, ut manibus essent exercitati, non potuerunt efficere, ut haberent pro laboribus auctoritatem; qui autem ratiocinationibus et litteris solis confisi fuerunt, umbram, non rem persecuti videntur. At qui utrumque perdidicerunt – uti omnibus armis ornati – citius cum auctoritate, quod fuit propositum, sunt adsecuti.

S Erschließen Sie den Zusammenhang zwischen den Kernbegriffen *litterae* (Z. 1) und *auctoritas* (Z. 6). Berücksichtigen Sie dabei das gesamte Bedeutungsspektrum dieser Wörter. Ziehen Sie dazu ein Wörterbuch heran.

T Erklären Sie die beiden Vergleiche in Z. 4/5 und 6. Arbeiten Sie Signalwörter heraus, die auf den Vergleich hinweisen. Was wird womit verglichen? Entwickeln Sie, welche Assoziationen Vitruv mit diesen Vergleichen weckt.

i **Theorie und Praxis in der Antike**

Viele **griechische Philosophen** stellten die Theorie (θεωρία [*theoría*, „Betrachtung“]) über die Praxis. Am deutlichsten wird dies in der Staatstheorie **Platons,** derzufolge die Philosophen an der Spitze des Staates stehen sollen und die Krieger, Kaufleute, Handwerker und Bauern die niedrigeren Stände sind. Solches Denken war den **praktisch orientierten Römern,** ursprünglich ein Bauern- und Kriegervolk, traditionell fremd. Charkteristischerweise ist das bekannteste Beispiel für frühe römische Sachliteratur ***De agricultura*** („Über die Landwirtschaft“) von **Marcus Porcius Cato** (234–149 v. Chr.). Die Einstellung Vitruvs kann also als eine **Synthese** beider Auffassungen betrachtet werden, wobei er seinen römischen Lesern immer wieder den praktischen Nutzen des theoretischen Wissens vor Augen führt.

Diskutieren Sie, inwieweit auch im heutigen Berufsleben die Verbindung von Theorie und Praxis wichtig ist.

1 *architectus* Baumeister – 3 ordne und ergänze: <*iī*> *autem, quī* – *ratiōcinātiō, -ōnis f* Berechnung – 4 *cōnfīsī fuērunt* ~ *cōnfīsī erant* – 5 ergänze: *persecūtī* <*esse*> – ergänze: *At* <*iī,*> *quī* – *per-discere* Verstärkung von *discere* – 6 *ōrnāre* (hier) rüsten – 7 *quod fuit prōpositum* was sie sich vorgenommen hatten – *adsequī* archaistisch für *assequī* (vgl. Sprach-Box)

Arch. 1.1.3 Vielfältige Fachkenntnisse (I)

Quare videtur utraque parte exercitatus esse debere, qui se architectum profiteatur. Itaque eum ingeniosum oportet esse et ad disciplinam docilem; neque enim ingenium sine disciplina aut disciplina sine ingenio perfectum artificem potest efficere. Et ut litteratus sit, peritus graphidos, eruditus geometria, historias complures noverit, philosophos diligenter audierit, musicam scierit, medicinae non sit ignarus, responsa iurisconsultorum noverit, astrologiam caelique rationes cognitas habeat.

1 *utrāque parte* (hier) in beiden Bereichen – *exercitāre* LW *Arch.* 1.1.2 – 2 *sē prōfitērī* (hier) sich nennen – *ingeniōsus* Adjektiv zu *ingenium* – 3 *ad disciplīnam docilis* bereit zur Unterweisung – 5 *efficere* (hier) hervorbringen – *litterātus* gewandt im Schreiben; *ut litterātus sit* ... ergänze als Hauptsatz *oportet* aus dem Satz davor – 6 *graphis, -idos f* Zeichenstift – *ērudītus* (*m. Abl.*) kenntnisreich – 6–8 *geōmetria, mūsica, medicīna* vgl. die deutschen Fremdwörter – 6 *historiae, -arum f Pl.* geschichtliche Fakten – 7/8 *audierit, scierit* Nebenformen zu *audīverit, scīverit* (~ *sciat*) – 8/9 *respōnsa* (*n Pl.*) *iūriscōnsultōrum* Entscheidungen der Rechtsgelehrten – 9 *astrologia* Sternkunde – *ratiō, -ōnis f* (hier) Gesetzmäßigkeit

S **Assimilation und Archaismus**

Im klassischen Latein wird bei Wortzusammensetzungen (Komposita) oft der Endkonsonant der Vorsilbe (Präfix) an den Anfangsbuchstaben des Stammwortes angeglichen, z. B. *afferre* aus *ad + ferre* oder *immortalis* aus *in + mortalis.* Dieser Vorgang wird **Assimilation** genannt. Manche Autoren wie der Geschichtsschreiber Sallust oder auch Vitruv machen, um einen **archaistischen** (altertümelnden) Stil zu erzeugen, diese Assimilation rückgängig und verdeutlichen so die eigentliche Bedeutung und Entstehung der Wörter, z. B. *adsequi* statt *assequi.*

Auch in der **Sprache der Dichter** finden sich besonders häufig nichtassimilierte Formen.

S Erklären Sie die Funktion des Konjunktivs in dem Relativsatz in Z. 2.

T Stellen Sie die hier von Vitruv genannten Fachbereiche, in denen sich ein Architekt auskennen sollte, zusammen. Erörtern Sie, inwieweit Sie diese Auswahl für sinnvoll halten.

→ Cicero über die Leistungen der Philosophie: S. 28
→ Dichtersprache (bei Ovid): S. 69
→ Cato der Ältere: S. 126
→ Rhetorische Stilmittel: S. 224
→ AH: Relativsätze: S. 57

Arch. 1.1.5–7 Vielfältige Fachkenntnisse (II)

Vitruv erklärt, warum der Architekt im Schreiben, Zeichnen und in der Geometrie kompetent sein muss, und kommt dann auf die Bedeutung der Geschichtskenntnisse und der Philosophie zu sprechen:

Historias autem plures novisse oportet, quod multa ornamenta saepe in operibus architecti designant, de quibus argumentis rationem, cur fecerint, quaerentibus reddere debent. Quemadmodum, si quis statuas marmoreas muliebres stolatas, quae caryatides dicuntur, pro columnis in opere statuerit [...], ita reddet rationem.

Es folgt ein historischer Exkurs: Die Karyatiden sind ursprünglich die Frauen von Karya, einer griechischen Stadt, die in den Perserkriegen auf Seiten der Perser stand. Die Griechen zerstörten Karya, töteten die Männer und versklavten die Frauen, die ihre langen Gewänder und ihren Schmuck nicht ablegen durften, aber dennoch schwer arbeiten mussten. Durch die steinernen Karyatiden als Säulenersatz wird gewissermaßen die Sklavenarbeit der Lastenträgerinnen versinnbildlicht.

Philosophia autem perficit architectum animo magno et uti non sit adrogans, sed potius facilis, aequus et fidelis, sine avaritia, quod est maximum; nullum enim opus sine fide et castitate fieri potest; [...] et haec enim philosophia praescribit. Praeterea de rerum natura, quae Graece φυσιολογία [physiología] dicitur, philosophia explicat. Quam necesse est studiosius novisse, quod habet multas et varias naturales quaestiones. Ut etiam in aquarum ductionibus.

1 *historiae* geschichtliche Fakten – 2 *opus, -eris n* (hier) Bauwerk – *dēsīgnāre* (hier) anbringen lassen – 3/4 *argūmentīs ratiōnem reddere* (*m. Dat.*) sich vor jmd. begründet rechtfertigen (wörtlich?) – 4 *quemadmodum* (hier als rel. Satzanschluss) so – ergänze *sī <ali>quis* – 4/5 *statuae marmoreae muliebrēs stolātae* mit einer Stola bekleidete weibliche Marmorstatuen – 6 *columna* Säule – *ita* (hier) folgendermaßen – 8 *perficere* (*m. Akk.*) hervorbringen, (*m. ut*) bewirken – 9 *utī* LW *Arch.* 1.1.2 – *adrogāns, -antis* hochmütig – *facilis, -e* (hier) umgänglich – *fidēlis, -e* zuverlässig – 11 *castitās, -ātis f* Anstand – 12 *praescrībere* vorschreiben – 14 *studiōsus* eifrig – 15 *habēre* (hier) beinhalten – *natūrālis, -e* die Natur betreffend – *ut* ~ *velut* – 16 *aquārum ductiō (-ōnis f)* Wasserleitung

S Stilistische Ausarbeitung von Fachtexten

Auch von Fachautoren wird erwartet, dass sie ansprechend und abwechslungsreich formulieren. Vitruv erreicht dies z. B. durch eine **Litotes** (Verneinung des Gegenteils) in *Arch.* 1.1.3, Z. 8 (*non ignarus*), um eine Wiederholung von *peritus* zu vermeiden. Auffallend ist außerdem die **Variatio** (Abwechslung in der Konstruktion) in Z. 3–6, wo von *oportet* zunächst ein *AcI* und dann ein *ut*-Satz abhängt. In 1.1.4–7, Z. 8/9 hängen von *perficit* ein Akkusativobjekt und ein *ut*-Satz ab. In diesem Fall müssen beim Übersetzen für das Verb zwei verschiedene Bedeutungen gewählt werden.

Arbeiten Sie weitere Beispiele für Stilmittel sowie ihre Funktion innerhalb des Satzes im nebenstehenden Text heraus.

S 1 Nennen Sie, ausgehend von Beispielen aus dem Text (sowie aus *Arch.* 1.1.3), lateinische Adjektive, die mit dem Genitiv konstruiert werden.

S 2 Informieren Sie sich über die wörtliche Bedeutung des griechischen Begriffs *physiología* (Z. 13) und vergleichen Sie diese mit der von Vitruv vorgeschlagenen lateinischen Entsprechung.

T 1 Weisen Sie im Text die aus dem Deutschunterricht bekannte Argumentationsstruktur mit Behauptung, Begründung und Beispiel nach. Benennen Sie die Signalwörter, mit denen die Funktion der jeweiligen Aussage verdeutlicht wird.

T 2 Erörtern Sie, inwieweit die anderen im Text (und in *Arch.* 1.1.3) genannten Wissenschaften dem Architekten bei seiner Arbeit hilfreich sein könnten.

Die Karyatiden vom Erechtheion der Akropolis in Athen. Stellen Sie die Aussagen des Textes zusammen, die Sie im Bild wiederfinden.

→ Vertiefte Interpretation: S. 218
→ Rhetorische Stilmittel: S. 224

Arch. 2.1.1–2 Die Frühzeit des Menschen

In seinen Ausführungen über die Entstehung der menschlichen Behausungen stellt Vitruv zunächst die Frühzeit dar:

Homines vetere more ut ferae in silvis et speluncis et nemoribus nascebantur ciboque agresti vescendo vitam exigebant.

Die Menschen entdecken das Feuer und stellen fest, dass es nicht nur gefährlich, sondern auch nützlich ist. Nun fangen sie an, sich um das Feuer zu versammeln, und versuchen, sich darüber zu verständigen:

Et nutu monstrantes ostendebant, quas haberent ex eo utilitates. In eo hominum congressu cum profundebantur aliter atque aliter e spiritu voces, cotidiana consuetudine vocabula […] constituerunt, deinde significando res saepius […] fari fortuito coeperunt et ita sermones inter se procreaverunt.

Ergo cum propter ignis inventionem
conventus initio apud homines et concilium et
convictus esset natus
et in unum locum plures convenirent
habentes ab natura praemium praeter reliqua
animalia,
ut non proni, sed erecti ambularent
mundique et astrorum magnificentiam
aspicerent,
item manibus et articulis,
quam vellent,
rem faciliter tractarent,
coeperunt in eo coetu alii de fronde facere tecta,
alii speluncas fodere sub montibus,
nonnulli hirundinum nidos […] imitantes de luto
et virgulis facere loca,
quae subirent.

Tunc observantes aliena tecta et adicientes suis cogitationibus res novas, efficiebant in dies meliora genera casarum.

1 *vetere mōre* (hier) früher – *spēlunca* Höhle – 2 *nemus, -oris n* Hain – *agrestis, -e* wild wachsend – *vēscī* sich ernähren – 2/3 *vītam exigere* (~ *vītam agere*) sein Leben führen – 4 *nūtus, -ūs* Geste – 4/5 ordne: *quās ūtilitātēs ex eō habērent*; *ex eō* gemeint ist das Feuer – 5 *ūtilitās, -ātis f* Vorteil – *congressus, -ūs* Zusammenkunft – 5/6 *vōcēs profundere* Laute ausstoßen – 6 *aliter atque aliter* auf verschiedene Weise – *cotīdiānus* täglich – 7 *vocābulum* Wort – *sīgnificāre* bezeichnen – 8 *fārī* sprechen – *fortuītō (Adv.)* zufällig – 9 *prōcreāre* hervorbringen – 10 *inventiō, -ōnis f* Entdeckung – 11/12 *conventus … et concilium et convīctus* Zusammenkunft, Versammlung und Gesellschaft – 14 *habentēs* übersetze mit einem Nebensatz mit „wobei“ – *praemium* (hier) Vorteil – *praeter* (hier) gegenüber – 16 *prōnus* nach vorn geneigt – *ērēctus* aufrecht – 17 *astrum* Stern – *māgnificentia* Pracht – 19 *articulus* gelenkiger Finger – 20/21 *quam vellent, rem* jede Sache, die sie wollten – 22 *coetus, -ūs* Zusammenkunft – *frōns, frondis f* Laub – 23 *fodere* graben – 24 *hirundō, -inis f* Schwalbe – *nīdus* Nest – *lutum* Lehm – 25 *virgula* Zweig – 26 *subīre* (*m. Akk.*) (hier) sich verkriechen in – 27 *tunc* ~ *tum* – *cōgitātiō, -ōnis f* Überlegung; *suīs cōgitātiōnibus* Abl. des Mittels *(ablativus instrumentalis)* – 28 *in diēs* von Tag zu Tag – 29 *casa* Hütte

S 1 Schreiben Sie aus dem Text die *nd*-Formen (Gerund/Gerundiv) heraus, bestimmen Sie sie und überlegen Sie sich jeweils die passendste Art der Übersetzung.

S 2 Beschreiben Sie die Struktur des langen Satzes in Z. 10–26. Die Satzanalyse hilft Ihnen dabei.

S 3 Erschließen Sie die Funktionen, die der konjunktivische Relativsatz *quae subirent* (Z. 26) haben kann. Welche Möglichkeiten der Übersetzung ergeben sich jeweils daraus?

S 4 Erklären Sie, ausgehend von den Worterklärungen, die Fremdwörter „Kongress“, „signifikant“ und „Astronaut“.

S 5 Vitruv verwendet mehrfach die eher ungebräuchliche Adverbform *faciliter* (Z. 21). Geben Sie an, welche Form hier die üblichere wäre.

T 1 Stellen Sie in einem kleinen Rollenspiel dar, wie nach Vitruv bei den Urmenschen nach der Entdeckung des Feuers die Sprache entstanden ist.

T 2 Erklären Sie anhand von Beispielen aus dem Text, welche Merkmale den Menschen vom Tier unterscheiden. Vgl. dazu auch *Inv.* 1.2 (S. 35) zum Ursprung menschlicher Sozialformen.

i

Artbezeichnungen des Menschen

Unter Biologen und Evolutionsforschern ist bei der Kategorisierung von Tieren und Pflanzen die Systematik nach dem schwedischen Naturforscher Carl von Linné (1707–1778) üblich: Zur Bezeichnung wird eine Verbindung von Substantiv (für die Gattung) und Attribut (zur genauen Bestimmung der Art) verwendet. Die wichtigsten Arten der Gattung *homo* sind:

- Homo erectus („aufrecht gehend“) – ausgestorben,
- Homo habilis („geschickt“, „fähig, Werkzeuge zu gebrauchen“) – ausgestorben,
- Homo sapiens („weise“) – der heutige Mensch.

Ordnen Sie den drei Entwicklungsstadien die jeweiligen Entsprechungen aus Vitruvs Text mithilfe von Beispielen zu.

→ die Frühzeit des Menschen bei Cicero: S. 35
→ Mensch und Tier bei Plinius dem Älteren: S. 123
→ AH: Substantive, Adjektive, Pronomina und Adverbien: S. 4
→ AH: Partizipien und *nd*-Formen: S. 16
→ AH: Relativsätze: S. 57

Arch. 2.2.1 Die Frage nach dem Grundstoff der Welt

Als philosophische Einstimmung zu seinen Kapiteln über die Baumaterialien schreibt Vitruv einen Exkurs über die vorsokratischen Naturphilosophen und ihre Vorstellungen vom Grundstoff der Welt.

Thales primum aquam putavit omnium rerum esse principium; Heraclitus Ephesius, qui propter obscuritatem scriptorum a Graecis scotinos est appellatus, ignem; Democritus quique est eum secutus Epicurus atomos, quas nostri „insecabilia corpora“, nonnulli „individua“ vocaverunt. Pythagoreorum vero disciplina adiecit ad aquam et ignem aera et terrenum.

Ergo Democritus,
etsi non proprie res nominavit,
sed tantum individua corpora proposuit,
ideo ea ipsa dixisse videtur,
quod ea,
cum sint disiuncta,
nec laeduntur
nec interitionem recipiunt
nec sectionibus dividuntur,
sed sempiterno aevo perpetuo infinitam
retinent in se soliditatem.

2–4 *Hēraclītus ... Epicūrus* ergänze jeweils *putāvit omnium rērum esse prīncipium* – 2 *Ephesius* aus Ephesus – *obscūritās, -ātis f* Unverständlichkeit – 3 *scotīnos* (σκοτεινός) „der Dunkle“ – 4 *quīque est eum secūtus Epicūrus* ordne: *Epicūrusque, quī eum secūtus est* – 5 *atomus, -ī f* vgl. das Fremdwort – *īnsecābilis, -e* unteilbar – 6 *indīviduus* untrennbar – *Pȳthagorēus* Pythagoreer (Schüler des Pythagoras) – 7 *adicere* LW *Arch.* 2.1.1–2 – *terrēnus* erdig – 9 *propriē (Adv.)* im eigentlichen Sinne – *rēs* (hier) Stoff – 10 *prōpōnere* (hier) als Grundlage seiner Überlegungen annehmen – 11 *dīxisse* ergänze *prīncipia* – 13 *disiungere* Gegenteil von *iungere* – 15 *interitiōnem recipere* untergehen – 16 *sectiō, -ōnis f* Zerschneiden – *dīviduntur* ergänze sinngemäß „können“ – 17 *sempiternum aevum* Ewigkeit – *perpetuō* Adverb zu *perpetuus* – *īnfinītus* unendlich – 18 *soliditās, -ātis f* Beständigkeit

S Erklären Sie die Adjektive *insecabilis* und *individuus* (Z. 5/6) aus ihrer Wortbildung. Erörtern Sie, warum Vitruv als lateinischer Fachautor sie in diesem Zusammenhang benutzt haben könnte. Erschließen Sie, wie unser Fremdwort „Individuum“ entstanden ist.

T 1 Formulieren Sie mit eigenen Worten, wie sich Demokrit von den anderen genannten Philosophen unterscheidet. Warum nennt Vitruv ihn hier trotzdem?

T 2 Grenzen Sie die beiden Begriffe „Naturphilosoph“ und „Naturwissenschaftler“ voneinander ab, indem Sie die Vorgehensweise Demokrits mit der eines modernen Atomphysikers vergleichen.

i **Die Lehren der vorsokratischen Naturphilosophen**

Bevor Sokrates die Ethik, also die Lehre vom richtigen Handeln, in den Mittelpunkt des philosophischen Denkens stellte, beschäftigten sich die Philosophen vor allem mit der Natur und hier besonders mit der Frage nach der **Entstehung der Welt** und dem **Urstoff,** aus dem alles entstanden ist.

Thales von Milet (ca. 624–546 v. Chr.), der erste namentlich bekannte Philosoph, nahm als Urstoff das Wasser an. Nach seiner Vorstellung ist es aber nicht nur die materielle Ursubstanz, sondern auch die verändernde Kraft, die alle Entwicklung in Gang bringt. In der Lehre seines Schülers **Anaximander** (ca. 611–546 v. Chr.) wurde das Wasser ersetzt durch das **ἄπειρον** (*ápeiron,* „das Unbestimmte“), wahrscheinlich weil es ihm nicht einsichtig schien, wie trockene oder feste Substanzen aus dem Wasser entstehen könnten.

Diese Vorstellung wiederum war **Anaximenes** (ca. 585–525 v. Chr.) zu abstrakt, so dass er als Urstoff die Luft annahm, durch deren Fähigkeit, sich zu verdichten und zu verdünnen, er dann auch die unterschiedlichen Aggregatzustände der verschiedenen Materialien erklärte.

Im Gegensatz zu diesen monistischen (**μόνος** *[mónos],* „allein, einzig“) Lehren, wonach es einen einzigen Urstoff gibt, der gleichzeitig auch das Urprinzip ist, stehen **Pythagoras** (ca. 570–500 v. Chr.) und **Empedokles** (ca. 495–435 v. Chr.), die von vier Elementen, nämlich Feuer, Erde, Luft und Wasser, ausgehen. Weiterhin war für Pythagoras der Kosmos nach bestimmten Zahlenverhältnissen aufgebaut, die für ihn das Urprinzip der Welt darstellten. Empedokles dagegen lehrte, dass der Widerstreit zwischen Liebe und Hass das bewegende Grundprinzip der Welt sei.

In ähnlicher Weise deutete **Heraklit** (ca. 550–480 v. Chr.) das Feuer wohl nicht als materielle Substanz, sondern bildhaft als göttliche Urenergie, aus der die Welt entsteht. Dieser Ansatz wurde später von den Stoikern zur Lehre vom **λόγος** (*lógos,* „Weltgeist“) weiterentwickelt. **Leukipp** (5. Jh. v. Chr.) und sein bekannterer Schüler **Demokrit** (ca. 460–370 v. Chr.) stellten als Erste die Theorie auf, dass alles aus kleinsten Teilchen besteht, und gaben diesen Teilchen den Namen Atome (**ἄτομος** *[á-tomos],* „un-teilbar“).

Ausführliche Projektmaterialien zu den Vorsokratikern sowie weitere lateinische Texte zum Thema finden Sie auf den Seiten 238–241.

→ die Vorsokratiker bei Cicero: S. 29
→ Demokrit und Epikur: S. 33
→ Sokrates: S. 102
→ Stoizismus: S. 116
→ Projekt: Weltbilder: S. 236
→ Projekt: Die Vorsokratiker: S. 238

Arch. 5.10.1–2 Bäder und ihre Beheizung

Nach allgemeinen Ausführungen über die Geschichte des Bauens, über Baumaterialien und Baustile gibt Vitruv nun Anweisungen für bestimmte Gebäudearten wie Tempel, Theater und schließlich auch Bäder.

Primum eligendus locus est quam calidissimus, id est aversus ab septentrione et aquilone. Ipsa autem caldaria tepidariaque lumen habeant ab occidente hiberno, si autem natura loci impedierit, utique a meridie, quod maxime tempus lavandi a meridiano ad vesperum est constitutum. Et item est animadvertendum, uti caldaria muliebria et virilia coniuncta et in isdem regionibus sint conlocata; sic enim efficietur, ut vasaria et hypocausis communis sit eorum utrisque. [...] Suspensurae caldariorum ita sunt faciendae, ut primum sesquipedalibus tegulis solum sternatur inclinatum ad hypocausim, uti pila [...] rursus redeat ad praefurnium ipsa per se; ita flamma facilius pervagabitur sub suspensione.

S 1 Benennen Sie die Konstruktionen *eligendus est* (Z. 1), *animadvertendum est* (Z. 6) und *faciendae sunt* (Z. 10) und übersetzen Sie sie dementsprechend.

S 2 Erklären Sie, warum *uterque* in Z. 9 ausnahmsweise im Plural steht.

T 1 Erläutern Sie die Funktion der Begriffe *septentrio* und *aquilo* (Z. 2).

T 2 Erklären Sie, welche physikalischen Gesetzmäßigkeiten den Konstruktionsanweisungen (Z. 10–14) zugrunde liegen.

1 *calidus* warm – 2 *āversus* abgewandt – *septentriō, -ōnis m* der Große Bär (Sternbild) – *aquilō, -ōnis m* NNO-Wind – *caldārium* Warmwasserbecken – 3 *tepidārium* lauwarmes Becken – *occidēns hibernus* Südwesten (wörtlich: winterlicher Sonnenuntergang) – 4 *impedierit* ~ *impedīverit* – *merīdiēs, -ēī m* Süden – 5 *merīdiānus* mittäglich; ergänze: *ā merīdiānō <tempore>* – 6 *item* LW *Arch.* 2.1.1–2 – *utī* LW *Arch.* 1.1.2 – 7 *muliebris, -e* und *virīlis, -e* Adjektive zu *mulier* und *vir* – *regiō* (hier) Gebäudeabschnitt – 8 *conlocāre* vgl. Sprach-Box S. 53 – *vāsārium* Heizkessel – *hypocausis, -is f* (*Akk. -im*) Unterfeuerung – 10 *suspēnsūra* der schwebende Fußboden – 11 *sēsquipedālis* eineinhalb Fuß lang – *tēgula* Ziegel(platte) – *solum sternere* einen Fußboden legen – *inclīnātus* geneigt – 12 *pila* Ball – 13 *praefurnium* Heizraum – *pervagārī* sich verbreiten – 14 *suspēnsiō, -ōnis f* Gewölbe

Römische Badeanlagen
Mit den **Hypokausten** wurde nicht nur der **Fußboden** erwärmt, sondern auch die **Wände** der Bäder sowie das **Badewasser.** Sklaven arbeiteten rund um die Uhr, um die Befeuerung zu gewährleisten; die Arbeitsbedingungen in den engen Gängen hinter den Baderäumen waren durch die Hitze und die Rauchentwicklung – man verwendete Holzkohle oder trockenes Holz – sehr hart.
Die römischen Thermen und Bäder waren alle nach einem ähnlichen Prinzip aufgebaut. Zu den wichtigsten Räumen gehörten, nachdem man im ***apodyterium*** (Umkleideraum) die Kleider abgelegt hatte, das ***caldarium*** mit dem Heißwasserbecken (bis zu 50 Grad), das ***tepidarium*** mit milderer Hitze und das ***frigidarium*** mit dem Kaltwasserbecken; in manchen Bädern schloss sich noch ein ***sudatorium*** an, ein Schwitzbad mit trockener Hitze ohne Becken.

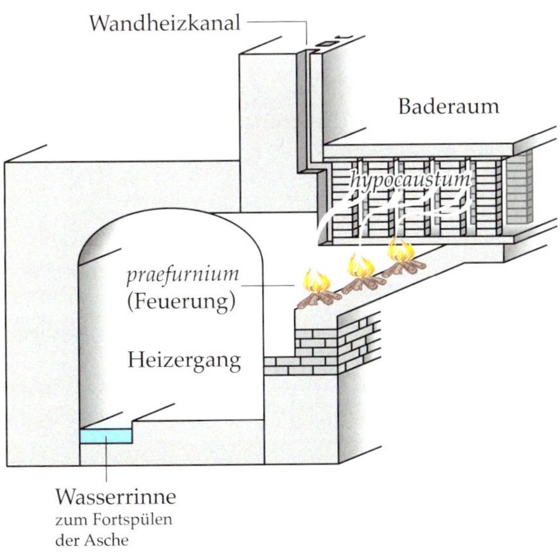

Hypokausten einer Fußbodenheizung in St-Romain-en-Gal (Frankreich) und Schemazeichnung der Funktion einer römischen Heizungsanlage. Beschreiben Sie, wo man die Fußbodenebene erkennt, und welche Elemente demzufolge zur Unterfeuerung gehören.

→ AH: Partizipien und *nd*-Formen: S. 16

Arch. 9 Pr. 1–3 und 15 Der Wert geistiger Leistung

Bevor sich Vitruv über Astronomie und – ausgehend davon – die Konstruktion von Uhren äußert, formuliert er in einem Exkurs seine Gedanken über verschiedene Arten menschlicher Leistung:

Nobilibus athletis, qui Olympia [...] vicissent, Graecorum maiores ita magnos honores constituerunt, uti non modo in conventu stantes cum palma et corona ferant laudes, sed etiam, cum revertantur in suas civitates cum victoria, triumphantes quadrigis in moenia et in patrias invehantur e reque publica perpetua vita constitutis vectigalibus fruantur.

Cum ergo id animadvertam, admiror, quid ita non scriptoribus eidem honores etiamque maiores sint tributi, qui infinitas utilitates aevo perpetuo omnibus gentibus praestant. Id enim magis erat instituti dignum, quod athletae sua corpora exercitationibus efficiunt fortiora, scriptores non solum suos sensus, sed etiam omnium, cum libris ad discendum et animos exacuendos praeparant praecepta. Quid enim Milo Crotoniates, quod fuit invictus, prodest hominibus aut ceteri, qui eo genere fuerunt, nisi quod, dum vixerunt ipsi, inter suos cives habuerunt nobilitatem.

Pythagorae vero praecepta, Democriti, Platonis, Aristotelis ceterorumque sapientium cotidiana perpetuis industriis culta non solum suis civibus, sed etiam omnibus gentibus recentes et floridos edunt fructus. E quibus, qui a teneris aetatibus doctrinarum abundantia satiantur, optimos habent sapientiae sensus, instituunt humanitatis mores, aequa iura, leges, quibus absentibus nulla potest esse civitas incolumis. Cum ergo tanta munera ab scriptorum prudentia privatim publiceque fuerint hominibus praeparata, non solum arbitror palmas et coronas his tribui oportere, sed etiam decerni triumphos.

Es folgen Beispiele für mathematische und physikalische Erkenntnisse von Platon, Pythagoras, Archimedes und anderen.

Ergo eorum virorum cogitata non solum ad mores corrigendos, sed etiam ad omnium utilitatem perpetuo sunt praeparata; athletarum autem nobilitates brevi spatio cum suis corporibus senescunt. Itaque neque cum maxime sunt florentes neque posteritati hi, quemadmodum sapientium cogitata hominum vitae, prodesse possunt.

S 1 Benennen Sie die Tempora der Verbformen im ersten Satz und erklären Sie ihre Funktion.

S 2 Erläutern Sie die syntaktische Besonderheit der Formulierung *quibus absentibus* (Z. 25/26) und übersetzen Sie den Ausdruck möglichst elegant.

1 *āthlēta, -ae m* Wettkämpfer – *Olympia vincere* bei den Olympischen Spielen siegen – 2 *utī* LW *Arch.* 1.1.2 – 3 *palma* Palmzweig (als Siegeszeichen) – 3/4 *laudēs ferre* geehrt werden – 5 *triumphāre* vgl. das Fremdwort – *quadrīgae, -ārum f Pl.* Viergespann – 6 *invehī* hineinfahren – *ē rēque pūblicā ~ et ē rē pūblicā* – 7 *vectīgal, -ālis n* (hier) Rente – 8 *admīrārī ~ mīrārī* – *quid* (hier) warum – 9 *eīdem ~ iīdem* – 10 *īnfīnītae ūtilitātēs* unendlich nützliche Dinge – *aevum* Zeit – 11 *erat* Realis – 12 *exercitātiō, -ōnis f* Substantiv zu *exercēre* – *efficere (m. dopp. Akk.) ~ facere* – 13 ergänze: *sēnsūs <fortiōrēs efficiunt>* – 14 *exacuere* schärfen – 15 *praeparāre* vorbereiten – *Milō Crotōniātēs* vgl. Info-Box – 16 *invictus* unbesiegt – 19/20 *Pȳthagorās, Dēmocritus* vgl. Info-Box S. 56; *Platō, Aristotelēs* vgl. S. 28 – 20 *cotīdiānus* (hier) aufs tägliche Leben bezogen – 22 *recēns, -entis* frisch – *flōridus* (hier) lieblich duftend – *frūctūs ēdere* Früchte tragen – 23/24 ergänze: *<iī,> quī ... satiantur* – 23 *ā tenerīs aetātibus* von jungem Alter an – *abundantia* Überfluss – 24 *satiāre* sättigen – *sēnsūs* (*Plural,* hier) Verständnis – 25 *aequus* LW *Arch.* 1.1.4–7 – *absēns, -entis* abwesend – 27 *prīvātim pūblicēque* im privaten und öffentlichen Bereich – 28 *praeparāta fuerint ~ praeparāta sint* – 31 *cōgitātum* substantiviertes PPP – *corrigere* vgl. das Fremdwort – 32 *perpetuō* Adverb zu *perpetuus* – 34 *senēscere* alt werden – 35 *posteritās, -ātis f* Nachwelt – *quemadmodum* (hier) im gleichen Maße wie

Pythagorasdenkmal auf Samos, der Heimatinsel des Philosophen. Beschreiben Sie, welchen Aspekt von Pythagoras' Wirken der Künstler hervorgehoben hat. Arbeiten Sie heraus, warum das Bild besonders gut zu dieser Textpassage passt.

Milo von Kroton

Der in Z. 15 genannte Milo aus der Stadt Kroton war **einer der erfolgreichsten griechischen Athleten** des 6. Jahrhunderts v. Chr. Der Legende nach kam er zu Tode, als er lange nach seiner aktiven Zeit noch einmal seine Kräfte erproben wollte, indem er mit bloßen Händen die beiden Teile einer gespaltenen Eiche auseinanderzog. Als seine Kräfte nachließen, wurden seine Hände in der Spalte eingeklemmt. Milo konnte sich nicht befreien und wurde bei lebendigem Leib ein Fraß der wilden Tiere.

Erörtern Sie, warum Vitruv diese Geschichte hier nicht erzählt, und welche Stellen im Text deutlicher werden, wenn wir davon ausgehen, dass sowohl Vitruv als auch seine Leser sie kannten.

T 1 Erschließen Sie anhand des Kontextes, welche Veranstaltung in Z. 3 *(conventu)* gemeint ist.

T 2 Erklären Sie, welche Funktion der letzte Abschnitt (ab Z. 31) hat. Weisen Sie darin antithetische Begriffspaare nach.

→ Cicero über Sportler und Philosophen: S. 30
→ geistige und sportliche Leistung bei Plinius dem Jüngeren: S. 140
→ Vertiefte Interpretation: S. 218
→ AH: Partizipien und *nd*-Formen: S. 16
→ AH: Tempora: S. 35
→ AH: Realis: S. 43

LERNWORTSCHATZ

LW *Arch.* 1.1.2

exercitāre, exercitō, exercitāvī, exercitātum	(tüchtig) üben, ausüben
umbra, -ae *f*	Schatten
persequī, persequor, persecūtus sum	verfolgen
utī	*Nebenform von* ut
citō *Adv.* (*Komp.* citius)	schnell, rasch

LW *Arch.* 1.1.3

artifex, -ficis *m*	Künstler, Handwerker
perītus, -a, -um *m. Gen.*	erfahren, kundig
ignārus, -a, -um *m. Gen.*	unwissend, unkundig; unbekannt

LW *Arch.* 1.1.4–7

ōrnāmentum, -ī *n*	Schmuck(stück), Verzierung, Ehre
aequus, -a, -um	eben, gleich, ruhig, gerecht
praetereā *Adv.*	außerdem
explicāre, explicō, explicāvī/explicuī, explicātum/explicitum *m. Akk.*/dē *m. Abl.*	aufrollen, ausbreiten; erklären
necesse est	es ist notwendig
quaestiō, -ōnis *f*	Frage(stellung), Verhör, Untersuchung

LW *Arch.* 2.1.1–2

ferus, -a, -um	wild; *Subst.* fera, -ae *f* wildes Tier
silva, -ae *f*	Wald
nāscī, nāscor, nātus sum	geboren werden, entstehen
mōnstrāre, mōnstrō, mōnstrāvī, mōnstrātum	zeigen, hinweisen
spīritus, -ūs *m*	Atem, Seele, Geist; Lufthauch
cōnsuētūdō, -inis *f*	Gewohnheit, Lebensweise; Gewöhnung
saepius *Adv.*	häufiger
initium, -ī *n*	Anfang, Eingang
reliquus, -a, -um	übrig, restlich; künftig
animal, -ālis *n*	Lebewesen, Tier
mundus, -ī *m*	Welt, Weltall
item *Adv.*	ebenso, in gleicher Weise, auch
tractāre, tractō, tractāvī, tractātum	(be)handeln, handhaben, bearbeiten
tēctum, -ī *n*	Dach; Haus, Behausung
observāre, observō, observāvī, observātum	beobachten, beachten
adicere, adiciō, adiēcī, adiectum	hinzufügen, hinzugeben

LW *Arch.* 2.2.1

prīncipium, -ī *n*	Anfang, Grundlage; Ursprung, Grundstoff
āēr, āeris (*Akk. meist* āera) *m*	Luft
tantum *Adv.*	so viel, so sehr; nur
ideō *Adv.*	deshalb

LW *Arch.* 5.10.1–2

ēligere, ēligō, ēlēgī, ēlēctum	(aus)wählen
quam *m. Superl.*	möglichst
lūmen, -inis *n*	Licht; Auge
impedīre, impediō, impedīvī, impedītum	(be)hindern, verhindern
utique *Adv.*	jedenfalls, gewiss, besonders
lavāre, lavō, lāvī, lautum/lōtum	waschen, baden; *Pass. auch* sich waschen
vesper, -erī *m*	Abend, Westen; *Adv.* vespere (*und* vesperī) am Abend

LW *Arch.* 9 *Pr.* 1–3 und 15

corōna, -ae *f*	Krone, Kranz
fruī, fruor *m. Abl.*	genießen, gebrauchen
sēnsus, -ūs *m*	Sinn, Verstand, Gefühl
praeceptum, -ī *n*	Vorschrift, Anweisung, Lehre, Lehrsatz
nōbilitās, -ātis *f*	Adel; Berühmtheit, Vortrefflichkeit
doctrīna, -ae *f*	Unterricht, Lehre, Wissenschaft
industria, -ae *f*	Fleiß, Eifer
incolumis, -e	unversehrt, unbeschädigt, heil
dēcernere, dēcernō, dēcrēvī, dēcrētum	entscheiden, beschließen; zuerkennen
spatium, -ī *n*	Raum; Strecke; Dauer; Zeitraum
flōrēre, flōreō, flōruī	blühen, in Blüte stehen, hervorragend sein

Zusammenfassung: Marcus Vitruvius Pollio (geb. ca. 84 v. Chr.)

- **Werk: *De architectura*,** das einzige erhaltene Werk der Antike zu diesem Thema; die Architektur schließt hier auch die **übrigen Ingenieurwissenschaften** mit ein,
- Betonung einer **ganzheitlichen Bildung,** die Theorie und Praxis verbindet,
- Spekulationen über die **Entstehung der menschlichen Sprache und Kultur,**
- **philosophische Exkurse,** durch die römische Leser mit den Grundgedanken der griechischen Philosophie vertraut gemacht wurden,
- Betonung der **geistigen und schöpferischen Leistung** des Menschen vor der körperlichen.

Ovid: Leben und Werk

Publius Ovidius Naso wurde im Jahr **43 v. Chr.** in der mittelitalienischen Stadt **Sulmo** geboren. Auch wenn sein Vater es offenbar lieber gesehen hätte, wenn Ovid eine Karriere als Redner und Politiker gemacht hätte, zog es ihn schon bald zur Dichtung.

Ovids frühestes Werk sind die ***Amores*** **(„Liebesgedichte")**. Das Werk gehört zur Gattung der römischen **Liebeselegie,** in der für gewöhnlich die Bemühungen eines verliebten jungen Dichters um eine geliebte Frau – bei Ovid heißt sie **Corinna** – beschrieben werden, wobei die Anstrengungen des Liebenden zumeist erfolglos bleiben. In den Bereich der Liebesdichtung gehören auch die ***Epistulae Heroidum*** (auch: ***Heroides,*** **„Briefe mythischer Frauen"**), in denen Frauen aus der Sagenwelt Liebesbriefe an ihre Männer schreiben. Unter anderem lesen wir dort, wie **Ariadne** sich bei **Theseus** darüber beklagt, dass er sie zurückgelassen hat, und **Dido** spricht von ihrer enttäuschten Liebe zu **Aeneas.** Diese Art der Darstellung von Liebesgeschichten aus der Perspektive von Frauen ist für die Antike etwas völlig Ungewöhnliches.

Eines der berühmtesten Werke ist Ovids ***Ars amatoria*** **(„Liebeskunst")**, ein **Lehrgedicht** in drei Büchern, in dem Ovid im Stile eines Lehrers auftritt und seinen Lesern erklärt, welche Mittel zum Erfolg in der Liebe führen. Schon das Versmaß der *Ars amatoria* macht allerdings deutlich, dass es Ovid offenbar nicht wirklich darum ging, seinen Lesern und Leserinnen etwas über die Liebe beizubringen: Römische Lehrgedichte (diese können z. B. philosophische Inhalte vermitteln) sind normalerweise im Versmaß des **Hexameters** abgefasst. Die *Ars amatoria* steht jedoch – wie die Werke der römischen Liebeselegie – in **elegischen Distichen.** So bietet sie v. a. eine unterhaltsame Ansammlung von Szenen mit Begegnungen von Mann und Frau. An die *Ars amatoria* schließt zudem ein Buch mit dem Titel ***Remedia amoris*** **(„Heilmittel gegen die Liebe")** an, in dem es darum geht, wie ein Mann sich wieder aus einer Liebesbeziehung lösen kann.

Weiterhin verfasste Ovid einen **Festkalender *(Fasti).*** In diesem Werk werden in Versen verschiedene Fest- und Feiertage der Römer beschrieben und dazu die Mythen erzählt, die als Ursprung dieser Feste gelten.

Ovids bedeutendstes Werk ist jedoch sein Epos (lange Erzählung in Versen) ***Metamorphosen*** **(„Verwandlungen")**. Als Einziges der hier genannten Werke Ovids sind die *Metamorphosen* nicht im elegischen Distichon abgefasst, sondern im typischen **Versmaß des Epos:** dem **Hexameter.** Darin werden zahlreiche berühmte – und auch weniger bekannte – Sagen erzählt, in denen jeweils eine Verwandlung stattfindet.

Unter diesen entdecken wir so berühmte Sagenstoffe wie die Mythen von **Orpheus und Eurydike, Daedalus und Ikarus** oder **Pyramus und Thisbe.** Wir lesen dort weiterhin von den Ereignissen vor dem belagerten **Troia,** die sonst ausführlich in den Homerischen Epen *(Ilias, Odyssee)* geschildert werden, und auch die Taten des Ahnherrn des römischen Volkes **Aeneas** – eigentlich das Thema von **Vergils** Epos ***Aeneis*** – hat Ovid in seinen *Metamorphosen* aufgegriffen (vgl. die Info-Box).

Am Anfang des Werkes steht zunächst die Erschaffung der Welt, an seinem Ende die Beschreibung von Ovids Gegenwart: der Zeit des Kaisers **Augustus.** Die *Metamorphosen* sind so-

Im 16. Jahrhundert illustrierte der Nürnberger Künstler Virgil Solis zahlreiche Mythen aus Ovids *Metamorphosen.* Dieser Holzschnitt zeigt die antike Unterwelt. Tragen Sie in der Klasse zusammen, an welchen Details man dies erkennen kann. Erschließen Sie zudem, welcher Mythos im Mittelpunkt der Darstellung steht, und begründen Sie Ihre Meinung.

→ Homerische Epen: S. 29
→ die Unterwelt: S. 32
→ Ovids Exildichtung: S. 42
→ Vergils *Aeneis:* S. 50
→ Hexameter und elegische Distichen: S. 228
→ Projekt: Lateinische Briefliteratur: S. 242

mit eine mythologische Weltgeschichte, als deren Höhepunkt die Herrschaft des Augustus präsentiert wird. Dennoch zog sich Ovid offenbar den Zorn des Princeps zu. Denn dieser **verbannte** ihn im Jahr **8 n. Chr.** in den am Schwarzen Meer gelegenen Ort **Tomi** (heute: Constanța in Rumänien). Das erfahren wir aus zwei Sammlungen mit **Klagegedichten** und **Briefen in Versen,** die Ovid im **Exil** schrieb und die ebenfalls erhalten sind: ***Tristia*** **(„Lieder der Trauer")** und ***Epistulae ex Ponto*** **(„Briefe vom Schwarzen Meer").** In den Tristien lesen wir auch die Beschreibung von Ovids bisherigem Leben – tatsächlich die erste **Autobiografie** der Literaturgeschichte.

Ovid selbst nennt als Grund für seine Verbannung „ein Gedicht und einen Fehler" ***(carmen et error).*** Tatsächlich ist in der *Ars amatoria* von lockeren Liebesbeziehungen die Rede – und das, obwohl Augustus Ehebruch gesetzlich verboten hatte. Dennoch war das scherzhafte Lehrgedicht sicher nicht der einzige Grund für Ovids Verbannung, wenn wir auch die weiteren Gründe heute nicht mehr ermitteln können. Ovid starb wohl im Jahr **17 n. Chr.** in **Tomi.**

Vor allem seine *Metamorphosen* erfreuen sich jedoch eines reichhaltigen **Nachlebens:** Bereits im **Mittelalter** wurden die *Metamorphosen* häufig bearbeitet. Bekannt ist der **„Ovide moralisé"**, der im Frankreich des 14. Jahrhunderts entstand und die antiken Mythen aus christlicher Sicht umdeutete. In der **Renaissance** beeinflusste Ovid u. a. die Werke so berühmter Literaten wie des spanischen Nationaldichters **Miguel de Cervantes** oder des englischen Dramatikers **William Shakespeare.** Zudem entstanden zahlreiche bildliche Darstellungen antiker Mythen, die häufig von den *Metamorphosen* inspiriert waren. Erwähnenswert ist, dass auch die wohl **erste Oper der Musikgeschichte,** „La Dafne favola drammatica" (1598) von Jacopo Corsi und Jacopo Peri, auf Ovid zurückgeht, und zwar auf seine Darstellung des Mythos von **Apollo und Daphne.**

Auch wenn der spielerische und häufig humorvolle Ton Ovids nicht zu allen Zeiten geschätzt wurde, ist das Interesse an den *Metamorphosen* nach wie vor sehr groß. Im 20. Jahrhundert griff beispielsweise der irische Autor **James Joyce** in seinem Roman **„A Portrait of the Artist as a Young Man"** (1922) ovidische Themen auf. Ein Bestseller war 1988 der Ovidroman **„Die letzte Welt"** des österreichischen Schriftstellers **Christoph Ransmayr.** Die *Metamorphosen* bleiben das lateinische Werk, das unsere Vorstellung von zahlreichen antiken Mythen besonders stark prägt.

Inhaltsübersicht zu Ovid

Aus dem Inhalt der *Metamorphosen*

Die folgenden Sagenstoffe sind nur einige der zahlreichen mythologischen Geschichten, die Ovid in den **15 Büchern** seiner *Metamorphosen* erzählt. Diejenigen, die zumindest in Auszügen hier im lateinischen Orginal präsentiert werden, sind fett gedruckt.

1. Buch: **Prooemium – Die Entstehung der Welt – Die Entstehung des Menschen – Die vier Weltzeitalter – Die große Flut – Apollo und Daphne**
2. Buch: **Europa und der Stier**
3. Buch: Actaeon – Narcissus und Echo
4. Buch: **Pyramus und Thisbe**
5. Buch: **Die Entführung Proserpinas**
6. Buch: Niobe – **Die lykischen Bauern**
7. Buch: Jason und Medea
8. Buch: Das Labyrinth von Kreta – Theseus und Ariadne – **Daedalus und Ikarus** – Philemon und Baucis
9. Buch: Herkules
10. Buch: **Orpheus und Eurydike – Cyparissus – Das Lied des Orpheus: Pygmalion – Venus und Adonis** – Hippomenes und Atalante
11. Buch: Der Tod des Orpheus – Midas
12. Buch: Der Tod des Achilles
13. Buch: Der Streit um die Waffen des Achilles – Aeneas' Flucht aus Troia
14. Buch: Die Abenteuer des Odysseus – Aeneas' Ankunft in Italien – Die Vergöttlichung des Romulus
15. Buch: Aesculapius – **Caesar und Augustus – Schlusswort des Dichters**

Gehen Sie den Auszug aus dem Inhalt durch und stellen Sie in der Klasse diejenigen Mythen zusammen, die Ihnen bereits inhaltlich oder auch nur dem Namen nach bekannt sind. Tragen Sie gemeinsam wichtige Inhalte dieser Sagen zusammen.

→ Verbannung (Cicero): S. 121
→ Ovid und Shakespeare: S. 70
→ Augustinus und die Autobiografie: S. 160

Metamorphosen

Met. 1.1–4 Prooemium

In nova fert animus mutatas dicere formas
corpora: di, coeptis (nam vos mutastis et illas)
adspirate meis primaque ab origine mundi
ad mea perpetuum deducite tempora carmen!

1/2 ordne und ergänze: *Animus <mē> fert fōrmās in nova corpora mūtātās dīcere* – 1 *dīcere* (hier) sprechen von – 2 *coeptum* Anfang – *mūtāstis* ~ *mūtāvistis* – 3 *adspīrāre (m. Dat.)* fördern

S Benennen Sie das Stilmittel, das V. 1–4 dominiert. Erklären Sie, wie es die inhaltliche Aussage unterstützt.
T Geben Sie das inhaltliche Konzept der *Metamorphosen* mit eigenen Worten wieder. Begründen Sie, warum man die *Metamorphosen* als „Weltgeschichte" bezeichnet.

i Die *Metamorphosen* als *carmen perpetuum*
Im **Prooemium** (Vorrede) zu den *Metamorphosen* bezeichnet Ovid das Werk als ***carmen perpetuum*** („ewiges Lied"). Die Formulierung lässt sich auf verschiedene Weisen erklären, u. a. so:

- Ovid spielt hier auf eine Formulierung des griechischen Dichters **Kallimachos** (4./3. Jh. v. Chr.) an, der elegante, ausgefeilte Dichtung zum Ideal erhob. In Auseinandersetzung mit diesem Vorbild schreibt er zwar ein großes, aber dennoch elegantes dichterisches Werk.
- Das Werk reiht Einzelerzählungen aneinander, die Handlung geht also ununterbrochen voran.
- Das Werk wird ein langes Nachleben haben: Es wird nach Ovids Tod noch seine Leser finden.

Überprüfen Sie bei der Ovidlektüre, inwieweit die einzelnen Textpassagen diese Erklärungen bestätigen.

Met. 1.5–14 Vor der Entstehung der Welt

Ante mare et terras et, quod tegit omnia, caelum
unus erat toto naturae vultus in orbe,
quem dixere chaos: rudis indigestaque moles
nec quicquam nisi pondus iners congestaque eodem
non bene iunctarum discordia semina rerum.
Nullus adhuc mundo praebebat lumina Titan,
nec nova crescendo reparabat cornua Phoebe,
nec circumfuso pendebat in aere tellus
ponderibus librata suis, nec bracchia longo
margine terrarum porrexerat Amphitrite.

7 *dīxēre* ~ *dīxērunt* – *indīgestus* ungeordnet – 8 *iners, -ertis* träge – *con-gerere* zusammenwerfen – *eōdem* (hier) an derselben Stelle – 9 *discors, -cordis* widerstreitend – 10 *mundus* LW *Met.* 1.1–4 – *Tītān* zu den Eigennamen vgl. die Info-Box unten – 12 *circumfundere (PPP: circumfūsum)* herumgießen – 13 *lībrāre* im Gleichgewicht halten – 14 *margō, -inis f* Rand

S Schreiben Sie sämtliche Substantiv-Adjektiv/Partizip-Verbindungen heraus und bestimmen Sie sie nach KNG. Die Übersicht auf S. 83 hilft Ihnen dabei.

Detail aus Michelangelos Deckenfresko in der Sixtinischen Kapelle, Rom (1511): Gott erschafft die Himmelskörper. Beschreiben Sie die Darstellung und arbeiten Sie Gemeinsamkeiten und Unterschiede zu Ovids Beschreibung in V. 5–14 sowie 32–42 heraus. Gehen Sie dabei besonders auf die Rolle des Schöpfers ein.

i Der Schöpfungsmythos
Ovid beschreibt die **Entstehung der Welt** als die Umformung einer ungeordneten Masse (griech. ***chaos*** *n*, V. 7) in ein geordnetes System. Erst dadurch entstehen Himmelskörper und Gewässer: Ovid verwendet dafür die Namen griechischer Gottheiten: ***Titan*** *(m)* für die Sonne (vgl. zu den Titanen auch die Info-Box auf der folgenden Seite), ***Phoebe*** *(f)* (einen griechischen Namen der Diana) für den Mond und ***Amphitrite*** *(f)* für das Meer. Der Gebrauch entlegener Eigennamen, v. a. aus dem Griechischen, ist ein typisches Merkmal der Sprache Ovids und zeigt, dass er für sein Werk ein gebildetes Lesepublikum voraussetzte.
Verantwortlich für die Ordnung der Welt ist bei Ovid ein **anonymer Gott** (V. 32 auf S. 63: *quisquis fuit ille deorum*).
Vergleichen Sie dazu den christlichen Schöpfungsmythos und arbeiten Sie Gemeinsamkeiten sowie Unterschiede heraus.

→ Projekt: Weltbilder: S. 236
→ AH: Substantive, Adjektive, Adverbien und Pronomina: S. 4

Met. 1.32–42 Die Entstehung der Welt

Sic ubi dispositam – quisquis fuit ille deorum –
congeriem secuit sectamque in membra redegit,
principio terram, ne non aequalis ab omni
parte foret, magni speciem glomeravit in orbis.
Tum freta diffundi rapidisque tumescere ventis
iussit et ambitae circumdare litora terrae.
Addidit et fontes et stagna inmensa lacusque
fluminaque obliquis cinxit declivia ripis,
quae diversa locis partim sorbentur ab ipsa,
in mare perveniunt partim campoque recepta
liberioris aquae pro ripis litora pulsant.

33 *congeriēs, -ēī f* Masse – *in membra redigere (Perf.: redēgī)* gliedern – 35 *foret* ~ *esset* – *glomerāre in* zusammenballen zu – 36 *fretum* Meer – *diffundere* ausgießen – 37 *ambīre* umringen – 39 *oblīquus* schräg – *dēclīvis, -e* abschüssig – 40 *dīversa locīs* an unterschiedlichen Orten – *sorbēre* aufsaugen – *ipsā* ergänze *terrā*

S Erklären Sie die hier beschriebenen Prozesse unter Einbeziehung der Wortbildung: Achten Sie besonders auf die Begriffe *disponere, congeries, redigere, diffundere, ambire, circumdare, addere, diversus, pervenire* und *recipere*. Ziehen Sie auch das Wörterbuch heran.

T Gegen Ende der Passage tritt die schöpfende Gottheit in den Hintergrund. Erklären Sie, wie Ovid dies sprachlich und stilistisch deutlich macht.

Met. 1.69–88 Die Entstehung des Menschen

Vix ita limitibus dissaepserat omnia certis,
cum, quae pressa diu fuerant caligine caeca,
sidera coeperunt toto effervescere caelo.
Neu regio foret ulla suis animalibus orba,
astra tenent caeleste solum formaeque deorum;
cesserunt nitidis habitandae piscibus undae;
terra feras cepit, volucres agitabilis aer.
Sanctius his animal mentisque capacius altae
deerat adhuc et quod dominari in cetera posset:
Natus homo est, sive hunc divino semine fecit
ille opifex rerum, mundi melioris origo,
sive recens tellus seductaque nuper ab alto
aethere cognati retinebat semina caeli.
Quam satus Iapeto, mixtam pluvialibus undis,
finxit in effigiem moderantum cuncta deorum,
pronaque cum spectent animalia cetera terram,
os homini sublime dedit caelumque videre
iussit et erectos ad sidera tollere vultus:
Sic, modo quae fuerat rudis et sine imagine, tellus
induit ignotas hominum conversa figuras.

69 *dissaepīre (Perf.: dissaepsī)* trennen – 70 *pressa fuerant* ~ *pressa erant* – 71 *effervēscere* aufleuchten – 72 *neu (m. Konj.)* und damit nicht – *foret* ~ *esset* – *orbus (m. Abl.)* frei von – 73 *fōrma* LW *Met.* 1.1–4 – 74 *cēdere* (hier) zufallen – *nitidus* glänzend – 75 *agitābilis, -e* beweglich – *āēr* LW *Met.* 1.5–14 – 76 *capāx, -ācis (m. Gen.)* empfänglich für – 78 *sēmen* LW *Met.* 1.5–14 – 79 *opifex, -ficis m* Schöpfer – *mundus* und *orīgō* LW *Met.* 1.1–4 – 80 *tellūs* LW *Met.* 1.5–14 – *sē-dūcere* trennen – 81 *aethēr, -eris n* Himmel – *cōgnātus* verwandt – 82 *quam* greift *tellūs* auf – *satus Iapetō* vgl. die Info-Box – *pluviālis, -e* Regen- – 83 *effigiēs, -ēī f* Abbild – *moderārī* lenken – 85 *sublīmis, -e* emporragend – 87 *rūdis* LW *Met.* 1.5–14

S *Cum* (V. 84) hat hier adversative Bedeutung. Wiederholen Sie mit der Grammatik die verschiedenen Sinnrichtungen, die ein *cum*-Satz haben kann, und finden Sie für diese Stelle die passende Übersetzung.

T Fassen Sie zusammen, wie Ovid den Unterschied zwischen dem Menschen und den Tieren beschreibt. Stellen Sie dazu die relevanten lateinischen Begriffe zusammen.

Prometheus und die Entstehung des Menschen

Im antiken Mythos ist **Prometheus** der Schöpfer der Menschen. Er gehört zu den **Titanen**, einem alten Göttergeschlecht, das später von den **olympischen Göttern** besiegt wurde; hier wird er als „abstammend von (dem Titan) **Iapetus**“ (V. 82, *satus Iapeto*) bezeichnet.
Geben Sie den hier dargestellten Schöpfungsprozess mit eigenen Worten wieder. Fassen Sie auch zusammen, mit welchen geistigen und körperlichen Merkmalen der Mensch hier beschrieben wird. Tragen Sie in der Klasse Informationen über das weitere Schicksal des Prometheus zusammen. Das Gemälde bietet Anhaltspunkte.

„Prometheus“ von Gustave Moreau (1868)

→ Mensch und Tier bei Plinius dem Älteren: S. 123
→ AH: Konjunktiv in Haupt- und Nebensätzen: S. 41

Met. 1.89–100 Das goldene Zeitalter

Aurea prima sata est aetas, quae vindice nullo,
sponte sua, sine lege fidem rectumque colebat.
Poena metusque aberant, nec verba minantia fixo
aere legebantur, nec supplex turba timebat
iudicis ora sui, sed erant sine vindice tuti.
Nondum caesa suis, peregrinum ut viseret orbem,
montibus in liquidas pinus descenderat undas,
nullaque mortales praeter sua litora norant.
Nondum praecipites cingebant oppida fossae.
Non tuba derecti, non aeris cornua flexi,
non galeae, non ensis erat: Sine militis usu
mollia securae peragebant otia gentes.

89 *satus* entstanden – *vindex, -icis m* Rächer – 92 *aes, aeris n* (hier) Bronzetafel – 93 *ōra* (Plural zu *ōs*, hier) Worte – 94 *peregrīnus* fremd – 95 *liquidus* flüssig – *pīnus, -ī f* Fichte – *unda* LW *Met.* 1.69–88 – 96 *nōrant* ~ *nōverant* – 97 *cingere* LW *Met.* 1.32–42 – 98 *tuba* Kriegstrompete – *dērēctus* gerade – *cornū* LW *Met.* 1.5–14 – 99 *galea* Helm – *ēnsis, -is m* Schwert

i **Die Weltzeitalter**

Die Menschen lebten zunächst im Idealzustand des **goldenen Zeitalters**, der Zeit, in der die **Titanen** (vgl. S. 63) herrschten. Mit zunehmender Zivilisation folgt jedoch ein moralischer Niedergang: das **silberne**, dann das **eherne** und schließlich das **eiserne** Zeitalter. In diesem hat **Astraea**, die die **Gerechtigkeit** verkörpert, die Erde verlassen und steht nun als das Sternbild Jungfrau am Himmel.
Arbeiten Sie aus dem Text heraus, welche Merkmale des eisernen Zeitalters Ovid vorstellt (*Met.* 1.127–150). Vergleichen Sie dies mit der Beschreibung des goldenen Zeitalters (*Met.* 1.89–100).

S Schreiben Sie sämtliche Verben im Imperfekt heraus und erklären Sie die Bildung in den unterschiedlichen Konjugationsklassen. Geben Sie auch die Funktion des Imperfekts in diesem Text an.

T 1 Erschließen Sie, was mit *verba minantia fixo aere* (V. 91/92) gemeint sein dürfte.

T 2 Ovid beschreibt das goldene Zeitalter vor allem dadurch, dass er angibt, was es damals nicht gab. Stellen Sie die entsprechenden verneinten Ausdrücke zusammen. Arbeiten Sie dadurch heraus, welche zivilisatorischen Entwicklungen hier als negativ dargestellt werden. Diskutieren Sie, inwieweit Sie dieser Haltung zustimmen.

Lucas Cranach, „Das goldene Zeitalter" (1530). Beschreiben Sie das Gemälde. Arbeiten Sie heraus, welche Aspekte des Lebens im goldenen Zeitalter für Cranach von zentraler Bedeutung sind. Vergleichen Sie diese Sichtweise mit der Darstellung des Ovidtextes und benennen Sie Unterschiede.

→ Szenisches Spiel (u. a. zu den Weltzeitaltern): S. 231
→ AH: Tempora: S. 35

Met. 1.125–150 Das eherne und das eiserne Zeitalter

Tertia post illam successit aenea proles,
saevior ingeniis et ad horrida promptior arma,
non scelerata tamen. De duro est ultima ferro.
Protinus inrupit venae peioris in aevum
omne nefas: Fugere pudor verumque fidesque;
in quorum subiere locum fraudesque dolusque
insidiaeque et vis et amor sceleratus habendi.
Vela dabant ventis, nec adhuc bene noverat illos
navita; quaeque prius steterant in montibus altis,
fluctibus ignotis insultavere carinae;
communemque prius (ceu lumina solis et auras)
cautus humum longo signavit limite mensor.
Nec tantum segetes alimentaque debita dives
poscebatur humus, sed itum est in viscera terrae;
quasque recondiderat Stygiisque admoverat umbris,
effodiuntur opes, inritamenta malorum.
Iamque nocens ferrum ferroque nocentius aurum
prodierat, prodit bellum, quod pugnat utroque,
sanguineaque manu crepitantia concutit arma.
Vivitur ex rapto: Non hospes ab hospite tutus,
non socer a genero, fratrum quoque gratia rara est.
Inminet exitio vir coniugis, illa mariti.
Lurida terribiles miscent aconita novercae,
filius ante diem patrios inquirit in annos:
Victa iacet pietas, et virgo caede madentes,
ultima caelestum, terras Astraea reliquit.

125 ergänze: *post illam <aetātem>* – *aēneus* ehern (aus Erz oder Bronze) – *prōlēs, -is f* Geschlecht – 126 *prōmptus* geneigt – 128 *inrumpere (Perf.: inrūpī)* hereinbrechen – *aevum* Zeitalter – 129 *fūgēre* ~ *fūgērunt* – 130 *subiēre* ~ *subiērunt* – 132 *vēlum* Segel – *nōscere* LW *Met.* 1.89–100 – 133 *nāvita, -ae m* Seemann – 134 *ignōtus* LW *Met.* 1.69–88 – *īnsultāre* umhertanzen; *īnsultāvēre* ~ *īnsultāvērunt* – 135 *ceu* wie auch – *lūmen* LW *Met.* 1.5–14 – 136 *sīgnāre* einteilen – *līmes* LW *Met.* 1.69–88 – *mēnsor, -ōris m* Feldvermesser – 137 *seges, -etis f* Aussaat – *alimentum* Nahrung – 138 *pōscebātur humus* von der Erde wurde gefordert – *vīscera, -um n Pl.* Eingeweide – 139 *quāsque ... opēs* ~ *et opēs, quās ...* – *quāsque recondiderat ... admōverat* ergänze als Subjekt des Relativsatzes *terra* – *recondere (Perf.: recondidī)* verbergen – *Stygiīs umbrīs ad-movēre* in die Nähe der stygischen Schatten (~ Unterwelt) bringen – 140 *inritāmentum* Anreiz – 142 *pūgnāre utrōque* mit beidem *(ferrum, aurum)* kämpfen – 143 *sanguineus* blutig – *crepitāre* klirren – 145 *socer, -erī m* Schwiegervater – *gener, -erī m* Schwiegersohn – 146 *inminēre* ~ *imminēre* – *exitium* Tod – 147 *lūridus* blass machend – *miscēre* LW *Met.* 1.69–88 – *aconītum* Gift – *noverca* Stiefmutter – 148 *ante diem* allzu früh – *inquīrere* nachforschen – 149 *caede madēre* von Blut triefen – 150 *caelestis* LW *Met.* 1.69–88 – *Astraea* vgl. die Info-Box auf der vorangehenden Seite

S Beim Übersetzen bietet sich oft eine freiere Wiedergabe der Originalformulierungen an. Suchen Sie die lateinischen Wendungen aus dem Text heraus, die sich folgendermaßen übersetzen lassen: „eher bereit, schreckliche Waffen zu gebrauchen", „Habgier", „in See stechen", „der fruchtbare Boden", „die Lebenszeit des Vaters".

T Informieren Sie sich, was genau der Begriff „Personifikation" bedeutet. Suchen Sie Beispiele für Personifikationen aus dem Text heraus und beschreiben Sie ihre Wirkung auf die Leser.

Die Abbildung zum eisernen Zeitalter (Stich aus den Niederlanden, 16. Jh.) setzt Ovids Text zur Gegenwart des Künstlers in Verbindung. Beschreiben Sie, an welchen Stellen sie Ovid folgt und wo sie von ihm abweicht.

→ Personifikationen im römischen Alltag bei Plinius dem Älteren: S. 127
→ Rhetorische Stilmittel: S. 224

Met. 1.293–312 Die große Flut

Jupiter lässt die Gewässer über die Ufer treten und schickt verheerende Überschwemmungen. Die Lage von Menschen und Tieren ist katastrophal:

Occupat hic collem, cumbā sedet alter aduncā
et ducit remos illic, ubi nuper arabat:
Ille supra segetes aut mersae culmina villae
navigat, hic summa piscem deprendit in ulmo.
Figitur in viridi, si fors tulit, ancora prato,
aut subiecta terunt curvae vineta carinae;
et, modo qua graciles gramen carpsere capellae,
nunc ibi deformes ponunt sua corpora phocae.
Mirantur sub aqua lucos urbesque domosque
Nereides; silvasque tenent delphines et altis
incursant ramis agitataque robora pulsant.
Nat lupus inter oves, fulvos vehit unda leones,
unda vehit tigres; nec vires fulminis apro,
crura nec ablato prosunt velocia cervo;
quaesitisque diu terris, ubi sistere possit,
in mare lassatis volucris vaga decidit alis.
Obruerat tumulos inmensa licentia ponti,
pulsabantque novi montana cacumina fluctus.
Maxima pars unda rapitur. Quibus unda pepercit,
illos longa domant inopi ieiunia victu.

S 1 Schreiben Sie aus dem Text die Substantive der u-Deklination heraus und bestimmen Sie diese nach Kasus und Numerus.

S 2 Stellen Sie ein Sachfeld mit Wörtern und Wendungen zum Thema „Wasser“ zusammen und ordnen Sie diese in einem Schaubild an.

T Ovid präsentiert hier eine „verkehrte Welt“. Weisen Sie dies anhand von lateinischen Belegen nach.

→ Für eine Interpretation der Stelle, an der Jupiters Entscheidung beschrieben wird, s. S. 219.

i **Die Sintflut**

Wie die christliche Religion kennt auch der antike Mythos eine **Sintflut** als Strafe für die Menschheit. Das in der Darstellung des **eisernen Zeitalters** (S. 65) beschriebene Verhalten der Menschen hat sich fortgesetzt. Nachdem der arkadische König **Lycaon** sogar versucht hat, **Jupiter** zu ermorden, beschließt dieser, die Menschheit zu vernichten, und schickt eine große Flut (unser Text). Nach deren Ende erhalten **Deukalion**, der Sohn des **Prometheus** (vgl. S. 63), und seine Frau **Pyrrha**, die als einzige überlebt haben, von einem Orakel die Anweisung, **„die Knochen der großen Mutter hinter sich zu werfen“**, und ziehen daraus den richtigen Schluss: Aus Steinen, die sie aufgehoben und sich über die Schulter geworfen haben, entstehen neue Menschen.

293 *cumba* Kahn – *aduncus* gekrümmt – 294 *rēmus* Ruder – *nūper* LW *Met.* 1.69–88 – *arāre* pflügen – 295 *seges, -etis f* Aussaat – *mersus* versunken – *culmen, -inis n* Dach – 296 *piscis* LW *Met.* 1.69–88 – *dēprendere* fangen – *ulmus, -ī f* Ulme – 297 *fīgere* LW *Met.* 1.89–100 – *fors fert* das Schicksal bringt es mit sich – *ancora* Anker – *prātum* Wiese – 298 *subiectus* (hier) darunterliegend – *terere* streifen – *curvus* gekrümmt – *vīnētum* Weingarten – *carīna* LW *Met.* 1.125–150 – 299 *modo* LW *Met.* 1.69–88 – *gracilis, -e* dünn – *grāmen, -inis n* Gras – *carpsēre* ~ *carpsērunt* – *capella* Ziege – 300 *dēfōrmis, -e* unförmig – *phōca* Seehund – 301 *lūcus* Hain – 302 *Nēreidēs, -um f Pl.* Nereiden (Meeresgottheiten) – *delphīn, -īnis m* Delphin – 303 *incursāre (m. Dat.)* stoßen (gegen) – *pulsāre* LW *Met.* 1.32–42 – 304 *nāre* schwimmen – *ovis, -is f* Schaf – *unda* LW *Met.* 1.69–88 – 305 *tigris, -is m/f* Tiger – *fulmen, -inis n* Blitzschlag – 306 *ablātus* (hier) weggerissen – 308 *volucris* LW *Met.* 1.69–88 – *vagus* heimatlos – *dēcidere* herabfallen – 309 *obruere (Perf.: obruī)* bedecken – *tumulus* Hügel – *inmēnsus* LW *Met.* 1.32–42 – 310 *montānus* Gebirgs- – *flūctus* LW *Met.* 1.125–150 – 312 *inops, -opis* bedürftig – *iēiūnium* Hunger

In ihrem Roman **„Orlando“** (1928) beschreibt die englische Autorin **Virginia Woolf** einen strengen Frost, der England im frühen 17. Jahrhundert heimsuchte.

Der Große Frost war, so erzählen uns die Historiker, der strengste, der diese Inseln je heimsuchte. Vögel erfroren mitten in der Luft und stürzten wie Steine auf die Erde. Zu Norwich wollte eine junge Bauersfrau in ihrer üblichen robusten Gesundheit die Straße überqueren und ward von Zuschauern gesehn, wie sie sich vor aller Augen in Pulver verwandelte und als ein Staubgewölk über die Dächer verwehte, als der eisige Sturm sie an der Straßenecke traf. Die Sterblichkeit unter Schafen und Rindern war enorm. Leichen froren ein und konnten nicht von den Laken gezogen werden. Es war kein ungewöhnlicher Anblick, auf eine ganze Herde von Schweinen zu stoßen, die unbeweglich auf der Straße angefroren waren. Die Felder waren voll von Schafhirten, Pflügern, Pferdegespannen und kleinen, Vögel scheuchenden Jungen, alle erstarrt in dem, was sie gerade getan hatten, der eine mit der Hand an der Nase, ein anderer mit der Flasche an den Lippen, ein dritter mit einem Stein, den er erhoben hatte, um ihn nach dem Raben zu werfen, der wie ausgestopft kaum einen Meter von ihm entfernt auf der Hecke saß. Die Strenge des Frostes war so außerordentlich, dass manchmal eine Art Versteinerung erfolgte; und es wurde allgemein angenommen, dass der große Zuwachs an Steinen in einigen Teilen Derbyshires nicht auf einen Vulkanausbruch zurückzuführen war, denn es gab keinen, sondern auf die Verfestigung unglückseliger Fahrensleute, die im wahrsten Sinne des Wortes dort, wo sie gingen und standen, zu Stein geworden waren.

Erörtern Sie, ob Woolfs Darstellung, die doch von einer anderen Naturkatastrophe handelt, dennoch von Ovids Flutbeschreibung beeinflusst sein mag.

→ Arbeit mit Sachfeldern: S. 143
→ Vertiefte Interpretation: S. 218
→ Projekt: Naturkatastrophen: S. 246
→ AH: Substantive, Adjektive, Adverbien und Pronomina: S. 4
→ AH: Wortschatzarbeit: S. 68

Met. 1.504–524 Apollo und Daphne (I)

Die Nymphe Daphne (vgl. die Info-Box) läuft vor dem in sie verliebten Apollo weg. Während Apollo sie verfolgt, hält er die folgende Rede:

„Nympha, precor, Penei, mane! Non insequor hostis.
Nympha, mane! Sic agna lupum, sic cerva leonem,
sic aquilam penna fugiunt trepidante columbae,
hostes quaeque suos: Amor est mihi causa sequendi!
Me miserum! Ne prona cadas indignave laedi
crura notent sentes et sim tibi causa doloris!
Aspera, qua properas, loca sunt. Moderatius, oro,
curre fugamque inhibe: Moderatius insequar ipse.
Cui placeas, inquire tamen: Non incola montis,
non ego sum pastor, non hic armenta gregesque
horridus observo. Nescis, temeraria, nescis,
quem fugias, ideoque fugis: Mihi Delphica tellus
et Claros et Tenedos Patareaque regia servit.

Iuppiter est genitor. Per me, quod eritque fuitque
estque, patet. Per me concordant carmina nervis.
Certa quidem nostra est, nostrā tamen una sagitta
certior, in vacuo quae vulnera pectore fecit!
Inventum medicina meum est, opiferque per orbem
dicor, et herbarum subiecta potentia nobis.
Ei mihi, quod nullis amor est sanabilis herbis
nec prosunt domino, quae prosunt omnibus, artes!"

i Liebschaften der Götter

In den *Metamorphosen* geht es mehrfach um Liebschaften der Götter mit Sterblichen. Bisweilen gehen die (überwiegend männlichen) Gottheiten dabei rücksichtslos vor. Frauen (oder auch Knaben), die ihnen gefallen, beanspruchen sie kurzerhand für sich. Um deren Wünsche kümmern sie sich weniger.

Die erste dieser „Liebesgeschichten" handelt von **Apollo** (auch **Phoebus**), der den Liebesgott **Amor** provoziert und von diesem daraufhin mit einem Liebespfeil getroffen wird. Apollo verliebt sich in die **Nymphe** (*nympha*, eine Naturgottheit) **Daphne**, die Tochter des Flussgottes Peneus. Doch Amor hat Daphne ebenfalls mit einem Pfeil getroffen, der gerade dafür sorgt, dass sie Apollo verabscheut.

504 *Peneī* Tochter des Peneus (vgl. die Info-Box) – 505 *āgna* Lamm – *lupus* LW *Met.* 1.293–312 – *cerva* Hirschkuh – *leō* LW *Met.* 1.293–312 – 506 *trepidāre* zittern – *columba* Taube – 508 *prōnus* LW *Met.* 1.69–88 – 509 *crūs* LW *Met.* 1.293–312 – *sentis, -is m* Dornbusch – 510 *quā* LW *Met.* 1.293–312 – *moderātus* gemäßigt – 511 *inhibēre* anhalten – 512 *inquīrere* nachfragen – 513 *armentum* Rinderherde – 514 *horridus* LW *Met.* 1.125–150 – *temerārius* leichtsinnig – 515/516 Orte mit Apolloheiligtümern: das Land bei Delphi *(Delphica tellūs)*, die Stadt Claros, die Insel Tenedos, der Königspalast bei Patara *(Patarēa rēgia)*

S Schreiben Sie aus den Versen 504–524 sämtliche Personal- und Possessivpronomina der 1. Person heraus, bestimmen Sie sie möglichst genau und geben Sie ihre genaue Bedeutung an.

T 1 Arbeiten Sie heraus, dass die Selbstdarstellung des Gottes Apollo komische Elemente enthält. Beziehen Sie auch die Situation, in der Apollo diese Worte spricht, in Ihre Überlegungen ein.

T 2 Die hier dargestellte Handlung irritiert heutige Leser. Weisen Sie nach, dass antike lateinische Texte bisweilen eine ganz andere Sicht auf den Umgang von Personen miteinander haben können, als wir sie heute vertreten.

W Wörterbucharbeit und Texterschließung: Zu V. 517–524 gibt es weder Anmerkungen noch Lernwortschatz. Hier soll der Gebrauch des Wörterbuchs geübt werden: Schlagen Sie zunächst die markierten Wörter nach und notieren Sie die Bedeutungen, die am besten in den Zusammenhang passen dürften. Erschließen Sie, welche Zuständigkeitsbereiche Apollos hier erwähnt werden und was Apollo über seine aktuelle Situation sagt. Übersetzen Sie dann den Text.

Antike Darstellung des Apollo aus dem „Haus des Augustus" in Rom. Beschreiben Sie die Abbildung und erklären Sie, welcher Zuständigkeitsbereich des Gottes hier im Mittelpunkt steht. Stellen Sie die weiteren im lateinischen Text genannten Zuständigkeitsbereiche Apollos zusammen.

→ Szenisches Spiel (u. a. zu Apollo und Daphne): S. 231
→ AH: Substantive, Adjektive, Adverbien und Pronomina: S.4

Met. 1.533–556 **Apollo und Daphne (II)**

Apollo lässt nicht ab, die fliehende Daphne zu verfolgen.

Ut canis in vacuo leporem cum Gallicus arvo
vidit et hic praedam pedibus petit, ille salutem
535 (alter inhaesuro similis iam iamque tenere
sperat et extento stringit vestigia rostro,
alter in ambiguo est, an sit conprensus, et ipsis
538 morsibus eripitur tangentiaque ora relinquit),
sic deus et virgo; est hic spe celer, illa timore.
Qui tamen insequitur pennis adiutus Amoris,
541 ocior est requiemque negat tergoque fugacis
inminet et crinem sparsum cervicibus adflat.
Viribus absumptis expalluit illa citaeque
544 victa labore fugae spectans Peneidas undas
„Fer, pater," inquit, „opem! Si flumina numen habetis,
qua nimium placui, mutando perde figuram!" […]
548 Vix prece finita torpor gravis occupat artus,
mollia cinguntur tenui praecordia libro,
in frondem crines, in ramos bracchia crescunt.
551 Pes modo tam velox pigris radicibus haeret,
ora cacumen habet: Remanet nitor unus in illa.
Hanc quoque Phoebus amat positaque in stipite dextra
554 sentit adhuc trepidare novo sub cortice pectus;
conplexusque suis ramos ut membra lacertis
oscula dat ligno. Refugit tamen oscula lignum.

533 *ut … cum* wie wenn (Beginn eines Vergleichs; vgl. V. 539: *sīc*) – *canis Gallicus* gallischer Jagdhund – *lepus, -oris m* Hase – *arvum* Feld – 535 *inhaesūrus (PFA zu inhaerēre)* kurz davor, sich festzubeißen – 536 *rōstrum* Schnauze – 537 *in ambiguō* esse im Zweifel sein – *conprēnsus* (~ *comprehēnsus*) gepackt – 538 *morsus, -ūs* Biss – *ōs* LW *Met.* 1.69–88 – 540 *īnsequī* und *penna* LW *Met.* 1.504–524 – 541 *ōcior, -ōris* schneller – *requiēs, -ēī f* Rast – *fugāx, -ācis* flüchtend – 542 *inminēre* (~ *imminēre*) LW *Met.* 1.125–150 – *crīnis, -is f* Haar – *cervīx, -īcis f* Nacken – *adflāre* anhauchen – 543 *ab-sumere* aufbrauchen – *expallēscere (Perf.: expalluī)* erbleichen – *citus* schnell – 544 *Peneidae undae* die Fluten des (Flusses) Peneus (vgl. die Info-Box auf der vorangehenden Seite) – 546 *quā* greift *figūram* auf – *figūra* LW *Met.* 1.69–88 – 548 *torpor, -ōris m* Erstarrung – *occupāre* LW *Met.* 1.293–312 – 549 *mollis* LW *Met.* 1.89–100 – *cingere* LW *Met.* 1.32–42 – *praecordia, -ōrum n Pl.* Brust – *liber* (hier) Rinde – 550 *frōns, frondis f* Laub – *crīnis, -is m* Haar – *rāmus* LW *Met.* 1.293–312 – *bracchium* LW *Met.* 1.5–14 – 551 *modo* LW *Met.* 1.69–88 – *vēlōx* LW *Met.* 1.293–312 – *piger, -gra, -grum* zäh – *rādīx, -īcis f* Wurzel – 552 *cacūmen* LW *Met.* 1.293–312 – *nitor, -ōris m* Glanz – 553 *stīpes, -itis m* Stamm – 554 *cortex, -icis m* Rinde – 555 *membrum* LW *Met.* 1.32–42 – *lacertus* Arm – 556 *līgnum* Holz

S V. 533–539 enthalten einen ausführlichen Vergleich. Sammeln Sie die Begriffe, die jeweils mit Apollo und Daphne in Verbindung gebracht werden, in einer zweispaltigen Tabelle. Erörtern Sie, inwieweit dieser Vergleich hier angemessen ist.

T 1 Erklären Sie, was mit dem Ausdruck *pennis adiutus Amoris* (V. 540) gemeint ist.

T 2 Stellen Sie Wörter und Wendungen aus dem Text zusammen, aus denen die Emotionen Daphnes deutlich werden. Beziehen Sie auch den Vergleich in V. 533–539 (vgl. S) in Ihre Überlegungen ein.

T 3 Ovid gibt die Verwandlung hier wie ein Regisseur mit der Filmkamera wieder. Vollziehen Sie diese Beschreibungsweise nach, indem Sie Ihrem Banknachbarn die „filmische" Darstellungsweise erklären. Arbeiten Sie dabei auch heraus, inwiefern der Baum noch an die Person Daphne erinnert.

T 4 Der Lorbeerbaum gilt im antiken Kult als eine Pflanze, die Apollo heilig ist. Informieren Sie sich über die verschiedenen Bedeutungen des Lorbeer in der Antike und erklären Sie so den Bezug zu Apollo.

Gian Lorenzo Bernini, „Apollo und Daphne" (1622). Beschreiben Sie die Statuengruppe. Gehen Sie dabei besonders auf die Darstellung der Emotionen sowie der Verwandlung ein.

→ Vertiefte Interpretation: S. 218

Met. 2.860–875 Europa und der Stier

Auch in den folgenden Büchern der *Metamorphosen* ist immer wieder zu lesen, wie Götter Sterbliche begehren (vgl. die Info-Box auf S. 67). Am Ende von Buch 2 berichtet Ovid von der phönizischen Prinzessin Europa, die gemeinsam mit ihren Freundinnen an der Küste ihrer Heimat von Jupiter entdeckt wird. Der Göttervater nähert sich in Gestalt eines weißen Stieres, auf den das Mädchen sogleich zugeht.

Sed – quamvis mitem – metuit contingere primo.
Mox adit et flores ad candida porrigit ora.
Gaudet amans et, dum veniat sperata voluptas,
oscula dat manibus; vix iam, vix cetera differt;
et nunc adludit viridique exsultat in herba,
nunc latus in fulvis niveum deponit harenis;
paulatimque metu dempto modo pectora praebet
virgineā plaudenda manu, modo cornua sertis
inpedienda novis. Ausa est quoque regia virgo
– nescia, quem premeret – tergo considere tauri,
cum deus a terra siccoque a litore sensim
falsa pedum primis vestigia ponit in undis.
Inde abit ulterius mediique per aequora ponti
fert praedam. Pavet haec litusque ablata relictum
respicit et dextrā cornum tenet, altera dorso
inposita est. Tremulae sinuantur flamine vestes.

860 *quamvīs* (hier) wenn auch noch so – *mītis, -is* friedlich – 861 *candidus* weiß – *porrigere* LW *Met.* 1.5–14 – 862 Subjekt ist nun Jupiter – *dum* (*m. Konj.*) (hier) bis endlich – 863 *ōsculum* LW *Met.* 1.533–556 – 864 *adlūdere* spielerisch näherkommen – *viridis* LW *Met.* 1.293–312 – *exsultāre* herumspringen – 865 *fulvus* LW *Met.* 1.293–312 – 866 *modo* LW *Met.* 1.69–88 – 867 *virgineus* mädchenhaft – *plaudere* (hier) tätscheln – *cornū* LW *Met.* 1.5–14 – *serta, -ōrum n Pl.* Blumenkränze – 868 *inpedīre* (hier) umwickeln – 869 *premere* (hier) reiten – *cōnsīdere* der Infinitiv hängt von *ausa est* (V. 868) ab – *taurus* Stier – 870 *siccus* trocken – *sēnsim* kaum merklich – 871 *vestīgium* LW *Met.* 1.533–556 – *unda* LW *Met.* 1.69–88 – 872 *pontus* LW *Met.* 1.293–312 – 873 *praeda* LW *Met.* 1.533–556 – *pavēre* ängstlich sein – 874 *dextra* LW *Met.* 1.533–556 – *cornus, -ūs m* ~ *cornū* – *dorsum* Rücken – 875 *tremulus* zitternd – *sinuārī* sich bauschen – *flāmen, -inis n* Wind

T Informieren Sie sich darüber, worin der Bezug des Mythos zu der Benennung des Kontinents liegt.

V. A. Serow, „Der Raub der Europa" (1910). Beschreiben Sie die Abbildung. Gehen Sie dabei vor allem auf die Körperhaltung Europas ein. Erörtern Sie, inwieweit diese Darstellung derjenigen Ovids entspricht.

S **Dichtersprache**

In V. 875 verwendet Ovid die Form *inposita* anstelle von *imposita*. Dabei handelt es sich um eine sogenannte **nichtassimilierte** Schreibweise, wie sie gerade für die Dichtersprache typisch ist: Normalerweise werden die Laute in Verbindungen wie *in-ponere, in-minere, ad-suescere* oder *con-plecti* assimiliert (angeglichen): ***imponere, imminere, assuescere, complecti.***

Zu den weiteren Merkmalen der Dichtersprache gehört neben der **häufigen Verwendung entlegener** Begriffe auch der **dichterische Plural**, also die Verwendung des Plurals mit der Bedeutung des Singulars.

Außerdem gibt es **Nebenformen** der Grammatik, die häufig – aber nicht ausschließlich – in der Dichtung vorkommen, z. B. den **Akkusativ Plural der 3.** (**konsonantischen Deklination** auf *-īs* statt ***-ēs***) oder **verkürzte Formen des Perfektstamms** (v. a. bei Formen des v-Perfekts, z. B. *vacārunt* statt *vacāvērunt*) oder die 3. Person Plural Perfekt auf ***-ēre*** (*dixēre* statt *dixērunt*).

Schreiben Sie zwei weitere nichtassimilierte Formen und einen dichterischen Plural aus dem Text heraus.

i **Das Ende von Buch 2**

Die *Metamorphosen* umfassen 15 Bücher, das Werk dürfte zu Ovids Zeit also aus 15 Buchrollen bestanden haben. Das Ende jedes Buches markiert einerseits einen Einschnitt, andererseits kann sich die Handlung auch über Buchgrenzen hinweg erstrecken. So endet Buch 2 mit den hier abgedruckten Versen, und Buch 3 beginnt mit den Worten: „Und schon hatte sich der Gott nach dem Ablegen der täuschenden Gestalt des Stieres zu erkennen gegeben und hielt sich wieder auf dem Land auf Kreta auf."

Klären Sie die Bedeutung des Begriffs „Cliffhanger" und weisen Sie nach, dass man Ovids Erzähltechnik mit dem Einsatz eines Cliffhangers vergleichen kann. Entwickeln Sie darüber hinaus Möglichkeiten, die Schlussszene in Buch 2 filmisch umzusetzen. Setzen Sie sich dazu auch mit der Frage auseinander, welchen Effekt das Ausblenden der Kamera oder die Fokussierung auf Nebensächlichkeiten (Kleidung) in der Darstellung eines Paares haben kann.

→ Assimilation: S. 53
→ die *Metamorphosen* als *carmen perpetuum:* S. 62
→ Wortbildung: S. 172
→ Szenisches Spiel (u. a. zu Europa): S. 231

Met. 4.55–62 und 71–90 Pyramus und Thisbe (I)

Pyramus et Thisbe, iuvenum pulcherrimus alter,
altera, quas Oriens habuit, praelata puellis,
contiguas tenuere domos, ubi dicitur altam
coctilibus muris cinxisse Semiramis urbem.
Notitiam primosque gradus vicinia fecit,
tempore crevit amor; taedae quoque iure coissent,
sed vetuere patres. Quod non potuere vetare:
ex aequo captis ardebant mentibus ambo.

Die gemeinsame Wand der Häuser beider Familien hat einen feinen Riss, den nur die Liebenden bemerken und durch den sie miteinander sprechen können.

Saepe, ubi constiterant hinc Thisbe, Pyramus illinc,
inque vices fuerat captatus anhelitus oris,
„Invide", dicebant, „paries, quid amantibus obstas?
Quantum erat, ut sineres toto nos corpore iungi
aut, hoc si nimium est, vel ad oscula danda pateres?
Nec sumus ingrati: Tibi nos debere fatemur,
quod datus est verbis ad amicas transitus auris."
Talia diversā nequiquam sede locuti
sub noctem dixere: „Vale"; partique dedere
oscula quisque suae non pervenientia contra.
Postera nocturnos Aurora removerat ignes,
solque pruinosas radiis siccaverat herbas.
Ad solitum coiere locum. Tum murmure parvo
multa prius questi statuunt, ut nocte silenti
fallere custodes foribusque excedere temptent,
cumque domo exierint, urbis quoque tecta relinquant,
neve sit errandum lato spatiantibus arvo,
conveniant ad busta Nini lateantque sub umbra
arboris. Arbor ibi niveis uberrima pomis,
ardua morus, erat, gelido contermina fonti.

i Die Geschichte von Pyramus und Thisbe war die Vorlage für die berühmte Tragödie **„Romeo und Julia"** des englischen Dramatikers **William Shakespeare** (1564–1616). Anders als Shakespeares Stück spielt Ovids Erzählung jedoch nicht in Italien, sondern im **Orient** *(Oriens, -entis m)*, in **Babylon,** der Stadt der Königin **Semiramis** *(-is)* und des früheren Königs **Ninus.** Eine ganz andere Bedeutung hat Ovids Erzählung für Shakespeares Stück **„Ein Sommernachtstraum"**. In dieser Komödie gibt es eine Szene, in der eine Gruppe Handwerker die tragische Geschichte von Pyramus und Thisbe gewissermaßen als „Spiel im Spiel" auf die Bühne bringt – allerdings auf reichlich unbeholfene und somit unfreiwillig komische Weise. Tragen Sie in der Klasse die wesentlichen Punkte aus der Handlung von „Romeo und Julia" zusammen und vergleichen Sie diese mit Ovids Erzählung.

55/56 *alter ... altera* der Junge ... das Mädchen – 57 *contiguus* benachbart – *ubi dīcitur (+ Verschränkung mit NcI)* wo, wie man sagt, ... – 58 *coctilis, -e* aus Backstein – *cingere* LW *Met.* 1.32–42 – 59 *nōtitia* Bekanntschaft – *prīmōs gradūs* ergänze: *amōris* – 60 *taeda* Hochzeitsfackel – 71 *hinc ... illinc* hier ... und da – 72 *in vicēs* gegenseitig – *captātus fuerat* ~ *captātus erat* – *anhēlitus, -ūs* Atem – *ōs* LW *Met.* 1.69–88 – 73 *invidus* missgünstig – *pariēs, -etis m* Wand – *obstāre* im Wege stehen – 74 *quantum erat, ut* wie wenig wäre es, wenn – 75 *vel* (hier) wenigstens – *ōsculum* LW *Met.* 1.533–556 – 76 *ingrātus* undankbar – 77 *amīcus* hier Adj. – *trānsitus, -ūs* Durchgang – *aurīs* ~ *aurēs* – 78 *dīversus* LW *Met.* 1.32–42 – *nēquīquam* vergeblich – 79 *sub noctem* am späten Abend – 81 *Aurōra* (Göttin der) Morgenröte – 82 *pruīnōsus* voll mit Reif – *radius* Strahl – *siccāre* trocknen – *herba* LW *Met.* 2.860–875 – 83 *solitus* gewohnt – *murmur, -uris n* Gemurmel – 84 *prius* LW *Met.* 1.125–150 – *nocte silentī (Abl.)* in stiller Nacht – 85 *forēs, -ium f Pl.* Tür – 87 *spatiārī* umhergehen – *arvum* Feld – 88 *conveniant ... lateant* Konj. nach *ut* (V. 84) – *busta (n Pl.) Ninī* das Grabmal des (Königs) Ninus – 89 *niveus* LW *Met.* 2.860–875 – *über, -eris (m. Abl.)* reich an – 90 *arduus* (hier) hoch – *mōrus, -ī f* Maulbeerbaum – *gelidus* kalt – *conterminus* angrenzend

S Vergleichen Sie die Sprach-Box auf der vorangehenden Seite und bestimmen Sie die Formen *tenuere* (V. 57), *vetuere, potuere* (V. 61), *dixere, dedere* (V. 79) und *coiere* (V. 83).

Met. 4.91–120: Fortsetzung
Thisbe macht sich wie verabredet auf und erreicht den Treffpunkt als Erste. Da nähert sich eine Löwin mit blutigem Maul. Thisbe flieht in eine Höhle und verliert dabei ihren Umhang, den die Löwin zerreißt. Als Pyramus kurz darauf eintrifft, sieht er den blutigen Umhang und ist verzweifelt. Er hält die folgende Rede:
„Eine Nacht wird zwei Liebende vernichten, von denen die eine doch eines langen Lebens sehr würdig gewesen wäre. Meine Seele ist schuldig. Ich habe dich, Elende, zugrunde gerichtet, als ich dir befahl, nachts in diese Gegend zu kommen, die voller Schrecken ist, und nicht vor dir hier ankam. Zerfleischt meinen Leib und fresst mit wildem Biss meine verbrecherischen Eingeweide, all ihr Löwen, die ihr unter diesem Felsen wohnt. Aber es ist ein Zeichen von Feigheit, den Tod nur zu wünschen" (*Met.* 4.108–115).
Er nimmt Thisbes Umhang, setzt sich unter den verabredeten Baum und stößt sich sein Schwert in den Leib.

Met. 4.121–130 und 142–166 Pyramus und Thisbe (II)

Et iacuit resupinus humo; cruor emicat alte –
non aliter, quam cum vitiato fistula plumbo
scinditur et tenui stridente foramine longas
eiaculatur aquas atque ictibus aera rumpit.
Arborei fetus adspergine caedis in atram
vertuntur faciem, madefactaque sanguine radix
purpureo tinguit pendentia mora colore.
Ecce, metu nondum posito, ne fallat amantem,
illa redit iuvenemque oculis animoque requirit,
quantaque vitarit narrare pericula gestit.

Thisbe erblickt den Baum und wundert sich über die Farbe der Früchte. Doch während sie noch an ihrem Urteilsvermögen zweifelt, erkennt sie unter dem Baum Pyramus' sterbenden Körper.

„Pyrame", clamavit, „quis te mihi casus ademit?
Pyrame, responde! Tua te carissima Thisbe
nominat; exaudi vultusque attolle iacentes!"
Ad nomen Thisbes oculos a morte gravatos
Pyramus erexit visāque recondidit illā.
Quae postquam vestemque suam cognovit et ense
vidit ebur vacuum, „Tua te manus", inquit, „amorque
perdidit, infelix! Est et mihi fortis in unum
hoc manus, est et amor. Dabit hic in vulnera vires.
Persequar extinctum, letique miserrima dicar
causa comesque tui; quique a me morte revelli
– heu! – sola poteras, poteris nec morte revelli.
Hoc tamen amborum verbis estote rogati,
o multum miseri meus illiusque parentes,
ut, quos certus amor, quos hora novissima iunxit,
conponi tumulo non invideatis eodem;
at tu quae ramis arbor miserabile corpus
nunc tegis unius, mox es tectura duorum,
signa tene caedis pullosque et luctibus aptos
semper habe fetus, gemini monimenta cruoris."
Dixit et aptato pectus mucrone sub imum
incubuit ferro, quod adhuc a caede tepebat.
Vota tamen tetigere deos, tetigere parentes;
nam color in pomo est, ubi permaturuit, ater,
quodque rogis superest, una requiescit in urna.

S Erklären Sie die Zusammensetzung und Bedeutung der Form *tectura es* (V. 159). Schlagen Sie, wenn nötig, in Ihrer Grammatik den Gebrauch des Partizip Futur nach.

121 *resupīnus* rücklings – *humus* LW *Met.* 1.125–150 – *cruor, -ōris m* Blut – *ēmicāre* emporspritzen – 122 *nōn aliter, quam cum* nicht anders, als wenn – *vitiāre* beschädigen – *fistula* Rohr – *plumbum* Blei – 123 *scindere* zerreißen – *strīdēre* zischen – *forāmen, -inis n* Loch – 124 *ēiaculārī* herausstoßen – *aqua* (hier) Wasserstrahl – *āēr* LW *Met.* 1.5–14 – 125 *arboreus (Adj.)* Baum- – *fētus, -ūs* Frucht – *adspergō, -inis f* das Spritzen – *caedes* LW *Met.* 1.125–150 – 126 *made-facere* befeuchten – *rādīx, -īcis f* Wurzel – 127 *purpureus* purpurn – *tingere* färben – *pendēre* LW *Met.* 1.5–14 – *mōrum* Maulbeere – 128 *fallere* (hier) enttäuschen – 130 ordne: *gestit narrāre, quanta perīcula vītārit; vītārit ~ vītāverit* – *gestīre* drängen auf – 144 *attollere* emporheben – 145 *Thisbēs* Gen. zu *Thisbē* – *gravāre* schwer machen – 146 *ērigere* LW *Met.* 1.69–88 – *recondere (Perf.: recondidī)* wieder schließen – 147/148 *ēnse ebur (n) vacuum* die elfenbeinerne Schwertscheide ohne Schwert – 149 *in ūnum* für die eine Tat – 151 *extīnctus* tot – *lētum* Tod – 152 *quīque ~ et quī* – 152/153 *morte sōlā revellī* allein durch den Tod getrennt werden – 153 *heu!* ach! – 154 *hoc estōte rogātī* um dies lasst euch bitten – *ambō* LW *Met.* 4.55–62 und 71–90 – 155 *meus illīusque parentēs (Vok.)* ihr Väter, meiner und seiner – 157 *conpōnī ~ compōnī (Inf. Präs. Pass.)* – *tumulus* Grab – 158/159 ordne: *at tū, arbor, quae rāmīs miserābile corpus unīus tegis* – 158 *rāmus* LW *Met.* 1.293–312 – *miserābilis, -e* beklagenswert – 159 *mox* LW *Met.* 2.860–875 – ergänze: <corpora> *duōrum* – 160 *pullus* dunkel – 161 *geminī monimenta cruōris* als Erinnerung an unser beider Blut – 162 *aptāre* anlegen – *mucrō, -ōnis m* Schwert – *sub īmum pectus* unten an die Brust – 163 *incumbere (Perf. incubuī) (m. Dat.)* sich stürzen in – *tepēre* warm sein – 164 *tetigēre ~ tetigērunt* – 165 *pōmum* LW *Met.* 4.55–62 und 71–90 – *permātūrēscere (Perf.: permātūruī)* reif werden – 166 *rogus* Scheiterhaufen – *ūrna* Urne

T 1 Geben Sie den Inhalt von Thisbes Rede (V. 148–161) mit eigenen Worten wieder und arbeiten Sie heraus, wie Thisbe ihre Aussagen mit sprachlichen Mitteln hervorhebt.

T 2 Eine Sage, durch die ein Phänomen aus der Natur oder der Gesellschaft erklärt wird, bezeichnet man auch als *aition* („Erklärungssage"). Informieren Sie sich über verschiedene Sorten und Früchte von Maulbeerbäumen und weisen Sie nach, dass die Erzählung von Pyramus und Thisbe auch ein *aition* über den Maulbeerbaum ist.

Aus einer Inszenierung von Shakespeares „Ein Sommernachtstraum" am Wiener Burgtheater (2007): Die Handwerker führen „Pyramus und Thisbe" auf (vgl. die Info-Box auf der gegenüberliegenden Seite). Erschließen Sie, welcher Moment der Erzählung von Pyramus und Thisbe hier dargestellt wird und auf welche Weise in dieser Inszenierung die Komik der Handwerkeraufführung deutlich gemacht wird.

→ die Bedeutung der Rede bei Cicero: S. 35/36
→ der Maulbeerbaum bei Plinius dem Älteren: S. 125
→ Rhetorische Stilmittel: S. 224
→ AH: Partizipien und *nd*-Formen: S. 16

Met. 5.390–401 und 564–571 Die Entführung Proserpinas

Venus, die Göttin der Liebe, ist zornig darüber, dass sie über die Unterwelt bislang keine Macht ausüben konnte. Als Dis (Gen. *Ditis;* griech. Pluto), der Gott der Unterwelt, sich einmal in die Oberwelt begibt, schießt ihr Sohn Amor einen Liebespfeil auf diesen ab. Darauf verliebt sich Dis in Proserpina (griech. Persephone), die Tochter der Göttin der Feldfrüchte Ceres. Das Mädchen hält sich gerade in seiner Heimat Sizilien auf.

Frigora dant rami, Tyrios humus umida flores.
Perpetuum ver est. Quo dum Proserpina luco
ludit et aut violas aut candida lilia carpit
dumque puellari studio calathosque sinumque
inplet et aequales certat superare legendo,
paene simul visa est dilectaque raptaque Diti.
Usque adeo est properatus amor. Dea territa maesto
et matrem et comites, sed matrem saepius, ore
clamat; et ut summā vestem laniarat ab orā,
conlecti flores tunicis cecidere remissis;
tantaque simplicitas puerilibus adfuit annis:
haec quoque virgineum movit iactura dolorem.

Aus Wut über die Entführung ihrer Tochter lässt Ceres auf den Feldern nichts mehr wachsen. Sie wendet sich an ihren Bruder Jupiter, der seinen Bruder Dis zur Rückgabe Proserpinas bewegen soll. Dies ist aber nicht mehr möglich, da Proserpina in der Unterwelt bereits Nahrung zu sich genommen hat: sieben Granatapfelkerne. Jupiter sorgt schließlich für einen Kompromiss:

At medius fratrisque sui maestaeque sororis
Iuppiter ex aequo volventem dividit annum.
Nunc dea, regnorum numen commune duorum,
cum matre est totidem, totidem cum coniuge menses.
Vertitur extemplo facies et mentis et oris.
Nam modo quae poterat Diti quoque maesta videri,
laeta deae frons est, ut sol, qui tectus aquosis
nubibus ante fuit, victis e nubibus exit.

S 1 Bei *Diti* (V. 395) handelt es sich um einen Dativ des Urhebers *(dativus auctoris).* Erklären Sie die Bedeutung dieses Dativs und geben Sie an, in welchen Konstruktionen er zumeist vorkommt.

S 2 Arbeiten Sie heraus, wie Ovid die hohe Geschwindigkeit und Dramatik bei der Entführung sprachlich abbildet (V. 395–398). Gehen Sie dabei auf die Wortwahl, verwendete Stilmittel und den Versbau ein.

S 3 Erklären Sie, wie Ovid den Kompromiss Jupiters sprachlich-stilistisch abbildet (V. 564–567).

So stellte sich der englische Maler Dante Gabriel Rossetti (1828–1882) die Unterweltsgöttin vor. Vergleichen Sie den Ausschnitt aus seinem Gemälde mit Ovids Beschreibung der Proserpina und erörtern Sie, welchen Effekt Ovids Darstellung des Mädchens auf die Leser hat.

390 *rāmus* LW *Met.* 1.293–312 – *Tyrius* purpurfarben – *humus* LW *Met.* 1.125–150 – *ūmidus* feucht – *flōs* LW *Met.* 2.860–875 – 391 *lūcus* Hain – 392 *viola* Veilchen – *candidus* weiß – *līlium* Lilie – *carpere* LW *Met.* 1.293–312 – 393 *puellāris, -e* typisch für Mädchen – *calathus* Korb – 394 *inplēre* anfüllen – *aequālis* LW *Met.* 1.32–42 – 396 *ūsque adeō* so sehr – *properāre* (hier) vorantreiben – 398 *ut* (hier) da – *summa ōra* (hier) der oberste Saum (des Kleides) – *laniāre* zerreißen; *laniārat* ~ *laniāverat* – 399 *conlectī* vgl. S-Box auf S. 69 – *tunicam remittere* die Tunika loslassen – 400 *puerīlis, -e* kindlich – 401 *virgineus* mädchenhaft – *iactūra* Verlust – 564 *medius (m. Gen.)* Vermittler (zwischen) – 565 *ex aequō* gleichmäßig – 567 *totidem* ebenso viele – 568 *extemplō* sofort – *faciēs* LW *Met.* 4.121–130 und 142–166 – 569 *quoque* (hier) sogar – 569/570 ordne: *Nam frōns deae laeta est, quae modo Dītī quoque maesta vidērī poterat* – 570 *aquōsus* wasserreich

T 1 Arbeiten Sie heraus, wie Dis durch V. 569 indirekt charakterisiert wird. Erschließen Sie dabei auch, warum die Aussage berechtigt ist, dass der Unterweltsgott in diesem Mythos eine für ihn ungewöhnliche Rolle spielt.

T 2 Antike Mythen haben häufig die Funktion, den Menschen die Welt zu erklären (vgl. T2 auf S. 71). Erläutern Sie, welches Naturphänomen durch den Mythos von Ceres und Proserpina erklärt wird.

→ Für eine Aufgabe zur Interpretation von *Met.* 5.390–401 s. S. 223.

→ der Raub der Proserpina bei Cicero: S. 12
→ die Unterwelt (Orpheus): S. 76
→ Vertiefte Interpretation: S. 218
→ Rhetorische Stilmittel: S. 224
→ Versanalyse: S. 228
→ AH: Kasusfunktionen: S. 8

Met. 6.349–381 Die lykischen Bauern

Latona hat Jupiter die Zwillinge Apollo und Diana geboren. Nun ist sie auf der Flucht vor Jupiters zorniger Ehefrau Juno. In der kleinasiatischen Landschaft Lykien möchte sie an einem See ihren Durst stillen. Doch Bauern, die dort Schilf ernten, hindern sie daran.

„Quid prohibetis aquis? Usus communis aquarum est.
Nec solem proprium natura nec aera fecit
nec tenues undas. Ad publica munera veni.
Quae tamen ut detis, supplex peto. Non ego nostros
abluere hic artus lassataque membra parabam,
sed relevare sitim. Caret os umore loquentis,
et fauces arent, vixque est via vocis in illis.
Haustus aquae mihi nectar erit, vitamque fatebor
accepisse simul. Vitam dederitis in unda.
Hi quoque vos moveant, qui nostro bracchia tendunt
parva sinu“, et casu tendebant bracchia nati.
Quem non blanda deae potuissent verba movere?
Hi tamen orantem perstant prohibere minasque,
ni procul abscedat, conviciaque insuper addunt.
Nec satis est: Ipsos etiam pedibusque manuque
turbavere lacus imoque e gurgite mollem
huc illuc limum saltu movere maligno.
Distulit ira sitim. Neque enim iam filia Coei
supplicat indignis nec dicere sustinet ultra
verba minora deā; tollensque ad sidera palmas
„Aeternum stagno“, dixit, „vivatis in isto!“
Eveniunt optata deae. Iuvat esse sub undis
et modo tota cavā submergere membra palude,
nunc proferre caput, summo modo gurgite nare,
saepe super ripam stagni consistere, saepe
in gelidos resilire lacus, sed nunc quoque turpes
litibus exercent linguas pulsoque pudore,
quamvis sint sub aqua, sub aqua maledicere temptant.
Vox quoque iam rauca est, inflataque colla tumescunt,
ipsaque dilatant patulos convicia rictus.
Terga caput tangunt, colla intercepta videntur,
spina viret, venter, pars maxima corporis, albet,
limosoque novae saliunt in gurgite ranae.

S 1 Bestimmen Sie Kasus und Numerus des Partizips *loquentis* (V. 354). Erklären Sie vor der Übersetzung, auf welche Person sich das Partizip bezieht.

S 2 Klären Sie in der Klasse, was *nectar* ist, und erläutern Sie die Aussage in V. 356/357.

S 3 Übersetzen Sie die Junktur *verba minora deā* (V. 368) zunächst wörtlich. Erschließen Sie dann aus dem Kontext der Stelle, was genau damit gemeint ist. Berücksichtigen Sie dabei auch die verschiedenen Möglichkeiten, den lateinischen Komparativ wiederzugeben.

T V. 376 ist wohl der berühmteste Vers aus den *Metamorphosen*. Lesen Sie ihn laut vor und erklären Sie, worauf seine Beliebtheit zurückzuführen ist.

i **Die Göttin Latona**
Unserer Erzählung geht der Bericht von der Rache an der Königin **Niobe** voraus, die **Latona** (griech. Leto), die Tochter des Titanen Coeus, dafür verspottet hatte, dass sie nur zwei Kinder hat, **Apollo** und **Diana.** Darauf töten die beiden Niobes 14 Kinder mit Pfeil und Bogen; Niobe verwandelt sich aus Gram in einen Marmorblock. Die Erzählung von Latona wird nun fortgesetzt mit einem weiteren Beispiel ihrer Rache: der Bestrafung der lykischen Bauern für ihre Missgunst und Respektlosigkeit.
Latona wird in der römischen Kunst häufig mit den neugeborenen Zwillingen **Apollo** und **Diana** abgebildet (vgl. Plinius' Beschreibung einer solchen Darstellung auf S. 127), zu denen sie ein besonders enges Verhältnis hat. Arbeiten Sie heraus, welche Rolle Latonas Kinder in der vorliegenden Geschichte spielen.

350 *proprium* Privatbesitz – *āēr* LW *Met.* 1.5–14 – 351 *tenuis* LW *Met.* 4.124–130 und 142–166 – *unda* LW *Met.* 1.69–88 – 353 *abluere* reinigen – *artus* LW *Met.* 1.533–556 – *lassāre* LW *Met.* 1.293–312 – *membrum* LW *Met.* 1.32–42 – 354 *relevāre* lindern – *ōs* LW *Met.* 1.69–88 – *ūmor, -ōris m* Feuchtigkeit – 355 *faucēs, -ium f Pl.* Kehle – *ārēre* austrocknen – 356 *haustus, -ūs* Schluck – 357 *simul* LW *Met.* 5.390–401 und 564–571 – 358 *bracchium* LW *Met.* 1.5–14 – 359 *sinus* LW *Met.* 5.390–401 und 564–571 – *cāsus* LW *Met.* 4.121–130 und 142–166 – 361 *perstāre* beharren auf – *minae f Pl.* Drohungen – 362 *nī* ~ *nisī* – *abscēdere* weggehen – *convīcium* Beschimpfung – *īnsuper* überdies – 364 *turbāvēre* ~ *turbāvērunt* – *lacus* LW *Met.* 1.32–42 – *īmus* unterster – *gurges, -itis m* Gewässer – 365 *līmus* Schlamm – *saltus, -ūs* Sprung – *movēre* ~ *movērunt* – *malīgnus* bösartig – 367 *supplicāre (m. Dat.)* anflehen – *indīgnus* LW *Met.* 1.504–524 – *ultrā* länger – 368 *sīdus* LW *Met.* 1.69–88 – *palma* Hand – 369 *aeternum* auf ewig – *stāgnum* LW *Met.* 1.32–42 – 370 *iuvat* es gefällt ihnen – 371 *modo* LW *Met.* 1.69–88 – *cavus* tief – *submergere* untertauchen – *palūs, -ūdis f* Sumpf – 372 *summō gurgite nāre* an der Wasseroberfläche schwimmen – 373 *rīpa* LW *Met.* 1.32–42 – 374 *gelidus* kalt – *resilīre* zurückspringen – 375 *pudor* LW *Met.* 1.125–150 – 376 *maledīcere* lästern – 377 *raucus* rau – *īnflātus* aufgeblasen – *tumēscere* LW *Met.* 1.32–42 – 378 *dīlātāre* ausdehnen – *patulus* weit – *rictus, -ūs* Maul – 379 *tergum* LW *Met.* 1.533–556 – *interceptum* (hier) herausgeschnitten – 380 *spīna* Rücken – *virēre* grün sein – *albēre* weiß sein – 381 *līmōsus* schlammig – *salīre* springen – *rāna* Frosch

→ Plinius der Ältere über eine Darstellung der Latona: S. 127
→ Szenisches Spiel (u. a. zu den lykischen Bauern): S. 231
→ AH: Partizipien und *nd*-Formen: S. 16

Met. 8.183–216 Daedalus und Ikarus (I)

Daedalus und sein Sohn Ikarus werden von König Minos auf der Insel Kreta (vgl. die Info-Box auf der folgenden Seite) festgehalten, weil Daedalus der Ariadne verraten hat, wie der Minotaurus besiegt werden kann. Der Wunsch, in seine Heimat zurückzukehren, treibt Daedalus zu einer wissenschaftlichen Höchstleistung an:

Daedalus interea Creten longumque perosus
exilium tactusque loci natalis amore
clausus erat pelago. „Terras licet“, inquit, „et undas
obstruat, at caelum certe patet; ibimus illac.
Omnia possideat, non possidet aera Minos.“
Dixit et ignotas animum dimittit in artes
naturamque novat. Nam ponit in ordine pennas
a minima coeptas, longam breviore sequenti,
ut clivo crevisse putes: Sic rustica quondam
fistula disparibus paulatim surgit avenis.
Tum lino medias et ceris alligat imas
atque ita conpositas parvo curvamine flectit,
ut veras imitetur aves. Puer Icarus una
stabat et, ignarus sua se tractare pericla,
ore renidenti modo, quas vaga moverat aura,
captabat plumas, flavam modo pollice ceram
mollibat lusuque suo mirabile patris
impediebat opus. Postquam manus ultima coepto
inposita est, geminas opifex libravit in alas
ipse suum corpus motaque pependit in aura.
Instruit et natum, „Medio“que „ut limite curras,
Icare“, ait, „moneo, ne, si demissior ibis,
unda gravet pennas, si celsior, ignis adurat:
Inter utrumque vola! Nec te spectare Booten
aut Helicen iubeo strictumque Orionis ensem.
Me duce carpe viam!“ Pariter praecepta volandi
tradit et ignotas umeris accommodat alas.

Inter opus monitusque genae maduere seniles,
et patriae tremuere manus. Dedit oscula nato
non iterum repetenda suo pennisque levatus
ante volat comitique timet, velut ales, ab alto
quae teneram prolem produxit in aera nido;
hortaturque sequi damnosasque erudit artes
et movet ipse suas et nati respicit alas.

W Zu V. 210–216 gibt es weder Anmerkungen noch Lernwortschatz (vgl. jedoch S2 und T2). Hier soll der Gebrauch des Wörterbuchs geübt werden: Schlagen Sie zunächst die markierten Wörter nach und notieren Sie die Bedeutungen, die am besten in den Zusammenhang passen dürften. Übersetzen Sie dann den Text. Ziehen Sie dabei auch weiterhin das Wörterbuch heran.

183 *Crēten* Akk. zu *Crēta* – *perōsus (m. Akk.)* (einer Sache) überdrüssig – 184 *locus natālis* Geburtsort – 185 *pelagus* Meer – *unda* LW *Met.* 1.69–88 – 186 *obstruere* versperren – *illāc* dort – 187 *possideat* ergänze *licet* (vgl. V. 185) – *āēr* LW *Met.* 1.5–14 – 188 *ignōtus* LW. *Met.* 1.69–88 – 189 *novāre* neu erschaffen – *penna* LW *Met.* 1.504–524 – 191 *clīvus* Abhang – 192 *fistula* Flöte – *dispār, -pāris* ungleich – *paulātim* LW *Met.* 2.860–875 – *avēna* Rohr – 193 *līnum* Faden – *alligāre* zusammenfügen – *īmus* der unterste – 194 *curvāmen, -inis n* Krümmung – *flectere* LW *Met.* 1.89–100 – 195 *ūnā* LW *Met.* 4.121–130 und 142–166 – 196 *perīclum* ~ *perīculum* – 197 *ōs* LW *Met.* 1.69–88 – *renīdēns, -entis* freudestrahlend – *modo* LW *Met.* 1.69–88 – *vaga aura* ein vorbeiziehender Lufthauch – 198 *captāre* LW *Met.* 4.55–62 und 71–90 – *plūma* Flaumfeder – *flāvus* goldgelb – *pollex, -icis m* Daumen – 199 *mollīre* weich machen; *mollībat* ~ *molliēbat* – *mīrābilis, -e* bewundernswert – 200 *ultimus* LW *Met.* 1.125–150 – *coeptum* das begonnene Werk – 201 *inposita* ~ *imposita* – *geminās ālās lībrāre* in die beiden Flügel hängen – *opifex, -ficis m* Schöpfer – 202 *pendēre* LW *Met.* 1.5–14 – 203 *nātus* LW *Met.* 6.349–381 – *līmes* (hier) Flugbahn – 204 *dēmissus* tief – 205 *gravāre* schwer machen – *celsus* hoch – *adūrere* versengen – 206/207 vgl. die Info-Box – 207 *stringere* LW *Met.* 1.533–556 – *ēnsis, -is m* Schwert – 209 *accommodāre* anpassen

i Daedalus warnt Ikarus davor, zu hoch in den Himmel zu fliegen und sich dort die **Sternbilder** anzusehen (V. 206/207). Bei diesen handelt es sich nach antiker Vorstellung häufig um an den Himmel versetzte Sterbliche. So befindet sich der ***Bootes*** (Akk. *Booten*), was „Ochsentreiber“ bedeutet, in der Nähe des Großen Wagens bzw. des Großen Bären (***Helice,*** Akk. *Helicen*) im Norden. Bei ***Orion*** (Gen. *Orionis*) handelt es sich um einen an den Himmel versetzten Jäger, der immer noch bewaffnet ist.

S 1 Stellen Sie drei verschiedene Möglichkeiten, den lateinischen Komparativ zu übersetzen, zusammen und geben Sie an, welche bei der Wiedergabe von *demissior* und *celsior* (V. 204/205) passt.

S 2 Bestimmen Sie die Formen *maduere* und *tremuere* (V. 210/211) mithilfe der Sprach-Box auf S. 69.

T 1 Beschreiben Sie, wie Ikarus hier charakterisiert wird. Belegen Sie Ihre Überlegungen am lateinischen Text. Erläutern Sie, welche Bedeutung diese Charakterisierung für die gesamte Erzählung hat.

T 2 Die Passage enthält mehrere Formulierungen, die den tragischen Ausgang der Geschichte bereits vorwegnehmen. Arbeiten Sie diese Wendungen aus dem Text heraus.

→ Szenisches Spiel (u. a. zu Daedalus und Ikarus): S. 231
→ AH: Substantive, Adjektive, Adverbien und Pronomina: S. 4

Met. 8.217–235 Daedalus und Ikarus (II)

Hos aliquis tremula dum captat harundine pisces,
aut pastor baculo stivave innixus arator
vidit et obstipuit, quique aethera carpere possent,
credidit esse deos. Et iam Iunonia laeva
parte Samos (fuerant Delosque Parosque relictae),
dextra Lebinthos erat fecundaque melle Calymne,
cum puer audaci coepit gaudere volatu
deseruitque ducem caelique cupidine tractus
altius egit iter. Rapidi vicinia solis
mollit odoratas, pennarum vincula, ceras.
Tabuerant cerae. Nudos quatit ille lacertos;
remigioque carens non ullas percipit auras;
oraque caeruleā patrium clamantia nomen
excipiuntur aquā, quae nomen traxit ab illo.
At pater infelix, nec iam pater, „Icare", dixit,
„Icare", dixit, „ubi es? Qua te regione requiram?"
„Icare", dicebat. Pennas aspexit in undis;
devovitque suas artes corpusque sepulcro
condidit, et tellus a nomine dicta sepulti.

217 *tremulus* zitternd – *harundō, -inis f* Angel – *piscis* LW *Met.* 1.69–88 – 218 *pāstor* LW *Met.* 1.504–524 – *baculum* Stab – *stīva* Halterung des Pflugs – *innītī (Part. Perf.: innīxus)* sich stützen auf – *arātor, -ōris m* Pflüger – 219 *obstipēscere (Perf.: obstipuī)* staunen – *quīque ~ et eōs, quī* – *aethēr, -eris n* Himmel – *carpere* LW *Met.* 1.293–312 – 220–222 Namen griech. Inseln im Nominativ: *Iūnōnia Samos* das der Juno heilige Samos; *Dēlos f; Paros f; Lebinthos f; Calymne f* – 220 *laevus* links – 221 *relictae fuerant ~ relictae erant* – 222 *fēcundus (m. Abl.)* reich an – *mel, mellis n* Honig – 223 *volātus, -ūs* Flug – 225 *rapidus* (hier) glühend – *vīcīnia* Nähe – 226 *mollīre* s. Anm. zu V. 199 – *odōrātus* wohlriechend – 227 *tābēscere (Perf.: tābuī)* schmelzen – *quatere* schütteln – *lacertus* Arm – 228 *rēmigium* Ruderwerk – *percipere* zu fassen bekommen – 229 *caeruleus* blau – *patrius* LW *Met.* 1.125–150 – 230 *nōmen trahere ā* benannt werden nach – 232 *requīrere* LW *Met.* 4.121–130 und 142–166 – 234 *dēvovēre (Perf.: dēvōvī)* verfluchen – 235 *tellūs* LW *Met.* 1.5–14 – *dicta* ergänze *est*

S Bestimmen Sie die Funktion des Konjunktivs *requiram* (V. 232).

T Suchen Sie auf einer Karte die im Text genannten griechischen Inseln heraus und rekonstruieren Sie die Flugroute.

i Daedalus und Ikarus – ein vielsagender Mythos

Die Erzählung von Daedalus und Ikarus gehört zu den bekanntesten Sagenstoffen, die in Ovids *Metamorphosen* behandelt werden. So wurde gerade diese Geschichte über die Jahrtausende in Kunst, Literatur und Kultur immer wieder aufgegriffen. Dabei wurden ganz unterschiedliche Herangehensweisen an den Mythos verfolgt. Die Geschichte von Daedalus und Ikarus gilt als ...

- Beschreibung des Ausbruchs aus unerträglichen Lebensumständen,
- Beschäftigung mit der Frage, wie man einer ungerechten Herrschaft entkommen kann,
- Mahnung an Menschen, die zu hoch hinaus wollen,
- Kritik an technischem Fortschritt, der nicht kontrolliert werden kann,
- Darstellung des Umgangs zwischen Jung und Alt,
- Auseinandersetzung mit dem Thema „Erziehung".

Diskutieren Sie, welche dieser Herangehensweisen an die Deutung des Mythos Ihnen am ehesten einleuchten und welche Ihnen weniger plausibel erscheinen.

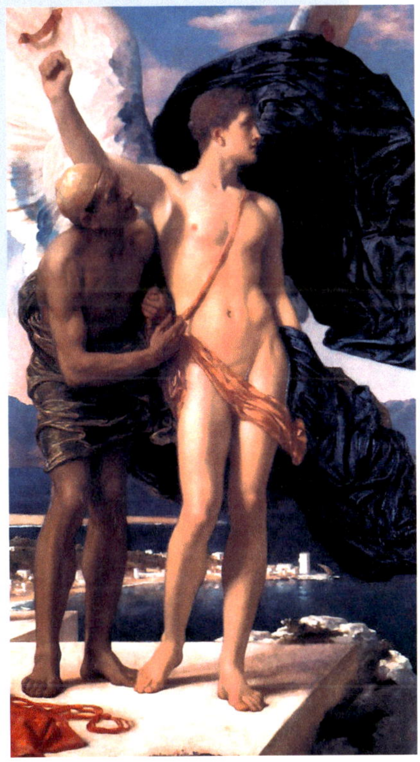

Vergleichen Sie die Darstellung des englischen Malers Frederic Leighton von Daedalus und Ikarus (ca. 1869). Erörtern Sie, ob Gestik und Mimik der Figuren Ovids Darstellung der Handlung entsprechen. Gehen Sie auch auf die Wirkung ein, die der Maler durch das Detail des schwarzen Umhangs erzielt.

i Die Insel Kreta in der Sagenwelt

Auf der Insel Kreta spielen sich viele bekannte Mythen der Antike ab. Der Erzählung von Daedalus und Ikarus im achten Buch geht voraus, welche Leistungen Daedalus, der größte Handwerker und Erfinder des antiken Mythos, für **Minos,** den König von Kreta, vollbracht hatte: Der aus der Liebe der Königin **Pasiphae** zu einem Stier hervorgegangene **Minotaurus,** ein Mischwesen aus Mensch und Stier, wurde in einem **Labyrinth** festgehalten, das Daedalus erbaut hatte. Der Ursprung für den Mythos vom Labyrinth auf Kreta war vielleicht die verwinkelte Anlage des Palastes der antiken Stadt **Knossos,** deren Überreste auch heute noch besichtigt werden können. Das Labyrinth von Kreta ist wiederum der Ausgangspunkt für die Sage von **Theseus,** der den Minotaurus tötet, dann mithilfe eines Fadens, den ihm Minos' Tochter **Ariadne** gegeben hat (**„Ariadnefaden"**), wieder aus dem Labyrinth herausfindet und gemeinsam mit ihr flieht. Auf Befehl des Gottes **Dionysos** lässt er Ariadne dann aber auf **Naxos** zurück.

→ Ariadne in den *Heroides:* S. 92
→ AH: Konjunktiv in Haupt- und Nebensätzen: S. 41

i **Das zehnte Buch der *Metamorphosen***

Die wichtigste Figur im **zehnten Buch** der Metamorphosen ist **Orpheus**, der großartigste Sänger des antiken Mythos. Tatsächlich besteht der größte Teil des Buches aus einem Lied über verschiedene mythologische Geschichten, das Orpheus nach dem Tod seiner Frau **Eurydike** anstimmt. Lesen Sie aber zunächst den Anfang des Mythos von Orpheus und Eurydike, mit dem Buch 10 beginnt, und erschließen Sie, was am Ende von Buch 9 passiert sein dürfte:

Von dort geht Hymenaeus [der Gott der Hochzeit] durch den riesigen Himmel, bekleidet mit dem krokusgelben Gewand, und eilt zu den Küsten der Kikonen [in Thrakien]. Von Orpheus' Stimme wird er umsonst gerufen. Er war zwar anwesend, aber er brachte keine feierlichen Worte, keine fröhlichen Gesichter und kein glückliches Vorzeichen mit (Met. 10.1–5).

Tatsächlich stirbt Orpheus' Braut Eurydike kurz nach der Hochzeit an einem Schlangenbiss. Da steigt der Sänger in die Unterwelt hinab und trägt bei den Unterweltsgöttern **Dis** (griech. **Pluto**) und **Proserpina** (griech. **Persephone**) ein Lied vor. Dieses beginnt mit folgenden Worten:

„O, ihr Gottheiten der unter der Erde liegenden Welt, in die wir – alles, was sterblich geschaffen wird – zurückfallen! Wenn es erlaubt ist und ihr es gestattet, ohne die Umschweife eines lügnerischen Mundes die Wahrheit zu sprechen: Nicht bin ich hierher hinabgestiegen, um die finstere Unterwelt zu sehen, und nicht, um die von Schlangen zottige dreifache Kehle des der Medusa ähnlichen Monsters zu fesseln. Der Grund für meine Reise ist meine Ehefrau, in welche eine Schlange, auf die sie trat, Gift spritzte und ihr die noch jungen Jahre raubte …“ (Met. 10.17–24).

Met. 10.25–39 Orpheus und Eurydike (I)

„Posse pati volui, nec me temptasse negabo.
Vicit Amor. Superā deus hic bene notus in orā est;
an sit et hic, dubito. Sed et hic tamen auguror esse;
famaque si veteris non est mentita rapinae,
vos quoque iunxit Amor. Per ego haec loca plena timoris,
per chaos hoc ingens vastique silentia regni,
Eurydices, oro, properata retexite fata!
Omnia debemur vobis, paulumque morati
serius aut citius sedem properamus ad unam.
Tendimus huc omnes, haec est domus ultima, vosque
humani generis longissima regna tenetis.
Haec quoque, cum iustos matura peregerit annos,
iuris erit vestri: Pro munere poscimus usum.
Quodsi fata negant veniam pro coniuge, certum est
nolle redire mihi: Leto gaudete duorum!“

25 *temptāsse* ~ *temptāvisse* – 26 *supera ora* die Oberwelt – 27 *augurārī* vermuten – ergänze: <*eum nōtum*> *esse* – 28 *mentītus* erlogen – 29 *per* (hier als Schwurformel) bei – 30 *Chaos n* Leere, ungeordnete Masse – 31 *Eurydicēs* Gen. zu *Eurydicē* – *properātus* übereilt – *retexere* rückgängig machen – 32 *debēmur* vgl. S – 34 *hūc* LW *Met.* 6.349–381 – *ultimus* LW *Met.* 1.125–150 – 36 *haec* gemeint ist Eurydike – *peragere* LW *Met.* 1.89–100 – 37 *iūris esse* dem Recht unterstehen – *mūnus* LW *Met.* 6.349–381 – *ūsus* (hier als juristischer Fachbegriff) Nutzungsrecht – 39 *lētum* Tod

S *Omnia* (V. 32) sollte hier mit „wir alle“ übersetzt werden. Bestimmen Sie die Form und erklären Sie, warum Ovid nicht etwa *omnes* geschrieben hat.

T 1 Betrachten Sie die in deutscher Übersetzung wiedergegebenen V. 17–24 in der Info-Box oben. Erörtern Sie, ob Orpheus' Einleitung seinem Anspruch, „ohne Umschweife“ zur Sache zu kommen, gerecht wird.

T 2 Erschließen Sie, wer mit dem dort (V. 17–24) erwähnten Monster gemeint ist. Erklären Sie, auf welchen weiteren bekannten Mythos Orpheus hier anspielt.

T 3 Recherchieren Sie, die „Geschichte“ (V. 28: *fama*) von Pluto und Persephone. Vergleichen Sie dazu auch S. 72.

i **Orpheus' Rede in der Unterwelt**

Der Aufbau des Liedes, das Orpheus in der Unterwelt zu Gehör bringt, entspricht dem einer Rede, wie sie im alten Rom etwa zu Gerichtsverhandlungen auf dem Forum gehalten wurde. Als hätte er eine Rhetorenschule besucht, gliedert Orpheus sein Lied in die folgenden Redeteile:

V. 17–18:	*exordium*
V. 19–26:	*narratio mit captatio benevolentiae*
V. 26–37:	*argumentatio*
V. 38–39:	*peroratio/conclusio*

Informieren Sie sich über die Bedeutung dieser Begriffe. Weisen Sie nach, dass diese Redeteile tatsächlich den einzelnen Abschnitten des Orpheusliedes entsprechen.

Betrachten Sie die Forderung, die Orpheus am Schluss äußert. Erklären Sie, warum sowohl deren Wortlaut als auch ihr Inhalt zu einer Gerichtsrede passt.

Diskutieren Sie in der Klasse, wie es auf die Leser wirkt, wenn Orpheus hier im Stile eines Anwalts vor Gericht spricht. Erörtern Sie insbesondere, ob dies bei den Lesern eher Mitgefühl für die unglückliche Liebe des Orpheus weckt oder ob es womöglich komisch wirkt.

→ die Teile der Rede: S. 9
→ der Raub der Proserpina bei Cicero: S. 12
→ Dis und Proserpina: S. 72
→ Szenisches Spiel (u. a. zu Orpheus): S. 231
→ AH: Substantive, Adjektive, Adverbien und Pronomina: S. 14

Met. 10.40–63 Orpheus und Eurydike (II)

Talia dicentem nervosque ad verba moventem
exsangues flebant animae; nec Tantalus undam
captavit refugam, stupuitque Ixionis orbis,
nec carpsere iecur volucres, urnisque vacarunt
Belides, inque tuo sedisti, Sisyphe, saxo.
Tunc primum lacrimis victarum carmine fama est
Eumenidum maduisse genas. Nec regia coniunx
sustinet oranti nec, qui regit ima, negare,
Eurydicenque vocant. Umbras erat illa recentes
inter et incessit passu de vulnere tardo.
Hanc simul et legem Rhodopeius accipit heros,
ne flectat retro sua lumina, donec Avernas
exierit valles; aut inrita dona futura.
Carpitur adclivis per muta silentia trames,
arduus, obscurus, caligine densus opaca,
nec procul afuerunt telluris margine summae.
Hic, ne deficeret, metuens avidusque videndi
flexit amans oculos, et protinus illa relapsa est,
bracchiaque intendens prendique et prendere certans
nil nisi cedentes infelix arripit auras.
Iamque iterum moriens non est de coniuge quicquam
questa suo (quid enim nisi se quereretur amatam?)
supremumque „Vale“, quod iam vix auribus ille
acciperet, dixit revolutaque rursus eodem est.

41 exsanguis, -e blutleer – *flēre* (hier) weinen über – *unda* LW *Met.* 1.69–88 – 42 *captāre* LW *Met.* 4.55–62 und 71–90 – *refugus* fliehend – 43 *carpere* LW *Met.* 1.293–312; *carpsēre* ~ *carpsērunt* – *iecur, -oris n* Leber – *volucris* LW *Met.* 1.69–88 – *ūrna* Krug – *vacārunt* ~ *vacāvērunt* – 45 *victus* (hier) überwältigt – 46 *madēscere* (*Perf.: maduī*) feucht werden – *gena* Wange – 47 ergänze: *nec* <*is*>, *quī regit* – *īma n Pl.* Unterwelt – 48 *Eurydicēn* Akk. zu *Eurydicē* – *umbra* LW *Met.* 4.55–62 und 71–90 – *recēns* LW *Met.* 1.69–88 – 48/49 ordne: *erat illa inter umbrās recentēs* – 49 *vulnus* LW *Met.* 4.121–130 und 142–166 – 50 *simul* LW *Met.* 5.390–401 und 564–571 – *Rhodopēïus hērōs* der Held vom Rhodopegebirge (Orpheus) – 51 *flectere* LW *Met.* 1.89–100 – *retrō* zurück – *lūmen* LW *Met.* 1.5–14 – *Avernus* am Avernersee – 52 *inritus* ungültig – 53 *adclīvis, -e* ansteigend – *mūtus* stumm – *trāmēs, -itis m* Pfad – 54 *cālīgō, -inis f* Finsternis – *opācus* dunkel – 55 *procul* LW *Met.* 6.349–381 – *tellūs* LW *Met.* 1.5–14 – *margō, -inis m* Rand – 57 *prōtinus* LW *Met.* 1.125–150 – *relābī* (*Part. Perf.: relāpsus*) zurücksinken – 58 *bracchium* LW *Met.* 1.5–14 – 59 *aura* LW *Met.* 1.125–150 – 60 *quisquam* LW *Met.* 1.5–14 – 61 *querī* (*Part. Perf.: questus*) LW *Met.* 4.55–62 und 71–90 – ordne und ergänze: *quid enim quererētur, nisī sē amātam* <*esse*>? – 63 *revolvere* (*PPP: revolūtum*) zurückbringen

S Schreiben Sie sämtliche Beispiele für das Partizip Präsens Aktiv heraus, nennen Sie jeweils das Bezugswort und bestimmen Sie sie nach KNG.

T Untersuchen Sie die Stelle, an der Eurydike in die Unterwelt zurückfällt. Arbeiten Sie heraus, wie die Nähe zwischen ihr und Orpheus sprachlich hervorgehoben wird.

Im Jahr 2010 wurde an der Dortmunder Oper ein „Orpheus-Projekt“ mit den Vertonungen des Orpheus-und-Eurydike-Stoffs durch die Komponisten Christoph Willibald Gluck (1714–1787) und Hans Werner Henze (1926–2012) inszeniert. Beschreiben Sie, welche Atmosphäre der Unterwelt das Bühnenbild vermittelt. Vergleichen Sie dazu auch die mittelalterliche Unterweltsdarstellung auf S. 60 und erörtern Sie, welche Abbildung Ovids Beschreibung von der Unterwelt eher entspricht.

i **Die Sünder im Tartarus (*Met.* 10.40–46)**

Wenn Orpheus, der größte Sänger des antiken Mythos, singt, dann ist nichts mehr so, wie es war. Sein Lied unterbricht sogar die eigentlich ewig währenden Strafen der berühmten **Sünder in der Unterwelt.** Im **Tartarus,** dem Ort in der Unterwelt, an dem die Strafen vollzogen werden, büßen **Tantalus, Ixion, Tityos,** die **Beliden** (**Danaiden**) und **Sisyphus.** Erwähnt werden außerdem die **Eumeniden** (**Erinnyen,** auch **Furien**); dabei handelt es sich um geflügelte Rachegöttinnen, welche die Menschen in Gewissensnöte stürzen und sie bis in den Wahnsinn treiben können.

Tragen Sie in der Klasse die Vergehen der einzelnen Sünder in der Unterwelt sowie deren Strafen zusammen. Gehen Sie dabei auch auf die Bedeutung der Begriffe **„Tantalusqualen“** und **„Sisyphusarbeit“** ein.

Weisen Sie nach, dass die Sünder und die Rachegöttinnen sich in Ovids Darstellung infolge von Orpheus' Lied gerade vollkommen unüblich verhalten.

→ die Unterwelt bei Sokrates (Cicero): S. 32
→ Abbildung der Unterwelt: S. 60
→ AH: Substantive, Adjektive, Adverbien und Pronomina: S. 4
→ AH: Partizipien und *nd*-Formen: S. 16

Met. 10.106–108 und 120–142 Cyparissus

Orpheus ist über den erneuten Verlust Eurydikes so erschüttert, dass er beschließt, sich nie wieder mit einer Frau zusammenzutun. In seiner Trauer sitzt er auf einer Lichtung und beginnt, ein Lied zu singen, das so schön ist, dass sogar die Bäume ihm zuhören möchten und herbeikommen. Einen Baum hebt Ovid besonders hervor:

Adfuit huic turbae metas imitata cupressus,
nunc arbor, puer ante deo dilectus ab illo,
qui citharam nervis et nervis temperat arcum.

Ovid beginnt seine Erzählung von der Verwandlung des Knaben Cyparissus mit der Beschreibung eines außergewöhnlich großen, zahmen Hirsches, den die Einwohner der Insel Keos (Adj. *Ceus*) sehr liebten. Dann spricht er die Hauptfigur der Geschichte an:

Sed tamen ante alios, Ceae pulcherrime gentis,
gratus erat, Cyparisse, tibi: Tu pabula cervum
ad nova, tu liquidi ducebas fontis ad undam,
tu modo texebas varios per cornua flores.
Nunc eques in tergo residens huc laetus et illuc
mollia purpureis frenabas ora capistris.
Aestus erat mediusque dies, solisque vapore
concava litorei fervebant bracchia Cancri.
Fessus in herbosā posuit sua corpora terrā
cervus et arboreā frigus ducebat ab umbrā.
Hunc puer inprudens iaculo Cyparissus acuto
fixit et, ut saevo morientem vulnere vidit,
velle mori statuit. Quae non solacia Phoebus
dixit et, ut leviter pro materiaque doleret,
admonuit! Gemit ille tamen munusque supremum
hoc petit a superis, ut tempore lugeat omni.
Iamque per inmensos egesto sanguine fletus
in viridem verti coeperunt membra colorem
et, modo qui nivea pendebant fronte, capilli
horrida caesaries fieri sumptoque rigore
sidereum gracili spectare cacumine caelum.
Ingemuit tristisque deus „Lugebere nobis
lugebisque alios aderisque dolentibus", inquit.

Filmplakat zu dem Disney-Film „Bambi 2 – Der Herr der Wälder" (2006, © Disney). Beschreiben Sie die Abbildung und erörtern Sie davon ausgehend, ob die Beschreibung des Hirsches in V. 121–125 anrührend oder eher kitschig ist. Erläutern Sie die Funktion dieser Passage für die gesamte Erzählung.

S 1 Erklären Sie bei der Übersetzung von V. 108 die verschiedenen Bedeutungen von *nervus*. Erschließen Sie, von welchem Gott hier die Rede ist.

S 2 Klären Sie in der Klasse bei der Übersetzung von *eques* (V. 124) die Bedeutung des Begriffs „prädikativ".

S 3 Übersetzen Sie *pro materia* (V. 133) zunächst wörtlich und entwickeln Sie dann eine dem Inhalt angemessene freiere Übersetzung.

T Vergleichen Sie die naturkundlichen Ausführungen des Plinius (S. 125) mit Ovids Sagentext. Erklären Sie auf dieser Grundlage die Prophezeiung am Ende des Textes.

106 *turba* LW Met. 1.89–100 – *mētas imitātus* kegelförmig – *cupressus, -ī f* Zypresse – 108 *cithara* Leier – *nervus* LW Met. 10.40–63 – *arcus, -ūs* Bogen – 120 *Ceus (Adj.)* auf (der Insel) Keos – 121 *pābulum* Futter – *cervus* LW Met. 1.293–312 – 122 *liquidus* fließend – *unda* LW Met. 1.69–88 – 123 *modo* LW Met.1.69–88 – *texere* flechten – *flōs* LW Met. 2.860–875 – 124 *tergum* LW Met. 1.533–556 – *residēre* sitzen – *hūc* und *illūc* LW Met. 6.349–381 – 125 *mollis* LW Met. 1.89–100 – *purpureus* purpurn – *frēnāre* zügeln – *ōs* LW Met. 1.69–88 – *capistrum* Halfter – 126 *vapor, -ōris m* Hitze – 127 *lītoreī Cancrī concava bracchia* (*n Pl.*) die gekrümmten Scheren des Strandkrebses (Sternbild, das hier für Sommerhitze steht) – *fervēre* glühen – 128 *fessus* erschöpft – *herbōsus* grasreich – 129 *arborea umbra* Schatten der Bäume – *frīgus* LW Met. 5.390–401 und 564–571 – 130 *inprūdēns, -entis* ahnungslos – *iaculum* Wurfspeer – 131 *fīgere* LW Met. 1.89–100 – *saevus* LW Met. 1.125–150 – *vulnus* LW Met. 4.121–130 und 142–166 – 132 *quae (n Pl.)* welche (im Ausruf) – *Phoebus* weiterer Name des Apollo – 134 *gemere* seufzen – *mūnus* LW Met. 6.349–381 – *suprēmus* LW Met. 10.40–63 – 135 *lugēre* (be)trauern – 136 *inmēnsus* LW Met. 1.32–42 – *ēgerere (PPP: ēgestum)* heraustreiben – *flētus, -ūs* das Weinen – 137 *viridis* LW Met. 1.293–312 – *membrum* LW Met. 1.32–42 – *color* LW Met. 4.121–130 und 142–166 – 137–140 *vertī, fierī, spectāre* alle Infinitive sind von *coepērunt* abhängig – 138 *niveus* LW Met. 2.860–875 – *pendēre* LW Met. 1.5–14 – *frōns* LW Met. 5.390–401 und 564–571 – *capillus* Haar – 139 *horridus* LW Met. 1.125–150 – *caesariēs, -ēī f* Haarschopf – 140 *sīdereus* Sternen- – *gracilis, -e* dünn – *cacūmen* LW Met. 1.293–312 – 141 *ingemīscere (Perf.: ingemuī)* aufseufzen – *lugēbere ~ lugēberis* – *nōbis* Dat. des Urhebers *(dativus auctoris)*

→ die Zypresse bei Plinius dem Älteren: S. 125

Met. 10.252–269 und 280–294 **Pygmalion**

In einem ausführlichen Lied singt Orpheus vor allem über mythologische Liebesgeschichten von Göttern und Menschen. Aber es geht auch um den auf Zypern lebenden Bildhauer Pygmalion. Dieser hat sich eigentlich entschieden, sein Leben ohne eine Frau zu führen. Stattdessen schafft er die perfekte Elfenbeinstatue einer Frau. Er staunt selbst über sein Werk:

Ars adeo latet arte sua. Miratur et haurit
pectore Pygmalion simulati corporis ignes.
Saepe manūs operi temptantes admovet, an sit
corpus an illud ebur, nec adhuc ebur esse fatetur.
Oscula dat reddique putat loquiturque tenetque;
et credit tactis digitos insidere membris
et metuit, pressos veniat ne livor in artus.
Et modo blanditias adhibet, modo grata puellis
munera fert illi conchas teretesque lapillos
et parvas volucres et flores mille colorum
liliaque pictasque pilas et ab arbore lapsas
Heliadum lacrimas. Ornat quoque vestibus artus,
dat digitis gemmas, dat longa monilia collo,
aure leves bacae, redimicula pectore pendent.
Cuncta decent; nec nuda minus formosa videtur.
Collocat hanc stratis concha Sidonide tinctis
appellatque tori sociam adclinataque colla
mollibus in plumis, tamquam sensura, reponit.

Pygmalion verliebt sich in seine Statue. So bittet er beim Venusfest im Göttertempel um „eine Gattin, die meinem elfenbeinernen Mädchen ähnlich ist“.

Ut rediit, simulacra suae petit ille puellae
incumbensque toro dedit oscula: Visa tepere est.
Admovet os iterum, manibus quoque pectora temptat.
Temptatum mollescit ebur positoque rigore
subsidit digitis ceditque, ut Hymettia sole
cera remollescit tractataque pollice multas
flectitur in facies ipsoque fit utilis usu.
Dum stupet et dubie gaudet fallique veretur,
rursus amans rursusque manu sua vota retractat.
Corpus erat! Saliunt temptatae pollice venae.
Tum vero Paphius plenissima concipit heros
verba, quibus Veneri grates agat; oraque tandem
ore suo non falsa premit, dataque oscula virgo
sensit et erubuit, timidumque ad lumina lumen
attollens pariter cum caelo vidit amantem.

252 *mīrārī* LW *Met.* 1.293–312 – *haurīre* in sich aufnehmen – 254 *admovēre* annähern – 255 *ebur, -oris n* Elfenbein – 256 *ōsculum* LW *Met.* 1.533–556 – 257 *īnsīdere* einen Eindruck hinterlassen – *membrum* LW *Met.* 1.32–42 – 258 *līvor, -ōris m* blauer Fleck – *artus* LW *Met.* 1.533–556 – 259 *modo* LW *Met.* 1.69–88 – *blanditia* Schmeichelei – 260 *mūnus* LW *Met.* 6.349–381 – *concha* Muschel – *teres, -etis* geschliffen – *lapillus* Steinchen – 261 *volucris* LW *Met.* 1.69–88 – *flōs* LW *Met.* 2.860–875 – *color* LW *Met.* 4.121–130 und 142–166 – 262 *līlium* Lilie – *-que* hier lang gemessen *(līliăquē)* – *pila* Ball – 263 *Hēliadēs, -um* Heliaden (Töchter des Sonnesgottes; ihre Tränen galten als Ursprung des Bernsteins) – 264 *gemma* Edelstein – *monīle, -is n* Kette – *collum* LW *Met.* 6.349–381 – 265 *levis* LW *Met.* 10.106–108 und 120–142 – *baca* Perle – *redimīculum* Kette – *pendēre* LW *Met.* 1.5–14 – 266 *nūdus* LW *Met.* 8.217–235 – *fōrmōsus* schön – 267 *strātum* Polster – *conchā Sīdōnide tīnctus* mit Purpur gefärbt – 268 *torus* Bett – *socia* Gefährtin – *adclīnāre* anlehnen – 269 *mollis* LW *Met.* 1.89–100 – *plūma* Feder – *repōnere* hinlegen – 281 *incumbere* sich legen auf – *tepēre* warm sein – 282 *ōs* LW *Met.* 1.69–88 – 283 *mollēscere* weich werden – *rigor* LW *Met.* 10.106–108 und 120–142 – 284 *subsīdere* nachgeben – 284/285 *Hymettia cēra* Wachs vom (Gebirge) Hymettus – 285 *remollēscere* wieder weich werden – *tractāre* LW *Met.* 8.183–235 – *pollex, -icis m* Daumen – 286 *flectere* LW *Met.* 1.89–100 – *faciēs* LW *Met.* 4.121–130 und 142–166 – 287 *stupēre* LW *Met.* 10.40–63 – 288 *vōtum* LW *Met.* 4.121–130 und 142–166 – *retractāre* wieder berühren – 289 *salīre* pulsieren – *vēna* Ader – 290 *Paphius hērōs* der Held von Paphus (Stadt auf Zypern) – *plēnus* (hier) stark – 291 *Venerī* Dat. zu *Venus* – *grātēs agere* danken – 293 *ērubēscere (Perf.: ērubuī)* erröten – *lūmen* LW *Met.* 1.5–14 – 294 *attollere* emporheben

Gemälde von Jean-Leon Gerôme (ca. 1890). Erklären Sie, warum gerade der Mythos von Pygmalion für Künstler interessant ist.

S Stellen Sie ein Sachfeld mit Begriffen zum Thema „Körper“ zusammen und ordnen Sie diese in einem Schaubild an.

T 1 Erklären Sie, was mit dem Satz *Ars adeo latet arte sua* (V. 252) gemeint ist. Erörtern Sie davon ausgehend, welche Möglichkeiten die Kunst hat, das Leben abzubilden.

T 2 Auch das berühmte Drama „Pygmalion“ (1913) des irischen Autors George Bernard Shaw und in dessen Nachfolge das bis heute beliebte Musical „My Fair Lady“ (1956) sind von Ovids Erzählung beeinflusst. Informieren Sie sich über den Inhalt der beiden Werke und erklären Sie, worin ihr Bezug zu Ovids Pygmalion besteht.

→ Apollo als Liebender: S. 67
→ Arbeit mit Sachfeldern: S. 143
→ AH: Wortschatzarbeit: S. 68

Met. 10.532–559 Venus und Adonis (I)

Pygmalion und seine Frau (vgl. die vorangehende Seite) bekommen eine Tochter. Deren Tochter Myrrha wiederum verliebt sich in ihren Vater Cinyras, täuscht ihn durch Verkleidung und wird von ihm schwanger. Die Götter verwandeln sie in einen Baum, und in dieser Gestalt bringt sie ihren Sohn Adonis auf die Welt. Adonis ist so schön, dass sich sogar die Liebesgöttin Venus (Gen. *Veneris*) in ihn verliebt. Daher verhält sie sich auf eine Weise, die für sie ganz untypisch ist:

Abstinet et caelo: Caelo praefertur Adonis.
Hunc tenet, huic comes est; adsuetaque semper in umbra
indulgere sibi formamque augere colendo
per iuga, per silvas dumosaque saxa vagatur
fine genus vestem ritu succincta Dianae
hortaturque canes; tutaeque animalia praedae
aut pronos lepores aut celsum in cornua cervum
aut agitat dammas. A fortibus abstinet apris;
raptoresque lupos armatosque unguibus ursos
vitat et armenti saturatos caede leones.
Te quoque, ut hos timeas, siquid prodesse monendo
posset, Adoni, monet; „Fortis“que „fugacibus esto“,
inquit, „in audaces non est audacia tuta.
Parce meo, iuvenis, temerarius esse periclo,
neve feras, quibus arma dedit natura, lacesse,
stet mihi ne magno tua gloria. Non movet aetas
nec facies nec, quae Venerem movere, leones
saetigerosque sues oculosque animosque ferarum.
Fulmen habent acres in aduncis dentibus apri,
impetus est fulvis et vasta leonibus ira;
invisumque mihi genus est.“ Quae causa, roganti
„Dicam“, ait, „et veteris monstrum mirabere culpae.
Sed labor insolitus iam me lassavit, et, ecce,
opportuna suā blanditur populus umbrā,
datque torum caespes. Libet hac requiescere tecum“
(et requievit) „humo“, pressitque et gramen et ipsum,
inque sinu iuvenis positā cervice reclinis
sic ait ac mediis interserit oscula verbis: …

532 *praeferre* LW *Met.* 4.55–62 und 71–90 – 533 *umbra* LW *Met.* 4.55–62 und 71–90 – 534 *indulgēre sibī* sich erholen – *fōrma* LW *Met.* 1.1–4 – 535 *silva* LW *Met.* 1.293–312 – *dūmōsus* bewachsen – *saxum* LW *Met.* 10.40–63 – *vagārī* umherziehen – 536 *fīne genūs* bis an die Knie – *rītū* nach der Art – *vestem succīnctus* (kurz) bekleidet – 537 *animal* LW *Met.* 1.69–88 – *praeda* LW *Met.* 1.533–556 – 538 *prōnus* LW *Met.* 1.69–88 – *lepus, -oris m* Hase – *celsus* hoch – *cornū* LW *Met.* 1.5–14 – *cervus* LW *Met.* 1.293–312 – 539 *agitāre* LW *Met.* 1.293–312 – *damma* Reh – *aper* LW *Met.* 1.293–312 – 540 *raptor, -ōris m* Räuber – *lupus* LW *Met.* 1.293–312 – *unguis, -is m* Kralle – *ursus* Bär – 541 *armentum* Rinderherde – *saturāre* sättigen – *caedēs* LW *Met.* 1.125–150 – *leō* LW *Met.* 1.293–312 – 542 *sīquid ~ sī aliquid* – *prōdesse* LW *Met.* 1.293–312 – 543 *Adōni* Vokativ – *fugāx, -ācis* ängstlich – *estō* du sollst sein (Imp. II) – 544 *audāx* LW *Met.* 8.217–235 – 545 *parcere* (hier) sich hüten – *temerārius* leichtsinnig – *perīclum ~ perīculum* – 546 *nēve* LW *Met.* 4.55–62 und 71–90 – *ferus* LW *Met.* 1.69–88 – *lacessere* reizen – 548 *faciēs* LW *Met.* 4.121–130 und 142–166 – ergänze: *<ea>, quae* – *mōvēre ~ mōvērunt* – 549 *saetiger, -gera, -gerum* borstentragend – *sūs, suis m* Schwein – 550 *fulmen, -inis n* Blitzschlag – *aduncus* gekrümmt – 551 *fulvus* LW *Met.* 1.293–312 – *vāstus* LW *Met.* 10.25–39 – 552 *invīsus* verhasst – 553 *mīrārī* LW *Met.* 1.293–312; *mīrābere ~ mīrāberis* – 554 *īnsolitus* ungewohnt – *lassāre* LW *Met.* 1.293–312 – *ecce* LW *Met.* 4.121–130 und 142–166 – 555 *blandīrī* gefallen – *pōpulus, -ī f* Pappel – 556 *torus* Bett – *caespes, -itis m* Rasen – *requiēscere* LW *Met.* 4.121–130 und 142–166 – 557 *humus* LW *Met.* 1.125–150 – *grāmen, -inis n* Gras – 558 *sinus* LW *Met.* 5.390–401 und 564–571 – *cervīx, -īcis f* Nacken – *reclīnis, -e* zurückgelehnt – 559 *interserere* einfügen

S 1 In V. 547 steht ein Ablativ der Wertangabe *(ablativus pretii)*. Erklären Sie seine Funktion und finden Sie eine passende Übersetzung.

S 2 Untersuchen Sie die Verwendung der Verneinungen in V. 547/548 und erklären Sie, was diese über Venus' Gemütszustand aussagen.

T Geben Sie den Inhalt von V. 532–541 mit eigenen Worten wieder und erklären Sie, wieso das Verhalten der Venus auf römische Leser komisch gewirkt haben dürfte. Beachten Sie dabei auch, dass die Göttin Diana als besonders keusch galt.

Met. 10.560–704: Fortsetzung: Hippomenes und Atalante

Um Adonis von der Jagd auf gefährliche Tiere abzubringen, erzählt die besorgte Venus die Geschichte von **Atalante**, die infolge eines ungünstigen Orakelspruchs beschließt, nicht zu heiraten. Junge Männer, die sich um sie bemühen, müssen gegen sie im Wettlauf gewinnen; wer verliert, wird getötet. Keiner schafft es, die schnelle Läuferin zu besiegen, bis **Hippomenes**, der Enkel des Meeresgottes **Neptun**, Venus um Hilfe bittet und diese ihm mit drei goldenen Äpfeln zum Sieg verhilft: Hippomenes lässt die Äpfel beim Wettlauf fallen, diese lenken Atalante ab, und so verliert sie. Doch weil Hippomenes ihr nicht für diese Unterstützung dankt, ist Venus erzürnt. Als er mit Atalante durch einen Wald geht, erweckt sie in ihm in unmittelbarer Nähe eines Heiligtums sexuelle Begierde. Dort schläft Hippomenes mit Atalante, und zur Strafe dafür werden die beiden in Löwen verwandelt. Dies erklärt, warum Venus die Löwen hasst (V. 552).
Übersetzen Sie die folgende Passage und erklären Sie, warum der Fortgang der Handlung nach der Erzählung von Hippomenes und Atalante die Leser überrascht.

→ Liebschaften der Götter: S. 67
→ AH: Kasusfunktionen: S. 8

Met. 10.705–716 **Venus und Adonis (II)**

„Hos tu, care mihi, cumque his genus omne ferarum,
quod non terga fugae, sed pugnae pectora praebet,
effuge, ne virtus tua sit damnosa duobus!“
Illa quidem monuit iunctisque per aera cycnis
carpit iter, sed stat monitis contraria virtus.
Forte suem latebris vestigia certa secuti
excivere canes; silvisque exire parantem
fixerat obliquo iuvenis Cinyreius ictu:
Protinus excussit pando venabula rostro
sanguine tincta suo trepidumque et tuta petentem
trux aper insequitur totosque sub inguine dentes
abdidit et fulvā moribundum stravit harenā.

705 *hōs* ergänze *leōnēs* – *ferus* LW *Met.* 1.69–88 – 706 *tergum* LW *Met.* 1.533–556 – 707 *damnōsus* verhängnisvoll – 708 *āēr* LW *Met.* 1.5–14 – *cycnus* Schwan (Venus lässt sich auf einem Schwanengespann ziehen) – 709 *carpere* LW *Met.* 1.293–312 – *monita, -ōrum n Pl.* Warnungen – 710 *sūs, suis m* Schwein – *latebra* Versteck – *vestīgium* LW *Met.* 1.533–556 – 711 *excīre (Perf.: excīvī)* aufscheuchen; *excīvēre ~ excīvērunt* – *silva* LW *Met.* 1.293–312 – 712 *fīgere* LW *Met.* 1.89–100 – *ictus oblīquus* Stoß von der Seite – *iuvenis Cinyrēius* der Sohn des Cinyras (vgl. die Einleitung zu *Met.* 10.532–559) – 713 *prōtinus* LW *Met.* 1.125–150 – *excutere (Perf.: excussī)* abschütteln – *pandus* gekrümmt – *vēnābulum* Jagdspieß – *rōstrum* Rüssel – 714 *tīnctus* getränkt – *trepidus* ängstlich – *tūta, -ōrum n Pl.* ein sicherer Ort – 715 *trux, trucis* wild – *aper* LW *Met.* 1.293–312 – *īnsequī* LW *Met.* 1.504–524 – *inguen, -inis n* Unterleib – *dēns* LW *Met.* 10.532–559 – 716 *abdere (Perf.: abdidī)* verbergen – *fulvus* LW *Met.* 1.293–312 – *moribundus* sterbend – *harēna* LW *Met.* 2.860–875

Met. 10.717–739: Fortsetzung:
Venus beschließt, ihren Geliebten in eine Blume zu verwandeln, die als Zeichen ihrer Trauer fortbestehen soll: Die Anemone, deren Name sich von dem griechischen Wort ἄνεμος (*ánemos*, „Wind“) herleitet, ist – wie Adonis selbst – sehr vergänglich, und ihre Blütenblätter werden leicht vom Wind abgerissen.

S/T *pando – venabula – rostro – sanguine – tincta – suo – trepidumque – tuta – petentem – trux – aper – totos – inguine – dentes – fulva – moribundum – harena:* In dem langen letzten Satz des Textabschnitts (V. 713–716) ist es nicht ganz einfach zu erkennen, welche Wörter sich aufeinander beziehen. Bestimmen Sie vor der Übersetzung die genannten Substantive, Adjektive und Partizipien nach Kasus, Numerus und Genus und stellen Sie mögliche Bezüge her. Erklären Sie nach der Übersetzung, warum gerade der Inhalt dieses Satzes in einer derart komplizierten Wortstellung dargeboten wird.

Tizian, „Venus und Adonis“ (1553). Vergleichen Sie das Gemälde mit dem Ovidtext. Erschließen Sie, welchen Moment der Handlung der Maler abbildet, und begründen Sie Ihre Meinung. Gehen Sie dabei v. a. auf die Bewegungen der dargestellten Körper ein.

i Übersicht über Buch 10
Buch 10 endet mit der Erzählung von Venus und Adonis. Am Anfang von Buch 11 lesen wir dann, wie Orpheus beim Singen seines Liedes von rasenden Anhängerinnen des Bacchus angegriffen wird, die darüber erbost sind, dass er seit Eurydikes Tod die Liebe zu Frauen verschmäht. Mit ihrem Geschrei übertönen sie seinen Gesang und reißen ihn schließlich in Stücke.
Beschreiben Sie die Anordnung der einzelnen Geschichten in Buch 10 und den Übergang zu Buch 11. Gehen Sie insbesondere darauf ein, wer jeweils die Geschichte erzählt. Nehmen Sie dabei auf die folgende Übersicht Bezug:

Buch 10:	Erzähler:	Orpheus und Eurydike – Der Katalog der Bäume – Cyparissus
	Lied des Orpheus:	Pygmalion, Venus und Adonis (I)
	Venus:	Hippomenes und Atalante
	Lied des Orpheus:	Venus und Adonis (II)
Buch 11:	Erzähler:	Der Tod des Orpheus ...

→ Übung zur KNG-Kongruenz: S. 83
→ AH: Substantive, Adjektive, Adverbien und Pronomina: S. 4

Met. 15.829–842 Jupiter über Augustus

„Quid tibi barbariem gentesque ab utroque iacentes
oceano numerem? Quodcumque habitabile tellus
sustinet, huius erit: Pontus quoque serviet illi!
Pace data terris animum ad civilia vertet
iura suum legesque feret iustissimus auctor
exemploque suo mores reget inque futuri
temporis aetatem venturorumque nepotum
prospiciens prolem sancta de coniuge natam
ferre simul nomenque suum curasque iubebit;
nec – nisi cum senior patrios aequaverit annos –
aetherias sedes cognataque sidera tanget.
Hanc animam interea caeso de corpore raptam
fac iubar, ut semper Capitolia nostra forumque
divus ab excelsa prospectet Iulius aede!“

Unmittelbar nach dieser Rede begibt sich Venus nach Rom und sorgt für die Vergöttlichung Caesars in Form eines Gestirns.

Die Überreste des Altars vor dem *Templum Divi Iulii* auf dem Forum Romanum. Diskutieren Sie, was Menschen dazu bewegen könnte, auch heute noch Blumen dort niederzulegen.

S Suchen Sie *vor* der Übersetzung der beiden Passagen die Verben heraus, die im Futur I stehen, und geben Sie jeweils den Infinitiv Präsens mit einer deutschen Bedeutung an.

829 *barbariēs, -ēī f* das Barbarenland – 829/830 *uterque ōceanus* beide Ozeane (hier liegt die Vorstellung zugrunde, dass die Erde in Westen und Osten von Meeren begrenzt wird) – 830 *habitābilis, -e* bewohnbar – *tellus* LW *Met.* 1.5–14 – 831 *pontus* LW *Met.* 1.293–312 – 833 *lēgem ferre* einen Gesetzesantrag einbringen – 836 *prōlēs, -is f* Nachkommenschaft – *nāscī (Part. Perf.: nātus)* LW *Met.* 1.69–88 – 837 *simul* LW *Met.* 5.390–401 und 564–571 – 838 *nisī cum* außer wenn – *patrius* LW *Met.* 1.125–150 – *aequāre* anpassen – 839 *aetherius* himmlisch – *cōgnātus* verwandt – *sīdus* LW *Met.* 1.69–88 – 840 *intereā* LW *Met.* 8.183–216 – 841 *iubar, -aris n* Lichtschein – 842 *excelsus* hoch – *prōspectāre* schauen

i Herrscherlob in den *Metamorphosen*

Im Prooemium zu den *Metamorphosen* (S. 62) kündigt Ovid eine mythologische Weltgeschichte von den Ursprüngen der Welt bis hin zu seiner Gegenwart an. Tatsächlich spielt die Herrschaft des **Augustus**, unter der Ovid lebte, gerade im 15. und letzten Buch der *Metamorphosen* eine große Rolle. So berichtet Ovid von **Venus**' Bestürzung über die Ermordung **Caesars** und greift damit ein wichtiges Element der Selbstdarstellung von Caesars Adoptivsohn Augustus auf: Wie schon Caesar präsentierte sich dieser als Nachfahre der Liebesgöttin (vgl. S. 50). Ovid lässt **Jupiter** *(Iuppiter,* Gen. *Iovis)* eine Rede halten, in der dieser Venus dadurch beruhigt, dass er u. a. die Weltherrschaft des Augustus prophezeit. Weiterhin kündigt Jupiter die **Vergöttlichung Caesars in Form eines Gestirns** und dessen Verehrung im **„Tempel des göttlichen Julius“** an, den Augustus an der Stelle des **Forum Romanum** errichten ließ, an welcher der Leichnam Caesars verbrannt worden war.
Allerdings ist dies nicht die einzige Prophezeiung in Buch 15: Das Werk endet damit, dass Ovid sich selbst ewigen Nachruhm verkündet. Der klassische Philologe Niklas Holzberg schreibt dazu.
Auf jeden Fall also spricht aus diesem Epilog ein Künstlerstolz, der Herrschergröße die Stirn bietet und insofern bei Augustus mindestens ein Stirnrunzeln hervorgerufen haben könnte.
Erörtern Sie, ausgehend von diesem Zitat, ob Ovids Ausführungen wie ein ernstgemeintes Lob des Herrschers wirken.

Met. 15.871–879 Schlusswort des Dichters

Iamque opus exegi, quod nec Iovis ira nec ignis
nec poterit ferrum nec edax abolere vetustas.
Cum volet, illa dies, quae nil nisi corporis huius
ius habet, incerti spatium mihi finiat aevi:
Parte tamen meliore mei super alta perennis
astra ferar, nomenque erit indelebile nostrum;
quaque patet domitis Romana potentia terris,
ore legar populi; perque omnia saecula fama,
siquid habent veri vatum praesagia, vivam.

872 *edāx, -ācis* gefräßig – *abolēre* vernichten – *vetustās, -ātis f* lange Zeit – 873 *nīl* LW *Met.* 10.40–63 – 874 *fīnīre* LW *Met.* 1.533–556 – *aevum* Zeit – 875 *meī (Gen.)* von mir – *super* LW *Met.* 6.349–381 – *perennis, -e* fortdauernd – 876 *astrum* LW *Met.* 1.69–88 – *indēlēbilis, -e* unzerstörbar – 877 *quā* und *domāre* LW *Met.* 1.293–312 – 879 *sīquid ~ sī* <ali>*quid* – *praesāgium* Weissagung

→ das Forum Romanum: S. 24
→ Augustus: S. 50
→ AH: Tempora: S. 35

Übung zur KNG-Kongruenz

Met. 1.5–14 Vor der Entstehung der Welt

Ante mare et terras et, quod tegit omnia, caelum
~~unus~~ erat ~~toto~~ naturae ~~vultus~~ in ~~orbe~~,
quem dixere chaos: rudis indigestaque moles
nec quicquam nisi pondus iners congestaque eodem
non bene iunctarum discordia semina rerum.
Nullus adhuc mundo praebebat lumina Titan,
nec nova crescendo reparabat cornua Phoebe,
nec circumfuso pendebat in aere tellus
ponderibus librata suis, nec bracchia longo
margine terrarum porrexerat Amphitrite.

Adjektive: *ūnus, -a, -um – tōtus, -a, -um – rūdis, -e – indīgestus, -a, -um – iners, -ertis – discors, -cordis – nūllus, -a, -um – novus, -a, -um – suus, -a, -um – longus, -a, -um*

Substantive: *vultus, -ūs – orbis, -is m – mōlēs, -is f – pondus, -eris n – sēmen, -inis n – rēs, reī f – Titān, -ānis m – cornū, -ūs n – āēr, āeris m – tellūs, -ūris f – pondus, -eris n – margō, -inis m*

Partizipien: *congestum → congerere – iūnctum → iungere – circumfūsum → circumfundere – lībrātum → lībrāre*

In diesem Text (vgl. S. 62) sind sämtliche nach KNG aufeinander bezogenen Wörter mit derselben Farbe markiert.

- Erschließen Sie aus den üblichen Angaben zu Substantiven und Adjektiven in der Wörterliste neben dem Text, zu welcher Deklination diese gehören. Damit Sie die Partizipien einfacher erkennen, ist zu diesen jeweils der Infinitiv angegeben.
- Legen Sie eine Tabelle (s. unten) an und tragen Sie die Wörter ein.
- Schlagen Sie außerdem in Ihrer Grammatik nach, was bei der Deklination der Adjektive *unus, totus* und *nullus* zu beachten ist.
- Arbeiten Sie nach der Übersetzung heraus, an welchen Stellen die Anordnung der Wörter die inhaltliche Aussage unterstützt.

Substantiv 3. Deklination	Substantiv e-Deklination	Substantiv u-Deklination	Adjektiv a-/o-Deklination	Adjektiv 3. Deklination	Partizip Perfekt Passiv	Bestimmung nach KNG
		vultus	*unus*			*Nom. Sg. m*
orbe			*toto*			

LERNWORTSCHATZ: *Metamorphosen*

LW *Met.* 1.1–4

fōrma, -ae *f*	Gestalt, Aussehen; Schönheit
orīgō, -inis *f*	Anfang, Ursprung; Abstammung
mundus, -ī *m*	Welt, Weltall

LW *Met.* 1.5–14

rūdis, -e	roh, unbearbeitet; ungebildet
mōlēs, -is *f*	(gewaltige) Masse, Last
quisquam, quidquam (quicquam)	irgendjemand, irgendetwas
pondus, -eris *n*	Gewicht, Masse; Bedeutung
sēmen, -inis *n*	Samen, Aussaat; Ursprung
lūmen, -inis *n*	Licht; Auge
reparāre, reparō, reparāvī, reparātum	erneuern, ausbessern
cornū, -ūs *n*	Horn; Heerflügel; Knauf (an der Buchrolle)
pendēre, pendeō, pependī	hängen, schweben
āēr, āeris *m* (*Akk. meist* āera)	Luft
tellūs, -ūris *f*	Erde, Welt; Erdboden
brac(c)hium, -ī *n*	Arm
porrigere, porrigō, porrēxī, porrēctum	darreichen, gewähren; ausstrecken

LW *Met.* 1.32–42

dispōnere, dispōnō, disposuī, dispositum	verteilen, ordnen
quisquis, quidquid (quicquid)	wer auch immer; jeder, der
secāre, secō, secuī, sectum; *PFA* secātūrus	(zer)schneiden, durchschneiden
membrum, -ī *n*	Gliedmaße, Körperteil
prīncipium, -ī *n*	Anfang; Grundlage; Ursprung, Grundstoff
aequālis, -e	gleich, ausgeglichen, gleichrangig, gleichaltrig
rapidus, -a, -um	reißend, schnell
tumēscere, tumēscō, tumuī	anschwellen
circumdare, circumdō, circumdedī, circumdatum	umgeben, umzingeln, umhüllen
stāgnum, -ī *n*	Teich, Sumpf
immēnsus (*und* **inmēnsus**), -a, -um	gewaltig, riesig
lacus, -ūs *m*	See
cingere, cingō, cīnxī, cīnctum	umgürten, umgeben
rīpa, -ae *f*	Ufer
partim *Adv.*	teils, zum Teil
dīversus, -a, -um	verschieden, entgegengesetzt, feindlich

→ AH: Substantive, Adjektive, Adverbien und Pronomina: S. 4

pulsāre, pulsō, pulsāvī, pulsātum	schlagen, stoßen

LW *Met.* 1.69–88

līmes, -itis *m*	Grenze, Grenzwall
cālīgō, -inis *f*	Finsternis; Rauch
caecus, -a, -um	blind; dunkel
sīdus, -eris *n*	Stern, Sternbild
ūllus, -a, -um (*Gen. Sg.* ūllīus, *Dat. Sg.* ūllī)	irgendeiner
animal, -ālis *n*	Lebewesen, Tier
astrum, -ī *n*	Stern, Gestirn
caelestis (*und* **coelestis**), -e	am Himmel, himmlisch; *Subst. Pl.* die Götter
solum, -ī *n*	Boden, Erdboden, Land
piscis, -is *m*	Fisch
unda, -ae *f*	Welle, Gewässer
ferus, -a, -um	wild; *Subst.* fera, -ae *f* wildes Tier
volucris, -is *f*	Vogel
dominārī, dominor, dominātus sum in *m. Akk.*	herrschen über
nāscī, nāscor, nātus sum	geboren werden, entstehen
sīve … sīve (*oder* **seu … seu**)	sei es, dass …, oder dass
recēns, -entis	neu, jung, frisch
nūper *Adv.*	neulich, vor Kurzem
miscēre, misceō, miscuī, mixtum	mischen; durcheinanderbringen
prōnus, -a, -um	vornübergeneigt; wohlwollend
ōs, ōris *n*	Gesicht, Mund
ērigere, ērigō, ērēxī, ērēctum	aufrichten
modo *Adv.*	gerade eben; nur; modo … modo bald … bald
imāgō, -inis *f*	Bild, Bildnis
induere, induō, induī, indūtum	anziehen, anlegen; bekleiden; sich aneignen
ignōtus, -a, -um	unbekannt; von niedriger Herkunft; unerfahren
convertere, convertō, convertī, conversum	umdrehen, wenden, lenken; verwandeln
figūra, -ae *f*	Gestalt, Form, Äußeres

LW *Met.* 1.89–100

minārī, minor, minātus sum	(an)drohen
fīgere, fīgō, fīxī, fīxum	anheften, anbringen; befestigen; durchbohren
turba, -ae *f*	Durcheinander, Menschenmenge, Schar
vīsere, vīsō, vīsī	besichtigen, besuchen; nachsehen
praeter *m. Akk.*	ausgenommen, außer
nōscere, nōscō, nōvī, nōtum	kennenlernen, erfahren; *Perf.* nōvisse kennen, wissen
praeceps, -cipitis	steil; überstürzt, schnell
fossa, -ae *f*	Graben
aes, aeris *n*	Geld; Erz; aes aliēnum Schulden
flectere, flectō, flexī, flexum	biegen; wenden; umstimmen
mollis, -e	weich, angenehm; freundlich
peragere, peragō, perēgī, perāctum	ausführen; verbringen
ōtium, -ī *n*	freie Zeit, Ruhe, Frieden

LW *Met.* 1.125–150

succēdere, succēdō, successī, successum	nachfolgen; gelingen
saevus, -a, -um	wütend, wild, grausam
horridus, -a, -um	rau, struppig; schrecklich; ungebildet
scelerātus, -a, -um	verbrecherisch, frevelhaft, verflucht
ultimus, -a, -um	der letzte
prōtinus *Adv.*	vorwärts; sofort; ununterbrochen
vēna, -ae *f*	Ader; Metall(ader)
nefās *n (nur Nom./Akk. Sg.)*	Frevel, Verbrechen
pudor, -ōris *m*	Scham, Keuschheit; Ehrgefühl, Anstand; guter Ruf
fraus, fraudis *f*	Betrug, Diebstahl
prius *Adv.*	vorher, früher, zuerst
flūctus, -ūs *m*	Flut, Strömung
carīna, -ae *f*	Schiff, Kiel
aura, -ae *f*	Luft, Windhauch
cautus, -a, -um	vorsichtig, behutsam, sorgfältig; sicher
humus, -ī *f*	Erde, Erdboden
tantum *Adv.*	so viel, so sehr; nur
effodere, effodiō, effōdī, effossum	ausstechen, ausgraben
nocēns, -entis	schädlich; schuldig, verbrecherisch
prōdīre, prōdeō, prōdiī, prōditum	hervortreten, auftreten, sich zeigen, vorrücken
concutere, concutiō, concussī, concussum	aneinanderschlagen, schütteln, erschüttern; durchbohren
rārus, -a, -um	selten, vereinzelt
imminēre, immineō	drohen; bevorstehen
marītus, -ī *m*	Ehemann
terribilis, -e	schrecklich
patrius, -a, -um	väterlich, vom Vater ererbt, heimatlich
caedēs, -is *f*	Mord, Blutbad; Blut

LW *Met.* 1.293–312

occupāre, occupō, occupāvī, occupātum	einnehmen, besetzen; angreifen
collis, -is *m*	Hügel, Anhöhe
illīc *Adv.*	da, dort
suprā	*m. Akk.* oberhalb, über; über … hinaus; *Adv.* oberhalb, oben, früher
nāvigāre, nāvigō, nāvigāvī, nāvigātum	segeln, (zur See) fahren
viridis, -e	grün; jung; frisch
quā	wie; wo
carpere, carpō, carpsī, carptum	pflücken, ergreifen
mīrārī, mīror, mīrātus sum	bewundern, sich wundern

silva, -ae *f* — Wald
rāmus, -ī *m* — Ast, Zweig
agitāre, agitō, agitāvī, agitātum — (an)treiben; überlegen; hin- und herbewegen
rōbur, -oris *n* — Holz, Eiche; Stärke, Kraft
lupus, -ī *m* — Wolf
fulvus, -a, -um — rötlich, bräunlich, blond
leō, -ōnis *m* — Löwe
vehere, vehō, vēxī, vectum — fahren, tragen, ziehen
aper, aprī *m* — Eber, Wildschwein
crūs, crūris *n* — Bein, Schienbein, Schenkel
prōdesse, prōsum, prōfuī, prōfutūrus — nützen, nützlich sein
vēlōx, -ōcis — schnell
cervus, -ī *m* — Hirsch
sistere, sistō, stitī/stētī, statum — hinstellen; aufhalten; aufstellen; stehen bleiben
lassāre, lassō, lassāvī, lassātum — müde machen, ermüden
āla, -ae *f* — Flügel
licentia, -ae *f* — Freiheit, Willkür
pontus, -ī *m* — Meer
cacūmen, -inis *n* — Spitze, Gipfel, Wipfel
domāre, domō, domuī, domitum — zähmen, bezwingen
vīctus, -ūs *m* — Lebensunterhalt, Nahrung; Lebensweise

LW *Met.* 1.504–524

īnsequī, īnsequor, īnsecūtus sum — (unmittelbar) folgen, nachfolgen
aquila, -ae *f* — Adler, Legionsadler
penna (*und* **pinna**), -ae *f* — Feder; Flügel
quisque, quaeque, quidque (quodque) — jeder
indīgnus, -a, -um *m. Abl.* — (einer Sache) unwürdig, (etwas) nicht verdienend; abscheulich
notāre, notō, notāvī, notātum — kennzeichnen; aufschreiben
incola, -ae *m* — Einwohner, Bewohner
pāstor, -ōris *m* — Hirte
grex, gregis *m* — Herde; Schar, Trupp
observāre, observō, observāvī, observātum — beobachten, beachten
ideō *Adv.* — deshalb

LW *Met.* 1.533–556

vacuus, -a, -um — leer, frei
praeda, -ae *f* — Beute; Beutezug
extendere, extendō, extendī, extēnsum/extentum — ausstrecken, ausdehnen
stringere, stringō, strīnxī, strictum — (eine Waffe) ziehen; streifen
vestīgium, -ī *n* — Spur, Fußspur; Fuß
tergum, -ī *n* — Rücken
spargere, spargō, sparsī, sparsum — ausstreuen, bespritzen, ausbreiten
prex, precis *f* — Bitte; *Pl. (auch)* Gebet
fīnīre, fīniō, fīnīvī, fīnītum — begrenzen, beenden
artus, -ūs *m* — Körperteil, Gliedmaße
haerēre, haereō, haesī, haesūrus — haften an, hängen bleiben, stecken bleiben
remanēre, remaneō, remānsī — (zurück)bleiben, übrig bleiben
dext(e)ra (manus), -ae *f* — die rechte Hand
complectī (*und* **conplectī**), complector, complexus sum — umfassen, umarmen; darstellen, begreifen
ōsculum, -ī *n* — Kuss

LW *Met.* 2.860–875

mox *Adv.* — bald (darauf), dann
flōs, flōris *m* — Blume, Blüte
herba, -ae *f* — Kraut, Gras
latus, -eris *n* — Seite, Flanke
niveus, -a, -um — aus Schnee, schneeweiß
arēna (*und* **harēna**), -ae *f* — Sand; Arena
paulātim *Adv.* — allmählich, nach und nach
dēmere, dēmō, dēmpsī, dēmptum — nehmen, wegnehmen
nescius, -a, -um — unwissend, ahnungslos
inde *Adv.* — von dort; deshalb
ulterior, -ius — weiter, entfernter; später
aequor, -oris *n* — Meer; Fläche, Ebene
respicere, respiciō, respexī, respectum — zurückschauen; beachten, Rücksicht nehmen

LW *Met.* 4.55–62 und 71–90

praeferre, praeferō, praetulī, praelātum — vor sich her tragen; vorziehen; zeigen
gradus, -ūs *m* — Schritt; Stellung, Stufe, Rang
vīcīnia, -ae *f* — Nachbarschaft
coīre, coeō, coiī, coitūrus — zusammenkommen, sich vereinigen
vetāre, vetō, vetuī, vetitum *m. Akk.* — (jmd.) verbieten
aequus, -a, -um — eben, gleich, ruhig, gerecht
captāre, captō, captāvī, captātum — fassen, (ein)fangen
ambō, -ae, -ō — beide
removēre, removeō, remōvī, remōtum — entfernen, wegschaffen
querī, queror, questus sum — klagen, (sich) beklagen
tēctum, -ī *n* — Dach; Haus, Behausung
nēve (*und* **neu**) — und nicht, oder nicht, damit nicht; nēve ... nēve weder ... noch
lātus, -a, -um — weit, breit, ausgedehnt
umbra, -ae *f* — Schatten
pōmum, -ī *n* — Frucht, Apfel

LW *Met.* 4.121–130 und 142–166

tenuis, -e — dünn, fein, schwach; gering
ictus, -ūs *m* — Hieb, Stoß
āter, ātra, ātrum — schwarz, düster
faciēs, -ēī *f* — Gesicht; Aussehen, Schönheit
color, -ōris *m* — Farbe
ecce — sieh! schau! da ist ...!

requīrere, requīrō, requīsīvī, requīsītum	(auf)suchen, fragen, verlangen
cāsus, -ūs *m*	Fall, Zufall, Schicksalsschlag; cāsū zufällig
adimere, adimō, adēmī, adēmptum	an sich nehmen; wegnehmen, rauben
exaudīre, exaudiō, exaudīvī, exaudītum	hören, erhören
vulnus, -eris *n*	Wunde, Verletzung
persequī, persequor, persecūtus sum	verfolgen
hōra, -ae *f*	Stunde; Zeit
invidēre, invideō, invīdī, invīsum	böse ansehen; *m. Dat.* beneiden, missgönnen
lūctus, -ūs *m*	Trauer, Schmerz
aptus, -a, -um	passend, geeignet
vōtum, -ī *n*	Wunsch, Gebet, Versprechen
superesse (*auch* **super esse**), supersum, superfuī	übrig sein; *m. Dat.* überleben
ūnā *Adv.*	zugleich, zusammen
requiēscere, requiēscō, requiēvī, requiētum	ruhen, sich ausruhen

LW *Met.* 5.390–401 und 564–571

frīgus, -oris *n*	Kälte, Winter; Furcht
vēr, vēris *n*	Frühling
sinus, -ūs *m*	Brust; Tasche; Bucht; Krümmung
simul	*Adv.* gleichzeitig, zugleich; *Subj.* sobald
maestus, -a, -um	traurig, betrübt
colligere, colligō, collēgī, collēctum	sammeln, aufheben
simplicitās, -ātis *f*	Einfachheit; Offenheit; Naivität
volvere, volvō, volvī, volūtum	rollen, wälzen, (sich) drehen; erwägen
dīvidere, dīvidō, dīvīsī, dīvīsum	(ein)teilen, trennen
mēnsis, -is *m*	Monat
frōns, frontis *f*	Stirn, Gesicht, Vorderseite
nūbēs, -is *f*	Wolke

LW *Met.* 6.349–381

mūnus, -eris *n*	Amt, Aufgabe; Geschenk; Gladiatorenspiel
sitis, -is *f*	Durst
nātus (*und* **gnātus**), -ī *m*/ **nāta,** -ae *f*	Sohn/Tochter
blandus, -a, -um	schmeichlerisch, schmeichelhaft, reizend
procul *Adv.*	in der Ferne, von Weitem, weit weg
turbāre, turbō, turbāvī, turbātum	in Unruhe versetzen, durcheinanderbringen; Verwirrung stiften
hūc *Adv.*	hierher
illūc *Adv.*	dahin, dorthin
ēvenīre, ēveniō, ēvēnī, ēventum	sich ereignen, eintreten, ausgehen; bene ēvenit *m. Dat.* es trifft sich gut für
prōferre, prōferō, prōtulī, prōlātum	hervorbringen; zur Sprache bringen, bekannt machen
super	*m. Akk.* über (... hinaus), oben ... hinaus, oberhalb; *m. Abl.* oben auf, wegen
līs, lītis *f*	Streit, Prozess
quamvīs	*Subj.* auch wenn; *Adv.* wenn auch
collum, -ī *n*	Hals, Nacken
venter, -tris *m*	Bauch

LW *Met.* 8.183–216

intereā *Adv.*	inzwischen
exilium, -ī *n*	Verbannung
licet *m. Konj.*	auch wenn
possidēre, possideō, possēdī, possessum	besitzen
ōrdō, -inis *m*	Ordnung, Reihe, Stand
rūsticus, -a, -um	ländlich, bäurisch; *Subst.* Bauer
surgere, surgō, surrēxī, surrēctum	aufstehen, sich erheben; aufsteigen
cēra, -ae *f*	Wachs; Wachstafel
avis, -is *f*	Vogel
ignārus, -a, -um	unwissend, unkundig; unbekannt
tractāre, tractō, tractāvī, tractātum	(be)handeln, abhandeln, bearbeiten
lūsus, -ūs *m*	Spiel, Scherz; Unterhaltung
impedīre, impediō, impedīvī, impedītum	(be)hindern, verhindern
īnstruere, īnstruō, īnstrūxī, īnstrūctum	aufstellen, ausstatten, unterrichten
volāre, volō, volāvī, volātum	fliegen, eilen
praeceptum, -ī *n*	Vorschrift, Anweisung, Lehre, Lehrsatz

LW *Met.* 8.217–235

umerus, -ī *m*	Schulter, Oberarm
audāx, -ācis	mutig, kühn; unverschämt
cupīdō, -inis *f*	Begierde, Trieb, Gier
vinculum, -ī *n*	Fessel
nūdus, -a, -um	nackt, unverhüllt; unbewaffnet
sepulcrum (*und* **sepulchrum**), -ī *n*	Grab, Grabmal, Begräbnis
sepelīre, sepeliō, sepelīvī/ sepeliī, sepultum	begraben

LW *Met.* 10.25–39

nōtus, -a, -um	bekannt, berühmt
ōra, -ae *f*	Küste; Gegend
rapīna, -ae *f*	Raub; Entführung
vāstus, -a, -um	leer, verlassen; unermesslich, weit, riesig
silentium, -ī *n*	Schweigen, Stille, Verschwiegenheit; silentiō stillschweigend

paulum *Adv.*	ein wenig
sērō *Adv.* (*Komp.* sērius)	spät, zu spät
citō *Adv.* (*Komp.* citius)	schnell, rasch
mātūrus, -a, -um	reif; erwachsen; frühzeitig
quodsī	wenn aber, wenn nun
venia, -ae *f*	Verzeihung, Gnade, Erlaubnis

LW *Met.* 10.40–63

nervus, -ī *m*	Sehne, Muskel; Saite
stupēre, stupeō, stupuī	verblüfft sein, staunen; bewundern
vacāre, vacō, vacāvī, vacātum	frei sein von *m. Abl.*, nicht haben; leer stehen; Zeit haben für, sich widmen *m. Dat.*
saxum, -ī *n*	Fels, Stein
passus, -ūs *m*	Schritt
tardus, -a, -um	langsam, spät
dōnec	(solange) bis, solange (als)
vallis, -is *f*	Tal
arduus, -a, -um	steil, schwierig
dēnsus, -a, -um	dicht (gedrängt); zahlreich
avidus, -a, -um *m. Gen.*	gierig, begierig nach
intendere, intendō, intendī, intentum	anspannen, anstrengen; beabsichtigen; richten auf
prehendere, prehendō, prehendī, prehēnsum (*und* **prendere,** prendō, prendī, prēnsum)	ergreifen, fassen
nihil (*und* **nīl**)	nichts
arripere, arripiō, arripuī, arreptum	an sich reißen, gewaltsam ergreifen
suprēmus, -a, -um	der letzte, der äußerste
eōdem *Adv.*	ebendort(hin)

LW *Met.* 10.106–108 und 120–142

temperāre, temperō, temperāvī, temperātum	ordnen, lenken; (ab)mischen
namque	denn, nämlich
aestus, -ūs *m*	Hitze, Glut, Leidenschaft
acūtus, -a, -um	spitz, scharf; scharfsinnig
sōlācium, -ī *n*	Trost(mittel)
levis, -e	leicht, unbedeutend, leichtfertig
māteria, -ae *f*	Grundstoff; Material; Ursache
admonēre, admoneō, admonuī, admonitum	ermahnen, erinnern an; warnen; auffordern
superī, -ōrum *m Pl.*	die Götter
rigor, -ōris *m*	Härte, Starrheit, Erstarrung

LW *Met.* 10.252–269 und 280–294

simulāre, simulō, simulāvī, simulātum	vorgeben, vortäuschen; sich verstellen; nachbilden
digitus, -ī *m*	Finger
adhibēre, adhibeō, adhibuī, adhibitum	heranziehen, hinzuziehen; verwenden
pingere, pingō, pīnxī, pictum	(be)malen; färben
lābī, lābor, lāpsus sum	gleiten, fallen; wankelmütig sein
decēre, deceō, decuī	schmücken, passen; sich gehören; decet es gehört sich
tamquam	*Adv.* wie; *Subj.* wie wenn, als ob
dubius, -a, -um	zweifelhaft, ungewiss; gefährlich; zweifelnd
concipere, concipiō, concēpī, conceptum	zusammenfassen; aufnehmen; erkennen, entwickeln; aussprechen

LW *Met.* 10.532–559

abstinēre, abstineō, abstinuī, abstentum *m. Abl.*	sich enthalten, sich fernhalten von; zurückhalten
assuēscere (*und* **adsuēscere**) assuēscō, assuēvī, assuētum *m. Dat.*	sich gewöhnen an
iugum, -ī *n*	Joch, Gespann; Bergrücken
dēns, dentis *m*	Zahn
mōnstrum, -ī *n*	Wunderzeichen, Ungeheuer; Ungeheuerlichkeit
opportūnus, -a, -um	günstig, geeignet, vorteilhaft
libet (*und* **lubet**), libuit	es gefällt, es beliebt

LW *Met.* 10.705–716

contrārius, -a, -um	entgegengesetzt, feindlich
forte *Adv.*	zufällig; vielleicht
sternere, sternō, strāvī, strātum	hinwerfen, niederstrecken; (eine Straße) pflastern; (ein Lager) herrichten

LW *Met.* 15.829–842

numerāre, numerō, numerāvī, numerātum	(auf)zählen, rechnen (zu)
cīvīlis, -e	bürgerlich, Bürger-; öffentlich
nepōs, -ōtis *m*	Enkel, Nachkomme
prōspicere, prōspiciō, prōspexī, prōspectum	Ausschau halten, in die Ferne schauen
senex, senis	alt; *Subst.* Greis, alter Mann
dīvus, -a, -um	göttlich; *Subst.* dīvus, -ī *m* Gott

LW *Met.* 15.871–879

spatium, -ī *n*	Raum; Strecke; Dauer; Zeitraum
vātēs, -is *m*	Dichter, Prophet, Seher

Heroides (zweisprachige Ergänzungslektüre)

Bekannte Mythen aus der Sicht von Frauen

Ein Brief kann Medium persönlicher Mitteilungen sein – und diesen Umstand nutzt Ovid in seinen ***Heroidum epistulae*** oder ***Heroides*** **(„Briefe mythischer Frauen“)**. In einer fiktiven Briefsammlung lässt er berühmte Frauen zu Wort kommen, um die großen Mythen aus einer anderen Sicht zu erzählen: aus einer **weiblichen Perspektive.** In dieser Darstellung spielt weniger die Handlung als die Empfindung der beteiligten Personen eine Rolle, sodass sich insbesondere bei Mythen, die mit Kämpfen verbunden sind, ganz andere Schwerpunkte in der Erzählung ergeben, als dies üblicherweise der Fall ist. Hier stellt Ovid Reflexion und Gefühle in den Mittelpunkt. In den **21 *Heroides*-Briefen** (**15 Einzelbriefen und drei Briefpaaren**) spielt er mit den Möglichkeiten der Literatur: Außer dem angesprochenen Perspektivenwechsel ist v. a. der **Informationsvorsprung des Lesers** von Bedeutung. Durch seine Kenntnis der Mythen weiß der Leser, in welcher Situation sich die schreibende Frau befindet und wie sich ihr Schicksal weiter entwickeln wird. Und dieses Vorwissen kann er dann mit Ovids neuartiger, faszinierender Darstellung der alten Geschichte vergleichen.

Teilweise aufgegeben wird die weibliche Perspektive in den drei **Briefpaaren:** In diesen werden eben auch Schreiben der Männer vorgelegt, sodass hier sogar ein knapper Briefwechsel geschildert wird. Ein Beispiel dafür ist die Darstellung des Mythos von **Acontius und Cydippe** (S. 92).

Her. 1.67–80 Penelope (I)

Seit dem Ende des Troianischen Krieges wartet Penelope sehnlich auf die Rückkehr ihres Mannes Odysseus.

Utilius starent etiamnunc moenia Phoebi –
irascor votis, heu, levis ipsa meis!
Scirem, ubi pugnares, et tantum bella timerem,
et mea cum multis iuncta querela foret.
Quid timeam, ignoro – timeo tamen omnia demens,
et patet in curas area lata meas.
Quaecumque aequor habet, quaecumque pericula tellus,
tam longae causas suspicor esse morae.
Haec ego dum stulte metuo, quae vestra libido est,
esse peregrino captus amore potes.
Forsitan et narres, quam sit tibi rustica coniunx,
quae tantum lanas non sinat esse rudes.
Fallar et hoc crimen tenues vanescat in auras,
neve, revertendi liber, abesse velis!

Übersetzung:

Nützlicher für mich wäre es, wenn die von Phoebus Apollo gebauten Mauern Troias noch stünden – ich Leichtfertige, ach, werde selbst zornig über meinen Wunsch! Ich wüsste dann, wo du kämpftest, und nur Kriege würde ich fürchten, und meine Klage wäre mit der vieler anderer verbunden. Was ich fürchten soll, weiß ich nicht – dennoch fürchte ich in meinem Wahnsinn alles, und ein weiter Raum öffnet sich meinen Sorgen. Welche Gefahren auch immer das Meer, welche auch immer die Erde hat, ich verdächtige sie, dass sie die Gründe deiner so langen Verzögerung sind. Während ich dies in törichter Weise fürchte, kannst du, wie es eure Begierde ist, gefangen von der Liebe zu einer Fremden sein. Vielleicht magst du auch erzählen, wie bäurisch deine Gattin ist, die allein die Wolle nicht unverfeinert sein lässt. Ich mag mich täuschen und dieser Vorwurf sich in zarte Luft auflösen, und du willst vielleicht gar nicht fernbleiben, obwohl es dir freisteht zurückzukehren.

S Erklären Sie die unterschiedlichen Konjunktive in *starent* (V. 67), *scirem/timerem, pugnares* (V. 69), *timeam* (V. 71), *fallar/vanescat* (V. 79) und *velis* (V. 80).

T 1 Stellen Sie zentrale lateinische Begriffe aus dem Text über die männliche und die weibliche Lebenswelt, wie sie hier dargestellt wird, zusammen.

T 2 Stellen Sie den Wechsel in Penelopes Emotionen grafisch dar, indem Sie eine „Fieberkurve“ ihrer Gefühle zeichnen, in die Sie zentrale Begriffe und Wendungen aus dem lateinischen Text eintragen.

T 3 Informieren Sie sich über die Abenteuer des Odysseus und erläutern Sie, warum die Befürchtungen, die Penelope in V. 75/76 äußert, keineswegs unbegründet sind.

Max Klinger, „Penelope am Webstuhl“ (1895). Informieren Sie sich über die Bedeutung der Webarbeit für Penelope und beschreiben Sie die Darstellung Klingers. Arbeiten Sie dabei heraus, welche Gedankengänge Penelopes beim Betrachten ihrer Webarbeit vom Maler nahegelegt werden.

→ römische Briefkultur: S. 39
→ Szenisches Spiel (u. a. zu Penelope): S. 231
→ AH: Konjunktiv in Haupt- und Nebensätzen: S. 41

Her. 1.107–116 Penelope (II)

Penelope schildert den Druck zur Ehe, der von ihrem Vater, besonders aber von zahlreichen Freiern auf sie ausgeübt wird, und drückt ihre Sorge um den Sohn Telemachos sowie Odysseus' Vater Laertes aus. Ihren Brief schließt sie so:

Telemacho veniet, vivat modo, fortior aetas;
  nunc erat auxiliis illa tuenda patris –
nec mihi sunt vires inimicos pellere tectis.
  Tu citius venias, portus et ara tuis!
Est tibi sitque, precor, natus, qui mollibus annis
  in patrias artes erudiendus erat.
Respice Laerten! Ut tu sua lumina condas,
  extremum fati sustinet ille diem.
Certe ego, quae fueram te discedente puella,
  protinus ut venias, facta videbor anus.

Übersetzung:
Für Telemach wird, wenn er nur am Leben bleibt, ein stärkeres Alter kommen; nun hätte sein jugendliches Alter durch die Hilfe des Vaters geschützt werden müssen – und ich habe keine Kraft, die Feinde aus dem Haus zu jagen. Mögest du schneller kommen als sicherer Hafen und Altar für die Deinen! Du hast einen Sohn, und du sollst ihn auch haben – darum bitte ich –, der in seinen zarten Jahren in den väterlichen Künsten hätte erzogen werden müssen. Schau auf Laertes! Damit du ihm die Augen schließen kannst, verzögert jener den Tag seines Todes. Sicherlich werde ich, die ich bei deinem Aufbruch ein Mädchen gewesen war, eine alte Frau geworden zu sein scheinen, selbst wenn du jetzt sofort kommst.

T Erstellen Sie in der Klasse einen (ungefähren) Zeitstrahl für die Chronologie der Grundstruktur des Mythos. Erklären Sie an ihm die Situation der Abfassung des Briefes. Beziehen Sie auch die Abbildung auf der vorangehenden Seite in Ihre Überlegungen ein.

Her. 7 Dido an Aeneas

i Der **Grieche Odysseus** ist nicht der einzige Held, der nach der Zerstörung Troias Irrfahrten durchleiden muss: Der **Troianer Aeneas** wird ebenfalls auf den Meeren hin- und hergeworfen, bevor er endlich seine neue Heimat findet.
In den ***Heroides*** gibt es auch einen Brief der karthagischen Königin **Dido** an **Aeneas.** Doch die bekannteste literarische Darstellung des Aeneasmythos bietet natürlich **Vergils Epos *Aeneis*,** das wiederum deutliche Einflüsse der homerischen Epen zeigt. Die zwölf Bücher der *Aeneis* lassen sich in eine sogenannte **„odysseische"** und eine **„iliadische" Hälfte** gliedern: Tatsächlich kommen in den Büchern 1 bis 6 zahlreiche Motive aus Homers ***Odyssee*** (v. a. Irrfahrten) vor, während die Bücher 7 bis 12 vor allem die Kämpfe des Aeneas in Latium schildern, die an **Homers *Ilias*** (Epos über den Troianischen Krieg) denken lassen.
In der *Aeneis* lesen wir, wie Aeneas, der **Sohn der Venus,** gemeinsam mit seinem Vater **Anchises** (den er aus der Stadt trägt) und seinem Sohn **Ascanius (Iulus)** aus dem von den Griechen eroberten Troia flieht. Von den Göttern hat er den Schicksalsauftrag ***(fatum)*** erhalten, für sich und seine Gefährten in Italien eine neue Heimat zu finden. Auf seinen Irrfahrten strandet er jedoch bei der **nordafrikanischen Stadt Karthago** und verliebt sich in die dortige Herrscherin Dido. Als die Götter ihn an seinen Auftrag erinnern, verlässt er Dido, die sich daraufhin aus Liebeskummer das Leben nimmt. Nach seiner Ankunft in Italien und siegreichen Kämpfen lässt er sich in **Latium** nieder. Die Nachkommen seines Sohnes werden später Rom gründen, sodass Aeneas als **Stammvater der Römer** gilt.
Nach Vergil sind die Gründung Roms und der Aufstieg des Imperium Romanum also von den Göttern gewollt und die Folgen der Heldentaten des Aeneas. Bereits **Caesar,** welcher der Familie der Julier ***(gens Iulia)*** angehörte, hatte seine Ursprünge auf Iulus, den Sohn des Aeneas (und damit auch auf die Göttin Venus), zurückgeführt. Caesars Adoptivsohn **Augustus** setzte diese Art der Selbstdarstellung fort und stellte sich ebenfalls als Nachfahre von Göttern dar. Vergil greift diesen Gedanken auf, wenn er die Friedenszeit während der Herrschaft des Augustus als Ziel eines göttlichen Plans darstellt. Die Aeneis wurde daher zum **römischen Nationalepos.** Dagegen steht in Ovids Fassung des Mythos entsprechend dem Ansatz seiner *Heroides* (S. 88) das Denken und Fühlen der Frau – also der Königin Dido – im Mittelpunkt.
Stellen Sie Gemeinsamkeiten zwischen den Mythen von Odysseus (vgl. die vorangehenden Texte) und Aeneas zusammen.
Lesen Sie die Textausschnitte aus dem Dido-Brief auf den folgenden Seiten durch und erörtern Sie, wie Augustus auf Ovids Darstellung dieses für die Römer so wichtigen Mythos reagiert haben mag.

Altarrelief mit einer Darstellung der Flucht des Aeneas (Karthago, 1. Jh. n. Chr.). Beschreiben Sie die Abbildung. Geben Sie an, welche im Text gebotenen Informationen sich hier wiederfinden lassen. Erläutern Sie unter Einbeziehung Ihrer weiteren Kenntnisse der Geschichte Karthagos, wie der Umstand zu bewerten ist, dass dieses Relief gerade dort gefunden wurde.

→ Dido und Aeneas bei Vergil: S. 50
→ AH: Kasusfunktionen: S. 8
→ AH: Partizipien und *nd*- Formen: S. 16

Her. 7.1–18 **Dido (I)**

Aeneas (vgl. die Info-Box auf S. 89) ist von den Göttern zum Aufbruch genötigt worden und flieht heimlich. Dido drückt ihre Verzweiflung in einem Brief an Aeneas aus, den sie unvermittelt mit dem Bild des Schwanengesangs beginnt. Zugrunde liegt hier die Vorstellung, dass sich der Schwan vor seinem Tod zurückzieht und ein letztes, wunderschönes Lied anstimmt.

Sic, ubi fata vocant, udis abiectus in herbis
ad vada Maeandri concinit albus olor.
Nec quia te nostra sperem prece posse moveri,
alloquor: Adverso movimus ista deo!
Sed meriti famam corpusque animumque pudicum
cum male perdiderim, perdere verba leve est.
Certus es ire tamen miseramque relinquere Dido
atque idem venti vela fidemque ferent.
Certus es, Aenea, cum foedere solvere naves,
quaeque ubi sint nescis, Itala regna sequi.
Nec nova Carthago nec te crescentia tangunt
moenia nec sceptro tradita summa tuo?
Facta fugis, facienda petis; quaerenda per orbem
altera, quaesita est altera terra tibi.
Ut terram invenias, quis eam tibi tradet habendam?
Quis sua non notis arva tenenda dabit?
Alter habendus amor tibi restat et altera Dido,
quamque iterum fallas, altera danda fides.

Übersetzung:
So singt, wenn das Schicksal ruft, verborgen im feuchten Gras bei der Furt des Flusses Mäander der weiße Schwan. Nicht weil ich hoffen könnte, du könntest von meiner Bitte bewegt werden, spreche ich dich an: Ich habe diesen Brief gegen den Willen der Gottheit begonnen. Aber da ich den Ruhm meines Verdienstes und meinen sittsamen Körper und sittsamen Geist in übler Weise zugrunde gerichtet habe, ist es wenig bedeutsam, Worte zu verlieren. Entschlossen bist du dennoch, zu gehen und die arme Dido zu verlassen, und dieselben Winde werden deine Segel und dein Versprechen davontragen. Entschlossen bist du, Aeneas, unseren Bund zu lösen und zugleich die Anker zu lichten und in Italien ein Reich zu suchen, von dem du nicht weißt, wo es liegt. Berühren dich weder das neue Karthago noch die wachsenden Mauern noch die deinem Szepter übertragene Herrschaft? Du fliehst vor deinen Taten und suchst das, was noch getan werden muss; über den Erdkreis hin muss ein anderes Land gesucht werden, dabei ist von dir schon ein anderes Land gesucht worden. Auch wenn du ein Land findest – wer wird es dir als Besitz übergeben? Wer wird sein Ackerland Unbekannten zum Besitz geben? Eine andere Liebe steht dir bevor, und eine andere Dido und das Abgeben eines anderen Versprechens, das du dann wiederum brechen kannst.

S 1 Erklären Sie anhand von V. 10 den Aufbau des mit einer indirekten Frage verschränkten Relativsatzes.

S 2 Erklären Sie, welche Probleme ein Übersetzer hat, die Ausdrucksweise Ovids in den Sätzen und Wendungen in V. 5–6 *(sed meriti famam ... leve est)*, V. 9 *(cum foedere solvere naves)* und V. 13 *(Facta fugis, facienda petis)* im Deutschen wiederzugeben. Erörtern Sie, inwieweit dies in der vorliegenden Übersetzung gelungen ist, und entwickeln Sie Alternativvorschläge.

T Erschließen Sie, was das Bild vom Schwanengesang anstelle konventioneller Einleitungsformeln für die Gesamtaussage des Briefes bedeutet.

Mosaik aus Karthago (ca. 5. Jh. n. Chr.). Dargestellt ist eine Herrscherin, vielleicht die mythische Stadtgründerin. Beschreiben Sie ihre Attribute.

→ AH: Relativsätze: S. 57

Her. 7.151–156, **Dido (II)** 177–190 und 195/196

Ilion in Tyriam transfer felicius urbem
resque loco regis sceptraque sacra tene!
Si tibi mens avida est belli, si quaerit Iulus,
unde suo partus Marte triumphus eat,
quem superet, nequid desit, praebebimus hostem.
Hic pacis leges, hic locus arma capit. […]
Pro meritis et siqua tibi debebimus ultra,
pro spe coniugii tempora parva peto:
dum freta mitescunt et amor, dum tempore et usu
fortiter edisco tristia posse pati.
Si minus, est animus nobis effundere vitam.
In me crudelis non potes esse diu.
Adspicias utinam, quae sit scribentis imago:
Scribimus, et gremio Troicus ensis adest;
perque genas lacrimae strictum labuntur in ensem,
qui iam pro lacrimis sanguine tinctus erit.
Quam bene conveniunt fato tua munera nostro!
Instruis impensa nostra sepulcra brevi.
Nec mea nunc primum feriuntur pectora telo:
Ille locus saevi vulnus amoris habet.

Dido beendet den Brief schließlich mit einem Epigramm (vgl. die Info-Box), das auf ihrem Grabstein stehen soll:

PRAEBVIT AENEAS ET CAVSAM MORTIS ET ENSEM.
IPSA SVA DIDO CONCIDIT VSA MANV.

Übersetzung:
Bringe Ilion in die Tyrische Stadt hinüber – was mehr Glück brächte – und halte in der Position eines Königs die Regierung und das heilige Szepter! Falls dein Geist nach Krieg begierig ist, falls Iulus fragt, woher ein durch eigene Kriegstaten erlangter Triumph kommen soll, werden wir ihm – damit es daran nicht fehlt – einen Feind bieten, den er besiegen kann. Dieser Ort umfasst die Gesetze des Friedens, dieser Ort umfasst auch Waffen. […]
Bei unseren Verdiensten – und wenn wir dir weiter etwas schulden werden –, bei meiner Hoffnung auf Ehe erbitte ich nur ein klein bisschen Zeit: bis das Meer mild wird und die Liebe auch, bis ich durch Zeit und Gewöhnung lerne, tapfer Trauriges ertragen zu können. Andernfalls habe ich auch den Mut, das Leben zu beenden; gegen mich kannst du nicht mehr lange grausam sein. Ich wünsche, dass du erblickst, welches Bild ich beim Schreiben abgebe: Ich schreibe, und das Troianische Schwert liegt in meinem Schoß. Und über meine Wangen fließen Tränen auf das gezückte Schwert, das bald an Stelle von Tränen mit Blut benetzt sein wird. Wie gut passt dein Geschenk zu meinem Schicksal! Mit geringem Aufwand stattest du mein Grab aus. Nicht zum ersten Mal wird meine Brust nun von einer Waffe getroffen: Jener Ort hat die Wunde einer rasenden Liebe. […] Aeneas bot sowohl den Grund für den Tod als auch das Schwert. Dido fiel durch den Gebrauch ihrer eigenen Hand.

i Ovid spielt in dieser Textpassage mit den Möglichkeiten des elegischen Distichons: Es ist auch ein gängiges Versmaß des **Epigramms** (ἐπίγραμμα *[epígramma]*, „Aufschrift"), einer kurzen Gedichtgattung, die u. a. in **Inschriften** Verwendung fand. Die Kapitälchen sollen im Druckbild den Inschriftencharakter andeuten (V steht hier für U). In *Her.* 20 (S. 92) entwirft dann der Briefschreiber **Acontius** ein fiktives Weihegeschenk mit einem Distichon als Aufschrift.

S Analysieren Sie das Epigramm am Ende des Briefes (vgl. die Info-Box) metrisch. Geben Sie auf dieser Grundlage an, welche Wörter im letzten Vers aufeinander bezogen sind.

T 1 Fassen Sie die Schlussbitten Didos (V. 177–188) zusammen und formulieren Sie Erwartungen an die Reaktion des Aeneas.

T 2 Tragen Sie in der Klasse zusammen, wie die Geschichte von Dido und Aeneas weitergeht: Erklären Sie, wie es zu einem Wiedersehen der beiden kommt.

Mittelalterliche Illustration zum Aeneasroman des Heinrich von Veldeke, der ersten deutschen Darstellung des Mythos (1419). Erklären Sie, welchen Moment der Illustrator für seine Darstellung wählte, und vergleichen Sie sie mit Ovids Darstellung.

→ Epigramme Martials: S. 51
→ Heinrich von Veldeke: S. 170
→ Versanalye: S. 228

Her. 10.83–98 Ariadne

Ariadne (vgl. die Info-Box auf S. 75) hat Theseus gegen ihre Familie unterstützt und muss ihre Heimat verlassen. Kurz darauf lässt Theseus sie jedoch auf Naxos zurück. Mit Angst betrachtet sie die ihr fremde Insel.

Iam, iam venturos aut hac aut suspicor illac,
  qui lanient avido viscera dente, lupos.
Forsitan et fulvos tellus alat ista leones?
  Quis scit, an et saevas tigridas insula habet?
Et freta dicuntur magnas expellere phocas.
  Quis vetat et gladios per latus ire meum?
Tantum ne religer dura captiva catena,
  neve traham serva grandia pensa manu,
cui pater est Minos, cui mater filia Phoebi –
  quodque magis memini: quae tibi pacta fui!
Si mare, si terras porrectaque litora vidi,
  multa mihi terrae, multa minantur aquae.
Caelum restabat: timeo simulacra deorum;
  destituor rapidis praeda cibusque feris.
Sive colunt habitantque viri, diffidimus illis;
  externos didici laesa timere viros.

Übersetzung:
Dass schon, schon entweder von hier oder dort Wölfe kommen werden, vermute ich, die mit gierigen Zähnen meine Eingeweide zerfleischen werden. Vielleicht ernährt dieses Land auch Löwen mit heller Mähne? Wer weiß, ob diese Insel auch wilde Tiger hat? Und man sagt, dass das Meer auch große Seehunde an Land wirft. Wer verbietet, dass ein Schwert meine Seite durchbohrt? Hoffentlich werde ich nicht als Gefangene mit der harten Kette gebunden und zupfe nicht mit einer Sklavinnenhand große Mengen an Wolle – ich, die ich Minos zum Vater und die Tochter Apollos zur Mutter habe und – woran ich noch mehr denke – die ich dir verlobt war! Wenn ich das Meer, wenn ich das Land und die ausgedehnte Küste sehe, droht vieles mir das Land, vieles das Wasser an. Der Himmel blieb übrig: Ich fürchte mich (aber) vor den Bildern der Götter; ich werde zurückgelassen als Beute und Speise für reißende Tiere. Und wenn Männer hier siedeln und wohnen, misstraue ich jenen; ich habe durch meine Verletzung gelernt, fremde Männer zu fürchten.

T Informieren Sie sich über den familiären Hintergrund Ariadnes. Arbeiten Sie aus dem lateinischen Text Wendungen heraus, mit denen Ariadne ihren sozialen Abstieg beklagt. Stellen Sie zusammen, was Ariadne außerdem fürchtet.

Her. 20.21–38 Acontius

In einem Dianaheiligtum rollt Acontius der von ihm geliebten Cydippe einen Apfel vor die Füße. Sie hebt ihn auf und liest die von Acontius vorbereitete Inschrift – wie in der Antike üblich – laut: „Bei Diana, ich werde Acontius heiraten." Damit hat sie sich eidlich verpflichtet. Ihr Vater hatte sie jedoch schon einem anderen verlobt. Diana als Wächterin des Eids schickt Cydippe eine Krankheit, um die Erfüllung des Gelübdes durchzusetzen.

Deceptam dicas nostra te fraude licebit,
  dum fraudis nostrae causa feratur amor.
Fraus mea quid petiit, nisi uti tibi iungerer uni?
  Id te, quod quereris, conciliare potest.
Non ego natura nec sum tam callidus usu;
  sollertem tu me – crede, puella – facis.
Te mihi compositis – siquid tamen egimus – a me
  adstrinxit verbis ingeniosus Amor.
Dictatis ab eo feci sponsalia verbis
  consultoque fui iuris Amore vafer.
Sit fraus huic facto nomen, dicarque dolosus,
  si tamen est, quod ames, velle tenere dolus.
En, iterum scribo mittoque rogantia verba!
  Altera fraus haec est, quodque queraris, habes.
Si noceo, quod amo, fateor, sine fine nocebo,
  teque, peti caveas tu licet, usque petam.
Per gladios alii placitas rapuere puellas;
  scripta mihi caute littera crimen erit?

Übersetzung:
Du wirst dich durch meinen Betrug getäuscht nennen dürfen, solange nur als Grund für meinen Betrug Liebe genannt wird. Was erstrebte mein Betrug anderes, als dass ich mich mit dir allein verbinde? Das, was du beklagst, kann dich auch versöhnen. Ich bin weder von Natur aus noch aus Gewohnheit so raffiniert; du – glaub es nur, Mädchen – machst mich erfinderisch. Dich fesselte an mich der erfinderische Amor mit den – wenn ich überhaupt etwas getan habe – von mir verfassten Worten. Mit den von ihm diktierten Worten schloss ich die Verlobung, und schlau war ich nur mit Amor als Rechtsberater. Mag „Betrug" die Bezeichnung für diese Handlung sein und mag ich listenreich genannt werden, wenn es überhaupt eine List ist, im Arm halten zu wollen, was man liebt. Siehe, erneut schreibe und schicke ich bittende Worte! Das ist ein neuer „Betrug", und du hast etwas, worüber du klagen kannst. Wenn ich Schaden zufüge, weil ich liebe, bekenne ich es: Ich werde ohne Ende schaden und dich, magst es du auch vermeiden, umworben zu werden, in einem fort umwerben. Durch Schwerter raubten andere die Mädchen, die ihnen gefielen; wird für mich der vorsichtig geschriebene Buchstabe ein Schuldvorwurf sein?

T *Fraus* steht in der Elegie oft für die Täuschung eines Partners. Überprüfen Sie den Gebrauch des Wortes in diesem Text. Erörtern Sie, ob seine Wiedergabe in der Übersetzung angemessen ist.

→ die römische Liebeselegie: S. 50
→ Ariadne in den *Metamorphosen*: S. 75
→ Szenisches Spiel (u. a. zu Ariadne/Acontius und Cydippe): S. 231

Her. 21.17–20, 55/56, 221/222 und 243–248 Cydippe

In drei Fällen lässt Ovid in den *Heroides* den Empfänger bzw. die Empfängerin des Briefes darauf antworten. Cydippe kann nach dem Empfang von Acontius' Brief jedoch nur unter Schwierigkeiten zurückschreiben.

Nunc timor accedit, ne quis nisi conscia nutrix
  colloquii nobis sentiat esse vices.
19 Ante fores sedet haec, quid agamque, rogantibus intus,
  ut possim tuto scribere, „dormit" ait.

In einer langen Partie mit Vorwürfen gegen Acontius, der ihre Naivität ausgenutzt habe, führt Cydippe aus, wie die Situation sie krank macht:

55 Dic mihi nunc, solitoque tibi ne decipe more:
  Quid facies odio, sic ubi amore noces? […]
221 Si me nunc videas, visam prius esse negabis.
  „Arte nec est", dices, „ista petita mea."

Indem Cydippe sich der Vorstellung öffnet, Acontius könne – zunächst nur als Krankenbesuch – an ihrem Bett sitzen, folgt schließlich doch noch ein versöhnlicher Ausblick:

Cetera cura tua est. Plus hoc quoque virgine factum:
  non timuit tecum quod mea charta loqui.
245 Iam satis invalidos calamo lassavimus artus;
  et manus officium longius aegra negat.
Quid nisi, si cupio mihi iam contingere tecum,
248 restat, ut adscribat littera nostra „Vale!"

Übersetzung:
Nun kommt Furcht hinzu, jemand außer der eingeweihten Amme könnte merken, dass wir einen Austausch im Gespräch führen. Diese sitzt vor der Tür und sagt denen, die sich erkundigen, was ich innen tue: „Sie schläft", damit ich in Sicherheit schreiben kann.
Sag mir jetzt und täusche mich nicht in der dir gewohnten Weise: Was wirst du aus Hass tun, wenn du aus Liebe solchen Schaden anrichtest? Wenn du mich jetzt sehen könntest, wirst du leugnen, dass du mich früher gesehen hast. Du wirst sagen: „Nicht diese habe ich mit meiner List umworben."
Das Übrige ist deine Sorge. Schon diese Handlung ist mehr als einem Mädchen angemessen: dass mein Papyrusblatt keine Angst hatte, mit dir zu sprechen. Schon habe ich mit dem Schreibrohr meine schwachen Glieder genug erschöpft; und meine kranke Hand verweigert einen weiteren Dienst. Was bleibt übrig, wenn ich begehre, mit dir weiterhin in Kontakt zu sein, außer dass mein Brief hinzuschreibt: „Lebe wohl!"

i Die Amme in der Literatur
Die Rolle der **Amme als Vertraute** einer jungen Frau ist in der Literatur weit verbreitet, etwa in William Shakespeares Tragödie „Romeo und Julia": Hier hält sie ebenfalls Wache vor dem Zimmer der Pflegetochter – während diese von Romeo besucht wird. Oft geht dieses Vertrauensverhältnis mit einer Distanz des Mädchens zu ihren Eltern einher: Während diese mit ihrer Tochter familiäre oder dynastische Pläne verfolgen, ohne auf die Tochter Rücksicht zu nehmen, kann die Amme als Mitwisserin Partei für deren Herzensneigung ergreifen.
Solche Heimlichkeit ist auch ein häufiges Element der römischen Literatur: Eine junge Frau liebt einen jungen Mann, ist aber anderweitig gebunden und wird überwacht. So spielen Täuschungsmanöver und heimliche Kommunikation eine große Rolle.

T 1 Zeigen Sie, wie Ovid durch die Wortwahl und durch den Inhalt Hinweise auf ein glückliches Ende der Liebesbeziehung gibt.

T 2 Vergleichen Sie die Erzählung von Pyramus und Thisbe in den *Metamorphosen* des Ovid (S. 70/71) und arbeiten Sie unter Einbeziehung der Info-Box Ähnlichkeiten und Unterschiede zu Acontius und Cydippe heraus.

Paulus Bor, „Cydippe mit dem Apfel des Acontius" (ca. 1640). Beschreiben Sie, wie der Maler Cydippe darstellt. Erklären Sie, welche Rolle der Apfel am Ende von Acontius' Brief spielt.

→ Pyramus und Thisbe: S. 70
→ AH: Kasusfunktionen: S. 8

LERNWORTSCHATZ: *Heroides*

LW *Her.* 67–80

īrāscī, īrāscor, īrātus sum	zornig werden
vōtum, -ī *n*	Wunsch, Gebet, Versprechen
levis, -e	leicht, unbedeutend, leichtfertig
tantum *Adv.*	so viel, so sehr; nur
lātus, -a, -um	weit, breit, ausgedehnt
aequor, -oris *n*	Meer; Fläche, Ebene
tellūs, -ūris *f*	Erde, Welt; Erdboden
suspicārī, suspicor, suspicātus sum	argwöhnen, vermuten, verdächtigen
libīdō (*und* **lubīdō**), -inis *f*	Begierde, Lust; Willkür
forsitan *Adv.*	vielleicht
rūsticus, -a, -um	ländlich, bäurisch; *Subst.* Bauer
tenuis, -e	dünn, fein, schwach; gering
nēve (*und* **neu**)	und nicht, oder nicht, damit nicht; nēve ... nēve weder ... noch

LW *Her.* 1.107–116

tuērī, tueor, tuitus/tūtus sum	ansehen; bewahren
tēctum, -ī *n*	Dach; Haus, Behausung
citō *Adv.* (*Komp.* citius)	schnell, rasch
nātus (*und* **gnātus**), -ī *m*/ **nāta,** -ae *f*	Sohn/Tochter
mollis, -e	weich, angenehm; freundlich
patrius, -a, -um	väterlich, vom Vater ererbt, heimatlich
ērudīre, ērudiō, ērudīvī, ērudītum	ausbilden, unterrichten
respicere, respiciō, respexī, respectum	zurückschauen; beachten, Rücksicht nehmen
lūmen, -inis *n*	Licht; Auge
fātum, -ī *n*	Schicksal, Göttersprüch; Verhängnis, Tod
prōtinus *Adv.*	vorwärts; sofort; ununterbrochen
anus, -ūs *f*	alte Frau

LW *Her.* 7.1–18

herba, -ae *f*	Kraut, Gras
meritum, -ī *n*	das Verdienst; Wohltat; Würdigkeit
pudīcus, -a, -um	schamhaft, keusch
foedus, -eris *n*	Bund, Verbindung, Vertrag
nōtus, -a, -um	bekannt, berühmt

LW *Her.* 151–156, 177–190 und 195/196

error, -ōris *m*	Irrtum; Irrfahrt
trānsferre, trānsferō, trānstulī, trānslātum	(hin)übertragen, überführen
unde *Adv.*	woher; weshalb
triumphus, -ī *m*	Triumph, Triumphzug
ultrā	*m. Akk.* über ... hinaus; *Adv.* darüber hinaus
coniugium, -ī *n*	Vereinigung, Ehe
fretum, -ī *n*	Meer
imāgō, -inis *f*	Bild, Bildnis
gremium, -ī *n*	Schoß
stringere, stringō, strīnxī, strictum	(eine Waffe) ziehen; streifen
lābī, lābor, lāpsus sum	gleiten, fallen; wankelmütig sein
īnstruere, īnstruō, īnstrūxī, īnstrūctum	aufstellen, ausstatten, unterrichten
sepulcrum (*und* **sepulchrum**), -ī *n*	Grab, Grabmal, Begräbnis
tēlum, -ī *n*	Wurfwaffe, Waffe, Geschoss
saevus, -a, -um	wütend, wild, grausam
vulnus, -eris *n*	Wunde, Verletzung
concidere, concidō, concidī	zusammenbrechen, zusammenfallen; sinken

LW *Her.* 10.83–98

avidus, -a, -um *m. Gen.*	gierig, begierig nach
lupus, -ī *m*	Wolf
fulvus, -a, -um	rötlich, bräunlich, blond
īnsula, -ae *f*	Insel; Wohnblock
vetāre, vetō, vetuī, vetitum *m. Akk.*	(jmd.) verbieten
latus, -eris *n*	Seite, Flanke
captīvus, -a, -um	gefangen; *Subst.* Kriegsgefangener
grandis, -e	groß; alt; bedeutend
magis *Adv.*	mehr, eher
meminisse, meminī *m. Gen.*	sich erinnern, gedenken
minārī, minor, minātus sum	(an)drohen
rapidus, -a, -um	reißend, schnell
praeda, -ae *f*	Beute; Beutezug
ferus, -a, -um	wild; *Subst.* fera, -ae *f* wildes Tier
sīve ... sīve (*oder* **seu ... seu**)	sei es, dass ..., oder dass

LW *Her.* 20.21–38

dum *m. Konj.*	wenn nur
fraus, fraudis *f*	Betrug, Diebstahl
querī, queror, questus sum	klagen, (sich) beklagen
conciliāre, conciliō, conciliāvī, conciliātum	gewinnen; versöhnen
licet *m. Konj.*	auch wenn
ūsque *Adv.*	ununterbrochen; usque a *m. Abl.* seit; ūsque ad *m. Akk.* bis zu
cautus, -a, -um	vorsichtig, behutsam, sorgfältig; sicher

LW *Her.* 21.17–20, 55/56, 221/222 und 243–248

cōnscius, -a, -um *m. Gen.*	sich bewusst; (mit)wissend
colloquium, -ī *n*	Gespräch
dormīre, dormiō, dormīvī, dormītum	schlafen

Zusammenfassung: Publius Ovidius Naso (43 v. Chr. – 17 n. Chr.)

- Heimatstadt **Sulmo;** gestorben in **Tomi** am Schwarzen Meer (Verbannungsort).
- **Hauptwerk:** das **Epos** (lange Erzählung in Versen) ***Metamorphosen*** (Sagen mit Verwandlungen): eine mythologische Weltgeschichte vom Ursprung der Welt bis zur Zeit des Augustus *(carmen perpetuum);* darin zahlreiche berühmte Sagen (z. B. **Europa und der Stier, Pyramus und Thisbe, Daedalus und Ikarus, Orpheus und Eurydike**).
- weitere Werke (Auswahl): ***Amores*** (Liebesgedichte an eine **Corinna**, Gattung: **Liebeselegie**); ***Heroides*** („Briefe mythischer Frauen“, in elegischen Distichen); ***Ars amatoria*** („Liebeskunst“, humorvolles Lehrgedicht über die Liebe, nicht im Hexameter, dem Versmaß des Lehrgedichts, verfasst, sondern im elegischen Distichon, dem Versmaß der Liebesdichtung), ergänzt durch ***Remedia amoris*** („Heilmittel gegen die Liebe“); ***Fasti*** (mythologischer Festkalender); Klagelieder und Versbriefe aus der Verbannung: ***Tristia*** („Lieder der Trauer“, darin auch die **Autobiografie** Ovids), ***Epistulae ex Ponto*** („Briefe vom Schwarzen Meer“).
- **Verbannung durch Augustus,** nach Ovids eigener Aussage wegen ***carmen et error;*** ob die ***Ars amatoria*** wegen möglicher Provokationen gegen die Ehegesetze des Herrschers der Grund für die Verbannung war, bleibt unklar, ebenso, was Ovid mit ***error*** meint.
- **Reiches Nachleben** v. a. der ***Metamophosen:*** z. B. **„Ovide moralisé“** (Ovid in christlich-allegorischer Interpretation), weiterhin bei **Cervantes, Shakespeare** (Einfluss von „Pyramus und Thisbe“ auf die Dramen **„Romeo and Juliet“** und **„A Midsummer Night's Dream“**), in der bildenden Kunst und der Musik; im 20. Jahrhundert: **James Joyce** („A Portrait of the Artist as a Young Man“), **Christoph Ransmayr** („Die letzte Welt“).

→ Allegorie bei Petrarca: S. 185

Celsus: *De medicina*

Nicht nur in den berühmten Texten einflussreicher antiker **Philosophen** wurde **das antike Bild vom Menschen** geprägt, sondern auch in **naturwissenschaftlich ausgerichteten Schriften,** etwa aus dem Bereich der **Medizin.** Das bekannteste heilkundliche Werk der römischen Antike stammt von **Celsus.**
Über das Leben des **Aulus Cornelius Celsus** ist nur bekannt, dass er zur Regierungszeit des Kaisers **Tiberius** (14–37 n. Chr.) wirkte. Die von ihm erhaltenen **acht Bücher über die Heilkunde *(De medicina)*** sind nur Teil eines umfassenderen Gesamtwerks mit dem Titel ***Artes,*** das wahrscheinlich mit ähnlicher Ausführlichkeit auch die Themen Landwirtschaft, Militärwesen, Rhetorik, Philosophie und Rechtswesen behandelte. Celsus ist damit ein **Enzyklopädist** und nicht nur ein Fachautor. Ob er selbst Mediziner war oder nur Wissen früherer Autoren zusammengetragen hat, ist unklar. Da aus der Zeit zwischen dem berühmten griechischen Mediziner **Hippokrates** (5./4. Jh. v. Chr.) und Celsus kaum medizinische Fachliteratur erhalten ist, ist seine Schrift eine **wesentliche Quelle für die antike Medizin.**
Wie lange die überlieferte Schulmedizin mit dem Namen Celsus in Verbindung gebracht wurde, lässt sich daran erkennen, dass der wichtigste Arzt der frühen Neuzeit, Theophrastus Bombastus von Hohenheim (ca. 1493–1541), sich den Beinamen **Paracelsus** („der, über Celsus hinausgeht“) gab.

Celsus (Kupferstich aus dem 18. Jh.). Erörtern Sie, wie der Wahrheitsgehalt solcher Porträts einzuschätzen ist. Erschließen Sie, warum der Künstler auf die Darstellung medizinischer Attribute verzichtet haben mag.

De med. Pr. 9 Einteilung der Medizin

Im Prooemium berichtet Celsus zunächst über die Geschichte der Heilkunst. Dabei gliedert er die Medizin in drei Unterdisziplinen.

In tres partes medicina diducta est, ut una esset, quae victu, altera, quae medicamentis, tertia, quae manu mederetur. Primam διαιτητικήν [diaitetikén], secundam φαρμακευτικήν [pharmakeutikén], tertiam χειρουργίαν [cheirurgían] Graeci nominarunt.

1 *dīdūcere (PPP: dīductum)* teilen – 2 *medicāmentum* vgl. das Fremdwort – *medērī* heilen – 5 *nōminārunt* ~ *nōmināvērunt*

> **i** **Antike Enzyklopädisten**
> Als **Enzyklopädie** bezeichnet man ein Werk der Sachliteratur, das das **gesamte Wissen** (oder zumindest einen größeren Teilbereich) seiner Zeit darstellt. Wichtige antike Enzyklopädisten neben **Celsus** waren **Marcus Terentius Varro** (116–27 v. Chr.), der in seinem nicht erhaltenen Werk *Disciplinarum libri IX* die ***septem artes liberales*** **(Grammatik, Dialektik, Rhetorik, Geometrie, Arithmetik, Astronomie und Musik)** sowie die Architektur behandelt, und **Plinius der Ältere** mit seiner *Naturalis historia*.

S 1 Erschließen Sie die aus den griechischen Begriffen entstandenen Fremdwörter und erklären Sie Ihre Bedeutung.
S 2 Benennen Sie die in diesem Abschnitt vorherrschenden Stilfiguren und erklären Sie deren Funktion.
T Suchen Sie aus dem modernen Alltag Beispiele für Heilverfahren, die den drei Teilbereichen zuzuordnen sind.

→ Plinius der Ältere: S. 120
→ Rhetorische Stilmittel: S. 224

De med. 1.1.1–3 Grundlagen einer gesunden Lebensweise

Sanus homo, qui et bene valet et suae spontis est, nullis obligare se legibus debet ac neque medico neque iatralipta egere. Hunc oportet varium habere vitae genus: modo ruri esse, modo in urbe, saepiusque in agro; navigare, venari, quiescere interdum, sed frequentius se exercere; siquidem ignavia corpus hebetat, labor firmat, illa maturam senectutem, hic longam adulescentiam reddit.
Prodest etiam interdum balineo, interdum aquis frigidis uti [...]; nullum genus cibi fugere, quo populus utatur [...]. Sed ut huius generis exercitationes cibique necessarii sunt, sic athletici supervacui: nam et intermissus propter civiles aliquas necessitates ordo exercitationis corpus adfligit, et ea corpora, quae more eorum repleta sunt, celerrime et senescunt et aegrotant.

1 *suae spontis esse* sein eigener Herr sein – 2 *sē obligāre (m. Dat.)* sich binden an – *iātralīptēs*, -ae *m* (*Abl.* -*ā*) Arztgehilfe; entspricht wohl am ehesten unserem heutigen Heilpraktiker – 4 *saepius* Komparativ zu *saepe* – 6 *siquidem* ~ *sī* – *īgnāvia* Trägheit – *hebetāre* schwächen – *fīrmāre* stärken – 7 *mātūrus* früh – *adulēscentia* ~ *iuventūs* – 8 *reddere* (hier) bewirken – 9 *balineum* Bad – 11 *exercitātiō*, -ōnis *f* Übung – 12 *athlēticus* nach Art der Wettkämpfer – *supervacuus* überflüssig; ergänze *sunt* – 12–14 *et* ... *et* erstens ... zweitens (verbindet hier längere Sätze) – 12 *intermittere (PPP: intermissum)* unterbrechen – 14 *adflīgere* schwächen – 14/15 *mōre eōrum* (hier sinngemäß) mit Nahrung nach Sportlerart – 15 *replēre (PPP: replētum)* füllen – *senēscere* altern – *aegrōtāre* erkranken

i **Die Mesótes-Lehre des Aristoteles**
Die von Celsus hier aufgestellten Lebensregeln können als eine Anwendung der **Ethik** des Philosophen **Aristoteles** (384–322 v. Chr.) gedeutet werden. Dieser lehrt, dass **das richtige Handeln immer in der Mitte** (μεσότης *[mesótes]*) zwischen den Extremen liegt. Beispielsweise wäre Tapferkeit eine Tugend, die als Mittelweg zwischen den Untugenden Tollkühnheit und Feigheit anzusehen ist. Erschließen Sie in diesen beiden Kapiteln mögliche praktische Anwendungen der Mesótes-Lehre.

S 1 Weisen Sie den antithetischen Gedankenverlauf des Textes nach, indem Sie gegensätzliche (lateinische) Begriffspaare heraussuchen.

S 2 Das Pronomen *hic* bezieht sich häufig auf etwas, das im Text in unmittelbarer Nähe genannt wurde, während *ille* etwas weiter Entferntes bezeichnet. Belegen Sie dies anhand des vorliegenden Textes, indem Sie erklären, welche Begriffe mit *illa* und *hic* (Z. 7) aufgegriffen werden.

T 1 Fassen Sie zusammen, wie sich ein prinzipiell gesunder Mensch den Arztbesuch ersparen kann. Berücksichtigen Sie für eine exakte Antwort auch die beiden Komparative *saepius* (Z. 4) und *frequentius* (Z. 5). Welches deutsche Sprichwort würde die Textaussage wiedergeben?

T 2 Erörtern Sie, welche der hier genannten Grundsätze auch in der heutigen Medizin gelten dürften bzw. sollten.

De med. 1.3.13–14 Verschiedene Typen von Menschen

Ante omnia autem norit quisque naturam sui corporis, quoniam alii graciles, alii obessi sunt, alii calidi, alii frigidiores, alii umidi, alii sicci; alios adstricta, alios resoluta alvus exercet. Raro quisquam non aliquam partem corporis imbecillam habet. Tenuis vero homo inplere se debet, plenus extenuare; calidus refrigerare, frigidus calefacere; madens siccare, siccus madefacere; itemque alvum firmare is, cui fusa, solvere is, cui adstricta est: succurrendum semper parti maxime laboranti est.

1 *nōrit* ~ *nōverit* (hier als Iussiv zu *nōvisse*) – 2 *gracilis*, -e schlank – *obēs(s)us* fett – *frīgidus* LW *De med.* 1.1.1–3 – 3 *ūmidus* feucht – *siccus* trocken – *adstrictus* (hier) verstopft – *resolūtus* (hier) lose – 4 *alvus*, -ī *f* Darm, Stuhlgang – *exercēre* (hier) quälen – 5 *imbēcillus* schwach – *inplēre* ~ *implēre* (hier) sättigen – 6 *plēnus* (hier) dick – *extenuāre* abnehmen; ergänze bei den folgenden Teilsätzen immer *(sē) dēbet* – *refrīgerāre* abkühlen – 7 *calefacere* erwärmen – *madēre* (von Schweiß) triefen – *siccāre* trocknen – *madefacere* befeuchten – 8 *fīrmāre* stärken – *fūsus* flüssig

S 1 Suchen Sie im Text Wortpaare aus Adjektiv und Verb, die vom gleichen Wortstamm gebildet sind.

S 2 Arbeiten Sie in diesem und dem vorigen Kapitel Vokabeln und grammatikalische Erscheinungen heraus, die für die Formulierung von Regeln typisch sind.

→ Aristoteles: S. 28
→ Plinius der Ältere über Ärzte: S. 126
→ gesunde Lebensweise (Warnung vor Alkohol) bei Erasmus: S. 193
→ AH: Substantive, Adjektive, Adverbien und Pronomina: S. 4

De med. 5.27.3 und 5 Maßnahmen bei Schlangen- und Skorpionbissen

In primis super volnus id membrum deligandum est, non tamen nimium vehementer, ne torpeat; deinde venenum extrahendum est. Id cucurbitula optume facit. Neque alienum est ante scalpello circa volnus incidere, quo plus vitiati sanguinis extrahatur. Si cucurbitula non est, quod tamen vix incidere potest, tum quodlibet simile vas, quod idem possit; si ne id quidem est, homo adhibendus est, qui id volnus exsugat. [...] Post haec is homo loco calido conlocandus est, sic ut id, quod percussum erit, in inferiorem partem inclinetur.

Nach der Behandlung des Schlangenbisses geht Celsus zu Vergiftungen durch andere Tiere über:

In quibusdam etiam aliis serpentibus quaedam auxilia certa satis nota sunt. Nam scorpio sibi ipse pulcherrimum medicamentum est. Quidam contritum cum vino bibunt; quidam eodem modo contritum super volnus imponunt; quidam super prunam eo imposito volnus suffumigant, undique veste circumdata, ne is fumus dilabatur; tum carbonem eius super volnus deligant. Bibere autem oportet herbae solaris, quam ἡλιοτρόπιον [heliotrópion] Graeci vocant, semen vel certe folia ex vino.

S Benennen Sie die lautlichen Besonderheiten der in den Worterklärungen als archaistisch gekennzeichneten Wortformen und erklären Sie diese.

T 1 Erkundigen Sie sich in einem Erste-Hilfe-Handbuch, wie man nach heutigem Kenntnisstand bei einem Schlangenbiss verfahren soll, und vergleichen Sie Ihre Ergebnisse mit den Anweisungen des Celsus.

T 2 Ordnen Sie die im Text genannten Heilverfahren den im Prooemium genannten medizinischen Teildisziplinen διαιτητική *[diaitetiké]*, φαρμακευτική *[pharmakeutiké]* und χειρουργία *[cheirurgía]* zu.

T 3 Erschließen Sie aus dem Text Möglichkeiten zur Gewinnung und Anwendung von Arzneimitteln in der Antike.

S ***cadere, caedere* und Komposita**

Die alte Eselsbrücke, dass *cadere* „fallen“ und *caedere* „fällen“ bedeutet, kennen Sie vielleicht schon. Schwierig wird die Unterscheidung der Verbstämme, wenn sie durch ein **Präfix** erweitert werden und das *a* zu einem kurzen *i*, das *ae* zu einem langen *ī* wird (sogenannte **Binnensilbenabschwächung**). So sind z. B. in unserem Text die gleich aussehenden, aber von der Bedeutung völlig verschiedenen Verben *incidere* „sich ereignen“ und *incīdere* „einschneiden“ entstanden.

1 *in prīmīs* besonders – *volnus* archaistisch für *vulnus* – *dēligāre* abbinden – 2 *torpēre* lahm werden – *venēnum* Gift – 3 *extrahere* herausziehen – *cucurbitula* Schröpfkopf – *optumē* archaistisch für *optimē* – 4 *aliēnus* (hier) unpassend – *ante* (hier *Adv.*) vorher – *scalpellum* vgl. das Fremdwort – *circā volnus incīdere* die Wunde ringsherum aufschneiden – 5 *vitiātus* vergiftet – 6 *incidere* ~ *accidere* – *quodlibet* jedes beliebige – 8 *exsūgere* aussaugen – 8/9 *is homō* gemeint ist der Gebissene – 9 *calidus* LW *De med.* 1.3.13–14 – *conlocāre* ~ *collŏcare* – *percutere* *(PPP: percussum)* verwunden – 10 *in īnferiōrem partem inclīnāre* nach unten neigen – 11 *serpēns* hier als Oberbegriff für alle Tiere mit giftigem Biss gebraucht – 12 *scorpiō, -ōnis m* Skorpion – *sibī* (hier sinngemäß) gegen seinen eigenen Stich – 13 *conterere (PPP: contrītum)* zerreiben; *contrītum* ergänze *scorpiōnem* – 15 *prūna* glühende Kohle – 16 *suffūmigāre* räuchern – *fūmus* Rauch – 17 *dīlabī* (hier) entweichen – *carbō, -ōnis m* Kohle; *carbō eius* dessen verkohlte Überreste – *dēligāre* mit einem Verband fixieren – 18 *herba sōlāris* vgl. die Abbildung – 19 *folium* Blatt – 19/20 *sēmen vel folia ex vīnō* ein weinhaltiger Auszug aus Samen oder Blättern

Heliotropium europaeum, Sonnenwende, Krebsblume oder Warzenkraut. Früher als Heilpflanze gebräuchlich, gilt es heute nur noch als Giftpflanze. Erklären Sie, wie Celsus sich die Behandlung von Vergiftungen grundsätzlich vorzustellen scheint.

→ Archaismus: S. 53
→ Heilpflanzen bei Plinius dem Älteren: S. 125
→ Wortbildung: S. 172

LERNWORTSCHATZ

LW De med. Pr. 9

vīctus, -ūs *m*	Lebensunterhalt, Nahrung; Lebensweise

LW De med. 1.1.1–3

sānus, -a, -um	gesund, unversehrt; vernünftig
medicus, -ī *m*	Arzt
egēre, egeō, eguī *m. Abl.*	Mangel leiden an, etw. nicht haben
modo *Adv.*	gerade eben; nur; modo ... modo bald ... bald
rūs, rūris *n*	Land, Landgut, Feld; rūrī auf dem Land
nāvigāre, nāvigō, nāvigāvī, nāvigātum	segeln, (zur See) fahren
vēnārī, vēnor, vēnātus sum	jagen
interdum *Adv.*	manchmal, bisweilen
senectūs, -ūtis *f*	(Greisen-)Alter
prōdesse, prōsum, prōfuī, prōfutūrus	nützen, nützlich sein
frīgidus, -a, -um	kalt, kühl
cīvīlis, -e	bürgerlich, Bürger-; öffentlich
necessitās, -ātis *f*	Notwendigkeit, Not, Zwang, Verpflichtung
ōrdō, -inis *m*	Ordnung, Reihe, Stand

LW De med. 1.3.13–14

quisque, quaeque, quidque (quodque)	jeder
calidus, -a, -um	warm, heiß
rārō *Adv.*	selten
quisquam, quidquam (quicquam)	irgendeiner, irgendetwas; neque quicquam und nichts
tenuis, -e	dünn, fein, schwach; gering
item *Adv.*	ebenso, in gleicher Weise, auch
succurrere, succurrō, succurrī, succursum	zu Hilfe eilen

LW De med. 5.27.3 und 5

membrum, -ī *n*	Gliedmaße, Körperteil
quō (~ ut eō) *beim Komp.*	damit (umso)
adhibēre, adhibeō, adhibuī, adhibitum	heranziehen, hinzuziehen; verwenden
serpēns, -entis *m*	Schlange
nōtus, -a, -um	bekannt, berühmt
sēmen, -inis *n*	Samen, Aussaat; Ursprung

Zusammenfassung: Aulus Cornelius Celsus (frühes 1. Jh. n. Chr.)

- **Werk: *Artes* (Enzyklopädie** über verschiedenste Wissensbereiche), davon nur **acht Bücher über die Heilkunde *(De medicina)*** erhalten,
- wesentliche **Quelle für die antike Medizin,**
- **Unterteilung der Heilverfahren** in: gesunde Lebensweise, Medikamente, chirurgische Eingriffe,
- Celsus' Name als Grundlage für das Pseudonym **Paracelsus.**

Valerius Maximus: *Facta et dicta memorabilia*

Informationen über das Leben und die Person des Valerius Maximus besitzen wir praktisch keine. Aufgrund der Widmung des Werkes an Kaiser Tiberius wissen wir, dass er etwa in der **ersten Hälfte des 1. Jahrhunderts n. Chr.** lebte und eine ausgezeichnete rhetorische Bildung genossen haben muss. Die **neun Bücher** umfassenden ***Facta et dicta memorabilia,*** die vermutlich im Jahr **31 n. Chr. in Rom** veröffentlicht wurden, waren offenbar **sein einziges Werk.** In ihnen präsentiert er eine nach sachlichen Gesichtspunkten geordnete **Sammlung von relativ kurzen Geschichten, Episoden und Anekdoten** aus der römischen und nichtrömischen (meist griechischen) Welt, die bestimmte **(Charakter-)Eigenschaften und Verhaltensweisen** in Form von Beispielen ***(exempla)*** vorstellen. Dabei formuliert er die Beweggründe für die Abfassung seines Werks in der Vorrede zum ersten Buch folgendermaßen:

„Ich habe beschlossen, erinnerungswürdige Taten und Worte von Römern wie von auswärtigen Völkern, die bei anderen Schriftstellern zu weit verstreut dargestellt sind, als dass man sie kurz und knapp erfassen könnte, aus berühmten Autoren auszuwählen und zusammenzustellen, damit denjenigen, die diese Belege verwenden wollen, die Mühe einer langwierigen Recherche erspart bleibt. Dabei hat mich nicht der Ehrgeiz gepackt, alles zu umfassend darzustellen: Wer nämlich könnte die Taten der gesamten Vergangenheit in einer halbwegs überschaubaren Anzahl von Büchern erfassen?“

Die Themen der einzelnen Bücher sind Gesetzes- und Rechtsfragen, Tugenden und Laster, allgemein positive bzw. negative Charaktereigenschaften, juristische Angelegenheiten, religiöse, politische und rhetorische Fragen, aber auch schlicht kuriose Ereignisse und Anekdoten. Dabei sind in den jeweiligen Themenfeldern die Einzelgeschichten durch ein **assoziativ reihendes Prinzip,** vergleichbar in etwa mit dem Strukturprinzip in Ovids *Metamorphosen,* verbunden. Jedes Kapitel gliedert sich in eine (häufig als Sentenz formulierte) Einleitung, in **römische und „auswärtige“ *exempla,*** wobei die römischen überwiegen. Bei der Darstellung ist für Valerius vor allem die **rhetorisch perfekte** und häufig auf eine Schlusspointe **zugespitzte Gestaltung** von großer Wichtigkeit.

Im Mittelalter waren die *Facta et dicta memorabilia* stark verbreitet und wurden vielfach kopiert und in verschiedene Landessprachen übersetzt. **Der größten Beliebtheit** erfreute sich Valerius Maximus aber zweifellos in der Epoche der **Renaissance.** Hier wurde sein Werk als die **wichtigste Quelle für die Kenntnis der Antike** überhaupt angesehen. Der Humanist **Francesco Petrarca** etwa setzte die *Facta et dicta memorabilia* auf Platz 1 der Liste seiner Lieblingsbücher. **Erasmus von Rotterdam** verfasste mit seinen ***Apophthegmata*** eine Exemplasammlung, die explizit an das Werk des Valerius Maximus anknüpft.

Titelkupfer einer Ausgabe des Valerius Maximus von 1726. Bestimmen Sie die dargestellten allegorischen Figurengruppen und arbeiten Sie durch eine Bildanalyse heraus, inwiefern der Künstler den Inhalt des Werkes in diesem Titelbild wiedergibt.

→ *exempla* bei Cicero: S. 17
→ Ovids *Metamorphosen*: S. 62
→ Petrarca: S. 180
→ Erasmus: S. 190

3.2.7 Ein würdevoller Senator als Beispiel für „stoische Ruhe"?

Im Jahr 387/386 v. Chr. schaffen es die Gallier, unter ihrem Anführer Brennus Rom zu erobern. Die Römer haben sich in die *arx* auf dem Kapitol *(Capitolium)* zurückgezogen, allerdings ist dort nicht für alle Bürger Platz. So ist man gezwungen, eine ungewöhnliche Lösung zu finden.

Magnum inter haec fortitudinis exemplum antiquitas offert.
Romani Gallorum exercitu pulsi, cum se in Capitolium et in arcem conferrent inque his collibus morari omnes non possent, necessarium consilium in plana parte urbis relinquendorum seniorum ceperunt, quo facilius iuventus reliquias imperii tueretur.
Ceterum ne illo quidem tam misero tamque luctuoso tempore civitas nostra virtutis suae oblita est: Defuncti enim honoribus apertis ianuis in curulibus sellis cum insignibus magistratuum, quos gesserant, sacerdotiorumque, quae erant adepti, consederunt, ut et ipsi in occasu suo splendorem et ornamenta praeteritae vitae retinerent et plebi ad fortius sustinendos casus suos ***.

Nachdem die Greise würdevoll Platz genommen haben, erscheinen die Gallier auf dem Forumsplatz.

Venerabilis eorum aspectus primo hostibus fuit et novitate rei et magnificentia cultus et ipso audaciae genere commotis. Sed quis dubitaret, quin et Galli et victores illam admirationem mox in risum et in omne contumeliae genus conversuri essent? Non exspectavit igitur hanc iniuriae maturitatem M. Atilius, verum barbam suam permulcenti Gallo scipionem vehementi ictu capiti inflixit eique propter dolorem ad se occidendum ruenti cupidius corpus obtulit.
Capi ergo virtus nescit, patientiae dedecus ignorat, fortunae succumbere omni fato tristius ducit, nova et speciosa genera interitus excogitat, si quisquam interit, qui sic exstinguitur.

Fortsetzung:
Den Galliern gelingt es im Folgenden zwar, Rom zu erobern, letztlich scheitern sie aber bei der Erstürmung der von den Römern gehaltenen *arx:* Bei einem nächtlichen Angriff auf das Kapitol werden die Römer von dem lauten Geschnatter der heiligen Gänse des Junotempels gewarnt. Nach intensiven Verhandlungen begnügen sich die Gallier mit der Zahlung eines immensen Lösegeldes durch Rom und ziehen schließlich ab.

1 *antiquitās, -ātis f* Altertum – 5/6 ordne: *necessārium cōnsilium seniōrum in plānā parte urbis relinquendōrum cēpērunt* – 7 *reliquiae, -ārum f Pl.* Reste – 8 *lūctuōsus* traurig – 9/10 *dēfungī (Part. Perf.: dēfūnctus) honōre* ein (Ehren-)Amt bekleiden – 10 *iānua* Tür – *sella curūlis* (-e) die Sella Curulis (Amtssessel der Konsuln, Prätoren und Ädilen) – 11 *īnsī-gne, -is n* Abzeichen (eines Amtes) – *sacerdōtium* Priesteramt – 13 *splendor, -ōris m* Glanz – 14 *** vgl. T1 – 15 *venerābilis, -e* ehrwürdig – *novitās, -ātis f* Neuartigkeit – 16 *māgnificentia* Pracht – *cultus* (hier) Kleidung – 18 *rīsus, -ūs* Gelächter – 19 *contumēlia* Schmähung – 20 *mātūritās, -ātis f* Zeitpunkt – 21 *barba* Bart – *permulcēre (m. Akk.)* ziehen an – *scīpiō, -ōnis f* (Amts-)Stab – 22 *īnflīgere (Perf.: īnflīxī) (m. Dat.)* schlagen auf – 24 *nescīre* (hier) nicht können – *patientia* (hier) Resignation – *dēdecus, -oris n* Schande – 25 *succumbere* nachgeben – *ducere* (hier) halten für – *speciōsus* schön – 26 *interitus, -ūs* Tod – *excōgitāre* sich ausdenken

S 1 Bestimmen Sie die Form *conversuri essent* (Z. 19) genau und begründen Sie, weshalb sie nach den Regeln der *consecutio temporum* hier so stehen muss.

S 2 Wiederholen Sie mithilfe Ihrer Grammatik die verschiedenen Übersetzungsmöglichkeiten des Komparativs. Finden Sie anschließend eine möglichst elegante Übersetzung für die Wendungen *cupidius corpus obtulit* (Z. 23) und *fortunae succumbere omni fato tristius ducit* (Z. 24/25).

T 1 In Z. 14 ging ein Teil des Textes in den mittelalterlichen Handschriften verloren. Versuchen Sie zusammen mit Ihrem Banknachbarn eine Rekonstruktion des Textes, indem Sie sich überlegen, wie der Gedanke des Satzes zu Ende geführt werden muss, und stellen Sie anschließend eine (deutschsprachige) Rekonstruktion dieses Satzes her.

T 2 Es ist denkbar, dass Valerius Maximus in der Schilderung solcher Ereignisse aus der römischen Geschichte philosophische Ideen anklingen lässt. Vergleichen Sie das Verhalten des Marcus Atilius in Z. 19f. mit den Gedanken des Philosophen Seneca zum Thema „Affekte und Zorn" (S. 108/109) sowie mit den Informationen zur stoischen Philosophie auf S. 116. Erörtern Sie, ob bzw. inwiefern der Autor das Verhalten des Atilius in dieser Episode als stoisches Handeln darstellt.

T 3 Erstellen Sie ein Aufbauschema der gesamten Textpassage und arbeiten Sie heraus, wie der Autor auf die Schlusssentenz im letzten Satz hin die Episode aufbaut. Entwickeln Sie anschließend, mit welchen sprachlich-stilistischen Mitteln der Autor diese Passage bewusst strukturiert, und fassen Sie den Kern der Aussage in einer möglichst prägnanten Formulierung zusammen.

→ Seneca, philosophische Schriften: S. 106
→ antike Philosophenschulen: S. 116
→ AH: Substantive, Adjektive, Adverbien und Pronomina: S. 4
→ AH: Partizipien und *nd*-Formen: S. 16

Der Philosoph Sokrates

Das **5. Jahrhundert v. Chr.** gilt als die **Blütezeit der griechischen Kultur.** In dieser Zeit entstanden dort bedeutende Bauwerke und große Literatur. Und es ist das erste Mal, dass ein Staat **demokratisch regiert** wird: **Athen.** Dies ist der politische und kulturelle Hintergrund, vor dem Sokrates, der wohl bedeutendste griechische Philosoph, sein Schüler **Platon** und dann dessen Schüler **Aristoteles** in Erscheinung traten. Sokrates (**469–399 v. Chr.**) war der Sohn der Hebamme Phainarete und des Steinmetzes Sophroniskos. Er arbeitete wohl zunächst ebenfalls als Steinmetz, diente im athenischen Heer und bekleidete dann auch politische Ämter.

Seine überragende Bedeutung für die Philosophiegeschichte erkennt man schon daran, dass heute die Philosophen, die vor Sokrates lebten, einfach als „**Vorsokratiker**" bezeichnet werden. Diese hatten sich v. a. mit Fragen der Naturphilosophie befasst. Dagegen stellte Sokrates den **Menschen** und sein Handeln in den Mittelpunkt seiner Philosophie. Diese Hinwendung zu Fragen nach dem ethisch richtigen und moralisch guten Leben nennt man in der Philosophiegeschichte die „**Sokratische Wende**".

Sokrates verfasste selbst keine philosophischen Schriften. Seine Gedanken überliefert uns v. a. sein Schüler Platon; als Quellen sind aber auch lateinische Autoren von Bedeutung. Grundlegend für das Philosophieren des Sokrates ist nicht etwa die Formulierung von Leitsätzen oder Thesen – sein bekanntester Ausspruch lautet: „**Ich weiß, dass ich nichts weiß**" –, sondern das Gespräch: Durch geschicktes **Fragen** leitete Sokrates die Menschen zur Erkenntnis. Sokrates selbst verglich sein Vorgehen mit der Tätigkeit einer Hebamme (griech. μαῖα *[maía]*) – dem Beruf seiner Mutter. Seine Art der Gesprächsführung wird deshalb als **Mäeutik** (μαιευτική τέχνη *[maieutiké téchne]*, „Hebammenkunst") bezeichnet.

Eine klare Gegenposition zu den Vorstellungen des Sokrates bezogen die **Sophisten,** professionelle Redelehrer, die meinten, sie könnten mit ihrer rhetorischen Technik jeden Inhalt als wahr erweisen. Sokrates dagegen kritisierte den Einsatz der Rhetorik als Mittel zur Manipulation der Menschen.

Überhaupt hatte Sokrates zahlreiche Feinde. Dass er behauptete, eine innere Stimme (sein „**Daimonion**") leite ihn, brachte ihm den Vorwurf ein, er leugne die Existenz der Götter. So wurde er wegen **Gotteslästerung und Verführung der Jugend** 399 v. Chr. zum Tode verurteilt und starb durch Gift (**Schierlingsbecher**).

In **Bertolt Brechts** Erzählung „**Der verwundete Sokrates**" (1938) wird ein unerwartetes Bild von Sokrates gezeichnet: Voller Angst zieht dieser als Soldat in die Schlacht gegen die Perser. Als es zum Kampf kommt und neben ihm Menschen sterben, wirft er seinen Schild weg und flieht. Er tritt sich jedoch einen Dorn in den Fuß, kann nicht mehr gehen und beginnt um sich zu schlagen und zu brüllen. Verschreckt ziehen sich die Perser zurück, die Athener gewinnen die Schlacht, und Sokrates wird als Held gefeiert. Er selbst traut sich nicht zu erzählen, was wirklich passiert ist, denn er fürchtet den Spott seiner Mitbürger. An der folgenden Stelle der Erzählung kommen ihn seine Schüler besuchen und berichten, wie er in Athen gerühmt wird. Sokrates weist alle Ehrungen zurück:

„Es ist alles Unsinn, was ihr da redet", sagte er mit einem plötzlichen Entschluss. „Ich habe gar nichts gemacht."
Lächelnd sahen sie sich an. Dann sagte einer:
„Genau, was wir auch sagten. Wir wussten, dass du es so auffassen würdest. Was ist das jetzt für ein Geschrei plötzlich, fragten wir Eusopulos vor den Gymnasien. Zehn Jahre hat Sokrates die größten Taten des Geistes verrichtet, und kein Mensch hat sich auch nur nach ihm umgeblickt. Jetzt hat er eine Schlacht gewonnen, und ganz Athen redet von ihm. Seht ihr nicht ein, sagen wir, wie beschämend das ist?"
Sokrates stöhnte.
„Aber ich habe sie ja gar nicht gewonnen. Ich habe mich verteidigt, weil ich angegriffen wurde. Mich interessierte diese Schlacht nicht. Ich bin weder ein Waffenhändler, noch habe ich Weinberge in der Umgebung. Ich wüsste nicht, für was ich Schlachten schlagen sollte. Ich steckte unter lauter vernünftigen Leuten aus den Vorstädten, die kein Interesse an Schlachten haben, und ich tat genau, was sie alle auch taten, höchstens einige Augenblicke vor ihnen."
Sie waren wie erschlagen.
„Nicht wahr", riefen sie, „das haben wir auch gesagt. Er hat nichts getan als sich verteidigt. Das ist seine Art, Schlachten zu gewinnen. Erlaube, dass wir in die Gymnasien zurückeilen. Wir haben ein Gespräch über dieses Thema nur unterbrochen, um dir guten Tag zu sagen."
Und sie gingen, wollüstig im Gespräch vertieft.
Sokrates lag schweigend, auf die Ellbogen gestützt, und sah nach der rußgeschwärzten Decke. Er hatte recht gehabt mit seinen finsteren Ahnungen. [...]

Untersuchen Sie, welche Rolle das Philosophieren des Sokrates in diesem Textstück spielt.
Brechts Erzählung gilt auch als Text gegen Krieg und soziale Ungerechtigkeit. Erläutern Sie, an welchen Stellen dies deutlich wird.
Erklären Sie, worauf der Humor dieser Stelle beruht.

→ Platon und Aristoteles: S. 28
→ die Sophisten: S. 173

3.4 *ext.* 1 Der Philosoph Sokrates

Sed ut Romanis externa iungamus, Socrates, non solum hominum consensu, verum etiam Apollinis oraculo sapientissimus iudicatus, Phaenarete matre obstetrice et Sophronisco patre marmorario genitus ad clarissimum gloriae lumen excessit.
Neque immerito: Nam cum eruditissimorum virorum ingenia in disputatione caeca vagarentur mensurasque solis ac lunae et ceterorum siderum loquacibus magis quam certis argumentis explicare conarentur, totius etiam mundi habitum complecti auderent, primus ab his indoctis erroribus abductum animum suum intima condicionis humanae et in secessu pectoris repositos affectus scrutari coegit – si virtus per se ipsa aestimetur, vitae magister optimus.

1 *externus* auswärtig – 2 *cōnsēnsus, -ūs* übereinstimmende Meinung – *vērum* LW 3.2.7 – 3/4 *Phaenarete (Abl. -e)* und *Sophroniscus* die Eltern des Sokrates – 3 *obstetrīx, -īcis f* Hebamme – 4 *marmorārius* Steinmetz – 5 *lūmen* (hier) Glanz – 6 *immeritō (Adv.)* unverdientermaßen – *ērudītus* gebildet – 7 *disputātiō, -ōnis f* Unterhaltung – *caecus* sinnlos – *vagārī* sich ausbreiten – *mēnsūra* Größe – 8 *loquāx, -ācis* geschwätzig – 10 *complectī* (hier) begreifen – 11 *indoctus* ungelehrt – 12 *sēcessus, -ūs* abgeschiedener Bereich – *re-pōnere*[1] *(PPP: repositum)* – 13 *affectus, -ūs* Gemütszustand – *scrūtārī* erforschen – 14 *optimus* gemeint ist Sokrates; ergänze *fuit*

S 1 Bestimmen Sie die Sinnrichtung bzw. Bedeutung von *cum* in Z. 6. Wiederholen Sie ggf. zuvor die verschiedenen Bedeutungsmöglichkeiten der Subjunktion *cum* in Ihrer Grammatik.

S 2 Finden Sie in Partnerarbeit und ggf. mit Unterstützung eines Lexikons die treffendste Übersetzung für folgende Begriffe bzw. Wendungen: *habitus mundi* (Z. 10), *intima condicionis humanae* (Z. 11/12), *repositi affectus* (Z. 12/13). Lassen Sie die Ergebnisse in eine Musterübersetzung dieser Textpassage einfließen.

T 1 Fassen Sie die historische Leistung des Sokrates, wie sie im Text beschrieben wird, in einem einzigen prägnanten Satz zusammen.

T 2 Der berühmteste Satz des Sokrates ist der Schlüssel zum Verständnis der nebenstehenden Karikatur. Begründen Sie, weshalb durch die Antwort der „Schüler" des Sokrates dessen gesamtes philosophisches Denken ad absurdum geführt wird.

Karikatur zu Sokrates' Wahlspruch.

Weitere Materialien zu Sokrates:

Cicero:

- *Tusc.* 5.10–11 Die „Sokratische Wende" (S. 31),
- *Tusc.* 1.97–99 Sokrates über den Tod (S. 31/32); vgl. auch *Tusc.* 1.104 Diogenes als Todesverächter (S. 34),

Laktanz:

- *Epit.* 26 Innere Widersprüche der Philosophie (S. 152; eine christliche Sicht auf die antike Philosophie),

Erasmus von Rotterdam:

- III Socrates 33 Das höchste Gut (S. 191),
- III Socrates 36 Ich weiß, dass ... (S. 191),
- III Socrates 89–90 Was kommt nach dem Tod? (S. 192),

Melanchthon:

- Latein und Griechisch (S. 212).

Vgl. außerdem die **Abbildungen** auf S. 51 und 192 und den Auszug aus **Brechts Erzählung** „Der verwundete Sokrates" auf der vorangehenden Seite sowie die **Projektmaterialien** zu den Vorsokratikern auf S. 238.

→ Sokrates bei Cicero: S. 31
→ Sokrates und christliche Philosophie (Laktanz): S. 152
→ AH: Konjunktiv in Haupt- und Nebensätzen: S. 41

8.7 *ext.* 7 Der Tod des Archimedes

In den Jahren 214–212 v. Chr. belagerte der römische Feldherr Marcellus die reiche sizilianische Stadt Syrakus *(Syracusae, -arum f)*. Prominentester Verteidiger der Stadt war der Philosoph und Erfinder Archimedes (Gen. *-is*).

Archimedis quoque fructuosam industriam fuisse dicerem, nisi eadem illi et dedisset vitam et abstulisset: Captis enim Syracusis Marcellus, etsi machinationibus eius multum ac diu victoriam suam inhibitam senserat, eximia tamen hominis prudentia delectatus, ut capiti illius parceretur, edixit, paene tantum gloriae in Archimede servato quantum in oppressis Syracusis reponens.

At is,
    dum animo et oculis in terra defixis formas describit,
militi,
    qui praedandi gratia domum irruperat strictoque super caput gladio,
        quisnam esset,
    interrogabat,
propter nimiam cupiditatem investigandi,
    quod requirebat,
nomen suum indicare non potuit, sed protecto manibus pulvere „Noli", inquit, „obsecro, istum disturbare!"

Ac perinde quasi neglegens imperii victoris obtruncatus sanguine suo artis suae lineamenta confudit. Quo accidit, ut propter idem studium modo donaretur vita, modo spoliaretur.

1/2 ordne: *dīcerem industriam Archimēdis quoque frūctuōsam fuisse* – 1 *frūctuōsus* gewinnbringend – 2 *eadem* ergänze *industria* – 3 *māchinātiō, -ōnis f* technische Erfindung – 4 *inhibēre (PPP: inhibitum)* aufhalten – 6 *ē-dīcere* bestimmen – 8 *repōnere in (m. Abl.)* für sich beanspruchen bei – 10 *dēfīgere (PPP: dēfīxum) in (m. Abl.)* heften auf – *fōrma* (hier) geometrische Figur – 11 *dēscrībere* ~ *scrībere* – 13 *praedārī* Beute machen – 17 *investīgāre* herausfinden – 18 *requīrere* (hier) suchen – 20 *disturbāre* stören – 21 *perinde quasi* angeblich – *neglegēns, -entis (m. Gen.)* nicht beachtend – *obtruncāre* köpfen – 22 *līneāmenta, -ōrum n Pl.* Skizze – *cōnfundere (Perf.: cōnfūdī)* durcheinanderbringen

S Erklären Sie anhand des Ausspruchs in Z. 20, wie im Lateinischen ein Imperativ verneint werden kann (vgl. auch T1). Wiederholen Sie zudem mithilfe einer Grammatik die Funktion des Konjunktivs als Prohibitiv.

T 1 In anderen Fassungen der Geschichte werden die letzten Worte des Archimedes folgendermaßen überliefert: *Noli disturbare circulos meos!* Die deutsche Übersetzung dieses Ausspruchs ist im heutigen Sprachgebrauch praktisch zu einem Sprichwort geworden. Geben Sie an, wie sie lautet und in welchem Kontext bzw. in welcher Absicht sie im Allgemeinen verwendet wird.

T 2 Der Autor richtet die Schilderung der Szene gezielt auf die letzten beiden Sätze hin aus. Erklären Sie, worin die Pointe bzw. die „Moral von der Geschicht'" besteht.

T 3 Der Tod des Archimedes war bzw. ist ein seit Jahrhunderten beliebtes Motiv in der bildenden Kunst. Vergleichen Sie die Darstellung aus dem 3. Jahrhundert n. Chr. mit derjenigen aus dem 19. Jahrhundert. Arbeiten Sie Gemeinsamkeiten und Unterschiede in der Darstellungsweise bzw. der Bildaussage heraus.

Der Tod des Archimedes: links ein römisches Mosaik (3. Jh. n. Chr.), rechts eine Lithografie nach einem Gemälde von Gustave Courtois (1875).

→ die Eroberung von Syrakus bei Cicero: S. 15
→ AH: Konjunktiv in Haupt- und Nebensätzen: S. 41

LERNWORTSCHATZ

LW 3.2.7

fortitūdō, -inis *f*	Tapferkeit, Mut, Stärke
offerre, offerō, obtulī, oblātum	anbieten, entgegenbringen
collis, -is *m*	Hügel, Anhöhe
plānus, -a, -um	flach, eben, deutlich; plānē *Adv.* völlig, deutlich
senex, senis	alt; *Subst.* Greis, alter Mann
quō (~ ut eō) *beim Komp.*	damit (umso)
tuērī, tueor, tuitus/tūtus sum	ansehen; bewahren
oblīvīscī, oblīvīscor, oblītus sum	vergessen
apertus, -a, -um	offen, offenkundig
magistrātus, -ūs *m*	Amt, Behörde; Beamter
adipīscī, adipīscor, adeptus sum	erlangen, erreichen, erringen
occāsus, -ūs *m*	Untergang, Verderben; Westen
cāsus, -ūs *m*	Fall, Zufall, Schicksalsschlag; cāsū zufällig
aspectus, -ūs *m*	Anblick; Blick(feld)
cultus, -ūs *m*	Bildung, Lebensweise; Ausstattung; Pflege, Verehrung
mox *Adv.*	bald (darauf), dann
convertere, convertō, convertī, conversum	umdrehen, wenden, lenken; verwandeln
vērum *Adv.*	aber; sondern
ictus, -ūs *m*	Hieb, Stoß
fātum, -ī *n*	Schicksal, Göttерspruch; Verhängnis, Tod
trīstis, -e	traurig; unfreundlich, streng
quisquam, quidquam (quicquam)	irgendjemand, irgendetwas

LW 8.7 ext. 7

industria, -ae *f*	Fleiß, Eifer
auferre, auferō, abstulī, ablātum	rauben, wegbringen
eximius, -a, -um	ausnehmend, außerordentlich
prūdentia, -ae *f*	Klugheit
opprimere, opprimō, oppressī, oppressum	niederwerfen, unterdrücken
grātiā *nach Gen.*	wegen
irrumpere, irrumpō, irrūpī, irruptum	hereinbrechen, eindringen
stringere, stringō, strīnxī, strictum	(eine Waffe) ziehen; streifen
super	*m. Akk.* über (... hinaus), oben ... hinaus, oberhalb; *m. Abl.* oben auf, wegen
quisnam, quidnam	wer denn, was denn
requīrere, requīrō, requīsīvī, requīsītum	(auf)suchen, fragen, verlangen
indicāre, indicō, indicāvī, indicātum	anzeigen, ansagen, melden
prōtegere, prōtegō, prōtēxī, prōtēctum	schützen
pulvis, -eris *m*	Staub, Sand
inquam (*in die Rede eingeschaltetes Verb*)	sag(t)e ich; *2. Pers. Sg.* inquis sagst/sagtest du; *3. Pers. Sg.* inquit sagt(e) er
obsecrāre, obsecrō, obsecrāvī, obsecrātum	anflehen, beschwören
modo *Adv.*	gerade eben; nur; modo ... modo bald ... bald
spoliāre, spoliō, spoliāvī, spoliātum	(be)rauben

LW 3.4. ext. 1

gīgnere, gīgnō, genuī, genitum	(er)zeugen, gebären, hervorbringen
lūna, -ae *f*	Mond
sīdus, -eris *n*	Stern, Sternbild
argūmentum, -ī *n*	Beweismittel, Beweis, Argument
explicāre, explicō, explicāvī/explicuī, explicātum/explicitum *m. Akk.*/dē *m. Abl.*	aufrollen, ausbreiten; erklären
habitus, -ūs *m*	Aussehen, Zustand; Kleidung
complectī (*und* **conplectī**), complector, complexus sum	umfassen, umarmen; darstellen, begreifen
error, -ōris *m*	Irrtum; Irrfahrt
intimus, -a, -um	der innerste

Zusammenfassung: Valerius Maximus (ca. erste Hälfte 1. Jh. n. Chr.)

- praktisch keine gesicherten Daten zu seinem Leben,
- einziges erhaltenes **Werk:** ***Facta et dicta memorabilia*** in **neun Büchern,** vermutlich im Jahr **31 n. Chr. in Rom** veröffentlicht,
- nach sachlichen Gesichtspunkten geordnete **Sammlung von relativ kurzen Geschichten, Episoden und Anekdoten** aus der römischen und nichtrömischen (meist griechischen) Welt, die bestimmte **(Charakter-)Eigenschaften und Verhaltensweisen** in Form von Beispielen ***(exempla)*** vorstellen,
- Struktur: **assoziativ reihendes Prinzip,** vergleichbar mit Ovids *Metamorphosen* und den *Apophthegmata* des Erasmus,
- starke Verbreitung des Werkes im **Mittelalter** und v. a. in der **Renaissance:** Das Werk galt als die **wichtigste Quelle für die Kenntnis der Antike** überhaupt.

Seneca: Philosophische Schriften

Lucius Annaeus Seneca (auch **Seneca der Jüngere**) gehört zu den bedeutendsten römischen Philosophen. Um **1 n. Chr.** im spanischen **Corduba** geboren, schickte ihn sein Vater (der berühmte Rhetor **Seneca der Ältere**) schon früh nach Rom, um ihn dort zum Rhetor und Anwalt ausbilden zu lassen – sehr zum Unmut Senecas, denn seine Liebe galt bereits früh der Philosophie. Über den Gelehrten Sextius kam er bald mit der philosophischen Schule des **Stoizismus** in Berührung. Sein gesundheitlicher Zustand zwang ihn allerdings dazu, seine Studien abzubrechen und sich in Alexandria auszukurieren. Voller Elan kehrte er nach Rom zurück, um seine Karriere bis zur Quästur voranzutreiben. Als er jedoch im Zuge eines Skandals denunziert wurde (man sagte ihm ein Verhältnis mit einer Schwester Caligulas nach), **verbannte** ihn **Kaiser Claudius** nach **Korsika.**

Erst nach acht Jahren wurde die Verbannung 49 n. Chr. aufgehoben und Seneca wieder nach Rom geholt, wo er 50 n. Chr. – mitten in seiner Prätur – an den Kaiserhof gerufen wurde: als **Erzieher des noch jungen Kaisers Nero.** In den ersten Jahren (54–59 n. Chr.) scheinen die Erziehungsversuche, die uns mit dem Werk ***De clementia*** („Über die Milde“) auch literarisch vorliegen, tatsächlich gefruchtet zu haben. Doch mit fortlaufenden Jahren begann Nero Seneca zu entgleiten. Als der Kaiser in seinem Wahn sogar seine eigene Mutter Agrippina ermorden ließ, zog sich Seneca aus dem politischen Leben zurück und begann mit seinem literarischen Spätwerk. Doch die Vergangenheit holte ihn ein, als er bezichtigt wurde, an einer Verschwörung um Neros Berater Piso (die sogenannte **Pisonische Verschwörung**) gegen den Kaiser beteiligt zu sein. Nero zog Konsequenzen und verurteilte seinen ehemaligen Lehrer zum **Selbstmord.** Das Urteil nahm Seneca – ganz der Philosoph – gelassen hin und starb 65 n. Chr.

Was uns Seneca hinterlässt, ist eines der **umfassendsten Werke** der lateinischen Literatur überhaupt. Allein die Menge an philosophischen Schriften ist gewaltig. So behandeln seine **zwölf *Dialogi*** (philosophische Themen, für den Laien in Dialogform und leicht verständlichem Stil verfasst) u. a. die Frage nach einem glücklichen (***De vita beata,*** „Über das glückliche Leben“) und ausgefüllten Leben (***De brevitate vitae,*** „Über die Kürze des Lebens“) oder dem Umgang mit negativen Emotionen wie Trauer (***Consolatio ad Marciam,*** „Trostschrift an Marcia“) oder Wut (***De ira***).

Vor allem seine Briefsammlung ***Epistulae morales ad Lucilium,*** in denen er mit dem möglicherweise fiktiven Adressaten Lucilius über ähnliche Themen diskutiert, oder seine naturphilosophischen Schriften (***Naturales quaestiones***) sind weltberühmt. Darin geht Seneca stets über das bloße Dozieren hinaus. Er macht die Philosophie für die Menschen nutzbar und verdeutlicht seine Absicht mit **lebhaften Beispielen** und einprägsamen **Sentenzen.**

Allerdings scheinen seine aufgestellten Ideale oft in großer **Diskrepanz zu seiner tatsächlichen Lebensführung** gestanden zu haben – ein Umstand, der nicht nur unter seinen Zeitgenossen, sondern auch in den folgenden Jahrhunderten für zum Teil erhebliche Irritationen sorgte. So wurden z. B. seine Aufrufe zur Bescheidenheit und Zurückhaltung deswegen kritisiert, weil er selbst einer der reichsten Männer seiner Zeit war.

Neben seinen philosophischen Schriften verfasste Seneca auch Werke, die dem Metier der Philosophie eher fern sind: So ist beispielsweise seine ***Apocolocyntosis*** („Verkürbissung“) eine schonungslose Abrechnung mit Kaiser Claudius. Weiterhin schrieb er diverse Tragödien – die einzigen uns vollständig erhaltenen Tragödien in lateinischer Sprache.

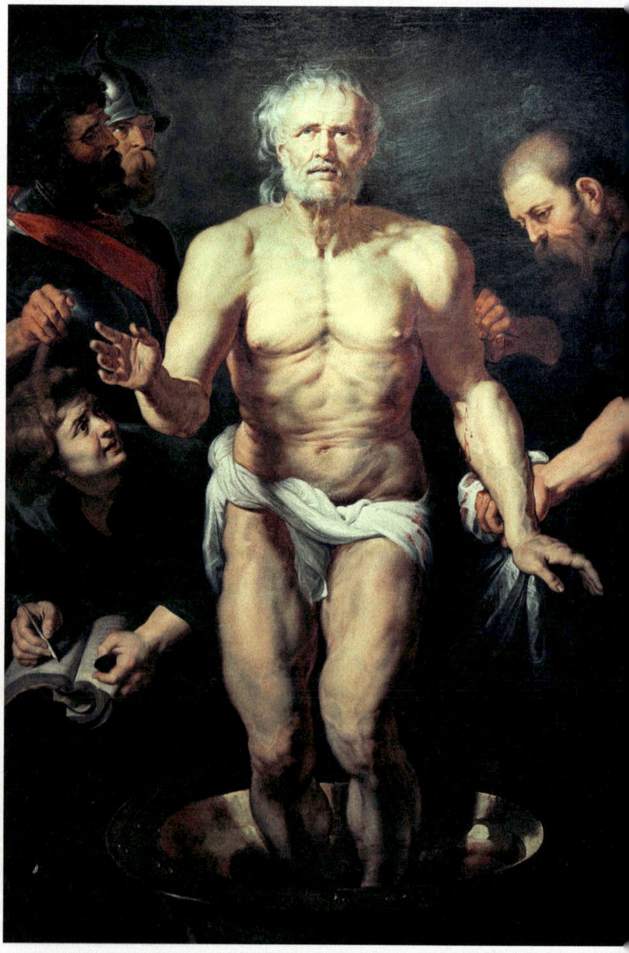

„Der sterbende Seneca“ (1612/13) von Peter Paul Rubens. Beschreiben Sie Aussehen und Gebaren Senecas im Augenblick seines Todes und erarbeiten Sie drei Charaktereigenschaften Senecas, die der Maler mit dieser Darstellung vermitteln wollte.

→ Cicero als Philosoph: S. 28
→ Überblick: Stoiker – Epikureer – Kyniker: S. 116
→ Projekt: Lateinische Briefliteratur: S. 242

Consolatio ad Marciam 8.2–3, 19.1 und 19.6–20.6 — Umgang mit Trauer (I)

Gerade in Krisensituationen soll die Philosophie ihren Wert beweisen. So auch hier: Der Tod ihres Sohnes hat Marcia, eine Freundin Senecas, in tiefe Trauer gestürzt. In einer Trostschrift möchte er sie unterstützen. Unter anderem fordert er sie dazu auf, sich nicht nur um ihren Schmerz zu kümmern.

Quotiens aliud egeris, animus relaxabitur. Nunc te ipsa custodis: Multum autem interest, utrum tibi permittas maerere an imperes.

Damit sie lernt, ihre Trauer zu ertragen, soll Marcia sich darüber klarwerden, was Trauer überhaupt ist:

Movet lugentem desiderium eius, quem dilexit. Id per se tolerabile esse apparet: Absentes enim afuturosque, dum vivent, non flemus, quamvis omnis usus nobis illorum cum aspectu ereptus sit. Opinio est ergo, quae nos cruciat, et tanti quodque malum est, quanti illud taxavimus. In nostra potestate remedium habemus: Iudicemus illos abesse et nosmet ipsi fallamus. Dimisimus illos, immo consecuturi praemisimus.

Seneca betont, dass Marcias Sohn in der Unterwelt keine Qualen erleiden müsse. All dies sei nicht bloß erdichtet oder erfunden. Vielmehr sei der Tod das Ende von Übel und Leid, das man im Leben erfahren habe.

Excessit filius tuus terminos, intra quos servitur; excepit illum magna et aeterna pax. Non paupertatis metu, non divitiarum cura, non libidinis per voluptatem animos corrumpentis stimulis incessitur. Non invidiā felicitatis alienae tangitur, non suae premitur. Ne conviciis quidem ullis verecundae aures verberantur. Nulla publica clades prospicitur, nulla privata. Non sollicitus futuri pendet ex eventu semper incertiora spondente. Tandem ibi constitit, unde nihil eum pellat, ubi nihil terreat. […] Nihil ergo illi mali immatura mors attulit: Omnium etiam malorum remisit patientiam.

1 *relaxārī* sich erholen – 2 *custodīre* (hier) sich beschäftigen mit – 3 *maerēre* trauern – 4 *lūgēre* trauern – 5 *tolerābilis, -e* erträglich – *absēns* und *āfutūrus* PPA und PFA von *abesse* – 6 *ūsus (m. Gen.)* (hier) Umgang mit – 7 *opīniō* (hier) Gedanke – 8 *cruciāre* martern – *tantī … quantī* so groß … wie (Genitiv der Wertangabe *[genitivus pretii]*) – 9 *taxāre* einschätzen – 10 *nōsmet* ~ *nōs* – 12 *ex-cēdere* verlassen – *terminus* Grenze – 15 *stimulus* Anreiz – *incessere* angreifen – *fēlīcitās, -ātis f* Glück – 16 ergänze: *nōn <invidiā fēlīcitātis> suae* – *convīcium* Zank – 17 *verēcundus* sittsam – 18/19 *sollicitus futūrī* in Sorge um die Zukunft – 19 *pendēre ex* abhängen von – 20 *cōnsistere* (hier) zur Ruhe kommen – *unde* LW *Consolatio ad Marciam* 24.5–25.1 – 21 *immātūrus* vorzeitig – 22 *remittere* (hier) erlassen

S 1 Geben Sie zu den Partizipien *lugentem* (Z. 4), *absentes, afuturos* (Z. 5) und *consecuturi* (Z. 11) das Zeitverhältnis an, das sie ausdrücken, und finden Sie jeweils eine angemessene deutsche Übersetzung.

S 2 Erklären Sie die Funktion der Konjunktive *iudicemus … fallamus* (Z. 10).

S 3 Schreiben Sie aus dem letzten Absatz des Textes sämtliche Beispiele für den *genitivus obiectivus* heraus.

T Erklären Sie, wie Seneca seine Aussage, der Verstorbene müsse kein Leid mehr ertragen, im Schlussabsatz auf eindringliche Weise vorbringt. Erörtern Sie, inwieweit diese Argumentation schlüssig ist.

i **Seelsorge in der Antike und heute**
Trostschriften haben in der antiken Literatur eine lange Tradition (vgl. hierzu die Info-Box auf S. 46) und sollen den Trauernden bei der Bewältigung eines schmerzhaften Verlustes unterstützen. Vor allem Philosophen wie die Stoiker können dem Leser hierzu wichtige Hilfestellung leisten, da sie sich mit dem Thema intensiv beschäftigt und zahlreiche Theorien entwickelt haben. Da Schmerz und Trauer als negative Emotionen **das stoische Ideal der Unerschütterlichkeit der Seele** gefährden, haben die Stoiker verschiedene Ansätze gefunden, um diese Gefühle zu meiden und dem Betroffenen aus der Trauer herauszuhelfen.
Heute gibt es für diese Trauerarbeit Psychologen, Therapeuten oder Seelsorger, die Menschen in Extremsituationen bei der Bewältigung ihrer Erlebnisse beistehen. Vor allem bei Todesfällen bieten kirchliche Organisationen Betroffenen zahlreiche Angebote zur Verarbeitung von Trauer und Schmerz.
Informieren Sie sich vor Ort oder im Internet über verschiedene Möglichkeiten und Wege der Trauerbewältigung kirchlicher Organisationen und vergleichen Sie diese mit den Hilfestellungen, die Seneca seiner Freundin Marcia anbietet.

→ Stoizismus: S. 34 und S. 116
→ antike Trostliteratur: S. 46
→ Trost bei Plinius dem Jüngeren: S. 132
→ AH: Kasusfunktionen: S. 8
→ AH: Partizipien und *nd*-Formen: S. 16
→ AH: Konjunktiv in Haupt- und Nebensätzen: S. 41

Consolatio ad Marciam 24.5–25.1 Umgang mit Trauer (II)

Imago dumtaxat filii tui periit et effigies non simillima. Ipse quidem aeternus meliorisque nunc status est, despoliatus oneribus alienis et sibi relictus. Haec, quae vides circumdata nobis, ossa, nervos et obductam cutem vultumque et ministras manus et cetera, quibus involuti sumus, vincula animorum tenebraeque sunt. Obruitur his, offocatur, inficitur, arcetur a veris et suis in falsa coniectus. Omne illi cum hac gravi carne certamen est, ne abstrahatur et sidat. Nititur illo, unde demissus est: Ibi illum aeterna requies manet ex confusis crassisque pura et liquida visentem. Proinde non est, quod ad sepulchrum filii tui curras. Pessima eius et ipsi molestissima istic iacent.

T In der Psychologie rät man in schwierigen Lebenslagen zu einer sogenannten „Situationsumbewertung“: Dem Patienten wird empfohlen, sich an den positiven Aspekten der scheinbar misslichen Lage aufzurichten und eine neue Sicht auf die Dinge zu gewinnen. Legen Sie am Text dar, inwiefern dieses Konzept von Seneca eingesetzt wird.

1 *dumtaxat* nur – *effigiēs, -ēī f* Abbildung – 3 *dēspoliāre (m. Abl.)* (einer Sache) berauben – 4 *os, ossis n* Knochen – *nervus* Muskel – *obdūcere (PPP: obductum)* überziehen – 5 *cutis, -is f* Haut – *ministrās manūs* die Hände als Diener – 6 *involvere (PPP: involūtum)* einhüllen – 7 *obruere* überschütten; *obruitur* ergänze *animus* – *offocāre* ersticken – *īnficere* verpesten – 8 *carō, carnis f* Fleisch – 9 *nē ... et* damit nicht ..., sondern – *abstrahere* fortreißen – *sīdere* zur Ruhe kommen – *illō* ergänze *locō* – 10 *requiēs, -ēī f* Ruhe – *cōnfundere (PPP: cōnfūsum)* verwirren – 11 *crassus* dicht – 13 *istīc* dort

S 1 Bei *melioris status* (Z. 2) handelt es sich um einen Genitiv der Beschaffenheit *(genitivus qualitatis)*. Entwickeln Sie gemeinsam eine angemessene Übersetzung.

S 2 Bilden Sie zu den Superlativformen *simillima* (Z. 1), *pessima* (Z. 12) und *molestissima* (Z. 13) die jeweilige Form des Komparativs und Positivs. Bei Schwierigkeiten wiederholen Sie die regel- und unregelmäßige Steigerung der Adjektive mithilfe Ihrer Grammatik.

S 3 Bei *cetera* (Z. 5), *a veris et suis* (Z. 7), *in falsa* (Z. 8), *ex confusis crassisque, pura et liquida* (Z. 10/11) sowie *pessima et molestissima* (Z. 12/13) handelt es sich um Adjektive im Neutrum Plural. Erklären Sie, was bei ihrer Übersetzung zu beachten ist, und übersetzen Sie diese auf unterschiedliche Weise, z. B. mit Substantiven.

De ira 2.4.1 Die Entstehung von Affekten

Über das Wesen von Affekten wie Wut und Zorn philosophiert Seneca in seinem Werk *De ira*. Wie derartige Gefühle entstehen, legt er im Folgenden dar:

Et ut scias, quemadmodum incipiant affectus aut crescant aut efferantur, est primus motus non voluntarius, quasi praeparatio affectus et quaedam comminatio. Alter cum voluntate non contumaci, tamquam oporteat me vindicari, cum laesus sim, aut oporteat hunc poenas dare, cum scelus fecerit. Tertius motus est iam impotens, qui non, si oportet, ulcisci vult, sed utique, qui rationem evicit.

Seneca erklärt, dass der erste Antrieb zum Zorn ebensowenig durch die Vernunft *(ratio)* kontrolliert werden kann wie spontane Reaktionen des Körpers.

Ista non potest ratio vincere, consuetudo fortasse et assidua observatio extenuat. Alter ille motus, qui iudicio nascitur, iudicio tollitur.

T Die Begriffe *primus motus* (Z. 2), *alter [motus]* (Z. 4) und *tertius motus* (Z. 6) sorgen für eine klare Gliederung des Textes. Erschließen Sie davon ausgehend anhand der verwendeten Begriffe, wie nach Seneca die Affekte entstehen. Überprüfen Sie dann Ihre Ergebnisse anhand einer vollständigen Übersetzung.

1 *affectus, -ūs* Leidenschaft – 2 *efferrī* (hier) eskalieren – *voluntārius* freiwillig – 3 *praeparātio, -ōnis f* Vorbereitung – *comminātiō, -ōnis f* Androhung – 4 *alter* (hier) der zweite; ergänze *est* – *contumāx, -ācis* unbeugsam – 5 *vindicārī* sich rächen – 6 *poenās dare* bestraft werden – 7 *impotēns, -entis* ungestüm – *utique* besonders; ergänze: *ulcīscī vult* – 8 *ēvincere (Perf.: ēvīcī)* ~ *vincere* – 9 *assiduus* beharrlich – 10 *observātiō, -ōnis f* Beobachtung – *extenuāre* schwächen

i **Affekte**

Die Auseinandersetzung mit Gefühlen wie **Wut, Trauer** und **Freude** ist Teil der sogenannten **Affektenlehre,** die bereits die griechischen Philosophen wie **Chrysipp, Zenon** oder **Aristoteles** beschäftigten. Vor allem die Stoiker tun sich in diesem Gebiet sehr hervor: Für sie sind Affekte das Resultat von Urteilen, welche aufgrund von äußeren Erscheinungen und Außenreizen gefällt werden. Da sie die **Seelenruhe *(tranquillitas animi)*** stören, lehnen die Stoiker die Affekte ab und versuchen, sie zu meiden.

Stellen Sie anhand des Übersetzungstextes Senecas Thesen zur Entstehung von Wut dar. Verdeutlichen Sie die einzelnen Schritte mit einem von Ihnen gewählten Beispiel.

→ Aristoteles: S. 28
→ die stoische Philosophie bei Cicero: S. 34
→ Überblick: Stoiker – Epikureer – Kyniker: S. 116
→ Laktanz über den Zorn: S. 154
→ AH: Substantive, Adjektive, Adverbien und Pronomina: S. 4
→ AH: Kasusfunktionen: S. 8

De ira 2.18.1, 2.21.1–2 und 9 Wie lässt sich Zorn vermeiden?

Duo [remedia] autem, ut opinor, sunt: ne incidamus in iram et ne in ira peccemus. [...] Ut vitemus, quaedam ad universam vitam pertinentia praecipientur: Ea in educationem et in sequentia tempora dividentur. Educatio maximam diligentiam plurimumque profuturam desiderat; facile est enim teneros adhuc animos componere, difficulter reciduntur vitia, quae nobiscum creverunt.

Damit Kinder von klein auf den richtigen Umgang mit Zorn erlernen, brauchen sie gute Lehrer:

Difficile autem regimen est, quia dare debemus operam, ne aut iram in illis nutriamus aut indolem retundamus. Diligenti observatione res indiget. Utrumque enim – et quod extollendum et quod deprimendum est – similibus alitur [...]. Pertinebit ad rem praeceptores paedagogosque pueris placidos dari: Proximis applicatur omne, quod tenerum est, et in eorum similitudinem crescit. Nutricum et paedagogorum rettulere mox adulescentium mores.

S Schreiben Sie aus den Texten auf dieser Seite vier Beispiele für das prädikative Gerundiv heraus und übersetzen Sie entsprechend.

T Erklären Sie, welche Merkmale eines guten Lehrers Seneca hier besonders hervorhebt. Stellen Sie weitere Eigenschaften guter Lehrer zusammen.

Nancy Farmer, „The Seven Deadly Sins Go Clubbing" (2006). Identifizieren Sie die einzelnen Todsünden (vgl. die Info-Box) anhand ihrer dargestellten Attribute.

1 *remedium* LW *Consolatio ad Marciam* 8.2–3 usw. – 4 *ēducātiō, -ōnis f* Erziehung – 7 *difficulter* Adv. zu *difficilis* – *recīdere* vermindern – 9 *regimen, -inis n* Lenkung – 10 *nūtrīre* nähren – *indolēs, -is f* angeborene Begabung – 11 *retundere* gewaltsam dämpfen – *indigēre (m. Abl.)* benötigen – 12 *extollere* fördern – *dēprimere* unterdrücken – 14 *paedagōgus* Erzieher – 15 *applicārī* sich anschließen – 16 *similitūdō, -inis f* Ähnlichkeit – 16/17 ordne und ergänze: *mōrēs adulēscentium mox <mōrēs> nūtricum et paedagōgōrum rettulēre; rettulēre ~ rettulērunt; referre* (hier) widerspiegeln – 16 *nūtrīx, -īcis f* Amme

De ira 2.34 Zorn als Grund für einen Streit

Ergo ira abstinendum est, sive par est, qui lacessendus est, sive superior sive inferior. Cum pare contendere anceps est, cum superiore furiosum, cum inferiore sordidum. Pusilli hominis et miseri est repetere mordentem: Mures formicaeque, si manum admoveris, ora convertunt. Imbecillia se laedi putant, si tanguntur. Faciet nos mitiores, si cogitaverimus, quid aliquando nobis profuerit ille, cui irascimur, et meritis offensa redimetur. Illud quoque occurrat, quantum nobis commendationis allatura sit clementiae fama, quam multos venia amicos utiles fecerit. [...] Irascetur aliquis: Tu contra beneficiis provoca! Cadit statim simultas ab altera parte deserta, nisi paria non pugnant. Sed utrimque certabit ira, concurritur: Ille est melior, qui prior pedem rettulit; victus est, qui vicit. Percussit te: recede.

T Stellen Sie die in den Auszügen aus *De ira* genannten Argumente gegen den Zorn zusammen. Erörtern Sie, welche davon Sie am ehesten überzeugen.

1 *lacessere* herausfordern – 3 *anceps, -cipitis* gefährlich – *furiōsus* wahnsinnig – *sordidus* niederträchtig – 4 *pusillus* schwach – 4/5 *mordentem repetere* einen Biss erwidern – 5 *mūs, mūris m* Maus – *formīca* Ameise – *admovēre (Perf.: admōvī)* heranbewegen – 5/6 *ōra convertere* zubeißen – 6 *imbēcillis, -e* schwach; ergänze: *imbēcilia <animālia>* – 7 *mītis, -e* mild – 8 *offēnsa* Kränkung – 9 *occurrere* (hier) in den Sinn kommen – *commendātiō, -ōnis f* Empfehlung – 10 *clēmentia* Sanftmut – 12 *prōvocāre* reizen – *simultās, -ātis f* Feindschaft – 13 *paria n Pl.* beide Seiten – ergänze: *<Sī> sed* – 15 *percutere (Perf.: percussī)* (heftig) erschüttern

> **i Todsünden**
> Nach **christlicher** Auffassung gilt **Zorn** als eine der **sieben Todsünden** (neben **Hochmut, Geiz, Wollust, Völlerei, Neid und Faulheit**). Als Todsünde bezeichnet man eine Sünde, die gegen die zehn Gebote verstößt, mit vollem Bewusstsein begangen wird und bedachter Zustimmung unterliegt.
> Erörtern Sie, ob diese Vorstellung vom Zorn auch bei Seneca gegeben ist.

→ Lehrer bei Melanchthon: S. 216
→ AH: Partizipien und *nd*-Formen: S. 16

De vita beata 2.2–3.4 Glücklich – aber wie?

Die Frage nach einem glücklichen Leben beschäftigte bereits die antiken Philosophen – auch Seneca. In seiner Schrift *De vita beata* erörtert er seinem Bruder Gallio, dem Adressaten der Schrift, wie nötig es ist, in den Irrungen des täglichen Lebens den Fokus auf die wesentlichen Dinge zu richten, um den rechten Weg zu finden.

Non enim colorem vestium, quibus praetexta sunt corpora, aspicio. Oculis de homine non credo, habeo melius et certius lumen, quo a falsis vera diiudicem: Animi bonum animus inveniat. [...] Interim, quod inter omnis Stoicos convenit, rerum naturae assentior. Ab illa non deerrare et ad illius legem exemplumque formari sapientia est.

Beata est ergo vita conveniens naturae suae,
  quae non aliter contingere potest quam,
    si primum sana mens est in perpetua
    possessione sanitatis suae,
    deinde fortis ac vehemens,
    tunc pulcherrime patiens,
    apta temporibus,
    corporis sui pertinentiumque ad id curiosa
    non anxie,
    tum aliarum rerum,
      quae vitam instruunt,
    diligens sine admiratione cuiusquam,
    usura fortunae muneribus,
    non servitura.

Intellegis, etiam si non adiciam, sequi perpetuam tranquillitatem, libertatem depulsis iis, quae aut irritant nos aut territant. Nam voluptatibus et pro illis, quae parva ac fragilia sunt et ipsis flagitiis noxia, ingens gaudium subit inconcussum et aequale, tum pax et concordia animi et magnitudo cum mansuetudine. Omnis enim ex infirmitate feritas est.

1 *praetextus* verhüllt – 3 *dīiudicāre* unterscheiden – 5 *interim* mittlerweile – *omnīs* ~ *omnēs* – 6 *deerrāre* ~ *errāre* – 7 *fōrmāre* gestalten – 10 *perpetuus* dauerhaft – 11 *sānitās, -ātis f* Subst. zu *sānus* – 13 *patiēns, -entis* geduldig – 15 *pertinēre* LW De ira 2.18.1 usw. – *cūriōsus (m. Gen.)* bedacht auf – 16 *anxius* ängstlich – 17 ergänze: *aliārum rērum <cūriōsa>* – 19 *dīligēns (m. Gen.)* (hier) achtsam auf – 22/23 *perpetuam trānquilitātem, lībertātem* beides Subjektsakkusative des AcI *(sequī)* – 23 *dēpellere (PPP: dēpulsum)* vertreiben – *irrītāre* reizen – 24 *territāre* in Schrecken versetzen – 25 *fragilis, -e* zerbrechlich – *noxius* schädlich – 26 *subīre (m. Dat.)* (hier) an die Stelle treten von – *inconcussus* unerschütterlich – 27 *mānsuētūdō, -inis f* Sanftmut – 28 *īnfīrmitās, -ātis f* Schwäche – *feritās, -ātis f* Rohheit

S 1 Erklären Sie die Struktur des Satzes in Z. 8–21. Die Darstellung nach der Einrückmethode hilft Ihnen dabei.

S 2 Bestimmen Sie die Partizipien *usura* (Z. 20), *servitura* (Z. 21) und *depulsis* (Z. 23) genau und geben Sie jeweils das Bezugswort an.

T 1 Erstellen Sie vor dem Übersetzen in der Klasse eine Blitzlicht-Umfrage, was ein glückliches Leben ausmacht, und halten Sie die Ergebnisse schriftlich fest.

T 2 Erklären Sie in eigenen Worten, was nach Seneca ein glückliches Leben ausmacht, und beweisen Sie anhand des Textes, dass es sich hierbei um stoisches Gedankengut handelt.

T 3 Beschreiben Sie, wie die Begriffe *vita beata, natura, animus* und *mens* zusammenhängen.

T 4 Der kleine Prinz (aus der Erzählung von Antoine de Saint-Exupéry) erhält von einem Fuchs einen Tipp zur Lebensführung, der Senecas Aussagen nicht unähnlich ist: „Man sieht nur mit dem Herzen gut. Das Wesentliche ist für die Augen unsichtbar." Diskutieren Sie den Sinn dieser Aussage und begründen Sie anhand des Textes, welche Stelle bei Seneca einen ähnlichen Aussagegehalt besitzt.

Illustration aus Antoine de Saint-Exupéry, „Der kleine Prinz" (1943). Informieren Sie sich über Anlage und Inhalt der Erzählung.

→ Stoizismus: S. 34
→ Überblick: Stoiker – Epikureer – Kyniker: S. 116
→ AH: Partizipien und *nd*-Formen: S. 16

De vita beata 21.3–23.1 Schein und Sein

Immer wieder mussten sich Philosophen gegen den Vorwurf verteidigen, dass sie nicht nach den von ihnen selbst aufgestellten Prinzipien lebten. Seneca möchte das widerlegen – am Beispiel Reichtum.

M. Cato, cum laudaret Curium et Coruncanium et illud saeculum, in quo censorium crimen erat paucae argenti lamellae, possidebat ipse quadragies sestertium; minus sine dubio quam Crassus, plus quam Censorius Cato. Maiore spatio, si comparentur, proavom vicerat, quam a Crasso vinceretur, et si maiores illi obvenissent opes, non sprevisset. Nec enim se sapiens indignum ullis muneribus fortuitis putat: Non amat divitias, sed mavult; non in animum illas, sed in domum recipit nec respuit possessas, sed continet et maiorem virtuti suae materiam sumministrari vult.

Quid autem dubii est, quin haec maior materia sapienti viro sit animum explicandi suum in divitiis quam in paupertate, cum in hac unum genus virtutis sit non inclinari nec deprimi, in divitiis et temperantia et liberalitas et diligentia et dispositio et magnificentia campum habeat patentem? […]

„Quid ergo“, inquis, „me derides, cum eundem apud te locum habeant quem apud me?“ Vis scire, quam non eundem habeant locum? Mihi divitiae si effluxerint, nihil auferent nisi semet ipsas; tu stupebis et videberis tibi sine te relictus, si illae a te recesserint. Apud me divitiae aliquem locum habeant, apud te summum. Ad postremum divitiae meae sunt, tu divitiarum es. Desine ergo philosophis pecunia interdicere: Nemo sapientiam paupertate damnavit. Habebit philosophus amplas opes, sed nulli detractas nec alieno sanguine cruentas, sine cuiusquam iniuria partas, sine sordidis quaestibus […]. In quantum vis, exaggera illas.

S Bestimmen Sie die Genitive in Z. 2/3, Z. 24 und Z. 28.

T 1 Belegen Sie anhand des lateinischen Textes, dass Seneca Reichtümer den sogenannten *Adiaphora* zuweist, und untersuchen Sie, wie er die an ihn gerichtete Kritik im Umgang mit Geld zu entkräften versucht. Stimmen Sie seiner Aussage zu? Ziehen Sie dazu auch die Informationen der Info-Box oben heran.

T 2 Geben Sie wieder, welchen Zusammenhang Seneca zwischen Reichtum und *virtus* herstellt.

T 3 Arbeiten Sie anhand des Textes heraus (inhaltlich, syntaktisch, sprachlich), wieso *De vita beata*, woraus diese Passage stammt, mit vollem Recht auch als *dialogus* (vgl. die Einleitung auf S. 106) bezeichnet werden kann.

i **Philosophie und Reichtum**

Dass Seneca den Besitz von Reichtum so ausführlich rechtfertigt, geschieht nicht zufällig: Als Beamter, Senator und Erzieher Neros besaß er ein stattliches Vermögen – ja, er war einer der reichsten Männer seiner Zeit. Anders als etwa die **Kyniker**, die materiellen Besitz strikt ablehnten – berühmt ist das Beispiel des **Diogenes** –, beurteilten die **Stoiker** Reichtum nicht grundsätzlich negativ. Reichtum galt als unwichtig, als eines der neutralen (also weder positiv noch negativ zu bewertenden) Güter (***Adiaphora***). Nur wenn man sich zum Sklaven des Reichtums machte, seine persönliche Freiheit der Geldgier unterordnete oder Mitmenschen aus Geldgier Schaden zufügte, wurde dies sehr wohl scharf kritisiert.

1–5 *(Mānius) Curius (Dentātus)* († 270 v. Chr) Feldherr und Politiker, bekannt für seine Sittenstrenge und Bescheidenheit; *(Tiberius) Coruncānius* († ca. 241 v. Chr.), gewissenhafter Staatsmann und Konsul im Kampf gegen König Pyrrhus 280 v. Chr.; *(Marcus Licinius) Crassus* (115–53 v. Chr) reichster Römer seiner Zeit, *Catō Cēnsōrius* (234–149 v. Chr) bekanntes Vorbild römischer Sittenstrenge – 2 *cēnsōrium crīmen* ein Vergehen, das vom Zensor geahndet wird – 2/3 *paucae lāmellae* (der Besitz von wenigen) Metallplättchen – 3 *quadrāgiēs sēstertium* vier Millionen Sesterzen – 4 *dubium* Zweifel – 5 *proavom* (archaischer Akk. zu *proavus*) Urgroßvater (gemeint ist hier Cato der Ältere, vgl. die Info-Box unten) – 6 *obvenīre* widerfahren – 7 *spernere (Perf.: sprēvī)* verachten – *sapiēns, -entis* der Weise – 8 *fortuītus* zufällig – 10 *respuere* zurückweisen – 11 *sumministrāre* zukommen lassen – 12 *quid autem dubiī est, quīn* was gibt es aber für einen Zweifel, dass – 12/13 ordne: *haec māior māteria explicandī animum suum sapientī virō* – 14 *paupertās* LW Consolatio ad Marciam 8.2–3 usw. – *inclīnāre* beugen – 15 *dēprimere* niederdrücken – *temperantia* Besonnenheit – *līberālitās, -ātis f* Freigebigkeit – 16 *dīligentia* LW De ira 2.18.1 usw. – *dispositiō, -ōnis f* Ordnung – *māgnificentia* Hochherzigkeit – 18 *dērīdēre* ~ *rīdēre* – 19 *habeant* ergänze *dīvitiae* – *quam* (hier) inwiefern – 20 *effluere (Perf.: efflūxī)* entgleiten – 21 *sēmet* ~ *sē* – *stupēre* betäubt sein – 22 *recēdere (Perf.: recessī)* sich entfernen – 23/24 *ad postrēmum* kurz gesagt – 25 *interdīcere (m. Abl.)* den Umgang verbieten mit – 26 *damnāre (m. Abl.)* verurteilen zu – 27 *dētrahere (PPP: dētractum)* entziehen – *cruentus* blutbefleckt – 28 *sordidus* schmutzig – *quaestus, -ūs* Geschäft – 29 *in quantum* (hier) so viel – *exaggerāre* aufhäufen

i **Marcus Porcius Cato**

Unter den in Z. 1–5 genannten Persönlichkeiten sticht vor allem Marcus Porcius Cato (234–149 v. Chr.) hervor, der als Zensor und damit oberster Steuerbeamter die Einnahmen und Ausgaben des Staates überwachte. Seine Prinzipientreue und Strenge sich selbst gegenüber galten als **Musterbeispiel römischer Tugend** und imponierten auch anderen Autoren wie dem Historiker Sallust oder dem griechischen Biografen Plutarch. Begründen Sie, warum ihn Seneca an dieser Stelle erwähnt.

→ *exempla:* S. 17
→ Sallust: S. 20
→ Diogenes und die Kyniker: S. 34
→ Überblick: Stoiker – Epikureer – Kyniker: S. 116
→ Cato bei Plinius dem Älterem: S. 126
→ AH: Kasusfunktionen: S. 16

De brevitate vitae 14.1–2 Nutze die Zeit! (I)

Für jeden Philosophen ist es entscheidend, sein Leben mit etwas Sinnvollem zu verbringen. So erinnert Seneca in dem Dialog *De brevitate vitae* seine Leser daran, dass schon unsere begrenzte Lebensdauer zu einem verantwortungsvollen Umgang mit der Zeit verpflichtet. Hier befasst er sich mit der sinnvollen Gestaltung der Freizeit *(otium):*

Soli omnium otiosi sunt, qui sapientiae vacant, soli vivunt. Nec enim suam tantum aetatem bene tuentur: Omne aevum suo adiciunt. Quicquid annorum ante illos actum est, illis acquisitum est. [...] Ad res pulcherrimas ex tenebris ad lucem erutas alieno labore deducimur. Nullo nobis saeculo interdictum est, in omnia admittimur [...]. Disputare cum Socrate licet, dubitare cum Carneade, cum Epicuro quiescere, hominis naturam cum Stoicis vincere, cum Cynicis excedere.

1 *otiōsus* in Muße – 3 *aevum* Zeit – *adicere* LW *De vita beata* 2.2–3.4 – 5 *tenebrae* LW *Consolatio ad Marciam* 24.5–25.1 – *ēruere (PPP: ērūtum)* ausgraben – 6 *interdīcere (m. Abl.)* Zugang verweigern (zu) – *omnia* ergänze *saecula* – 7 *disputāre* diskutieren – 7–9 *Sōcratēs, -is; Carneadēs, -is, Epicūrus; Stoicī, -ōrum, Cynicī, -ōrum* vgl. T2 – 9 ergänze: *<hominis nātūram> excēdere* (über die Natur des Menschen) hinausgehen

T 1 Beschreiben Sie, inwiefern sich die *otiosi* (Z. 1) von den anderen Menschen unterscheiden.

T 2 Im Text werden verschiedene Eigennamen von Philosophen bzw. Philosophenschulen genannt. Stellen Sie diese während der Übersetzung zusammen und benennen Sie Grundzüge von deren philosophischen Richtungen. Die Informationen auf S. 116 und S. 174 helfen Ihnen weiter.

T 3 Begründen Sie, weshalb den genannten Philosophen (-schulen) die jeweiligen Tätigkeiten *(disputare, dubitare, quiescere, hominis naturam vincere, excedere)* zugeordnet sind. Erörtern Sie, welcher Schule Seneca nach seiner Formulierung am nächsten steht.

Epist. 1.1.1–2 Nutze die Zeit! (II)

Im ersten Brief aus den *Epistulae morales* erörtert Seneca gleich das zentrale Thema „Der richtige Umgang mit der Zeit". Der Brief beginnt folgendermaßen:

Ita fac, mi Lucili: Vindica te tibi, et tempus, quod adhuc auferebatur aut subripiebatur aut excidebat, collige et serva! Persuade tibi hoc sic esse, ut scribo: Quaedam tempora eripiuntur nobis, quaedam subducuntur, quaedam effluunt. Turpissima tamen est iactura, quae per neglegentiam fit. Et si volueris adtendere: Magna pars vitae elabitur male agentibus, maxima nihil agentibus, tota vita aliud agentibus. Quem mihi dabis, qui aliquod pretium tempori ponat, qui diem aestimet, qui intellegat se cottidie mori? In hoc enim fallimur, quod mortem prospicimus: Magna pars eius iam praeterit. Quidquid aetatis retro est, mors tenet. Fac ergo, mi Lucili, quod facere te scribis: Omnes horas complectere!

1 *vindicāre* befreien – 2 *subripere* heimlich wegnehmen – *excidere* verschwinden – 5 *effluere* entgleiten – *iactūra* Verlust – 6 *neglegentia* Vernachlässigung – *adtendere* Acht geben – 7 *ēlābī* entgleiten – 9 *pōnere* (hier) beimessen – 11 *prōspicere* LW *Consolatio ad Marciam* 8.2–3 usw. – 12 *retrō (Adv.)* hinten

S Schreiben Sie beim Übersetzen Substantive und Verben heraus, die den Verlust von Zeit ausdrücken. Klären Sie mithilfe des Wörterbuchs und unter Berücksichtigung der Wortbildung die genauen Bedeutungen dieser Begriffe.

T Fassen Sie in eigenen Worten zusammen, worin Seneca das Hauptproblem des Zeitmanagements seiner Epoche sieht. Inwiefern sind diese Probleme auch heute noch von Belang?

i Senecas *Epistulae morales*

Senecas umfangreichstes philosophisches Werk sind **124 philosophische Lehrbriefe über die Ethik**, die *Epistulae morales.* Darin unterweist er einen jungen Freund namens **Lucilius** in der richtigen Lebensführung. Ob die Briefe tatsächlich an einen Lucilius gesandt wurden oder vielmehr allein für ein breites Publikum entstanden, ist jedoch ungewiss.
Die **Form des Briefes** ermöglicht Seneca eine ganz persönliche Art der philosophischen Unterweisung. Seneca spricht seinen Adressaten direkt an, bringt eigene Erfahrungen ein und führt Beispiele aus seinem Leben an. Dass Briefe oft an gesprochene Sprache erinnern, sorgt ebenfalls dafür, dass dieses philosophische Werk seine Leser ganz unmittelbar einbezieht.
Führen Sie Belege dafür aus dem vorliegenden Text an.

Philosophie zum Frühstück: Dieses Frühstücksbrettchen kommt zu einem anderen Ergebnis als Seneca. Interpretieren Sie den „Sinnspruch" und arbeiten Sie Unterschiede zu Senecas Auffassung heraus.

→ Sophisten: S. 35
→ lateinischer Briefstil: S. 40
→ Überblick: Stoiker – Epikureer – Kyniker: S. 116
→ Philosophenschulen bei Isidor: S. 174
→ Projekt: Lateinische Briefliteratur: S. 242

Clem. 1.2.2–3 und 1.25.2 Ratschläge an Kaiser Nero

In seinem Werk *De clementia* versucht Seneca den jungen Kaiser Nero zu einer politisch und philosophisch sinnvollen Ausübung seiner Herrschaft zu bewegen. Dabei geht Seneca auch auf das richtige Verhältnis von Nähe und Distanz zum Volk ein.

Sed non tamen volgo ignoscere decet. Nam ubi discrimen inter malos bonosque sublatum est, confusio sequitur et vitiorum eruptio. Itaque adhibenda moderatio est, quae sanabilia ingenia distinguere a deploratis sciat. Nec promiscuam habere ac volgarem clementiam oportet nec abscisam.
Nullum tamen clementia ex omnibus magis quam regem aut principem decet. Ita enim magnae vires decori gloriaeque sunt, si illis salutaris potentia est; nam pestifera vis est valere ad nocendum.

Dann ruft Seneca Nero dazu auf, sich von Grausamkeit fernzuhalten.

Hoc est, quare vel maxime abominanda sit saevitia, quod excedit fines primum solitos, deinde humanos, nova supplicia conquirit, ingenium advocat, ut instrumenta excogitet, per quae varietur atque extendatur dolor, delectatur malis hominum. Tunc illi dirus animi morbus ad insaniam pervenit ultimam, cum crudelitas versa est in voluptatem et iam occidere hominem iuvat. Matura talem virum a tergo sequitur aversio, odia, venena, gladii. Tam multis periculis petitur, quam multorum ipse periculum est, privatisque nonnumquam consiliis, alias vero consternatione publica circumvenitur.

S Stellen Sie ein Wortfeld mit Substantiven zusammen, die hier für allzu grausames Verhalten verwendet werden, und klären Sie jeweils die genaue Bedeutung.

Nero in dem Film „Quo vadis?" (1951). Informieren Sie sich über zentrale Ereignisse während der Herrschaft Neros und erörtern Sie, ob Senecas Schrift *De clementia* den gewünschten Erfolg erzielte.

1 *volgō* allgemein – 2 *cōnfūsiō, -ōnis f* Verwirrung – 3 *ēruptiō, -ōnis f* Ausbruch – *mōderātiō, -ōnis f* Mäßigung – 4 *sānābilis, -e* heilbar – *distinguere* unterscheiden – *dēplōrāre* als verloren beweinen – 5 *prōmīscuus* vermengt – *volgāris, -e* allgemein – 6 *abscīsus* abgetrennt – 9 *salūtāris, -e* zuträglich – *pestifer, -fera, -ferum* schädlich – 11 *abōminārī* verabscheuen – *saevitia* Grausamkeit – 12 *excēdere* überschreiten – 13 *conquīrere* erfordern – *advocāre* zu Hilfe nehmen – 14 *excōgitāre* ausdenken – *variāre* verändern – *extendere* vergrößern – 15 *dīrus* grässlich – 16 *īnsānia* Wahnsinn – 18 *ā tergō* von hinten – *āversiō, -ōnis f* Abscheu – *venēnum* Gift – 19 *quam multōrum* wie viele – 20/21 *prīvāta cōnsilia* (Anschlags-)Pläne von Einzelpersonen – 20 *nōnnumquam* manchmal – 21 *cōnsternātiō, -ōnis f* Bestürzung

T 1 Belegen Sie, ausgehend von den zu S zusammengestellten Begriffen, dass auch in diesem Text die stoische Vorstellung von den Affekten (vgl. die Info-Box auf S. 108) greifbar ist.

T 2 In der stoischen Philosophie gilt der Einsatz für den Staat und die Allgemeinheit als wichtige Verpflichtung. Erörtern Sie, inwieweit Seneca als Untertan Neros dieser Pflicht nachkommen konnte.

i **Fürstenspiegel**

Als Erzieher **Neros** war Seneca für das politische Heranwachsen und die philosophische Bildung des jungen Herrschers verantwortlich. Der Nachwelt sind seine Bemühungen in der Schrift ***De clementia*** überliefert.
Belehrende Schriften, die einem Machthaber die Prinzipien des Regierens nahebringen sollen, bezeichnet man als **Fürstenspiegel.** In ihnen soll sich der Herrschende wiedererkennen und seine Handlungen reflektieren. Dabei handelte es sich in der Regel nicht um direkte Kritik am Herrscher, sondern eher um Empfehlungen. Die Gattung blieb weit über das Mittelalter hinaus bestehen.
Fast 1500 Jahre nach Seneca beschäftigte sich der italienische Staatsphilosoph **Niccolò Machiavelli** (1449–1527) in seiner Schrift **„Il principe"**, die er **Lorenzo II. de' Medici** in Florenz widmete, mit ähnlichen Themen. Dort heißt es:
Hieraus entsteht die Streitfrage, ob es besser sei, geliebt oder gefürchtet zu werden. Die Antwort lautet, man soll nach beidem trachten. Da aber beides schwer zu vereinen ist, so ist es weit sicherer, gefürchtet als geliebt zu werden, sobald nur eines von beidem möglich ist.
Vergleichen Sie Machiavellis Ausführungen mit denen Senecas. Arbeiten Sie Gemeinsamkeiten und Unterschiede heraus.

→ Stoizismus: S. 34 und S. 116

Nat. 6.1.1 und 6.1.3–4.1 Die letzten Tage von Pompeji (I)

Der Vulkanausbruch im Jahr 79 n. Chr. gilt als die erste literarisch dokumentierte Naturkatastrophe der westlichen Welt. Berühmt sind die Berichte von Plinius dem Jüngeren (S. 130), aber auch Seneca kommt auf die Ereignisse zu sprechen. Vor allem mit dem Phänomen von Erdbeben setzt er sich auseinander:

Pompeios, celebrem Campaniae urbem, in quam ab altera parte Surrentinum Stabianumque litus, ab altera Herculanense conveniunt et mare ex aperto reductum amoeno sinu cingunt, consedisse terrae motu vexatis quaecumque adiacebant regionibus, Lucili, virorum optime, audivimus.

Seneca berichtet von Schäden, die das Erdbeben an Gebäuden angerichtet hat, und fährt fort:

Adiciuntur his illa: sexcentarum ovium gregem exanimatum et divisas statuas; motae post haec mentis aliquos atque impotentes sui errasse. Quorum ut causas excutiamus, et propositi operis contextus exigit et ipse in hoc tempus congruens casus. […] Illud quoque proderit praesumere animo nihil horum deos facere nec ira numinum aut caelum converti aut terram. Suas ista causas habent nec ex imperio saeviunt, sed quibusdam vitiis ut corpora nostra turbantur. […] Quaeramus ergo, quid sit, quod terram ab infimo moveat, quod tanti molem ponderis pellat, quid sit illa valentius, quod tantum onus vi sua labefactet, cur modo tremat, modo laxata subsidat, nunc in partes divisa discedat et alias intervallum ruinae suae diu servet, alias cito comprimat, nunc amnes magnitudinis notae convertat introrsum, nunc novos exprimat.

i **Die *Naturales quaestiones* und der antike Philosophiebegriff**

Als vielseitig interessierter Gelehrter betätigte sich Seneca auch wissenschaftlich. In seinen *Naturales quaestiones*, die er wie schon seine *Epistulae morales* (vgl. S. 112) dem Lucilius widmet, befasst er sich mit zahlreichen **Naturphänomenen** wie Erdbeben, Blitzen oder Regenbögen und erklärt deren Entstehung. Trotz dieser **naturwissenschaftlichen Ausrichtung** werden die *Naturales quaestiones* dennoch der **Philosophie** zugeordnet. Die Antike fasste diesen Begriff bedeutend weiter als wir – nämlich wortwörtlich: Unter Philosophie versteht man die Liebe zum Wissen und zur Weisheit und teilt sie seit dem Hellenismus in drei große Bereiche ein: **Logik**, **Physik** und **Ethik** (vgl. hierzu auch die Info-Box auf S. 173).

W Informieren Sie sich *vor* der Übersetzung mithilfe des Wörterbuchs darüber, welche der in Z. 1–3 genannten Eigennamen Regionen bzw. Städte bezeichnen und um welche Wortart (Substantiv, Adjektiv) es sich jeweils handelt. Auch die Landkarte auf S. 135 gibt Ihnen Hinweise.

S 1 Erstellen Sie zum Satz in Z. 15–22 eine syntaktische Analyse nach dem Vorbild der Satzanalyse auf S. 110.

S 2 Schreiben Sie aus Z. 15–22 die indirekten Fragesätze heraus und geben Sie dazu jeweils an, wie diese hier aufgebaut sind.

3 *Herculānēnse* ergänze *litus* – *ex apertō* offen – *reductus* (hier) zurücktretend – 4 *amoenus* reizend gelegen – *cōnsīdere* (hier) einstürzen – *mōtus* LW *De ira* 2.4.1 – 4/5 *vexātīs quaecumque adiacēbant regiōnibus* ~ *vexātīs omnibus regiōnibus, quae adiacēbant* – 5 *adiacēre (m. Dat.)* in der Nähe liegen – 7 *adicere* LW *De vita beata* 2.2–3.4 – 7–9 indirekte Rede – *sexcentī (~ sescentī)* sechshundert – *ovis, -is f* Schaf – *exanimāre* töten – 8 *dīvidere* (hier) spalten; *dīvīsās* ergänze *esse* – *mōtae mentis* (Gen. der Beschaffenheit *[genitivus qualitatis]*) mit wahnsinnigem Geist – *aliquos* ergänze *fuisse* – 9 *impotēns, -entis (m. Gen.)* nicht Herr über – *errāsse* ~ *errāvisse* – 10 *excutere* enthüllen – *contextus, -ūs* Zusammenhang – 10/11 *ipse in hoc tempus congruēns cāsus* das gerade jetzt aktuelle („zu dieser Zeit passende“) Ereignis – 12 *prōdesse* LW *De ira* 2.18.1 usw. – *praesūmere* vorher annehmen – 17 *pondus, -eris n* Gewicht – *valēns, -entis* stark; ergänze: *illā* <*terrā*> *valentius* – 18 *onus* LW *Consolatio ad Marciam* 24.5–25.1 – *labefactāre* zum Wanken bringen – 19–22 … *tremat*, … *subsidat*, … ergänze als Subjekt zu diesen und den folgenden Prädikaten *terra* – 19 *tremere* beben – *laxāre* zur Ruhe bringen – *subsīdere* innehalten – 20 *aliās* LW *Clem.* 1.2.2–3 usw. – *intervallum servāre* sich einen Zeitraum aufsparen – 21 *(intervallum) comprimere* (den Zeitraum) verkürzen – *amnis, -is m* Fluss – 22 *intrōrsum* nach innen

Gipsabguss eines Opfers des Vesuvausbruchs in Pompeji (vgl. auch S. 137). Informieren Sie sich über die Abläufe des Vulkanausbruchs.

→ der Begriff „Philosophie“: S. 30 und S. 172
→ Erdbeben bei Plinius dem Älteren: S. 122
→ Plinius der Jüngere über den Vesuvausbruch: S. 134
→ Projekt: Naturkatastrophen: S. 246
→ AH: Konjunktiv in Haupt- und Nebensätzen: S. 41
→ AH: Die *oratio obliqua*: S. 50

Nat. 6.18.1–2, 27.1–4 und 29.1–2 Die letzten Tage von Pompeji (II)

Im Folgenden preist Seneca die große Bedeutung naturwissenschaftlicher Erkenntnis für den Menschen. Er referiert und diskutiert verschiedene Thesen über die Entstehung von Erdbeben und präsentiert seine eigene Meinung zum Thema.

Maxima ergo causa est, propter quam terra moveatur, spiritus natura citus et locum e loco mutans. Hic quamdiu non impellitur et in vacanti spatio latet, iacet innoxius nec circumiectis molestus est. Ubi illum extrinsecus superveniens causa sollicitat compellitque et in artum agit, si licet adhuc, cedit tantum et vagatur. Ubi erepta discedendi facultas est et undique obsistitur, tunc „magno cum murmure montis / circum claustra fremit“, quae diu pulsata convellit ac iactat, eo acrior, quo cum mora valentiore luctatus est.

Im Anschluss an diese theoretische Überlegung geht Seneca den Vorkommnissen in Pompeji auf den Grund:

Aiunt enim sexcentarum ovium gregem exanimatum in Pompeiana regione. Non est, quare hoc putes ovibus illis timore accidisse. Diximus solere post magnos terrarum motus pestilentiam fieri, nec id mirum est. Multa enim mortifera in alto latent. Aer ipse, qui vel terrarum culpa vel pigritia et aeterna nocte torpescit, gravis haurientibus est. Vel corruptus internorum ignium vitio, cum e longo situ emissus est, purum hunc liquidumque maculat ac polluit insuetumque ducentibus spiritum affert nova genera morborum. [...] Oves vero mollioris naturae, quo propiora terris ferunt capita, correptas esse non miror, cum afflatus aeris diri circa ipsam humum exceperint. [...]
Aliquos insanis attonitisque similes discurrere, fecit metus, qui excutit mentes, ubi privatus ac modicus est. Quid, ubi publice terret, ubi cadunt urbes, populi opprimuntur, terra concutitur? [...] Non est facile inter magna mala consipere.

Der Golf von Neapel

→ Vergil: S. 50
→ Plinius der Ältere: S. 120
→ Plinius der Jüngere: S. 130

2 *nātūrā* von Natur aus – *locum ē locō mūtāre* sich von Ort zu Ort bewegen (wörtlich?) – 3 *vacāns, -antis* frei – *spatium* LW *De vita beata* 21.3–23.1 – *latēre* (hier) liegen – 4 *innoxius* ungefährlich – *circumiectus* umliegend – *molestus* LW *Consolatio ad Marciam* 24.5–25.1 – *extrīnsecus* von außen – 5 *supervenīre* zufällig dazukommen – *compellere* bedrängen – 6 *artum* Enge – *vagārī* sich verbreiten – 7 *obsistere* behindern – 8 *murmur, -uris n* Getöse – *claustra n Pl.* Gefängnis – 9 *fremere* lärmen – *pulsāre* schlagen – *convellere* niederreißen – *iactāre* (hier) wegsprengen – 9/10 *eō ... quō* umso ... je – 10 *mora* (hier) Hindernis – *valentiōre* als Adverb zu *luctātus est* zu übersetzen – *luctārī (Part. Perf.: luctātus)* kämpfen – 11 vgl. S. 114, Z. 7 – 12 *Pompēiānus* Adj. zu *Pompēī* – *nōn est, quārē* LW *Consolatio ad Marciam* 24.5–25.1 – 14 *mōtus* LW *De ira* 2.4.1 – *pestilentia* ungesunde Luft – 15 *mortifer, -fera, -ferum* todbringend – 16 *pigritia* Trägheit – *torpēscere* erstarren – 17 *haurīre* (hier) einatmen – *corrumpere* LW *Consolatio ad Marciam* 8.2–3 usw. – *internus* der innere – 18 *situs, -ūs* das Liegen – 18/19 ergänze: *pūrum hunc et liquidum <āerem>; pūrus* und *liquidus* LW *Consolatio ad Marciam* 24.5–25.1 – 19 *maculāre* beflecken – *polluere* verunreinigen – *īnsuētus* ungewohnt – *dūcere* (hier) einatmen – 21 *molliōris nātūrae* (Gen. der Beschaffenheit [*genitivus qualitatis*]) von ziemlich schwacher Konstitution – 21/22 *quō propiōra terrīs ferunt capita* weil sie ihre Köpfe recht nahe über der Erde halten – 22 *afflātus, -ūs* Hauch – *dīrus* verderblich – 24 *aliquōs ... discurrere* AcI abhängig von *fēcit metus* die Angst hat bewirkt, dass – *īnsānus* wahnsinnig – *attonitus* besinnungslos – *discurrere* durcheinanderlaufen – 25 *excutere* austreiben – *prīvātus* (hier) auf einzelne Personen bezogen – *modicus* gemäßigt – 27 *concutere* erschüttern – 28 *cōnsipere* bei Sinnen bleiben

Der Vesuv
Der Vesuv ist auch heute noch aktiv. Der letzte schwere Ausbruch fand 1944 statt, es gab bis zu 700 m hohe Lavafontänen, die Aschewolke wehte bis Albanien. Trotz der nach wie vor bestehenden Gefahr ist der Golf von Neapel dicht besiedelt (vgl. die Abbildung).
Informieren Sie sich im Internet über eventuelle Notfallpläne im Falle eines Wiederausbruchs des Vesuv und ermitteln Sie, wie viele Menschen davon betroffen wären. Erörtern Sie Gründe, die die Menschen an diese Gegend binden.

1 Bei Z. 8/9 handelt es sich um ein Zitat aus Vergils *Aeneis*. Klären Sie mithilfe des Internets den Kontext der Originalstelle und erörtern Sie, welchen Effekt Seneca damit erreicht haben könnte.

2 Vergleichen Sie Senecas Texte zu Erdbeben und Vulkanausbrüchen mit den entsprechenden Ausführungen bei Plinius dem Älteren (S. 122) und Plinius dem Jüngeren (S. 134). Geben Sie jeweils an, unter welchem Gesichtspunkt sich der Autor mit dem Thema befasst. Vergleichen Sie diese Theorien anschließend mit den heutigen Erkenntnissen der Wissenschaft.

→ der Golf von Neapel: S. 135
→ Vergilzitat bei Plinius dem Jüngeren: S. 136

Zusammenfassung: Stoiker – Epikureer – Kyniker

Stoizismus

Höchstes Lebensziel *(summum bonum):*
- Leben gemäß der ***ratio*** („Vernunft“)
- gleichmütiger Umgang mit den Wechselfällen des Schicksals
- Unabhängigkeit von unbedeutenden (materiellen) Gütern ***(Adiaphora)*** und Gefühlen (**Affekten**)
- große Bedeutung der Natur als Richtschnur für das Leben (***secundum naturam vivere,*** „gemäß der Natur leben“)
- Pflicht zum Engagement für die Allgemeinheit, zur politischen Betätigung und zum Einsatz für den Staat
- Entwicklung von ***virtus*** („Tugend“)

Kennzeichen des stoischen Weisen *(sapiens):*
- Unerschütterlichkeit der Seele (*tranquillitas animi,* **„stoische Ruhe“**)

Bedeutende Vertreter in Rom:
- **Cicero** (1. Jh. v. Chr.): Aufnahme einzelner Elemente der stoischen Philosophie in die philosophischen Schriften (Auswahl von Gedanken aus verschiedenen Philosophenschulen: **Eklektizismus**); u. a. Hervorhebung der Verpflichtung der Menschen, sich für den Staat einzusetzen
- **Seneca** (1. Jh. n. Chr.): Reflexe von Gedanken der stoischen Philosophie (u. a. Gleichmut gegenüber den Herausforderungen des Schicksals, Unabhängigkeit von materiellen Gütern) in den philosophischen Schriften

Epikureismus

Höchstes Lebensziel *(summum bonum):*
- Erreichen von ***voluptas*** („Lust“): kein luxuriöses, sondern ein **von Schmerzen und Ängsten freies Leben**
- Rückzug aus dem öffentlichen Leben (griech. ***Láthe biósas!,*** „Lebe im Verborgenen!“) → soweit möglich, kein Engagement in der Politik
- Ideal eines genussvollen, aber bescheidenen Privatlebens im Kreise gleichgesinnter Freunde (große Bedeutung der *amicitia*)

Kennzeichen des epikureischen Weisen *(sapiens):*
- Leben in angst- und schmerzfreier Gemütsruhe

Bedeutende Vertreter in Rom:
- **Lukrez** (1. Jh. v. Chr.): Abfassung eines Lehrgedichts (***De rerum natura,*** „Über die Natur der Dinge“) über die Philosophie Epikurs
- **Horaz** (augusteische Zeit): u. a. berühmter Aufruf zum sinnvollen Lebensgenuss in seinen Oden (lyrischen Gedichten): ***Carpe diem!*** („Nutze den Tag!“)
- Reflexe einzelner Gedanken der epikureischen Philosophie in den Schriften **Ciceros** und **Senecas**

Diogenes und die Kyniker

Vorbild der Kyniker: Diogenes
- Ideal eines von allen materiellen Gütern freien Lebens in vollkommener Unabhängigkeit (Diogenes lebte in einer Tonne)
- Festsetzung der **Natur** als Richtschnur für das Leben (Gefahr, dass materielle Güter den Menschen von der Natur entfernen)
- Bezeichnung für die Anhänger des Diogenes nach dem griechischen Spottnamen *kýon* („Hund“) **Kyniker** (vgl. unser Fremdwort „Zyniker“)
- berühmte Anekdote, derzufolge Diogenes sich von Alexander dem Großen nur Folgendes gewünscht habe: **„Geh mir aus der Sonne!“**

→ Cicero: S. 6
→ Lukrez: S. 7
→ Diogenes: S. 34 und S. 192
→ Horaz: S. 50
→ Philosophenschulen bei Isidor: S. 174

LERNWORTSCHATZ

LW *Consolatio ad Marciam* 8.2–3, 19.1 und 19.6–20.6

quotiēns (*und* **quotiēs**) *Adv.*	wie oft, so oft
interest	es besteht ein Unterschied
dēsīderium, -ī *n*	Sehnsucht, Verlangen
appārēre, appāreō, appāruī	erscheinen, sich zeigen
quamvīs	*Subj.* auch wenn; *Adv.* wenn auch
aspectus, -ūs *m*	Anblick; Blick(feld)
quisque, quaeque, quidque (quodque)	jeder
potestās, -ātis *f*	(Amts-)Gewalt, Macht; Möglichkeit
remedium, -ī *n*	Heilmittel, Hilfsmittel
praemittere, praemittō, praemīsī, praemissum	vorausschicken
paupertās, -ātis *f*	Armut, einfache Lebensweise
libīdō (*und* **lubīdō**), -inis *f*	Begierde, Lust; Willkür
corrumpere (*und* **conrumpere**), corrumpō, corrūpī, corruptum	verführen, verlocken; verderben; beschädigen
verberāre, verberō, verberāvī, verberātum	schlagen, peitschen, schmerzhaft treffen
clādēs, -is *f*	Unglück, Niederlage
prōspicere, prōspiciō, prōspexī, prōspectum	Ausschau halten, in die Ferne schauen
prīvātus, -a, -um	persönlich, privat; *Subst.* prīvātus, -ī *m* Privatmann
ēventus, -ūs *m*	Ausgang; Erfolg; Ereignis
spondēre, spondeō, spopondī, spōnsum	geloben, versprechen
patientia, -ae *f*	Ertragen, Geduld; Fähigkeit, etw. zu ertragen

LW *Consolatio ad Marciam* 24.5–25.1

imāgō, -inis *f*	Bild, Bildnis
status, -ūs *m*	Stand, Zustand, Beschaffenheit
onus, -eris *n*	Last, Belastung
circumdare, circumdō, circumdedī, circumdatum	umgeben, umzingeln, umhüllen
vinculum, -ī *n*	Fessel
tenebrae, -ārum *f Pl.*	Dunkelheit, Finsternis
arcēre, arceō, arcuī	abwehren, fernhalten
conicere, coniciō, coniēcī, coniectum	(zusammen)werfen, schleudern; vermuten
certāmen, -inis *n*	Wettkampf, Kampf, Streit
nītī, nītor, nīxus/nīsus sum *m. Abl.*	sich stützen auf; sich bemühen um, streben nach
unde *Adv.*	woher; weshalb
dēmittere, dēmittō, dēmīsī, dēmissum	hinablassen, -schicken, sinken lassen
pūrus, -a, -um	rein, keusch
liquidus, -a, -um	flüssig, klar
vīsere, vīsō, vīsī	besichtigen, besuchen; nachsehen
proinde *Adv.*	daher, folglich
sepulcrum (*und* **sepulchrum**), -ī *n*	Grab, Grabmal, Begräbnis
est, quod *m. Konj.*	es gibt einen Grund dafür, dass
molestus, -a, -um	lästig, beschwerlich, unangenehm

LW *De ira* 2.4.1

mōtus, -ūs *m*	Bewegung, Antrieb
tamquam	*Adv.* wie; *Subj.* wie wenn, als ob
ulcīscī, ulcīscor, ultus sum	sich rächen, Rache nehmen
fortāsse *Adv.*	vielleicht

LW *De ira* 2.18.1, 2.21.1–2 und 9

opīnārī, opīnor, opīnātus sum	glauben, meinen
incidere, incidō, incidī (in) *m. Akk.*	hineinfallen; geraten (in)
peccāre, peccō, peccāvī, peccātum	einen Fehler machen, sich irren; sündigen
pertinēre, pertineō, pertinuī (ad *m. Akk.*)	betreffen, gehören (zu), sich erstrecken (bis)
dīligentia, -ae *f*	Sorgfalt
prōdesse, prōsum, prōfuī, prōfutūrus	nützen, nützlich sein
dēsīderāre, dēsīderō, dēsīderāvī, dēsīderātum	sich sehnen nach, wünschen; vermissen
tener, -era, -erum	jung, zart; zärtlich
praeceptor, -ōris *m*	Lehrer
placidus, -a, -um	ruhig, sanft, friedlich; nachsichtig
mox *Adv.*	bald (darauf), dann

LW *De ira* 2.34

abstinēre, abstineō, abstinuī, abstentum *m. Abl.*	sich enthalten, sich fernhalten von; zurückhalten
sīve … sīve (*oder* **seu … seu**)	sei es, dass … oder dass
īnferior, -ius	unterhalb gelegen
īrāscī, īrāscor, īrātus sum	zornig werden
meritum, -ī *n*	das Verdienst; Wohltat; Würdigkeit
redimere, redimō, redēmī, redēmptum	kaufen, loskaufen; befreien; sühnen
contrā *Adv.*	hingegen
utrimque *Adv.*	auf beiden Seiten
concurrere, concurrō, concurrī, concursum	zusammenlaufen, zusammenstoßen

LW *De vita beata* 2.2–3.4

color, -ōris *m*	Farbe
lūmen, -inis *n*	Licht; Auge
assentīrī, assentior, assēnsus sum	beistimmen, beipflichten
aliter *Adv.*	anders, sonst
possessiō, -ōnis *f*	Besitz
sānus, -a, -um	gesund, unversehrt; vernünftig
aptus, -a, -um	passend, geeignet
īnstruere, īnstruō, īnstrūxī, īnstrūctum	aufstellen, ausstatten, unterrichten
admīrātiō, -ōnis *f*	Bewunderung
adicere, adiciō, adiēcī, adiectum	hinzufügen, hinzugeben
trānquillitās, -ātis *f*	Stille, (Gemüts-)Ruhe
flāgitium, -ī *n*	Schande, Schandtat, Vergehen
aequālis, -e	gleich, ausgeglichen, gleichrangig, gleichaltrig
concordia, -ae *f*	Eintracht, Einigkeit

LW *De vita beata* 21.3–23.1

possidēre, possideō, possēdī, possessum	besitzen, in Besitz nehmen
spatium, -ī *n*	Raum; Strecke; Dauer; Zeitraum
comparāre, comparō, comparāvī, comparātum	(vor)bereiten, beschaffen; vergleichen
indīgnus, -a, -um *m. Abl.*	(einer Sache) unwürdig, (etwas) nicht verdienend; abscheulich
māteria, -ae *f*	Grundstoff; Material; Ursache
explicāre, explicō, explicāvī/explicuī, explicātum/explicitum *m. Akk./dē m. Abl.*	aufrollen, ausbreiten; erklären
patēre, pateō, patuī	offen stehen, sichtbar sein

LW *De brevitate vitae* 14.1–2

vacāre, vacō, vacāvī, vacātum	frei sein von *m. Abl.*, nicht haben; leer stehen; Zeit haben für, sich widmen *m. Dat.*
tuērī, tueor, tuitus/tūtus sum	ansehen; bewahren
quisquis, quidquid (quicquid)	wer auch immer; jeder, der
acquīrere, acquīrō, acquīsīvī, acquīsītum	erwerben
admittere, admittō, admīsī, admissum	zulassen, Zutritt gewähren; hinzuziehen

LW *Epist.* 1.1.1–2

auferre, auferō, abstulī, ablātum	rauben, wegbringen
subdūcere, subdūcō, subdūxī, subductum	wegnehmen, entführen
cottīdiē *Adv.*	täglich
complectī (*und* **conplectī**), complector, complexus sum	umfassen, umarmen; darstellen, begreifen

LW *Clem.* 1.2.2–3 und 1.25.2

īgnōscere, īgnōscō, īgnōvī, īgnōtum	verzeihen, Verständnis haben (für)
decēre, deceō, decuī	schmücken, passen; sich gehören; decet es gehört sich
discrīmen, -inis *n*	Entscheidung; Gefahr; Unterschied
adhibēre, adhibeō, adhibuī, adhibitum	heranziehen, hinzuziehen; verwenden
decus, -oris *n*	Schönheit, Schmuck; Ehre
īnstrūmentum, -ī *n*	Werkzeug, Schmuck
ultimus, -a, -um	der letzte
iuvāre, iuvō, iūvī, iūtum	helfen, unterstützen; erfreuen
mātūrus, -a, -um	reif; erwachsen; frühzeitig
aliās *Adv.*	ein andermal, zu anderer Zeit; aliās ... aliās bald ... bald
circumvenīre, circumveniō, circumvēnī, circumventum	umzingeln

LW *Nat.* 6.1.1 und 6.1.3–4.1

celeber, -bris, -bre	berühmt, (viel) besucht
sinus, -ūs *m*	Brust; Tasche; Bucht; Krümmung
cingere, cingō, cīnxī, cīnctum	umgürten, umgeben; einschließen
vexāre, vexō, vexāvī, vexātum	quälen, bedrängen
grex, gregis *m*	Herde; Schar, Trupp
dīvidere, dīvidō, dīvīsī, dīvīsum	(ein)teilen, trennen
nūmen, -inis *n*	Gottheit, göttlicher Wille
convertere, convertō, convertī, conversum	umdrehen, wenden, lenken; verwandeln
saevīre, saeviō, saeviī, saevītum	wüten, toben, rasen
turbāre, turbō, turbāvī, turbātum	in Unruhe versetzen, durcheinanderbringen; Verwirrung stiften
īnfimus, -a, -um	der unterste
mōlēs, -is *f*	(gewaltige) Masse, Last
modo *Adv.*	gerade eben; nur; modo ... modo bald ... bald
intervallum, -ī *n*	Zwischenraum; Zeitraum
ruīna, -ae *f*	Einsturz, *Pl.* Trümmer
citō *Adv.* (*Komp.* citius)	schnell, rasch
nōtus, -a, -um	bekannt, berühmt
exprimere, exprimō, expressī, expressum	(her)ausdrücken

LW *Nat.* 6.18.1–2, 27.1–4 und 29.1–2

spīritus, -ūs *m*	Atem, Seele, Geist; Lufthauch
quamdiū *Adv.*	solange; wie lange
sollicitāre, sollicitō, sollicitāvī, sollicitātum	beunruhigen, aufreizen, erschüttern
tantum *Adv.*	so viel, so sehr; nur
facultās, -ātis *f*	Möglichkeit, Fähigkeit
circā/circum	*m. Akk.* um ... herum; circā *Adv.* ringsum, umher
āit (*1. Pers. Sg.* āiō; *2. Pers. Sg.* āis; *3. Pers. Pl.* āiunt)	sagt er; sagte er
mīrus, -a, -um	erstaunlich, wunderbar
āēr, āeris (*Akk. meist* āera) *m*	Luft
ēmittere, ēmittō, ēmīsī, ēmissum	entsenden; von sich geben; freilassen
mollis, -e	weich, angenehm; freundlich
corripere, corripiō, corripuī, correptum	ergreifen, an sich reißen; tadeln
humus, -ī *f*	Erde, Erdboden
inde *Adv.*	von dort; deshalb
miscēre, misceō, miscuī, mixtum	mischen; durcheinanderbringen

Zusammenfassung: Lucius Annaeus Seneca (ca. 1–65 n. Chr.)

- geboren in Corduba (Spanien) als Sohn des berühmten Rhetors Seneca des Älteren,
- schon in frühen Jahren mit der **Philosophie** vertraut,
- **Ämterlaufbahn** jäh durch Kaiser Claudius **gestoppt,** der ihn im Zuge einer Intrige 41 n. Chr. für acht Jahre **nach Korsika verbannt,**
- nach seiner **Rückkehr** nach Rom **ab 50 n. Chr. Erzieher** des jungen Kaisers **Nero,**
- durch Nero 65 n. Chr. zum **Selbstmord** gezwungen.
- **Hauptwerk:** philosophische Schriften:
  - zwölf ***Dialogi*** (philosophische Schriften),
  - ***Epistulae morales ad Lucilium*** (Briefsammlung mit philosophischen Grundfragen an seinen Freund Lucilius),
  - ***Naturales quaestiones*** (Behandlung und Erklärung von Naturphänomenen in sieben Büchern).
- **Weitere Werke:**
  - ***Apocolocyntosis*** (satirische Abrechnung mit dem toten Kaiser Claudius),
  - zahlreiche Tragödien.
- **Stil:** vertrautes Gespräch unter Freunden, praktische Beispiele zur Unterlegung seiner Thesen, knappe Zusammenfassungen wichtiger Inhalte in prägnanten Sentenzen.

Plinius der Ältere: *Naturalis historia*

„Ich habe beschlossen, von meinen Büchern der ‚Naturgeschichte' (das Werk ist ein Neuling bei den Musen deiner Römer), die bei mir als jüngste Frucht entstanden ist, in einem ziemlich frechen Anschreiben zu sprechen – und das zu Dir, angenehmster Kaiser (dies soll nämlich die Anrede sein, die dir wahrhaftig gehört, während bei deinem Vater die Anrede ‚Größter Kaiser' schon altbekannt ist). ‚Denn Du pflegtest zu meinen, dass meine Kleinigkeiten etwas wert sind' – um ganz nebenbei die Worte meines Landsmanns Catull in milderer Form zu zitieren ..."

Mit diesen Worten beginnt **Gaius Plinius Secundus (Plinius der Ältere)** das Vorwort zu seinem Werk ***Naturalis Historia* („Naturgeschichte")**. Und es sind überraschende Aussagen, die Plinius hier **um das Jahr 77 n. Chr.** veröffentlicht: Trotz der ehrenvollen Anrede an den jungen Prinzen und zukünftigen Kaiser **Titus** (Regierungszeit 79–81 n. Chr.) sowie der Ehrbezeugung für dessen Vater, Kaiser **Vespasian** (Regierungszeit 69–79 n. Chr.), handelt es sich wirklich um einen etwas „frechen" Text. So gibt Plinius ausgerechnet ein Zitat des nicht zuletzt mit Themen wie Spott und Liebe befassten Dichters **Catull** (87–54 v. Chr.) wieder, in dem dieser sein Werk als „Kleinigkeiten" bezeichnet. Doch was zu Catulls kurzen Gedichten passen mag, wirkt angesichts der **37 Bücher** umfassenden Naturgeschichte, eines wahren Mammutwerks, auf den ersten Blick geradezu albern. Es handelt sich bei dieser **Enzyklopädie** eben nicht einfach um eine Anhäufung von Fakten. Plinius hat durchaus literarische Ansprüche, was auch sein Hinweis auf die Musen und die Neuartigkeit seines Werkes im Bereich der Literatur zum Ausdruck bringt.

Caij Plinij Secundi/ Des Furtrefflichen Hochgelehrten Alten Philosophi/ Bücher vnd schrifften/ von der Natur/ art vnd eigentschafft der Creaturen oder Geschöpffe Gottes/ Als nemlich: Von den Menschen/ irer Geburt/ Aufferziehung/ Gestalt/ Wandel/ Gebreuchen/ Künsten/ Handtierung/ Leben/ Kranckheit/ Sterben/ Begrebniß. Von den vierfüssigen Thieren/ die beyde/ auff Erden vnd in den Wassern leben. Von den Fischen/ die sich im Meer/ süssen Wassern/ Seen/ Flüssen/ oder Weihern regen. Von den Vögeln/ so im Lufft vnd auff der Erden schweben. Vnd von den Schlangen/ kriechenden Würmen/ mit sampt andern mindern Thierlin/ deñ Eimmeissen/ Bienen/ vnd jres gleichen.

Jetzt allererst gantz verstendtlich zusamen gezogen/ in ein richtige ordnung verfaßt/ vnd dem Gemeinen Manne zů sonderm wolgefallen auß dem Latein verteutscht.

Durch M. Johannem Heyden/ Eifflender von Dhaun.

Mit einem Zůsatz auß H. Göttlichen Schrifft/ vnd den alten Lehrern der Christlichen Kirchen/ soviel sie von der Thier/ Fisch/ Vögel vnd Würm Natur melden/ oder Exempels vnd gleichniß weise einführen.

Sampt vil schönen kurtzweiligen Historien/ auß allerley andern Scribenten/ damit die Beschreibung der Natur aller vermeldten Geschöpff Gottes bezeuget/ vnd als gewiß erfahren/ für Augen gestellt wirt.

Auch warer Kunstreichen Contrafeitung aller vnd jederer angeregten stück/ vnd einem ordentlichen dienstlichen Register.

Getruckt zů Franckfurt am Mayn/ Anno 1565.

Diese Abbildung findet sich auf der ersten deutschen Pliniusausgabe von 1565. Dargestellt ist der Mythos von Orpheus. Informieren Sie sich über Inhalte des Mythos und erörtern Sie, warum die Herausgeber des Buches diese Illustration gewählt haben dürften.

Plinius der Ältere wurde **um 23 n. Chr.** geboren. Er machte v. a. als ranghoher **Militär** Karriere und begleitete auch die Kaiser Vespasian und Titus auf Feldzügen. Daneben war er als Autor sehr produktiv und schuf u. a. **historische Werke über die römische Geschichte,** die heute jedoch verloren sind.

Sein Hauptwerk ist die erwähnte ***Naturalis Historia,*** die das gesamte naturkundliche Wissen der damaligen Zeit in sich versammelt. Der **Mensch** und die **Tiere** sind ebenso Themen des Werkes wie die **Planzenwelt** und deren Kultivierung. **Völkerkunde** und **Geografie** kommen ebenso vor wie **Land- und Viehwirtschaft, Medizin** oder auch **bildende Kunst.** Tatsächlich ist die Bandbreite der Wissensgebiete, mit denen Plinius sich beschäftigte, beeindruckend vielfältig.

Plinius' rastloser Forschergeist war bis zu seinem Tod ungebrochen: Als im Jahr **79 n. Chr.** der **Vesuv** ausbrach (und u. a. die Städte **Pompeji** und **Herculaneum** verschüttete), befand sich Plinius auf dem Flottenstützpunkt **Misenum,** dessen Leitung er innehatte. Angetrieben von dem Wunsch, den Vulkanausbruch zu beobachten und gefährdeten Menschen zu helfen, näherte er sich mit einem Schiff dem Vesuv und fand dabei schließlich den Tod. Dies berichtet **Plinius' Neffe und Adoptivsohn Gaius Plinius Caecilius Secundus (Plinius der Jüngere)** in zwei berühmten **Briefen.**

Die *Naturalis Historia* prägte die Naturwissenschaft von der Antike bis in die Neuzeit. In der Spätantike verwendete sie der Kirchenvater **Augustinus** (354–430 n. Chr.) als Quelle für eigene Werke. In der Renaissance gehörte der Autor **Francesco Petrarca** (1304–1374) zu den begeisterten Plinius-Lesern. Später zeigte sich z. B. der deutsche Naturforscher **Alexander von Humboldt** (1769–1859) von Plinius Ausführungen sehr beeindruckt.

→ Orpheus: S. 76
→ die Enzyklopädie des Celsus: S. 96
→ die Vesuvbriefe Plinius' des Jüngeren: S. 134
→ Augustinus: S. 160
→ Petrarca: S. 180
→ Projekt: Naturkatastrophen: S. 246

NH 2.1–6 Welt und Kosmos

Plinius beschreibt das Weltall *(mundus)* als eine gewölbte Form, die einer Gottheit gleiche, unermesslich groß und ohne Anfang und Ende sei. Dann geht er auf die Frage ein, inwieweit der Mensch den Kosmos überhaupt verstehen kann:

Huius extera indagare nec interest hominum nec capit humanae coniectura mentis. Sacer est, aeternus, immensus, totus in toto, immo vero ipse totum, infinitus ac finito similis, omnium rerum certus et similis incerto, extra intra cuncta complexus in se, idemque rerum naturae opus et rerum ipsa natura.

Im Folgenden greift Plinius diejenigen an, die sich anmaßen, Aufbau und Größe des gesamten Kosmos genau bestimmen zu wollen, und fährt fort:

Furor est profecto, furor egredi ex eo et – tamquam interna eius cuncta plane iam nota sint – ita scrutari extera, quasi vero mensuram ullius rei possit agere, qui sui nesciat, aut mereantur homines videre, quae mundus ipse non capiat.

Weiterhin beschreibt Plinius die Erde als eine Kugel und führt dann aus:

Hanc ergo formam eius aeterno et inrequieto ambitu, inenarrabili celeritate, viginti quattuor horarum spatio circumagi solis exortus et occasus haud dubium reliquere.

An sit inmensus et ideo sensum aurium excedens tantae molis rotatae vertigine adsidua sonitus, non equidem facile dixerim – non, Hercule, magis quam circumactorum simul tinnitus siderum suosque volventium orbes an dulcis quidam et incredibili suavitate concentus. Nobis, qui intus agimus, iuxta diebus noctibusque tacitus labitur mundus.

1 *huius extera (n Pl.)* das darüber Hinausgehende – *indagāre* erforschen – 2 *coniectūra* Mutmaßung – 3 *tōtum* das Ganze – *immō vērō* ~ *immō* – 4 *omnium rērum certus* in allen Teilen sicher – 5 *extrā intrā* außen und innen – 5/6 *rērum nātūra* Schöpfung (wörtlich?) – 7 *internus* innen gelegen – 8 *scrūtārī* erforschen – 9 *mēnsūram agere* die Größe berechnen – 9/10 ergänze: *<is,> quī suī nesciat* er, der sein eigenes Maß nicht kennt – 10 ergänze: *<ea,> quae* – 12 *inrequiētus* unablässig – *ambitus, -ūs* Umlauf – 13 *inēnārrābilis, -e* unbeschreiblich – 14 *circum-agere* herumtreiben – *exortus, -ūs* Aufgang – *occāsus, -ūs* Untergang – 14/15 *haud dubium relinquere (m. AcI)* keinen Zweifel daran lassen, dass; *reliquēre* ~ *reliquērunt* – 17 *rotāre* herumdrehen – *vertīgō, -inis f* das Kreisen – *sonitus, -ūs* Ton – 18 *nōn … magis quam* und ebensowenig; ergänze: *an sit* – 19 *tinnītus, -ūs* Klang – 20 *suāvitās, -ātis f* Süße – 21 *concentus, -ūs* Zusammenklang – *agimus* ~ *vītam agimus*

S 1 In Z. 16–22 sind die aufeinander bezogenen Substantive, Adjektive, Partizipien und Pronomina jeweils mit derselben Farbe gekennzeichnet. Geben Sie vor der Übersetzung an, nach welcher Deklination die einzelnen Wörter dekliniert werden, und bestimmen Sie die Wortgruppen nach KNG.

S 2 Bei *dixerim* (Z. 18) handelt es sich um einen Potentialis. Wiederholen Sie mithilfe Ihrer Grammatik die Bildung und Funktion des Potentialis und finden Sie für die vorliegende Stelle eine passende Übersetzung.

T 1 Stellen Sie Formulierungen aus dem Text zusammen, die sich von dem unterscheiden, was wir heute unter naturwissenschaftlicher Darstellungweise verstehen.

T 2 Arbeiten Sie aus dem Text Begriffe und Wendungen heraus, die deutlich machen, dass Plinius Himmel und Erde als etwas Göttliches beschreibt.

T 3 Schreiben Sie die einzelnen Glieder der Aufzählung in Z. 2–6 untereinander und erklären Sie, wie Plinius sprachlich darstellt, dass Himmel und Erde für den Menschen immer größer und undurchdringlicher werden, je länger er sich damit befasst.

i **Sphärenklänge**

Die Idee, dass die Bewegung der Himmelskörper Klänge erzeugt, geht auf den griechischen Philosophen **Pythagoras** (6. Jh. v. Chr.) zurück. Das griechische Wort ***kósmos*** (κόσμος) bezeichnet in seiner Grundbedeutung die „Ordnung“, das lateinische ***mundus*** „sauber“, und dazu passt die Vorstellung von einer harmonischen Struktur des Alls, die sich auch in entsprechenden Klängen ausdrückt. Durch die Jahrhunderte wurde dieser Gedanke vielfältig rezipiert. So prägte sie etwa die Arbeiten zahlreicher **Musiker** und **Musiktheoretiker** von der Antike bis in die Neuzeit. Der berühmte **Astronom Johannes Kepler** griff die Idee einer harmonischen Ordnung des Kosmos, die auf bestimmten Abständen zwischen den Himmelskörpern beruht, in seinem Werk *Harmonice mundi* (1619) auf.

→ Pythagoras: S. 30 und S. 58
→ die Entstehung der Welt bei Ovid: S. 62
→ Johannes Kepler: S. 202 und S. 237
→ Projekt: Weltbilder: S. 236
→ AH: Substantive, Adjektive, Adverbien und Pronomina: S. 4
→ AH: Konjunktiv in Haupt- und Nebensätzen: S. 41

NH 2.192 und 196 **Erd- und Seebeben**

Plinius, der später beim Ausbruch des Vesuv ums Leben kam (79 n. Chr.), geht auf Naturkatatstrophen ein. Unter anderem befasst er sich mit den Ursachen für Erdbeben:

Ventos in causa esse non dubium reor. Neque enim umquam intremiscunt terrae nisi sopito mari caeloque adeo tranquillo, ut volatus avium non pendeant subtracto omni spiritu, qui vehit, nec umquam nisi post ventos – condito scilicet in venas et cava eius occulta flatu. Neque aliud est in terra tremor quam in nube tonitruum, nec hiatus aliud, quam cum fulmen erumpit incluso spiritu luctante et ad libertatem exire nitente.

Plinius referiert auch Möglichkeiten, Seebeben vorherzusagen:

Navigantes quoque sentiunt non dubiā coniecturā sine flatu intumescente fluctu subito aut quatiente ictu. Intremunt vero et in navibus postes aeque quam in aedificiis crepituque praenuntiant. Quin et volucres non impavidae sedent. Est et in caelo signum praeceditque motu futuro aut interdiu aut paulo post occasum sereno tenuis ceu lineae nubes in longum porrecta spatium.

2 *intremīscere* zu beben beginnen – *sōpītus* still – 3 *trānquillus* ruhig – *volātūs avium nōn pendent* der Vogelflug ist nicht möglich (wörtlich: hängt nicht fest <in der Luft>) – *subtrahere (PPP: subtractum)* entziehen – 4/5 ergänze: *post ventōs <terrae intremīscunt>* – 5 *vēna* (Wasser- oder Metall-)Ader – *cavum* Hohlraum – *eius* gemeint ist die Erde – 6 *flātus, -ūs* das Blasen (des Windes) – *tremor, -ōris m* das Zittern – *tonitruum* das Donnern – 7 *hiātus, -ūs* Spalt (in der Erde) – *fulmen, -inis n* Blitzschlag – 8 *luctārī* ringen – 9 *sentīre (m. abl. abs.)* spüren, wenn – *coniectūra* Wahrsagung – 10 *intumēscere* anschwellen – *quatere* erschüttern – *intremere* erzittern – 11 *postis, -is m* Türpfosten – 12 *crepitus, -ūs* Knarren – *praenūntiāre* ankündigen – *quīn et* ja sogar – *volucris, -is f* Vogel – 13 *impavidus* furchtlos – *praecēdere (m. abl. abs.)* vorausgehen, wenn – 14 *occāsus, -ūs* Sonnenuntergang – *serēnō* bei heiterem Wetter – 15 *ceu* wie – *līnea* Linie – ordne: *ceu nūbēs porrēcta in spatium longum līneae tenuis* – *spatium* LW *NH* 2.1–6

S Schreiben Sie beim Übersetzen sämtliche *ablativus-absolutus*-Konstruktionen aus dem Text heraus und ordnen Sie diese folgendermaßen: *abl. abs.* mit PPP, mit PPA, in nominaler Wendung (verkürzter *abl. abs.*).

T Weisen Sie nach, dass Plinius den unterirdischen Stürmen, von denen er spricht (Z. 1–8), menschliche Züge verleiht. Erörtern Sie die Funktion dieser Personifikation.

Helmut Tributsch, Professor für physikalische Chemie, befasst sich mit dem „sechsten Sinn" der Tiere. In einem Interview aus dem Jahr 2005 äußerte er über die Möglichkeit, dass Tiere Erd- und Seebeben im Voraus spüren:

Sie reagieren schon bis zu 20 Stunden vor dem Beben. Schweine rennen hektisch umher, Vögel flattern, Hunde bellen. In Japan etwa gilt der Wels als Seebebenvorhersager. Er springt dann aus dem Wasser. [...] Vor einem Erdbeben laden sich zum Beispiel die Teilchen in der Luft auf. Die Tiere spüren das. Bei einem Seebeben gibt es andere Wellen – schneller, aber so harmlos, dass Menschen sie nicht bemerken. Tiere sind da sensibler.

Untersuchen Sie, inwieweit sich Tributschs Ausführungen mit denen des Plinius berühren. Informieren Sie sich im Internet über Berichte, denen zufolge sich am Verhalten von Tieren Naturkatastrophen angekündigt haben sollen, und diskutieren Sie deren Glaubwürdigkeit.

Am 26.12.2004 verwüstete ein infolge eines Seebebens entstandener Tsunami zahlreiche Küstenregionen Südostasiens und tötete über 165.000 Menschen. Die hier abgebildete Folge der Zerstörung in der indonesischen Stadt Banda Aceh wurde nicht im Zuge der Aufräumarbeiten beseitigt, sondern als Denkmal für die Opfer der Katastrophe bewahrt. Beschreiben Sie die Abbildung und erklären Sie, warum gerade dieser Ort als Mahnmal gewählt wurde. Stellen Sie Verbindungen zu Plinius' Ausführungen zu Seebeben her.

→ Erdbeben bei Seneca: S. 114
→ Rhetorische Stilmittel: S. 224
→ Projekt: Naturkatastrophen: S. 246
→ AH: Partizipien und *nd*-Formen: S. 16

NH 7.2–5 Wie unterscheidet sich der Mensch vom Tier?

[Natura] ante omnia unum animantium cunctorum alienis velat opibus. Ceteris varie tegimenta tribuit, testas, cortices, coria, spinas, villos, saetas, pilos, plumam, pinnas, squamas, vellera; truncos etiam arboresque cortice, interdum gemino, a frigoribus et calore tutata est. Hominem tantum nudum et in nuda humo natali die abicit ad vagitus statim et ploratum, nullumque tot animalium aliud ad lacrimas, et has protinus vitae principio. [...]
Prima roboris spes primumque temporis munus quadripedi similem facit. Quando homini incessus? Quando vox? Quando firmum cibis os? Quam diu palpitans vertex, summae inter cuncta animalia imbecillitatis indicium? Iam morbi totque medicinae contra mala excogitatae, et hae quoque subinde novitatibus victae! Et cetera sentire naturam suam: alia pernicitatem usurpare, alia praepetes volatus, alia nare. Hominem nihil scire sine doctrina, non fari, non ingredi, non vesci, breviterque non aliud naturae sponte quam flere! Itaque multi exstitere, qui non nasci optimum censerent aut quam ocissime aboleri.
Uni animantium luctus est datus, uni luxuria – et quidem innumerabilibus modis ac per singula membra –, uni ambitio, uni avaritia, uni inmensa vivendi cupido, uni superstitio, uni sepulturae cura atque etiam post se de futuro. Nulli vita fragilior, nulli rerum omnium libido maior, nulli pavor confusior, nulli rabies acrior. Denique cetera animantia in suo genere probe degunt. Congregari videmus et stare contra dissimilia: Leonum feritas inter se non dimicat; serpentium morsus non petit serpentes; ne maris quidem beluae ac pisces nisi in diversa genera saeviunt. At, Hercule, homini plurima ex homine sunt mala.

W Schlagen Sie die markierten Substantive (Z. 3/4) im Wörterbuch nach und ermitteln Sie so *vor* der Übersetzung, um welche Lebewesen es hier geht.

Durch den englischen Philosophen Thomas Hobbes (1588–1679) wurde der auf die Antike zurückgehende Ausspruch *Homo homini lupus* berühmt. Erklären Sie, was damit gemeint ist. Beschreiben Sie die bildliche Umsetzung dieses Ausspruchs, die der französische Grafiker Georges Rouault 1948 vornahm. Erläutern Sie, was der Gedanke *Homo homini lupus* für Rouault bedeutet.

1 *animāns, -antis n* Lebewesen – 2 *vēlāre* verhüllen – *tegimentum* Kleidung – 3/4 vgl. W – 4 *truncus* Stamm – 5 *geminus* doppelt – 7 *nātālis, -e* Geburts- – *vāgītus, -ūs* das Wimmern – *plōrātus, -ūs* das Weinen – 8 *et* (hier) und zwar – 10 *quadripēs, -pedis m* vierfüßiges Tier – 10/11 ergänze: <*hominem*> *quadripedī similem facit* (dopp. Akk.) – 11–13 ergänze jeweils: *est/sunt* – 11 *incessus, -ūs* das Gehen – 12 *palpitāre* zucken, pulsieren – 13 *vertex, -icis m* Kopf – *imbēcillitās, -ātis f* Schwäche – 14 *excōgitāre* ausdenken – 15 *novitās, -ātis f* etwas Neues – 15–19 übersetzen Sie die AcI-Konstruktionen als Hauptsätze – 16 ergänze: *cētera* <*animālia*> – *pernīcitās, -ātis f* Schnelligkeit – *ūsūrpāre* gebrauchen – 17 *praepes, -petis* schnell – *volātus, -ūs* Flug – *nāre* schwimmen – 18 *vescī* sich ernähren – 20 *exstitēre ~ exstitērunt* – ergänze: <*hominem*> *nōn nāscī* – 21 *quam ōcissimē* möglichst schnell – *abolēre* vernichten – 22–25 *ūnus* jeweils prädikativ zu übersetzen – 23 *innumerābilis, -e* zahllos – 24 *inmēnsus* LW *NH* 2.192 und 196 – 25 *sepultūra* Bestattung – 26 *fragilis, -e* zerbrechlich; ergänze <*est*> – 27 *cōnfūsus* verwirrt – *rabiēs, -ēī f* Raserei – 29 *congregārī* sich versammeln – 30 *feritās, -ātis f* Wildheit – *dīmicāre* kämpfen – *morsus, -ūs* Biss – 31 *bēlua* Untier – 32 *Hercule* LW *NH* 2.1–6

Der deutsche Ethikrat ist ein Gremium von Experten aus unterschiedlichen Fachgebieten, die den Gesetzgeber zu möglichen Folgen wissenschaftlicher Forschung für unsere Gesellschaft beraten. Im September 2011 legte der Rat eine Stellungnahme zum Thema „Mensch-Tier-Mischwesen in der Forschung" vor, also zur Übertragung von menschlichem Zellmaterial auf Tiere zu medizinischen Forschungszwecken. Darin wird auch grundsätzlich auf die Unterschiede zwischen Mensch und Tier eingegangen:
Entscheidend für die Sonderstellung des Menschen ist die durch seine Befähigungen ermöglichte intellektuelle und moralische Kompetenz, sich selbst im Zusammenhang seiner Natur zu begreifen und dabei auch die Bedingungen zu erkennen, die er zur Erhaltung und Entfaltung seines Lebens braucht. Er ist das einzige Wesen, das von seiner Abhängigkeit von anderen Lebewesen weiß, und dürfte auf absehbare Zeit auch das einzige Lebewesen bleiben, das im Kontext seiner von ihm selbst geschaffenen Kultur Verantwortung nicht nur für sich, sondern auch für seine natürlichen, geschichtlichen und kulturellen Lebensgrundlagen übernehmen kann.
Arbeiten Sie aus den Ausführungen des Ethikrats Gedanken heraus, die denen des Plinius ähnlich sind, und weisen Sie Unterschiede zwischen beiden Texten nach.

→ Ethik: S. 31
→ Mensch und Tier bei Vitruv: S. 55
→ Mensch und Tier bei Ovid: S. 63
→ das Menschenbild bei Laktanz: S. 153

NH 8.56 Ein sanftmütiges Raubtier

Sunt vero et fortuitae eorum quoque clementiae exempla. Mentor Syracusanus in Syria, leone obvio suppliciter volutante, attonitus pavore, cum refugienti undique fera opponeret sese et vestigia lamberet adulanti similis, animadvertit in pede eius tumorem vulnusque. Extracto surculo liberavit cruciatu. Pictura casum hunc testatur Syracusis.

1 *eōrum* gemeint sind die Löwen – *clēmentia* Milde – 2 *Mentor* zu den Eigennamen vgl. die Info-Box – *leō* LW *NH* 7.2–5 – *obvius* entgegenkommend – 3 *volūtāre* sich hin und her wälzen – *attonitus* entsetzt – *pavor* LW *NH* 7.2–5 – *re-fugere* zurückweichen – 4 *lambere* lecken – *adūlārī* schmeicheln – 5 *tumor, -ōris m* Schwellung – *ex-trahere* herausziehen – 6 *surculus* Splitter – *cruciātus, -ūs* Qual – 7 *tēstārī* bezeugen – *Syrācūsae, -ārum f Pl.* Syrakus

T 1 Erklären Sie, wie Plinius den Wahrheitsgehalt der Geschichte belegt. Erörtern Sie, ob dies glaubhaft ist.

T 2 Betrachten Sie die bildlichen Darstellungen des Hieronymus auf S. 156 und S. 206. Erklären Sie, wie dort das Verhältnis zwischen dem Menschen und dem Löwen jeweils dargestellt ist. Benennen Sie Gemeinsamkeiten und Unterschiede zu der Geschichte, die Plinius erzählt.

Aus der Tierwelt

Die Geschichte von Mentor aus Syracus *(Mentor Syracusanus)*, der in Syrien *(Syria)* einem Löwen begegnet, erinnert an eine Fabel, die unter dem Namen **Aesops** überliefert ist. Dort heißt es, der Sklave **Androklus** habe einem Löwen einen Dorn aus der Pfote gezogen und sei später, als er zum Tod durch wilde Tiere verurteilt worden war, von eben diesem Löwen verschont worden. Auch von **Hieronymus** wird berichtet, er habe einen Löwen von einem Dorn befreit.

Plinius bietet etliche anekdotenhafte Schilderungen über außergewöhnliches Tierverhalten – so auch die vom Delfin und dem Knaben, die sich zur Zeit des Kaisers **Augustus** ereignet haben soll. Aber in den **Büchern 8–11** der ***Naturalis historia***, in denen Plinius sich mit der **Tierwelt** befasst (geordnet nach Land- sowie Seetieren, Vögeln und Insekten) geht er v. a. auf das Aussehen und natürliche Verhalten der Tiere ein, weiterhin auf ihren Lebensraum und ihren Kontakt mit dem Menschen.

NH 9.25 Eine besondere Freundschaft

Divo Augusto principe Lucrinum lacum invectus pauperis cuiusdam puerum ex Baiano Puteolos in ludum litterarium itantem, cum meridiano immorans appellatum eum Simonis nomine saepius fragmentis panis, quem ob iter ferebat, adlexisset, miro amore dilexit. [...] Quocumque diei tempore inclamatus a puero, quamvis occultus atque abditus, ex imo advolabat pastusque e manu praebebat ascensuro dorsum, pinnae aculeos velut vagina condens; receptumque Puteolos per magnum aequor in ludum ferebat simili modo revehens pluribus annis – donec morbo exstincto puero subinde ad consuetum locum ventitans tristis et maerenti similis ipse quoque, quod nemo dubitaret, desiderio expiravit.

1/2 *lacus Lucrīnus* (Lukriner See), *Bāiānum* (die Gegend um die Stadt Baiae), *Puteolī* Orte am Golf von Neapel – 1 *invehī (Part. Perf.: invectus)* hineinschwimmen; ergänze: <*delphīnus*> *invectus* – 2/3 *lūdus litterārius* Grundschule – 3 *itāre* (regelmäßig) gehen – *merīdiānō* zur Mittagszeit – *immorārī* verweilen – 4 *Sīmō, -ōnis* „der Plattnasige" – *frāgmentum* Stück – 5 *adlicere (Perf.: adlēxī)* anlocken – 6 *inclāmāre* (laut) rufen – 7 *occultus* LW *NH* 2.192 und 196 – *abditus* verborgen – *ex īmō* aus der Tiefe – *advolāre* herbeieilen – 8 *pāscere (PPP: pāstum)* füttern – *dorsum* Rücken – *pinna* Flosse – 9 *aculeus* Stachel – *vāgīna* Schwertscheide – 11 *revehere* zurückbringen – 13 *subinde* LW *NH* 7.2–5 – 14 *ventitāre* (häufig) hinkommen – 17 *expīrāre* sterben

Mosaik aus Tunesien (3. Jh. n. Chr.). In der Antike wurden Delfine mehrfach als Freunde des Menschen gesehen – am berühmtesten in dem Mythos von Arion. Informieren Sie sich über den Inhalt dieser Geschichte und beschreiben Sie ihre nebenstehende Darstellung. Tragen Sie in der Klasse weitere – auch moderne – Auseinandersetzungen mit dem Thema „Delfine" zusammen.

S Erstellen Sie mithilfe der farbigen Markierungen in Z. 1–6 eine Satzanalyse nach der Einrückmethode.

→ der Golf von Neapel: S. 135
→ Hieronymus: S. 156

NH 15.97 Obst: Die Farben der Maulbeere

Moris sucus in carne vinosus; trini colores, candidus primo, mox rubens, maturis niger. In novissimis florent, inter prima maturescunt. Tingunt manus suco matura, eluunt acerba.

1 *mōrum* Maulbeere; ergänze: *mōrīs* <est> – *sūcus* Saft – *carō, carnis f* (hier) Fruchtfleisch – *vīnōsus* weinartig – *trīnī, -ae, -a* drei – *candidus* weiß – 2 *rubēns, -entis* rot – *niger* ergänze *est* – 2/3 *in novissimīs flōrent* sie blühen unter den letzten (Pflanzen) – 3 *mātūrēscere* reif werden – *tingere* färben – 4 *ēluere* säubern – *acerbus* (hier) unreif

Aus der Pflanzenwelt
In den **Büchern 12–27** der ***Naturalis historia*** setzt sich Plinius mit der **Pflanzenwelt** auseinander. Seine ausführlichen Darstellungen gliedert er u. a. nach den Arten der Pflanzen (z. B. Wasserpflanzen, Bäume, Blumen) und v. a. nach ihrem Nutzen für den Menschen. So geht er auf Gewürze, Wein und Ölpflanzen sowie pflanzliche Farbstoffe ein oder listet Heilpflanzen und ihre Wirkung auf. Außerdem äußert er sich zu Grundlagen von Land- und Gartenbau.
Eine ganz andere Herangehensweise an diese Pflanzen zeigen dagegen die Sagen, wie sie z. B. **Ovid** in seinen ***Metamorphosen*** erzählt. Vergleichen Sie Ovids Darstellungen zur Färbung der Maulbeere (S. 70/71) und zur Entstehung der Zypresse (S. 78) mit den Ausführungen des Plinius. Erörtern Sie, welcher Zusammenhang jeweils zwischen dem Mythos und der Lebenswirklichkeit der Menschen besteht.

S Schreiben Sie aus dem Text sämtliche Adjektive heraus, bestimmen Sie diese nach Kasus, Numerus und Genus und geben Sie jeweils die Deklinationsklasse an.

T Informieren Sie sich, wozu Maulbeeren – auch heute noch – genutzt werden können, und setzen Sie diese Ergebnisse zu den Ausführungen des Plinius in Verbindung.

NH 16.139 und 141 Bäume: Die Zypresse

Cupressus advena et difficillime nascentium fuit, ut de qua verbosius saepiusque quam de omnibus aliis prodiderit Cato; satu morosa, fructu supervacua, bacis torva, folio amara, odore violenta ac ne umbra quidem gratiosa, materie rara, ut paene fruticosi generis, Diti sacra et ideo funebri signo ad domos posita.

Plinius berichtet, dass sich die Zypresse gut in Ziergärten in verschiedene bildliche Formen schneiden lässt. Dann geht er auf weitere Möglichkeiten ihrer Nutzung ein.

Duo genera earum: Meta in fastigium convoluta, quae et femina appellatur. Mas spargit extra se ramos deputaturque et accipit vitem. Utraque autem immittitur in perticas asseresve amputatione ramorum, qui XIII anno denariis singulis veneunt, quaestuosissima in satus ratione silva, vulgoque dotem filiae antiqui plantaria ea appellabant.

Zypressen auf dem Friedhof der italienischen Stadt Formigiano. Geben Sie an, welche bei Plinius erwähnte Eigenschaft der Zypresse auch heute noch greifbar ist.

1 *cupressus, -ī f* Zypresse – *advena, -ae m* Fremdling – *difficillimē nāscentium* esse zu den am schwierigsten gedeihenden (Pflanzen) gehören – 1/2 *ut dē quā* ~ *ut dē eā* – 2 *verbōsus* wortreich – 3 *Catō, -ōnis* vgl. die Info-Box auf der folgenden Seite – *satus, -ūs* das Pflanzen, vgl. S – *mōrōsus* schwierig – *supervacuus* überreich – *bāca* Beere – *torvus* herb – 4 *folium* Blatt – *amārus* bitter – *violentus* aggressiv – *grātiōsus* beliebt – 5 *māteriēs, -ēī f* Bauholz – *rārus* (hier) unergiebig – ergänze: *ut ...* <esset> – *fruticōsus* buschartig – *Dīs, Dītis* Gott der Unterwelt – 6 *ideō* LW *NH* 2.1–6 – *fūnebris, -e* Toten- – 7 *mēta* Kegel – *fāstīgium* Spitze – *convolvere (PPP: convolūtum)* zusammendrehen – 8 *mās, māris m* männlich – *rāmus* Zweig – *dēputāre* (ab)schneiden – 9 *vītis, -is f* Weinrebe – *immittere* zurechtschlagen – 10 *pertica* Stange – *asser, -eris m* Brett – *amputātiō, -ōnis f* das Abschneiden – 11 *dēnārius* Denar (Silbermünze) – *singulus* LW *NH* 7.2–5 – *vēn-īre* verkauft werden – *quaestuōsus* einträglich – 11/12 *in satūs ratiōne* bei Berechnung der Anpflanzung – 12 *plantārium* Anpflanzung

S Bei *satu* (Z. 3) handelt es sich um einen Ablativ der Beziehung (*satu morosa*, „in Bezug auf das Pflanzen schwierig", „schwierig anzupflanzen"). Schreiben Sie aus diesem Satz weitere Beispiele für diesen Ablativ heraus und finden Sie die passendste Übersetzung.

T Vergleichen Sie die Informationen zur Zypresse in einer modernen Enzyklopädie. Arbeiten Sie heraus, welche Gemeinsamkeiten und Unterschiede zu den Ausführungen des Plinius bestehen.

→ der Maulbeerbaum bei Ovid: S. 71
→ die Zypresse bei Ovid: S. 78
→ AH: Substantive, Adjektive und Adverbien und Pronomina: S. 4
→ AH: Kasusfunktionen: S. 8

NH 29.13–16 Ärzte – ungeliebt, doch unentbehrlich

Bei seiner Auseinandersetzung mit der Geschichte der Ärzteschaft in Rom bezieht sich Plinius auf den Historiker Lucius Cassius Hemina (2. Jh. v. Chr.). Dieser berichtet, dass im Jahr 219 v. Chr. der erste Arzt nach Rom kam: Der Grieche Archagathus habe sogar das römische Bürgerrecht erhalten, und ihm sei auf Staatskosten eine *taberna* eingerichtet worden. Wie es mit Archagathus weiterging, schildert Plinius zunächst in indirekter Rede:

Vulnerarium eum fuisse egregium mireque gratum adventum eius initio; mox a saevitia secandi urendique transisse nomen in carnificem et in taedium artem omnesque medicos. Quod clarissime intellegi potest ex M. Catone […]: „Dicam de istis Graecis suo loco, M. fili, quid Athenis exquisitum habeam et quod bonum sit illorum litteras inspicere, non perdiscere. Vincam nequissimum et indocile genus illorum; et hoc puta vatem dixisse: Quandoque ista gens suas litteras dabit, omnia conrumpet, tum etiam magis, si medicos suos hoc mittet. Iurarunt inter se barbaros necare omnes medicinā. Sed hoc ipsum mercede faciunt, ut fides iis sit et facile disperdant. Nos quoque dictitant barbaros et spurcius nos quam alios ὀπικῶν [opikón] appellatione foedant. Interdixi tibi de medicis.“

Da Cato die Medizin keinesfalls grundsätzlich ablehnte, sondern sogar von medizinischen Hausmitteln spricht, mit denen er seine Frau und Kinder behandelte, kommt Plinius zu folgendem Schluss:

Non rem antiqui damnabant, sed artem. Maxime vero quaestum esse manipretio vitae recusabant.

W Ermitteln Sie bei der Übersetzung von Z. 1–4 mithilfe eines Wörterbuchs, von welchen lateinischen Wörtern die folgenden Begriffe abgeleitet sind, und bestimmen Sie ihre wörtliche Bedeutung: *vulnerarius, egregrius, carnifex.*

S 1 Erklären Sie anhand von *quid* und *quod bonum* (Z. 6/7) die Verwendung des substantivischen und des adjektivischen Fragepronomens. Erklären Sie zudem die Funktion der Konjunktive *habeam* und *sit* in diesem Satz.

S 2 Erschließen Sie aus dem Textzusammenhang, was Plinius in Z. 17 mit *ars* meint, und finden Sie eine angemessene Übersetzung.

T Beschreiben Sie das pompejanische Wandgemälde auf der folgenden Seite. Erschließen Sie, ausgehend von dieser mythologischen Szene und unter Berücksichtigung der im Text genannten Heilmethoden, welche Ansprüche an Hygiene bei ärztlichen Behandlungen in der Antike gestellt worden sein dürften.

i Cato als Quelle des Plinius

In der **Vorrede zur *Naturalis historia*** gibt Plinius an, er habe 20.000 „bemerkenswerte Dinge“ *(res dignae cura)* aus 2.000 Bänden von 100 Autoren zusammengetragen. Häufig nennt er seine Quellen. Hier zitiert er z. B. wörtlich aus einem Text, den der **ältere Cato** (234–149 v. Chr.) für seinen Sohn Marcus schrieb. Cato, der auch ein **Werk über den Landbau** verfasste ***(De agri cultura)***, wird von Plinius mehrfach genannt.
Tatsächlich handelt es sich um eine der bedeutendsten Persönlichkeiten der römischen Republik. Cato war als Feldherr erfolgreich und übte das Amt des **Zensors** mit großer Strenge aus. Berühmt ist er aber v. a. wegen seines oft wiederholten (und vielzitierten) Ausspruchs über den Erzfeind der Römer: ***Ceterum censeo Carthaginem esse delendam*** („Im Übrigen meine ich, dass Karthago zerstört werden muss.“). Die kompromisslose Haltung Catos ist auch an der hier zitierten Stelle überdeutlich.

1 *vulnerārius* Wundarzt – 2 *mox* LW *NH* 15.97 – *saevitia* Wildheit – 3 *carnifex, -ficis m* Henker – 6 *suō locō* an passender Stelle – 7 *exquīsītum habeō* ich habe herausgefunden – 8 *perdiscere* gründlich lernen – *vincere (m. dopp. Akk.)* (hier) erweisen als – *nēquissimus* vollkommen nutzlos – *indocilis, -e* unbelehrbar – 9 *quandōque* wenn einmal – 11 *hōc* hierher – *iūrārunt* ~ *iūrāvērunt* – 13 *disperdere* zugrunde richten – 14 *dictitāre* (immer wieder) nennen – *spurcus* unflätig – 15 *opikón (Gen. Pl.)* „Schwachköpfe“ – *appellātiō, -ōnis f* Bezeichnung – *foedāre* besudeln – *inter-dīcere dē (m. Abl.)* den Umgang verbieten mit – 18 *quaestus, -ūs* Gewinn – *manipretium* Arbeit

i Römer und Griechen

In seinen Versepisteln (2.1.156–157) schreibt der augusteische Dichter **Horaz:** *Graecia capta ferum victorem cepit et artes intulit agresti Latio* („Das eroberte Griechenland eroberte den wilden Sieger und überzog das bäurische Latium mit seinen Künsten“). Tatsächlich wussten die militärisch überlegenen Römer die kulturelle Überlegenheit der besiegten Griechen für sich zu nutzen und nahmen griechische Einflüsse auf praktisch sämtliche Bereiche ihrer eigenen Kultur an. Gleichzeitig fiel es den Römern nicht immer leicht, die kulturelle Vorrangstellung der Griechen zu akzeptieren, und so kam es auch zu griechenfeindlichen Aussagen wie denen des Cato.
Erörtern Sie, inwieweit Catos Ausführungen fremdenfeindlichen Behauptungen ähneln, wie man sie heutzutage hört, und welche Unterschiede es gibt. Nennen Sie lateinische Belege. Stellen Sie Argumente zusammen, mit denen man den Ausführungen Catos widersprechen kann.

→ Cicero und die Griechen: S. 28
→ Medizin bei Celsus: S. 96
→ Cato: S. 111
→ Projekt: Lateinische Briefliteratur: S. 242

i **Römische Bildhauerei und Malerei**

In den **Büchern 34–36** der *Naturalis Historia* geht es um **Metalle, Erden** und **Gesteine.** Ausgehend von diesen Materialien werden weiterhin Informationen zur antiken **Bildhauerei** und **Malerei** sowie deren bedeutendsten Vertretern geboten. Auch in den bildenden Künsten standen die Römer unter dem Einfluss der Griechen. Tatsächlich handelt es sich bei vielen römischen Kunstwerken um **Kopien der Werke griechischer Vorbilder**, und grundsätzlich standen griechische Künstler auch bei den Römern wohl in höherem Ansehen als römische Bildhauer und Maler.

Sowohl in der Bildhauerei als auch in der Malerei gab es zahlreiche Darstellungen aus dem antiken Mythos, wie sie auch die beiden folgenden Texte erwähnen. Darüber hinaus waren Abbilder von Menschen für die Römer wichtige Mittel in der Verehrung ihrer bedeutenden Vorfahren, insbesondere von Helden aus der römischen Geschichte. Die römische Malerei ist uns vor allem durch die **Wandmalereien** in **Pompeji** und **Herculaneum** bekannt, die nach der Verschüttung dieser Städte durch den **Vesuvausbruch in Jahr 79 n. Chr.** erhalten blieben.

NH 34.77 Bildhauerei

Zu dem griechischen Künstler Euphranor (4. Jh. v. Chr.) schreibt Plinius u. a. Folgendes:

Huius est Minerva, Romae quae dicitur „Catuliana“, infra Capitolium (a Q. Lutatio dicata) et simulacrum Boni Eventūs, dextrā pateram, sinistrā spicam ac papavera tenens; item Latona puerpera Apollinem et Dianam infantes sustinens in aede Concordiae.

2 *īnfrā Capitōlium* unterhalb des Kapitols – *Quīntus Lutātius Catulus* röm. Feldherr und Politiker (Konsul 78 v. Chr.) – *dīcāre* stiften – 3 *patera* Opferschale – *spīca* Ähre – *papāver, -eris n* Mohn – 4 *puerpera* vgl. zur Abb. – *Apollinem* Akk. zu *Apollō*

T 1 Die Stiftung von Statuen war ein Mittel, mit dem bedeutende Römer auf sich aufmerksam machen konnten. Belegen Sie dies anhand des Textes.

T 2 Erklären Sie anhand der Beschreibung des *Bonus Eventus* den Begriff „Personifikation“. Erschließen Sie die Bedeutung von Schale, Ähre und Mohn.

W. H. Rinehart, „Latona und ihre Kinder Apollo und Diana“ (19. Jh.). Bereits in der Antike gab es Darstellungen der *Latona puerpera* („Latona nach der Geburt“). Vergleichen Sie die Info-Box zu Latona auf S. 73 und arbeiten Sie heraus, wie die neuzeitliche Darstellung Rineharts auf die antike Sagenwelt Bezug nimmt.

NH 35.17–18 Malerei

Plinius preist den Künstler Ekphantos (7. Jh. v. Chr.) dafür, dass er die Malerei nach Italien gebracht habe, und erwähnt sehr alte Gemälde in Tempeln in Latium.

Similiter Lanuvi, ubi Atalante et Helena comminus pictae sunt nudae ab eodem artifice, utraque excellentissimā formā, sed altera ut virgo, ne ruinis quidem templi concussae.

Gaius princeps tollere eas conatus est libidine accensus, si tectorii natura permisisset.

1 *Lānuvī* in (der Stadt) Lanuvium – *Atalante* vgl. S. 80 – *comminus* von Angesicht zu Angesicht – 2 *nūdus* LW *NH* 7.2–5 – *excellēns, -entis* herausragend – 3 *fōrma* LW *NH* 2.1–6 – 4 ergänze: *concussae* <sunt> – 5 *Gāius prīnceps* der Kaiser Gaius Caligula – *libīdō* LW *NH* 7.2–5 – 6 *tēctōrium* Wandfarbe

Pompejanisches Wandgemälde (1. Jh. n. Chr.): Der verwundete Aeneas wird von dem Arzt Iapyx behandelt; dabei stehen Aeneas' Mutter Venus und sein Sohn Ascanius. Erschließen Sie, was einen Römer dazu veranlasst haben könnte, sein Haus ausgerechnet mit diesem Motiv zu schmücken.

S Schreiben Sie aus dem Text Partizipien heraus, nennen Sie deren Bezugswort und entwickeln Sie eine passende Übersetzung.

T Diskutieren Sie, was Ihrer Meinung nach die Qualität eines guten Gemäldes ausmacht. Arbeiten Sie heraus, welches Kriterium für Kaiser Caligula wichtig ist.

→ Aeneas: S. 50 und S. 89
→ Latona bei Ovid: S. 73
→ Pompeji und Herculaneum bei Plinius dem Jüngeren: S. 134
→ Rhetorische Stilmittel: S. 224
→ AH: Partizipien und *nd*-Formen: S. 16

LERNWORTSCHATZ

LW *NH* 2.1–6

mundus, -ī *m*	Welt, Weltall
libet (*und* **lubet**), libuit	es gefällt, es beliebt
gīgnere, gīgnō, genuī, genitum	(er)zeugen, gebären, hervorbringen
interīre, intereō, interiī	untergehen, zugrunde gehen
exter, -era, -erum	ausländisch, auswärtig; außerhalb liegend
interest	es besteht ein Unterschied; *m. Gen.* es ist nützlich für
immēnsus (*und* **inmēnsus**), -a, -um	gewaltig, riesig
immō *Adv.*	ja sogar, im Gegenteil
īnfīnītus, -a, -um	unendlich, unbegrenzt
fīnīre, fīniō, fīnīvī, fīnītum	begrenzen, beenden
complectī (*und* **conplectī**) complector, complexus sum	umfassen, umarmen; darstellen, begreifen
profectō *Adv.*	tatsächlich, gewiss, jedenfalls
tamquam	*Adv.* wie; *Subj.* wie wenn, als ob
plānus, -a, -um	flach, eben, deutlich; plānē *Adv.* völlig, deutlich
nōtus, -a, -um	bekannt, berühmt
quasi *Adv.*	wie wenn, als ob; gleichwie; gewissermaßen
merēre, mereō, meruī (*und* **merērī,** mereor, meritus sum)	verdienen
fōrma, -ae *f*	Gestalt, Aussehen; Schönheit
celeritās, -ātis *f*	Schnelligkeit
spatium, -ī *n*	Raum; Strecke; Dauer; Zeitraum
ideō *Adv.*	deshalb
sēnsus, -ūs *m*	Sinn, Verstand, Gefühl
mōlēs, -is *f*	(gewaltige) Masse, Last
assiduus (*und* **adsiduus**), -a, -um	ununterbrochen; eifrig
equidem *Adv.*	(ich) allerdings, (ich) freilich
Hercule (*und* **Hercules, Hercle**)	beim Herkules!
simul	*Adv.* gleichzeitig, zugleich; *Subj.* sobald
sīdus, -eris *n*	Stern, Sternbild
volvere, volvō, volvī, volūtum	rollen, wälzen, (sich) drehen; erwägen
dulcis, -e	süß, angenehm
intus *Adv.*	im Innern
iūxtā	*Adv.* ebenso, gleichermaßen; *Präp. m. Akk.* nahe bei; entsprechend
tacitus, -a, -um	schweigend, lautlos, still
lābī, lābor, lāpsus sum	gleiten, fallen; wankelmütig sein

LW *NH* 2.192 und 196

dubius, -a, -um	zweifelhaft, ungewiss; gefährlich; zweifelnd
umquam *Adv.*	jemals
avis, -is *f*	Vogel
spīritus, -ūs *m*	Atem, Seele, Geist; Lufthauch
vehere, vehō, vēxī, vectum	fahren, tragen, ziehen
scīlicet *Adv.*	selbstverständlich, natürlich; nämlich
occultus, -a, -um	geheim, verborgen
nūbēs, -is *f*	Wolke
ērumpere, ērumpō, ērūpī, ēruptum	ausbrechen, hervorbrechen
inclūdere, inclūdō, inclūsī, inclūsum	einschließen; umgeben; versperren
nītī, nītor, nīsus/nīxus sum *m. Abl.*	sich stützen auf; sich bemühen um, streben nach
nāvigāre, nāvigō, nāvigāvī, nāvigātum	segeln, (zur See) fahren
flūctus, -ūs *m*	Flut, Strömung
ictus, -ūs *m*	Hieb, Stoß
aequus, -a, -um	eben, gleich, ruhig, gerecht
mōtus, -ūs *m*	Bewegung, Antrieb
interdiū *Adv.*	bei Tag, tagsüber
tenuis, -e	dünn, fein, schwach; gering
porrigere, porrigō, porrēxī, porrēctum	darreichen, gewähren; ausstrecken

LW *NH* 7.2–5

interdum *Adv.*	manchmal, bisweilen
frīgus, -oris *n*	Kälte, Winter; Furcht
calor, -ōris *m*	Wärme, Hitze; Leidenschaft
tūtārī, tūtor, tūtātus sum	schützen; abwehren
tantum *Adv.*	so viel, so sehr; nur
nūdus, -a, -um	nackt, unverhüllt; unbewaffnet
humus, -ī *f*	Erde, Erdboden
animal, -ālis *n*	Lebewesen, Tier
prōtinus *Adv.*	vorwärts; sofort
prīncipium, -ī *n*	Anfang, Grundlage; Ursprung
rōbur, -ōris *n*	Holz, Eiche; Stärke, Kraft
fīrmus, -a, -um	fest, stark
ōs, ōris *n*	Gesicht, Mund
indicium, -ī *n*	Anzeige, Verrat; Kennzeichen
medicīna, -ae *f*	Heilkunst, Heilmittel
malum, -ī *n*	Übel
subinde *Adv.*	von Zeit zu Zeit, allmählich; gleich darauf
doctrīna, -ae *f*	Unterricht, Lehre, Wissenschaft
fārī, for, fātus sum	sprechen, sagen
ingredī, ingredior, ingressus sum	betreten; beginnen; einherschreiten
exsistere, exsistō, exstitī	hervortreten; entstehen
nāscī, nāscor, nātus sum	geboren werden, entstehen
lūctus, -ūs *m*	Trauer, Schmerz
lūxuria, -ae *f*	Genussucht, Verschwendung; Überfluss
singulus, -a, -um	je ein, jeder einzelne
membrum, -ī *n*	Gliedmaße, Körperteil
ambitiō, -ōnis *f*	Ehrgeiz, Ruhmsucht; Bewerbung

cupīdō, -inis *f*	Begierde, Trieb, Gier
superstitiō, -ōnis *f*	Aberglaube
libīdō (*und* **lubīdō**), -inis *f*	Begierde, Lust; Willkür
pavor, -ōris *m*	Angst, Furcht
dēgere, dēgō	verbringen; leben
dissimilis, -e	unähnlich, verschieden
leō, -ōnis *m*	Löwe
serpēns, -entis *m*	Schlange
piscis, -is *m*	Fisch
dīversus, -a, -um	verschieden, entgegengesetzt, feindlich
saevīre, saeviō, saeviī, saevītum	wüten, toben, rasen

LW *NH* 8.56

fortuītus, -a, -um	zufällig
ferus, -a, -um	wild; *Subst.* fera, -ae *f* wildes Tier
oppōnere, oppōnō, opposuī, oppositum	entgegenstellen; entgegnen
sēsē (*verstärktes* sē)	sich
vestīgium, -ī *n*	Spur, Fußspur; Fuß
vulnus, -eris *n*	Wunde, Verletzung
pictūra, -ae *f*	Bild, Gemälde; Malerei
cāsus, -ūs *m*	Fall, Zufall, Schicksalsschlag; cāsū zufällig

LW *NH* 9.25

dīvus, -a, -um	göttlich; *Subst.* dīvus, -ī *m* Gott
lacus, -ūs *m*	See
pānis, -is *m*	Brot
ob *m. Akk.*	wegen
quamvīs	*Subj.* auch wenn; *Adv.* wenn auch
ascendere, ascendō, ascendī, ascēnsum	besteigen, hinaufsteigen
aequor, -oris *n*	Meer; Fläche, Ebene
dōnec	(solange) bis, solange (als)
cōnsuēscere, cōnsuēscō, cōnsuēvī, cōnsuētum	sich gewöhnen an; *PPP* cōnsuētus gewohnt, vertraut
maerēre, maereō, maeruī	traurig sein, (be)trauern
dēsīderium, -i *n*	Sehnsucht, Verlangen

LW *NH* 15.97

color, -ōris *m*	Farbe
mox *Adv.*	bald (darauf), dann
mātūrus, -a, -um	reif; erwachsen; frühzeitig
niger, -gra, -grum	schwarz, dunkel

LW *NH* 16.139 und 141

prōdere, prōdō, prōdidī, prōditum	verraten, ausliefern; überliefern
odor, -ōris *m*	Geruch, Duft
umbra, -ae *f*	Schatten
spargere, spargō, sparsī, sparsum	ausstreuen, bespritzen, verbreiten
vulgō *Adv.*	allgemein; im Volksmund
dōs, dōtis *f*	Mitgift; Gabe, Talent, Nutzen

LW *NH* 29.13–16

initium, -ī *n*	Anfang, Eingang
secāre, secō, secuī, sectum; *PFA* secātūrus	(zer)schneiden, durchschneiden
ūrere, ūrō, ussī, ustum	(ver)brennen, entflammen
taedium, -ī *n*	Ekel, Widerwille; Überdruss
medicus, -ī *m*	Arzt
īnspicere, īnspiciō, īnspexī, īnspectum	hineinschauen; genau betrachten
vātēs, -is *m*	Dichter, Prophet, Seher
corrumpere (*und* **conrumpere**), corrumpō, corrūpī, corruptum	verführen, verlocken; verderben, beschädigen
barbarus, -a, -um	wild, barbarisch; *Subst.* barbarus, -ī *m* Barbar
mercēs, -ēdis *f*	Lohn, Gehalt
recūsāre, recūsō, recūsāvī, recūsātum	sich weigern, ablehnen

LW *NH* 34.77

ēventus, -ūs *m*	Ausgang; Erfolg; Ereignis
dext(e)ra (manus), -ae *f*	die rechte Hand
sinistra (manus), -ae *f*	die linke Hand
item *Adv.*	ebenso, in gleicher Weise, auch
īnfāns, -fantis *m/f*	Kind
concordia, -ae *f*	(Göttin der) Eintracht, Einigkeit

LW *NH* 35.17–18

pingere, pingō, pīnxī, pictum	(be)malen; färben
artifex, -ficis *m*	Künstler, Handwerker
ruīna, -ae *f*	Einsturz, *Pl.* Trümmer
templum, -ī *n*	Tempel, Heiligtum
concutere, concutiō, concussī, concussum	aneinanderschlagen, schütteln, erschüttern; durchbohren
conārī, cōnor, cōnātus sum	versuchen, wagen
permittere, permittō, permīsī, permissum	erlauben, überlassen

Zusammenfassung: Gaius Plinius Secundus (Plinius der Ältere) (ca. 23–79 n. Chr.)

- **Hauptwerk: *Naturalis Historia* („Naturgeschichte")**, gewidmet dem zukünftigen Kaiser Titus,
- **37 Bücher** umfassendes „Mammutwerk", durchaus mit literarischem Anspruch,
- Tod bei dem **Ausbruch des Vesuv** im Jahr **79 n. Chr.** (Untergang von **Pompeji** und **Herculaneum**); Bericht darüber von Plinius' Neffen und Adoptivsohn, Plinius dem Jüngeren, in zwei berühmten Briefen,
- großer Einfluss der *Naturalis Historia* auf die Naturwissenschaft von der Antike bis in die Neuzeit, z. B. bei **Augustinus** (354–430 n. Chr.), **Francesco Petrarca** (1304–1374), **Alexander von Humboldt** (1769–1859).

Plinius der Jüngere: *Epistulae*

Gaius Plinius Caecilius Secundus (zur Unterscheidung von seinem Onkel, **dem älteren Plinius,** auch **Plinius der Jüngere** genannt) lebte von ca. **61/62 bis 113/115 n. Chr.** Er stammte aus einer wohlhabenden Familie des norditalienischen Ortes ***Novum Comum*** (heute: Como), den er, wie er selbst berichtet, großzügig unterstützte – u. a. durch die Einrichtung einer Bibliothek. Tatsächlich ist **literarische Bildung** in Plinius' Schriften ein wichtiges Thema.

Berühmt wurde Plinius durch seine in **zehn Büchern veröffentlichten Briefe.** Ob tatsächlich alle Briefe ursprünglich für den jeweils angesprochenen Adressaten verfasst und verschickt wurden, ist umstritten. Plinius behauptet es jedenfalls im ersten Brief des ersten Buches. Sicher haben sie die literarische Qualität von **Kunstbriefen,** deren sprachliche und kompositorische Gestaltung sie auch für die allgemeine Leserschaft zu einer attraktiven Lektüre macht. Darüber hinaus bieten die Briefe dem historisch interessierten Leser bedeutende Einblicke in das **Alltagsleben der römischen Oberschicht:** Häufig setzt sich Plinius mit **Bildung** und **Literatur** sowie einer **sinnvollen Freizeitgestaltung** auseinander. Weiterhin behandelt er Themen wie den richtigen Umgang mit den Sklaven, das Leben in der Villa auf dem Land oder bemerkenswerte Ereignisse und berichtet auch von der Liebe zu seiner Ehefrau. Seine bekanntesten Texte sind jedoch die Briefe über den **Ausbruch des Vesuv im Jahr 79 n. Chr.** und über **die Behandlung von Christen.**

Die beiden **Vesuvbriefe** sind an den **Historiker Cornelius Tacitus** gerichtet. Als **Augenzeuge des Vesuvausbruchs** berichtet Plinius selbst Erlebtes bzw. stützt sich auf Aussagen ihm vertrauter Menschen. Seine Schilderung des Vulkanausbruchs, bei dem u. a. die am Golf von Neapel gelegenen Städte **Pompeji** und **Herculaneum** verschüttet wurden, beinhaltet sowohl die Beschreibung der Naturphänomene als auch das Verhalten der betroffenen Menschen. Vor allem setzt er seinem **Onkel, dem älteren Plinius, der bei dem Vulkanausbruch ums Leben kam,** ein Denkmal.

Der sogenannte **Christenbrief** steht im **10. Buch,** das allein den **Briefwechsel mit Kaiser Trajan** enthält. Dieser hatte Plinius als **Statthalter** in die **Provinz Bithynien** geschickt, wo Plinius wohl die letzten Jahre seines Lebens verbrachte. Von dort wandte er sich in zahlreichen Zweifelsfällen seiner Amtstätigkeit an den Kaiser. Plinius' Anfrage, wie er mit festgenommenen Christen verfahren solle, ist **die älteste erhaltene Quelle für Zusammenkünfte frühchristlicher Gemeinden.** In Buch 10 lesen wir neben solchen Anfragen auch die **Antwortschreiben des Kaisers** – so auch die Weisungen Trajans bezüglich der Christen.

Überhaupt spielt Plinius' **Verhältnis zum Kaiserhaus** in den Briefen eine große Rolle. Offenbar hatte der **Finanzexperte** bereits während der Herrschaft des Kaisers **Domitian** (Regierungszeit 81–96 n. Chr.) eine beeindruckende Karriere gemacht. Nachdem Domitian ermordet worden war, distanzierte sich Plinius von dem früheren Herrscher und bemühte sich um Nähe zu den neuen Kaisern **Nerva** und **Trajan** – und das mit Erfolg. Im Jahr **100 n. Chr.** wurde er **Konsul.** Seine Antrittsrede, der sogenannte ***Panegyricus*** („Festrede"), ist ein Lob Trajans und zugleich eine Verurteilung Domitians. Seine Rolle unter Domitian thematisiert Plinius in mehreren Briefen und nutzt diese zur **positiven Selbstdarstellung.**

„Plinius der Jüngere mit seiner Mutter beim Ausbruch des Vesuv in Misenum", Gemälde von Angelika Kauffmann (1785). Vergleichen Sie die Ausführungen des Plinius in *Ep.* 6.20 (S. 136/137) und erschließen Sie, wer die hier dargestellten Figuren sind.

→ Domitian, Nerva, Trajan: S. 51
→ Plinius der Ältere: S. 120
→ Tacitus: S. 131
→ Projekt: Lateinische Briefliteratur: S. 242
→ Projekt: Christliche Literatur: S. 244

Ep. 1.1 Zur Entstehung der Briefsammlung

C. Plinius Septicio suo s(alutem dicit)
Frequenter hortatus es, ut epistulas – si quas paulo curatius scripsissem – colligerem publicaremque. Collegi non servato temporis ordine (neque enim historiam componebam), sed ut quaeque in manus venerat. Superest, ut nec te consilii nec me paeniteat obsequii. Ita enim fiet, ut eas, quae adhuc neglectae iacent, requiram et, si quas addidero, non supprimam. Vale.

1 *Septicius* röm. Ritter – 2 ergänze: *sī <ali>quās* – *cūrātus* sorgfältig – 3 *pūblicāre* veröffentlichen – 6 *mē paenitet (m. Gen.)* ich bereue – *obsequium* Gehorsam – 8 *supprimere* unterschlagen

S Lesen Sie die Info-Box zum Charakter lateinischer Privatbriefe auf S. 40. Erörtern Sie, inwiefern es sich hier um typische Briefe handelt.

i **Der Aufbau von Plinius' Briefsammlung**
Eine Untersuchung v. a. der Briefe, die am Beginn des ersten Buches von Plinius' Werk stehen, zeigt, dass sich Plinius um eine **durchdachte Anordnung** bemüht hat, wie man sie etwa auch in antiken Gedichtbüchern findet. Der Altphilologe Matthias Ludolph schreibt dazu:
Wenn Plinius den Beginn seines Briefbuches nach inhaltlichen und formalen Gesichtspunkten kunstvoll komponiert, so entspricht er damit überkommenen literarischen Gepflogenheiten; er erweist sich als mit ihnen vertraut und geübt in ihrer Verwendung.
Setzen Sie diese Feststellung zu Plinius' eigenen Aussagen in *Ep.* 1.1 in Verbindung. Erörtern Sie, worin der Grund für Plinius' Behauptungen liegen mag.

Ep. 1.6 Ein Jagdausflug

C. Plinius Cornelio Tacito suo s(alutem dicit)
Ridebis, et licet rideas. Ego – ille, quem nosti – apros tres (et quidem pulcherrimos) cepi.
„Ipse?" inquis. – Ipse! Non tamen, ut omnino ab inertia mea et quiete discederem. Ad retia sedebam. Erat in proximo non venabulum aut lancea, sed stilus et pugillares. Meditabar aliquid enotabamque, ut – si manus vacuas – plenas tamen ceras reportarem. Non est, quod contemnas hoc studendi genus: Mirum est, ut animus agitatione motuque corporis excitetur. Iam undique silvae et solitudo ipsumque illud silentium, quod venationi datur, magna cogitationis incitamenta sunt.
Proinde, cum venabere, licebit auctore me, ut panarium et lagunculam sic etiam pugillares feras: Experieris non Dianam magis montibus quam Minervam inerrare. Vale.

1 *Cornēlius Tacitus* vgl. die Info-Box – 2 ergänze: *licet<, ut> rīdeās* – *nōstī ~ nōvistī* – *aper, aprī m* Eber – 4 *inertia* Faulheit – 5 *rēte, -is n* Netz – 6 *vēnābulum* Jagdspeer – *lancea* Wurfspieß – 8 *reportāre* heimtragen – 10 *agitātiō, -ōnis f* das Antreiben – 11 *vēnātiō, -ōnis f* Jagd – 12 *incitāmentum* Ansporn – 13 *vēnārī* jagen; *vēnābere ~ vēnāberis* – *pānārium* Brotkorb – 14 *laguncula* Fläschchen – 15 *inerrāre* umherziehen

S 1 Erstellen Sie beim Übersetzen ein Sachfeld mit Wörtern und Wendungen zum Thema „geistige Arbeit". Ergänzen Sie Ihre Sammlung durch weitere lateinische Begriffe.

S 2 Ein Merkmal des römischen Briefstils ist die Verwendung von Umgangssprache. Arbeiten Sie aus dem Text Beispiele für Wendungen heraus, die eher für gesprochenes als für geschriebenes Latein typisch sein dürften.

T Nennen Sie die „Zuständigkeitsbereiche" von Diana und Minerva und erklären Sie so die Aussage in Z. 14–16.

i **Publius Cornelius Tacitus**
Der Adressat von *Ep.* 1.6, Publius Cornelius Tacitus (ca. 58–120 n. Chr.), war einer der **bedeutendsten römischen Historiker.** An ihn sind auch die beiden berühmten Briefe gerichtet, in denen Plinius den **Ausbruch des Vesuv** beschreibt (*Ep.* 6.16 und 6.20).
Zu den früheren Werken des Tacitus gehören die Biografie seines Schwiegervaters ***Agricola*** und eine Beschreibung germanischer Stämme (***Germania***). Nur fragmentarisch erhalten sind sein zeitgeschichtliches Werk ***Historiae.*** Ebenfalls nicht komplett überliefert sind die ***Annales,*** in denen er die **Geschichte der römischen Kaiserzeit von Augustus bis Nero** schildert.
Auch wenn Tacitus mit seiner berühmten Wendung ***sine ira et studio*** („ohne Wut und persönliche Anteilnahme") für sich eine objektive Darstellungsweise in Anspruch nimmt, zeigt er gegenüber dem Prinzipat doch eine eher differenzierte Einstellung. Wie auch Plinius äußert er sich über Kaiser **Domitian** (vgl. die Einleitung) sogar mit unverhohlenem Hass, preist jedoch dessen Nachfolger **Nerva** und **Trajan** in den höchsten Tönen. So behauptet er im ***Agricola,*** Nerva habe „die seit jeher unvereinbaren Dinge – den Prinzipat und die Freiheit – miteinander verbunden", und Trajan habe darüber hinaus „das Glück dieser Zeiten jeden Tag vermehrt" (*Agr.* 3).
Man geht davon aus, dass Plinius und Tacitus einander freundschaftlich verbunden waren. Belegen Sie diese Annahme anhand von Inhalt und Sprache dieses Briefes.

→ Für die Interpretation eines Textes über Plinius und Tacitus s. S. 221.

→ Grußformeln in Briefen: S. 39
→ römischer Briefstil bei Cicero: S. 40
→ Vitruv über geistige Leistungen: S. 58
→ Arbeit mit Sachfeldern: S. 143
→ Vertiefte Interpretation: S. 218
→ AH: Wortschatzarbeit: S. 68

Ep. 1.12 Trauer um einen Freund

C. Plinius Calestrio Tironi suo s(alutem dicit)
Iacturam gravissimam feci, si iactura dicenda est tanti viri amissio. Decessit Corellius Rufus – et quidem sponte, quod dolorem meum exulcerat. Est enim luctuosissimum genus mortis, quae non ex natura nec fatalis videtur. Nam utcumque in illis, qui morbo finiuntur, magnum ex ipsa necessitate solacium est; in iis vero, quos accersita mors aufert, hic insanabilis dolor est, quod creduntur potuisse diu vivere.

Im Folgenden schreibt Plinius über die Krankheit des Corellius und geht dann zu einem denkwürdigen Krankenbesuch bei seinem Freund über.

Veni ad eum Domitiani temporibus in suburbano iacentem. Servi e cubiculo recesserunt (habebat hoc moris, quotiens intrasset fidelior amicus). Quin etiam uxor – quamquam omnis secreti capacissima – digrediebatur. Circumtulit oculos et, „Cur", inquit, „me putas hos tantos dolores tam diu sustinere? – Ut scilicet isti latroni vel uno die supersim!" Dedisses huic animo par corpus, fecisset, quod optabat.

Schließlich nimmt sich Corellius durch Nahrungsentzug das Leben. Dann spricht Plinius von seiner Trauer:

Cogito, quo amico, quo viro caream. Implevit quidem annum septimum et sexagensimum, quae aetas etiam robustissimis satis longa est – scio. Evasit perpetuam valetudinem – scio. Decessit superstitibus suis, florente re publica, quae illi omnibus carior erat – et hoc scio. Ego tamen tamquam et iuvenis et firmissimi mortem doleo.

Plinius beendet den Brief mit der Aufforderung, Calestrius solle ihm etwas Tröstendes schreiben, das er so noch nicht gehört oder gelesen habe.

S Suchen Sie aus dem Text Beispiele für die folgenden Ablativfunktionen heraus: Ablativ des Grundes *(ablativus causae)*, des Maßes *(abl. mensurae)*, der Trennung *(abl. separativus)*, der Zeit *(abl. temporis)*, des Vergleichs *(abl. comparationis)*.

T In der antiken Literatur gibt es häufig Beschreibungen von Selbstmorden. Nennen Sie ein Ihnen bekanntes Beispiel.

i **Plinius und Domitian**

Plinius betont hier, dass er schon zu Lebzeiten **Domitians** (vgl. die Einleitung) kein Freund des ermordeten Herrschers war, und so berichtet er vom Besuch bei einem Freund, Corellius Rufus, einem erbitterten Gegner Domitians. Zu der Zeit, in der sich dies ereignet haben soll, dürfte eine solche Aussage tatsächlich lebensgefährlich gewesen sein. Als Plinius diese Episode aufschrieb, war Kritik an Domitian dagegen sogar offiziell erwünscht. So war über Domitian die sogenannte ***damnatio memoriae*** verhängt worden, die vorsah, dass sämtliche Statuen des toten Kaisers vernichtet (oder umgearbeitet) wurden und sein Name aus sämtlichen Inschriften verschwand. Vergleichen Sie dazu die Abbildung eines Altars, auf dem der Name *Domitianus* getilgt wurde, und beurteilen Sie die Möglichkeiten, die Erinnerung an einen verhassten Herrscher tatsächlich auszulöschen. Arbeiten Sie weiterhin aus Z. 10–17 heraus, mit welchen Mitteln Plinius hier den Eindruck erweckt, dass er als Gegner Domitians in großer Gefahr schwebte. Gehen Sie dabei sowohl auf inhaltliche als auch auf sprachliche Gesichtspunkte ein.

1 *Calestrius Tīrō* röm. Politiker – 2 *iactūra* Einbuße; *iactūram dīcere* als Einbuße bezeichnen – 3 *āmissiō, -ōnis f* Verlust – 4 *exulcerāre* verschlimmern – *lūctuōsus* traurig – 5 *fātālis, -e* vom Schicksal bestimmt – 6 *utcumque* allenfalls – 8 *accersere (PPP: accersītum)* herbeirufen – *īnsānābilis, -e* unheilbar – 10 *suburbānum* Landgut in der Nähe der Stadt – 11 *recēdere* sich zurückziehen – 11/12 *hoc mōris (Gen.)* diese Angewohnheit – 12 *intrāsset ~ intrāvisset* – 13 *capāx, -ācis* geeignet – *dīgredī* weggehen – 14 *circum-ferre* umherschweifen lassen – 16 *latrō, -ōnis m* Schurke – *vel* (hier) wenigstens – *superesse* LW *Ep.* 1.1 – ergänze: <*sī*> *dedisses* – 19 *annus septimus et sexagē(n)simus* das 67. Lebensjahr

Altar für den Gott Sol und für den persönlichen Schutzgeist Domitians, der deutliche Spuren der *damnatio memoriae* zeigt.

→ antike Trostliteratur: S. 46 und S. 107
→ Senecas Tod: S. 106
→ Plinius und Domitian: S. 139
→ AH: Kasusfunktionen: S. 8

Ep. 3.14.1–5 Ein Angriff von Sklaven

C. Plinius Acilio suo s(alutem dicit)

Rem atrocem nec tantum epistula dignam Larcius Macedo, vir praetorius, a servis suis passus est: superbus alioqui dominus et saevus, et qui servisse patrem suum parum – immo nimium – meminisset. Lavabatur in villa Formiana. Repente eum servi circumsistunt. Alius fauces invadit, alius os verberat, alius pectus et ventrem, atque etiam – foedum dictu! – verenda contundit; et cum exanimem putarent, abiciunt in fervens pavimentum, ut experirentur, an viveret.

Doch Macedo überlebt zunächst und lässt die Sklaven hinrichten. Dann stirbt er an den Folgen des Anschlags.

Vides, quot periculis, quot contumeliis, quot ludibriis simus obnoxii; nec est, quod quisquam possit esse securus, quia sit remissus et mitis. Non enim iudicio domini, sed scelere perimuntur.

1 *Acilius* wohlhabender Freund des Plinius – 3 *praetōrius* im Amt des Prätors (u. a. für Rechtssprechung zuständig) – 4 *aliōquī* überhaupt – ergänze: *et <dominus,> quī* – *servīsse* ~ *servīvisse* – 6 *vīlla Formiāna* Landhaus bei Formiae (in Latium) – *circumsistere* umringen – 7 *faucēs, -ium f Pl.* Kehle – 8 *foedum dictū* wie schrecklich, es zu sagen – *verenda n Pl.* Geschlechtsteile – 9 *contundere* zerschlagen – *exanimis, -e* tot – *fervēns, -entis* heiß – 10 *pavīmentum* Fußboden – 11 *contumēlia* Misshandlung – *lūdibrium* Verhöhnung – 12 *obnoxius* ausgesetzt – *est, quod* LW *Ep.* 1.6 – 13 *remissus* mild – *mītis, -e* sanft – 14 *perimere* umbringen

S Arbeiten Sie aus dem Text heraus, wie Plinius durch stilistische Mittel die Grausamkeit des Anschlags und die Gefahr durch Sklaven hervorhebt.

T 1 Erörtern Sie, ob Plinius Macedo eine Mitschuld an den Ereignissen zuweist.

T 2 Arbeiten Sie aus dem Text heraus, wie Plinius sein eigenes Verhältnis zu seinen Sklaven darstellt. Ziehen Sie zum Vergleich auch *Ep.* 8.16.2–4 heran.

i **Sklaven in Rom**

Nach Schätzungen waren zu Beginn der römischen Kaiserzeit zwei bis drei Millionen der ca. 7,5 Millionen Einwohner Italiens Sklaven. Die meisten von ihnen dürften als **Kriegsgefangene** nach Italien gebracht oder als **Kinder von Sklaven** geboren worden sein. Ein Sklave galt rechtlich als eine Sache und konnte somit ge- und verkauft werden. Auch wenn Misshandlungen von Sklaven sicher nicht der Regelfall waren – Sklaven waren schließlich sehr teuer –, waren Misshandlung und sogar Tötung eines eigenen Sklaven nicht strafbar.
Man kann sich vorstellen, welche Angst die Römer vor einem Aufbegehren der Sklaven gegen ihre Herren hatten, und das wird ja auch in dem vorliegenden Brief deutlich. So war der Sklavenaufstand unter **Spartacus** (73–71 v. Chr.) auch mit aller Härte niedergeschlagen worden.
Informieren Sie sich über den Aufstand des Spartacus und sein schreckliches Ende.

Ep. 6.4.3–5 An seine Ehefrau Calpurnia

Plinius ist besorgt, weil er seine noch sehr junge Ehefrau Calpurnia, die aus gesundheitlichen Gründen nach Kampanien gefahren ist, nicht begleiten konnte: Werden gerade die zahlreichen Vergnügungen in den luxuriösen Seebädern seiner kranken Frau gut tun?

Equidem etiam fortem te non sine cura desiderarem. Est enim suspensum et anxium de eo, quem ardentissime diligas, interdum nihil scire. Nunc vero me cum absentiae tum infirmitatis tuae ratio incertā et variā sollicitudine exterret. Vereor omnia, imaginor omnia; quaeque natura metuentium est, ea maxime mihi, quae maxime abominor, fingo. Quo impensius rogo, ut timori meo cottidie singulis vel etiam binis epistulis consulas. Ero enim securior, dum lego, statimque timebo, cum legero. Vale.

2 *ārdēns, -entis* leidenschaftlich – 5 *sollicitūdō, -inis f* Unruhe – *imāginārī* sich vorstellen – 6 *quaeque nātūra ... est* und wie es in der Natur ... liegt – 7 *abōminārī* verabscheuen – *quō* (hier) umso – *impēnsus* heftig – 8 *bīnī, -ae, -a Pl.* je zwei – 9 *sēcūrus* LW *Ep.* 3.14.1–5

S 1 Erklären Sie, ausgehend vom ersten Satz der Passage, die Formen und die Funktion des Irrealis.

S 2 Plinius beschreibt hier sehr detailliert, was passiert, wenn Menschen sich Sorgen machen oder ängstigen. Stellen Sie die entsprechenden lateinischen Begriffe zusammen und geben Sie diese Ausführungen mit eigenen Worten wieder.

T Vergleichen Sie dazu Plinius' Beschreibung der Angst, die Menschen in einem Spukhaus empfinden (*Ep.* 7.27, Z. 8–13, S. 138). Arbeiten Sie heraus, welche Gemeinsamkeiten die beiden Ausführungen des Plinius zum Thema „Angst" aufweisen.

→ Plinius und seine Sklaven: S. 140
→ Rhetorische Stilmittel: S. 224
→ AH: Konjunktiv in Haupt- und Nebensätzen: S. 41

Ep. 6.16 Der erste Vesuvbrief

C. Plinius Tacito suo s(alutem dicit)
Petis, ut tibi avunculi mei exitum scribam, quo verius tradere posteris possis. Gratias ago. Nam video morti eius, si celebretur a te, immortalem gloriam esse propositam.

Trotz der ungeheuren Zerstörung durch den Vulkanausbruch wird – wie Plinius bekräftigt – also gerade diese Katastrophe seinem Onkel Unsterblichkeit verleihen. So preist er die Schriftsteller wie seinen Onkel, Tacitus und sich selbst, und geht dann zur Beschreibung der Ereignisse über:

Erat Miseni classemque imperio praesens regebat. Nonum Kal. Septembres hora fere septima mater mea indicat ei apparere nubem inusitata et magnitudine et specie. Usus ille sole, mox frigidā, gustaverat iacens studebatque. Poscit soleas, ascendit locum, ex quo maxime miraculum illud conspici poterat. Nubes (incertum procul intuentibus, ex quo monte; Vesuvium fuisse postea cognitum est) oriebatur, cuius similitudinem et formam non alia magis arbor quam pinus expresserit. Nam longissimo velut trunco elata in altum quibusdam ramis diffundebatur; credo, quia recenti spiritu evecta, dein senescente eo destituta aut etiam pondere suo victa in latitudinem vanescebat, candida interdum, interdum sordida et maculosa, prout terram cineremve sustulerat. Magnum propiusque noscendum, ut eruditissimo viro, visum. Iubet liburnicam aptari. Mihi, si venire una vellem, facit copiam. Respondi studere me malle; et forte ipse, quod scriberem, dederat. Egrediebatur domo. Accipit codicillos Rectinae Tasci imminenti periculo exterritae (nam villa eius subiacebat, nec ulla nisi navibus fuga): Ut se tanto discrimini eriperet, orabat. Vertit ille consilium et, quod studioso animo incohaverat, obit maximo.

7 *Nōnum Kal<endas> Septembrēs* vgl. die Info-Box – 8 *inūsitātus* ungewöhnlich – 9 vgl. S1 – *gūstāre* speisen – 10 *solea* Sandale – 11 *mīrāculum* wundersame Erscheinung – 14 *magis* LW *Ep.* 1.6 – *pīnus, -ī f* vgl. die Abbildung – 15 *truncus* Stamm – 16 *rāmus* Ast – *ēvehere (PPP: ēvectum)* emporheben – 17 *senēscere* schwinden – ergänze: *eō <spīritū>* – *dēstituere (PPP: dēstitūtum)* allein lassen – 18 *lātitūdō, -inis f* Breite – *vānēscere* entschwinden – *candidus* weiß – 19 *maculōsus* gefleckt – *prout* je nachdem – 20 *nōscere* LW *Ep.* 1.6 – *ut* (hier) ihm als ... – 21 ergänze: *vīsum <est>* – *liburnica* (schnelles) Schiff – *aptāre* ausrüsten – 22 *cōpiam facere* vgl. S1 – 24 *cōdicillī, -ōrum* Brief – *Rectīna Tascī* Rectina, die Frau des Tascius (Freunde des Plinius) – *imminentī* Abl. Sg. zu *perīculō* – 25 *exterrēre* LW *Ep.* 6.4.3–5 – *subiacēre* unten (am Fuße eines Berges) liegen – 26 ergänze: *fuga <est>* – 28 *incohāre* beginnen

S 1 Übersetzen Sie die Wendungen *sole uti* und *<aqua> frigida uti* (Z. 9) sowie *copiam facere* (Z. 22), *studiōsus animus* und *māximus <animus>* (Z. 27/28) zunächst wörtlich und entwickeln Sie dann eine angemessene freiere Übersetzung.

i Die Vesuvbriefe

Am **24. August** *(Nonum Kal<endas> Septembres)* **79 n. Chr.** brach der Vesuv *(Vesuvius)* aus und verschüttete die kampanischen Städte **Pompeji** und **Herculaneum.** Plinius hielt sich damals mit seinem Onkel und Adoptivvater, dem Naturwissenschaftler und Flottenkommandanten **Gaius Plinius Secundus** (**Plinius der Ältere**), am Flottenstützpunkt **Misenum** auf und war Augenzeuge der Katastrophe. Später wurde er von dem Historiker **Tacitus** (vgl. die Info-Box auf S. 131) darum gebeten, von dem Ereignis zu berichten, und so sind zwei Briefe erhalten, in denen uns Plinius ausführlich über den Ablauf des Vulkanausbruchs informiert. Seine Schilderung ist so prägend, dass man bei Ausbrüchen dieser Art noch heute von **„plinianischen Eruptionen"** spricht. Vor allem aber setzte er darin dem älteren Plinius, der bei der Katastrophe umkam, ein Denkmal.

Blick von Pompeji auf den Vesuv mit einer Pinie im Vordergrund. Vergleichen Sie die Abbildung mit Plinius' Beschreibung in Z. 11–20 und erklären Sie, wie die Abbildung zum Verständnis dieser Zeilen hilfreich sein kann.

→ das Datum bei den Römern: S. 43
→ Plinius der Ältere: S. 120
→ Erdbeben bei Seneca: S. 114
→ Plinius und Tacitus: S. 131
→ Projekt: Naturkatastrophen: S. 246

Plinius der Ältere beschließt, möglichst viele Menschen zu retten. Dabei lässt er auch in bedrohlicher Situation seine Beobachtungen des Naturschauspiels aufschreiben.

Iam navibus cinis incidebat – quo propius accederent, calidior et densior; iam pumices etiam nigrique et ambusti et fracti igne lapides; iam vadum subitum ruināque montis litora obstantia. Cunctatus paulum, an retro flecteret, mox gubernatori, ut ita faceret, monenti „Fortes“, inquit, „fortuna iuvat: Pomponianum pete!“

Pomponianus ist ein Freund des älteren Plinius, dessen Villa bei Stabiae liegt. Als Plinius dort eintrifft, muss er Pomponianus erst einmal beruhigen:

Complectitur trepidantem, consolatur, hortatur, utque timorem eius sua securitate leniret. Deferri in balineum iubet. Lotus accubat, cenat, aut hilaris aut – quod aeque magnum – similis hilari. Interim e Vesuvio monte pluribus locis latissimae flammae altaque incendia relucebant, quorum fulgor et claritas tenebris noctis excitabatur. Ille agrestium trepidatione ignes relictos desertasque villas per solitudinem ardere in remedium formidinis dictitabat. Tum se quieti dedit et quievit verissimo quidem somno. Nam meatus animae, qui illi propter amplitudinem corporis gravior et sonantior erat, ab iis, qui limini obversabantur, audiebatur.

Als sich der Innenhof mit Asche und Bimsstein füllt, beschließt man, Plinius zu wecken. Geschützt durch auf den Kopf gebundene Kissen flieht die gesamte Gesellschaft. Doch der Rauch macht Plinius zu schaffen:

Innitens servolis duobus assurrexit et statim concidit, ut ego colligo, crassiore caligine spiritu obstructo clausoque stomacho, qui illi naturā invalidus et angustus et frequenter aestuans erat. Ubi dies redditus (is ab eo, quem novissime viderat, tertius), corpus inventum: integrum, illaesum opertumque, ut fuerat indutus. Habitus corporis quiescenti quam defuncto similior. Interim Miseni ego et mater … – sed nihil ad historiam; nec tu aliud quam de exitu eius scire voluisti.

S 2 Stellen Sie aus dem Lernwortschatz sämtliche Begriffe zusammen, die charakteristisch für einen Text über Naturbeobachtungen sein können. Ordnen Sie diese in einer Tabelle nach Wortarten. Diese kann so beginnen:

Substantive	Adjektive	Verben	Adverbien
nubes	*frigidus*	*apparere*	*procul*
		intueri	

S 3 Geben Sie das sprichwörtliche *Fortes fortuna (ad)iuvat* (Z. 34) mit einem passenden deutschen Sprichwort wieder.

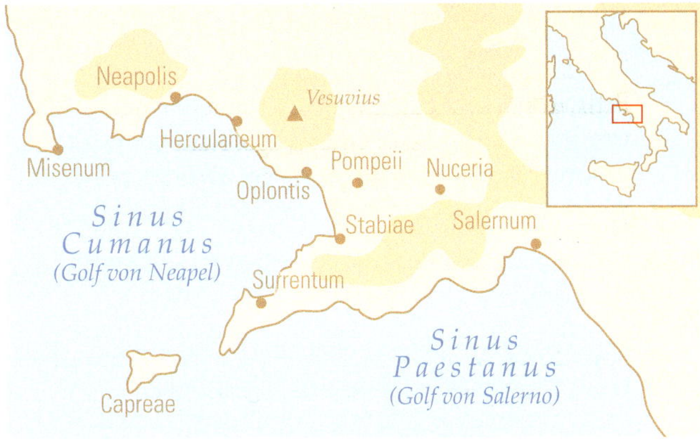

Der Golf von Neapel. Rekonstruieren Sie die Route, die der ältere Plinius während des Vulkanausbruchs genommen hat.

29 *quō* je – 30 *pūmex, -icis m* Bimsstein – 31 *ambūrere (PPP: ambustum)* versengen – *iam* ergänze *erat* – *subitus (Adj.)* unerwartet – 33 *retrō flectere* umkehren – ordne: *gubernātōrī monentī, ut ita faceret* – 35 *trepidāre* zittern – *utque* ~ *ut* – 36 *lēnīre* lindern – 37 *lavāre* LW *Ep.* 3.14.1–5 – *accubāre* bei Tisch liegen – *hilaris, -e* fröhlich – 40 *relūcēre* aufleuchten – *fulgor, -ōris m* das Leuchten – *clāritās, -ātis f* Helligkeit – 41 *excitāre* LW *Ep.* 1.6 – *agrestis, -is m* Bauer – *trepidātiō, -ōnis f* Verwirrung – *ignis* (hier) Feuerstelle – 42 *sōlitūdō* LW *Ep.* 1.6 – *in remedium* zur Linderung – 43 *dictitāre* (immer wieder) sagen – *quiēs* LW *Ep.* 1.6 – 44 *meātus, -ūs* Bewegung – 45 *amplitūdō, -inis f* Umfang – *sonāns, -antis* lautstark – 46 *obversārī (m. Dat.)* sich (an einem Ort) aufhalten – 47 *innītī* sich stützen – *servolus* junger Sklave – *assurgere (Perf.: assurrēxī)* sich erheben – 48 *colligere* (hier) annehmen – *crassus* dick – *obstruere (PPP: obstrūctum)* verschließen – 49 *stomachus* Schlund – *invalidus* schwach – 50 *aestuāre* brennen – ergänze: *redditus* <*est*> – 51 *novissimē* zuletzt – ergänze: *inventum* <*est*> – 52 *illaesus* unverletzt – *indūtus fuerat* ~ *indūtus erat* – 53 *dēfunctus* verstorben – 54 *historia* LW *Ep.* 1.1

T 1 Erstellen Sie anhand von Belegen aus *Ep.* 6.16 eine umfassende Charakterisierung des älteren Plinius.

T 2 Plinius beendet seinen Brief mit dem Hinweis, dass er alles selbst erlebt oder kurz nach dem Geschehen erzählt bekommen hat. Erörtern Sie, inwieweit der Brief nach unserem heutigen Verständnis als Quelle für ein Geschichtswerk geeignet ist.

→ der Golf von Neapel: S. 115
→ Arbeit mit Sachfeldern: S. 143
→ AH: Wortschatzarbeit: S. 68

Ep. 6.20 Der zweite Vesuvbrief

C. Plinius Tacito suo s(alutem dicit)

Ais te adductum litteris, quas exigenti tibi de morte avunculi mei scripsi, cupere cognoscere, quōs ego Miseni relictus – id enim ingressus abruperam – non solum metūs, verum etiam casūs pertulerim.

Quamquam animus meminisse horret, ... incipiam.

Profecto avunculo ipse reliquum tempus studiis – ideo enim remanseram – impendi. Mox balineum, cena, somnus inquietus et brevis. Praecesserat per multos dies tremor terrae, minus formidolosus, quia Campaniae solitus. Illa vero nocte ita invaluit, ut non moveri omnia, sed verti crederentur. Irrupit cubiculum meum mater. Surgebam invicem, si quiesceret, excitaturus. Resedimus in area domus, quae mare a tectis modico spatio dividebat. Dubito, constantiam vocare an imprudentiam debeam (agebam enim duodevicensimum annum): Posco librum Titi Livi, et quasi per otium lego atque etiam, ut coeperam, excerpo. Ecce amicus avunculi, qui nuper ad eum ex Hispania venerat; ut me et matrem sedentes, me vero etiam legentem videt, illius patientiam, securitatem meam corripit. Nihilo segnius ego intentus in librum.

Endlich machen sich Plinius und seine Mutter gemeinsam mit einem großen Menschenstrom auf die Flucht. Dabei sehen sie mit Schrecken, wie sich die bereitgestellten Wagen von allein in Bewegung setzen.

Praeterea mare in se resorberi et tremore terrae quasi repelli videbamus. Certe processerat litus multaque animalia maris siccis harenis detinebat. [...] Tum vero idem ille ex Hispania amicus acrius et instantius „Si frater“, inquit, „tuus, tuus avunculus vivit, vult esse vos salvos; si periit, superstites voluit. Proinde quid cessatis evadere?“ Respondimus non commissuros nos, ut de salute illius incerti nostrae consuleremus. Non moratus ultra proripit se effusoque cursu periculo aufertur.

S **Historisches Präsens und historischer Infinitiv**
Das Präsens kann – v. a. in spannenden Schilderungen – Ereignisse der Vergangenheit bezeichnen (**historisches Präsens**). Bei lebhafter Darstellung kann auch der Infinitiv verwendet werden (**historischer Infinitiv**) (z. B. Z. 33–35). Man übersetzt diese Infinitive als Prädikate. Suchen Sie aus dem Folgetext ein weiteres Beispiel für den historischen Infinitiv und das historische Präsens heraus.

S Übersetzen Sie *profecto avunculo* (*ablativus absolutus*, Z. 8) mit einem temporalen Nebensatz, einem beigeordneten Hauptsatz und einem Präpositionalausdruck.

In Z. 6/7 zitiert Plinius einen (unvollständigen) Vers aus **Vergils *Aeneis*** (2.12/13). Aeneas wird von **Dido** aufgefordert, von seinem bisherigen Schicksal zu erzählen, und spricht nun u. a. die folgenden Worte (*Aen.* 2.10–17 in der Übersetzung von Dietrich Ebener):

Aber besteht ein so starkes Verlangen, mein Leid zu erfahren,
und von dem Todeskampf Troias in aller Kürze zu hören,
möchte ich anfangen – wenn ich auch vor der Erinnerung schaudre,
ausweichen will vor dem Schmerz. Im Felde geschlagen, vom Schicksal
bitter enttäuscht nach so viel Jahren, entschlossen die Fürsten
Griechenlands sich, nach dem Rat der Minerva, ein Pferd zu erbauen,
groß wie ein Berg, und die Seiten mit Tannenholzplanken zu decken.
Weihgabe sollte es sein für die Heimfahrt, so wurde gemunkelt –
fälschlich [...]

Stellen Sie in der Klasse die wesentlichen Elemente der Handlung der *Aeneis* zusammen und ordnen Sie diese Worte in den Handlungsablauf ein. Identifizieren Sie den zitierten Vers in der deutschen Übersetzung und erläutern Sie, warum Plinius hier gerade diesen Vers wiedergibt.

3 *avunculus* LW *Ep.* 6.16 – 4 *abrumpere (Perf.: abrūpī)* abbrechen – 6 *meminisse* LW *Ep.* 3.14.1–5 – 9/10 *mox, balineum* und *somnus* LW *Ep.* 6.16 – 10 *inquiētus* unruhig – *prae-cēdere* vorausgehen – 11 *tremor, -ōris m* das Zittern – *formīdolōsus* schrecklich – 12 *invalēscere (Perf.: invaluī)* zunehmen – 13 *vertere* (hier) zum Einsturz bringen – *irrumpere (Perf.: irrūpī)* hineinstürzen – *cubiculum* LW *Ep.* 1.12 – 14 *excitāre* LW *Ep.* 1.6; ergänze: *<eam> excitātūrus* – 15 *resīdere (Perf.: resēdī)* sich niederlassen – 16 *imprūdentia* Dummheit – 17/18 *duodēvīcē(n)simum annum agere* 18 Jahre alt sein – 18 *Tītus Līvius* vgl. T2 – 19 *excerpere* herausschreiben – 20 *Hispānia* (die Provinz) Hispanien – 22 *sēcūritās* LW *Ep.* 6.16 – *nihilō sēgnius* nicht weniger; ergänze *eram* – 24 *resorbēre* wieder einziehen – 26 *dētinēre* festhalten – 27 *īnstāns, -antis* nachdrücklich – 29 *superstes* LW *Ep.* 1.12; ergänze: *<vōs esse> superstitēs* – *proinde* LW *Ep.* 1.6 – 30 *ēvādere* LW *Ep.* 1.12 – ergänze: *commissūrōs <esse>* – 31 ergänze: *nostrae <salūtī>* – 32 *proripere* losstürzen – *effūsō cursū* in vollem Lauf – *auferre* LW *Ep.* 1.12

T 1 Sammeln Sie bei der Übersetzung Textstellen, an denen Plinius sich selbst beschreibt. Erörtern Sie, inwieweit Sie sein Verhalten der Situation für angemessen halten.

T 2 Informieren Sie sich über Titus Livius (Z. 18) und präsentieren Sie Ihre Ergebnisse in einem Kurzreferat. Gehen Sie dabei auf die folgenden Begriffe ein: *Augustus – ab urbe condita – exemplum* – moralische Geschichtsschreibung.

→ *exempla:* S. 17
→ Vergils *Aeneis:* S. 50
→ Livius: S. 50
→ Dido und Aeneas in Ovids *Heroides:* S. 89
→ Erdbeben bei Seneca: S. 114
→ AH: Partizipien und *nd*-Formen: S. 16

Nec multo post illa nubes descendere in terras, operire maria. Cinxerat Capreas et absconderat Miseni, quod procurrit, abstulerat. Tum mater orare, hortari, iubere: Quoquo modo fugerem. Posse enim iuvenem. Se et annis et corpore gravem bene morituram, si mihi causa mortis non fuisset. Ego contra salvum me nisi una non futurum. Dein manum eius amplexus addere gradum cogo. Paret aegre incusatque se, quod me moretur. Iam cinis, adhuc tamen rarus. Respicio: Densa caligo tergis imminebat, quae nos torrentis modo infusa terrae sequebatur. „Deflectamus“, inquam, „dum videmus, ne in via strati comitantium turba in tenebris obteramur!“ Vix consideramus, et nox – non qualis illunis aut nubila, sed qualis in locis clausis lumine exstincto. Audires ululatus feminarum, infantum quiritatus, clamores virorum. Alii parentes, alii liberos, alii coniuges vocibus requirebant, vocibus noscitabant. Hi suum casum, illi suorum miserabantur. Erant, qui metu mortis mortem precarentur. Multi ad deos manus tollere; plures nusquam iam deos ullos aeternamque illam et novissimam noctem mundo interpretabantur. Nec defuerunt, qui fictis mentitisque terroribus vera pericula augerent. Aderant, qui Miseni illud ruisse, illud ardere falso, sed credentibus nuntiabant. [...]

Possem gloriari non gemitum mihi, non vocem parum fortem in tantis periculis excidisse, nisi me cum omnibus, omnia mecum perire (misero, magno tamen mortalitatis solacio) credidissem.

Plinius berichtet, wie sich der Qualm langsam verzieht und sie nach Misenum zurückkehren. Er beendet den Brief mit dem Hinweis, dass diese Schilderungen keineswegs in ein Geschichtswerk passten – wenn überhaupt in einen Brief.

T 3 Ermitteln Sie anhand von Z. 33–35 und mit der Karte auf S. 135 die Ausdehnung der Wolke. Erläutern Sie außerdem, wie Plinius die Verhüllung der Insel Capri *(Capreae)* und der Landzunge bei Misenum durch die Wortstellung abbildet.

T 4 Plinius schildert die Ereignisse nach dem Vesuvausbruch lebendig und spannend. Belegen Sie dies am Text.

i

Pompeji und Herculaneum

Der grauenvolle Untergang von **Pompeji** und **Herculaneum** hat sich als ein Glücksfall für die **Archäologie** erwiesen. Viele Gegenstände des täglichen Lebens sind, von Asche bzw. von Lava (Herculaneum) bedeckt, gut erhalten. So gibt es Villen mit **Wandgemälden**, und (v. a. in Herculaneum) viele antike Objekte aus Holz. Berühmt ist die Technik, Hohlräume, welche die Körper der Menschen im fest gewordenen Gestein hinterlassen hatten, mit Gips auszugießen und so Abdrücke der Leichen zu erhalten (vgl. die Abbildung archäologischer Funde auf S. 114). Der Erhalt der Städte ist jedoch schwierig. Vor allem die Ruinen von Pompeji befinden sich in ständigem Verfall.

Am Strand von Herculaneum gelegene Gebäude heute. Beschreiben Sie das Ausmaß der Verschüttung.

33–35 vgl. die Sprachbox auf S. 136 – 33 *nūbēs* und *operīre* LW *Ep.* 6.16 – 34 *abscondere (Perf.: abscondī)* verhüllen – 35 *prōcurrere* sich erstrecken; ergänze: *Mīsēnī <id>, quod prōcurrit* („das Vorgebirge bei Misenum“) – 36–38 indirekte Rede – 36 *quōquō modō* irgendwie – 37 ergänze: *moritūram <esse>* – 38/39 ergänze: *Ego ... <dīcō> salvum mē ... nōn futūrum <esse>* – *ūnā* und *dein* LW *Ep.* 6.16 – 39 *amplectī (Part. Perf.: amplexus)* umfassen – 40 *incūsāre* Vorwürfe machen – 41/42 *cinis, dēnsus, cālīgō* und *imminēre* LW *Ep.* 6.16 – 42 *torrēns, -entis* Strom – *īnfundere (PPP: īnfūsum) (m. Dat.)* hinschütten (auf) – 43 *inquam* LW *Ep.* 1.6 – 44 *tenebrae* LW *Ep.* 6.16 – *obterere* zerquetschen – 45 *cōnsīderāmus* ~ *cōnsēderāmus* (Plusq. von *cōnsīdere*) – *illūnis, -e* mondlos – 46 *nūbilus* wolkig – 47 *audīrēs* man hörte – *ululātus, -ūs* Geheul – *quirītātus, -ūs* das Jammern – 49 *requīrere* LW *Ep.* 1.1 – 50 *miserārī* beklagen – 52/53 ergänze: *deōs ... noctem <esse>* – 52 *nūsquam* nirgends – *ūllus* LW *Ep.* 6.16 – 54 und 55 ergänze: *<iī>, quī* – 57 *parum* LW *Ep.* 3.14.1–5 – 58 *excidere (Perf.: excidī)* entschlüpfen – 59 *miserō, māgnō sōlāciō* ist *dativus finalis* – *mortālitās, -ātis f* sterbliche Natur – 60 *sōlācium* LW *Ep.* 1.12

In dem historischen Roman „**Pompeji**“ (2003) beschreibt der englische Autor **Robert Harris** auch, wie der jüngere Plinius das Angebot seines Onkels, mit ihm zum Vesuv zu fahren, ablehnt. Lesen Sie, wie der ältere Plinius darauf reagiert und vergleichen Sie Harris' Charakterisierung des jüngeren Plinius mit dessen Selbstdarstellung.

Plinius konnte sehen, dass er Angst hatte. Er verspürte selbst einen Anflug von Furcht, und dabei war er ein alter Soldat. Der Gedanke schoss ihm durch den Kopf, dass er dem Jungen befehlen könnte, ihn zu begleiten – kein Römer sollte je der Angst nachgeben: Was war aus den strengen Wertmaßstäben seiner Jugend geworden? –, aber dann dachte er an Julia. War es fair, ihren einzigen Sohn unnötig der Gefahr auszusetzen? „Nein, nein“, sagte er, „ich bestehe nicht darauf. Die See sieht rau aus. Dir würde nur schlecht werden. Du bleibst hier und kümmerst dich um deine Mutter.“

Er kniff seinen Neffen in die pickelige Wange und fuhr ihm durch das fettige Haar. „Aus dir wird ein guter Anwalt werden, Gaius Plinius. Vielleicht sogar ein großer. Ich kann dich eines Tages sogar im Senat sitzen sehen. Du bist mein Erbe. Meine Bücher werden deine sein. Der Name Plinius wird in dir weiterleben ...“

→ Robert Harris: S. 20
→ der historische Infinitiv bei Plinius: S. 136 und S. 138

Ep. 7.27 Drei Gespenstergeschichten

Plinius wendet sich an Licinius Sura, einen Vertrauten Trajans, und fragt ihn, ob er an Geister glaube. Er selbst beteuert, dass er daran glaube, und erzählt zunächst Folgendes: Ein gewisser Curtius Rufus sei als junger Mann nach Afrika gekommen, wo ihm eine Frauengestalt mit Namen Africa erschienen sei und ihm prophezeite, er werde Karriere machen, sogar Prokonsul von Afrika werden und dort sterben. Alles sei so geschehen, und als Curtius die Frauengestalt wiedersah, sei er davon ausgegangen, dass nun auch der zweite Teil der Prophezeiung wahr werden würde. So habe er sich, als er kurz darauf erkrankte, in sein Schicksal gefügt.

Figur eines Kettengeistes, die man in einem „Horror Shop" im Internet bestellen kann. Vergleichen Sie diese Abbildung mit Plinius' Beschreibung des Geistes von Athen *(Athenae)*. Stellen Sie typische Merkmale zusammen, die man von der Antike bis heute mit Geistern verbindet.

Iam illud nonne et magis terribile et non minus mirum est, quod exponam, ut accepi? Erat Athenis spatiosa et capax domus, sed infamis et pestilens. Per silentium noctis sonus ferri et – si attenderes acrius – strepitus vinculorum longius primo, deinde e proximo reddebatur. Mox apparebat idolon, senex macie et squalore confectus, promissa barba, horrenti capillo. Cruribus compedes, manibus catenas gerebat quatiebatque. Inde inhabitantibus tristes diraeque noctes per metum vigilabantur. Vigiliam morbus et crescente formidine mors sequebatur. Nam interdiu quoque, quamquam abscesserat imago, memoria imaginis oculis inerrabat, longiorque causis timoris timor erat. Deserta inde et damnata solitudine domus totaque illi monstro relicta. Proscribebatur tamen, seu quis emere seu quis conducere ignarus tanti mali vellet.
Venit Athenas philosophus Athenodorus. Legit titulum auditoque pretio, quia suspecta vilitas, percunctatus omnia docetur ac nihilo minus – immo tanto magis – conducit. Ubi coepit advesperascere, iubet sterni sibi in prima domus parte, poscit pugillares, stilum, lumen, suos omnes in interiora dimittit. Ipse ad scribendum animum, oculos, manum intendit, ne vacua mens audita simulacra et inanes sibi metus fingeret. Initio, quale ubique, silentium noctis; dein concuti ferrum, vincula moveri. Ille non tollere oculos, non remittere stilum, sed offirmare animum auribusque praetendere. Tum crebrescere fragor, adventare et iam ut in limine, iam ut intra limen audiri.

1 *magis* LW *Ep.* 1.6 – *minus* LW *Ep.* 6.20 – 2 *spatiōsus* groß – 3 *capāx, -ācis* geräumig – *īnfāmis, -e* verrufen – *pestilēns, -entis* krank machend – *silentium* LW *Ep.* 1.6 – 4 *strepitus, -ūs* Lärm – 5 *ē proximō* aus nächster Nähe – *reddī (Pass.)* zu hören sein – 6 *mox* und *appārēre* LW *Ep.* 6.16 – *īdōlon* Gespenst – *maciēs, -ēī f* Magerkeit – *squālor, -ōris m* Schmutz – 7 *prōmissus* herabhängend – *barba* Bart – *horrēre* LW *Ep.* 6.20 – *capillus* Haar – 8 *compēs, -pedis f* Fußfessel – *catēna* Kette – *quatere* schütteln – 9 *inhabitāre* bewohnen; *inhabitantibus* Dativ des Urhebers *(dat. auctoris)* – *dīrus* grauenvoll – 10 *formīdō* LW *Ep.* 6.16 – 12 *abscēdere (Perf.: abscessī)* verschwinden – *inerrāre (m. Dat.)* umherschweifen vor – 13 ergänze: *dēserta <est>* – 14 *sōlitūdō* LW *Ep.* 1.6 – *mōnstrum* Ungeheuer – 15 *prōscrībere* zum Verkauf ausschreiben – *seu <ali>quis* – 17 *titulus* (hier) Verkaufsanzeige – 18 *suspectus* verdächtig – *vīlitās, -ātis f* niedriger Preis – *percunctārī* durchforschen – 20 *advesperāscere* Abend werden – *sternere* LW *Ep.* 6.20 – 21 *pugillārēs* und *stilus* LW *Ep.* 1.6 – *lūmen* LW *Ep.* 6.20 – 22 *interiōra (n Pl.)* der innere Bereich – 23 *vacuus* LW *Ep.* 1.6 – 25 ergänze: *silentium noctis <erat>* – *dein* LW *Ep.* 6.16 – 26 *remittere* (hier) loslassen – 27 *offīrmāre animum* den Geist festigen – *animum auribus praetendere* den Geist über die Ohren siegen lassen (*animum* ist zweimal zu übersetzen) – 28 *crēbrēscere* wachsen – *fragor, -ōris m* das Krachen – *adventāre* herankommen – *līmen* LW *Ep.* 6.16

T 1 In Z. 8–13 beschreibt Plinius sehr genau, was mit einem Menschen geschieht, der große Angst hat. Geben Sie diese Aussagen in eigenen Worten wieder. Vergleichen Sie dazu auch *Ep.* 6.4.3–5 (S. 133 mit T) und arbeiten Sie heraus, inwieweit diese beiden Darstellungen übereinstimmen. Diskutieren Sie schließlich in der Klasse, ob Plinius' Beschreibungen der Angst zutreffend sind oder nicht.

Zur Interpretation

Vor allem in Z. 20–30 bemüht sich Plinius, Spannung zu erzeugen. Dazu setzt er u. a. die folgenden Mittel ein:

- **historisches Präsens/historischer Infinitiv** (sodass die Schilderung unmittelbarer wirkt; vgl. auch die Sprach-Box auf S. 136),
- **Asyndeton** (zur Beschleunigung der Erzählung), teilweise hervorgehoben durch **Trikolon,**
- **Klimax** (zur Steigerung der Spannung).

Weisen Sie den genannten sprachlichen Mitteln passende Belege aus dem Text zu. Arbeiten Sie weitere Möglichkeiten heraus, Spannung zu erzeugen.

→ Vertiefte Interpretation: S. 218
→ Rhetorische Stilmittel: S. 224

Respicit, videt agnoscitque narratam sibi effigiem. Stabat innuebatque digito similis vocanti. Hic contra, ut paulum exspectaret, manu significat rursusque ceris et stilo incumbit. Illa scribentis capiti catenis insonabat. Respicit rursus idem, quod prius: innuentem; nec moratus tollit lumen et sequitur. Ibat illa lento gradu quasi gravis vinculis. Postquam deflexit in aream domus, repente dilapsa deserit comitem. Desertus herbas et folia concerpta signum loco ponit. Postero die adit magistratus, monet, ut illum locum effodi iubeant. Inveniuntur ossa inserta catenis et implicita, quae corpus aevo terraque putrefactum nuda et exesa reliquerat vinculis; collecta publice sepeliuntur. Domus postea rite conditis manibus caruit.

Et haec quidem affirmantibus credo; illud affirmare aliis possum: Est libertus mihi non illitteratus. Cum hoc minor frater eodem lecto quiescebat. Is visus est sibi cernere quendam in toro residentem admoventemque capiti suo cultros, atque etiam ex ipso vertice amputantem capillos. Ubi illuxit, ipse circa verticem tonsus, capilli iacentes reperiuntur. Exiguum temporis medium, et rursus simile aliud priori fidem fecit. Puer in paedagogio mixtus pluribus dormiebat. Venerunt per fenestras – ita narrat – in tunicis albis duo cubantemque detonderunt et, qua venerant, recesserunt. Hunc quoque tonsum sparsosque circa capillos dies ostendit. Nihil notabile secutum, nisi forte quod non fui reus; futurus, si Domitianus, sub quo haec acciderunt, diutius vixisset. Nam in scrinio eius datus a Caro de me libellus inventus est. Ex quo coniectari potest, quia reis moris est summittere capillum, recisos meorum capillos depulsi, quod imminebat, periculi signum fuisse.

30 *respicere* LW *Ep.* 6.20 – *āgnōscere* erkennen – *effigiēs, -ēī f* Abbild – 31 *innuere* winken – *digitus* Finger – 32 *paulum* LW *Ep.* 6.16 – *cēra* LW *Ep.* 1.6 – 33 *incumbere* sich widmen – *īnsonāre (m. Dat.)* Geräusche machen (bei) – 35/36 *gradus, quasi, dēflectere* und *ārea* LW *Ep.* 6.20 – 37 *repente* LW *Ep.* 3.14.1–5 – *dīlābī (Part. Perf. dīlāpsus)* verschwinden – 38 *folium* Blatt – *concerpere (PPP: concerptum)* zerpflücken – *sīgnum* prädikativ zu übersetzen – 40 *īnserere (PPP: īnsertum)* einfügen – *implicitus* verwickelt – 41 *aevum* Zeit – *putrēfactus* verfault – *exedere (PPP: exēsum)* verzehren – 42 *colligere* LW *Ep.* 1.1 – *rīte* auf rechte Weise – 43 *mānēs, -ium f Pl.* Manen (Geister der Verstorbenen) – 45 *illiterātus* ungebildet – 46 *is vīsus est sibī* diesem schien es, dass er – 47 *torus* Bett – *residēre* sitzen – *admovēre* annähern – 48 *culter, -trī* Messer – *vertex, -icis m* Scheitel – *amputāre* abschneiden – 49 *illūcēscere (Perf.: illūxī)* Tag werden – *tondēre (PPP: tōnsum)* scheren – 50 *medium <erat>* lag dazwischen – 52 *paedagōgīum* Knabenzimmer – 53 *albus* weiß – *cubāre* ruhen – 54 *dētondēre (Perf.: dētondī)* abscheren – *recēdere (Perf.: recessī)* sich zurückziehen – 56 *notābilis, -e* bemerkenswert – ergänze: *secūtum <est>* – *forte* LW *Ep.* 6.16 – 57 *futūrus* (hier) ich wäre es geworden – 58 *scrīnium* Bücherkasten – *Cārus* vgl. die Info-Box – 59 *coniectāre* vermuten – 60 *mōris est* es ist Sitte – *summittere* wachsen lassen – *recīdere (PPP: recīsum)* abschneiden – 60/61 ordne: *capillōs sīgnum dēpulsī perīculī, quod imminēbat, fuisse* – 61 *dēpellere (PPP: dēpulsum)* abwehren

Plinius beendet den Brief mit der nachdrücklichen Bitte, Sura solle ihm eine Antwort auf seine eingangs gestellte Frage geben.

S 1 Klären Sie die KNG-Bezüge in Z. 39–42. Erklären Sie, wie die Wortstellung die inhaltliche Aussage betont.

S 2 Bestimmen Sie die markierten Partizipien (Z. 47–61) nach KNG und nennen Sie die Bezugswörter.

T 2 Auch heute glauben noch Menschen, dass Geister ihr Unwesen treiben. Informieren Sie sich im Internet über moderne Auseinandersetzungen mit dem Übernatürlichen.

i

Delatoren

Vor allem in der römischen Kaiserzeit bereicherten sich Menschen, indem sie Mitbürger wegen eines Vergehens anzeigten und nach deren Verurteilung mit einem Teil ihres Vermögens für die Denunziation belohnt wurden. Auch Kaiser **Domitian** soll die sogenannten **Delatoren** unterstützt haben. Dagegen betonte **Trajan** immer wieder, dass er gegen das Delatorenwesen vorgehe. Plinius berichtet in der dritten Gespenstergeschichte von dem Delator Carus, der ihn offenbar bei Domitian angezeigt hatte.

Erörtern Sie, inwieweit Plinius' Deutung der dritten Geistererscheinung (Z. 44–61) in sich schlüssig ist.

Diskutieren Sie, ob es in dem Brief tatsächlich in erster Linie um Geister geht. Erschließen Sie, warum Plinius den Brief gerade an einen Vertrauten Trajans richtet.

Das Trajansforum in Rom heute/der Kaiser (links) und Sura auf der Trajanssäule. Informieren Sie sich über die Bedeutung und das Bildprogramm der Trajanssäule.

→ Domitian, Nerva, Trajan: S. 50
→ Plinius und Domitian: S. 132
→ AH: Substantive, Adjektive, Adverbien und Pronomina: S. 4
→ AH: Partizipien und *nd*-Formen: S. 16

Ep. 8.16.2–4 Trauer um zwei Sklaven

Plinius berichtet einem Paternus von seiner Trauer um zwei verstorbene Sklaven. Sein einziger Trost sei, dass er beiden vor ihrem Tod noch die Freiheit geschenkt habe, sodass sie ihr Testament machen konnten. Dann beschreibt er, welche Rechte seine Sklaven haben.

Dividunt, donant, relinquunt, dumtaxat intra domum; nam servis res publica quaedam et quasi civitas domus est. Sed quamquam his solaciis acquiescam, debilitor et frangor eadem illa humanitate, quae me, ut hoc ipsum permitterem, induxit. Non ideo tamen velim durior fieri. Nec ignoro alios eius modi casus nihil amplius vocare quam damnum eoque sibi magnos homines et sapientes videri. Qui an magni sapientesque sint, nescio; homines non sunt. Hominis est enim affici dolore, sentire, resistere tamen et solacia admittere, non solaciis non egere.

1 *dumtaxat* wenn auch nur – 2 *quasi* LW *Ep.* 6.20 – 3 *sōlācium* LW *Ep.* 1.12 – 5/6 *ideō* und *cāsus* LW *Ep.* 6.20

W Schlagen Sie *vor* der Übersetzung des Textes die Bedeutung der markierten Verben nach (diese werden weder im Lernwortschatz noch in den Anmerkungen genannt). Geben Sie zu jedem Verb – sofern nötig – den Infinitiv Präsens und seine Konjugationsklasse an.

S Erklären Sie die Bedeutung der mehrfachen Verneinung in Z. 10/11. Entwickeln Sie eine treffende Übersetzung.

T 1 Vergleichen Sie die Info-Box auf S. 133 und erörtern Sie, ob das hier beschriebene Leben der Sklaven der Regelfall oder die Ausnahme gewesen sein dürfte.

T 2 Arbeiten Sie heraus, wie Plinius sich hier selbst charakterisiert. Vergleichen Sie diese Selbstdarstellung mit der Rolle, die Plinius in einem weiteren Brief spielt, den Sie übersetzt haben.

Ep. 9.6.1–2 Wagenrennen

C. Plinius Calvisio suo s(alutem dicit)

Omne hoc tempus inter pugillares ac libellos iucundissima quiete transmisi. „Quemadmodum", inquis, „in urbe potuisti?" Circenses erant, quo genere spectaculi ne levissime quidem teneor. Nihil novum, nihil varium, nihil, quod non semel spectasse sufficiat. Quo magis miror tot milia virorum tam pueriliter identidem cupere currentes equos, insistentes curribus homines videre. Si tamen aut velocitate equorum aut hominum arte traherentur, esset ratio non nulla. Nunc favent panno, pannum amant; et si in ipso cursu medioque certamine hic color illuc, ille huc transferatur, studium favorque transibit, et repente agitatores illos, equos illos, quos procul noscitant, quorum clamitant nomina, relinquent.

S Stellen Sie Wendungen aus dem Text zusammen, die Ablehnung oder Gleichgültigkeit ausdrücken.

T 1 Erklären Sie, wie die Aussage *circenses erant* (Z. 4) die zuvor gestellte Frage beantwortet.

T 2 Vergleichen Sie das Verhalten der Anhänger von Wagenrennen (Z. 9–15) mit dem heutiger Sportfans.

i **Wagenrennen im Circus Maximus**

Die Begeisterung der Römer für **Wagenrennen** lässt sich daran erkennen, dass der **Circus Maximus** zu Zeiten des **Augustus** ungefähr 150.000 Zuschauer fasste – und später offenbar noch mehr (Vermutungen reichen bis zu 300.000). Zu den Wagenrennen bei den Zirkusspielen *(circenses, -ium, m Pl.)* traten verschiedene Mannschaften an, die nach **Farben** benannt waren und auch entsprechende **Trikots** trugen. Es gibt auch Hinweise darauf, dass begeisterte Zuschauer die Farben ihrer Lieblingsmannschaften trugen.

Beschreiben Sie den hier abgebildeten heutigen Zustand des Circus Maximus. Informieren Sie sich über seine Abmessungen und den Ablauf eines Renntages.

1 *Calvīsius* Freund des Plinius – 2 *pugillārēs* LW *Ep.* 1.6 – *libellus* LW *Ep.* 7.27 – 3 *quiēs* LW *Ep.* 1.6 – 3 *trāns-mittere* verbringen – *inquis* LW *Ep.* 1.6 – 4 *circēnsēs* vgl. die Info-Box – 5 *tenērī* (hier) eingenommen werden – 6 *semel* einmal – *spectāsse* ~ *spectāvisse* – *sufficere* genügen – *quō* (hier) umso – 7 *puerīlis, -e* kindisch – *identidem* immer wieder – 8 *īnsistere (m. Dat.)* sitzen auf – 9 *vēlōcitās, -ātis f* Schnelligkeit – 10 *trahere* (hier) mitreißen – 11 *pānnus* Trikot – 13 *repente* LW *Ep.* 3.14.1–5 – *agitātor, -ōris m* Wagenlenker – 14 *procul* LW *Ep.* 6.16 – *nōscitāre* LW *Ep.* 6.20 – *clāmitāre* (laut) rufen

Das Gelände des Circus Maximus heute

→ Sklaven in Rom: S. 133
→ Arbeit mit Sachfeldern: S. 143
→ AH: Kasusfunktionen: S. 8

Ep. 10.96.1–6 Die Behandlung von Christen

C. Plinius Traiano Imperatori

Sollemne est mihi, domine, omnia, de quibus dubito, ad te referre. Quis enim potest melius vel cunctationem meam regere vel ignorantiam instruere? Cognitionibus de Christianis interfui numquam. Ideo nescio, quid et quatenus aut puniri soleat aut quaeri. Nec mediocriter haesitavi, sitne aliquod discrimen aetatum, an quamlibet teneri nihil a robustioribus differant; detur paenitentiae venia, an ei, qui omnino Christianus fuit, desisse non prosit; nomen ipsum, si flagitiis careat, an flagitia cohaerentia nomini puniantur.

Interim in iis, qui ad me tamquam Christiani deferebantur, hunc sum secutus modum: Interrogavi ipsos, an essent Christiani. Confitentes iterum ac tertio interrogavi supplicium minatus. Perseverantes duci iussi. Neque enim dubitabam – qualecumque esset, quod faterentur – pertinaciam certe et inflexibilem obstinationem debere puniri. Fuerunt alii similis amentiae, quos, quia cives Romani erant, adnotavi in urbem remittendos.

Mox ipso tractatu, ut fieri solet, diffundente se crimine plures species inciderunt. Propositus est libellus sine auctore multorum nomina continens. Qui negabant esse se Christianos aut fuisse, cum praeeunte me deos appellarent et imagini tuae, quam propter hoc iusseram cum simulacris numinum afferri, ture ac vino supplicarent, praeterea male dicerent Christo, quorum nihil cogi posse dicuntur, qui sunt re vera Christiani, dimittendos putavi. Alii ab indice nominati esse se Christianos dixerunt et mox negaverunt: fuisse quidem sed desisse (quidam ante triennium, quidam ante plures annos, non nemo etiam ante viginti). Hi quoque omnes et imaginem tuam deorumque simulacra venerati sunt et Christo male dixerunt.

i **Buch 10 der Briefsammlung** enthält Briefe, die Plinius **während seiner Statthalterschaft in Bithynien** an Kaiser **Trajan** schrieb. Darin bittet Plinius den *princeps* um Rat in verschiedenen Zweifelsfällen. Seine berühmteste Anfrage ist sicherlich der sogenannte **„Christenbrief“**, der einerseits zeigt, dass Christen zur Zeit Trajans nicht das Recht hatten, ihre Religion exklusiv auszuüben und die römischen Gottheiten zu vernachlässigen, andererseits aber auch ein anderes Vorgehen erkennen lässt, als es etwa der **Christenverfolger Nero** 50 Jahre vorher an den Tag legte. Zudem ist der Brief unser ältestes Zeugnis für das Leben in einer frühen christlichen Gemeinde (vgl. die folgende Seite).
In Buch 10 stehen auch die **Antworten Trajans** (vgl. *Ep.* 10.97 auf S. 143). Ob wir hier tatsächlich Texte aus der Feder des Kaisers lesen oder ob die Briefe nicht vielmehr im Namen des *princeps* von dessen Beratern beantwortet wurden, ist im Einzelfall umstritten.

Büste Kaiser Trajans. Stellen Sie Merkmale der Darstellung zusammen, welche die Erhabenheit des Kaisers zum Ausdruck bringen.

S 1 Stellen Sie ausgehend von den Konjunktiven in Z. 5–11 Möglichkeiten zusammen, lateinische indirekte Fragen zu bilden.

S 2 Stellen Sie ein Sachfeld mit lateinischen Begriffen aus dem Bereich der Rechtssprache zusammen.

S 3 Die Nebensätze erster bis vierter Ordnung in Z. 23–28 sind farbig markiert. Erstellen Sie eine Satzanalyse nach der sogenannten Einrückmethode.

T 1 Nennen Sie die Methoden, mit denen Plinius ermittelt, ob sich jemand als Christ schuldig gemacht hat.

T 2 Erschließen Sie ausgehend von der Übersetzung der beiden Briefe, ob die Antwort des Kaisers (S. 143) tatsächlich die Worte Trajans wiedergeben dürfte oder nicht.

2 *sollemne, -is n* Gewohnheit – 3 *cunctātiō, -ōnis f* das Zögern – 4 *īgnōrantia* Unwissenheit – *cōgnitiō, -ōnis f* (gerichtliche) Untersuchung – 5 *ideō* LW *Ep.* 6.20 – 6 *quātenus* in welchem Ausmaß – 7 *haesitāre* zweifeln – *discrīmen* LW *Ep.* 6.16 – *quamlibet* auch noch so – 8 *rōbustus* LW *Ep.* 1.12 – 8–11 *dētur ..., an ... prōsit; ... careat, an ... pūniantur* weitere indirekte Doppelfragen, die von *haesitāvī* (Z. 7) abhängen – 10 *dēsīsse* ~ *dēsiisse* – *nōmen* (hier) Bezeichnung – 11 *cohaerēre* zusammenhängen – 12 *tamquam* LW *Ep.* 1.12 – *dēferre* LW *Ep.* 6.16 – 14 *tertiō* ein drittes Mal – 15 *persevērāre* standhaft bleiben – *dūcere* (hier) zur Hinrichtung abführen – 16 *quālecumque* was auch immer – 17 *pertinācia* Starrsinn – *īnflexibilis, -e* unbeugsam – *obstinātiō, -ōnis f* Trotz – 18 *āmentia* Wahnsinn – 19 *adnotāre* vormerken – 21 *mox* LW *Ep.* 6.16 – *tractātus, -ūs* Verhandlung – *diffundere* LW *Ep.* 6.16 – 22 *speciēs* (hier) Erscheinungsform – *incidere* LW *Ep.* 6.16 – *prōpōnere* (hier) vorlegen – *libellus* LW *Ep.* 7.27 – 23 ergänze: <*iī*,> *quī* – 24 *prae-īre* vorangehen – 25 *imāgō* LW *Ep.* 7.27 – 26 *tūs, tūris n* Weihrauch – 27 *praetereā* LW *Ep.* 6.20 – *male dīcere (m. Dat.)* beleidigen – *quōrum* wozu – 27/28 *nihil cōgī* nicht gezwungen werden – 28 *rē vērā* wirklich – ergänze: *dīmittendōs* <*esse*> – 29 *index, -icis m* anzeigende Person – 31 *triennium* drei Jahre – 33 *venerārī* anbeten

→ Nero: S. 113
→ Plinius und Trajan: S. 130
→ Arbeit mit Sachfeldern: S. 143
→ Projekt: Christliche Literatur: S. 244
→ AH: Konjunktiv in Haupt- und Nebensätzen: S. 41
→ AH: Wortschatzarbeit: S. 68

Ep. 10.96.7–10 Christliche Zusammenkünfte

Affirmabant autem hanc fuisse summam vel culpae suae vel erroris, quod essent soliti stato die ante lucem convenire carmenque Christo quasi deo dicere secum invicem seque sacramento non in scelus aliquod obstringere, sed ne furta, ne latrocinia, ne adulteria committerent, ne fidem fallerent, ne depositum appellati abnegarent. Quibus peractis morem sibi discedendi fuisse rursusque coeundi ad capiendum cibum, promiscuum tamen et innoxium; quod ipsum facere desisse post edictum meum, quo secundum mandata tua hetaerias esse vetueram. Quo magis necessarium credidi ex duabus ancillis, quae ministrae dicebantur, quid esset veri, et per tormenta quaerere. Nihil aliud inveni quam superstitionem pravam et immodicam.
Ideo dilata cognitione ad consulendum te decucurri. Visa est enim mihi res digna consultatione, maxime propter periclitantium numerum. Multi enim omnis aetatis, omnis ordinis, utriusque sexus etiam vocantur in periculum et vocabuntur. Neque civitates tantum, sed vicos etiam atque agros superstitionis istius contagio pervagata est; quae videtur sisti et corrigi posse. Certe satis constat prope iam desolata templa coepisse celebrari et sacra sollemnia diu intermissa repeti passimque venire carnem victimarum, cuius adhuc rarissimus emptor inveniebatur. Ex quo facile est opinari, quae turba hominum emendari possit, si sit paenitentiae locus.

S **Infinitive**
Bei den folgenden Formen aus dem Text handelt es sich um Infinitive: *dicere – obstringere – facere – sisti – corrigi – coepisse – celebrari – opinari – emendari.* Ordnen Sie die Infinitivformen in eine Tabelle mit folgenden Spalten ein:

Übersetzung	Inf. Präs. Akt./ Deponens	Inf. Präs. Pass.	Inf. Perf. Akt./ Deponens	Inf. Perf. Pass.

Ergänzen Sie, wo dies möglich ist (kein Infinitiv Passiv von Deponentien; nicht alle Verben bilden ein PPP), mithilfe des Wörterbuchs die übrigen Infinitive.

i Der zweite Teil des **Christenbriefs** enthält tatsächlich **die älteste erhaltene Beschreibung eines christlichen Gottesdienstes** (hier Z. 1–9). Darin berichtet Plinius von folgenden Handlungen der Christen:

- zweimalige Zusammenkunft an einem bestimmten Tag,
- Singen/Aufsagen eines Liedes für Christus,
- Verpflichtung (durch Eid), keine Verbrechen zu begehen,
- Einnahme einer gemeinsamen Mahlzeit bei erneuter Zusammenkunft.

Suchen Sie *vor* der Übersetzung die entsprechenden lateinischen Formulierungen für diese Handlungen aus dem Text heraus. Erörtern Sie nach der Übersetzung, inwieweit diese Beschreibungen an heutige christliche Gottesdienste erinnern und wo sie davon abweichen bzw. sich nicht genau deuten lassen. Tragen Sie Gründe dafür zusammen, dass Plinius' Beschreibungen keineswegs unmissverständlich sind.

1 *affīrmāre* LW *Ep.* 7.27 – 2 *status* festgesetzt – 3/4 *quasi* und *invicem* LW *Ep.* 6.20 – 4 *sacrāmentum* Eid – *obstringere* verpflichten – 5/6 *nē* hängt jeweils von *obstringere* ab („dazu, dass sie nicht ...") – 5 *latrōcinium* Raub – *adulterium* Ehebruch – 6/7 *dēpositum abnegāre* geliehenes Geld (d. h. dessen Rückgabe) verweigern – 6 *appellāre* (hier) (zur Bezahlung) mahnen – 7–11 indirekte Rede: mit Konjunktiv oder nach Ergänzung von *affīrmābant* zu den AcI-Konstruktionen zu übersetzen – 8 *co-īre* zusammenkommen – *prōmīscuus* gewöhnlich – 9 *innoxius* harmlos – *dēsīsse* ~ *dēsiisse* – 10/11 *quō* ... verschränkter Relativsatz – 10 *hetaeria* Vereinigung – 11 *quō* (hier) umso – *magis* LW *Ep.* 1.6 – 12 *ministra* Dienerin (hier wohl als Bezeichnung für ein Amt oder eine Aufgabe in der Gemeinde) – 13 *tormentum* Folter – 14 *prāvus* sonderbar – *immodicus* maßlos – 15 *ideō* LW *Ep.* 6.20 – *cōgnitiō, -ōnis f* (gerichtliche) Untersuchung – *dē-currere* sich wenden an – 16 *cōnsultātiō, -ōnis f* Anfrage – 17 *perīclitāns, -antis m/f* Angeklagte(r) – 18 *ōrdō* LW *Ep.* 1.1 – *sexus, -ūs* Geschlecht – 19 *in perīculum vocāre* anklagen – *tantum* LW *Ep.* 3.14.1–5 – 20 *contāgiō, -ōnis f* (ansteckende) Krankheit – 21 *pervagārī (m. Akk.)* sich verbreiten über – 22 *dēsōlātus* verlassen – 23 *celebrāre* LW *Ep.* 6.16 – *sollemne, -is n* Opfer – 24 *vēn-īre* verkauft werden – *carō, carnis f* Fleisch – *victima* Opfertier – *rārus* LW *Ep.* 6.20; *rārissimus* prädikativ zu übersetzen – 25 *ēmptor, -ōris m* Käufer – 26 *turba* LW *Ep.* 6.20 – *ēmendāre* verbessern – *paenitentia* LW *Ep.* 10.96.1 6

S Erklären Sie bei der Übersetzung der Infinitive (vgl. die S-Box), ob diese als Infinitiv eines AcI, eines NcI oder als bloßer Infinitiv verwendet werden.

T Untersuchen Sie die Wortwahl in Z. 19–27. Arbeiten Sie dabei heraus, welches Bild Plinius vom Christentum zeichnet. Erörtern Sie, was dies über seine Einstellung zu den Christen ausdrücken mag. Bewerten Sie diese Einschätzung in Bezug auf die weitere historische Entwicklung des Christentums.

→ Christen in Rom: S. 51
→ AH: AcI und NcI: S. 26
→ AH: Relativsätze: S. 57

Ep. 10.97 Die Antwort Trajans

Traianus Plinio
Actum, quem debuisti, mi Secunde, in excutiendis causis eorum, qui Christiani ad te delati fuerant, secutus es. Neque enim in universum aliquid, quod quasi certam formam habeat, constitui potest. Conquirendi non sunt. Si deferantur et arguantur, puniendi sunt – ita tamen ut, qui negaverit se Christianum esse idque re ipsa manifestum fecerit (id est supplicando dis nostris), quamvis suspectus in praeteritum, veniam ex paenitentia impetret. Sine auctore vero propositi libelli in nullo crimine locum habere debent. Nam et pessimi exempli nec nostri saeculi est.

2–4 *āctum (Sg. m) sequī* Maßnahmen ergreifen – 2 *mī* (Vokativ) mein – *excutere* untersuchen (wörtlich: herausschütteln) – 3 *Chrīstiānī* LW *Ep.* 10.96.1–6; prädikativ zu übersetzen – *dēferre* LW *Ep.* 6.16; *dēlātī fuerant* ~ *dēlātī erant* – 4/5 *in ūniversum cōnstituere* als allgemeingültig festsetzen – 4 *quasi* LW *Ep.* 6.20 – 5 *fōrma* LW *Ep.* 6.16 – 6 *pūnīre* LW *Ep.* 10.96.1–6 – 7 ergänze: <*is,*> *quī* – 8 *supplicāre* LW *Ep.* 10.96.1–6 – 9 *suspectus* verdächtig – *in praeteritum* in Hinblick auf die Vergangenheit – *venia* und *paenitentia* LW *Ep.* 10.96.1–6 – 10 *libellus* LW *Ep.* 7.27

S 1 Schreiben Sie aus den *Ep.* 10.96.7–10 und 10.97 sämtliche Beispiele für das Gerund, das attributive Gerundiv und das prädikative Gerundiv heraus und vergleichen Sie die Übersetzung der einzelnen Stellen.

S 2 Erklären Sie anhand des letzten Satzes von 10.97 (und ggf. mithilfe einer Grammatik) die Funktion des Genitivs der Zugehörigkeit *(genitivus possessivus)* in Verbindung mit esse.

T Beschreiben Sie das Rechtsverständnis des Kaisers. Ziehen Sie dazu auch die Info-Box auf S. 139 heran.

Wandmalerei in römischen Katakomben (2. Jh. n. Chr.). Die Katakomben (unterirdische Gänge) von Rom wurden bereits im frühen Christentum als Begräbnisstätte und als Ort zur Verehrung von Märtyrern genutzt (ein Versteck für Christen waren sie entgegen einer weit verbreiteten Annahme nicht). Man hat dort zahlreiche Wandgemälde mit christlichen Motiven gefunden. Darstellungen von Speisungen erinnern zum einen an die „Speisung der Fünftausend" (Joh. 6.1–13) und dürften zum anderen auf die Eucharistie Bezug nehmen. Klären Sie in der Klasse die genaue Bedeutung dieser beiden Begriffe. Vergleichen Sie weiterhin die Info-Box auf der vorangehenden Seite und erörtern Sie, inwieweit diese Darstellung einen Bezug zu Plinius' Brief hat.

S **Wortschatzarbeit: Vokabellernen nach Sachfeldern**

Der auf den nächsten Seiten folgende **Lernwortschatz** zu Plinius dem Jüngeren enthält zahlreiche für die weitere Lektüre nützliche Vokabeln. Wenn Sie diese lernen bzw. wiederholen, kann das dadurch erleichtert werden, dass Sie die Begriffe nach Sachfeldern – also in thematisch zusammenhängende Gruppen – ordnen. Zum Beispiel lässt sich aus den Vokabeln des Lernwortschatzes das folgende Sachfeld zum Thema „**Gesundheit/Krankheit**" zusammenstellen, wobei die Begriffe nach Wortarten geordnet wurden:

Verben:	*consolari, sternere, miscere, prodesse, sistere, superesse, decedere, sepelire*
Substantive:	*valetudo, patientia, infirmitas, senex, venter, tergum, crus, os, lumen, spiritus, anima, cubiculum, lectus, balneum, herba, quies, somnus, solacium, gemitus*
Adjektive:	*robustus, firmus, integer, superstes, aeger*

Im Einzelnen kann man oft darüber diskutieren, ob ein Begriff zu einem Sachfeld gehört oder nicht, aber auch diese Beschäftigung mit den Vokabeln hilft beim Wörterlernen.

Klären Sie die Bedeutungen der obenstehenden Wörter und erörtern Sie, inwieweit diese überhaupt in das Sachfeld „Gesundheit/Krankheit" gehören. Vergleichen Sie außerdem die S-Aufgaben zu den Briefen 1.6 (S1, „geistige Arbeit"), 6.4.3–5 (S2, „Ängste/Sorgen"), 6.16 (S2, „Naturbeobachtungen") und 10.96.1–6 (S2, „Rechtssprache").

→ AH: Kasusfunktionen: S. 8
→ AH: Partizipien und *nd*-Formen: S. 16
→ AH: Wortschatzarbeit: S. 68

LERNWORTSCHATZ

LW *Ep.* 1.1

colligere, colligō, collēgī, collēctum	sammeln, aufheben
ōrdō, -inis *m*	Ordnung, Reihe, Stand
historia, -ae *f*	Geschichte, Geschichtswerk, Geschichtsschreibung
quisque, quaeque, quidque (quodque)	jeder
superesse (*auch* **super esse**), supersum, superfuī	übrig sein; *m. Dat.* überleben
requīrere, requīrō, requīsīvī, requīsītum	(auf)suchen, fragen, verlangen

LW *Ep.* 1.6

nōscere, nōscō, nōvī, nōtum	kennenlernen, erfahren; *Perf.* nōvisse kennen, wissen
inquam (*in die Rede eingeschaltetes Verb*)	sag(t)e ich; *2. Pers. Sg.* inquis sagst/sagtest du; *3. Pers. Sg.* inquit sagt(e) er
quiēs, -ētis *f*	Ruhe, Erholung; Schlaf
stilus, -ī *m*	Schreibstift
pugillārēs, -ium *m Pl.*	Schreibtäfelchen
meditārī, meditor, meditātus sum	nachdenken (über); einstudieren; *PPP* meditātus vorbereitet, einstudiert
ēnotāre, ēnotō, ēnotāvī, ēnotātum	aufzeichnen
vacuus, -a, -um	leer, frei
cēra, -ae *f*	Wachs; Wachstafel
est, quod *m. Konj.*	es gibt einen Grund dafür, dass
contemnere, contemnō, contempsī, contemptum	verachten, nicht beachten; verspotten
mōtus, -ūs *m*	Bewegung, Antrieb
excitāre, excitō, excitāvī, excitātum	aufregen; hervorrufen, verursachen; ermuntern
silva, -ae *f*	Wald
sōlitūdō, -inis *f*	Einsamkeit, Verlassenheit
silentium, -ī *n*	Schweigen, Stille, Verschwiegenheit; silentiō stillschweigend
cōgitātiō, -ōnis *f*	Denken, Überlegung
proinde *Adv.*	daher, folglich
magis *Adv.*	mehr, eher

LW *Ep.* 1.12

dēcēdere, dēcēdō, dēcessī, dēcessum	weggehen, sterben
fīnīre, fīniō, fīnīvī, fīnītum	begrenzen, beenden
necessitās, -ātis *f*	Notwendigkeit, Not, Zwang, Verpflichtung
sōlācium, -ī *n*	Trost(mittel)
auferre, auferō, abstulī, ablātum	rauben, wegbringen
cubiculum, -ī *n*	Schlafzimmer
quotiēns (*und* **quotiēs**) *Adv.*	wie oft, so oft
fidēlis, -e	treu, zuverlässig
quīn etiam	ja sogar
sēcrētus, -a, -um	abgesondert; geheim; sēcrētum, -ī *n* Geheimnis, einsamer Ort
scīlicet *Adv.*	selbstverständlich, natürlich; nämlich
latrō, -ōnis *m*	Räuber, Schurke
implēre, impleō, implēvī, implētum	anfüllen, vollmachen
rōbustus, -a, -um	stark
ēvādere, ēvādō, ēvāsī, ēvāsum	entkommen, herauskommen, hinaufsteigen, sich entwickeln
valētūdō, -inis *f*	Gesundheit(szustand); Krankheit
superstes, -stitis	am Leben, überlebend
flōrēre, flōreō, flōruī	blühen, in Blüte stehen, hervorragend sein
tamquam	*Adv.* wie; *Subj.* wie wenn, als ob
fīrmus, -a, -um	fest, stark

LW *Ep.* 3.14.1–5

atrōx, -ōcis	wild, abscheulich
tantum *Adv.*	so viel, so sehr; nur
saevus, -a, -um	wütend, wild, grausam
parum *Adv.*	(zu) wenig
immō *Adv.*	ja sogar, im Gegenteil
meminisse, meminī *m. Gen.*	sich erinnern, gedenken
lavāre, lavō, lavī, lautum/lōtum	waschen, baden; *Pass. auch* sich waschen
repente *Adv.*	plötzlich, unerwartet
verberāre, verberō, verberāvī, verberātum	schlagen
venter, -tris *m*	Bauch
abicere, abiciō, abiēcī, abiectum	wegwerfen, fallen lassen
quot	wie viele
quisquam, quidquam (quicquam)	irgendeiner, irgendetwas; neque quicquam und nichts
sēcūrus, -a, -um	unbesorgt, ruhig, sicher

LW *Ep.* 6.4.3–5

equidem *Adv.*	(ich) allerdings, (ich) freilich
dēsīderāre, dēsīderō, dēsīderāvī, dēsīderātum	sich sehnen nach, wünschen; vermissen
suspēnsus, -a, -um	hängend; erwartungsvoll, angespannt, ungewiss
anxius, -a, -um	besorgt, ängstlich; beunruhigend
interdum *Adv.*	manchmal, bisweilen
cum ... tum	sowohl ... als auch (besonders)
absentia, -ae *f*	Abwesenheit
īnfīrmitās, -ātis *f*	Schwäche, Krankheit
exterrēre, exterreō, exterruī, exterritum	erschrecken, aufscheuchen
singulus, -a, -um	je ein, jeder einzelne

LW *Ep.* 6.16

(S. 134)

avunculus, -ī *m*	Onkel
quō (~ ut eō) *beim Komp.*	damit (umso)
celebrāre, celebrō, celebrāvī, celebrātum	feiern, verherrlichen; (oft) besuchen
immortālis (*und* **inmortālis**), -e	unsterblich
praesēns, -entis	anwesend, gegenwärtig; mē praesente in meiner Anwesenheit
indicāre, indicō, indicāvī, indicātum	anzeigen, ansagen, melden
appārēre, appāreō, appāruī	erscheinen, sich zeigen
nūbēs, -is *f*	Wolke
mox *Adv.*	bald (darauf), dann
frīgidus, -a, -um	kalt, kühl
ascendere, ascendō, ascendī, ascēnsum	besteigen, hinaufsteigen
procul *Adv.*	in der Ferne, von Weitem, weit weg
intuērī, intueor, intuitus sum	anschauen, genau betrachten
fōrma, -ae *f*	Gestalt, Aussehen; Schönheit
exprimere, exprimō, expressī, expressum	(her)ausdrücken
efferre, efferō, extulī, ēlātum	hinaustragen, bestatten; hervorbringen; rühmen
diffundere, diffundō, diffūdī, diffūsum	ausgießen, ausbreiten; *Pass.* sich verbreiten
recēns, -entis	neu, jung, frisch
spīritus, -ūs *m*	Atem, Seele, Geist; Lufthauch
dein (*und* **deinde**) *Adv.*	dann, darauf
pondus, -eris *n*	Gewicht, Masse; Bedeutung
sordidus, -a, -um	schmutzig, schäbig
cinis, -eris *m*	Asche; Vernichtung
-ve	oder
propius *Adv.*	näher
ūnā *Adv.*	zugleich, zusammen
mālle, mālō, māluī	lieber wollen
forte *Adv.*	zufällig; vielleicht
imminēre, immineō	drohen; bevorstehen
ūllus, -a, -um (*Gen. Sg.* ūllīus, *Dat. Sg.* ūllī)	irgendeiner
discrīmen, -inis *n*	Entscheidung; Gefahr; Unterschied
studiōsus, -a, -um	eifrig, sorgfältig

(S. 135)

incidere, incidō, incidī (in) *m. Akk.*	hineinfallen; geraten (in)
calidus, -a, -um	warm, heiß
dēnsus, -a, -um	dicht (gedrängt), zahlreich
niger, -gra, -grum	schwarz, dunkel
lapis, -idis *m*	Stein
vadum, -ī *n*	untiefe Stelle, Furt
ruīna, -ae *f*	Einsturz, *Pl.* Trümmer
obstāre, obstō, obstitī, obstātūrus	im Weg stehen, entgegenstehen; hindern
cunctārī, cunctor, cunctātus sum	zögern
paulum *Adv.*	ein wenig
gubernātor, -ōris *m*	Steuermann, Kapitän; Lenker
complectī (*und* **conplectī**), complector, complexus sum	umfassen, umarmen; darstellen, begreifen
cōnsōlārī, cōnsōlor, cōnsōlātus sum	trösten, lindern
sēcūritās, -ātis *f*	Sicherheit; Sorglosigkeit, innere Ruhe
dēferre, dēferō, dētulī, dēlātum	hinbringen, melden, übertragen
bal(i)neum, -ī *n*	Bad; Thermen
aequus, -a, -um	eben, gleich, ruhig, gerecht
lātus, -a, -um	weit, breit, ausgedehnt
flamma, -ae *f*	Feuer, Flamme, Glut
incendium, -ī *n*	Brand, Feuer
tenebrae, -ārum *f Pl.*	Dunkelheit, Finsternis
formīdō, -inis *f*	Furcht, Entsetzen
somnus, -ī *m*	Schlaf
anima, -ae *f*	Leben, Seele, Atem
līmen, -inis *n*	Schwelle; Zimmer
concidere, concidō, concidī	zusammenbrechen, zusammenfallen; sinken
cālīgō, -inis *f*	Finsternis; Rauch
angustus, -a, -um	eng, schwierig
integer, -gra, -grum	anständig, unbestechlich; unberührt, vollständig
operīre, operiō, operuī, opertum	bedecken, verhüllen
induere, induō, induī, indūtum	anziehen, anlegen; bekleiden; sich aneignen
habitus, -ūs *m*	Aussehen, Zustand, Kleidung

LW *Ep.* 6.20

(S. 136)

āit (*1. Pers. Sg.* āiō; *2. Pers. Sg.* āis; *3. Pers. Pl.* āiunt)	sagt er; sagte er
ingredī, ingredior, ingressus sum	betreten; beginnen; einherschreiten
vērum *Adv.*	aber; sondern
cāsus, -ūs *m*	Fall, Zufall, Schicksalsschlag; cāsū zufällig
horrēre, horreō, horruī	starr sein, schaudern
reliquus, -a, -um	übrig
ideō *Adv.*	deshalb
remanēre, remaneō, remānsī	(zurück)bleiben, übrig bleiben
impendere, impendō, impendī, impēnsum	aufwenden
minus *Adv.*	weniger
invicem *Adv.*	gegenseitig; hingegen
ārea, -ae *f*	Hof, Platz
tēctum, -ī *n*	Dach; Haus, Behausung
modicus, -a, -um	maßvoll, bescheiden; gering
spatium, -ī *n*	Raum; Strecke; Dauer; Zeitraum

dīvidere, dīvidō, dīvīsī, dīvīsum	(ein)teilen, trennen
cōnstantia, -ae *f*	Festigkeit, Beständigkeit
quasi *Adv.*	wie wenn, als ob; gleichwie; gewissermaßen
ecce	sieh! schau! da ist ...!
nūper *Adv.*	neulich, vor Kurzem
patientia, -ae *f*	Ertragen; Geduld; Fähigkeit, etw. zu ertragen
corripere, corripiō, corripuī, correptum	ergreifen, an sich reißen; tadeln
intentus, -a, -um	angespannt; aufmerksam, beschäftigt mit
praetereā *Adv.*	außerdem
repellere, repellō, rep(p)ulī, repulsum	zurückstoßen, abweisen, vertreiben
animal, -ālis *n*	Lebewesen, Tier
arēna (*und* **harēna**), -ae *f*	Sand, Arena
ultrā	*m. Akk.* länger als, über ... hinaus; *Adv.* länger, darüber hinaus, weiter

(S. 137)

cingere, cingō, cīnxī, cīnctum	umgürten, umgeben; einschließen
gradus, -ūs *m*	Schritt; Stellung, Stufe, Rang
aeger, -gra, -grum	krank, mühselig; bekümmert, ärgerlich
rārus, -a, -um	selten, vereinzelt
respicere, respiciō, respexī, respectum	zurückschauen; beachten, Rücksicht nehmen
tergum, -ī *n*	Rücken
dēflectere, dēflectō, dēflexī, dēflexum	abwenden; abbiegen
sternere, sternō, strāvī, strātum	hinwerfen, niederstrecken; (eine Straße) pflastern; (ein Lager) herrichten
comitārī, comitor, comitātus sum	begleiten; *Part. Perf.* comitātus begleitet von
turba, -ae *f*	Durcheinander, Menschenmenge, Schar
lūmen, -inis *n*	Licht; Auge
īnfāns, -fantis *m/f*	Kind
nōscitāre, nōscitō, nōscitāvī, nōscitātum	(wieder) erkennen
mundus, -ī *m*	Welt, Weltall
interpretārī, interpretor, interpretātus sum	erklären, auslegen
mentīrī, mentior, mentītus sum	(er)lügen, erdichten; *Part. Perf.* mentītus erlogen, erdichtet
terror, -ōris *m*	Schrecken, Angst; Gewalttat; Schreckensnachricht
glōriārī, glōrior, glōriātus sum (dē) *m. Abl.*	sich (einer Sache) rühmen
gemitus, -ūs *m*	Seufzen, Stöhnen, Klage

LW *Ep. 7.27*

(S. 138)

terribilis, -e	schrecklich
expōnere, expōnō, exposuī, expositum	darstellen, aussetzen
sonus, -ī *m*	Ton, Klang
attendere, attendō, attendī, attentum	seine Aufmerksamkeit richten auf, achtgeben, erblicken
vinculum, -ī *n*	Fessel
senex, senis	alt; *Subst. m* Greis, alter Mann
crūs, crūris *n*	Bein, Schienbein, Schenkel
inde *Adv.*	von dort; deshalb
vigilāre, vigilō, vigilāvī, vigilātum	wach sein, (durch)wachen; unermüdlich tätig sein
vigilia, -ae *f*	Nachtwache
interdiū *Adv.*	bei Tag, tagsüber
imāgō, -inis *f*	Bild, Bildnis
seu (*und* **sive**)	sei es, dass; oder
condūcere, condūcō, condūxī, conductum	zusammenführen; anwerben, mieten
īgnārus, -a, -um	unwissend, unkundig; unbekannt
philosophus, -ī *m*	Philosoph
nihilō minus *Adv.*	nichtsdestoweniger, trotzdem
intendere, intendō, intendī, intentum	anspannen, anstrengen; beabsichtigen; richten auf
inānis, -e	eitel, unnütz; leer, gehaltlos
initium, -ī *n*	Anfang, Eingang
concutere, concutiō, concussī, concussum	aneinanderschlagen, schütteln, erschüttern; durchbohren

(S. 139)

sīgnificāre, sīgnificō, sīgnificāvī, sīgnificātum	bezeichnen, anzeigen, ein Zeichen geben
lentus, -a, -um	zäh, langsam
herba, -ae *f*	Kraut, Gras
magistrātus, -ūs *m*	Amt, Behörde; Beamter
effodere, effodiō, effōdī, effossum	ausstechen, ausgraben
os, ossis *n*	Knochen
nūdus, -a, -um	nackt, unverhüllt; unbewaffnet
sepelīre, sepeliō, sepelīvī/ sepeliī, sepultum	begraben
affīrmāre, affīrmō, affīrmāvī, affīrmātum	behaupten, bekräftigen, versichern
lībertus, -ī *m*	Freigelassener
lectus, -ī *m*	Bett, Liegesofa
circā/circum	*m. Akk.* um ... herum; circā *Adv.* ringsum, umher
exiguus, -a, -um	klein, winzig, unbedeutend
prior, -ōris	der erste, der frühere
miscēre, misceō, miscuī, mixtum	mischen; durcheinanderbringen
fenestra, -ae *f*	Fenster
tunica, -ae *f*	Untergewand, Tunika
quā	wie; wo
spargere, spargō, sparsī, sparsum	ausstreuen; bespritzen; verbreiten
reus, -ī *m*	Angeklagter

libellus, -ī *m*	kleines Buch, Bekanntmachung; Schriftstück

LW *Ep.* 8.16.2–4

hūmānitās, -ātis *f*	Menschlichkeit; Zivilisation; Bildung
damnum, -ī *n*	Schaden, Verlust, Nachteil
eō *Adv.*	dorthin; deswegen

LW *Ep.* 9.6.1–2

spectāculum, -ī *n*	Schauspiel
levis, -e	leicht, unbedeutend
currus, -ūs *m*	Wagen, Streitwagen
favēre, faveō, fāvī, fautum *m. Dat.*	gewogen sein, unterstützen, begünstigen
cursus, -ūs *m*	Lauf, Laufbahn; Fahrt
certāmen, -inis *n*	Wettkampf, Kampf, Streit
color, -ōris *m*	Farbe
illūc *Adv.*	dahin, dorthin
hūc *Adv.*	hierher
trānsferre, trānsferō, trānstulī, trānslātum	(hin)übertragen, überführen
favor, -ōris *m*	Gunst, Beifall

LW *Ep.* 10.96.1–6

īnstruere, īnstruō, īnstrūxī, īnstrūctum	aufstellen, ausstatten, unterrichten
Chrīstiānus, -ī *m*/ **Chrīstiāna,** -ae *f*	Christ/Christin; *Adj.* christlich
pūnīre, pūniō, pūnīvī, pūnītum	(be)strafen, rächen
mediocris, -e	mittelmäßig, maßvoll
tener, -era, -erum	jung, zart; zärtlich
paenitentia, -ae *f*	Reue
venia, -ae *f*	Verzeihung, Gnade, Erlaubnis
prōdesse, prōsum, prōfuī, prōfutūrus	nützen, nützlich sein
flāgitium, -ī *n*	Schandtat, Vergehen
cōnfitērī, cōnfiteor, cōnfessus sum	gestehen, bekennen
minārī, minor, minātus sum	(an)drohen
nūmen, -inis *n*	Gottheit, göttlicher Wille
supplicāre, supplicō, supplicāvī, supplicātum *m. Dat.*	anbeten; anflehen
vīgintī	zwanzig

LW *Ep.* 10.96.7–10

summa, -ae *f*	Ergebnis; Hauptsache
error, -ōris *m*	Irrtum; Irrfahrt
fūrtum, -ī *n*	Diebstahl, Hinterlist; Heimlichkeit
peragere, peragō, perēgī, perāctum	ausführen; verbringen
ēdictum, -ī *n*	Anordnung
secundum *m. Akk.*	gemäß
mandatum, -ī *n*	Auftrag, Befehl, Weisung
ancilla, -ae *f*	Sklavin, Magd
differre, differō, distulī, dīlātum	aufschieben, sich unterscheiden
superstitiō, -ōnis *f*	Aberglaube
sistere, sistō, stitī/stetī, statum	hinstellen; aufhalten; aufstellen; stehen bleiben
corrigere, corrigō, corrēxī, corrēctum	berichtigen, ausbessern; zurechtweisen
intermittere, intermittō, intermīsī, intermissum	vorübergehen lassen; offen lassen; unterbrechen
passim *Adv.*	überall, weit und breit, verstreut
opīnārī, opīnor, opīnātus sum	glauben, meinen

LW *Ep.* 10.97

conquīrere, conquīrō, conquīsīvī, conquīsītum	zusammensuchen; aufspüren
arguere, arguō, arguī, argutūm	beschuldigen; anzeigen
manifestus, -a, -um	deutlich, offensichtlich
quamvīs	*Subj.* auch wenn; *Adv.* wenn auch
impetrāre, impetrō, impetrāvī, impetrātum	bewirken, durchsetzen; erlangen

Zusammenfassung: Gaius Plinius Caecilius Secundus (Plinius der Jüngere) (ca. 61/62–113/115 n. Chr.)

- geboren in ***Novum Comum*** (heute: **Como**), gestorben in **Bithynien** (Kleinasien),
- Karriere als **Finanzexperte** unter den Kaisern **Domitian** sowie dessen Nachfolgern **Nerva** und **Trajan; 100 n. Chr. Konsul** (Antrittsrede: ***Panegyricus:*** Lob Trajans und Verurteilung Domitians).
- **Werk:**
  - **Briefe in zehn Büchern** (wichtige Themen: Bildung, Literatur, Umgang mit den Sklaven, das Leben in der Villa auf dem Land, bemerkenswerte Ereignisse, die Liebe zu seiner Ehefrau; häufig Bemühung um **positive Selbstdarstellung**),
  - besonders berühmt: **Vesuvbriefe** (*Ep.* 6.16 und 6.20) an den Historiker Cornelius Tacitus: **Augenzeugenbericht über den Ausbruch des Vesuv 79 n. Chr.** (dabei Verschüttung von **Pompeji** und **Herculaneum**); Schilderung des **Todes seines Onkels, des älteren Plinius,**
  - **Christenbriefe** (*Ep.* 10.96 und 10.97): Frage des Statthalters Plinius, wie mit festgenommenen **Christen** verfahren werden soll (die **älteste erhaltene Quelle für Zusammenkünfte frühchristlicher Gemeinden**), und Antwort Trajans an Plinius.

Minucius Felix: *Octavius*

Unter den frühen lateinischen Schriftstellern, die sich für die Verteidigung des Christentums einsetzten (**Apologeten**), wissen wir über **Marcus Minucius Felix** am wenigsten. Er stammte wohl aus der Provinz **Africa,** war Anwalt in Rom und schrieb nach seiner Konversion zum Christentum zwischen 197 und 246 n. Chr. seinen ***Octavius,*** einen nach dem Hauptredner benannten **philosophischen Dialog zur Verteidigung des Christentums.** Darin diskutiert der Christ Octavius mit zwei Freunden, einem paganen (heidnischen) Polytheisten und dem zunächst weniger engagierten Christen „Minucius Felix", der die Rolle des Schiedsrichters innehat. Minucius verwendet die von Cicero geprägte Form des Kontroversdialogs, auch stilistisch greift er auf Cicero zurück. Minucius bemüht sich vor allem, die christentumsfeindliche Position zurückzuweisen, die von traditionellen römischen Auffassungen von Religion geprägt war. Die Glaubensinhalte des Christentums selbst stellt er dagegen nicht dar.

cap. 4.4–6 Rahmen und Vorgehen

Der Erzähler Marcus Minucius Felix erinnert sich an einen Ausflug mit seinen beiden Freunden Caecilius Natalis und Octavius an den Strand von Ostia. Als Caecilius ein Abbild der ägyptischen Gottheit Serapis bemerkt und diesem seine Ehre bezeugt, kritisiert Octavius Minucius dafür, dass er dieses für das ungebildete Volk typische Verhalten des Freundes nicht unterbunden habe. Caecilius ärgert sich über die Kritik und beginnt ein förmliches Streitgespräch. Octavius entgegnet:

Übersetzung:
„Wenn unter uns Übereinstimmung herrscht, dass ich als Vertreter einer anderen philosophischen Richtung mit ihm diskutiere, wird er sicherlich einsehen, dass es leichter ist, unter Kameraden zu diskutieren, als konstruktiv an der Weisheit zu arbeiten. Wir wollen uns nun auf diesem zum Schutz der Badeanstalten aufgeschütteten Steindamm niederlassen, der dort in die Höhe ragt, damit wir uns von dem Marsch erholen und konzentrierter diskutieren können."
Und kaum hatte er dies gesagt, setzten wir uns so hin, dass sie mich in die Mitte nahmen und von beiden Seiten umgaben. Dies hatte nichts mit der Rücksichtnahme auf Rang oder Ehrenstellung zu tun, da ja die Freundschaft Menschen immer als Gleiche annimmt oder zu Gleichen macht, sondern es geschah, damit ich als Schiedsrichter beiden mein Ohr ganz aus der Nähe böte und die beiden Streitenden in der Mitte trennte.

Der Aufbau des *Octavius*
Nach dem Prooemium spricht zunächst Caecilius (*cap.* 5–13); er vertritt einen typisch römischen Standpunkt: skeptisch, dabei aber dem traditionellen Kult verhaftet, dem Rom seine Größe verdanke. Nach einer Zwischenbemerkung des Minucius antwortet Octavius (*cap.* 16–38) mit einer Verteidigung des Monotheismus, einer Kritik der heidnischen (paganen) Religion und der Widerlegung der Argumente des Caecilius. Caecilius erklärt sich danach für überwunden und bekehrt.

T 1 Analysieren Sie, was Sie aus der Einleitung und dem übersetzten Text über die religiöse Orientierung der beteiligten Personen und über ihr persönliches Verhältnis erfahren.
T 2 Tragen Sie die Informationen über den Gesprächsrahmen zusammen (zum Schauplatz vgl. das Bild) und vergleichen Sie sie mit Dialogen bei Cicero (S. 28 und S. 33).

Der Strand von Ostia. Informieren Sie sich über die Bedeutung von Ostia in der Antike. Stellen Sie Vermutungen darüber an, was die Wahl dieses Ortes für den Dialog über die Biografie des Minucius Felix aussagen könnte.

→ Cicero als Philosoph: S. 28
→ philosophische Dialoge bei Seneca: S. 106
→ Apologeten des Christentums: S. 152
→ Szenisches Spiel (u. a. zu Minucius Felix): S. 231

cap. 18.4 und 7 Octavius über Vorsehung und Weltordnung

„Quodsi ingressus aliquam domum omnia exculta, disposita, ornata vidisses, utique praeesse ei crederes dominum et illis bonis rebus multo esse meliorem: ita in hac mundi domo, cum caelo terraque perspicias providentiam, ordinem, legem, crede esse universitatis dominum parentemque ipsis sideribus et totius mundi partibus pulchriorem."

Schon der Blick in die Geschichte zeige, dass eine stabile Ordnung nur von einem Zentrum ausgehe und die Teilung von Macht immer in Blutvergießen ende (z. B. bei Romulus und Remus).

„Vide cetera: rex unus apibus, dux unus in gregibus, in armentis rector unus. Tu in caelo summam potestatem dividi credas et scindi veri illius ac divini imperii totam maiestatem, cum palam sit parentem omnium deum nec principium habere nec terminum, qui nativitatem omnibus praestet, sibi perpetuitatem, qui, ante mundum fuerit, sibi ipse pro mundo: qui universa, quaecumque sunt, verbo iubet, ratione dispensat, virtute consummat."

1 *excolere (PPP: excultum)* verfeinern – 2 *utique* gewiss – 4 *prōvidentia* Vorsehung – 5 *ōrdō* LW *cap.* 4.3–6 – *ūniversitās, -ātis f* All – 8/9 *rēx, dux, ūnus* ergänze jeweils *est* – 8 *apis, -is f* Biene – 9 *armentum* Rinderherde – *rēctor, -ōris m* Lenker – 10 *scindere* (zer)reißen – 11 *māiestās, -ātis f* Erhabenheit – 12 *terminus* Ende – *nātīvitās, -ātis f* Entstehung – 13 *praestāre* (hier) bringen – *perpetuitās, -ātis f* Fortdauer – 15 *dispēnsāre* verwalten – 16 *cōnsummāre* vervollkommnen

S 1 Schreiben Sie aus beiden Textpassagen die Konjunktivformen heraus und geben Sie die Sinnrichtung des Konjunktivs an (z. B. *vidisses:* Irrealis der Vergangenheit). Übersetzen Sie anschließend diese Formen entsprechend.

S 2 Erläutern Sie die Verwendung der Ablative in den Wendungen *ipsis sideribus ... pulchriorem* (Z. 6/7) und *verbo iubet* (Z. 15).

T 1 Fassen Sie das Argument des Octavius in eigenen Worten zusammen.

T 2 Finden Sie Parallelen (oder Gegenbeispiele) für das implizite Argument, dass ein Produzent immer dem Produkt überlegen sein muss. Vergleichen Sie dazu auch *cap.* 32.5–6 (S. 151).

T 3 Heute würde sicher nicht die Monarchie als Analogie für den Monotheismus vorgebracht werden. Prüfen Sie, inwieweit der Kern von Minucius' Argumentation davon betroffen ist.

cap. 19.1–2 Pagan-philosophische Theologie

„Audio poetas quoque unum patrem divum atque hominum praedicantes […]. Quid? Mantuanus Maro nonne apertius, proximius, verius ‚principio' ait ‚caelum ac terras' et cetera mundi membra ‚spiritus intus alit et infusa mens agitat, inde hominum pecudumque genus' et quicquid aliud animalium? Idem alio loco mentem istam et spiritum deum nominat. Haec enim verba sunt:

... deum namque ire per omnes
terrasque tractusque maris caelumque profundum,
unde hominum genus et pecudes, unde imber et ignes.

Quid aliud et a nobis deus quam mens et ratio et spiritus praedicatur?"

S 1 Geben Sie an, auf welche Arten der lateinische Komparativ übersetzt werden kann. Erörtern Sie, welche Übersetzung für *apertius, proximius, verius* (Z. 3) angemessen ist.

S 2 Erläutern Sie anhand von Z. 7 die Funktion des doppelten Akkusativs und entwickeln Sie eine passende Übersetzung.

1 *dīvum* ~ *dīvōrum* – 2 *praedicāre* verkünden – *Mantuānus* aus Mantua – *Marō* Cognomen Vergils – 3 *proximus* (hier) treffend – *prīncipium* LW *cap.* 18.4 und 7 – 5 *īnfundere (PPP: īnfūsum)* (hin)eingießen – *pecus, -udis f* (hier) Tier – 6 *genus* ergänze *est* – 10 *tractus, -ūs* (hier) Fläche – *profundus* (hier) hoch – 11 *imber, -ris m* Regen – *ignēs* ergänze *esse*

i **Vergilzitate in *Octavius, cap.* 19.2**
Im sechsten Buch der *Aeneis* steigt **Aeneas** in die **Unterwelt** hinab, um sich von seinem verstorbenen Vater **Anchises** entscheidende Informationen für die Ansiedlung in Italien und damit letztlich die Gründung Roms geben zu lassen. Anchises stellt die römische Geschichte in einen sehr weiten Zusammenhang: Er entwickelt in einer Offenbarungsrede die Lehre von der Reinkarnation, der Wiedereinkörperung der Seelen nach dem Aufenthalt in der Unterwelt (*Aen.* 6.724–728).
Minucius verkürzt bei seiner Wiedergabe stark und passt die Stelle damit sowohl an die Prosaumgebung seines Textes, aber auch an christliche Vorstellungen an. Direkt im Anschluss arbeitet Minucius mit einer vergleichbaren Stelle aus dem vierten Buch der *Georgica* (4.221–222), ergänzt mit einem weiteren Zitat aus der *Aeneis* (1.743).
Erläutern Sie, warum diese Zitate einem am Christentum interessierten Vergilleser im Gedächtnis blieben.

→ Vergils Werk: S. 50
→ Zitate aus *Aeneis* und *Georgica:* S. 115, S. 136 und S. 187
→ Dichterzitate bei Melanchthon: S. 214
→ AH: Substantive, Adjektive, Adverbien und Pronomina: S. 4
→ AH: Kasusfunktionen: S. 8
→ AH: Konjunktiv in Haupt und Nebensätzen: S. 41

cap. 20.3–5 und 23.1–2 Mythenkritik

Aus dem Gedanken der göttlichen Vorsehung heraus müsse man sich besonders von den mythologischen Geschichten distanzieren – die aber auch schon lange von den heidnischen Philosophen abgelehnt würden, so Octavius:

„Maioribus enim nostris tam facilis in mendaciis fides fuit, ut temere crediderint etiam alia monstruosa, mera miracula: Scyllam multiplicem, Chimaeram multiformem et Hydram felicibus vulneribus renascentem et Centauros, equos suis hominibus inplexos, et quicquid famae licet fingere, illis erat libenter audire. Quid illas aniles fabulas, de hominibus aves et feras et de hominibus arbores atque flores? Quae si essent facta, fierent: quia fieri non possunt, ideo nec facta sunt. Similiter erraverunt erga deos quoque maiores nostri: inprovidi, creduli, rudi simplicitate crediderunt. Dum reges suos colunt religiose, dum defunctos eos desiderant in imaginibus videre, dum gestiunt eorum memorias in statuis detinere, sacra facta sunt, quae fuerant adsumpta solacia. […]
Has fabulas et errores et ab inperitis parentibus discimus, et quod est gravius, ipsis studiis et disciplinis elaboramus, carminibus praecipue poetarum, qui plurimum quantum veritati ipsi sua auctoritate nocuerunt. Et Plato ideo praeclare Homerum illum inclytum, laudatum et coronatum de civitate, quam in sermone instituebat, eiecit.“

1 *mendācium* Lüge – 2 *mōnstruōsus* ungeheuerlich – *merus* rein – 3 *mīrāculum* Wunder(ding) – *Scylla* Skylla (Ungeheuer in Homers *Odyssee*) – *multiplex, -plicis* vielfach – *Chimaera* Chimäre (Ungeheuer mit Elementen von Ziege, Löwe und Schlange) – *multiformis, -e* vielgestaltig – 4 *Hydra* Hydra (schlangenartiges Ungeheuer) – *fēlīx* (hier) fruchtbar– *renāscī* wieder entstehen– 5 *Centaurus* Kentaur (Fabelwesen aus Mensch und Pferd) – *inplexus* verknüpft – *quisquis* LW *cap.* 19.1–2 – 7 *anīlis, -e* Altweiber- – *dē* (hier) aus – 8 *flōs, flōris m* Blume – als Verb zu ergänzen: *fierī audiāmus* o. Ä. – 10 *ergā (m. Akk.)* gegenüber – *inprōvidus* ahnungslos – 11 *crēdulus* leichtgläubig – *rūdis, -e* roh, bloß – *simplicitās, -ātis f* Naivität – 12 *religiōsē* in religiöser Weise – *dēfūnctus* verstorben – 13 *gestīre* heftig begehren – 14 *dētinēre* festhalten – *adsūmere ~ assūmere (PPP: adsūmptum)* aufnehmen – 16 *inperītus ~ imperītus* – *parēns* LW *cap.* 18.4 und 7 – 18 *ēlabōrāre* sich erarbeiten – *poēta* LW *cap.* 19.1–2 – 18/19 *plūrimum quantum* möglichst viel – 20 *inclўtus* hochberühmt – 21 *corōnāre* krönen – *sermō* gemeint ist der staatsphilosophische Dialog „Über den Staat“

S 1 Stellen Sie alle im Text vorkommenden Relativsätze zusammen und erläutern Sie Ihrem Banknachbarn Formen und Funktionen dieser Nebensätze.

S 2 Erschließen Sie, was mit der Formulierung *illis erat libenter audire* (Z. 6) gemeint ist, und entwickeln Sie eine passende freie Übersetzung.

T 1 Octavius setzt in seiner Mythenkritik vor allem an den Mischwesen an, die in verschiedenen Mythen (*Odyssee*, Abenteuer des Herkules usw.) vorkommen. Platons Homerkritik entzündet sich aber am triebgesteuerten Handeln von Göttern. Nennen Sie dafür Beispiele aus Ovids *Metamorphosen*.

T 2 Erklären Sie, wie Octavius sich in Z. 11–15 die Entstehung von Kulten denkt.

Wandmalerei aus Pompeji. Versuchen Sie in der Art des Octavius eine Erklärung zu entwickeln, wie Menschen auf die Idee eines Kentauren kamen.

cap. 31.8 Das Erkennungszeichen der Christen

„Sic nos denique non notaculo corporis, ut putatis, sed innocentiae ac modestiae signo facile dinoscimus: sic nos mutuo, quod doletis, amore diligimus, quoniam odisse non novimus: sic nos, quod invidetis, fratres vocamus, ut unius dei parentis homines, ut consortes fidei, ut spei coheredes. Vos enim nec invicem adgnoscitis et in mutua odia saevitis, nec fratres vos nisi sane ad parricidium recognoscitis.“

1 *notāculum* kleines Erkennungszeichen – 2 *innocentia* Unschuld – *modestia* Anstand – *dīnōscere* unterscheiden – 3 *mūtuus* gegenseitig – 5 *parēns* LW *cap.* 18.4 und 7 – *cōnsors, -sortis m/f* Gefährte – 6 *cohērēs, -ēdis m/f* Miterbe – *invicem* gegenseitig – *a(d)gnōscere* erkennen – 8 *parricīdium* (Verwandten-)Mord – *recōgnōscere* wiedererkennen

S Wiederholen Sie in Ihrer Grammatik die Besonderheiten der *verba defectiva* und stellen Sie ausgehend von diesem Text Beispiele zusammen.

T Octavius wehrt sich hier gegen den Vorwurf, die Christen bildeten einen (verbrecherischen) Geheimbund. Stellen Sie zusammen, wie er im hier gegebenen Ausschnitt defensiv und offensiv argumentiert. Vergleichen Sie damit die Aussagen von Christen, die Plinius in seinem Brief 10.96 (S. 142) wiedergibt.

→ Mythos und Philosophie bei Cicero: S. 29
→ Ovids *Metamorphosen:* S. 60
→ Plinius' Christenbriefe: S. 141
→ AH: Tempora: S. 35
→ AH: Relativsätze: S. 57

cap. 32.5–6 Die Unerkennbarkeit Gottes

„In solem adeo, qui videndi omnibus causa est, videre non possumus: radiis acies submovetur, obtutus intuentis hebetatur, et si diutius inspicias, omnis visus exstinguitur. Quid? Ipsum solis artificem, illum luminis fontem possis sustinere, cum te ab eius fulgoribus avertas, a fulminibus abscondas? Deum oculis carnalibus vis videre, cum ipsam animam tuam, qua vivificaris et loqueris, nec aspicere possis nec tenere?“

2 *radius* Strahl – *submovēre* entfernen – *obtūtus, -ūs* Sehvermögen – *intuērī* betrachten – 3 *hebetāre* schwächen – *īnspicere* hinschauen – *vīsus, -ūs* Sehen – 4 *artifex, -icis m* Schöpfer – 5 *fulgor, -ōris m* Glanz – 6 *fulmen, -inis n* Blitz – *abscondere* verbergen – *carnālis, -e* fleischlich – 7 *vīvificāre* lebendig machen

S Schreiben Sie aus dem Text sämtliche Formen des Konjunktivs im Hauptsatz heraus und geben Sie jeweils die Sinnrichtung an. Übersetzen Sie die Formen entsprechend.

T Prüfen Sie das Argument auf seine Plausibilität.

LERNWORTSCHATZ

LW *cap.* 18.4 und 7

quodsī	wenn aber
ingredī, ingredior, ingressus sum	betreten; beginnen; einherschreiten
dispōnere, dispōnō, disposuī, dispositum	verteilen, ordnen
perspicere, perspiciō, perspexī, perspectum	erkennen, genau betrachten, durchschauen
ōrdō, -inis *m*	Ordnung, Reihe, Stand
parēns, -entis *m/f*	Vater/Mutter, *Pl.* Eltern
sīdus, -eris *n*	Stern, Sternbild
grex, gregis *m*	Herde; Schar, Trupp
dīvidere, dīvidō, dīvīsī, dīvīsum	(ein)teilen, trennen
palam *Adv.*	öffentlich, vor aller Augen
prīncipium, -ī *n*	Anfang, Grundlage; Ursprung
mundus, -ī *m*	Welt, Weltall

LW *cap.* 19.1–2

poēta, -ae *m*	Dichter
nōnne *Fragepartikel*	(etwa) nicht? doch wohl?
apertus, -a, -um	offen, offenkundig
membrum, -ī *n*	Gliedmaße, Körperteil
quisquis, quidquid (quicquid)	wer auch immer; jeder, der
spīritus, -ūs *m*	Atem, Seele, Geist; Lufthauch
intus *Adv.*	im Innern
agitāre, agitō, agitāvī, agitātum	(an)treiben; überlegen; hin- und herbewegen
animal, -ālis *n*	Lebewesen, Tier

LW *cap.* 20.2–5 und 23.1–2

temere *Adv.*	unbesonnen
vulnus, -eris *n*	Wunde, Verletzung
avis, -is *f*	Vogel
ferus, -a, -um	wild; *Subst.* fera, -ae *f* wildes Tier
ideō *Adv.*	deshalb
dēsīderāre, dēsīderō, dēsīderāvī, dēsīderātum	sich sehnen nach, wünschen; vermissen
statua, -ae *f*	Standbild, Statue
sōlācium, -ī *n*	Trost(mittel)
error, -ōris *m*	Irrtum; Irrfahrt
praecipuus, -a, -um	besonders, hervorragend; *Adv.* praecipuē vor allem

LW *cap.* 31.8

saevīre, saeviō, saeviī, saevītum	wüten, toben, rasen
sānē *Adv.*	durchaus; allerdings

LW *cap.* 32.5–6

lūmen, -inis *n*	Licht; Auge

Zusammenfassung: Minucius Felix (um 200 n. Chr.)

- Heimat **Africa,** tätig als Anwalt in Rom, Konversion zum **Christentum,**
- **Apologet** („Verteidiger“ des Christentums gegen Angriffe z. B. philosophischer oder polytheistischer Gegner),
- **Werk:** philosophischer Dialog ***Octavius:*** Gespräch zwischen drei Freunden: ein paganer (heidnischer) Polytheist, der engagierte Christ Octavius als Hauptredner und „Minucius Felix“ (ein zunächst wenig engagierter Christ) als Schiedsrichter,
- **Gedanken:** Ansatz bei der Weltordnung; **Argumente für einen Monotheismus** aus der römischen Geschichte und Literatur (Vergil); Aufnahme innerpaganer Streitigkeiten (Kritik der Philosophen an Mythen als unwahr und unmoralisch); positive Züge an den Christen: Nächstenliebe; Unerkennbarkeit Gottes als Teil seiner Transzendenz.

→ der Versuch, den Kosmos zu erkennen (Plinius der Ältere): S. 121
→ AH: Konjunktiv in Haupt- und Nebensätzen: S. 41

Laktanz: *Epitome; De ira Dei*

Lucius Caelius Firmianus Lactantius, geboren in der Provinz **Africa ca. 250 n. Chr.,** ist einer der bedeutendsten lateinischen **Apologeten** (Verteidiger des Christentums). Er wurde von Kaiser **Diokletian** als lateinischer **Rhetoriklehrer** in den damaligen Regierungssitz **Nicomedia** berufen. Als Diokletian Kirche und Christen intensiv verfolgen ließ, gab Laktanz sein Amt auf und arbeitete an seinem dogmatischen Hauptwerk, den ***Divinae institutiones*** („Göttliche Unterweisungen"). Später berief ihn Kaiser **Konstantin** als Erzieher seines Sohnes Crispus. Er starb vermutlich **um 320 n. Chr.**
Zu seinen weiteren Werken gehören die Kurzfassung ***(Epitome)*** der *Divinae Institutiones,* außerdem Abhandlungen über die schrecklichen Todesarten der Christenfeinde unter den römischen Kaisern ***(De mortibus persecutorum)*** und über den Zorn Gottes ***(De ira Dei).***
Laktanz gilt als **„christlicher Cicero"** und wird darin z. B. von **Hieronymus** anerkannt. Wichtig ist er für die Ausformung einer theologischen lateinischen Sprache, die an antikes Denken anknüpft, auch wenn er in manchen theologischen Fragen später für rückständig gehalten wurde.

Ein antikes Deckenfresko in Trier (4. Jh. n. Chr.) zeigt einen Philosophen – gut möglich, dass Laktanz das Modell war. Erörtern Sie, welche Elemente der Darstellung zu einem christlichen Denker passen.

Epit. 26 Innere Widersprüche der Philosophie

Praeterea duo sunt, quae cadere in philosophiam videntur: scientia et opinatio. Quae si auferantur, tota philosophia corruit. Atquin utrumque philosophiae ipsi philosophorum principes ademerunt. Scientiam Socrates, opinationem sustulit Zeno – videamus, an recte! Sapientia est, ut Cicero definivit, divinarum et humanarum rerum scientia.
Quae definitio si vera est, non cadit in hominem sapientia. Quis enim mortalium hoc sibi possit assumere, ut divina et humana scire se profiteatur? Humana omitto: Quae quamquam cum divinis conexa sunt, tamen – quia sunt hominis – concedamus, ut homo illa scire possit. Divina certe per se scire non potest, quia homo est: Qui autem scit illa, divinus sit necesse est ac propterea deus. Homo autem nec divinus nec deus est. Non potest igitur per se scire homo divina. Nemo ergo sapiens nisi deus aut certe is homo, quem deus docuit.

1 *duō* (hier) zwei Dinge – 2 *opīnātiō, -ōnis f* Meinung – 3 *corruere* zusammenstürzen – *atquī(n)* allerdings – 5 *Zēnō* aus Kition, Begründer der stoischen Philosophie, vgl. die untere Info-Box auf S. 174 – 9 *assūmere* anmaßen – 11 *cōnectere (PPP: cōnexum)* verbinden – 17 *deus* ergänze *est*

Laktanz fährt fort: Durch die Kombination dieses Ausschlusses von Wissen mit dem Verbot, Meinungen einzubeziehen, werde die Philosophie ohne göttliche Belehrung unmöglich.

i In der Kurzfassung ***(Epitome)*** seiner ***Divinae institutiones*** kommt Laktanz nach einer Kritik an der antiken Religion auch auf die **Philosophie** zu sprechen. Er geht von der Begriffsbestimmung aus: Das **„Streben nach Weisheit"** erweise schon dadurch seine Verfehltheit, dass diese Strebenden anders als die Studenten der Rhetorik oder der Medizin nie an ihr Ziel kämen und Weise würden (*cap.* 25). Er greift **Sokrates'** berühmten Satz **„Ich weiß, dass ich nichts weiß"** auf und hält den stoischen Erkenntnisbegriff dagegen, nach dem nur die klare Erkenntnis zählt, nicht die Meinung. Im Hintergrund steht dabei, dass die antike Philosophie von einem nichtchristlichen Standpunkt ausgeht, was zum Widerspruch durch christliche Autoren führen muss.
Weisen Sie am Text nach, wie dieser Grundkonflikt die Argumentation strukturiert.

S Erklären Sie anhand von Belegen aus dem Text die Funktion des relativen Satzanschlusses.

T Analysieren Sie den Gedankengang, indem Sie ihn in ein grafisches Schema (z. B. ein Baumdiagramm) überführen. Vergleichen Sie Ihr Ergebnis mit dem Ihrer Banknachbarn und diskutieren Sie ggf. auftretende Unterschiede.

→ Sokrates: S. 102
→ Überblick: Stoiker – Epikureer – Kyniker: S. 116
→ Apologeten: Minucius Felix und Hieronymus: S. 148 und S. 156
→ der Begriff „Philosophie" bei Isidor: S. 173
→ AH: Relativsätze: S. 57

De ira 15 Die zusammengesetzte Natur des Menschen innerhalb der Weltordnung

Hic fortasse quaerat aliquis,
  unde ad hominem peccata pervenerint
  aut quae pravitas divini instituti regulam ad
  peiora detorserit,
    ut,
      cum sit ad iustitiam genitus,
    opera tamen efficiat iniusta.

Iam superius explanavi simul Deum proposuisse bonum ac malum; et bonum quidem diligere, malum autem, quod huic repugnat, odisse; sed ideo malum permisisse, ut et bonum emicaret, quod alterum sine altero (sicut saepe docui) intelligimus constare non posse: denique ipsum mundum ex duobus elementis repugnantibus et invicem copulatis esse concretum, igneo et humido, nec potuisse lucem fieri, nisi et tenebrae fuissent – quia nec superum potest esse sine infero, nec oriens sine occidente, nec calidum sine frigido, nec molle sine duro.
Sic et nos ex duobus aeque repugnantibus compacti sumus: anima et corpore. Quorum alterum caelo ascribitur, quia tenue est et intractabile; alterum terrae, quia comprehensibile est. Alterum solidum et aeternum est, alterum fragile atque mortale. Ergo alteri bonum adhaeret, alteri malum; alteri lux, vita, iustitia, alteri tenebrae, mors, iniustitia. Hinc exstitit in hominibus naturae suae depravatio, ut esset necesse constitui legem, qua possent et vitia prohiberi et virtutis officia imperari. Cum igitur sint in rebus humanis bona et mala, quorum rationem declaravi, necesse est in utramque partem moveri Deum: et ad gratiam, cum iusta fieri videt; et ad iram, cum cernit iniusta.

3 *rēgula* Richtschnur – 4 *dētorquēre (Perf: dētorsī)* verdrehen – 7 *efficiat* ergänze als Subjekt *homō* – *iniūstus* ungerecht – 8 *superius* weiter oben – *explānāre* erklären – 9–11 *et ... dīligere ...* Subjekt dieser und der folgenden AcI-Konstruktionen ist weiterhin *Deum* – 11 *ēmicāre* aufleuchten – 13 *elementum* Element – 14 *invicem* gegenseitig – *cōpulāre* verknüpfen – *concrēscere (PPP: concrētum)* durch Verdichtung entstehen – 15 *īgneus* feurig; ergänze *elementō* – *(h)ūmidus* feucht – 16 *superus* der obere – 17 *īnferus* der untere – *oriēns, -entis m* Osten – *occidēns, -entis m* Westen – 19 *aequē* in gleicher Weise – *compingere (PPP: compāctum)* zusammenfügen – 20 *ascrībere* zurechnen – 21 *tenuis, -e* zart – *intractābilis, -e* ungreifbar – 22 *comprehēnsibilis, -e* fassbar – *solidus* beständig – 23 *fragilis, -e* zerbrechlich – 24 *adhaerēre (m. Dat.)* hängen an – 25 *iniūstitia* Ungerechtigkeit – 26 *dēprāvātiō, -ōnis f* Verkehrung – *necesse est* LW *Epit.* 26 – 29 *dēclārāre* erklären – 30 *cum* (hier) wenn

i Laktanz greift hier verschiedene, aus der **antiken Philosophie bekannte Gedanken** auf, um damit das biblische Gottesbild plausibel zu machen:
- eine aus **Seele** und **Leib** zusammengesetzte **Natur**, womit auch das Bewertungspaar **„gut – böse“** verbunden ist,
- den Gedanken, dass etwas nur besteht oder erkennbar ist, wenn auch das **Gegenteil** besteht/erkannt wird,
- den **Zusammenhang von Makrokosmos und Mikrokosmos**, der die Menschen lange beschäftigte und in der frühneuzeitlichen Alchimie ebenso weiterwirkt wie in manchen Formen der modernen Esoterik (auch die astrologischen Ideen nehmen solche Zusammenhänge als Fundament ihrer Systeme an).

S 1 Arbeiten Sie aus dem ersten Satz (Z. 1–7) zwei indirekte Fragesätze sowie einen Konsekutivsatz und einen Konzessivsatz heraus. Die Darstellung nach der Einrückmethode gibt Ihnen Anhaltspunkte. Tragen Sie in der Klasse außerdem weitere Möglichkeiten, die genannten Nebensatzarten einzuleiten, zusammen.

S 2 Arbeiten Sie anhand von Z. 8–18 die wichtigsten Regeln der *oratio obliqua* heraus und fassen Sie sie in einer knappen Übersicht zusammen.

T 1 Laktanz formuliert hier als Christ seine Sicht auf ein allgemein menschliches Problem. Analysieren Sie den Text in Hinblick auf die Aussagen zur Anthropologie (die philosophische Betrachtung von Wesen und Aufgaben des Menschen). Überführen Sie diese Analyse in eine grafische Darstellung der Zusammenhänge.

T 2 Vergleichen Sie die Aussagen zum Menschenbild in diesem Text mit anderen Texten (z. B. Ovid, die Entstehung des Menschen [S. 63], Cicero [S. 35], Plinius [S. 123], Vitruv [S. 55]). Entwickeln Sie Hypothesen über Ursachen und Auswirkungen der Unterschiede.

T 3 In der antiken Philosophie – vor allem in der Stoa – waren Rationalität und Affektfreiheit zentrale Ziele für den Menschen; daher wurde sie auch wesentlich für ein philosophisches Gottesbild (vgl. die Info-Box auf S. 152). Erläutern Sie, wie Laktanz hier das biblische Bild eines zornigen Gottes plausibel zu machen versucht. Ziehen Sie dazu auch die Info-Box auf der folgenden Seite heran.

→ Affekte in der stoischen Philosophie: S. 108
→ AH: Konjunktiv in Haupt- und Nebensätzen: S. 41
→ AH: Die *oratio obliqua*: S. 50

De ira 17 Zorn bei Gott: *ira iniusta/iusta*

Nescisse autem philosophos, quae ratio esset irae, apparet ex definitionibus eorum, quas Seneca enumeravit in libris, quos de ira composuit. „Ira est", inquit, „cupiditas ulciscendae iniuriae; aut, ut ait Posidonius, cupiditas puniendi eius, a quo te inique putes laesum. Quidam ita definierunt: Ira est incitatio animi ad nocendum ei, qui aut nocuit aut nocere voluit." Aristotelis definitio non multum a nostra abest. Ait enim iram esse cupiditatem doloris rependendi. Haec est ira, de qua superius diximus, iniusta.

Dieser Zorn sei vernunftlosen Lebewesen eigen und eine Reaktion auf Verletzungen, komme also für Gott nicht in Frage. Anders verhalte es sich aber mit Hausvätern, die erzieherisch diejenigen straften, die in ihrem Verantwortungsbereich seien.

Haec est ira iusta, quae sicut in homine necessaria est ad pravitatis correctionem, sic utique in Deo, a quo ad hominem pervenit exemplum. Nam sicuti nos potestati nostrae subiectos coercere debemus, ita etiam peccata universorum Deus coercere debet. Quod ut faciat, irascatur necesse est, quia naturale est bono ad alterius peccatum moveri et incitari. Ergo definire debuerunt: Ira est motus animi ad coercenda peccata insurgentis. Nam definitio Ciceronis, „ira est libido ulciscendi", non multum a superioribus distat. Ira autem, quam possumus vel furorem vel iracundiam nominare, haec ne in homine quidem debet esse, quia tota vitiosa est. Ira vero, quae ad correctionem vitiorum pertinet, nec homini adimi debet nec Deo potest, quia et utilis est rebus humanis et necessaria.

1 *nescīsse* ~ *nescīvisse* – *philosophus* LW *Epit.* 26 – *ratiō* (hier) vernünftige Bestimmung – 2 *dēfīnītiō* LW *Epit.* 26 – 3 *ēnumerāre* aufzählen – 5 *Posidonius* Poseidonios (135–51 v. Chr.), Stoiker, Lehrer Ciceros – 7 *dēfīnīre* LW *Epit.* 26; *dēfīniērunt* ~ *dēfīnīvērunt* – *incitātiō, -ōnis f* Anstachelung – 10 *rependere* vergelten – 13 *prāvitās* LW *De ira* 15 – *corrēctiō, -ōnis f* Verbesserung – *utique* jedenfalls – 15 *sīcutī* ~ *sīcut* – *subiectus* untergeordnet – 16 *peccātum* LW *De ira* 15 – 17/18 *necesse est* LW *Epit.* 26 – 18 *bonō* (Dativ des Vorteils *[dativus commodi]*) für einen guten Menschen – 19 *debuērunt* ergänze als Subjekt *philosophī* – 20 *īnsurgere* sich erheben – 22 *dīstāre* entfernt sein – 23 *īrācundia* Jähzorn – 24 *vitiōsus* moralisch fehlerhaft – 25 *adimere* LW *Epit.* 26 – 26 *potest* ergänze *adimī* – *necessārius* notwendig

Cornelisz Anthonisz (Theunissen), „Der Einsturz des Turmes zu Babel" (1547). Beschreiben Sie, wie der Künstler das Geschehen darstellt, und untersuchen Sie unter Zuhilfenahme des Bibeltextes (Gen. 11.1–9), welche Motivierung und welche Wirkungen dem göttlichen Zorn zugeschrieben werden.

i Gott und Affekte bei den antiken Philosophen

Epikur dachte sich die Götter als unbeweglich und – weil sie sich ohnehin um nichts kümmern – ohne jede Schadenswirkung für Menschen, die daher keine Angst zu haben brauchten; ein „Zorn Gottes" passt nicht in diese Konzeption. Dagegen führt Laktanz den römischen Alltag ins Feld: Ein Hausvater müsse auch strafen.
Die älteren **Stoiker** wollen den Zorn als **Affekt** (Leidenschaft) ganz tilgen und erkennen seine Qualität – gut oder schlecht – gar nicht an; **Poseidonios** und **Seneca** modifizieren die Stoa in dieser Hinsicht und fordern eine vernunftgemäße Steuerung der Affekte.
Die von **Aristoteles** (Gen. *-is*) begründete Schule des **Peripatos** will nur eine quantitative Eingrenzung: Wie bei den Tugenden gebe es auch bei den Affekten je eine vernunftgemäße Mitte, die der Weise genau treffen müsse.

S Erklären Sie, welche Konstruktionen bei *cupiditas ulciscendae iniuriae* (Z. 4/5), *cupiditas puniendi eius* (Z. 5/6), *ad nocendum ei* (Z. 7/8), *cupiditas doloris rependendi* (Z. 10), *ad coercenda peccata* (Z. 20) und *libido ulciscendi* (Z. 21) vorliegen.

T Arbeiten Sie aus dem Text und der Info-Box antike Vorstellungen vom Wesen des Zorns heraus. Untersuchen Sie, mit welch unterschiedlichen Ansätzen die paganen Philosophen und Laktanz an die Frage nach dem Zorn Gottes herangehen.

→ Cicero: S. 6
→ Epikur: S. 33 und S. 116
→ Seneca, *De ira*: S. 109
→ Stoizismus und Epikureismus: S. 116
→ Philosophenschulen bei Isidor: S. 174
→ AH: Partizipien und *nd*-Formen: S. 16

LERNWORTSCHATZ

LW *Epit.* 26

praetereā *Adv.*	außerdem
philosophia, -ae *f*	Philosophie
scientia, -ae *f*	Wissen, Kenntnis; Wissenschaft
auferre, auferō, abstulī, ablātum	rauben, wegbringen
philosophus, -ī *m*	Philosoph
adimere, adimō, adēmī, ademptum	an sich nehmen, wegnehmen, rauben
dēfīnīre, dēfīniō, dēfīnīvī, dēfīnītum	abgrenzen, definieren
dēfīnītiō, -ōnis *f*	Begriffsbestimmung, Definition; Festlegung
profitērī, profiteor, professus sum	bekennen, verkünden; als sein Fach angeben
necesse est	es ist notwendig
propterеā *Adv.*	deswegen, deshalb

LW *De ira* 15

fortāsse *Adv.*	vielleicht
peccātum, -ī *n*	Fehler, Schuld, Vergehen, Sünde
prāvitās, -ātis *f*	Verderbtheit; Abscheulichkeit
īnstitūtum, -ī *n*	Sitte, Brauch; Anordnung
gignere, gignō, genuī, genitum	(er)zeugen, gebären, hervorbringen
simul	*Adv.* gleichzeitig, zugleich; *Subj.* sobald
repūgnāre, repūgnō, repūgnāvī, repūgnātum	widersprechen, widerstehen
ideō *Adv.*	deshalb
permittere, permittō, permīsī, permissum	erlauben, überlassen
cōnstāre, cōnstō, cōnstitī	feststehen, bestehen
tenebrae, -ārum *f Pl.*	Dunkelheit, Finsternis
calidus, -a, -um	warm, heiß
frīgidus, -a, -um	kalt, kühl
mollis, -e	weich, angenehm; freundlich
hinc *Adv.*	von hier, daher, daraufhin
exsistere, exsistō, exstitī	hervortreten, entstehen
uterque, utraque, utrumque (*Gen. Sg.* utrīusque, *Dat. Sg.* utrīque)	jeder von beiden, beide

LW *De ira* 17

appārēre, appāreō, appāruī	erscheinen, sich zeigen
ulcīscī, ulcīscor, ultus sum	sich rächen, Rache nehmen
pūnīre, pūniō, pūnīvī, pūnītum	(be)strafen, rächen
āit (*1. Pers. Sg.* āiō; *2. Pers. Sg.* āis; *3. Pers. Pl.* āiunt)	sagt er; sagte er
subicere, subiciō, subiēcī, subiectum	unterwerfen
coercēre, coerceō, coercuī, coercitum	einschränken, zwingen, strafen
īrāscī, īrāscor, īrātus sum	zornig werden
nātūrālis, -e	natürlich, die Natur betreffend; angeboren
incitāre, incitō, incitāvī, incitātum	antreiben, erregen
mōtus, -ūs *m*	Bewegung, Antrieb
libīdō (*und* **lubīdō**), -inis *f*	Begierde, Lust; Willkür
pertinēre, pertineō, pertinuī (ad *m. Akk.*)	betreffen, gehören (zu), sich erstrecken (bis)

Zusammenfassung: L. Caelius Firmianus Lactantius (3./4. Jh. n. Chr.)

- Heimat **Africa,** tätig als kaiserlicher **Rhetoriklehrer,** später Prinzenerzieher in Trier, Konversion zum Christentum, **„christlicher Cicero“,**
- **Apologet** („Verteidiger“ des Christentums gegen Angriffe z. B. philosophischer oder traditionell-polytheistischer Gegner),
- **Werk:** ***Divinae Institutiones*** mit einer Kurzfassung ***(Epitome),*** weitere Monografien, u. a. ***De ira Dei,***
- **Gedanken:** Argumentation mit der antiken Philosophie (und ihren inneren Widersprüchen) als Hinführung zur Offenbarung (des Christentums); Reflexion über die zusammengesetzte Natur des Menschen als Verteidigung der biblischen Rede vom Zorn Gottes.

Hieronymus: *Epistulae*

Sophronius Eusebius Hieronymus (*** 347 n. Chr.** in Stridon, Dalmatien; **† 420 n. Chr.** in Bethlehem) war einer der wichtigsten lateinischen Kirchenschriftsteller, auch weil er die bis dahin umlaufenden **lateinischen Fassungen der Bibel** durch die Übersetzung aus dem Griechischen bzw. Hebräischen auf ein neues Fundament stellte und vereinheitlichte. Seine bis heute maßgebliche Fassung wurde ***Vulgata*** („beim Volk verbreitete Fassung") genannt. Er lebte als **Asket** (vgl. die Info-Box auf der folgenden Seite) in Oberitalien, später in der syrischen Wüste (dort soll er einen Löwen furchtlos von einem Dorn in der Pfote befreit haben; ein in der Folgezeit sehr beliebtes Bildmotiv) und ging dann nach Rom, wo er vor allem zwei Tätigkeiten ausübte: Er begleitete als Seelsorger an der Askese interessierte Frauen der vornehmen Gesellschaft und war Sekretär von Papst Damasus I. – Darstellungen zeigen ihn oft in der Tracht eines Kardinals (roter Hut und Mantel) oder als Büßer. Nach Damasus' Tod wich Hieronymus vor Anfeindungen aus und lebte fortan in **Bethlehem.** Dort entfaltete er neben der Bibelübersetzung eine rege schriftstellerische Tätigkeit, vor allem in der Verteidigung des asketischen Ideals und in zahlreichen **Briefen.** Seine Schriften zeugen von einer intensiven **Auseinandersetzung mit dem antiken Denken.**

Beschreiben Sie, welche Motive der Maler (der sog. Meister des Wendelinaltars, ca. 1500) in seiner Darstellung des Hieronymus verwendet. Welche Schwerpunkte in der Bildaussage setzt er damit?

Ep. 7.2.1–3 „Warum schreibt ihr so kurz?"

Hieronymus reagiert 374 n. Chr. von der syrischen Wüste aus auf Briefe von drei jungen Männern.

Nunc cum vestris litteris fabulor, illas amplexor, illae mecum loquuntur, illae hic tantum Latine sciunt. Hic enim aut barbarus seni sermo discendus est aut tacendum est. Quotienscumque carissimos mihi vultus notae manus referunt impressa vestigia, totiens aut ego hic non sum aut vos hic estis. Credite amori vera dicenti: et cum has scriberem, vos videbam. Quibus hoc primum queror, cur tot interiacentibus spatiis maris atque terrarum tam parvam epistulam miseritis, nisi quod ita merui, qui vobis, ut scribitis, ante non scripsi. Chartam defuisse non puto […]. Quid igitur? Arbitrer baiulum festinasse? Quamvis longae epistulae una nox sufficit. An vos aliqua occupatione detentos? Nulla necessitas maior est caritate.

1 *fābulārī cum* sich unterhalten mit – 2 *amplexārī* umfassen – 3/4 ordne: *hīc tantum illae Latīnē sciunt* – 6–9 ordne: *quotiēnscumque impressa vestīgia nōtae manūs mihī carissimōs vultūs referunt* – 6 *quotiēnscumque* wie oft – 8 *imprimere (PPP: impressum)* (hier) ins Schreibmaterial eindrücken – 9 *totiēns* so oft – 11 ergänze: *hās <litterās>* – 12 *quibus* bei diesen Dingen – 13 *interiacēre* dazwischenliegen – 14 *nisī quod* außer weil – 15 *charta* Papier – 16 *bāiulus* Lastenträger – *fēstināre* es eilig haben; *fēstināsse* ~ *fēstināvisse* – 17 *sufficere* genügen – 18 *occupātiō, -ōnis f* Beschäftigung – *dētinēre (PPP: dētentum)* abhalten; ergänze: *esse arbitrer*

S Bestimmen Sie die Konjunktive *miseritis* (Z. 14) und *arbitrer* (Z. 16) und erklären Sie deren Verwendung im Satz.

T 1 Beschreiben Sie anhand des Textes, was ein Brief für Hieronymus leisten sollte und weshalb er in seiner Lebenssituation auf Briefe besonders angewiesen ist.

T 2 Bilden Sie eine Hypothese, warum die Eile des Lastenträgers ein Grund für die Kürze eines Briefes gewesen sein kann.

→ Cicero über das Verschicken von Briefen: S. 39
→ Mensch und Löwe bei Plinius dem Älteren: S. 124
→ das Bildmotiv des Löwen: S. 206
→ Projekt: Lateinische Briefliteratur: S. 224
→ AH: Konjunktiv in Haupt- und Nebensätzen: S. 41

Ep. 22.29.1–30.3 Askese und Bildung

In einem Brief an Eustochium, eine junge, an der Askese interessierte Frau, greift Hieronymus das Verhalten römischer Frauen an, die zum Ehebruch neigen:

Istiusmodi hortari solent et dicere: „Mi catella, rebus tuis utere et vive, dum vivis“ […]. Adeo illis adulterium etiam linguae placet. „Quae enim communicatio luci ad tenebras, qui consensus Christo cum Belial?“ Quid facit cum psalterio Horatius? Cum evangeliis Maro? Cum apostolo Cicero? Nonne scandalizatur frater, si te viderit in idolio recumbentem?

Hieronymus zeigt dies an seiner eigenen Biografie:

Cum ante annos plurimos domo, parentibus, sorore, cognatis et, quod his difficilius est, consuetudine lautioris cibi propter caelorum me regna castrassem et Hierosolymam militaturus pergerem, bibliotheca, quam mihi Romae summo studio ac labore confeceram, carere non poteram. Itaque miser ego lecturus Tullium ieiunabam. Post noctium crebras vigilias, post lacrimas, quas mihi praeteritorum recordatio peccatorum ex imis visceribus eruebat, Plautus sumebatur in manibus. Si quando in memet reversus prophetam legere coepissem, sermo horrebat incultus et, quia lumen caecis oculis non videbam, non oculorum putabam culpam esse, sed solis.

Während des Fastens gerät Hieronymus in eine körperliche Krise. Nachts findet er keine Ruhe und fühlt sich dem Tode nahe. Er beschreibt das Gefühl des Erkaltens:

... cum subito raptus in spiritu ad tribunal iudicis pertrahor, ubi tantum luminis et tantum erat ex circumstantium claritate fulgoris, ut proiectus in terram sursum aspicere non auderem. Interrogatus condicionem Christianum me esse respondi. Et ille, qui residebat: „Mentiris“, ait, „Ciceronianus es, non Christianus; ubi thesaurus tuus, ibi et cor tuum.“

S 1 In Z. 8–13 stehen zehn Wörter im Ablativ. Schreiben Sie diese heraus und bestimmen Sie jeweils die Funktion des Ablativs.

S 2 Erklären Sie, weshalb Hieronymus in Z. 16 die Passivform *sumebatur* verwendet.

S 3 Bestimmen Sie die Funktion des Genitivs bei *tantum … fulgoris* (Z. 22/23).

Askese

Askese bezeichnet in der **hellenistischen Philosophie** die Übungspraxis zur Erlangung des Tugendideals; bei den **Kynikern** tritt der Gedanke der Verzichtsleistung hinzu. Die **christliche Askese** setzt bei Empfehlungen aus dem Neuen Testament an, ehelos zu bleiben, weil die Wiederkunft Christi unmittelbar bevorstehe. Jungfrauen und Witwen waren besonders angesehen, viele christliche Autoren (**Apologeten**, „Verteidiger“) wandten sich gegen die Wiederverheiratung von Witwen – auch damit diese nicht hinter dem heidnischen Ideal der *univira* zurückblieben, der Frau, die auch nach dem Tod ihres Gatten keinem zweiten Mann angehört. Später trat das Ideal der Besitzlosigkeit hinzu (ebenfalls aufgrund von Empfehlungen aus dem Neuen Testament), und im Orient entstand eine Bewegung von **Eremiten**, die sich zu Lebensgemeinschaften zusammenschlossen.
Hieronymus traf in der römischen Aristokratie auf eine Stimmung düsterer Weltflucht und konnte in dieser Atmosphäre seine asketischen Ideale verbreiten; damit wurde er zum Seelsorger einer Gruppe vornehmer Frauen, die er zum richtigen Umgang mit ihrem Besitz (Stiftungen, Wohltätigkeit) und zu einer auf Gott ausgerichteten Lebensführung anhielt.

1 *istīusmodī* solcherart – *mī* Vokativ zu *meus* – *catella* Schätzchen (Kosewort; wörtlich: Hündchen) – 2 *adulterium* Ehebruch – 3 *commūnicātiō, -ōnis f* Gemeinsamkeit; ergänze *est* – 4 *cōnsēnsus, -ūs* Übereinstimmung – *Belial* Teufel (Zitat aus 2. Cor. 6.14–15) – 5 *psaltērium* Buch der Psalmen – *Horātius* vgl. T2 – *evangelium* Evangelium – *Marō* vgl. T2 – 6 *apostolus* der Apostel (Paulus) – *scandalizārī* Ärger empfinden – 7 *īdōlium* Götzentempel – *recumbere* zu Tisch liegen – 9 *cōgnātus* Verwandter – *lautus* vornehm – 10 ordne: *propter regna caelōrum mē castrāssem* – *castrāre (m. Abl.)* (einer Sache) berauben; *castrāssem* ~ *castrāvissem* – *Hierosolyma* Jerusalem – 11 *mīlitārī* als Einsiedler leben – *pergere* aufbrechen – *bibliothēca* Bibliothek – 14 *iēiūnāre* fasten – 15 *recordātiō, -ōnis f* Erinnerung – 16 *ex īmīs visceribus* aus tiefstem Innern – *ēruere* herausreißen – *Plautus* vgl. T2 – 17 *quandō* ~ *aliquandō* – *mēmet* verstärktes *mē* – *prophēta* Prophet – 18 *incultus* kunstlos – 21 *tribūnal, -ālis n* (Richter-)Stuhl – *pertrahere* schleppen – 23 *clāritās, -ātis f* Helligkeit – *fulgor, -ōris m* Glanz – 24 *sursum* nach oben – *condiciōnem* in Bezug auf meine Lebensumstände – 25 *resīdēre* sitzen – 26 *Cicerōniānus* Anhänger des Cicero – 27 *thesaurus* Schatz (*ubī …*: Zitat aus Mt. 6.21)

T 1 Analysieren Sie die Aussagen über die richtige Askese vor dem Hintergrund der Informationen aus der Info-Box.

T 2 Erschließen Sie, was mit *adulterium linguae* (Z. 2/3) gemeint ist. Erläutern Sie zudem, welche antike philosophische Richtung Hieronymus mit der Wiedergabe der Aussage in Z. 3/4 kritisiert.

T 3 Informieren Sie sich über die in Z. 5–17 genannten Autoren. Analysieren Sie die von Hieronymus vorgetragene Zuordnung und das Verständnis dieser Autoren.

→ Cicero: S. 6
→ Horaz und Vergil: S. 50
→ Minucius Felix und Laktanz als Apologeten: S. 148 und S. 152
→ Minucius Felix und Laktanz als Apologeten: S. 148 und S. 153
→ das Ideal der Jungfräulichkeit im Mittelalter (Caesarius): S. 176

Ep. 22.30.4–6 Das Urteil

Ilico obmutui et inter verbera – nam caedi me iusserat – conscientiae magis igne torquebar illum mecum versiculum reputans: „In inferno autem quis confitebitur tibi?“ Clamare tamen coepi et eiulans dicere: „Miserere mei, Domine, miserere mei.“ Haec vox inter flagella resonabat. Tandem ad praesidentis genua provoluti, qui adstiterant, precabantur, ut veniam tribueret adulescentiae, ut errori locum paenitentiae commodaret exacturus deinde cruciatum, si gentilium litterarum libros aliquando legissem. Ego, qui tanto constrictus articulo vellem etiam maiora promittere, deiurare coepi et nomen eius obtestans dicere: „Domine, si umquam habuero codices saeculares, si legero, te negavi.“ In haec sacramenti verba dimissus revertor ad superos et mirantibus cunctis oculos aperio tanto lacimarum imbre perfusos, ut etiam incredulis fidem facerent ex dolore. Nec vero sopor ille fuerat aut vana somnia, quibus saepe deludimur. Teste est tribunal, ante quod iacui, iudicium teste est, quod timui – ita mihi numquam contingat talem incidere quaestionem! –, liventes habuisse me scapulas, plagas sensisse post somnium et tanto dehinc studio divina legisse, quanto mortalia ante non legeram.

S 1 Erläutern Sie, ausgehend von Beispielen aus dem Text, die Formen und die Verwendung der Deponentien und Semideponentien.

S 2 Analysieren Sie den Text hinsichtlich der rhetorischen Gestaltung (stilistische und strukturelle Durchformung).

1 *īlicō* sofort – *obmūtēscere (Perf.: obmūtuī)* verstummen – *verber, -eris n* Schlag – 2 *cōnscientia* Gewissen – *versiculum* Vers (Ps. 6.6) – 3 *reputāre* bedenken – *īnfernum* Unterwelt – *cōnfitērī (m. Dat.)* (kirchl.) sich (lobend) bekennen zu – 4 *ēiulāre* wehklagen – *miserērī (m. Gen.)* sich erbarmen – 5 *flagellum* Geißel(schlag) – 6 *resonāre* widerhallen – *praesidēre* den Vorsitz bei einer Gerichtsverhandlung führen – *genū, -ūs n* Knie – *prōvolvī (Part. Perf.: prōvolūtus)* sich niederwerfen – 7 *a(d)stāre (Perf.: a[d]stitī)* dabei stehen – *adulēscēntia* Jugend – 8 *locus paenitentiae* Reuemöglichkeit – *commodāre* gewähren – 9 *exigere (PFA: exactūrus)* festsetzen – *cruciātus, -ūs* Marter – *gentīlis, -e* heidnisch – 10 *cōnstringere (PPP: cōnstrictum)* lähmen – *articulus* Ausspruch – 11 *dēiūrāre* schwören – 12 *obtēstārī* beschwören – 13 *cōdex, -icis m* Buch – *saeculāris, -e* weltlich – 14 *sacrāmentum* Eid – *superī, -ōrum* (hier) die Oberwelt – 15 *imber, -bris m* Regen – 16 *perfundere (PPP: perfūsum)* übergießen – 16/17 *ut ... dolōre* so dass ich auch die Skeptiker durch meinen Schmerz überzeugte – 17 *sopor, -ōris m* tiefer Schlaf – *somnium* Traumbild – 18 *dēlūdere* zum Narren halten – *tēste* Nebenform im Neutrum zu *tēstis* – *tribūnal, -ālis n* (Richter-)Stuhl – 20 *livēre* blau sein – 21 *scapulae* Schultern – *plāga* Schlag – 22 *dehinc* von da an – *dīvīna* ergänze *scrīpta* – *mortālis, -e* (hier) menschlich

T 1 Fassen Sie die Geschehnisse in den beiden Texten aus *Ep.* 22 zusammen. Bewerten Sie vor diesem Hintergrund die in Z. 21–23 präsentierte Lösung von Hieronymus' Konflikt.

T 2 Diskutieren Sie unter Einbeziehung der rhetorischen Gestaltung des Textes, inwieweit Hieronymus sich von der rhetorischen Bildung lösen kann.

Ep. 123.15–16 30 Jahre Krise

410 n. Chr. erobern die Westgoten Rom. Erschüttert blickt Hieronymus auf eine lange Folge von Kämpfen nach dem Zusammenbruch der Donaugrenze im Gefolge der Schlacht von Adrianopel 378 n. Chr. zurück.

Moguntiacus, nobilis quondam civitas, capta atque subversa est, et in ecclesia multa hominum milia trucidata. [...] Cetera taceo, ne videar de Dei desperare clementia. [...] Praeter paucos senes omnes in captivitate et obsidione generati non desiderabant, quam non noverant libertatem. Quis hoc crederet? Quae digno sermone historiae comprehenderent Romam in gremio suo, non pro gloria, sed pro salute pugnare? Immo ne pugnare quidem, sed auro et cuncta suppellectili vitam redimere?

S Geben Sie an, um welche grammatische Besonderheit es sich bei Verben wie *noverant* (Z. 5) handelt, und führen Sie weitere Verben aus dieser Gruppe an.

T Analysieren Sie die rhetorischen Mittel, mit denen Hieronymus seine Gegenwart als historische Katastrophe stilisiert.

Umzeichnung des „Lyoner Bleimedaillons“ – Probeschlag einer goldenen Gedenkmünze um 300 n. Chr. Die Gestalten unten sind Gefangene. Beschreiben Sie die Bildfelder und vergleichen Sie die Bildaussage mit den Erfahrungen, die Hieronymus in *Ep.* 123.15–16 beschreibt.

1 *Mōguntiacus* Mainz – 2 *subvertere (PPP: subversum)* zerstören – *trucīdāre* niedermetzeln – 3 *clēmentia* Sanftmut – 4 *senex* LW ep. 7.2.1–3 – *captīvitās, -ātis f* Gefangenschaft – 5 *obsidiō, -ōnis f* Belagerung – *generārī* geboren werden – 5/6 ordne: *nōn dēsīderābant libertātem, quam nōn nōverant* – *crēderet* er hätte glauben können – 7 *historiae, -ārum f Pl.* Werke der Geschichtsschreibung – 9 *suppellex, -ectilis f* Hausrat

→ Rhetorische Stilmittel: S. 224
→ AH: Tempora: S. 35

LERNWORTSCHATZ

LW *Ep.* 7.2.1–3

barbarus, -a, -um	wild, barbarisch; *Subst.* barbarus, -ī *m* Barbar
senex, senis	alt; *Subst.* Greis, alter Mann
nōtus, -a, -um	bekannt, berühmt
vestīgium, -ī *n*	Spur, Fußspur; Fuß
querī, queror, questus sum	klagen, (sich) beklagen
spatium, -ī *n*	Raum; Strecke; Dauer, Zeitraum
merēre, mereō, meruī (*und* **merērī,** mereor, meritus sum)	verdienen
quamvīs	*Subj.* auch wenn; *Adv.* wenn auch
necessitās, -ātis *f*	Notwendigkeit, Not, Zwang, Verpflichtung

LW *Ep.* 22.29.1–30.3

tenebrae, -ārum *f Pl.*	Dunkelheit, Finsternis
cōnsuētūdō, -inis *f*	Gewohnheit, Lebensweise, Gewöhnung
crēber, -bra, -brum	zahlreich, häufig
vigilia, -ae *f*	Nachtwache
horrēre, horreō, horruī	starr sein, schaudern
lūmen, -inis *n*	Licht; Auge
caecus, -a, -um	blind; dunkel
circumstāre, circumstō, circumstetī	umstehen, umringen
prōicere, prociō, proiēcī, proiectum	(vor)werfen, hinwerfen
Chrīstiānus, -ī *m*/ **Chrīstiāna,** -ae *f*	Christ/Christin; *Adj.* christlich
mentīrī, mentior, mentītus sum	(er)lügen, erdichten; *Part. Perf.* mentītus erlogen, erdichtet

LW *Ep.* 22.30.4–6

torquēre, torqueō, torsī, tortum	drehen, schleudern; foltern
venia, -ae *f*	Verzeihung, Gnade, Erlaubnis
error, -ōris *m*	Irrtum; Irrfahrt
dein (*und* **deinde**) *Adv.*	dann, darauf
umquam *Adv.*	jemals
mīrārī, mīror, mīrātus sum	bewundern, sich wundern
fidēs, -eī *f*	Glaube, Treue, Vertrauen, Zuverlässigkeit
vānus, -a, -um	leer, nichtig, vergänglich, eingebildet
incidere, incidō, incidī (in) *m. Akk.*	hineinfallen; geraten (in)
quaestiō, -ōnis *f*	Frage(stellung), Verhör, Untersuchung

LW *Ep.* 123.15–16

ecclēsia, -ae *f*	Kirche
praeter *m. Akk.*	ausgenommen, außer
dēspērāre, dēspērō, dēspērāvī, dēspērātum	aufgeben; die Hoffnung verlieren, verzweifeln
dēsīderāre, dēsīderō, dēsīderāvī, dēsīderātum	sich sehnen nach, wünschen, vermissen
comprehendere, comprehendō, comprehendī, comprehēnsum	begreifen; ergreifen, festnehmen
gremium, -ī *n*	Schoß
immō *Adv.*	ja sogar, im Gegenteil
redimere, redimō, redēmī, redēmptum	kaufen, loskaufen; befreien; sühnen

Zusammenfassung: Sophronius Eusebius Hieronymus (347–420 n. Chr.)

- Heimat **Dalmatien,** Aufenthalte in Rom als Mitarbeiter von Papst Damasus I.,
- **Asket** und Propagandist des asketischen Lebens; Aufenthalte in der syrischen Wüste und in Bethlehem,
- **Bibelübersetzung** (***Vulgata,*** bis heute maßgeblich),
- **Briefe:** asketische Lebensführung als Gegenentwurf zum Studium der römischen und griechischen heidnischen Literatur,
- **Krisenzeit der Völkerwanderung:** Fall der Donaugrenze, Eroberung Roms 410 n. Chr.

Augustinus: *Confessiones*

Aurelius Augustinus wurde im Jahre **354 n. Chr.** in dem Städtchen **Thagaste** (heute: Souk-Ahras in Algerien) in der römischen Provinz **Africa** geboren. Sein Vater Patricius war wohl Kurialbeamter. Während seine Mutter Monnica geradezu beseelt vom christlichen Glauben war, ließ der Vater sich erst kurz vor seinem Tod taufen. Augustinus selbst war zwar seit seiner Kindheit **Taufanwärter,** doch war er als Kind nicht getauft worden, da es seinerzeit üblich war, die Taufe erst im Erwachsenenalter zu empfangen.

Dank seiner Eltern konnte Augustinus über die **schulische Grundbildung** beim ***grammaticus*** (Lesen und Schreiben) hinaus in Madauros **Literatur** studieren, später (370 bis ca. 373 n. Chr.) auch **Rhetorik in Karthago,** auch wenn sein Vater dafür an seine finanziellen Grenzen gehen musste. In dieser Zeit machte Augustinus eine Entdeckung: die **Philosophie.** Im Rahmen seiner Studien las er nämlich **Ciceros** heute verlorene Schrift ***Hortensius,*** die zur Philosophie ermuntern wollte. Sie sollte eine entscheidende Bedeutung für Augustinus' geistige Entwicklung haben, da sie ihn auf eine Suche schickte, die erst in seiner **„Bekehrung" im Jahre 386 n. Chr.** eine Erfüllung finden sollte: die Suche nach der Wahrheit, die er dann mit Gott identifizierte.

Etwa ab 375 n. Chr. war Augustinus selbst **Rhetoriklehrer in Karthago.** Da er in seiner Karriere vorankommen wollte, siedelte er etwa 383 n. Chr. nach **Rom** über, doch schon 384 n. Chr. kam er an das Amt eines **Lehrers der Rhetorik am kaiserlichen Hof in Mailand.** Dort lernte er den einflussreichen Bischof **Ambrosius** kennen (vgl. die Info-Box auf S. 164). Dessen Predigten sollten einen großen Einfluss auf Augustinus ausüben und einen wesentlichen Beitrag für seine **Hinwendung zum (katholischen) Glauben** leisten.

Inzwischen befand er sich in einem inneren Konflikt zwischen seinem an Karriere, Ehre, Reichtum und der Erfüllung sexueller Bedürfnisse orientierten Leben und der Sehnsucht, sich ganz der Weisheit (Gott) hinzugeben. Zugleich war in ihm die Überzeugung gereift, die Hinwendung zum Christentum und zur Kirche habe für ihn ein Leben in völliger Enthaltsamkeit (Askese) zu bedeuten. Zur Entscheidung seines inneren Kampfes kam es im Jahre 386 n. Chr. Nun war Augustinus entschlossen, sich zur **Taufe** anzumelden, die er **387 n. Chr.** von Ambrosius empfing.

Vieles von dem, was wir über Augustinus' Leben wissen, lässt sich seinen ***Confessiones*** **(„Bekenntnisse")** (ca. 397–400 n. Chr.) entnehmen, dem wohl bekanntesten seiner zahlreichen Werke. Denn in den Büchern 1 bis 9 der insgesamt 13 Bücher blickt Augustinus auf sein Leben bis zu seiner Taufe zurück. Doch sind die *Confessiones* **nicht als Autobiografie im modernen Sinne** zu verstehen. Zwar hat man an den dort genannten Eckdaten seines Lebens nicht zu zweifeln, doch handelt es sich um eine literarisch ausgestaltete Rückschau mit dem – an der Bekehrung im Jahre 386 n. Chr. gemessenen – zeitlichen Abstand von über zehn Jahren, die im Kontext seiner Theologie zu verstehen ist. Der damals reife **Bischof von Hippo Regius** (heute: Annaba in Algerien) möchte darin anhand seiner ersten 32 Lebensjahre und seines Seelenlebens die Schwäche des Menschen offenlegen und seinen langen und schweren **Weg zu Gott** unter dessen Führung veranschaulichen. So loben sie die göttliche Güte und Gnade, mit deren Hilfe Augustinus schließlich zum Glauben gefunden hat.

Älteste Darstellung des Augustinus (6. Jh., Fresko in Rom). Beschreiben Sie, wie Augustinus hier dargestellt ist. Achten Sie dabei z. B. auf die Haltung der rechten Hand.

Augustinus, der bedeutendste und einflussreichste Kirchenvater, starb am **28. August 430 n. Chr.** bei der Belagerung der Stadt Hippo Regius durch die Vandalen.

→ Biografie und Werke Ciceros: S. 6
→ Rhetorik: S. 35

Conf. 1.1.1 und 2.1.1 Wozu die „Bekenntnisse"?

Magnus es, domine, et laudabilis valde. [...] Tu excitas, ut laudare te delectet, quia fecisti nos ad te et inquietum est cor nostrum, donec requiescat in te. [...] Recordari volo transactas foeditates meas et carnales corruptiones animae meae, non quod eas amem, sed ut amem te, deus meus. Amore amoris tui facio istud, recolens vias meas nequissimas in amaritudine recogitationis meae, ut tu dulcescas mihi, dulcedo non fallax, dulcedo felix et secura, et colligens me a dispersione, in qua frustatim discissus sum, dum ab uno te aversus in multa evanui. Exarsi enim aliquando satiari inferis in adulescentia et silvescere ausus sum variis et umbrosis amoribus et contabuit species mea et computrui coram oculis tuis placens mihi et placere cupiens oculis hominum.

2 *ad tē* auf dich hin – *inquiētus* unruhig – 4 *trānsigere (PPP: trānsactum)* vollbringen (gemeint ist: im Leben) – *foeditās, -ātis f* Niederträchtigkeit – *carnālis, -e* fleischlich – 5 *corruptiō, -ōnis f* Verderbtheit – *nōn quod (m. Konj.)* nicht als ob – 6 *recolere* überdenken – 7 *nēquissimus* nichtswürdig – *amāritūdō, -inis f* Bitterkeit – *recōgitātiō, -ōnis f* erneutes Durchdenken – 8 *dulcēscere* süß werden – *dulcēdō, -inis f* Wonne – *fallāx, -ācis* trügerisch – 9 *dispersiō, -ōnis f* Zerstreuung (als Gegenteil zur Konzentration auf das wahre Gut: Gott) – 10 *frūstātim (Adv.)* stückweise – *discindere (PPP: discissum)* zersplittern – 11 *ēvānēscere (Perf.: evānuī)* sich verlieren – *exardēscere (Perf.: exārsī)* entbrennen – *satiārī (m. Abl.)* sich sättigen an – *īnfera, -ōrum n Pl.* niedere Dinge (in dem Sinne, dass sie wertlos sind im Hinblick auf das wahre Gut [Gott] und zum richtigen und guten Leben keinen Beitrag leisten können) – 12 *silvēscere* verwildern – *ausus sum* Hinweis auf die *superbia*, vgl. die Info-Box – *umbrōsus* finster – 13 *contābēscere (Perf.: contābuī)* hinschwinden – *speciēs* (hier) Schönheit – *computrēscere (Perf.: computruī)* (völlig) verfaulen

Sandro Botticelli: „Der heilige Augustinus in betrachtendem Gebet" (1480). Beschreiben Sie die Haltung und den Gesichtsausdruck, die der Maler Augustinus verliehen hat. Inwiefern passt die Darstellung zu den Worten von Augustinus?

W Die Begriffe *confessio* bzw. *confiteri* haben ein weiteres Bedeutungsspektrum als nur „Bekenntnis" und „bekennen". Schlagen Sie sie in einem Wörterbuch nach und entscheiden Sie, welche der angegebenen Bedeutungen für den Titel des Werkes *Confessiones* in Frage kommen. Ziehen Sie dazu die Einleitung sowie den lateinischen Text auf dieser Seite heran.

S Erklären Sie anhand der Wendung *amore amoris tui* (Z. 6) Funktion und Bedeutung des *genitivus obiectivus*.

T Arbeiten Sie mithilfe der Info-Box und des Einleitungstextes heraus, worin Augustinus das Ziel seiner „Bekenntnisse" sieht. Woran kann man erkennen, dass es ihm nicht um die Enthüllung peinlicher Details aus seinem Leben geht?

i **Die drei Formen der *concupiscentia* („Begierde")**

Augustinus stellt sich die Frage, woher **das Böse in der Welt** und **das schuldhafte Verhalten** des Menschen kommen. Er macht beides schließlich an der **freien Willensentscheidung** des Menschen fest, der sich **von Gott,** dem einen höchsten Gut, an dem und dessen Willen der Mensch sein Leben auszurichten hat, **abwendet.**

Da Gott nach christlichem Verständnis der Schöpfer aller Dinge ist, stellt er auch ein höheres Gut dar als alles von ihm Geschaffene. Der **sündige Mensch** richtet nach Augustinus' Verständnis seinen Willen auf **unbeständige weltliche Güter** (z. B. Geld oder Ruhm), nicht aber auf Gott, das höchste und unveränderliche Gut, und stellt sie damit auf eine Stufe mit Gott. Für Augustinus zeigt sich dieses **Begehren nach weltlichen Dingen** und die **Abkehr von Gott** in verschiedensten Handlungen, die er in drei Grundformen zusammenfasst:

- ***concupiscentia carnis*** („Begierde des Fleisches", z. B. sexuelles Begehren, Essen und Trinken),
- ***concupiscentia oculorum*** („Begierde der Augen", z. B. Sensationslust, übertriebene Wissensgier) und
- ***ambitio saeculi*** („Hascherei nach Ehre im Diesseits", z. B. das Sich-groß-Fühlen gegenüber anderen Menschen).

Das willentliche Nachgeben gegenüber jeglicher Form der *concupiscentia* ist dabei immer auf eine Grundmotivation zurückzuführen: ***superbia*** („Überheblichkeit", „Hybris").

→ AH: Kasusfunktionen: S. 8

Conf. 3.1.1 und 3.3.6 **Ein lasterhaftes Leben?**

Veni Carthaginem, et circumstrepebat me undique sartago flagitiosorum amorum. Nondum amabam et amare amabam et secretiore indigentia oderam me minus indigentem. Quaerebam, quid amarem, amans amare, et oderam securitatem et viam sine muscipulis, quoniam fames mihi erat intus ab interiore cibo, te ipso, deus meus, et ea fame non esuriebam, sed eram sine desiderio alimentorum incorruptibilium, non quia plenus eis eram, sed quo inanior, fastidiosior. Et ideo non bene valebat anima mea et ulcerosa proiciebat se foras, miserabiliter scalpi avida contactu sensibilium. [...] Amare et amari dulce mihi erat, magis si et amantis corpore fruerer. Venam igitur amicitiae coinquinabam sordibus concupiscentiae candoremque eius obnubilabam de tartaro libidinis, et tamen foedus atque inhonestus, elegans et urbanus esse gestiebam abundanti vanitate. Rui etiam in amorem, quo cupiebam capi. [...] Habebant et illa studia, quae honesta vocabantur, ductum suum intuentem fora litigiosa, ut excellerem in eis, hoc laudabilior, quo fraudulentior. Tanta est caecitas hominum de caecitate etiam gloriantium!
Et maior etiam eram in schola rhetoris et gaudebam superbe et tumebam typho, quamquam longe sedatior – domine, tu scis – et remotus omnino ab eversionibus, quas faciebant eversores (hoc enim nomen scaevum et diabolicum velut insigne urbanitatis est), inter quos vivebam pudore impudenti, quia talis non eram: et cum eis eram et amicitiis eorum delectabar aliquando, a quorum semper factis abhorrebam, hoc est ab eversionibus, quibus proterve insectabantur ignotorum verecundiam, quam proturbarent gratis inludendo atque inde pascendo malivolas laetitias suas.

Eversores? Bewerten Sie den Einfluss solcher Freundeskreise oder Cliquen im Leben junger Menschen.

1 *circumstrepere* umtosen – *sartāgō, -inis f* (kochender) Kessel – 2 *flāgitiōsus* schändlich – *amor* LW *Conf.* 1.1.1 und 2.1.1 – 3 *indigentia* Bedürfnis – 4 *indigēre* ungenügsam sein – 5 *sēcūritās, -ātis f* Sorgenfreiheit – *mūscipulum* (Mause-)Falle – 6 *ab* (hier) nach – 7 *ēsurīre* essen wollen – 8 *alimentum* Nahrung – *incorruptibilis, -e* unvergänglich – 9 *fāstīdiōsus* voll Ekel; ergänze: *quō inānior, <eō> fāstīdiōsior* – 10 *ulcerōsus* voller Geschwüre – *sē prōicere* sich stürzen – *forās* hinaus (in die Außen-/Sinnenwelt im Gegensatz zu den nur mit dem Geist erfassbaren Dingen, denen eine höhere Wertigkeit beigemessen wird, weil sie nicht vergänglich sind, insbesondere Gott) – 11 *miserābiliter* bejammernswert – *scalpere* reizen – *contāctus, -ūs* Berührung – *sēnsibilia, -ium n Pl.* die sinnlichen Dinge – 12 *magis sī et* und das noch mehr, wenn – 13 *vēna* innerstes Wesen – *coinquināre* besudeln – 14 *sordēs, -is f* Schmutz – *concupīscentia* vgl. die Info-Box auf S. 161 – *candor, -ōris m* Glanz – *obnūbilāre* verdüstern – 15 *tartarus* Hölle – *foedus* abscheulich – *inhonestus* unsittlich; ergänze: *foedus atque inhonestus <eram>* – 16 ergänze: *<quamquam> ēlegāns ... gestiēbam; gestīre* heftig begehren – *abundāns, -antis* übermäßig – 18 *illa studia* vgl. die Einleitung – 18/19 *habēbant ... ductum suum intuentem* (sie) zielten darauf ab, im Blick zu haben – 19 *lītigiōsus* voller Prozesse – *excellere* sich hervortun – 20 *laudābilis* LW *Conf.* 1.1.1 und 2.1.1 – *hōc ... quō* umso ... je – *fraudulentus* betrügerisch – *caecitās, -ātis f* Verblendung – 22 *māior* (hier) ziemlich angesehen – *schola rhētoris* Rhetorenschule – 23 *tumēre* aufgeblasen sein – *typhus* Stolz (vgl. die Info-Box auf S. 161 zu *superbia*) – *sēdātus* ruhig – 24 *ēversiō, -ōnis f* umstürzlerische Aktivität – 25 *ēversor, -ōris m* Umstürzler – *scaevus* unheilvoll – 26 *diabolicus* teuflisch – *īnsīgne, -is n* Kennzeichen – *urbānitās, -ātis f* feine Bildung – 29 *abhorrēre (ā)* verabscheuen – *hoc est* das heißt – 30 *protervē (Adv.)* unverschämt – *īnsectārī* verhöhnen – *verēcundia* Gefühl für Anstand – 31 *prōturbāre* vertreiben; *quam prōturbārent* Relativsatz m. finalem Nebensinn – *inlūdere (~ illūdere)* verspotten – 32 *pāscere* nähren – *malivolus* boshaft

S 1 In Z. 22–32 befinden sich fünf Relativsätze. Schreiben Sie die Relativpronomina heraus, bestimmen Sie sie nach KNG und geben Sie jeweils das Wort an, das sie aufgreifen.

S 2 Erklären Sie die unterschiedliche Adverbbildung bei den Formen *miserabiliter* (Z. 11) und *superbe* (Z. 22).

S 3 Augustinus verwendet hier vor allem das Imperfekt. Begründen Sie dies grammatikalisch und berücksichtigen Sie dabei die Funktionen aller Vergangenheitstempora.

T 1 Arbeiten Sie heraus, welche Rolle Liebe und Sexualität nach den Aussagen des Textes für den jungen Augustinus spielten.

T 2 Diskutieren Sie darüber, welche Rolle Sexualität in einer Liebesbeziehung spielt bzw. spielen soll.

T 3 ... *talis non eram* (Z. 27): Beschreiben Sie das Verhältnis, das der junge Augustinus in Karthago zu den *eversores* hatte.

T 4 Augustinus beschreibt sein scheinbar wildes Treiben in Karthago unter dem Blickwinkel der *concupiscentia*. Ordnen Sie sein damaliges Handeln verschiedenen Formen der *concupiscentia* zu (vgl. die Info-Box auf S. 161).

→ AH: Substantive, Adjektive, Adverbien und Pronomina: S. 4
→ AH: Tempora: S. 35

Conf. 3.4.7–8 Eine Initialzündung

Inter hos ego inbecilla tunc aetate discebam libros eloquentiae, in qua eminere cupiebam fine damnabili et ventoso per gaudia vanitatis humanae. Et usitato iam discendi ordine perveneram in librum cuiusdam Ciceronis, cuius linguam fere omnes mirantur, pectus non ita. Sed liber ille ipsius exhortationem continet ad philosophiam et vocatur *Hortensius*.

Ille vero liber mutavit affectum meum et ad te ipsum, domine, mutavit preces meas et vota ac desideria mea fecit alia. Viluit mihi repente omnis vana spes et immortalitatem sapientiae concupiscebam aestu cordis incredibili et surgere coeperam, ut ad te redirem. Non enim ad acuendam linguam [...] referebam illum librum neque mihi locutio, sed quod loquebatur persuaserat.

Quomodo ardebam, deus meus, quomodo ardebam revolare a terrenis ad te, et nesciebam, quid ageres mecum! Apud te est enim sapientia. Amor autem sapientiae nomen Graecum habet philosophiam, quo me accendebant illae litterae. Sunt, qui seducant per philosophiam magno et blando et honesto nomine colorantes et fucantes errores suos, et prope omnes, qui ex illis et supra temporibus tales erant, notantur in eo libro et demonstrantur [...].

Et ego illo tempore – scis tu, lumen cordis mei –, quoniam nondum mihi haec apostolica nota erant, hoc tamen solo delectabar in illa exhortatione, quod non illam aut illam sectam, sed ipsam, quaecumque esset, sapientiam ut diligerem et quarererem et adsequerer et tenerem atque amplexarer fortiter, excitabar sermone illo et accendebar et ardebam.

Augustinus wendet sich danach der Bibel zu, da er, wie er schreibt, im *Hortensius* den Namen Christi vermisst habe. Doch legt er sie enttäuscht wieder beiseite, da sie sprachlich nicht mit Ciceros Werk mithalten kann. Stattdessen schließt er sich der christlichen Sekte der Manichäer an, der er wohl neun Jahre lang angehört: Die Manichäer lehnten das Alte Testament ab, identifizierten Christus jedoch mit der Weisheit.

1 *hōs* die *ēversōrēs;* vgl. *Conf.* 3.1.1 und 3.3.6 – *inbēcillus* ungefestigt – 2 *ēminēre* sich auszeichnen – *damnābilis, -e* verwerflich – 3 *ventōsus* unbeständig – *per* (hier) nämlich wegen – *vānitās* LW *Conf.* 3.1.1 und 3.3.6 – 3/4 *ūsitātō iam discendī ōrdine* im Verlauf des gewohnten Lehrgangs – 6 *exhortātiō, -ōnis f* Aufforderung – 7 *Hortēnsius* vgl. den Einleitungstext – 9 *dēsīderium* LW *Conf.* 3.1.1 und 3.3.6 – 10 *vīlēscere (Perf.: vīluī)* bedeutungslos werden – *immortālitās, -ātis f* Unsterblichkeit – 11 *concupīscere* begehren (vgl. auch die Info-Box auf S. 161) – 13 *acuere* schärfen – *referre ad* (hier) verwenden zu – 14 *locūtiō, -ōnis f* (Art und Weise der) Sprache – 14/15 ergänze und ordne: *sed <id>, quod loquebātur, persuāserat* – 17 *revolāre* zurückeilen – *terrēna, -ōrum f Pl.* die irdischen Dinge – 19 *quō* wozu (gemeint ist die Philosophie) – 20 *litterae* (hier) Schrift (als Werk, gemeint ist der *Hortensius*) – *sēdūcere* verführen – 21 *colōrāre* färben – 22 *fūcāre* schminken – 22/23 ergänze und ordne: *omnēs, quī ex illīs <temporibus> et suprā temporibus* – 23 *notāre* aufzeichnen – 23/24 *notantur ... et dēmōnstrantur* gemeint sind ihre Theorien – 25 *quoniam* LW *Conf.* 3.1.1 und 3.3.6 – 26 *apostolica* (ergänze *verba*) Worte des Apostels (*Paulus*) – 27–31 ordne und ergänze: *quod nōn excitābar sermōne illō, ut illam aut illam sectam, sed <ut> ipsam ... sapientiam dīligerem ... amplexārer* – 28 *secta* philosophische Schule – 30 *amplexārī* umfassen, festhalten – *excitāre* LW *Conf.* 1.1.1 und 2.1.1 – *sermō* (hier) Werk (gemeint ist der *Hortensius*)

S 1 Stellen Sie aus dem Text Substantive zusammen, die sich dem Wortfeld „Philosophie" zuordnen lassen.

S 2 Erklären Sie Funktion und Bedeutung der folgenden Konjunktive: *redirem* (Z. 12), *ageres* (Z. 17), *esset* (Z. 28), *diligerem, quaererem, adsequerer, tenerem* und *amplexarer* (Z. 29/30).

S 3 Wiederholen Sie mithilfe Ihrer Grammatik die Relativsätze mit konjunktivischem Nebensinn. Erklären Sie danach, welcher Nebensinn im Ausdruck *sunt, qui* (Z. 20) vorliegt.

S 4 Schreiben Sie die im Text verwendeten Prädikate heraus und bestimmen Sie die Tempora (Tempusrelief). Arbeiten Sie die Gründe für die jeweilige Verwendung des Tempus heraus.

T 1 Beschreiben Sie Augustinus' ursprüngliche Reaktion auf die *Hortensius*-Lektüre. Wie deutet er sie aus der späteren Sicht (bei Abfassung der *Confessiones*)?

T 2 Arbeiten Sie das Verhältnis des Augustinus zu Gott heraus. Welche Rolle spielt in Bezug darauf die Philosophie, zu der er durch Ciceros Schrift gebracht wurde?

T 3 Augustinus sagt über sich, er sei damals aufgrund seines Alters noch „ungefestigt" gewesen, d. h. ohne Orientierung im Leben. Diskutieren Sie darüber, was für Sie wichtig ist, den eigenen Weg im Leben zu finden. Gibt es in Ihrem Leben etwas, das einen ähnlichen „Aha-Effekt" bei Ihnen ausgelöst hat wie bei Augustinus die Begegnung mit dem *Hortensius*?

→ Philosophie als Lebenshilfe bei Cicero und Seneca: S. 28 und S. 107
→ der Begriff „Philosophie" bei Cicero und Isidor: S. 30 und S. 172
→ der Begriff der Wahrheit bei Melanchthon: S. 214
→ AH: Tempora: S. 35
→ AH: Konjunktive in Haupt- und Nebensätzen: S. 41
→ AH: Relativsätze: S. 57

Conf. 5.13.23–14.24 Eine einschneidende Begegnung

Et veni Mediolanium ad Ambrosium episcopum, in optimis notum orbi terrae, pium cultorem tuum. […] Ad eum autem ducebar abs te nesciens, ut per eum ad te sciens ducerer. Suscepit me paterne ille homo dei et peregrinationem meam satis episcopaliter dilexit. Et eum amare coepi, primo quidem non tamquam doctorem veri, quod in ecclesia tua prorsus desperabam, sed tamquam hominem benignum in me. Et studiose audiebam disputantem in populo, non intentione, qua debui, sed quasi explorans eius facundiam, utrum conveniret famae suae an maior minorve proflueret, quam praedicabatur; et verbis eius suspendebar intentus, rerum autem incuriosus et contemptor adstabam et delectabar suavitate sermonis […].
Cum enim non satagerem discere, quae dicebat, sed tantum, quemadmodum dicebat, audire (ea mihi quippe iam desperanti ad te viam patere homini inanis cura remanserat), veniebant in animum meum simul cum verbis, quae diligebam, res etiam, quas neglegebam; neque enim ea dirimere poteram. Et dum cor aperirem ad excipiendum, quam diserte diceret, pariter intrabat et quam vere diceret, gradatim quidem. Nam primo etiam ipsa defendi posse mihi iam coeperunt videri et fidem catholicam […] iam non impudenter adseri existimabam.

1 *Mediolānium* Mailand – *episcopus* Bischof – 1/2 *in optimīs* als zu den Besten gehörend – 2 *nōtus* LW *Conf.* 3.4.7–8 – *cultor, -ōris m* Verehrer – 3 *abs tē* ~ *ā tē* – 4 *paternus* väterlich – 5 *peregrīnātiō, -ōnis f* Reise (die Übersiedlung von Rom nach Mailand, aber auch die innere Entwicklung von Augustinus) – *satis episcopāliter* in einer einem Bischof geziemenden Weise – *dīligere* (hier) willkommen heißen – 6 *doctor, -ōris m* Lehrer – 7 *prōrsus (Adv.)* völlig – *dēspērāre* nämlich daran, die Wahrheit zu finden – 8 *benīgnus* wohlwollend – 9 *disputāre* gemeint ist: in seinen Predigten – *intentiō, -ōnis f* Absicht – 10 *dēbuī* ergänze *audīre* – *facundia* Redebegabung – 11 *prōfluere* hervorströmen – 12 *praedicāre* rühmen – *suspendere (m. Dat.)* hängen an – *rēs* (hier) Inhalte – 13 *incūriōsus (m. Gen.)* nicht interessiert an – *contemptor, -ōris (m. Gen.,* hier *Adj.)* geringschätzend – *adstāre* dabei stehen – 14 *suāvitās, -ātis f* (hier) angenehme Art – *sermō* LW *Conf.* 3.4.7–8 – 15 *sat-agere* sich bemühen – ergänze: *Cum … discere <ea>, quae dīcēbat* – 17 *inānis* LW *Conf.* 3.1.1 und 3.3.6 – 19 ergänze: *<ea,> quae* – 20 *dum* LW *Conf.* 1.1.1 und 2.1.1 – 22 *gradātim (Adv.)* nach und nach – 23 *ipsa* gemeint sind die Inhalte – 24 *catholicus* katholisch (rechtgläubig im Sinne der damals verbindlichen christlichen Lehre) – *impudēns* LW *Conf.* 3.1.1 und 3.3.6 – *adserere* in Schutz nehmen

Jan van Scorel zugeschrieben: „Augustinus und seine Mutter hören Ambrosius predigen" (1520). Beschreiben Sie die Haltung, in der Ambrosius und seine Zuhörer dargestellt sind.

i **Aurelius Ambrosius** wurde ca. **339 n. Chr.** in Trier als Sohn einer adligen römischen Familie **geboren.** Im Jahr **374 n. Chr.** wurde er – acht Tage nach seiner Taufe (!) – zum Bischof von Mailand geweiht. Dieses Amt übte er bis zu seinem Tod 397 n. Chr. aus.
Die Bedeutung des Ambrosius rührt vor allem aus seiner **kirchenpolitischen Tätigkeit** in Auseinandersetzung mit dem Kaiser her. Am bekanntesten ist die Debatte um den Altar der Göttin Victoria im römischen Senatsgebäude, der 382 n. Chr. von Kaiser Gratian entfernt worden war. Gegen die heidnische Senatsmehrheit unter Führung des Quintus Aurelius Symmachus setzte Ambrosius durch, dass dieser nicht wieder aufgestellt werden durfte.
Ambrosius wird wie Augustinus unter die sogenannten **Kirchenväter** gezählt. Recherchieren Sie, wer diese Bezeichnung trägt und warum.

T 1 Geben Sie wieder, weshalb sich Augustinus Ambrosius' Predigten anhört, wie sie auf ihn wirken und welche Konsequenzen die Begegnung mit Ambrosius für ihn hat.

T 2 Suchen Sie nach einem Beispiel für eine solch prägende Begegnung in Ihrem Leben und/oder in dem Leben Ihnen bekannter Menschen. Weshalb können Ihrer Ansicht nach Begegnungen mit solchen Menschen wichtig für uns sein?

S 1 Erklären Sie anhand der Form *Mediolanium* (Z. 1) die Verwendung des Akkusativs der Richtung bei Städtenamen.

S 2 Bestimmen Sie die folgenden Formen des Partizip Präsens Aktiv nach Kasus und Numerus und arbeiten Sie beim Übersetzen heraus, worauf sie jeweils bezogen sind bzw. wen oder was sie bezeichnen: *nesciens* (Z. 3), *sciens* (Z. 4), *disputantem* (Z. 9), *explorans* (Z. 10), *desperanti* (Z. 17).

S 3 Erstellen Sie eine syntaktische Analyse von Z. 15–20. Erläutern Sie, inwiefern der Aufbau des Satzes den inneren Zustand des Augustinus widerspiegeln soll.

→ Orts- und Richtungsangaben S. 43
→ AH: Kasusfunktionen: S. 8
→ AH: Partizipien und *nd*-Formen: S. 16

Conf. 8.7.17–18 Ein Blick in den Spiegel

Nach seiner Begegnung mit Ambrosius macht sich Augustinus nichts mehr aus seinen bisherigen beruflichen Ambitionen und sexuellen Bedürfnissen, auch wenn ihn die Gedanken daran nicht loslassen. Er gelangt jedoch zu der Überzeugung, dass die Hinwendung zum (katholischen) Glauben mit einem enthaltsamen Leben verbunden sein müsse. Doch noch wagt er diesen Schritt nicht. Da besucht ihn und seinen Freund Alypius eines Tages ein afrikanischer Landsmann namens Ponticianus und erzählt von dem ägyptischen Einsiedler Antonius. Nie zuvor haben die beiden von diesem gehört, auch nicht von Mönchen und klösterlichen Gemeinschaften. Ponticianus berichtet von drei Freunden aus Trier, die bei einem Spaziergang auf Mönchsbehausungen gestoßen seien und dort ein Buch gefunden hätten, in dem das Leben des Antonius beschrieben werde. Der Inhalt habe sie so beeindruckt, dass sie ihren Dienst am kaiserlichen Hof quittiert, ihre Ehepläne aufgegeben und beschlossen hätten, fortan ein Leben wie Antonius zu führen. Augustinus ist beeindruckt:

Tunc vero quanto ardentius amabam illos, de quibus audiebam salubres affectus, quod se totos tibi sanandos dederunt, tanto exsecrabilius me comparatum eis oderam, quoniam multi mei anni mecum effluxerant (forte duodecim anni), ex quo ab XIX anno aetatis meae lecto Ciceronis *Hortensio* excitatus eram studio sapientiae; et differebam contempta felicitate terrena ad eam investigandam vacare, cuius non inventio, sed vel sola inquisitio iam praeponenda erat etiam inventis thesauris regnisque gentium et ad nutum circumfluentibus corporis voluptatibus.

At ego adulescens miser, valde miser in exordio ipsius adulescentiae, etiam petieram a te castitatem et dixeram: „Da mihi castitatem et continentiam, sed noli modo!" Timebam enim, ne me cito exaudires et cito sanares a morbo concupiscentiae, quem malebam expleri quam exstingui. Et ieram per vias pravas superstitione sacrilega, non quidem certus in ea, sed quasi praeponens eam ceteris, quae non pie quaerebam, sed inimice oppugnabam.

Et putaveram me propterea differre de die in diem contempta spe saeculi te solum sequi, quia non mihi apparebat certum aliquid, quo dirigerem cursum meum.

S 1 Schreiben Sie aus dem Text die Verben im Plusquamperfekt heraus und klären Sie, was dieses Tempus ausdrückt. Erklären Sie außerdem die abweichende Übersetzung von *oderam* (Z. 3).

S 2 Schreiben Sie die Gerundivformen aus dem Text heraus, klären Sie, ob es sich um ein attributives oder prädikatives Gerundiv handelt, und übersetzen Sie entsprechend.

S 3 Erklären Sie die Funktion der beiden Infinitive *differre* und *sequi* im letzten Satz (Z. 21–23) und entwickeln Sie eine passende Übersetzung.

> **i Nachfolge *(imitatio Christi)***
> Kern der Verkündigung Jesu ist das anbrechende **Reich Gottes**, also der heilvolle Zustand der Welt, in dem der **Wille Gottes** waltet. Dieses verkündet Jesus den Menschen als **Gabe der Liebe Gottes**, verbunden mit dem **Appell**, an seiner Verwirklichung mitzuwirken: Die Menschen sollen umkehren, d. h. das eigene Denken und Handeln radikal verändern, sich voll und ganz am Willen Gottes orientieren und ihm, Jesus, nachfolgen, also seinem Beispiel folgen und der **inneren Umkehr** im eigenen Handeln entsprechen.
> Lesen Sie in der Bibel nach, was dort unter „Nachfolge" verstanden wird, z. B. an folgenden Stellen: Mk. 1.16–20, 10.17–31, 8.34–9.1, Lk. 9.57–62. Diskutieren Sie die Forderungen, die hier gestellt werden.

2 *affectus* LW *Conf.* 3.4.7–8 – 2/3 *sē dare* sich hingeben – 3 *exsecrābilis, -e* verfluchenswert – 7/8 *vacare ad (m. Akk.)* (hier) sich Zeit nehmen für – *comparātum eīs* im Vergleich mit ihnen – *ōdisse* LW *Conf.* 3.1.1 und 3.3.6 – 4 *quoniam* LW *Conf.* 3.1.1 und 3.3.6 – *effluere (Perf.: efflūxī)* verrinnen – 6 *excitāre* LW *Conf.* 1.1.1 und 2.1.1 – 7 *fēlīcitās, -ātis f* Glück – *terrēnus* irdisch – *eam* greift *sapientia* auf – 7/8 *vacāre ad (m. Akk.)* (hier) sich Zeit nehmen für – 8 *investīgāre* ausfindig machen – *inventiō, -ōnis f* das Finden – 9 *inquīsītiō, -ōnis f* das Suchen – *thēsaurus* Schatz – 10 *ad nūtum* auf den Willen hin – *circumfluere* im Überfluss vorhanden sein – 12 *adulēscēns* prädikativ zu übersetzen – *valdē* LW *Conf.* 1.1.1 und 2.1.1 – *exōrdium* Beginn – 13 *adulēscentia* LW *Conf.* 1.1.1 und 2.1.1 -*petīeram* ~ *petīveram* – *castitās, -ātis f* Keuschheit – 14 *continentia* Enthaltsamkeit – 14/15 *nōlī modo* bitte nicht sofort – 15 *exaudīre* erhören – 16 *concupīscentia* vgl. die Info-Box auf S. 161 – 17 *prāvus* schlecht – *superstitiō, -ōnis f* Aberglaube – 18 *sacrilegus* gotteslästerlich – *in eā* bezieht sich auf *viā* bzw. *superstitiōne* – *quasi* LW *Conf.* 5.13.23–14.24 – 19 *cēterīs* ergänze *viīs* – *pius* LW *Conf.* 5.13.23–14.24 – 21 *dē diē in diem* von einem Tag auf den anderen – 22 *saeculum* steht für das irdische, weltliche Leben und das, was man darin für erstrebenswert hält, etwa Erfolg, Karriere, Anerkennung; *spēs saeculī* vgl. *ambitiō saeculī* in der Info-Box auf S. 161 – 23 *dīrigere* (hin)lenken

T 1 Beschreiben Sie die Wirkung, die die Erzählung des Ponticianus auf Augustinus hat.

T 2 Informieren Sie sich über den heiligen Antonius. Erörtern Sie, inwiefern es einen Zusammenhang zwischen dessen Idealen und dem Nachfolgeruf Jesu (vgl. die Info-Box) gibt.

T 3 Diskutieren Sie darüber, welche Rolle Vorbilder bei der Suche nach dem eigenen Lebensweg spielen.

T 4 Der Verzicht auf gewohnte Dinge oder Tätigkeiten fällt vielen Menschen schwer. Sie werden unruhig und fühlen sich unglücklich. Nennen Sie Beispiele aus der eigenen Erfahrung.

→ Askese bei Hieronymus: S. 157
→ das Ideal der Jungfräulichkeit bei Caesarius: S. 176
→ AH: Partizipien und *nd*-Formen: S. 16
→ AH: Tempora: S. 35

Conf. 8.12.29 Nimm und lies!

Augustinus ist am Höhepunkt seiner inneren Krise angelangt, da bricht „ein ungeheurer Sturm“ in ihm los, begleitet von einem „Wolkenbruch von Tränen“. Er springt auf, verlässt seinen Freund Alypius, der bei ihm gesessen hat, und zieht sich in den Garten seines Hauses in Mailand zurück, wo er sich unter einen Feigenbaum wirft und seinen Tränen freien Lauf lässt. Immer wieder fragt er Gott: „Wie lange noch? Warum nicht sofort?“ Er berichtet weiter:

Dicebam haec et flebam amarissima contritione cordis mei. Et ecce: Audio vocem de vicina domo cum cantu dicentis et crebro repetentis, quasi pueri an puellae, nescio: „Tolle, lege! Tolle, lege!“ Statimque mutato vultu intentissimus cogitare coepi, utrumnam solerent pueri in aliquo genere ludendi cantitare tale aliquid. Nec occurrebat omnino audisse me uspiam, repressoque impetu lacrimarum surrexi nihil aliud interpretans divinitus mihi iuberi, nisi ut aperirem codicem et legerem, quod primum caput invenissem. […]
Itaque concitus redii in eum locum, ubi sedebat Alypius: Ibi enim posueram codicem apostoli, cum inde surrexeram. Arripui, aperui et legi in silentio capitulum, quo primum coniecti sunt oculi mei: „Non in comessationibus et ebrietatibus, non in cubilibus et impudicitiis, non in contentione et aemulatione, sed induite dominum Iesum Christum et carnis providentiam ne feceritis in concupiscentiis.“ Nec ultra volui legere nec opus erat. Statim quippe cum fine huiusce sententiae quasi luce securitatis infusa cordi meo omnes dubitationis tenebrae diffugerunt.

Fra Angelico (Guido di Pietro) (ca. 1400–1455), „Die Bekehrung des Augustinus“. Beschreiben Sie, inwieweit die Verzweiflung, in der sich Augustinus nach eigenen Angaben befand, vom Künstler wiedergegeben wird.

1 *amārus* bitter – *contrītiō, -ōnis f* Zerknirschung – 3 *quasi* LW *Conf.* 5.13.23–14.24 – 5 *intentus* LW *Conf.* 5.13.23–14.24 – *utrumnam* ob denn – 6 *cantitāre* (immer wieder) singen – 7 *audīsse (~ audīvisse) mē* ergänze *aliquid tāle* – *ūspiam (Adv.)* irgendwo – *reprimere (PPP: repressum)* unterdrücken – 8 *surgere* LW *Conf.* 3.4.7–8 – 8/9 ordne: *interpretāns nihil aliud … iubērī* – *nihil … nisī ut* nichts …, außer dass – 9 *dīvīnitus (Adv.)* durch göttliche Eingebung – *cōdex, -icis m* Buch – 10 *caput* (hier) Abschnitt – 9/10 ordne und ergänze: *et <id> caput legerem, quod prīmum invēnissem* – 11 *concītus* aufgeregt – 12 *cōdex apostolī* das Buch mit den Briefen des Apostels (Paulus) – *inde* LW *Conf.* 3.1.1 und 3.3.6 – 13 *capitulum* (kleiner) Abschnitt – 14–18 vgl. die Info-Box – 15 *cōmessātiō, -ōnis f* Schmauserei – *ēbrietās, -ātis f* (hier) Trinkgelage – *cubīle, -is n* Bett – *impudicitia* Unzucht – 16 *contentiō, -ōnis f* Streit – *aemulātiō, -ōnis f* Neid – 17 *carnis* gemeint ist hier die den weltlichen Dingen zugetane Seite des Menschen – 17/18 *prōvidentiam facere (m. Gen.)* Sorge tragen (um) – 18 *in concupīscentiīs* im Ausleben der Begierden – 19 *quippe* LW *Conf.* 5.13.23–14.24 – *huiusce ~ huius* – 20 *sēcūritās, -ātis f* Gewissheit – *īnfundere (PPP: īnfūsum) (m. Dat.)* hineingießen in – *dubitātiō, -ōnis f* Zweifel – 21 *dif-fugere* sich verflüchtigen

i Der Text, zu dessen Lektüre Augustinus durch die berühmten Worte ***Tolle, lege!*** angeregt wird, ist eine Stelle aus dem Brief des **Apostels Paulus** an die Römer (Röm. 13.13–14). Bei der Lektüre dieses sogenannten **Schriftorakels** folgt Augustinus dem Beispiel des **heiligen Antonius**, der sich auf die Lektüre einer Stelle aus dem **Matthäusevangelium** hin bekehrt haben soll (Mt. 19.21).

S 1 Schreiben Sie die Imperative heraus und setzen Sie diese in den jeweils anderen Numerus. Erklären Sie zudem anhand von *ne feceritis* (Z. 18) die Bildung und Funktion des Prohibitivs.

S 2 Begründen Sie die Wahl des Modus und des Tempus in der Formulierung *utrumnam solerent* in Z. 5.

T 1 Man spricht im Zusammenhang mit dieser Szene gewöhnlich von der „Bekehrung“ des Augustinus. Belegen Sie an seinem Lebenslauf und an den von Ihnen gelesenen Stellen aus den *Confessiones*, dass dieser Begriff nicht (ganz) glücklich gewählt ist. Wie ist dann die Freude und Erleichterung, die in *Conf.* 8.12.29 deutlich wird, zu erklären?

T 2 Immer wieder gab es Ansätze, die Schilderungen in den *Confessiones* mithilfe der Methoden der Psychoanalyse zu deuten und darin die Verarbeitung psychischer Probleme des Autors zu sehen. Erschließen Sie aus Ihrer Textkenntnis, wie man zu solchen Ansätzen kommen konnte. Diskutieren Sie in der Klasse, ob diese Herangehensweise an den Text gerechtfertigt ist.

T 3 Leiten Sie aus den hier abgedruckten Ausführungen des Augustinus ab, welches Bild vom Menschen er zur Zeit der Abfassung der *Confessiones* hatte.

→ die *Confessiones* als Buchorakel bei Petrarca: S. 186
→ AH: Tempora: S. 35
→ AH: Konjunktiv in Haupt- und Nebensätzen: S. 41

LERNWORTSCHATZ

LW *Conf.* 1.1.1 und 2.1.1

laudābilis, -e	lobenswert
valdē *Adv.*	sehr
excitāre, excitō, excitāvī, excitātum	aufregen; hervorrufen, verursachen; ermuntern
dōnec	(solange) bis, solange (als)
requiēscere, requiēscō, requiēvī, requiētum	ruhen, sich ausruhen
recordārī, recordor, recordātus sum *m. Akk./Gen.*	sich erinnern
anima, -ae *f*	Leben, Seele, Atem
fēlīx, -īcis	glücklich, erfolgreich, glückbringend
sēcūrus, -a, -um	unbesorgt, ruhig, sicher
colligere, colligō, collēgī, collēctum	sammeln, aufheben
dum	*m. Ind.* während, solange als, solange bis; *m. Konj.* wenn nur
āvertere, āvertō, āvertī, āversum	abwenden; entfernen
adulēscentia, -ae *f*	Jugend
amor, -ōris *m*	Liebe; *Pl.* Liebschaften
cōram *m. Abl.*	in Gegenwart von, (öffentlich) vor

LW *Conf.* 3.1.1 und 3.3.6

sēcrētus, -a, -um	abgesondert, verborgen, geheim
ōdisse, ōdī, ōsūrus	hassen
quoniam	weil ja, da ja, wo doch
famēs, -is *f*	Hunger
intus *Adv.*	im Innern
interior, -ius	innerer, im Innern befindlich
dēsīderium, -ī *n*	Sehnsucht, Verlangen
quō (~ ut eō) *beim Komp.*	damit (umso)
inānis, -e	eitel, unnütz; leer, gehaltlos
ideō *Adv.*	deshalb
avidus, -a, -um *m. Gen.*	gierig, begierig nach
dulcis, -e	süß, angenehm
fruī, fruor *m. Abl.*	genießen, gebrauchen
libīdō (*und* **lubīdō**), -inis *f*	Begierde, Lust; Willkür
ēlegāns, -antis	geschmackvoll, gewählt
urbānus, -a, -um	städtisch, gebildet
vānitās, -ātis *f*	Nichtigkeit, leerer Schein; Vergeblichkeit; Eitelkeit
glōriārī, glōrior, glōriātus sum (dē) *m. Abl.*	sich (einer Sache) rühmen
longē *beim Komp./Superl.*	bei weitem
removēre, removeō, remōvī, remōtum	entfernen, wegschaffen
pudor, -ōris *m*	Scham, Keuschheit; Ehrgefühl, Anstand; guter Ruf
impudēns, -entis	unverschämt, schamlos
factum, -ī *n*	Handlung, Tat, Tatsache
īgnōtus, -a, -um	unbekannt; unerfahren
grātīs *Adv.*	umsonst, ohne Gegenleistung
inde *Adv.*	von dort; deshalb
laetitia, -ae *f*	Freude, Fröhlichkeit

LW *Conf.* 3.4.7–8

ēloquentia, -ae *f*	Redegewandtheit, Ausdrucksfähigkeit
fīnis, fīnis *m*	Ende, Grenze; Ziel, Zweck; *Pl.* finēs, -ium Gebiet
pervenīre, perveniō, pervēnī, perventum (ad/in *m. Akk.*)	kommen, gelangen (zu/nach)
mīrārī, mīror, mīrātus sum	bewundern, sich wundern
pectus, -oris *n*	Brust; Herz, Gemüt, Charakter
continēre, contineō, continuī, contentum	festhalten, hemmen; enthalten, *Pass.* enthalten sein, beruhen (auf)
affectus, -ūs *m*	Gefühlszustand, Verfassung, Leidenschaft, Zuneigung; Einstellung
precēs, -um *f*	Bitte, Gebet
vōtum, -ī *n*	Wunsch, Gebet, Versprechen
repente *Adv.*	plötzlich, unerwartet
vānus, -a, -um	leer, nichtig, vergänglich, eingebildet
aestus, -ūs *m*	Hitze, Glut, Leidenschaft
surgere, surgō, surrēxī, surrēctum	aufstehen, sich erheben; aufsteigen
quōmodo *Adv.*	auf welche Weise, wie
philosophia, -ae *f*	Philosophie
blandus, -a, -um	schmeichlerisch, schmeichelhaft, reizend
error, -ōris *m*	Irrtum; Irrfahrt
suprā	*m. Akk.* oberhalb, über; über ... hinaus; *Adv.* oberhalb, oben, früher
lūmen, -inis *n*	Licht; Auge
nōtus, -a, -um	bekannt, berühmt
assequī (*und* **adsequī**), assequor, assecūtus sum	erreichen
sermō, -ōnis *m*	Gespräch, Unterhaltung, Äußerung; *christl.* Predigt

LW *Conf.* 5.13.23–14.24

pius, -a, -um	fromm, gerecht, pflichtbewusst; gütig, liebevoll
nescīre, nesciō, nescīvī, nescītum	nicht wissen, nicht kennen
suscipere, suscipiō, suscēpī, susceptum *m. Akk.*	auf sich nehmen, sich (einer Person/Sache) annehmen
tamquam	*Adv.* wie; *Subj.* wie wenn, als ob
vērum, -ī *n*	Wahrheit

ecclēsia, -ae *f*	Kirche
dēspērāre, dēspērō, dēspērāvī, dēspērātum	aufgeben; die Hoffnung verlieren, verzweifeln
studiōsus, -a, -um	eifrig, sorgfältig
disputāre, disputō, disputāvī, disputātum	diskutieren, erörtern
quasi *Adv.*	wie wenn, als ob; gleichwie; gewissermaßen
explōrāre, explōrō, explōrāvī, explōrātum	erforschen, prüfen
utrum ... an	*im dir. Fragesatz* ... oder; *im indir. Fragesatz* ob ... oder
convenīre, conveniō, convēnī, conventum	zusammenkommen, *m. Akk.* besuchen, treffen; *m. Dat.* zusammenpassen mit; sich einigen
-ve	oder
intentus, -a, -um	angespannt; aufmerksam, beschäftigt mit
tantum *Adv.*	so viel, so sehr; nur
quippe *Adv.*	freilich, allerdings; denn, nämlich
remanēre, remaneō, remānsī	(zurück)bleiben, übrig bleiben
simul	*Adv.* gleichzeitig, zugleich; *Subj.* sobald
neglegere, neglegō, neglēxī, neglēctum	nicht (be)achten, vernachlässigen
dirimere, dirimō, dirēmī, dirēmptum	trennen; unterbrechen
excipere, excipiō, excēpī, exceptum	aufnehmen, herausnehmen, eine Ausnahme machen
disertus, -a, -um	redegewandt, beredt
pariter *Adv.*	ebenso, gleichzeitig
fidēs, -eī *f*	Glaube, Treue, Vertrauen, Zuverlässigkeit

LW *Conf.* 8.7.17–18

quantō ... tantō	je ... desto
salūbris, -e	gesund, heilsam
sānāre, sānō, sānāvī, sānātum	heilen
forte *Adv.*	zufällig; vielleicht
duodecim	zwölf
differre, differō, distulī, dīlātum	aufschieben, sich unterscheiden
contemnere, contemnō, contempsī, contemptum	verachten, nicht beachten; verspotten
vacāre, vacō, vacāvī, vacātum	frei sein von *m. Abl.*, nicht haben; leer stehen; Zeit haben für, sich widmen *m. Dat.*
vel	*Konj.* oder, vielmehr; *Adv.* auch nur, sogar, wohl
praepōnere, praepōnō, praeposuī, praepositum	vorziehen, an die Spitze stellen
citō *Adv.* (*Komp.* citius)	schnell, rasch
mālle, mālō, māluī	lieber wollen
explēre, expleō, explēvī, explētum	ausfüllen, erfüllen, befriedigen
oppūgnāre, oppūgnō, oppūgnāvī, oppūgnātum	bekämpfen, angreifen, bestürmen
propterēā *Adv.*	deswegen, deshalb
appārēre, appāreō, appāruī	erscheinen, sich zeigen
cursus, -ūs *m*	Lauf, Laufbahn; Fahrt

LW *Conf.* 8.12.29

vīcīnus, -a, -um	benachbart; *Subst.* Nachbar
cantus, -ūs *m*	das Singen, Gesang, Lied; Zauberspruch
crēbrō *Adv.*	häufig
lūdere, lūdō, lūsī, lūsum	spielen, scherzen; verspotten
occurrere, occurrō, occurrī	begegnen; vor Augen treten, einfallen
impetus, -ūs *m*	Angriff, Schwung, Drang
interpretārī, interpretor, interpretātus sum	erklären, auslegen
arripere, arripiō, arripuī, arreptum	an sich reißen, gewaltsam ergreifen
silentium, -ī *n*	Schweigen, Stille, Verschwiegenheit; silentiō *Adv.* stillschweigend
conicere, coniciō, coniēcī, coniectum	(zusammen)werfen, schleudern; vermuten
induere, induō, induī, indūtum	anziehen, anlegen; bekleiden; sich aneignen
caro, carnis *f*	Fleisch
ultrā	*m. Akk.* über ... hinaus; *Adv.* darüber hinaus
sententia, -ae *f*	Meinung; Satz; Sinn; Antrag (im Senat)
tenebrae, -ārum *f Pl.*	Dunkelheit, Finsternis

Zusammenfassung: Aurelius Augustinus (354–430 n. Chr.)

- Heimatstadt **Thagaste** (im heutigen Algerien); gestorben in **Hippo Regius** (im heutigen Algerien),
- Ausbildung: schulische Grundbildung, **Literaturstudium,** später **Studium der Rhetorik** in Karthago,
- berufliche Tätigkeit: **Rhetoriklehrer** in **Karthago, Rom** und am **kaiserlichen Hof in Mailand;** dort Begegnung mit dem Bischof **Ambrosius,**
- geistige Entwicklung: seit Kindheitstagen **Taufanwärter,** während der Rhetorikausbildung Begegnung mit **Ciceros Schrift *Hortensius*** (Entdeckung der Philosophie, Beginn der Suche nach der Wahrheit), in Mailand allmähliche **Hinwendung zum (katholischen) Christentum** u. a. durch **Ambrosius' Predigten;** innerer Konflikt zwischen der Erfüllung weltlicher Sehnsüchte und der Hinwendung zu Gott und Askese bis zur endgültigen **„Bekehrung“ 386 n. Chr. *(Tolle, lege!);* Taufe 387 n. Chr.** durch Ambrosius,
- **Autor** zahlreicher theologischer Werke; **bekanntestes Werk: *Confessiones*** („Bekenntnisse“) (ca. 397–400 n. Chr.), darin ein **Rückblick auf sein Leben bis zur Taufe,**
- Charakter der *Confessiones*: **keine Autobiografie im modernen Sinne,** eher eine literarisch ausgestaltete Rückschau auf das eigene Leben; dadurch: Zeugnis der **Schwäche des Menschen,** seines (Augustinus' und des Menschen allgemein) **Weges zu Gott** und **Lob der Gnade und Güte Gottes.**

Vom Mittelalter zur Renaissance

Die Strömungen des Mittelalters bedeuteten für die lateinische Sprache und Kultur nicht das endgültige Ende. Ganz im Gegenteil: Als ***Lingua franca*** galt Latein europaweit als eine internationale Verständigungssprache für die höheren Stände. Händler, Geistliche, Gelehrte und auch die Königshäuser Europas kommunizierten untereinander in bestem Latein – allen voran **Karl der Große,** der sein Reich als rechtmäßigen Nachfolger des Imperium Romanum auffasste und in der **Karolingischen Renaissance** zahlreiche Bildungsreformen anordnete, um diesem Anspruch gerecht zu werden.
So wurden im gesamten Reich von Gelehrten wie **Rabanus Maurus** (ca. 780–856) zahlreiche Werke namhafter antiker Autoren gesammelt, katalogisiert und einem breiten Publikum zugänglich gemacht. **Notker Teutonicus** (ca. 950–1022) übersetzte Ciceros Schriften und galt als einer der wichtigsten Kommentatoren von Aristoteles' Werken. In den Schulen übte man mithilfe der antiken Rhetorik **Quintilians** das Halten von Reden ein. **Ovid** wurde als kanonischer Autor so wichtig, dass man im 12. Jahrhundert vorübergehend sogar von einer ***aetas Ovidiana*** sprach und ihm in Nachdichtungen, Bearbeitungen und Illustrationen seiner Texte nacheiferte. Vor allem seine ***Metamorphosen*** waren als Nachschlagewerk antiker Mythologie höchst beliebt und wurden europaweit rezipiert.
Auch die in der Antike etablierten Genres wurden weitergeführt und überlebten bis weit ins Mittelalter hinein. So schrieb **Einhard** noch im 9. Jahrhundert eine Biografie Karls des Großen, wobei er sich eines ähnlichen Rubrikenschemas wie **Sueton** knapp 1000 Jahre zuvor bediente. In Frankreich verfasste **Walter von Châtillon** mit seiner ***Alexandreis*** (12. Jh.) ein lateinisches Epos, das sich ganz in antiker Tradition den Heldentaten von Alexander dem Großen widmete. Geschichtsschreiber wie Wilhelm von Tyros oder Arnold von Lübeck (12. Jh.) bedienten sich am Wissen der Antike, um die Historie einiger Landstriche Europas zu beleuchten, und zitierten die alten Quellen oft sogar wörtlich.
Dasselbe versuchte im 15. Jahrhundert auch der **Hexenhammer,** ein literarisches (Mach-)Werk der Inquisition. Mithilfe einer Flut von Zitaten von Seneca oder Cicero wollte der Autor Heinrich Kramer seinen Kreuzzug gegen die Hexen Europas rechtfertigen und instrumentalisierte die antiken Werke zu seinen eigenen Zwecken – im Mittelalter kein Einzelfall: Da der Umgang mit nichtchristlichen Texten vielerorts verpönt war, ging man mit den alten Werken oft recht sorglos um. Viele Autoren wurden an die neuen geistigen Strömungen des Christentums angepasst und uminterpretiert. Waren die Inhalte zu unpassend oder anstößig, wurde großräumig zensiert oder gestrichen.
So gerieten über die Jahrhunderte einige Schriftsteller wie **Catull** oder **Petron** fast komplett in Vergessenheit. Selbst ein beträchtlicher Fundus von **Ciceros** Werken war für das Mittelalter für lange Zeit uninteressant. Dadurch blieben viele antike Schriften dem Zugang verschlossen und mussten zunehmend zeitgenössischer christlicher Literatur in lateinischer Sprache weichen, die sich inhaltlich wie auch stilistisch von der klassischen Antike stark unterschied. So nutzt beispielsweise **Caesarius von Heisterbach** (12./13. Jh.) zahlreiche Vokabeln und Syntaxkonstruktionen, die dem klassischen Latein völlig unbekannt sind.
Parallel dazu entstand ein Markt für Werke, die in der jeweiligen Landessprache geschrieben waren und so nicht nur die lateinisch sprechende Oberschicht, sondern das gesamte Volk erreichen konnten. Zwar finden sich auch dort noch häufig antike Figuren, Schauplätze oder historische Ereignisse – so z. B. im Aeneasroman (12. Jh.) des **Heinrich von Veldeke** oder in **Geoffrey Chaucers** Liebesgeschichte „Troilus und Criseyde“ (14. Jh.), deren Schauplatz Troia ist. Die Geschichten sind jedoch stark an den damaligen Zeitgeist angepasst, die Figuren handeln entsprechend den Gepflogenheiten des Mittelalters, damit sie dem Publikum gefallen.
In Italien war man gegenüber dem Lateinischen ab dem 14. Jahrhundert deutlich positiver eingestellt als im Rest von Europa. Dort wurde in der Epoche der beginnenden Renaissance die klassische Antike unter dem Leitspruch ***Ad fontes!*** zum neuen alten Ideal erhoben. Autoren wie **Francesco Petrarca** (1304–1374) verneigten sich vor dem großen Meister Cicero und versuchten, das im Mittelalter stark veränderte Latein

Dido empfängt Aeneas in Karthago (Zeichnung aus einer Handschrift zum Aeneasroman von Heinrich von Veldeke, 1419). Beschreiben Sie, wie die antike Welt an die Lebenswelt des mittelalterlichen Publikums angeglichen ist (vgl. auch die Abbildung auf S. 90).

→ Quintilian: S. 36 und S. 45
→ Petron: S. 51
→ Ovids *Metamorphosen* und *Heroides*: S. 62 und S. 88
→ Caesarius von Heisterbach: S. 176
→ Hexenhammer: S. 204
→ Projekt: Christliche Literatur: S. 244

hinter sich zu lassen und den klassischen Stil der antiken Autoren zu imitieren. Architekten wie Filippo Brunelleschi (15. Jh.) oder Andrea Palladio (16. Jh.) brachen mit den Stilen der Romanik und Gotik und überraschten mit altbekannten architektonischen Elementen, die man beispielsweise in den Werken eines **Vitruv** gefunden hatte.

Italiens Vorbild folgte bald fast ganz Europa. Überall wurden alte Strukturen des Mittelalters hinterfragt und aufgebrochen, oft sogar überwunden: **Martin Luther** (1483–1546) trat mit seinen Thesen der katholischen Kirche entgegen, die das Leben der Gesellschaft über Jahrhunderte bestimmt hatte. Sein enger Freund **Philipp Melanchthon** (1497–1560) machte als Reformpädagoge in Deutschland von sich reden und etablierte die lang vergessenen Autoren der Antike als festen Bestandteil des Lehrplans in den Schulen. **Nikolaus Kopernikus** (1473–1543) oder **Galileo Galilei** (1564–1642) widerlegten ausgehend von Berechnungen der alten Griechen in ihren Schriften das Weltbild des Mittelalters und führten das **heliozentrische Weltbild** ein. In den Niederlanden machte sich **Erasmus von Rotterdam** (1464–1536) als führender Humanist einen Namen und rechnete in seinen Satiren mutig mit der Falschheit des Klerus ab – und das so heftig, dass die Kirche seine Werke kurzerhand auf den Index setzte.

Dennoch: Europa war durch die neulateinischen Schriften dazu gebracht worden, alte Denkmuster und Gewohnheiten hinter sich zu lassen. Und so verwundert es auch nicht, dass lange nach dem Humanismus viele Dichter und Denker ihre Werke nach wie vor in lateinischer Sprache verfassten. Dichter wie **Jakob Balde** (1604–1668), Philosophen wie **René Descartes** (1596–1650; ***Cogito, ergo sum***), selbst Naturwissenschaftler wie **Isaac Newton** (1643–1727) sprechen im besten Latein zu uns und lassen erahnen, welch große Bedeutung der lateinischen Sprache damals zukam. Davon zeugen bis heute die **zahlreichen lateinischen Fachbegriffe** in der Terminologie akademischer Berufe wie Medizin, Biologie, Chemie oder etwa Jura.

Freilich hat das Lateinische mittlerweile den Status einer *Lingua franca* an das Englische verloren. Dennoch finden sich bis heute viele leidenschaftliche Projekte, die der einstigen Weltsprache Gehör verschaffen. So werden immer mehr **Klassiker der zeitgenössischen Kinder- und Jugendliteratur** ins Lateinische übersetzt, z. B. die „Harry Potter"-Romane, „Winnie the Pooh" oder „Der Struwwelpeter". Als **offizielle Amtssprache** ist Latein v. a. im Vatikan bis heute relevant, wo es in Reden, Briefwechseln oder im Alltag genutzt wird. Auch der offizielle Radiosender, **Radio Vaticana,** sendet seine Nachrichten auf Latein – ebenso wie Radio Bremen, das seine ***Nuntii Latini*** seit Jahren in die Welt überträgt. Selbst online erfreut sich Latein wachsender Beliebtheit: Nicht nur, dass man ins soziale Netzwerk Facebook eine lateinische Sprachversion implementiert hat, auch die Internet-Enzyklopädie Wikipedia hat mit Vicipaedia Latina ein Portal, in dem mittlerweile mehr als 60.000 Artikel in lateinischer Sprache zu Themen aller Art zu finden sind. Latein – eine tote Sprache? Im neuen Jahrtausend ganz bestimmt nicht.

Erasmus von Rotterdam und sein Schutzgott Terminus in einem Holzschnitt von Hans Holbein (ca. 1538). Beschreiben Sie, wie in der Abbildung auf die Antike Bezug genommen wird. Berücksichtigen Sie dabei auch Terminus und dessen mythologische Wurzeln.

→ Vitruv: S. 52
→ Petrarca: S. 180
→ Erasmus von Rotterdam: S. 190
→ Kopernikus und Galilei: S. 198, S. 202 und S. 237
→ Luther und Melanchthon: S. 208 und S. 212
→ Isaac Newton: S. 237

Isidor von Sevilla: *Etymologiae*

Isidor wurde **ca. 560 n. Chr.** als jüngstes Mitglied einer vornehmen hispano-römischen Familie in **Cartagena** (*Carthago Nova,* Südostspanien) geboren. Bald nach seiner Geburt wurde die Familie von dort vertrieben und siedelte nach **Sevilla *(Hispalis)*** über. Isidors Eltern starben früh, sodass er zusammen mit seinen Geschwistern Fulgentius und Florentina von ihrem ältesten **Bruder Leander** erzogen wurde, der in Sevilla **Erzbischof** war. Von diesem erhielt Isidor später auch seine Priesterweihe.
Nach dem Tode Leanders folgte Isidor diesem **um 600 n. Chr.** auf den Bischofsstuhl nach. In seiner Zeit als **Erzbischof von Sevilla** nahm er maßgeblichen Einfluss auf die Geschichte Spaniens: Er setzte sich dafür ein, dass Geistliche wissenschaftlich ausgebildet wurden, und gründete hierfür mehrere bischöfliche Schulen mit gut ausgestatteten Bibliotheken. Den Höhepunkt seiner Kirchenkarriere bildete der **Vorsitz beim Vierten Konzil** (*concilium,* „Versammlung der Bischöfe") **von Toledo 633 n. Chr.,** in dem so wichtige Dinge wie z. B. die Einheit von Kirche und Staat oder die Einrichtung von Domschulen in jeder Diözese beschlossen wurden.
Drei Jahre nach diesem Konzil starb Isidor am **4. April 636 n. Chr.** in **Sevilla.** Im Jahre **1598** wurde er **heiliggesprochen, 1722** zum **Kirchenlehrer** ernannt. Bildliche Darstellungen zeigen ihn als Bischof in weißem Gewand mit Buch und Federkiel. Heute würden ihn viele gläubige Menschen wegen seiner großen Gelehrtheit – er wird häufig als „Ein-Mann-Internet" seiner Zeit bezeichnet – gern als **Patron des Internets** sehen.
Literarisch äußerst produktiv, gilt Isidor als einer der **bedeutendsten Autoren** an der **Grenze von der Spätantike zum Frühmittelalter.** Sein wichtigstes Werk, eine **Enzyklopädie** mit dem Titel ***Etymologiae*** (auch ***Origines*** genannt), beschreibt alle Bereiche der antiken Kultur, die ihm so grundlegend erschienen, dass sie seine Zeitgenossen und die Nachwelt nicht vergessen sollten. Der Titel ***Etymologiae*** leitet sich davon ab, dass nach Isidors Vorstellung der Weg zur Kenntnis eines Sachverhalts über die Geschichte seines Wortes führt (d. h. also die **Etymologie**).
Sein Freund und Schüler **Braulio** teilte das Werk in **20 Bücher** ein und **gab es heraus.** Im **achten Buch** gibt Isidor u. a. einen Abriss über die Geschichte der **antiken Philosophie.**

Buchmalerei aus einem Codex der Klosterbibliothek Einsiedeln (Schweiz, 10. Jh. n. Chr). Benennen Sie die beiden dargestellten Personen anhand der Tituli und Attribute im Bild. Erschließen Sie, ggf. unter Zuhilfenahme eines Wörterbuchs, was die Abkürzung *ĒPS* bei beiden Figuren heißen muss.

Etym. 8.6.1 Was ist ein Philosoph?

Gemäß dem Grundansatz seines Denkens, dem zufolge man einen Begriff oder Sachverhalt gut über den Ursprung des Wortes fassen kann, das ihn bezeichnet, erläutert Isidor den Begriff „Philosoph":

Philosophi Graeca appellatione vocantur, qui Latine amatores sapientiae interpretantur. Est enim philosophus, qui divinarum et humanarum rerum scientiam habet et omnem bene vivendi tramitem tenet.

1 *Latīnē* auf Latein – 2 *interpretārī* übersetzt werden – 4 *trāmes, -itis m* Pfad

S Man kann sich viel Zeit und Energie beim Wörterlernen sparen, wenn man einige Regeln der lateinischen **Wortbildung** kennt und beherzigt. So bezeichnet z. B. die Substantivendung *-io* den Vorgang, die Handlung oder das Ergebnis einer Handlung, die Endung *-ia* eine Eigenschaft, und die Endung *-or* die handelnde Person. Erschließen Sie mit der Kenntnis dieser Grundregeln der Wortbildung die Bedeutung der Wörter *appellatio* (Z. 1), *amator* (Z. 2), *sapientia* (Z. 2) und *scientia* (Z. 3).

→ Philosophie bei Cicero: S. 28
→ Wortbildung: S. 53
→ etymologische Erklärungen im Hexenhammer: S. 205

Etym. 8.6.2–3 Wie die Philosophen zu ihrem Namen kamen

Nomen *philosophorum* primum a Pythagora fertur exortum. Nam dum antea Graeci veteres sophistas, id est sapientes aut doctores sapientiae semetipsos iactantius nominarent, iste interrogatus, quid profiteretur, verecundo nomine philosophum (id est amatorem sapientiae) se esse respondit, quoniam sapientem profiteri arrogantissimum videbatur. Ita deinceps posteris placuit, ut – quantālibet de rebus ad sapientiam pertinentibus doctrinā quisque vel sibi vel aliis videretur excellere – non nisi philosophus vocaretur.

1 *philosophus* LW *Etym.* 8.6.1 – *Pȳthagorās, -ae* Philosoph und Mathematiker aus Samos (ca. 570–500 v. Chr.) – 1/2 *fertur exortum* soll aufgebracht worden sein – 2 *Graecus* LW *Etym.* 8.6.1 – *sophista, -ae m* Sophist (vgl. die Info-Box) – 3 *doctor, -ōris m* vgl. die S-Box auf der vorangehenden Seite – *sēmetipsōs* sich selbst – *iactāns, -antis* überheblich – 5 *verēcundus* bescheiden – *amātor* vgl. die S-Box auf der vorangehenden Seite – 7 *arrogāns, -antis* anmaßend – *deinceps* dann auch – 8 *quantālibet* durch welch noch so große

S Vergleichen Sie die übliche Verwendungsweise von *dum* mit der in Z. 2.

T Erörtern Sie in der Klasse, warum die Sophisten von Männern wie Pythagoras, Sokrates und Platon so massiv abgelehnt wurden. Begründen Sie im Anschluss daran eine eigene Position.

i **Die Sophisten**

Sophisten waren griechische Gelehrte des **5./4. Jahrhunderts v. Chr.**, die behaupteten, jedem Menschen eine ἀρετή (*aretḗ*, „Tugend“, „wertvolle Eigenschaft“) in Form **praktischer Philosophie** und **Beredsamkeit** beibringen zu können, wenn er sie dafür **bezahlte.** Dabei verdienten einige von ihnen horrende Summen, wie z. B. **Gorgias von Leontinoi** auf Sizilien (ca. 480–380 v. Chr.), von dem überliefert wird, dass er von sich eine Porträtstatue aus purem Gold habe anfertigen lassen. Der wohl berühmteste Sophist war **Protagoras von Abdera** (ca. 480–415 v. Chr.).

Obwohl der Ansatz der Sophisten die Bürger u. a. dazu befähigen sollte, sich durch die von ihnen erlernten Fähigkeiten an der neu aufgekommenen Herrschaftsform der Demokratie aktiv zu beteiligen, wurde ihnen übel genommen, dass sie sich quasi als „**Berufsphilosophen**“ bezahlen ließen. Besonders Vertreter des alteingesessenen Adels, allen voran der **Sokratesschüler Platon**, aber auch Sokrates selbst, bekämpften die Sophisten massiv.

Etym. 8.6.3–6 Die Arten der Philosophen

Idem autem philosophi triplici genere dividuntur: Nam aut Physici sunt aut Ethici aut Logici. Physici dicti, quia de naturis tractant. Natura quippe Graece φύσις [phýsis] vocatur. Ethici, quia de moribus disputant. Mores enim apud Graecos ἤθη [éthe] appellantur. Logici autem, quia in natura et in moribus rationem adiungunt. Ratio enim Graece λόγος [lógos] dicitur.

1 *philosophus* LW *Etym.* 8.6.1 – *triplex, -plicis* drei(fach) – 2 ergänze: *dictī <sunt>* – 3 *nātūrae f Pl.* (hier) Schöpfung – *Graecus* LW *Etym.* 8.6.1 – 4/5 *Ēthicī* und *Logicī* ergänze *dictī sunt*

T Erklären Sie den Zusammenhang zwischen den genannten Teildisziplinen und den griechischen Wörtern, von denen ihre Namen abgeleitet sind. Greifen Sie bei der Bestimmung der Inhalte, mit denen sich die Philosophen befassen, auch auf die nebenstehende Box zurück.

Logik, Physik und Ethik

Im „Kleinen Lexikon zur römischen Welt“ von Franz-Peter Waiblinger und Rainer Nickel findet sich folgender Eintrag: ***Philosophie*** *(philosophi̲a, „Liebe zur Weisheit“) hatte in der Antike einen weiteren Bedeutungsinhalt als heute. Sie wurde in hellenistischer Zeit in drei große Bereiche eingeteilt: Logik, Physik und Ethik. Zur Logik gehörten auch Erkenntnistheorie, Sprachphilosophie und Rhetorik; zur Physik die Theologie, Metaphysik, Kosmologie, Meteorologie, Hydrologie, Seismologie, Geophysik, Erdkunde, Biologie, Psychologie und Physiologie; zur Ethik die Haushaltslehre (Ökonomik) und Politologie. – In Rom wurde die Ph. erst im 2. Jh. v. Chr. heimisch. Der praktische Sinn der Römer, die Vätersitte* (mos maiorum) *und die alle Bereiche des Lebens umfassende Religion setzten ihrem Denken feste Grenzen. Erkennen um der Erkenntnis willen, Lust am Denken, das Bedürfnis, der Welt auf den Grund zu gehen – diese griech. Eigenart war den Römern fremd. [...]*

Fassen Sie die Unterschiede hinsichtlich der Lust am Philosophieren bei den Griechen und Römern mit eigenen Worten zusammen und erschließen Sie mögliche Gründe dafür.

→ Naturphilosophie/die Anfänge der Philosophie bei Cicero: S. 29
→ Pythagoras bei Cicero: S. 30
→ die Sophisten bei Cicero: S. 35
→ Sokrates: S. 102
→ Logik, Ethik und Physik: S. 114
→ AH: Konjunktiv in Haupt- und Nebensätzen: S. 41

Etym. 8.6.6–15 Die Benennungsmotive für verschiedene Philosophenschulen

Nicht nur der Mensch an sich, der sich mit der Weisheit abgibt, ist durch bestimmte Umstände und durch ein gewisses Motiv benannt, sondern auch die organisierten Schulen für Philosophie. Im Folgenden geht Isidor darauf näher ein:

Divisi sunt autem et hi in haeresibus suis, habentes quidam nomina ex auctoribus, ut Platonici, Epicurei, Pythagorici, alii a locis conventiculorum et stationum suarum, ut Peripatetici, Stoici, Academici.

Nach dieser allgemeinen Einteilung werden einzelne Schulen näher beleuchtet.

Platonici a Platone philosopho dicti. [...] Stoici a loco dicti. Porticus enim fuit Athenis, quam ποικίλην στοὰν [poikílen stoán] appellabant, in qua picta erant gesta sapientium atque virorum fortium historiae. In hac porticu sapientes philosophabantur, ex quo et Stoici dicti sunt. Graece enim porticus στοὰ [stoá] dicitur. Hanc sectam primus Zenon instituit. [...] Academici appellati a villa Platonis Academia Athenarum, ubi idem Plato docebat. [...] Peripatetici a deambulatione dicti, eo quod Aristoteles auctor eorum deambulans disputare solitus esset. [...] Epicurei dicti ab Epicuro quodam philosopho amatore vanitatis, non sapientiae, quem etiam ipsi philosophi porcum nominaverunt, quasi volutans in caeno carnali, voluptatem corporis summum bonum adserens.

1 *dīvidere* LW *Etym.* 8.6.3–6 – *haeresis, -is f* Philosophenschule – 3 *conventiculum* Versammlung – 5 *philosophus* LW *Etym.* 8.6.1 – 5/6/14/15 *dictī* ergänze jeweils *sunt* – 9 *philosophārī* philosophieren – *ex quō* weshalb – 10 *Graecus* LW *Etym.* 8.6.1 – 11 *secta* (philosophische) Schule – 12 *appellātī* ergänze *sunt* – 13 *deambulātiō, -ōnis f* Spaziergang – 14 *eō* deswegen – *deambulāre* spazieren gehen – 15 *disputāre* LW *Etym.* 8.6.3–6 – 16 *amātor* vgl. die S-Box auf S. 172 – 17 *porcus* Schweinchen – 18 *volutāre* sich suhlen – *caenum* Dreck – *carnālis, -e* fleischlich – 19 *adserere (m. Akk.)* annehmen als

S Tragen Sie aus dem Text typische Wendungen für einen doppelten Nominativ bzw. Akkusativ zusammen.

T 1 Fassen Sie in eigenen Worten zusammen, welche Benennungsmotive (Gründe für die Namensgebung) für die hier vorgestellten Philosophenschulen angegeben werden.

T 2 Epikur kommt in Isidors Darstellung sehr schlecht weg. Erläutern Sie, inwiefern Isidors persönlicher Lebenslauf in diese Ansicht mit hineingewirkt haben dürfte. Prüfen Sie anhand der Ausführungen Ciceros (S. 33) zu Epikur, ob Isidor mit diesen Aussagen Recht hat.

i Etymologie

Der Begriff „Etymologie", mit dem Isidors Werk betitelt ist, bezeichnet bis heute einen wichtigen Bereich in der modernen Sprachwissenschaft.
Informieren Sie sich über den Begriff „Etymologie" und erörtern Sie anhand von Belegen aus dem Übersetzungstext, inwieweit Isidors Vorgehen auch einer modernen Definition von Etymologie standhält.

Rekonstruktion der Stoá Poikíle in Athen (erbaut um 460 v. Chr.), ausgeschmückt mit Gemälden berühmter Künstler. Erörtern Sie, welche Vorteile es haben kann, in einer solchen Halle zu philosophieren.

i Bedeutende Philosophen und Philosophenschulen

Die folgende Liste bietet eine Übersicht über die im Text genannten Philosophen und ihre Schulen. In eckigen Klammern werden die Seiten angegeben, auf denen Sie weitere Informationen dazu erhalten:

- ***Platonici,*** Platoniker, Anhänger des **Platon** (***Plato,*** *-onis* [S. 28]), Philosoph aus Athen *(Athenae, -arum f Pl.)*, Schüler des **Sokrates**
- ***Epicurei,*** Epikureer (S. 33), Anhänger des **Epikur** ***(Epicurus)*** von Samos
- ***Pythagorici,*** Pythagoreer, Anhänger des **Pythagoras** (S. 29/30)
- ***Peripatetici,*** Peripatetiker (S. 28)
- ***Stoici,*** Stoiker (S. 34), Philosophenschule in Athen, begründet von ***Zeno(n)*** (*-onis*) aus Kition (S. 152)
- ***Academici,*** Akademiker (S. 28)
- ***Aristoteles*** (*-is*) aus Stageira (Makedonien) (S. 28), Schüler des **Platon,** Lehrer und Erzieher **Alexanders des Großen** (S. 28, 31 und 35)

→ Philosophenschulen bei Cicero: S. 28
→ Epikurs Lehre von der *voluptas* bei Cicero: S. 33
→ Überblick: Stoiker – Epikureer – Kyniker: S. 116
→ AH: Kasusfunktionen: S. 8

LERNWORTSCHATZ

LW *Etym.* 8.6.1

philosophus, -ī *m*	Philosoph
Graecus, -a, -um	griechisch; *Subst.* der Grieche; *Adv.* Graecē auf Griechisch
scientia, -ae *f*	Wissen, Kenntnis; Wissenschaft

LW *Etym.* 8.6.2–3

dum (*mlat.*) *m. Konj.*	während doch
anteā *Adv.*	vorher
profitērī, profiteor, professus sum	bekennen, verkünden; als sein Fach angeben
quoniam	weil ja, da ja, wo doch
pertinēre, pertineō, pertinuī (ad *m. Akk.*)	betreffen, gehören (zu), sich erstrecken (bis)
doctrīna, -ae *f*	Unterricht, Lehre, Wissenschaft
quisque, quaeque, quidque (quodque)	jeder
excellere, excellō	herausragen, hervorragen; *m. Dat.* jmd. übertreffen

LW *Etym.* 8.6.3–6

dīvidere, dīvidō, dīvīsī, dīvīsum	(ein)teilen, trennen
tractāre, tractō, tractāvī, tractātum	(be)handeln, abhandeln, bearbeiten
quippe *Adv.*	freilich, allerdings; denn, nämlich
disputāre, disputō, disputāvī, disputātum	erörtern, diskutieren
adiungere, adiungō, adiūnxī, adiūnctum	anfügen, verbinden

LW *Etym.* 8.6.6–15

statiō, -ōnis *f*	Standort
porticus, -ūs *f*	Säulengang, offene Halle
pingere, pingō, pīnxī, pictum	(be)malen; färben
gesta, -ōrum *n Pl.*	Taten
historia, -ae *f*	Geschichte, Geschichtswerk, -schreibung
vānitās, -ātis *f*	Nichtigkeit, leerer Schein; Vergeblichkeit; Eitelkeit
quasi *Adv.*	wie wenn, als ob; gleichwie; gewissermaßen

Zusammenfassung: Isidor von Sevilla (ca. 560–636 n. Chr.)

- geboren in **Cartagena** (*Carthago Nova*, Südostspanien); gestorben in **Sevilla** ***(Hispalis)***,
- einer der **bedeutendsten Autoren** an der **Grenze von der Spätantike zum Frühmittelalter,**
- um **600 n. Chr. Erzbischof von Sevilla;** kirchlicher Karrierehöhepunkt: Vorsitz beim Vierten Konzil von Toledo 633 n. Chr.,
- **1598 Heiligsprechung, 1722** Ernennung zum **Kirchenlehrer,**
- **Hauptwerk:** die Enzyklopädie (umfangreiches Nachschlagewerk) ***Etymologiae*** (auch ***Origines*** genannt):
  - 20-bändiges Nachschlagewerk zu allen Bereichen des Lebens,
  - **Einteilung** und **Herausgabe** des Werkes durch seinen Schüler und Freund **Braulio,**
  - im **achten Buch** u. a. ein Abriss der antiken **Philosophie.**

Caesarius von Heisterbach: *Dialogus miraculorum*

Das Lateinische hatte im Mittelalter als **Sprache der Literatur und Wissenschaft** weiterhin eine große Bedeutung. Gegenüber dem antiken Sprachgebrauch vollzogen sich jedoch etliche Veränderungen. Ein Grund dafür war, dass für die Darstellung **christlicher Themen** antike Begriffe umgedeutet oder neue Wörter gebildet werden mussten. Ein Beispiel für die Auseinandersetzung mit christlichen Gedanken in lateinischer Sprache sind die Schriften des **Caesarius von Heisterbach.**
Caesarius wurde wahrscheinlich **um 1180** in **Köln** oder der näheren Umgebung **geboren.** Nach seiner Schulzeit am St. Andreasstift sowie einem **Theologiestudium** an der **Kölner Domschule** trat er im Januar **1199** in das **Zisterzienserkloster Heisterbach** bei **Königswinter** (Nordrhein-Westfalen) ein, wo er bald **Novizenmeister** und später **Prior** wurde. Damit bekleidete er zwei sehr wichtige Ämter: Der Novizenmeister wird „Neulingen“ (mlat. *novicius,* Novize, Mönch in der Probezeit) an die Seite gestellt, um ihnen bei ihrer **Einfindung in das Ordensleben** in allen Belangen behilflich zu sein. Der Prior ist der **Stellvertreter des Abtes,** welcher wiederum ein Kloster leitet. Caesarius **starb nach 1240** im **Kloster Heisterbach.**
Das **Hauptwerk** seiner umfangreichen literarischen Tätigkeit ist der ***Dialogus miraculorum,*** den er in den Jahren **1219–1223** verfasste. Dabei handelt es sich um einen **Dialog** zwischen einem ***Novicius interrogans*** (fragenden Novizen) und einem ***Monachus respondens*** (antwortenden Mönch). In **zwölf *Distinctiones*** („Unterscheidungen“), d. h. **geordneten Themengebieten,** werden **Hunderte von moralisierenden Wundergeschichten** behandelt.
Hierbei gliedern und strukturieren die Fragen des Novizen die Schrift. Der antwortende Mönch gibt Erklärungen oder weist auf Schwierigkeiten bei der Interpretation der Geschichten hin.

Die **Adressaten** dieses Textes waren die **Mitbrüder des Caesarius,** speziell die Novizen während ihrer Probezeit, da die Antworten des Mönchs immer wieder auf **grundsätzliche theologische Probleme** hindeuten. Es steht außer Zweifel, dass sich Caesarius mit der Figur des *Monachus* selbst zeigt.

Illustration in einer Handschrift vom Beginn des *Dialogus miraculorum,* in der Caesarius von Heisterbach als Novizenmeister dargestellt ist. Beschreiben Sie die Szene und stellen Sie die Verbindung zu Caesarius' Hauptwerk her. Diskutieren Sie davon ausgehend in der Klasse, in welchen Fragen ein Novizenmeister seinen Schützlingen Ihrer Meinung nach Hilfestellungen geben könnte.

Dial. 1.3.6 Wie der Teufel die *virtus* bekämpft

Der Mönch erzählt seinem Novizen zunächst die Geschichte einer besonders tugendhaften Jungfrau, deren Lebenswandel den Teufel sehr ärgert. Er will sie daher verführen ...

MONACHUS. Invidens diabolus tantae virtuti, in specie viri admodum pulchri satisque decenter vestiti apparens virgini, coepit illam verbis amatoriis sollicitare, clenodia offerre, laudare coniugii fecunditatem, virginitatis vituperare sterilitatem. Cui virgo nesciens, quis esset, respondit: „Virum ducere non propono; Christi amori nuptias carnales postpono et contemno.“

1 *monachus* vgl. die Einleitung – 2 *satis decenter* sehr anmutig – *vestīre* kleiden – 3 *amātōrius* verliebt – 4 *clēnodium (mlat., germanisches Fw.)* Kleinod – *fēcunditās, -ātis f* Fruchtbarkeit – *virginitās, -ātis f* Jungfräulichkeit – 5 *vituperāre* tadeln – *sterilitās, -ātis f* Unfruchtbarkeit – 6 *virum dūcere* einen Mann heiraten – *prōpōnere* (hier) sich vornehmen – 7 *carnālis, -e* fleischlich (d. h. sündhaft) – *postpōnere* hintansetzen

T 1 Der Begriff *virtus* kann ganz unterschiedliche Bedeutungen haben. Stellen Sie mithilfe des Wörterbuchs mögliche Übersetzungen von *virtus* zusammen und erklären Sie, in welchen Kontexten *virtus* eine Rolle spielen kann. Anhaltspunkte geben Ihnen die Textstellen von Cicero: *Cat.* 1.3–4, Z. 8–10 (S. 17) und *Tusc.* 5.5–6, Z. 1–2 (S. 28). Erklären Sie davon ausgehend, was Caesarius hier unter *virtus* versteht.

→ Ehe- und Liebesbeziehungen in der antiken Philosophie: S. 34
→ Jungfräulichkeit und Askese: S. 157
→ Köln: Petrarcas Rheinreise S. 181

Cumque lascivus ille spiritus nimis esset ei importunus in diversis locis ad illam veniens, sciens puella multas esse virgines se pulchriores, nobiliores atque ditiores coepit amatorem phantasticum habere suspectum, ita ut ei diceret: „Bone domine, quis vel unde estis, quod tanto mihi desiderio copulari affectatis?“ Cumque ille invitus se proderet et virgo tanto propensius instaret, tandem daemon necessitate compulsus confessus est dicens: „Ego sum diabolus.“

Ad quod verbum illa expavescens respondit: „Ut quid ergo exigis carnale coniugium, quod naturae tuae dignoscitur esse contrarium?“

Nach einem weiteren vergeblichen Versuch des Teufels, die Jungfrau noch zur Ehe zu überreden, verscheucht sie ihn vermeintlich durch das Kreuzzeichen – doch nicht sehr lange: Der beleidigte Höllenfürst quält das Mädchen aufs Heftigste, sucht sie unaufhörlich heim und wirft ihr während der Mahlzeiten Unappetitlichkeiten in ihre Schale. Selbst als sie Schutz bei anderen sucht, hat sie keine Ruhe. Der Teufel hält allen immer und immer wieder ihre Sünden vor und bewirft sie mit Kot und Mist. Da reicht es den Leuten:

Dixerunt ei quidam: „Nosti, o diabole, Dominicam orationem?“ Respondente illo: „Optime scio“, rogatus est illam dicere. Et ait: „Pater noster, qui es in coelum, nomen tuum, fiat voluntas et in terra, panem nostrum quotidianes da nobis hodie, sed libera nos a malo.“ Et cum plures in eadem oratione fecisset saltus atque barbarismos, cachinnando subiunxit: „Ecce, sic vos laici dicere soletis orationem vestram.“

Requisitus etiam de symbolo dixit se bene et optime scire, sic incipiens: „Credo Deum Patrem omnipotentem.“ Cui cum quidam dicerent: „Dicere debes ‚Credo *in* Deum‘“ illeque subiungeret: „Credo Deo“, viri litterati, qui tunc erant praesentes, diaboli verbum notantes et vim accusativi intelligentes instinterunt, ut diceret: „Credo in Deum.“ Et non poterant eum ad hoc inducere.

NOVICIUS. Vellem et ego scire, quid sit „Credere in Deum“.

MONACHUS. Credere in Deum est per dilectionem ire in Deum. Unde Salvator ait: „Omnis, qui vivit et credit in me, habet vitam aeternam.“ Daemon, sicut dicit Apostolus Jacobus, credit et contremiscit, sed non diligit. Credit Deum esse, credit verba eius vera esse, sed non credit in eum, quia non diligit eum. Salutationem vero angelicam idem daemon incipere non potuit, cum tamen se illam scire profiteretur.

(Fortsetzung nächste Seite)

8 *lascīvus* lüstern – *importūnus* lästig – 10 *dītiōrēs* ~ *dīvitiōrēs* – 11 *amātor phantasticus* gespenstischer Verehrer – *suspectum habēre* in Verdacht haben – 13 *cōpulāre (m. Dat.)* verheiraten mit – *affectāre* trachten nach – 14 *tantō prōpēnsius īnstāre* um so viel ernster zusetzen – 15 *compellere (PPP: compulsum)* in die Enge treiben – 17 *expavēscere* sich entsetzen – *ut quid* wozu – 18 *dīgnōscere* erkennen – 20 *nōstī* ~ *nōvistī* – 20/21 *Dominica ōrātiō* vgl. die S-Box – 22 *coelum (~ caelum)* Himmel – 24 *quotīdiānus* (~ *cottīdiānus*) täglich – 25 *saltus, -ūs* Sprung – *barbarismus (griech. Fw.)* sprachlicher Fehler – 26 *cachinnāre* laut auflachen – *subiungere (Perf.: subiūnxī)* hinzufügen – *laicus* Laie (d. h. nicht Priester) – 28 *symbolum (griech. Fw.)* Glaubensbekenntnis – 29 *omnipotēns, -entis* allmächtig – 32 *litterātus* gebildet – *notāre* (hier) hören – 33 *accūsātīvus* Akkusativ – *intelligere* ~ *intellegere* – *īnsistere (Perf.: īnstitī)* beharren – 36 *novīcius* vgl. die Einleitung – 38 *per dīlēctionem īre* durch Liebe herankommen – 39 *salvātor, -ōris m* Heiland – 41 *Apostolus Jacobus* der Apostel Jakob – *contremīscere* zittern – 43/44 *salūtātiō (-ōnis f) angelica* Engelsgruß

S

Bedeutungswandel im Latein der Christen

Das Latein der Christen unterschied sich von dem der Nichtchristen z. T. deutlich, denn es mussten neue Gegenstände, Riten und Gebräuche bezeichnet werden. Eine Möglichkeit hierfür bieten Wortneuschöpfungen (Neologismen) wie z. B. *antichristus* („Antichrist“). Wesentlich leichter tut man sich, wenn man bereits existierenden Wörtern eine neue Bedeutung gibt. So wurde z. B. aus dem antiken Wort *oratio* („Rede“) im christlichen Gebrauch die „Rede mit Gott“, also das „Gebet“ (Z. 21, 25 und 27). Ebenso wird der römische *dominus* („[Haus-]Herr“; Adj. *dominicus*) zur Bezeichnung des einzigen Herrn für einen Christen: „Gott“.

Erschließen Sie, was mit *Dominicam orationem* (Z. 20/21) gemeint ist, und übersetzen Sie den Ausdruck treffend.

S 1 Wiederholen Sie Bildung und Deklination von PPA und PPP. Deklinieren Sie dann die folgenden Verbindungen im Singular und Plural: *virgo nesciens* (Z. 5), *spiritus veniens* (Z. 8/9), *daemon compulsus* (Z. 15).

S 2 Der Teufel entstellt sprachlich zwei Grundgebete der Christenheit (Z. 22–24 und Z. 29/30). Recherchieren Sie die lateinischen Originaltexte und listen Sie geordnet nach Satzbau und Wortbildung alle Verstöße auf, die der Teufel begeht. Verbessern Sie anhand dieser Liste alle seine Fehler.

T 2 In Z. 36–45 und Z. 46–58 wird die Dialogstruktur von Caesarius’ Werk besonders deutlich. Erklären Sie anhand von lateinischen Textbelegen, wieso sich ein Dialog als Lehrtext besonders gut eignet.

→ Dialogstruktur bei Cicero, Seneca und Minucius Felix: S. 33, S. 111 und S. 148

→ Mittellatein: S. 206

→ AH: Partizipien und *nd*-Formen: S. 16

Der Mönch erzählt seinem Novizen auch noch ein kurios anmutendes Detail über Dämonen:

Dicebat eadem puella: „Quotiens veniebat ad me, cavit, ne eum videre possem a dorso."
Novicius. Miror, quare hoc fecerit?
Monachus. Daemones, sicut intellexi ex alia quadam visione, posteriora non habent.

Unde quidam daemon puellae cuidam apparens frequentius,
    cum ab ea divertens semper retrocederet,
interrogatus,
    cur hoc faceret,
respondit:

„Licet corpora humana nobis assumamus, dorsa tamen non habemus."

47 *ā dorsō* von hinten – 50 *vīsiō, -ōnis f* Vision – *posteriōra, -um n Pl.* (hier) Rückseite – 53 *dīvertere ā (m. Abl.)* weichen von – *retrōcēdere* rückwärtsgehen – 57 *assūmere* annehmen – *dorsum* Rücken

S 3 Erklären Sie den Aufbau des Satzes in Z. 51–56. Beziehen Sie dabei auch die Funktion der Partizipien *apparens* und *interrogatus* ein. Die Satzanalyse nach der Einrückmethode bietet Ihnen Anhaltspunkte.

S 4 Der gesamte Text enthält zahlreiche Formen des Pronomens *quidam* (zusammengesetzt aus *qui* und *-dam*). Schreiben Sie diese heraus und bestimmen Sie sie nach Kasus, Numerus und Genus. Erstellen Sie auf dieser Grundlage ein vollständiges Deklinationsschema für alle drei Genera in Singular und Plural. Geben Sie an, in welchen Formen der erste Teil des Pronomens nicht mit der entsprechenden Form von *qui, quae, quod* identisch ist.

T 3 Vergleichen Sie den Text aus dem *Dialogus miraculorum* mit dem Textauszug aus Goethes „Faust". Gehen Sie dabei auf folgende Aspekte ein: Verhalten des Teufels auf die Frage nach seiner Identität, Art und Weise der Offenbarung seiner Person und Reaktion der Jungfrau bzw. Fausts. Überrascht Sie eine der beiden Figuren in ihrer Reaktion?

T 4 Dialogische Texte werden in der Antike häufig zur Vermittlung philosophischer Inhalte verwendet. Vergleichen Sie Caesarius' Text mit Ciceros Ausführungen zur *voluptas* der Epikureer in *Fin.* 2.9–10 (S. 33). Gehen Sie dabei v. a. auf folgende Gesichtspunkte ein: sprachliche Merkmale eines Dialogs – Vermittlung von Inhalten an die Leser – Verbindung von Theorie und Lebenspraxis.

T 5 Sammeln Sie in der Klasse Beispiele für Versuchungen, denen ein Mensch heute ausgesetzt sein kann. Vergleichen Sie Ihre Ergebnisse mit Ihnen bekannten antiken oder christlichen lateinischen Texten zur Philosophie, in denen geschildert wird, wie jemand Versuchungen bewusst widersteht.

Im wohl berühmtesten Werk der deutschen Literatur, **Johann Wolfgang von Goethes „Faust I"**, stellt sich der Teufel (Mephistopheles, Kurzform: Mephisto) der Hauptfigur Dr. Faust vor:

FAUST. Wie nennst du dich?
MEPHISTOPHELES. Die Frage scheint mir klein
Für einen, der das Wort so sehr verachtet,
Der, weit entfernt von allem Schein,
Nur in der Wesen Tiefe trachtet.
FAUST. Bei euch, ihr Herrn, kann man das Wesen
Gewöhnlich aus dem Namen lesen,
Wo es sich allzu deutlich weist,
Wenn man euch Fliegengott, Verderber, Lügner heißt.
Nun gut, wer bist du denn?
MEPHISTOPHELES. Ein Teil von jener Kraft,
Die stets das Böse will und stets das Gute schafft.
FAUST. Was ist mit diesem Rätselwort gemeint?
MEPHISTOPHELES. Ich bin der Geist, der stets verneint!
Und das mit Recht; denn alles, was entsteht,
Ist wert, dass es zugrunde geht;
Drum besser wär's, dass nichts entstünde.
So ist denn alles, was ihr Sünde,
Zerstörung, kurz, das Böse nennt,
Mein eigentliches Element.

Nachdem Mephisto und Faust über das Wesen und die Stellung des Teufels im Schöpfungsplan Gottes gesprochen haben, bittet Mephisto Faust, gehen zu dürfen. Dieser erwidert:

FAUST. Ich sehe nicht, warum du fragst.
Ich habe jetzt dich kennenlernen,
Besuche nun mich, wie du magst.
Hier ist das Fenster, hier die Türe,
Ein Rauchfang ist dir auch gewiss.
MEPHISTOPHELES. Gesteh ich's nur! Dass ich hinausspaziere,
Verbietet mir ein kleines Hindernis,
Der Drudenfuß auf Eurer Schwelle –*
FAUST. Das Pentagramma macht dir Pein?
Ei sage mir, du Sohn der Hölle,
Wenn das dich bannt, wie kamst du denn herein?
Wie ward ein solcher Geist betrogen?
MEPHISTOPHELES. Beschaut es recht! Es ist nicht gut gezogen:
Der eine Winkel, der nach außen zu,
Ist, wie du siehst, ein wenig offen.
FAUST. Das hat der Zufall gut getroffen!
Und mein Gefangner wärst denn du?
Das ist von ungefähr gelungen!
(V. 1327–1344 und V. 1388–1405)

* Ein „Hexenfußabdruck", auch Pentagramm genannt. Auf eine Türschwelle gezeichnet, hindert es Dämonen daran, diese zu überschreiten.

→ das Thema „Versuchung" bei Hieronymus und Augustinus: S. 157 und S. 161
→ Hexenhammer: S. 204
→ AH: Substantive, Adjektive, Adverbien und Pronomina: S. 4
→ AH: Partizipien und *nd*-Formen: S. 16

Hendrik Goltzius, „Der Sündenfall“ (1616). Im christlichen Denken spielt es eine wichtige Rolle, der Sünde und damit dem Bösen zu widerstehen. Doch schon in antiken Texten kommen Figuren vor, die einer Versuchung erliegen. Beispiele dafür sind etwa der Titan Prometheus oder der Künstler Pygmalion, die sich beide Machtmittel bzw. Fähigkeiten anmaßen, die ihnen eigentlich nicht zustehen. Informieren Sie sich über diese beiden Figuren (vgl. dazu S. 63 und S. 79 in Ovids *Metamorphosen*). Arbeiten Sie auf dieser Grundlage Gemeinsamkeiten und Unterschiede zur Versuchung in antiken und christlichen Texten heraus. Beziehen Sie auch die Darstellung des Themas „Versuchung“ auf dem abgebildeten Gemälde in Ihre Überlegungen ein.

LERNWORTSCHATZ

LW *Dial.* 1.3.6

(S. 176)

invidēre, invideō, invīdī, invīsum	böse ansehen; *m. Dat.* beneiden, missgönnen
diabolus, -ī *m*	Teufel
admodum *Adv.*	ganz, sehr, überaus
appārēre, appāreō, appāruī	erscheinen, sich zeigen
sollicitāre, sollicitō, sollicitāvī, sollicitātum	beunruhigen, aufreizen, erschüttern
offerre, offerō, obtulī, oblātum	anbieten, entgegenbringen
coniugium, -ī *n*	Ehe
nūptiae, -ārum *f Pl.*	Hochzeit
contemnere, contemnō, contempsī, contemptum	verachten, nicht beachten; verspotten

(S. 177)

spīritus, -ūs *m*	Atem, Seele, Geist; Lufthauch
dīversus, -a, -um	verschieden, entgegengesetzt, feindlich
vel	*Konj.* oder, vielmehr; *Adv.* auch nur, sogar, wohl
unde *Adv.*	woher, weshalb; deshalb
dēsīderium, -ī *n*	Sehnsucht, Verlangen
prōdere, prōdō, prōdidī, prōditum	verraten, ausliefern; überliefern
daemōn, -onis *m*	Geist, Dämon
necessitās, -ātis *f*	Notwendigkeit, Not, Zwang, Verpflichtung
cōnfitērī, cōnfiteor, cōnfessus sum	gestehen, bekennen
contrārius, -a, -um	entgegengesetzt, feindlich
nōscere, nōscō, nōvī, nōtum	kennenlernen, erfahren; *Perf.* nōvisse kennen, wissen
pānis, -is *m*	Brot
malum, -ī *n*	Übel
ecce	sieh! schau! da ist ...!
requīrere, requīrō, requīsīvī, requīsītum	(auf)suchen, fragen, verlangen
praesēns, -entis	anwesend, gegenwärtig; mē praesente in meiner Anwesenheit
profitērī, profiteor, professus sum	bekennen, verkünden; als sein Fach angeben

(S. 178)

quotiēns (*und* **quotiēs**) *Adv.*	wie oft, so oft
mīrārī, mīror, mīrātus sum	bewundern, sich wundern
quārē	weshalb; *als rel. Satzanschluss* deshalb
licet *m. Konj.*	auch wenn

Zusammenfassung: Caesarius von Heisterbach (ca. 1180 – nach 1240)

- geboren in **Köln,** gestorben in **Heisterbach,**
- im **Zisterzienserkloster Heisterbach** bei **Königswinter** (Nordrhein-Westfalen) **Novizenmeister,** später **Prior,**
- **Hauptwerk: *Dialogus miraculorum*** **(1219–1223):** Dialog zwischen einem ***Novicius interrogans*** und einem ***Monachus respondens*** (in dem sich Caesarius selbst darstellt),
- Adressaten: **Mitbrüder,** besonders die **Novizen der Klostergemeinschaft.**

→ Prometheus und Pygmalion bei Ovid: S. 63 und S. 79

Francesco Petrarca: *Epistulae familiares*

Francesco Petrarca wurde am **20. Juli 1304** in **Arezzo** geboren. Er entstammte ursprünglich einem **Florentiner Geschlecht,** doch war seine Familie Opfer der inneritalischen Machtkämpfe geworden, die zwischen den verfeindeten Anhängern von päpstlicher und kaiserlicher Politik, den **Guelfen** und **Ghibellinen,** tobten: Sein Vater, der Notar **Pietro di ser Parenzo,** genannt **Petracco** – daraus sollte der Sohn später Petrarca machen –, war als **Guelfe** (Papstanhänger) **1302** wie sein Freund, der berühmte Dichter **Dante Alighieri,** aus **Florenz verbannt** worden. 1312 zog die Familie ganz weg aus Italien nach Frankreich, wo der Vater im Umfeld der päpstlichen Kurie Arbeit fand. Nach dem Tod des streitbaren Papstes **Bonifaz VIII.** (Regierungszeit 1294–1303) war nämlich unter Einfluss des französischen Königs die Kurie dorthin verlagert worden: Nicht mehr das politisch instabile Rom, sondern die Bischofsresidenz von **Avignon** wurde für beinahe ein Jahrhundert der **Sitz der Päpste.** Nach seinem Jurastudium in **Montpellier** und **Bologna** kehrte Petrarca **1326** nach **Avignon** zurück und widmete sich seitdem mehr und mehr seiner wahren Leidenschaft, der Literatur.

Aus der Beschäftigung mit den antiken Schriftstellern erwuchs sein eigenes literarisches Schaffen. Er schrieb überwiegend auf **Latein,** aber auch auf **Italienisch.** Seinen größten Ruhm erwarb er durch einen **Gedichtzyklus in italienischer Sprache,** in dem er die unerfüllte Liebe zu einer Frau names **Laura** besang und der heute unter der Bezeichnung **„Canzoniere"** (lat. ***Rerum vulgarium fragmenta***) bekannt ist. Dieses Werk, das unter dem Einfluss der römischen Liebeselegie steht, hatte große Auswirkungen: Zum einen führte es zu einer ganz Europa erfassenden **Petrarca-Nachahmung** (dem sog. **Petrarkismus**), zum anderen leistete es, zusammen mit Dantes „Göttlicher Komödie", den entscheidenden Beitrag zur **Einheit des Italienischen** als Sprache.

Am **26. April 1336** bestieg Petrarca zusammen mit seinem Bruder den **Mont Ventoux** in der Provence. Dieses Ereignis ist der Nachwelt im berühmtesten lateinischen Schriftstück des Dichters überliefert, einem Brief an den befreundeten Augustinermönch Francesco Dionigi di Borgo San Sepolcro.

Überhaupt sind die Briefe Petrarcas, durch die er auch in engem Kontakt zu der einflussreichen Adelsfamilie der **Colonna** stand, von großer Bedeutung: So hatte er die große Sammlung seiner ***Epistulae familiares*** nach dem **Vorbild Ciceros** benannt und sorgfältig zu einem Corpus in **24 Büchern** zusammengestellt. In ihnen zeigen sich Petrarcas humanistische Bildung wie auch seine politischen Ziele: Er wollte Roms Stellung in Europa aufwerten und die ewige Stadt wieder zum Sitz der Kurie machen, indem er durch **antike Texte und Monumente** die **historische Größe Roms** demonstrierte. Antik-römische Literatur wurde dadurch zum Vorbild für einen bewussten Umgang in der Überlieferung von Wissen. Mit diesem Denken machte er sich zum **Mitbegründer des Humanismus** und legte den **Grundstein für das Denken der Renaissance.** Petrarca verstand es auch, diese Auffassung erfolgreich im Bewusstsein seiner Zeit durch eine symbolträchtige Aktion zu verankern: Zum **Osterfest 1341** ließ er sich auf dem **Kapitol** in Rom zum ***poeta laureatus*** (lorbeergekrönter Dichter) krönen, was sich an die antike Tradition anlehnte, den Sieger eines Dichterwettstreits mit einem Lorbeerkranz auszuzeichnen.

Am **19. Juli 1374,** einen Tag vor seinem 70. Geburtstag, starb der große Dichter in **Arquà** (südwestlich von Padua in Norditalien), das seit 1870 ihm zu Ehren **Arquà Petrarca** heißt.

Statue Petrarcas vor den Uffizien in Florenz. Recherchieren Sie (z. B. im Internet), worum es sich bei den Uffizien handelt, und begründen Sie anschließend, weshalb heute dort trotz der Verbannung seiner Familie im Jahre 1302 eine Statue von Petrarca steht.

→ Cicero, Briefe: S. 39
→ Ovid und die römische Liebeselegie: S. 60
→ die Besteigung des Mont Ventoux: S. 184
→ Projekt: Lateinische Briefliteratur: S. 242

Fam. 1.4 Das Glücksgefühl, ein Nachkomme der Römer zu sein

Im ersten Buch der *Epistulae familiares* schreibt Petrarca den vierten Brief nach Avignon an Kardinal Giovanni Colonna über seine Rheinreise im Sommer 1333:

Ad Iohannem de Columna Romanae Ecclesiae cardinalem, peregrinationis propriae descriptio.

[…] Germaniam tandem Rhenique ripas attigi contemplatus sollicite mores hominum et aspectu telluris incognitae delectatus ac singula cum nostris conferens. Et licet multa utrobique magnifica viderim, me tamen Italicae originis non paenitet; immo, ut verum fatear, quo latius peregrinor, eo maior natalis soli subit admiratio. Quodsi gratias agebat Plato diis, ut verbo eius utar, immortalibus, inter multa, quod Graecum eum et non alienigenam edidissent – quid nos prohibet pro eodem quoque gratias agere ortusque nostri Deum auctorem recognoscere? Nisi forte nobilius est Graecum nasci quam Italicum. Quod quisquis dixerit, dicat idem et servum nobiliorem esse quam dominum. Atqui nullus hoc Graeculus, quantumlibet procax impudensque, dicere audebit, dum meminerit diu ante urbem conditam, ante partum et auctum virtutibus imperium, denique ante Romanos rerum dominos gentemque togatam non Italiam, sed quotam Italiae partem, eo tempore desertam et vacuam, Graecis habitatoribus possessam Magnamque Graeciam nuncupatam. Quae enim tunc magna visa est, quam maxima, quam immensa videri potuit post eversam Corinthum, post vastatam Aetoliam, post Argos et Mycenas ceterasque urbes triumphatas, post Macedoniae reges captos Pyrrhumque devictum et madentes iterum Asiatico cruore Thermopylas! Credo neminem negaturum aliquanto clarius Italicum esse quam Graecum. […] Vale.

S 1 Erschließen Sie durch Ihre Kenntnis der jeweiligen Verben die Bedeutung der Substantive *descriptio* (Z. 2), *admiratio* (Z. 9) sowie *habitatoribus* (Z. 21).

S 2 Das zur Zeit des Augustus entstandene berühmte Geschichtswerk des Titus Livius trägt den Titel *Ab urbe condita* („Von der Gründung der Stadt an"). Suchen Sie aus dem vorliegenden Text Wendungen heraus, in denen ein Partizip auf ähnliche Weise gebraucht wird, und finden Sie jeweils eine passende Übersetzung.

S 3 Kennzeichen für die Vertrautheit im Umgang mit dem Adressaten eines Briefes sind u. a. der Umgangssprache entlehnte Formulierungen wie *ut exemplo utar* für „beispielsweise". Suchen Sie aus dem Text weitere Formulierungen dieser Art heraus und geben Sie jeweils eine treffende Übersetzung an.

i Das Geschlecht der Colonna

Die Colonna waren ein bedeutendes Adelsgeschlecht aus Latium. Ihr Name leitet sich von dem Ort Colonna in den Albaner Bergen ab (27 km südöstlich von Rom). Der Aufstieg der Familie ist ab der ersten Hälfte des 13. Jahrhunderts bezeugt. Ihr entstammen mehrere Kardinäle und sogar ein Papst (Martin V., Regierungszeit 1417–1431). Informieren Sie sich über bedeutende Mitglieder der Colonna und stellen Sie diese in einem Referat vor.

1 *Iōhannēs (-is) de Columna* Giovanni Colonna (vgl. die Info-Box) – *cardinālis, -is m* Kardinal – 2 *peregrīnātiō, -ōnis f* Auslandsreise – *dēscrīptiō* vgl. S1 – 3 *Germānia* Deutschland – *Rhēnus* Rhein – 4 *sollicitē* (hier) interessiert – 6 *utrōbīque* hier wie dort – 6/7 *mē paenitet (m. Gen.)* ich bereue – 8 *peregrīnārī* reisen – *nātāle solum* Heimatland – *subit* es überkommt mich – 9 *admīrātiō* vgl. S1 – 9/10 *grātiās agere, quod* dafür danken, dass – 9 *Platō, -ōnis* Platon, Philosoph aus Athen – 10 *Graecus* Grieche – 11 *aliēnigena, -ae m* Ausländer – *ēdere* (hier) auf die Welt kommen lassen – 13 *recōgnōscere* (hier) anerkennen – *nisī forte* es sei denn – 15 *et ~ etiam* – 16 *Graeculus* Griechlein – *quantumlibet* wie sehr auch – *procāx, -ācis* frech – 20 *togātus* mit der Toga bekleidet – 20/21 *quotam partem* welch geringen Teil – 21 *habitātor* vgl. S1 – 22 *Māgna Graecia* vgl. die Info-Box auf der folgenden Seite – *nūncupāre* (be-)nennen; ergänze: *nūncupātam <esse>* – 23–29 vgl. die Info-Box auf der folgenden Seite – 23 *quam māxima* wie riesig – 24 *immēnsus* unermesslich – 26 *triumphāre* triumphieren über – 27 *dēvincere (PPP: dēvictum)* völlig besiegen – *madēre* triefen – 28 ergänze: *negātūrum <esse>* – *aliquantō* (beim Komparativ) beträchtlich

i Nationalbewusstsein und Sprache

Das Wort *Italicus* (Z. 7, 14, 29) bezeichnete in der Antike die Völker und Stämme, die bereits vor den Römern in Italien lebten („italisch"). Petrarca benutzte es auch im Sinne seiner eigenen Nationalität. Dies zeugt vom erwachenden Nationalbewusstsein des **Humanismus** im Italien des 14. Jahrhunderts, der wiederum zu vermehrtem **Interesse an Geschichte** und damit **an den Sprachen** der alten Geschichtswerke, dem klassischen Latein und Griechisch, führte.

Übersetzen Sie *Italicus* treffend ins Deutsche. Arbeiten Sie aus dem Text heraus, weshalb Petrarca so stolz auf seine Herkunft als Nachkomme der Römer ist.

T 1 Von dem in Z. 27 erwähnten König Pyrrhus (vgl. die Info-Box auf der folgenden Seite) leitet sich das Wort „Pyrrhussieg" ab. Recherchieren Sie, was man darunter versteht.

T 2 Mit *Romanos rerum dominos gentemque togatam* (Z. 19/20) zitiert Petrarca einen bedeutenden antiken Dichter. Finden Sie mithilfe des Internets heraus, woher diese Zeile ursprünglich stammt. Erklären Sie, warum sie sehr gut zu Petrarcas Ausführungen passt.

→ Platon: S. 28, S. 31 und S. 35
→ Cicero: Philosophie und Rhetorik: S. 28 und S. 35
→ römischer Briefstil bei Cicero: S. 40
→ Livius: S. 50
→ Wortbildung: S. 53 und S. 172

Rom und der griechische Osten

Petrarca spielt in *Fam.* 1.4 auf die erste griechische Besiedelung Unteritaliens und Siziliens um das Jahr 750 v. Chr. *(Magna Graecia)* an. Weiterhin verweist er auf die Auseinandersetzungen Roms mit dem griechisch geprägten Osten des Mittelmeerraums. Der erste dieser großen Kriege wurde gegen **Pyrrhus von Epirus** *(Pyrrhus)* geführt (280–272 v. Chr.). Im Jahr 197 v. Chr. besiegten die Römer dann **Philipp V., König von Makedonien** *(Macedonia)*. Angesichts der Schwere dieser Auseinandersetzungen änderte sich mit der Zeit die ursprünglich von Toleranz geprägte Politik Roms gegenüber Griechenland *(Graecia)*. 191 v. Chr. schlugen die Römer das Heer des **Seleukidenkönigs Antiochus III.** bei den **Thermopylen** *(Thermopylae)* und zwangen ihn damit zum Rückzug nach Kleinasien (*Asia*, Adj. *Asiaticus*). Auch das Königreich **Makedonien,** einst die Heimat **Alexanders des Großen,** konnte seine Eigenständigkeit nicht bewahren: 148 v. Chr. wurde es zur römischen Provinz. In den darauffolgenden Unruhen kam es 146 v. Chr. zur Zerstörung **Korinths** *(Corinthus)* und **Aetoliens** *(Aetolia)*. Griechenland – mit seinen berühmten Städten wie **Argos** *(Argos)* und **Mykene** *(Mycēnae)* – wurde zu einem Teil der Provinz Makedonien und hatte seine Freiheit ganz und gar verloren.
Ordnen Sie diese Informationen Petrarcas Ausführungen im vorangehenden Text zu. Arbeiten Sie dann heraus, inwieweit sich Petrarcas Auseinandersetzung mit fremden Völkern im folgenden Text von seinen Aussagen zu den Griechen unterscheidet. Erörtern Sie, worin die Gründe für diese Unterschiede liegen mögen.

Fam. 1.5 Andere Länder, andere Sitten

Auch der Folgebrief geht als Fortsetzung des Reiseberichts an Kardinal Colonna. Petrarca war zunächst durch Frankreich bis an den Rhein gereist. Von dort aus hatte er sich auf den Weg nach Aachen gemacht:

Ad eundem et de eadem materia.

Aquis digressum, sed prius – unde ortum oppidi nomen putant – aquis Baiano more tepentibus ablutum excepit Agrippina Colonia, quae ad sinistrum Rheni latus sita est, locus et situ et flumine clarus et populo. Mirum, in terra barbarica quanta civilitas, quae urbis species, quae virorum gravitas, quae munditiae matronarum! Forte Iohannis Baptistae vigilia erat, dum illuc applicui, et iam ad occidentem sol vergebat. Confestim amicorum monitu – nam et ibi amicos prius mihi fama pepererat quam meritum – ab hospitio traducor ad fluvium insigne spectaculum visurus. Nec fallebar. Omnis enim ripa praeclaro et ingenti mulierum agmine tegebatur. Obstupui: Dii boni, quae forma, quis habitus! Amare potuisset, quisquis eo non praeoccupatum animum attulisset. In loco paulum altiore constiteram, unde in ea, quae gerebantur, intenderem. Incredibilis sine offensione concursus erat; vicissimque alacres – pars herbis odoriferis incinctae reductisque post cubitum manicis – candidas in gurgite manus ac brachia lavabant nescioquid blandum peregrino murmure colloquentes. Vix usquam clarius intellexi, quod Ciceroni placet et veteri proverbio dici solet: inter linguas incognitas omnes propemodum surdos ac mutos esse.

Am 29. Juni bricht Petrarca von Köln nach Frankreich auf. In Lyon schreibt er diesen Brief am 9. August 1333.

2 *Aquīs* Abl. (des Ausgangspunktes) von *Aquaegrānī/Aquīsgrānī* Aachen; vgl. die Info-Box auf der folgenden Seite – *dīgredī (Part. Perf.: dīgressus)* verlassen – ergänze: *ortum* <esse> – 3 *Bāiānus* baianisch, Adj. zu dem kampanischen Ort Baiae – *tepēre* lauwarm sein – *abluere (PPP: ablūtum)* (hier) baden – 4 *Agrippīna Colōnia* Köln, vgl. die Info-Box auf der folgenden Seite – *Rhēnus* Rhein – 7 *munditia* Reinlichkeit (hier Pl., da auf die einzelnen Frauen bezogen; mit Sg. zu übersetzen) – 8 *Iōhannēs (-is) Baptista (-ae)* Johannes der Täufer – 8/9 *illuc applicāre (Perf.: applicuī)* dort ankommen – 9 *occidēns, -entis m* Westen – *vergere* sich neigen – 10 *cōnfēstim* unverzüglich – *monitus, -ūs* Mahnung – 14 *obstupēscere (Perf.: obstupuī)* staunen – *diī ~ deī* – 15 *quisquis* LW *Fam.* 1.4 – *praeoccupātus* längst erobert – 17 ergänze: *<animum> intenderem* – 18 *offēnsiō, -ōnis f* Verdruss – *vicissim* im Gegenteil – 19–22 *alacrēs ... incīnctae ... colloquentēs* gemeint sind jeweils die *mulierēs* (Z. 13) – 19 *pars* (hier) teilweise – *odōrifer, -fera, -ferum* wohlriechend – *incingere (PPP: incīnctum)* (sich) bekränzen – 20 *cubitum* Ellenbogen – *manica* (langer) Ärmel – *candidus* schneeweiß – *gurges, -itis m* Flut – 21 *nesciōquid* irgendetwas – *peregrīnus* ausländisch – 22 *murmur, -uris m* Gemurmel – *ūsquam* bei irgendeiner Gelegenheit – 23 *Cicerō, -ōnis* vgl. den Paralleltext auf der folgenden Seite – *veterī* Ablativ (statt *vetere*) – *prōverbium* Sprichwort – 24 *incōgnitus* LW *Fam.* 1.4 – *propemodum* nahezu – *surdus* taub – *mūtus* stumm

S 1 Erklären Sie die Verwendung des Partizip Futur Aktiv *visurus* (Z. 12). Erarbeiten Sie in der Klasse eine passende Übersetzung.

S 2 Stellen Sie aus dem Text die Substantive zusammen, die im engeren Sinne zum Wortfeld „menschlicher Körper“ gehören. Geben Sie jeweils auch Genitiv und Genus an.

S 3 Geben Sie zu den im Text farbig markierten Adjektiven jeweils den Nominativ und ihre Deklinationsklasse an. Weisen Sie ihnen weiterhin – sofern vorhanden – das Bezugswort im Satz zu und bestimmen Sie die Adjektive dann nach Kasus, Numerus und Genus.

→ Übung zur KNG-Kongruenz: S. 83
→ Arbeit mit Sachfeldern: S. 143
→ AH: Substantive, Adjektive, Adverbien und Pronomina: S. 4
→ AH: Partizipien und *nd*-Formen: S. 16
→ AH: Wortschatzarbeit: S. 68

T 1 Der heilige Johannes der Täufer (Z. 8) hatte zu seinen Lebzeiten eine recht beachtliche Anhängerschar unter den Juden in Israel und gilt auch heute noch als der letzte und größte der Propheten. Auch Jesus von Nazareth ließ sich von ihm taufen. In der Bibel wird von Johannes' Hinrichtung erzählt (Mk. 6.17–29). Lesen Sie die entsprechende Stelle nach und informieren Sie Ihre Klassenkameraden über die Umstände seines Todes.

T 2 Das, was die im Text beschriebenen Frauen durchführen, würde man in der antiken römischen Religion als „Lustration“ bezeichnen. Recherchieren Sie, was man darunter versteht und inwiefern es für das Christentum günstig war, derartige Riten zu übernehmen.

Petrarca bezieht sich im letzten Satz des Textes (Z. 22–25) auf eine Stelle in Ciceros philosophischer Schrift *Tusculanae disputationes* („Gespräche in Tusculum“). Dort heißt es:
Nostri Graece fere nesciunt nec Graeci Latine. Ergo hi in illorum et illi in horum sermone surdi, omnesque item nos in eis linguis, quas non intellegimus, quae sunt innumerabiles, surdi profecto sumus (5.116).
Erschließen Sie – ohne den Text genau zu übersetzen –, was Cicero hier aussagt (die farblichen Markierungen im Text geben Ihnen Anhaltspunkte), und paraphrasieren Sie dann den Inhalt des Absatzes. Diskutieren Sie anschließend, inwieweit diese Aussage zutreffend ist.

i **Petrarca und die deutschen Städte**
Im „Lexikon des Mittelalters“ findet man zu **Aachen:**
Aachen *(lat. Aquis, Aquisgrani, Name als Hinweis auf kelt. Gottheit gedeutet). Seit dem 1. Jh. n. Chr. röm. Siedlung mit Thermenanlagen (heiße Quellen) [...].*
Erklären Sie mit diesem Wissen, was Petrarca mit dem Begriff *Baiano more* (Z. 3) über Aachen aussagen will.

Im „Metzler Lexikon Antike“ liest man zur Stadt **Köln** folgenden Eintrag:
Köln (lat. Colonia Agrippinensis), Hauptort der Ubier (Oppidum Ubiorum), röm. Zivilstadt und Militärlager am german. Limes; Geburtsort Agrippina d. J., der Mutter Neros und späteren Gemahlin des Claudius. Die Stadt wurde 50 n. Chr. zur Colonia latin[ischen] Rechts erhoben und erhielt den Beinamen Agrippinensis. K. war ein wichtiges Verwaltungs- und Militärzentrum der Provinz Germania inferior mit dem Sitz des Statthalters, als Standlager der legiones I et XX Valeria victrix und als Flottenstützpunkt [...]. Zur Zeit des Postumus war K. Hauptstadt des gall. Sonderreiches (259–260 n. Chr.), organisiert nach dem Vorbild Roms. 353 wurde K. von Franken und Alemannen zerstört und fiel ab 456 dauerhaft in fränk. Hände.
Erklären Sie unter Bezugnahme auf den lateinischen Text, welche Einstellung Petrarca zu dieser römischen Gründung in Germanien zeigt.

Karte von Mitteleuropa (im 14. Jh.). Vollziehen Sie Petrarcas Reise anhand seines Berichts nach. Finden Sie dazu mithilfe Ihrer Geografiekenntnisse oder eines Wörterbuchs heraus, welche Länder, Städte und Flüsse hier auf Latein bezeichnet sind.

→ Cicero: *Tusculanae disputationes:* S. 28
→ Nero und Agrippina*:* S. 106

Die Besteigung des Mont Ventoux

Fam. 4.1.1 Ein Wunsch ist wahr geworden

Petrarca schreibt einen Brief an einen Freund, Dionigi di Borgo San Sepolcro.

Altissimum regionis huius montem, quem non immerito Ventosum vocant, hodierno die, solā videndi insignem loci altitudinem cupiditate ductus, ascendi. Multis iter hoc annis in animo fuerat; ab infantia enim his in locis, ut nosti, fato res hominum versante versatus sum; mons autem hic late undique conspectus, fere semper in oculis est.

1 *immeritō* zu Unrecht – 2 *ventōsus* stürmisch – *hodiernus* heutig – *īnsīgnis* LW *Fam.* 1.5 – 3 *altitūdō, -inis f* Höhe – 4 *īnfantia* Kindheit – 5 *nōstī ~ nōvistī* – *versāre* dehen und wenden

Der Mont Ventoux. Finden Sie den Berg auf einer Karte (vgl. die Karte auf der vorangehenden Seite) und bewerten Sie mithilfe des Textes, wie realitätsnah die Beschreibung des Mont Ventoux ist.

Fam. 4.1.7–10 Die erste Etappe

Gemeinsam mit seinem Bruder und zwei Dienern beginnt Petrarca in Malaucène den Aufstieg.

Pastorem exactae aetatis inter convexa montis invenimus, qui nos ab ascensu retrahere multis verbis enisus est dicens se ante annos quinquaginta eodem iuvenilis ardoris impetu supremum in verticem ascendisse nihilque inde retulisse praeter poenitentiam et laborem corpusque et amictum lacerum saxis ac vepribus, nec umquam aut ante illud tempus aut postea auditum apud eos quemquam ausum esse similia. Haec illo vociferante nobis – ut sunt animi iuvenum: monitoribus increduli – crescebat ex prohibitione cupiditas. Itaque senex, ubi animadvertit se nequiquam niti, aliquantulum progressus inter rupes arduum callem digito nobis ostendit multa monens multaque iam digressis a tergo ingeminans. Dimisso penes illum, siquid vestium aut rei cuiuspiam impedimento esset, soli dumtaxat ascensui accingimur alacresque conscendimus.
Sed, ut fere fit, ingentem conatum velox fatigatio subsequitur; non procul inde igitur quadam in rupe subsistimus. Inde iterum digressi provehimur, sed lentius: et praesertim ego montanum iter gressu iam modestiore carpebam, et frater compendiaria quidem via per ipsius iuga montis ad altiora tendebat. Ego mollior ad ima vergebam, revocantique et iter rectius designanti respondebam sperare me alterius lateris faciliorem aditum, nec horrere longiorem viam, per quam planius incederem. Hanc excusationem ignaviae praetendebam, aliisque iam excelsa tenentibus per valles errabam, cum nihilo mitior aliunde pateret accessus, sed et via cresceret et inutilis labor ingravesceret.

1 *exactae aetātis (Gen. der Beschaffenheit)* uralt – *convexum* Hang – 2 *retrahere* abhalten – *ēnītī (Part. Perf.: ēnīsus)* sich anstrengen – 3 *quīnquāgintā* fünfzig – *iuvenīlis, -e* jugendlich – 4 *vertex, -icis m* Gipfel – 5 *poenitentia (~ paenitentia)* Reue – 6 *amictus, -ūs* Umhang – *lacer, -era, -erum* zerrissen – *veprēs, -is m* Dornstrauch – 7 ergänze: *audītum* <esse> – 8 *vociferārī* sich auslassen über – 9 *monitor, -ōris m* Mahner – 10 *incrēdulus* ungläubig – *prohibitiō, -ōnis f* Verbot – 11 *nēquīquam* vergeblich – *aliquantulum* ein bisschen – 12 *rūpēs, -is f* Fels – *arduus* steil – *callis, -is m* Pfad – *digitus* Finger – 13 *dīgredī (Part. Perf.: dīgressus)* weggehen – 14 *ingemināre* wiederholen – ergänze: *dīmissō* <*eō*> (wird von *sīquid* aufgegriffen) – *penes (m. Akk.)* bei – *sīquid ~ sī* <*ali*>*quid* – 15 *quis-piam* irgendein – *impedīmentum* Hindernis – *dumtaxat* lediglich – 16 *accingī (m. Dat.)* sich bereitmachen für – *alacer* LW *Fam.* 1.5 – *cōnscendere* hinaufsteigen – 17 *ferē* (hier) fast immer – *cōnātus, -ūs* (hier) Anlauf – *vēlōx, -ōcis* schnell – *fatīgātiō, -ōnis f* Ermüdung – *subsequī* unmittelbar nachfolgen – 18 *subsistere* stehen bleiben – 19 *prōvehī* fortschreiten – *lentus* langsam – 20 *montānus* Gebirgs- – *gressus, -ūs* Schritt – 21 *carpere* (hier) zurücklegen – *compendiārius* abgekürzt – 22 *iugum* Bergkamm – *altiōra, -um n Pl.* höhere Zonen – 23 *īma, -ōrum n Pl.* Niederungen – *vergere* ausgerichtet sein – *revocāre* zurückrufen; ergänze *frātrī* – *dēsīgnāre* bezeichnen – 24 *latus* LW *Fam.* 1.5 – 26 *excūsātiō, -ōnis f* Entschuldigung – *īgnāvia* Trägheit – 27 *praetendere* vorschützen – *excelsum* Höhe – 28 *nihīlō (m. Komp.)* um nichts – *mītis, -e* sanft – *aliunde* von anderswoher – *accessus, -ūs* Zugang – 29 *ingravēscere* drückender werden

S Nennen Sie die Wortarten der folgenden Formen und bestimmen Sie diese genau: *lentius, ipsius, mollior, rectius, faciliorem* und *planius* (Z. 19–26).

T Beobachten Sie unter Einbezug der ersten drei Sätze des Folgekapitels, wie Petrarca die Wanderung schildert, und sammeln Sie Elemente, die Ihnen unplausibel erscheinen.

→ AH: Substantive, Adjektive, Adverbien und Pronomina: S. 4

Fam. 4.1.11–14 Der Aufstieg zur Tugend

Erschöpft und missgelaunt erreicht Petrarca den in der Pause inzwischen erholten Bruder; gemeinsam gehen sie weiter.

Quid multa? Non sine fratris risu hoc indignanti mihi ter aut amplius intra paucas horas contigit. Sic saepe delusus quadam in valle consedi. Illic a corporeis ad incorporea volucri cogitatione transiliens his aut talibus me ipsum compellabam verbis: „Quod totiens hodie in ascensu montis huius expertus es, id scito et tibi accidere et multis accedentibus ad beatam vitam; sed idcirco tam facile ab hominibus non perpendi, quod corporis motus in aperto sunt, animorum vero invisibiles et occulti. Equidem vita, quam beatam dicimus, celso loco sita est; arcta, ut aiunt, ad illam ducit via [Mt. 7.14]. Multi quoque colles intereminent et de virtute in virtutem praeclaris gradibus ambulandum est; in summo finis est omnium et viae terminus, ad quem peregrinatio nostra disponitur. Eo pervenire volunt omnes, sed, ut ait Naso, ‚velle parum est; cupias, ut re potiaris, oportet' [Ovid, *Epistulae ex Ponto* 3.1.35]. Tu certe – nisi, ut in multis, in hoc quoque te fallis – non solum vis, sed etiam cupis. Quid ergo te retinet? Nimirum nihil aliud, nisi per terrenas et infimas voluptates planior et, ut prima fronte videtur, expeditior via; verumtamen, ubi multum erraveris, aut sub pondere male dilati laboris ad ipsius te beatae vitae culmen oportet ascendere aut in convallibus peccatorum tuorum segnem procumbere; et, si – quod ominari horreo – ibi te tenebrae et umbra mortis [Ps. 107.10] invenerint, aeternam noctem in perpetuis cruciatibus agere."

S Erklären Sie die Verwendung und Bedeutung der Konjunktive in Ovids Formulierung *cupias, ut re potiaris, oportet* (Z. 16/17).

Allegorie
Eine Allegorie (ἀλληγορεῖν *[allegoreín]*, „etwas anderes aussagen") ist eine Methode der Darstellung oder des Verständnisses von Texten, *die „hinter" dem unmittelbar Dargestellten ein Zweites verborgen wissen will [...] Dieses Zweite ist mit dem ersten unmittelbar Dargestellten [...] nicht innerlich verwandt (wie das beim Symbol der Fall ist) oder ähnlich (so dass es durch einen Vergleich, eine „Metapher" anschaulich gemacht werden könnte). Während Symbol und Metapher (Gleichnis) dem Verstehen leichter zugänglich sind, gehört der Zugang zur Allegorie eher in den Bereich esoterischen Wissens, da die Allegorie auf bewusster Verschlüsselung beruht* (H. Vorgrimler, „Neues Theologisches Wörterbuch"). Eine Metapher kann der Ausgangspunkt einer Allegorie sein (Aufstieg auf einen Berg, Aufstieg der Seele), das Bild wird dann aber um weitere bedeutungstragende Züge angereichert (Umwege, Begegnungen auf dem Weg usw.).
Wenden Sie das Konzept der Allegorie auf die Erzählung an. Beginnen Sie dazu mit der Untersuchung der metaphorischen Bedeutung der Begriffe „Tal, Aufstieg, Weg, Hügel, Ziel, Gipfel" in diesem Text.

1 *Quid multa?* Was soll ich viel dazu sagen? – *rīsus, -ūs* Gelächter – 2 *ter* dreimal – 3 *dēlūdere (PPP: dēlūsum)* narren – *vallis* LW *Fam.* 4.1.7–10 – 3/4 *(in)corporeus* (un)körperlich – 4 *volucer, -cris, -cre* fliegend – *trānsilīre* hinüberspringen – 5 *compellāre* tadeln – *totiēns* so oft – 6 *ascēnsus* LW *Fam.* 4.1.7–10 – *scītō* Imperativ II („du sollst ...") – 8 *idcircō* deswegen – *perpendere* genau untersuchen – 9 *in apertō esse* offen zutage liegen – *invīsibilis, -e* unsichtbar – 10 *celsus* hoch – 11 *sītus* LW *Fam.* 1.5 – *arctus (~ artus)* eng – 12 *inter-ēminēre* dazwischen emporragen – 13 *summus* Gipfel; ergänze *mōns* – 14 *terminus* Ziel – *peregrīnātiō, -ōnis f* Pilgerschaft – 15 *dispōnere ad* ausrichten auf – *eō* LW *Fam.* 1.5 – 19 *nīmīrum* ohne Zweifel – 20 *terrēnus* irdisch – *īnfimus* der unterste – *plānus* LW *Fam.* 4.1.7–10 – 21 *prīmā fronte* auf den ersten Blick – *expedītus* bequem – *vērumtamen* jedoch– 23–27 ordne: *oportet ... tē aut ... ascendere aut ... prōcumbere ... et ... agere (AcI)* – 23 *culmen, -inis n* Gipfel – *ascendere* LW *Fam.* 4.1.1 – 24 *convallis, -is f* Talkessel – *peccātum* Sünde – *sēgnis, -e* träge – 25 *prōcumbere* sich niederwerfen – *ōminārī* voraussagen – *horrēre* LW *Fam.* 4.1.7–10 – 27 *cruciātus, -ūs* Qual

Die Verwendung von Zitaten
Bei der Beschreibung des schwierigen Aufstiegs zitiert Petrarca (die Stelle ist hier nicht wiedergegeben; vgl. aber *Fam.* 4.1.34–36 auf S. 187) auch einen berühmten Vers aus den ***Georgica* Vergils**, des bedeutendsten Dichters der augusteischen Zeit: „Alles besiegt die Arbeit, die unanständige" *(labor omnia vincit improbus,* 1.145/146). Die *Georgica* sind ein Lehrgedicht über den Landbau. Vergil stellt darin nicht nur Arbeitsabläufe des ländlichen Lebens dar, sondern weitet die Perspektive zu längeren Exkursen aus (z. B. Lob Italiens oder Orpheusmythos). In der lateinischen Literatur werden einzelne Sentenzen aus dem Werk wegen ihrer prägnanten und als schön empfundenen Formulierungen allgemeingültiger Inhalte häufig zitiert. In dem hier vorliegenden Text zitiert Petrarca außerdem zwei Bibelstellen (aus dem Matthäusevangelium und aus den Psalmen) sowie einen Vers aus Ovids im Exil entstandenen ***Epistulae ex Ponto*** („Briefe vom Schwarzen Meer"). Im folgenden Text werden außerdem Ovids ***Amores*** und die ***Confessiones*** des Augustinus zitiert.
Beschreiben Sie, wie Petrarca die Zitate in seinen Text einbaut. Erörtern Sie außerdem, inwieweit die Zitate ihrer Aussage nach zu den hier beschriebenen Situationen passen.

→ Vergil: S. 50
→ Ovid: S. 60
→ weitere Vergilzitate: S. 136, S. 149 und S. 187
→ Augustinus: S. 160
→ Rhetorische Stilmittel: S. 224
→ AH: Konjunktiv in Haupt- und Nebensätzen: S. 41

Fam. 4.1.20–21 Nachdenken über das eigene Leben

Tempus forsan veniet, quando eodem, quo gesta sunt, ordine universa percurram praefatus illud Augustini tui: „Recordari volo transactas foeditates meas et carnales corruptiones animae meae, non quod eas amem, sed ut amem te, Deus meus“ [Augustinus, *Conf.* 2.1.1]. Mihi quidem multum adhuc ambigui molestique negotii superest. Quod amare solebam, iam non amo; mentior: amo, sed parcius; iterum ecce mentitus sum: amo, sed verecundius, sed tristius; iam tandem verum dixi. Sic est enim; amo, sed quod non amare amem, quod odisse cupiam; amo tamen, sed invitus, sed coactus, sed maestus et lugens. Et in me ipso versiculi illius famosissimi sententiam miser experior: „Odero, si potero; si non, invitus amabo“ [Ovid, *Amores* 3.11.35].

1 *forsan* vielleicht – *gerī (Inf. Pass.)* ablaufen – 2 *percurrere* durchgehen – *praefārī (Part. Perf.: praefātus)* vorausschicken – 3–5 *Recordārī ... Deus meus* (vgl. die Info-Box auf der vorangehenden Seite – 3 *recordārī* sich erinnern an – *trānsāctus* durchlebt – *foeditās, -ātis f* Scheußlichkeit – *carnālis, -e* fleischlich – 4 *corruptiō, -ōnis f* Verderbtheit – 6 *ambiguus* schwankend – 9 *verēcundus* schüchtern – *iam tandem* jetzt endlich – 12 *lūgēre* trauern – *versiculus* Verschen – *fāmōsus* berühmt – 13 *experīrī* LW *Fam.* 4.1.11–14 – 13/14 *ōderō ... amābō* vgl. die Info-Box auf der vorangehenden Seite

S Schreiben Sie sämtliche Deponentienformen aus dem Text heraus und bestimmen Sie diese genau.

T Erschließen Sie, warum Petrarca gerade dieses Augustinuszitat verwendet. Beachten Sie dabei auch seinen ursprünglichen Kontext (S. 161).

Hinauffahrt zum Mont Ventoux während der Tour de France (2009). Sammeln Sie in der Klasse mögliche Gründe, warum Menschen auf Berge steigen oder fahren, und vergleichen Sie sie mit dem, was Petrarca über seinen Aufstieg auf den Gipfel schildert.

Fam. 4.1.26–30 Die *Confessiones* als Buchorakel

Quae dum mirarer singula et nunc terrenum aliquid saperem, nunc exemplo corporis animum ad altiora subveherem, visum est mihi Confessionum Augustini librum, caritatis tuae munus, inspicere; quem et conditoris et donatoris in memoriam servo habeoque semper in manibus: pugillare opusculum perexigui voluminis, sed infinitae dulcedinis. Aperio lecturus, quicquid occurreret; quid enim nisi pium et devotum posset occurrere? Forte autem decimus illius operis liber oblatus est. Frater expectans per os meum ab Augustino aliquid audire intentis auribus stabat. Deum testor ipsumque, qui aderat, quod – ubi primum defixi oculos – scriptum erat: „Et eunt homines admirari alta montium et ingentes fluctus maris et latissimos lapsus fluminum et oceani ambitum et giros siderum, et relinquunt se ipsos“ [Augustinus, *Conf.* 10.8.15]. Obstupui, fateor; [...] librum clausi, iratus mihimet, quod nunc etiam terrestria mirarer, qui iampridem ab ipsis gentium philosophis discere debuissem nihil praeter animum esse mirabile, cui magno nihil est magnum.

1 *singulus* LW *Fam.* 1.4 – *terrēnus* irdisch – 3 *subvehere* hinaufführen – *vīsum est* es schien gut – 4 *cāritās, -ātis f* Liebe – 5 *conditor, -ōris m* Urheber (Dionigi hatte Petrarca auf Augustinus aufmerksam gemacht) – *dōnātor, -ōris m* Schenker – 6 *pugillāris, -e* faustgroß – *opusculum* kleines Werk – *perexiguus* sehr klein – 7 *volūmen, -inis n* (hier) Umfang – *īnfīnītus* unendlich – *dulcēdō, -inis f* Süße – 8 *dēvōtus* gottergeben – 9 *forte* LW *Fam.* 1.5 – 12 *tēstārī* als Zeugen anrufen – *dēfīgere (Perf.: dēfīxī)* anheften – 13 *admīrārī* um zu bewundern – 14 *lātus* LW *Fam.* 1.4 – *lāpsus, -ūs* (hier) Lauf – 15 *ōceanus* Ozean – *ambitus, -ūs* Umfang – *gīrus (~ gȳrus)* Kreis, Umlauf – 17 *obstupēscere (Perf.: obstupuī)* erstarren – *mihimet* verstärktes *mihī* – 18 *terrestris, -e* irdisch – *iamprīdem* schon längst – 20 *mīrābilis, -e* bewundernswert

S Schreiben Sie sämtliche Substantive und Adjektive im Neutrum heraus und geben Sie jeweils an, zu welcher Deklinationsklasse diese gehören.

i **Buchorakel**

In Büchern wurden oft Antworten auf Lebensfragen gesucht, insbesondere wenn man ihnen eine höhere Weisheit zuerkannte. Dies geschah bei zufälligem Aufschlagen, wurde aber auch durch „Hineinstechen“ in das Buch gezielt versucht. Als Orakelquellen dienten in der Antike **Homer** oder **Vergil** *(sortes Vergilianae)*, bei den Christen die Bibel. In den ***Confessiones*** („Bekenntnisse“) schildert Augustinus seine Bekehrung in Form einer zufälligen Pauluslektüre. So ist Petrarcas Schilderung auch in der Form eine Verbeugung vor **Augustinus**.

Beschreiben Sie, wie Petrarca seine Erfahrungen mit diesem Augustinuszitat deutet.

→ Vergil: S. 50
→ Ovid: S. 60
→ die „Bekehrung“ des Augustinus: S. 166
→ AH: Substantive, Adjektive, Adverbien und Pronomina: S. 4
→ AH: Tempora: S. 35

Fam. 4.1.34–36 Auswertung und Rückweg

Quotocuique accidet, ut ab hac semita, vel durarum metu rerum vel mollium cupidine, non divertat? O nimium felix! Siquis usquam est, de illo sensisse arbitrer poetam:

Felix, qui potuit rerum cognoscere causas
atque metus omnes et inexorabile fatum
subiecit pedibus strepitumque Acherontis avari!
[Vergil, *Georgica* 2.490–492]

O quanto studio laborandum esset, non ut altiorem terram, sed ut elatos terrenis impulsibus appetitus sub pedibus haberemus! Hos inter undosi pectoris motus, sine sensu scrupulosi tramitis, ad illud hospitiolum rusticum, unde ante lucem moveram, profunda nocte remeavi, et luna pernox gratum obsequium praestabat euntibus. Interim ergo, dum famulos apparandae cenae studium exercet, solus ego in partem domus abditam perrexi, haec tibi, raptim et ex tempore, scripturus.

Petrarca hofft, dem väterlichen Freund sein Denken völlig offengelegt zu haben, und bittet um dessen Fürbitte, damit sich Petrarcas so lange unstete Einstellung zum Guten, Wahren, Sicheren und Stabilen bekehrt. Abschiedsgruß, Datums- und Ortsangabe beschließen den Brief:

Vale. VI Kal. Maias, Malausanae.

1 *quotōcuīque (Dat. Sg.)* wie wenigen ~ kaum jemandem – *sēmita* Pfad – 2 *mollis* LW *Fam.* 4.1.7–10 – *dīvertere* abweichen – 3 *fēlix* greift *quotōcuīque* auf – *sīquis* ~ *sī <ali>quis* – *ūsquam* irgendwo – 5–7 vgl. die Info-Box auf S. 185 – 6 *inexōrābilis, -e* unerbittlich – *fātum* LW *Fam.* 4.1.1 – 7 *strepitus, -ūs* Getöse – *Acherōn, -ontis m* Acheron (Unterweltsfluss) – *avārus* gierig – 9 *efferrī* (hier) überheblich werden – *terrēnus* irdisch – *impulsus, -ūs* Trieb – *appetītus, -ūs* Bestrebung – 10 *undōsus* wogend – *mōtus* LW *Fam.* 4.1.11–14 – 11 *scrūpulōsus* voll spitzer Steinchen – *trāmes, -itis m* Weg – *hospitiolum* kleines Gasthaus – 12 *rūsticus* bäuerlich – *profundus* tief – 13 *remeāre* zurückkehren – *pernox (Nom. Sg.)* die Nacht hindurch – *obsequium* Begleitung – 14 *famulus* Knecht – *apparāre* vorbereiten – 15 *exercēre* auf Trab halten – *abdere (PPP: abditum)* verbergen – 16 *pergere* (hier) sich aufmachen – *raptim* eilends – *ex tempore* aus dem Stegreif – 17 *VI Kal. Maias* 26. April

S 1 Erklären Sie die grammatikalischen Unterschiede zwischen der Form *laborandum esset* (Z. 8) und *apparandae cenae* (Z. 14).

S 2 Mit der Form *Malausanae* (Z. 17) gibt Petrarca an, dass er seinen Brief in der Stadt Malaucène (in der Nähe des heutigen Avignon) verfasst hat. Bestimmen Sie die Form und erklären Sie ihre Verwendung.

T 1 Geben Sie den Inhalt des berühmten Vergilzitats mit eigenen Worten wieder. Erschließen Sie, warum Petrarca es hier verwendet.

T 2 Stellen Sie sämtliche Passagen aus den von Ihnen übersetzten Texten Petrarcas zusammen, in denen die Kultur und das Gedankengut der Antike beschrieben werden. Beschreiben Sie die verschiedenen Formen der Antikenrezeption des berühmten Humanisten.

Arnold Böcklin, „Der Dichter Petrarca“ (1863/64). Beschreiben Sie das Bild. Gehen Sie dabei sowohl auf die abgebildete Körperhaltung als auch auf die Farbgebung ein. Erschließen Sie (unter Zuhilfenahme des Einleitungstextes), welche Inhalte von Petrarcas Gesamtwerk hier angedeutet werden. Arbeiten Sie die Unterschiede zu Petrarcas Darstellung seines Aufenthalts auf dem Mont Ventoux heraus.

→ das Datum bei den Römern: S. 43
→ AH: Kasusfunktionen: S. 8
→ AH: Partizipien und *nd*-Formen: S. 16

LERNWORTSCHATZ

LW *Fam. 1.4*

ecclēsia, -ae *f*	Kirche
proprius, -a, um	eigen, eigentümlich
rīpa, -ae *f*	Ufer
attingere, attingō, attigī, attāctum	berühren, erreichen
contemplārī, contemplor, contemplātus sum	ansehen, betrachten
aspectus, -ūs *m*	Anblick; Blick(feld)
tellūs, -ūris *f*	Erde, Welt; Erdboden
incōgnitus, -a, -um	unbekannt
singulus, -a, -um	je ein, jeder einzelne
licet *m. Konj.*	auch wenn
māgnificus, -a, -um	großartig
orīgō, -inis *f*	Anfang, Ursprung; Abstammung
immō *Adv.*	ja sogar, im Gegenteil
quō … eō	je … desto
lātus, -a, -um	weit, breit, ausgedehnt
quodsī	wenn aber
immortālis (*und* **inmortālis**), -e	unsterblich
ortus, -ūs *m*	Geburt, Herkunft
nāscī, nāscor, nātus sum	geboren werden, entstehen
quisquis, quidquid (quicquid)	jeder
atquī(n)	und doch, aber doch
impudēns, -entis	unverschämt, schamlos
dum	*m. Ind.* während, solange als, solange bis; *m. Konj.* wenn nur
meminisse, meminī *m. Gen.*	sich erinnern, gedenken
ante *Adv.*	vorher
vacuus, -a, -um	leer, frei
possidēre, possideō, possēdī, possessum	besitzen, in Besitz nehmen
ēvertere, ēvertō, ēvertī, ēversum	zerstören, umstürzen; umstimmen
vāstāre, vāstō, vāstāvī, vāstātum	verwüsten, ausplündern, entvölkern
cruor, -ōris *m*	(geronnenes) Blut

LW *Fam. 1.5*

māteria, -ae *f*	Grundstoff; Material; Ursache
prius *Adv.*	vorher, früher, zuerst
unde *Adv.*	woher; weshalb
sinister, -tra, -trum	links, unheilvoll, trügerisch
latus, -eris *n*	Seite, Flanke
situs, -a, -um	gelegen
situs, -ūs *m*	Lage, Stellung, Gegend
barbaricus, -a, -um	wild, barbarisch; *Subst.* barbarus, -ī *m* Barbar
cīvīlitās, -ātis *f*	bürgerlicher Stand
gravitās, -ātis *f*	Gewicht, Würde, Ernst
mātrōna, -ae *f*	(verheiratete) Frau
forte *Adv.*	zufällig, vielleicht
vigilia, -ae *f*	Nachtwache; Vigil (Vortag hoher kirchlicher Feste)
meritum, -ī *n*	das Verdienst; Wohltat; Würdigkeit
hospitium, -ī *n*	Gasthaus, Quartier, Herberge
trādūcere, trādūcō, trādūxī, trāductum	hinüberführen
fluvius, -ī *m*	Fluss
īnsīgnis, -e	berühmt, auffallend, außergewöhnlich
spectāculum, -ī *n*	Schauspiel
fōrma, -ae *f*	Gestalt, Aussehen; Schönheit
habitus, -ūs *m*	Aussehen, Zustand, Kleidung
eō *Adv.*	dorthin; deswegen
intendere, intendō, intendī, intentum	anspannen, anstrengen; beabsichtigen; richten auf
concursus, -ūs *m*	Zusammenkunft
alacer, -cris, -cre	freudig
herba, -ae *f*	Kraut, Gras
brac(c)hium, -ī *n*	Arm
lavāre, lavō, lāvī, lautum/lōtum	waschen
blandus, -a, -um	schmeichlerisch, schmeichelhaft, reizend
colloquī (*und* **conloquī**), colloquor, collocūtus sum	sich unterhalten, sprechen, verhandeln

LW *Fam. 4.1.1*

ascendere, ascendō, ascendī, ascēnsum	besteigen, hinaufsteigen
fātum, -ī *n*	Schicksal, Götterspruch; Verhängnis; Tod

LW *Fam. 4.1.7–10*

pāstor, -ōris *m*	Hirte
ascēnsus, -ūs *m*	Ersteigen, Aufstieg
ārdor, -ōris *m*	Feuer, Brand, Glut; Leidenschaft
suprēmus, -a, -um	der letzte, der äußerste
inde *Adv.*	von dort; deshalb
praeter *m. Akk.*	ausgenommen, außer
saxum, -ī *n*	Fels, Stein
umquam *Adv.*	jemals
quisquam, quidquam (quicquam)	irgendeiner, irgendetwas; neque quicquam und nichts
senex, senis	alt; *Subst.* Greis, alter Mann
nītī, nītor, nīsus/nīxus sum *m. Abl.*	sich stützen auf; sich bemühen um, streben nach
prōgredī, prōgredior, prōgressus sum	weitergehen, vorrücken, hervorkommen, voranschreiten
tergum, -ī *n*	Rücken
procul *Adv.*	in der Ferne, von Weitem, weit weg
praesertim (cum)	zumal, besonders (da, weil)
modestus, -a, -um	maßvoll, bescheiden
mollis, -e	weich, angenehm; freundlich
rēctus, -a, -um	gerade, recht, richtig, aufrecht

aditus, -ūs *m*	Eingang, Zugang
horrēre, horreō, horruī	starr sein, schaudern
plānus, -a, -um	flach, eben, deutlich; plānē *Adv.* völlig, deutlich
vallis, -is *f*	Tal
inūtilis, -e	nutzlos, unbrauchbar, wertlos

LW *Fam.* 4.1.11–14

indīgnārī, indīgnor, indīgnātus sum	empört sein, sich ärgern
hōra, -ae *f*	Stunde; Zeit
illīc *Adv.*	da, dort
cōgitātiō, -ōnis *f*	Denken, Überlegung
hodiē *Adv.*	heute, heutzutage, noch heute
experīrī, experior, expertus sum	versuchen, (durch Erfahrung) kennenlernen
mōtus, -ūs *m*	Bewegung, Antrieb
occultus, -a, -um	geheim, verborgen
equidem *Adv.*	(ich) allerdings, (ich) freilich
collis, -is *m*	Hügel, Anhöhe
gradus, -ūs *m*	Schritt, Stellung, Stufe, Rang
ambulāre, ambulō, ambulāvī, ambulātum	spazieren gehen
parum *Adv.*	(zu) wenig
potīrī, potior, potītus sum *m. Abl.*	in seine Gewalt bekommen, erlangen
pondus, -eris *n*	Gewicht, Masse; Bedeutung
differre, differō, distulī, dīlātum	aufschieben, sich unterscheiden
tenebrae, -ārum *f Pl.*	Dunkelheit, Finsternis

LW *Fam.* 4.1.20–21

ōrdō, -inis *m*	Ordnung, Reihe, Stand
anima, -ae *f*	Leben, Seele, Atem
molestus, -a, -um	lästig, beschwerlich, unangenehm
superesse (*auch* **super esse**), supersum, superfuī	übrig sein; *m. Dat.* überleben
mentīrī, mentior, mentītus sum	(er)lügen, erdichten; *Part. Perf.* mentītus erlogen, erdichtet
parcus, -a, -um	sparsam, genügsam, knapp, schlicht
ecce	sieh! schau! da ist ...!
maestus, -a, -um	traurig, betrübt

LW *Fam.* 4.1.26–30

mīrārī, mīror, mīrātus sum	bewundern, sich wundern
sapere, sapiō, sapīvī/sapiī/sapuī	Verstand haben; Geschmack haben; schmecken
īnspicere, īnspiciō, īnspexī, īnspectum	hineinschauen; genau betrachten
decimus, -a, -um	der zehnte
offerre, offerō, obtulī, oblātum	anbieten, entgegenbringen
ex(s)pectāre, ex(s)pectō, ex(s)pectāvī, ex(s)pectātum	warten auf, erwarten
intentus, -a, -um	angespannt; aufmerksam, beschäftigt mit
flūctus, -ūs *m*	Flut, Strömung
sīdus, -eris *n*	Stern, Sternbild
īrātus, -a, -um	zornig, erzürnt
philosophus, -ī *m*	Philosoph
praeter *m. Akk.*	ausgenommen, außer

LW *Fam.* 4.1.34–36

cupīdō, -inis *f*	Begierde, Trieb, Gier
poēta, -ae *m*	Dichter
subicere, subiciō, subiēcī, subiectum	unterwerfen
sēnsus, -ūs *m*	Sinn, Verstand, Gefühl
lūna, -ae *f*	Mond

Zusammenfassung: Francesco Petrarca (1304–1374)

- aus florentinischem Geschlecht, jedoch in **Arezzo** geboren, da Petrarcas Vater als **Guelfe** (Papstanhänger) Opfer der inneritalischen Machtkämpfe zwischen Anhängern päpstlicher und kaiserlicher Politik **1302 aus Florenz verbannt** wird (wie sein Freund Dante Alighieri),
- **ab 1316 Jurastudium** in **Montpellier** und **Bologna,**
- nach dem Tod des Vaters **1326 Rückkehr nach Avignon** und **endgültige Zuwendung zur Literatur,**
- **wichtigstes Werk:** *Canzoniere* (Gedichtzyklus in italienischer Sprache über die unerfüllte Liebe zu einer Frau namens **Laura**), was zu reger Petrarca-Nachahmung in ganz Europa und der **Einheit der italienischen Sprache** führt,
- **26. April 1336: Besteigung des Mont Ventoux** zusammen mit dem Bruder, festgehalten in einem Brief (berühmtestes Schriftstück von Petrarca auf Latein),
- **Krönung** zum *poeta laureatus* am **Osterfest 1341** auf dem **Kapitol in Rom,**
- Tod einen Tag vor seinem 70. Geburtstag am 19. Juli 1374 in **Arquá** (südwestlich von Padua).

Erasmus von Rotterdam: *Apophthegmata*

Erasmus von Rotterdam wurde **zwischen 1464 und 1469** als Sohn eines Priesters in **Rotterdam** geboren. Nach seiner Weihe zum Priester und einem Studium in Paris ging er als Hauslehrer nach England, wo er Freundschaften mit **Humanisten** wie **Thomas Morus** schloss. In den Folgejahren hielt er sich abwechselnd in England, Frankreich (Paris), den Niederlanden und Italien auf und ging dann nach Basel, wo er **1536** starb.

Erasmus war ein enorm vielseitiger und produktiver Autor. So verfasste er neben der Satire ***Laus stultitiae*** (**„Lob der Torheit“**) und etlichen Schriften zu einer humanistischen Lebenskultur und Erziehung (lateinische Sprichwortsammlungen, ***Adagia,*** oder die ***Colloquia*** genannten **„Gespräche“**) zahlreiche **Textausgaben** zu antiken Autoren. Durch dieses literarische Wirken, seine Reisen und seine Briefe wurde Erasmus zur zentralen Figur des europäischen **Humanismus.**

***Apophthegmata,* „Aussprüche“,** nannte Erasmus seine **1533** veröffentliche Sammlung von kurzen Episoden über bedeutende Persönlichkeiten der griechischen und lateinischen Antike. Dabei handelt es sich in der Regel um kurze, präzise auf den Punkt gebrachte **Anekdoten,** deren Zweck in erster Linie darin liegt, dem Leser **Vorbilder und Muster für menschliches Verhalten in Situationen** zu geben, die einem jeden immer wieder im Leben begegnen. Die für Erasmus wichtigste „Zielgruppe“ besteht aber in Persönlichkeiten, die eine wichtige oder leitende Funktion innerhalb der Gesellschaft bzw. der Politik einnehmen und die aufgrund ihrer Arbeitsbelastung nicht die Zeit und Muße finden (können), derartige Informationen, die weit verstreut in der antiken Literatur und damit schwer aufzufinden sind, zusammenzusuchen. Er will also eine Art **Kompendium für Führungspersönlichkeiten** schaffen, in dem man rasch und gezielt ***exempla,* Musterbeispiele** für korrektes Handeln bzw. angemessene Verhaltensmuster und schlagfertige Antworten in den verschiedensten Lebenssituationen findet.

Titelkupfer einer Ausgabe der *Apophthegmata* von 1671. Arbeiten Sie durch eine Bildanalyse heraus, inwiefern der Künstler Inhalt und Ziel des Werkes in diesem Titelbild wiedergibt.

Damit stellt sich Erasmus bewusst in die **Tradition** von Schriftstellern wie **Valerius Maximus,** der im 1. Jahrhundert n. Chr. ebenfalls eine Sammlung von *exempla* – die einzige antike, die uns heute noch erhalten ist – verfasst hatte. Auch die Zielsetzung des antiken Schriftstellers war es gewesen, seinen Lesern mühselige Recherchearbeit zu ersparen. Die antiken **Quellen,** aus denen Erasmus seine *Apophthegmata* schöpft, sind v. a. der griechische Schriftsteller **Plutarch** (um 45–125 n. Chr.) sowie die lateinischen Autoren **Cicero, Quintilian, Plinus der Ältere** und **der Jüngere, Livius, Sueton** und **Seneca.**

Ein durchgehendes Strukturschema der **etwa 2900 kurzen Episoden,** die auf **acht Bücher** verteilt sind, ist nicht zu erkennen.

→ Cicero: S. 6
→ *exempla:* S. 17
→ Valerius Maximus: S. 100
→ Seneca: S. 106
→ Plinius der Ältere: S. 120
→ Plinius der Jüngere: S. 130

Philosophen und ihre Philosophie

III Socrates 33 Das höchste Gut

[Socrates] scientiam dicebat unicum esse bonum, contra unicum malum esse ignorantiam, quod, quicumque committunt rem iniustam, hoc peccant, quod ignorant, quid cuique sit tribuendum; et, qui fortes sunt, non alia re fortes sunt, nisi quod sciunt ea expetenda, quae vulgus existimat horrenda; et qui intemperantes sunt, hoc errant, quod ea putant suavia et decora, quae minime sunt.

Summum igitur bonum esse dicebat scientiam rerum expetendarum ac fugiendarum.

1 *ūnicus* einzig(artig) – 2 *īgnōrantia* Unwissenheit – 3 *hōc* dadurch – 4 ergänze: <*iī*,> *quī* – 4/5 *nōn aliā rē … nisī quod* nur dadurch, dass – 5/6 *expetenda* und *horrenda* ergänze esse – 6 *horrendus* schrecklich – *intemperāns, -antis* maßlos – 7 *decōrus* anständig

T 1 Geben Sie an, worin für Sokrates das *summum bonum* (Z. 9) bzw. das *summum malum* besteht. Arbeiten Sie aus dem Text heraus, welche Begründung er dafür jeweils angibt.

T 2 Übersetzen Sie auch den folgenden Text und erklären Sie, wie die beiden Aussagen über *scientia* und *scire* miteinander vereinbar sind.

III Socrates 36 Ich weiß, dass …

Illud omnium maxime celebratur, quod dicebat se nihil scire, nisi hoc unum, quod nihil sciret. Inquirebat enim de singulis tamquam ambiens, non quod re vera nihil haberet certo cognitum, sed hac ironia et suam declarabat modestiam et aliorum redarguebat arrogantiam, qui se profitebantur nihil nescire, cum re vera nihil scirent. Sophistae quidam publice profitebantur sese ex tempore responsuros ad omnem propositam materiam. Horum arrogantiam et inscitiam saepe confutabat Socrates. Atque ob hoc ipsum – ut ipse quidem interpretatur – ab Apolline iudicatus est sapiens, quod, quamvis omnium rerum ignorantiam cum ceteris haberet communem, eo nomine tamen illos superaret, quod suam inscitiam agnosceret, cum illi hoc quoque nescirent, se nihil scire.

2 *inquīrere* (nach)fragen – 3 *singulīs* ergänze *rēbus* – *ambīre* von allen Seiten herangehen – *rē vērā* tatsächlich – 4 *certō* als sicher – *īrōnīa* Ironie – *dēclārāre* (deutlich) offenbaren – 5 *redarguere* widerlegen – *arrogantia* Anmaßung – 6 *profitērī* (öffentlich) bekennen – 7 *sophista, -ae m* Sophist – 7/8 *ex tempore* aus dem Stegreif – 8 *respōnsūrōs* ergänze *esse* – 9 *īnscitia* Unwissenheit – *cōnfutāre* in die Schranken weisen – 11 *Apollō, -inis* der Orakelgott in Delphi, dem wichtigsten Orakel der Antike – 13 *eō nōmine* deswegen – 14 *āgnōscere* anerkennen

S Benennen Sie die Sinnrichtung von *cum* in Z. 6 und Z. 14 sowie von *quod* in Z. 1, 2, 3, 11 und 13. Arbeiten Sie heraus, aus welchen stilistischen und inhaltlichen Gründen der Autor diese beiden Subjunktionen in unmittelbarer Nähe zueinander verwendet.

T Geben Sie die zentrale erkenntnistheoretische Aussage des Sokrates an, wie sie im Text formuliert ist. Arbeiten Sie heraus, was Sokrates mit diesem Oxymoron ausdrücken wollte, und begründen Sie dann, weshalb es sich aus der Sicht des Sokrates eben nicht um ein solches handelt.

i **Sokrates**

Sokrates, der Sohn der **Hebamme Phainarete** und des **Steinmetzes Sophroniskos** (vgl. Val. Max. 3.4 *ext.* 1), lebte von **469–399 v. Chr.** Nachdem er zunächst den Beruf seines Vaters ausgeübt hatte, diente er als Infanterist im Peloponnesischen Krieg; daneben bekleidete er wohl auch mehrere politische Ämter. Seine wichtigste Tätigkeit sah er jedoch darin, die Menschen davon zu überzeugen, dass das Wichtigste eine ethisch einwandfreie Lebensführung ist. So stand die Frage nach dem **Guten** (ἀγαθόν *[agathón]*) und der **Tugend** (ἀρετή *[areté]*, die zur **Glückseligkeit** (εὐδαιμονία *[eudaimonía]*) führen soll, im Zentrum seines Fragens. Bei seinen Gesprächen mit athenischen „Durchschnittsbürgern" versuchte Sokrates durch gezielte Fragen und Antworten das Gute und die Tugend zum Vorschein zu bringen (die sogenannte **Maieutik, „Hebammenkunst"**). Dieses neue Denken und die Wendung der Philosophie weg von der Naturphilosophie hin auf den Menschen („Sokratische Wende") stellte eine radikale Neuerung dar, die in Athen nicht nur Zustimmung fand: Wegen **Gotteslästerung** und **Verführung der Jugend** wurde Sokrates 399 v. Chr. zum Tode verurteilt.

Sokrates, der keinerlei schriftliche Zeugnisse seiner Philosophie hinterließ, gilt als die vermutlich **bedeutsamste Persönlichkeit der Philosophiegeschichte.** Von seinem Denken und seinen Ansichten wissen wir nur über die Schriften seiner Schüler **Platon** und **Xenophon** und späteren, auch lateinischen Schriftstellern.

→ Sokrates und die „Hebammenkunst" bei Cicero: S. 31
→ die Sophisten bei Cicero und Isidor: S. 35 und S. 173
→ Sokrates: S. 102
→ Rhetorische Stilmittel: S. 224
→ AH: Konjunktiv in Haupt- und Nebensätzen: S. 41

III Socrates 89–90 **Was kommt nach dem Tod?**

Cum iam tempus urgeret moriendi, Socrates rogatus a Critone, quomodo sepeliri vellet, „Multam", inquit, „o amici, operam frustra consumpsi: Critoni enim nostro nondum persuasi me hinc avolaturum neque quicquam relicturum. Verumtamen, o Crito, si me assequi poteris aut sicubi nactus eris, utcumque tibi videtur, sepelito! Sed mihi crede: Nemo me vestrum, cum hinc excessero, consequetur." Sensit Socrates animum esse hominem, corpus nihil aliud esse quam animi vel organum vel domicilium. Eoque stulte facere illos, qui solliciti sunt, quomodo sepeliantur. Idem dicere solet mortem esse similem profundo somno aut diutinae peregrinationi. Somnus profundior adimit omnem sensum et animus a corpore digressus aliquando in suum domicilium rediturus est.

1 *urgēre* (be)drängen – 2 *Critō, -ōnis* Kriton, einer der Gesprächspartner des Sokrates vor seiner Hinrichtung im Gefängnis– 4 *āvolāre* wegfliegen – 5 *relictūrum* ergänze *esse* – *vērumtamen* gleichwohl – 6 *assequī* (hier) nachfolgen – *sīcubī* wenn irgendwo – *utcumque* wie auch immer – 7 *sepelītō* Imperativ II („du sollst ...") – 10 *organum* Werkzeug – *domicilium* Wohnung –*eō* (hier) deswegen – 10/11 ergänze: *stultē facere illōs <sēnsit>* – 12 *profundus* tief – 13 *diūtinus* lang andauernd – *peregrīnātiō, -ōnis f* Wanderung – 14 *dīgredī (Part. Perf. dīgressus)* weggehen

Sokrates galt auch in späteren Jahrhunderten und in den verschiedensten Kulturkreisen als großer Philosoph. Geben Sie eine Beschreibung der Zeichnung aus einer arabischen Handschrift (13. Jh.), in der Sokrates mit zwei Schülern dargestellt ist. Interpretieren Sie dabei v. a. Haltung und Gestik der drei Personen.

T Vergleichen Sie die Rede des Sokrates über den Tod sowie die gesamte Passage mit der Darstellung Ciceros in den Tuskulanen (Cicero, *Tusc.* 1.97–99, S. 31/32). Arbeiten Sie dabei die Gemeinsamkeiten, aber auch die unterschiedlichen Schwerpunkte, die beide Autoren bei ihrer Darstellung setzen, heraus.

III Diogenes 47 **Gespräch mit Alexander**

Memoratur et illud Alexandrum ita fuisse locutum: „Adsum, o Diogenes, tibi subventurus, quandoquidem video te multis egentem."
Cui Diogenes: „Uter nostrum pluribus eget? Ego, qui ultra peram et pallium nihil desidero, an tu, qui non contentus patrio regno tot periculis temet obicis, ut latius imperes adeo, ut vix totus orbis tuae cupiditati videatur satis futurus?"

1 *Alexander, -drī* Alexander der Große – *locūtum fuisse* ~ *locūtum esse* – 2 *subvenīre (m. Dat.)* unterstützen – 5 *pera* (Ruck-)Sack – 6 *tēmet* ~ *tē* – 8 ergänze: *futūrus <esse>*

S In diesem kurzen Text finden sich vier Partizipformen. Suchen Sie diese heraus, erklären Sie jeweils deren Verwendung und erarbeiten Sie die passendste Übersetzung.

T Erläutern Sie, welche Kritik Diogenes an Alexander übt. Welches Konzept hält er dagegen?

> **i** **Diogenes von Sinope**
> Über das Leben des Diogenes *(Diogenes, -is)* von Sinope (ca. 400–324/323 v. Chr.) sind uns praktisch keine Informationen erhalten. Fast alles, was wir über ihn wissen, wurde in Form von Anekdoten überliefert, deren Wahrheitsgehalt häufig fragwürdig ist. Bereits in der Antike galt er zusammen mit seinem Lehrer Antisthenes als der Begründer des **Kynismus**, einer philosophischen Richtung, die besonders im Bereich der Ethik vieles radikal in Frage stellte (ethischer Skeptizismus). So kennen wir Diogenes hauptsächlich als militanten Kulturverächter, der v. a. durch seine **radikale Bedürfnislosigkeit** (angeblich lebte er in einer Tonne) und **Gesellschaftskritik** seine Mitbürger provozieren und zum Nachdenken auffordern wollte. Sein bissiges und provokantes Wesen sowie seine extrem bescheidene Art zu leben brachten ihm rasch den Beinamen κύων (*kýon*, „Hund") ein, eine Bezeichnung, die sich auf die von ihm und seinen Schülern vertretene philosophische Richtung des Kynismus übertrug.

→ Ciceros *Tusculanae disputationes:* S. 28
→ Sokrates' Ende bei Cicero: S. 31
→ Diogenes bei Cicero: S. 34
→ Sokrates: S. 102
→ Projekt: Die Vorsokratiker: S. 238
→ AH: Partizipien und *nd*-Formen: S. 16

III Diogenes 50 Einfacher Gegenbeweis

Cum Zenon in scholis disserens acutissimis rationibus probaret nullum esse motum nec esse posse, Diogenes surgens coepit inambulare.
Id admiratus Zenon „Quid“, inquit, „agis, Diogenes?“ „Confuto“, inquit, „tuas rationes!“ taxans interim inanem ingenii ostentationem.

1 *Zēnōn, -ōnis* Begründer der stoischen Philosophie (um 300 v. Chr.) – *ratiō* (hier) Argument – 3 *inambulāre* hin und her gehen – 5 *cōnfūtāre* widerlegen – *taxāre* auf ironische Weise angreifen – 6 *ostentātiō, -ōnis f* Zurschaustellung

T Diskutieren Sie, was Zenon mit der Aussage *nullum motum esse potest* (Z. 2) meint. Informieren Sie sich darüber, welche Ansichten Vorsokratiker wie Heraklit oder Parmenides zu diesem Thema hatten, und bringen Sie diese Informationen in Ihre Diskussion ein.

III Diogenes 64 Eine Frage der Sichtweise

Cum [Diogenes] aliquando perfusus esset aqua staretque toto distillans corpore, circumstantes aliquot, ut fit, commiserabantur hominem indigna passum.
Quibus Plato – nam et is forte tum aderat – „Si vultis“, inquit, „commiserari Diogenem, abite!“ notans in philosopho gloriae cupiditatem:
Hoc igitur spectaculo quoniam delectabatur, Diogenes felix erat potius quam miserandus. At si nullo teste perfusus fuisset, tum vere fuisset miserabilis.

1 *perfundere (PPP: perfūsum)* übergießen – 2 *dīstillāre* triefen – 3 *(com)miserārī* bemitleiden – 5 *notāre* deutlich machen – 8/9 *perfūsus fuisset ~ perfūsus esset* – 9 *miserābilis* Adjektiv zu *(com)miserārī*

S Erklären Sie, um welche grammatische Erscheinung es sich bei der Formulierung *nullo teste* (Z. 8) handelt.

T Erklären Sie aus dem Text, weshalb Platon auf diese – überraschende – Weise auf das Missgeschick des Diogenes reagiert. Diskutieren Sie, ob diese Kritik gerechtfertigt ist, und ziehen Sie dabei Schlüsse auf das Verhältnis der beiden Philosophen bzw. ihrer Schulen zueinander.

VII Anacharsis 35 Kenne dein Limit!

Dicebat [Anacharsis] vitem ferre tres botros – primum voluptatis, alterum ebrietatis, tertium molestiae – sentiens parcum vini usum esse iucundum, quia sedat sitim, largiorem gignere temulentiam, largissimum parere rixas, caedes ac morbos, simile huic, quod alibi dictum est:
Primam crateram pertinere ad sitim, alteram ad voluptatem, tertiam ad ebrietatem, quartam ad insaniam.
[...] Rogatus, qua ratione quis effugeret, ne fieret vinolentus, „Si semper“, inquit, „prae oculis habeat ebriorum indecoros mores. Nihil enim similius insano quam ebrius. At ebrius existimat se decere omnia. In aliis spectandum quam foeda res sit temulentia.“

1 *Anacharsis* (ca. 600 v. Chr.) skythischer Fürst, einer der sieben Weisen (vgl. S. 29) – *vītis, -is f* Weinrebe – *botrus* (Wein-)Traube – 2 *ēbrietās, -ātis f* Trunkenheit – *molestia* Verdruss – 3 *sēdāre* stillen – 4 *largus* reichlich; ergänze zu *largiōrem* und *largissimum* jeweils *ūsum vīnī* – *tēmulentia* Trunkenheit – 5 *rīxa* Streit(erei) – 7 *crātēra* Weinkrug, in dem der Wein mit Wasser gemischt wurde – 8 *īnsānia* Raserei – 9 ergänze: *<ali>quis* – *effugere, nē (m. Konj.)* vermeiden, dass – 10 *vīnolentus* trunksüchtig – 11 *ēbrius* betrunken – *indecōrus* unanständig – *similius* ergänze *est* – *īnsānus* Wahnsinniger – 13 *spectandum* ergänze *est* – *foedus* hässlich

T Arbeiten Sie aus dem Text heraus, welche Folgen übermäßiger Alkoholgenuss haben kann. Verfassen Sie, basierend auf den Argumenten dieses Textes, eine kurze Schrift, die Jugendliche vor den Gefahren durch sogenannte Alkopops und „Komasaufen“ warnen soll.

S ***oratio obliqua* kompakt**
1. Aussagesätze stehen im **AcI.** – 2. Rhetorische Fragen (die ja tatsächlich die Funktion von Aussagesätzen haben) stehen im **AcI.** – 3. Nebensätze stehen im **Konjunktiv.** – 4. „Echte“ Fragen stehen im **Konjunktiv.** – 5. Aufforderungen stehen im **Konjunktiv.** – 6. **Reflexivpronomina** beziehen sich auf die Person, die als Sprecher der indirekten Rede gedacht ist.
Wenden Sie die entsprechenden Regeln bei der Wiedergabe von Z. 7–9 an.

→ Platon: S. 28
→ die sieben Weisen: S. 29
→ die Vorsokratiker: S. 29, S. 56 und S. 238
→ Zenon: S. 174
→ AH: Partizipien und *nd*-Formen: S. 16
→ AH: Die *oratio obliqua*: S. 50

Berühmte Staatsmänner

I Lycurgus 60 Antike Währungsreform

Idem cum inductis novis tabulis debitores aeris alieni liberasset, iam et ea, quae quisque privatim in aedibus habebat, ex aequo partiri temptavit, quo funditus e civitate tolleret discrimen opum et inaequalitatem. Sed cum cerneret eos aegre laturos manifestam rerum ablationem, idem occultiore via facere aggressus est: Monetam auream simul et argenteam abrogavit instituitque, ut cives ferreo dumtaxat nummo uterentur, et, quatenus postulabat usus ad huius permutationem, totius substantiae modum perscripsit.
Hoc facto omnis iniustitia exulabat ab Lacedaemone: Neque enim iam furari neque largitionibus corrumpere corrumpive neque fraudare dolo neque rapere per vim quisquam poterat, quod nec celare valeret nec parere magnificum esset nec uti periculo vacaret nec importare aut exportare tutum foret.
Hac arte vir sollertis ingenii eis, quibus divitiarum contemptum persuadere non potuit, divitiarum usum subtraxit ac reponendi studium negotiandique materiam ademit.

1 *īdem* gemeint ist Lykurg, mythischer Gesetzgeber in Sparta – *tabulae* (hier) Gesetze (die auf hölzernen Tafeln fixiert waren) – 2 *līberāsset* ~ *līberāvisset* – *prīvātim (Adv.)* persönlich – 3 *partīrī* aufteilen lassen – *quō* wodurch – *funditus (Adv.)* von Grund auf – 4 *inaequālitās, -ātis f* Ungleichheit – 5 ergänze: *aegrē lātūrōs <esse>; aegrē ferre* bekümmert sein über – 5/6 *manifesta ablātiō (-ōnis f)* offensichtliche Wegnahme – 6 *aggredī* (hier) darangehen – *monēta* Münze – 7 *argenteus* aus Silber – *abrogāre* einziehen – 8 *ferreus* aus Eisen – *dumtaxat* lediglich – *nummus* Geld – *quātenus* so weit – 9 *permūtātiō, -ōnis f* Austausch – 10 *substantia* (Währungs-)System – *per-scrībere* schriftlich genau fixieren – 11 *iniūstitia* Ungerechtigkeit – *exulāre* verbannt sein – *Lacedaemōn, -onis m* (Stadt und Staat) Sparta – 12 *fūrārī* stehlen – *largītiō, -ōnis f* Schmiergeld – 13 *fraudāre* Verb zu *fraus* – 14 *quisquam* LW III Socrates 89–90 – *cēlāre* verheimlichen – *parere* (hier) Geld vermehren – 15 *māgnificus* großartig – *perīculō ūtī* (hier) etwas riskieren – *vacat* (hier) es gibt die Möglichkeit – 15/16 *im-/exportāre*[!] – *foret* ~ *esset* – 17 *sollers, -ertis* schlau – *contemptus, -ūs* Geringschätzung – 18 *sub-trahere* wegnehmen – 19 *repōnere* zurücklegen – *negōtiārī* Geschäfte machen – *māteria* (hier) Gegenstand – 20 *adimere* LW III Socrates 89–90

S 1 Erstellen Sie eine Tabelle, in die Sie alle in diesem Text vorkommenden Pronomina eintragen. Achten Sie dabei auf die Einteilung in bestimmte, unbestimmte, Personal-, Relativpronomina etc. Verwenden Sie diese Tabelle bei der Erstellung einer Musterübersetzung dieses Textes.

S 2 Bestimmen Sie die genaue Sinnrichtung der Konjunktive in Z. 14–16 und passen Sie Ihre Übersetzung dementsprechend an.

S 3 Schreiben Sie sämtliche Begriffe zum Sachfeld „Gerechtigkeit/Ungerechtigkeit“ aus dem Text heraus und begründen Sie aus den unterschiedlichen Begriffen heraus die Gründe für Lykurgs Handeln. Vergleichen Sie dazu die Ausführungen des Laktanz zur *ira iniusta/iusta* (S. 153/154) und arbeiten Sie die Unterschiede zwischen den Vorstellungen von Gerechtigkeit in den beiden Texten heraus.

T Lykurg galt bereits in der Antike als das Idealbild des weisen Herrschers bzw. Gesetzgebers. Arbeiten Sie aus dem Text heraus, mit welchen Argumenten ein antiker Vertreter dieses Lykurg-Bildes seine Auffassung hätte vertreten können. Ziehen Sie dazu auch die Aussagen Ciceros zum weisen Philosophen (S. 29) heran.

Hellenistische (links) und moderne (Washington, Kapitol) Darstellung des Lykurg. Beschreiben Sie die beiden Abbildungen und erarbeiten Sie, welche Charaktereigenschaft die beiden Darstellungen an Lykurg betonen wollen. Welche Gemeinsamkeiten und Unterschiede erkennen Sie in der Aussageabsicht beider Porträts?

→ AH: Substantive, Adjektive, Adverbien und Pronomina: S. 4
→ AH: Konjunktiv in Haupt- und Relativsätzen: S. 41

III Aristipp 8 Was zeichnet den Philosophen aus?

Percontanti Dionysio, quid eximium haberent philosophi prae ceteris hominibus, „Ut“, inquit, „etiamsi omnes leges aboleantur, tamen aequabiliter victuri simus.“
Vulgus legum praescriptis arcetur a peccando; philosophus rationem habet pro legibus, non ideo, quod rectum est, faciens, quia lex iussit, nec a scelere temperans, quia lex vetuit, sed quia novit illud per se rectum esse, hoc per se turpe.

S Bestimmen Sie die Formen *victuri simus* (Z. 3/4) und *peccando* (Z. 5) genau. Erklären Sie, welche grammatikalische Besonderheit jeweils vorliegt.

1 *percontārī* fragen – *Dionȳsius* Dionysios I., (ca. 430–367 v. Chr.) Tyrann von Syrakus – *philosophus* LW III Diogenes 64 – 2 *prae* LW VII Anacharsis 35 – *inquit* ergänze *Aristippus* (Aristipp von Kyrene, ca. 435–355 v. Chr., neben Platon wichtigster Schüler des Sokrates) – 3 *abolēre* abschaffen – *aequābilis, -e* gleichermaßen – 5 *vulgus* LW III Socrates 33 – *praescrīptum* Vorschrift – *peccāre* LW III Socrates 33 – 7 *temperāre ab (m. Abl.)* sich fernhalten von – 8 *per sē* (hier) von sich aus

T Fassen Sie in einem Satz zusammen, was laut Aristipp den Philosophen vom „normalen“ Menschen unterscheidet. Diskutieren Sie, ob diese Aussage in Ihren Augen so haltbar ist oder nicht.

V Dionysius 18 Zu Dionys dem Tyrannen schlich …

[Dionysius] admiratus egregiam fidem Damonis et Pythiae, „Rogo“, inquit, „ut me quoque in vestram amicitiam recipiatis.“
Alteri tyrannus destinaverat diem necis; cumque is pauculos dies petivisset rerum domesticarum ordinandarum gratia, hac lege impetravit, ut alter vas amici fieret ea condicione, ut, si ille non redisset ad diem praescriptum, hic plecteretur.
Rediit autem ad diem mori malens quam amicum fallere. Ita servatus est uterque ac regis amicitia decoratus. Tantum valet egregia virtus etiam apud tyrannos.

1 *admīrārī* LW III Diogenes 50 – 1/2 *Dāmōn, -ōnis* und *Pythiās, -ae m* legendäres Freundespaar – 4 *dēstināre* bestimmen – 5 *pauculōs* ~ *paucōs* – 5/6 *rērum domesticārum ōrdinandārum grātiā* zur Regelung privater Angelegenheiten – 6 *lēx* (hier) Bedingung – *vas, vadis m* Bürge – 8 *praescrībere (PPP: praescrīptum)* vorschreiben – *plectere* bestrafen – 9 *fallere* (hier) im Stich lassen – 10 *decorāre* schmücken

T 1 *Zu Dionys, dem Tyrannen, schlich Damon, den Dolch im Gewande …* Friedrich Schiller griff in seiner berühmten Ballade „Die Bürgschaft“ diese Episode auf. Informieren Sie sich über diese Ballade und vergleichen Sie anschließend, welche strukturellen und inhaltlichen Aspekte Schiller von der Schilderung des Erasmus übernimmt und welche nicht.

T 2 Die Haltung der beiden Freunde wird vom Autor als *(egregia) virtus* bezeichnet. Arbeiten Sie heraus, welche Aspekte des zentralen (philosophischen) Wertbegriffs *virtus* der Autor in dieser Episode verdeutlicht. Sammeln Sie, auch unter Zuhilfenahme eines Wörterbuchs, weitere Aspekte, die ein Römer mit diesem Begriff verband.

T 3 Diskutieren Sie, ob und inwiefern diese Art von Freundschaft, wie sie in dieser Episode dargestellt wird, auch heute noch möglich bzw. sinnvoll und zeitgemäß ist.

Lithografie zu „Die Bürgschaft“ von J. Tretsensky (ca. 1825). Beschreiben Sie, welche Schwerpunkte aus dem Handlungsverlauf der Künstler für sein Bild herausgreift und welche zentrale Aussage er damit vermitteln will.

→ das Wesen des Philosophen bei Cicero: S. 30
→ die *virtus* bei Caesarius von Heisterbach: S. 176
→ AH: Partizipien und *nd*-Formen: S. 16

VII Thales von Milet 3 Auf den Punkt gebracht

Rogatus, quid esset omnium vetustissimum, Thales respondit: „Deus.“ – „Cur ita?“ – „Ὅτι ἀγένητος [hóti agénetos], hoc est: numquam esse coepit!“ Quid esset pulcherrimum, ait: „Mundus. Est enim opus dei, quo nihil est pulchrius!“ Quid maximum: „Locus. Capit enim omnia!“ Quid velocissimum: „Mens. Discurrit enim per universa hominis cogitatio!“ Quid robustissimum: „Necessitas sive fatum. Superat enim omnia.“ Quid sapientissimum: „Tempus. Nam invenit omnia!“

3 *hóti agénetos:* weil er nicht entstanden ist – 7 *discurrere* sich verbreiten

S 1 Thales antwortet auf verschiedene indirekte Fragen. Erklären Sie anhand von Z. 1 deren Aufbau. Geben Sie außerdem an, auf welche Weise die folgenden indirekten Fragen verkürzt werden.

S 2 Erklären Sie anhand der im Text verwendeten Steigerungsformen die unterschiedlichen Bildungsarten im Lateinischen für den Konjunktiv und Superlativ.

T 1 Weisen Sie anhand des lateinischen Textes nach, dass die philosophische Betätigung des Thales für die Vorsokratiker typisch ist.

T 2 Erasmus gibt diese Anekdote in Form eines Dialogs wieder. Erläutern Sie die Funktionen von Dialogen in der antiken Philosophie. Gehen Sie dabei auch auf Sokrates und die philosophischen Dialoge Ciceros und Senecas ein.

LERNWORTSCHATZ

LW III Socrates 33

scientia, -ae *f*	Wissen, Kenntnis; Wissenschaft
malum, -ī *n*	Übel
iniūstus, -a, -um	ungerecht
peccāre, peccō, peccāvī, peccātum	einen Fehler machen, sich irren; sündigen
quisque, quaeque, quidque (quodque)	jeder
expetere, expetō, expetīvī, expetitum	erstreben, verlangen; aufsuchen
vulgus, -ī *n*	Volk, Masse, Pöbel
suāvis, -e	süß, liebenswürdig, angenehm

LW III Socrates 36

celebrāre, celebrō, celebrāvī, celebrātum	feiern, verherrlichen; (oft) besuchen
singulus, -a, -um	je ein, jeder einzelne
tamquam	so wie, sozusagen; als ob
modestia, -ae *f*	Mäßigung, Besonnenheit; Bescheidenheit
sēsē *(verstärktes sē)*	sich
māteria, -ae *f*	Grundstoff; Material; Ursache; Problem
ob *m. Akk.*	wegen
interpretārī, interpretor, interpretātus sum	erklären, auslegen
quamvīs	*Subj.* auch wenn; *Adv.* wenn auch

LW III Socrates 89–90

quōmodo *Adv.*	auf welche Weise, wie
sepelīre, sepeliō, sepelīvī/sepeliī, sepultum	begraben
inquam *(in die Rede eingeschaltetes Verb)*	sag(t)e ich; *2. Pers. Sg.* inquis sagst/sagtest du; *3. Pers. Sg.* inquit sagt(e) er
cōnsūmere, cōnsūmō, cōnsūmpsī, cōnsūmptum	verbrauchen, verwenden, aufzehren; cōnsūmere operam in *m. Abl.* Mühe verwenden auf
quisquam, quidquam (quicquam)	irgendjemand, irgendetwas
nancīscī, nancīscor, nactus/nanctus sum	erreichen, erlangen, finden
hinc *Adv.*	von hier, daher, daraufhin
excēdere, excēdō, excessī, excessum	herausgehen, hinausgehen über
sollicitus, -a, -um	beunruhigt
somnus, -ī *m*	Schlaf
adimere, adimō, adēmī, adēmptum	an sich nehmen; wegnehmen, rauben
sēnsus, -ūs *m*	Sinn, Verstand, Gefühl

LW III Diogenes 47

quandōquidem	da ja, weil eben
egēre, egeō, eguī *m. Abl.*	Mangel leiden an, etw. nicht haben
uter, utra, utrum (*Gen. Sg.* utrīus, *Dat. Sg.* utrī)	welcher (von beiden)
ultrā	*m. Akk.* über ... hinaus; *Adv.* darüber hinaus
pallium, -ī *n*	Mantel
dēsīderāre, dēsīderō, dēsīderāvī, dēsīderātum	sich sehnen nach, wünschen; vermissen
patrius, -a, -um	väterlich, vom Vater ererbt, heimatlich
obicere, obiciō, obiēcī, obiectum	entgegenstellen, darbieten; vorwerfen; sich stürzen in
lātus, -a, -um	weit, breit, ausgedehnt

→ Thales: S. 30 und 239
→ philosophische Dialoge bei Cicero und Seneca: S. 33 und 111
→ Dialogform bei Caesarius von Heisterbach: S. 177
→ Projekt: Die Vorsokratiker: S. 238
→ AH: Konjunktiv in Haupt- und Nebensätzen: S. 41

LW III Diogenes 50

schola, -ae *f*	Schule, Unterricht; Philosophenschule
disserere, disserō, disseruī, dissertum	erörtern, besprechen
acūtus, -a, -um	spitz, scharf; scharfsinnig
probāre, probō, probāvī, probātum	prüfen, beweisen, gutheißen
mōtus, -ūs *m*	Bewegung, Antrieb
surgere, surgō, surrēxī, surrēctum	aufstehen, sich erheben; aufsteigen
admīrārī, admīror, admīrātus sum	sich wundern, bewundern
inānis, -e	eitel, unnütz; leer, gehaltlos

LW III Diogenes 64

circumstāre, circumstō, circumstetī	umstehen, umringen
aliquot	einige, ein paar
indīgnus, -a, -um *m. Abl.*	(einer Sache) unwürdig, (etwas) nicht verdienend; abscheulich
forte *Adv.*	zufällig; vielleicht
philosophus, -ī *m*	Philosoph
spectāculum, -ī *n*	Schauspiel
quoniam	weil ja, da ja, wo doch
tēstis, -is *m/f*	Zeuge/Zeugin

LW VII Anacharsis 35

parcus, -a, -um	sparsam, genügsam, knapp, schlicht
sitis, -is *f*	Durst
caedēs, -is *f*	Mord, Blutbad; Blut
alibī *Adv.*	anderswo, an anderer Stelle
pertinēre, pertineō, pertinuī (ad *m. Akk.*)	betreffen, gehören (zu), sich erstrecken (bis)
prae *m. Abl.*	vor, im Vergleich zu
decēre, deceō, decuī	schmücken, passen; sich gehören; decet es gehört sich

LW I Lycurgus 60

indūcere, indūcō, indūxī, inductum	(hin)einführen, verleiten, veranlassen
dēbitor, -ōris *m*	Schuldner
aes, aeris *n*	Geld; Erz; aes alienum Schulden

aequus, -a, -um	eben, gleich, ruhig, gerecht; ex aequō gleichmäßig, gleichermaßen
discrīmen, -inis *n*	Entscheidung; Gefahr; Unterschied
occultus, -a, -um	geheim, verborgen
simul	*Adv.* gleichzeitig, zugleich; *Subj.* sobald
-ve	oder
fraus, fraudis *f*	Betrug, Diebstahl
vacāre, vacō, vacāvī, vacātum	frei sein von *m. Abl.*, nicht haben; leer stehen; Zeit haben für, sich widmen *m. Dat.*

LW III Aristipp 8

eximius, -a, -um	ausnehmend, außerordentlich
et(iam)sī	auch wenn, selbst wenn
aequus, -a, -um	eben, gleich, ruhig, gerecht
arcēre, arceō, arcuī	fernhalten, abwehren
prō *m. Abl.*	vor, für, anstelle von, im Verhältnis zu, entsprechend
ideō *Adv.*	deshalb
vetāre, vetō, vetuī, vetitum *m. Akk.*	(jmd.) verbieten
nōscere, nōscō, nōvī, nōtum	kennenlernen, erfahren; *Perf.* nōvisse kennen, wissen

LW V Dionysius 18

tyrannus, -ī *m*	Tyrann
nex, necis *f*	Tod; Ermordung
grātiā *nach Gen.*	wegen
impetrāre, impetrō, impetrāvī, impetrātum	bewirken, durchsetzen; erlangen
mālle, mālō, māluī	lieber wollen
uterque, utraque, utrumque (*Gen. Sg.* utrīusque, *Dat. Sg.* utrīque)	jeder von beiden, beide
tantum *Adv.*	so viel, so sehr; nur

LW VII Thales von Milet 3

mundus, -ī *m*	Welt, Weltall
vēlōx, -ōcis	schnell

Zusammenfassung: Erasmus von Rotterdam (zwischen 1464/1469–1536)

- einer der **bedeutendsten Humanisten der Renaissance,** Verfasser wichtiger Werke wie ***Laus stultitiae, Colloquia, Adagia,***
- Aufenthalte in England, Frankreich, den Niederlanden; **Kontakte mit den bedeutenden Denkern der Zeit** (z. B. Thomas Morus),
- ***Apophthegmata:*** veröffentlicht **1533**, Sammlung von **ca. 2900** kurzen Episoden bzw. **Anekdoten** in **acht Büchern,** mit dem Zweck, dem Leser (und v. a. führenden Persönlichkeiten) **Vorbilder** und **Muster *(exempla)*** für menschliches Verhalten in allen möglichen Situationen zu bieten,
- stellt sich damit bewusst in die **Tradition** von Schriftstellern wie **Valerius Maximus *(Facta et dicta memorabilia).***

Nikolaus Kopernikus: Astronomische Schriften

„Terra movetur“ – mit diesen Worten erregte **Nikolaus Kopernikus** Aufsehen. Das anerkannte Weltbild, in dem sich alle Planeten um die unbewegte Erde als Zentrum des Universums drehten, schien auf den Kopf gestellt.

Nikolaus Kopernikus wurde **1473** in der Stadt **Thorn** im heutigen Polen geboren. Früh verlor er seinen Vater. Aber sein wohlhabender Onkel sorgte dafür, dass er in Italien Jura, Medizin und **Astronomie** studieren konnte. Ihr widmete er sich auch nach seinem Studium, als er bereits **Domherr in Frauenburg** (Polen) war. Eifrig sammelte Kopernikus alle Daten und Berechnungen seiner Vorgänger und brachte sie mit den Beobachtungen der Astronomen des 15. Jahrhunderts zusammen. Während er sich überwiegend auf die empirischen Daten der anderen stützte, bestand seine eigene Stärke in seinen intensiven **astronomisch-mathematischen Forschungen.** Zunehmend geriet er dabei in Zweifel über das bestehende Weltbild: Zu viele und zu komplexe Erklärungen schienen ihm notwendig, um die Theorie aufrechtzuerhalten, dass die Planeten sich in Kreisbahnen um die unbewegte Erde bewegten. Viel einfacher und schlüssiger erschienen Kopernikus plötzlich die Planetenbahnen, wenn er davon ausging, dass die Erde selbst sich bewege und mit den Planeten die Sonne umlaufe. Das **ptolemäische Weltbild** genügte ihm nicht mehr als Modell. Und so leitete Kopernikus die sogenannte **kopernikanische Wende** ein: den **Wandel vom geozentrischen zum heliozentrischen Weltbild.**

In seiner Schrift ***De revolutionibus orbium coelestium libri VI,*** die im Jahre **1543** erschien, schreibt Kopernikus: „Die Sonne steht still, die Erde hingegen dreht sich einmal am Tag um ihre eigene Achse und einmal im Jahr in einer Umlaufbahn um die Sonne.“

Die Idee eines heliozentrischen Weltbildes formulierte Kopernikus nicht als Erster. Lange vor ihm hatten griechische Naturphilosophen wie **Aristarch von Samos** (4./3. Jh. v. Chr.) diese bereits entwickelt, sich aber damit nie durchgesetzt. Das allgemein anerkannte Weltbild basierte auf den **Modellen des Aristoteles** (4. Jh. v. Chr.) **und des Ptolemäus** (2. Jh. n. Chr.): Beide waren geozentrisch, unterschieden sich aber darin, wie die **Planentenbewegungen** erklärt wurden.

Kopernikus griff auf antike Vorstellungen zurück und revolutionierte auf der Grundlage von **Empirie und Theorie** die tradierten Lehrmeinungen. Der Brisanz seiner Vorstellungen war sich Kopernikus bewusst. Zwar publizierte er **1514** einen handschriftlichen Entwurf seiner Theorien, den ***Commentariolus.*** Seine ausführlichen Darlegungen jedoch hielt Kopernikus fast 30 Jahre zurück. Sie erschienen erst, als er bereits im Sterben lag – **1543 in Frauenburg.**

Kopernikus blieb zu Lebzeiten von einer allzu heftigen Anfeindung vonseiten der Kirche verschont. Erst im Jahre 1616 wurde sein Werk auf den Index verbotener Schriften gesetzt, von dem es 1835 wieder gestrichen wurde.

Nikolaus Kopernikus (Kupferstich von Robert Boissard, 1598). Beschreiben Sie, welche Aspekte der Künstler in der Abbildung herausarbeitet. Beziehen Sie dabei auch das Distichon unter dem Porträt mit ein: *Non docet instabiles Copernicus aetheris orbes, / sed terrae instabiles arguit ille vices.*

→ Aristoteles: S. 28
→ Pythagoras: S. 30
→ Projekt: Weltbilder: S. 236
→ das ptolemäische Weltbild: S. 237
→ Projekt: Die Vorsokratiker: S. 238

De rev. praef. IIb–IIIa Angst vor Ablehnung

Kopernikus setzt sich in seiner Vorrede *(praefatio)* zu *De revolutionibus* mit dem problematischen Verhältnis zwischen Wissenschaftler und Menge auseinander.

Quamvis sciam hominis philosophi cogitationes esse remotas a iudicio vulgi, propterea quod illius studium sit veritatem omnibus in rebus, quatenus id a Deo rationi humanae permissum est, inquirere, tamen alienas prorsus a rectitudine opiniones fugiendas censeo. Itaque cum mecum ipse cogitarem, quam absurdum ἀκρόαμα [acróama] existimaturi essent illi, qui multorum saeculorum iudiciis hanc opinionem confirmatam norunt, quod terra immobilis in medio caeli tamquam centrum illius posita sit, si ego contra assererem terram moveri, diu mecum haesi, an meos commentarios in eius motus demonstrationem conscriptos in lucem darem, an vero satius esset Pythagoreorum et quorundam aliorum sequi exemplum, qui non per litteras, sed per manus tradere soliti sunt mysteria philosophiae propinquis et amicis dumtaxat.
Ac mihi quidem videntur id fecisse non, ut quidam arbitrantur, ex quadam invidentia communicandarum doctrinarum, sed ne res pulcherrimae et multo studio magnorum virorum investigatae ab illis contemnerentur, quos aut piget ullis litteris bonam operam impendere nisi quaestuosis aut – si exhortationibus et exemplo aliorum ad liberale studium philosophiae excitentur – tamen propter stupiditatem ingenii inter philosophos tamquam fuci inter apes versantur.
Cum igitur haec mecum perpenderem, contemptus, qui mihi propter novitatem et absurditatem opinionis metuendus erat, propemodum impulerat me, ut institutum opus prorsus intermitterem. Verum amici me diu cunctantem atque etiam reluctantem retraxerunt.

i Die **Pythagoreer** sind die Anhänger des **Pythagoras**, der im 6. Jahrhundert v. Chr. in Süditalien eine **religiös geprägte Philosophierichtung** gründete. Seine Schüler mieden im Gegensatz zu den ionischen Vorsokratikern die offene kritische Debatte, sondern entwickelten eine Geheimlehre.
Der Legende nach soll sogar der Pythagorasschüler Hippasos von Metapont von den anderen im Meer ertränkt worden sein, weil er das Geheimnis der irrationalen Zahl verraten habe. Tatsächlich haben sich die Pythagoreer intensiv mit der Mathematik befasst.
Erklären Sie den Satz des Pythagoras.

→ das Wesen des Philosophen bei Cicero: S. 30
→ Pythagoras bei Cicero und Vitruv: S. 30 und S. 58

i Der ***homo philosophus*** ist für Kopernikus ein Mensch, der sich der theoretischen wissenschaftlichen Forschung hingibt und nach der Erkenntnis der Dinge strebt: der Wissenschaftler. Der Philosophiebegriff ist eng mit der allgemeinen Gelehrsamkeit verbunden.

1 *homō philosophus* ~ *philosophus* (vgl. die Info-Box) – 1/2 *remōtus esse ā (m. Abl.)* unzugänglich sein für – 3 *quātenus* soweit – 4 *inquīrere* aufspüren – 5 *rectitūdō, -inis f* Richtigkeit – *fugiendās* ergänze *esse* – 7 *akróama n* Darstellung – *existimātūrī essent* vgl. die S-Box – 8 *opīniōnem* gemeint ist, dass die Erde sich bewegt – *cōnfīrmātam* ergänze *esse* – 9 *nōrunt* ~ *nōvērunt* – *quod* greift inhaltlich *hanc opīniōnem* auf – *immōbilis, -e* unbewegt – 10 *centrum* Zentrum – *asserere* behaupten – 11 *haerēre* (hier) ratlos sein – 12 *dēmōnstrātiō, -ōnis f* Beweis – 12/13 *in lūcem dare* veröffentlichen – 13 *satius est* es ist besser – 13/14 *Pȳthagorēus* Pythagoreer (Schüler des Pythagoras, vgl. die Info-Box); ordne: *exemplum Pȳthagorēōrum et quōrundam aliōrum* – 15 *mystērium* Geheimnis – 16 *dumtaxat* nur – 18 *invidentia* Abneigung – *commūnicāre* (mit)teilen – 20 *investīgāre* erforschen – 21–25 ergänze: *aut <qui> … versantur* – 21 *piget (m. Akk.)* es ist jemandem lästig – 22 *quaestuōsus* Gewinn versprechend – *exhortātiō, -ōnis f* aufmunternde Worte – 24 *stupiditās, -ātis f* Stumpfheit – 25 *fūcus* Drohne – *apis, -is f* Biene – 26 *perpendere* überlegen – *contemptus, -ūs* Geringschätzung – 27 *novitās, -ātis f* Neuartigkeit – *absurditās, -ātis f* Unsinnigkeit – 28 *propemodum* nahezu – 30 *reluctārī* widerwillig sein – *re-trahere* wieder dazu bringen

S 1 Arbeiten Sie die Begriffe aus dem Text heraus, die den Wahrheitsanspruch des Wissenschaftlers verdeutlichen.

S 2 Erstellen Sie zu dem langen Satz in Z. 17–25 eine Satzanalyse nach der Einrückmethode.

T 1 Kopernikus nennt hier bereits das zentrale Anliegen seines Werkes. Benennen Sie eben diese Intention.

T 2 Stellen Sie alle Begriffe einander gegenüber, die den *homo philosophus* (vgl. die Info-Box) und die anderen jeweils beschreiben. Erklären Sie mit eigenen Worten, worin Kopernikus' Konflikt besteht.

T 3 Im 5. Jahrhundert v. Chr. stellte der Pythagoreer Philolaos von Kroton erstmals die These auf, dass die Erde sich wie die anderen Himmelskörper um ein Zentralfeuer drehe. Informieren Sie sich über seine Theorie im Internet.

S In **konjunktivischen Nebensätzen** wird die Nachzeitigkeit bisweilen durch das Partizip Futur Aktiv auf *-urus, -ura, -urum* und den Konjunktiv Imperfekt *(essem …)* oder Konjunktiv Präsens *(sim …)* von *esse* umschrieben. Man übersetzt diese Umschreibung in der Regel mit Futur I.

→ Projekt: Die Vorsokratiker: S. 238
→ AH: Konjunktiv in Haupt- und Nebensätzen: S. 41

De rev. praef. IIIa **Kopernikus fasst Mut**

Freunde versuchen Kopernikus zur Veröffentlichung seiner Forschungsergebnisse zu bewegen. Zunächst gibt er ihre Worte in indirekter Rede wieder:

Fore, ut, quanto absurdior plerisque nunc haec mea doctrina de terrae motu videretur, tanto plus admirationis atque gratiae habitura esset, postquam per editionem commentariorum meorum caliginem absurditatis sublatam viderent liquidissimis demonstrationibus. His igitur persuasoribus eaque spe adductus tandem amicis permisi, ut editionem operis, quam diu a me petissent, facerent.

Auch im Blick auf die alten Forscher fühlt sich Kopernikus bestärkt:

Et quamvis absurda opinio videbatur, tamen, quia sciebam aliis ante me hanc concessam libertatem, ut quoslibet fingerent circulos ad demonstrandum phaenomena astrorum, existimavi mihi quoque facile permitti, ut experirer, an posito terrae aliquo motu firmiores demonstrationes, quam illorum essent, inveniri in revolutione orbium coelestium possent. [...] Neque dubito, quin ingeniosi atque docti mathematici mihi astipulaturi sint, si, quod haec philosophia imprimis exigit, non obiter, sed penitus ea, quae ad harum rerum demonstrationem a me in hoc opere adferuntur, cognoscere atque expendere voluerint.

T Erklären Sie auch unter Berücksichtigung des vorangehenden Textes die Bedeutung der *amici* für Kopernikus.

1 *fore, ut* es sei absehbar, dass – *absurdus* LW *De rev. praef.* IIb–IIIa – 2 *doctrīna* und *mōtus* LW *De rev. praef.* IIb–IIIa – 3 *ēditiō, -ōnis f* Veröffentlichung – 4 *commentārius* LW *De rev. praef.* IIb–IIIa – *cālīgō, -inis f* Nebel – *absurditās, -ātis f* Unsinnigkeit – 5 *sublātam* ergänze esse – *liquidus* klar – *dēmōnstrātiō, -ōnis f* Beweis – 6 *persuāsōrēs, -um m Pl.* Leute, die überreden – 9 *quamvīs* LW *De rev. praef.* IIb–IIIa – *opīniō* gemeint ist die Vorstellung der antiken Naturphilosophen – 10 *concessam* ergänze esse – 11 *phaenomenon, -ī n* Erscheinung – 13 *pōnere* (hier) vermuten – 15 *revolūtiō, -ōnis f* Umdrehung – 16 *ingeniōsus* geistreich – *mathēmaticus* Mathematiker – 17 *astipulārī* beipflichten – 18 *obiter* oberflächlich – *penitus* tief – 19 *adferuntur ~ afferuntur* – 20 *expendere* prüfen

S 1 Lesen Sie die Sprach-Box auf der vorangehenden Seite und erklären Sie die Wendungen *habitura esset* (Z. 3) sowie *astipulaturi sint* (Z. 17). Erarbeiten Sie jeweils eine passende Übersetzung.

S 2 Ermitteln Sie, ob es sich bei der Konstruktion in Z. 11 um ein Gerund oder Gerundiv handelt, und formen Sie sie in die jeweils andere Konstruktion um.

S 3 Erstellen Sie eine syntaktische Analyse zu Z. 9–15.

Holzschnitt aus dem Buch „L'Athmosphère: Météorologie populaire" von Camille Flammarion (1888) im Stil des 15. Jahrhunderts. Die Abbildung wird oft als Darstellung der kopernikanischen Wende herangezogen: Kopernikus überwindet das mittelalterliche Weltbild, indem er die Wirklichkeit mittels empirischer Beobachtung begreift und das antike Denken hinter sich lässt. Beschreiben Sie den Holzschnitt unter Berücksichtigung der beiden Welten.

Georg Vögelin dichtete im 16. Jahrhundert über Kopernikus:
Lehren kündet dies Buch, die nicht kannten die Forscher der Alten, / selbst dem gelehrtesten Greis heute sie wunderbar sind. / Denn nach neuem Gesetz wird gezeigt der Sterne Verhalten: / Glaubtest, die Erde steht still; siehe, jetzt kreist sie geschwind. / Rühme das Altertum, das so reich ist an Künstlern und Weisen, / doch auch neuem Bemühn weigre nicht Loblied und Ehr'! / Reifem Geiste nicht graut vor der Lehre und diesen Beweisen; / Schaden bringt dir allein neidiger Menschen Begehr. / Gräme dich nicht, wenn auch selten ein Lob dies Büchlein nur findet, / billigt's ein trefflicher Mann, sei dir Genüge getan.
Nehmen Sie Stellung zu dieser Aussage.

Melanchthon äußerte sich 1541 über Kopernikus:
Es gibt da Leute, die glauben, es sei ein hervorragender Fortschritt, eine so absurde Behauptung zu verfechten wie dieser sarmatische Astronom, der die Erde bewegt und die Sonne anheftet. Wahrlich, kluge Herrscher sollten die Frechheit der Geister zügeln.
Vergleichen Sie Melanchthons Äußerung mit Kopernikus' eigenen Aussagen über sich und seine Vorgänger (Z. 9–15). Stellen Sie dabei die Argumente beider Seiten einander gegenüber.

→ Melanchthon: S. 212
→ AH: Partizipien und *nd*-Formen: S. 16
→ AH: Konjunktiv in Haupt und Nebensätzen: S. 41

Comm. praef. Kreise, Kreise, Kreise

In seinem *Commentariolus* (vgl. die Einleitung) setzt Kopernikus sich damit auseinander, dass in der Astronomie von einer außerordentlichen Menge an zusätzlichen Kreisbewegungen für die Berechnung der Planetenbahnen ausgegangen wird:

Multitudinem orbium coelestium maiores nostros eam maxime ob causam posuisse video, ut apparentem in sideribus motum sub regularitate salvarent. Valde enim absurdum videbatur coeleste corpus in absolutissima rotunditate non semper aeque moveri. Fieri autem posse animadverterant, ut etiam compositione atque concursu motuum regularium diversimodo ad aliquem situm moveri quippiam videretur.

Kopernikus gibt sich mit den Berechnungen der Planetenbahnen seiner Vorgänger nicht zufrieden. Sie erscheinen ihm unvernünftig und viel zu kompliziert:

Igitur cum haec animadvertissem ego, saepe cogitabam, si forte rationabilior modus circulorum inveniri possit, e quibus omnis apparens diversitas dependeret omnibus in seipsis aequaliter motis, quemadmodum ratio absoluti motus poscit.

Kopernikus macht sich an die schwierige Aufgabe und bemerkt: Unter Vorgabe einiger Axiome könne er viel leichtere Berechnungen anstellen und müsse deutlich weniger Kreisbewegungen ansetzen.

T 1 Erklären Sie, von welcher Grundannahme die Naturforscher vor und zur Zeit des Kopernikus ausgingen.

T 2 Legen Sie mit eigenen Worten dar, welches Ziel die Naturforscher laut Kopernikus mit ihren Berechnungen der Planetenbahnen verfolgten.

T 3 Kopernikus stellt seine Vorgehensweise denen der Vorgänger gegenüber. Arbeiten Sie die Unterschiede (z. B. in einer tabellarischen Gegenüberstellung) heraus.

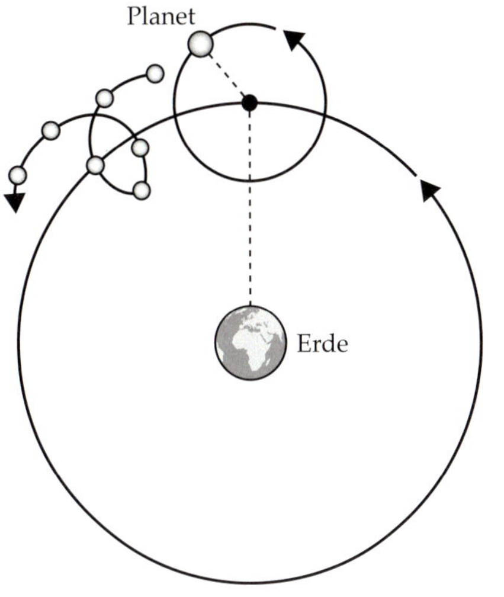

Benennen Sie unter Bezugnahme auf die Info-Box das der Skizze zugrundeliegende Weltbild und erklären Sie, wie die eingezeichnete Bewegung zustandekommt.

1 *coelestis* LW *De rev. praef.* IIIa – 2 *pōnere* (hier) vermuten – 3 *mōtus* LW *De rev. praef.* IIb–IIIa – *rēgulāritās, -ātis f* Regelmäßigkeit – *salvāre sub (m. Abl.)* (hier) in Einklang bringen mit – 4 *absurdus* LW *De rev. praef.* IIb–IIIa – *absolūtus* vollkommen – 5 *rotunditās, -ātis f* Kugelgestalt – 6 *compositiō, -ōnis f* Zusammensetzung – *concursus, -ūs* (hier) Überschneidung – 7 *regulāris, -e* regelmäßig – *dīversimodō* ungleichmäßig – 8 *situs, -ūs* Stelle – *quippiam* irgendetwas (gemeint ist: irgendein Himmelskörper) – 10 *sī* (hier) ob – *ratiōnābilis, -e* vernünftig – *circulus* LW *De rev. praef.* IIIa – 11 *dīversitās, -ātis f* Ungleichmäßigkeit – *dēpendere ē (m. Abl.)* abhängen von – 12 *in sēipsīs (~ sē ipsīs)* in sich selbst – *aequāliter* gleichmäßig

S Kopernikus greift im zweiten Absatz inhaltlich auf den ersten Absatz zurück. Sammeln Sie die Begriffe, die dies sprachlich zeigen.

i **Kopernikus** schreibt in seinem Vorwort zu *De revolutionibus* **über seine Vorgänger** in etwa Folgendes:
Es ergeht ihnen so, wie wenn einer von verschiedenen Stellen Hände, Füße, Kopf und andere Glieder zusammenfügt, von denen jedes für sich wunderschön ist, aber nicht zu einem einzigen Körper zusammenpasst, sodass daraus eher ein Ungeheuer als ein Mensch entsteht.
Zwei Grundsätze hatten bislang alle Theorien geprägt: a) Die Erde ruht im Zentrum des Universums, und b) alle Planeten bewegen sich in vollkommenen Kreisbahnen um die Erde. Die zweite Ansicht widersprach der Beobachtung; denn am Himmel waren **unregelmäßige Planetenbahnen** zu erkennen. Die Forscher stellten aber ihre Grundsätze nicht in Frage, sondern versuchten die „Erscheinungen zu retten“: Daher fügten sie zu den Hauptkreisbahnen der Planeten eine große Anzahl zusätzlicher Kreisbewegungen (Epizykel). Die Berechnungen wurden dadurch ungeheuer kompliziert – und deckten sich immer noch nicht mit den Beobachtungen.
Auch Kopernikus hielt an der **Vorstellung der Kreisbewegung** fest, suchte aber nach einfacheren Erklärungen. Seine entscheidende Neuerung war, dass er erkannte, dass ein Großteil der Zusatzkreise entfallen konnte, wenn man die Perspektive änderte: Die Erde dreht sich um die ruhende Sonne. Dennoch kam auch Kopernikus noch nicht ganz ohne Epizykel aus. Erst Johannes **Keplers** Entdeckung, dass die **Planetenbahnen elliptisch** sind (vgl. die Info-Box auf der folgenden Seite), machte diese überflüssig.

→ Kepler und die Sphärenklänge: S. 121
→ Projekt: Weltbilder: S. 236
→ Projekt: Die Vorsokratiker: S. 238

Allgemeine Grundsätze (aus den sog. *Petitiones* [„Forderungen"] des Kopernikus)
Die Erde ist nicht der Mittelpunkt der Welt, sondern nur der von Gravitation und Mondbahnkreis. Alle Bahnkreise umlaufen die Sonne, als stünde sie in der Mitte von allen, und deshalb liegt der Mittelpunkt der Welt nahe der Sonne.
Alles, was an Bewegung am Fixsternhimmel sichtbar ist, ist nicht von sich aus so, sondern von der Erde aus gesehen. Die Erde ist es, die sich also mit den Stoffen in ihrer Nähe in täglicher Bewegung einmal ganz um ihre festen Pole dreht. Dabei bleibt der Fixsternhimmel unbeweglich als äußerster Himmel.
Alles, was uns bei der Sonne an Bewegung sichtbar wird, entsteht nicht durch sie selbst, sondern durch die Erde und den Umlauf, mittels dessen wir uns um die Sonne drehen wie jeder andere Planet auch. Und so wird die Erde von mehrfachen Bewegungen dahingetragen.

i **Galileo Galilei** (1564–1642) fand mit seinen Beobachtungen und Ausführungen auch in Kirchenkreisen seine Bewunderer, solange er versicherte, die kopernikanische Theorie sei nur ein astronomisches Denkmodell. Mit dem Erscheinen seines „Dialogo", in dem Galilei in italienischer Sprache fiktive Vertreter des ptolemäischen und kopernikanischen Weltbildes Argumente austauschen lässt, kam es zum offenen Konflikt zwischen Kirche und Galilei. In dem Roman verteidigt der einfältige Simplicio (der deutlich die Züge des damaligen Papstes Urban VIII. trägt) das alte Weltbild, das kopernikanische Weltbild wird favorisiert. Es kam zum Prozess und zur Verurteilung Galileis, der aber nie im Kerker saß.

Bildnis des Galileo Galilei von einem unbekannten Florentiner Maler (um 1640/45). Informieren Sie sich über den Prozess des Galilei und nennen Sie Gründe, warum der bei Kopernikus noch latente Konflikt bei Galilei schließlich eskalierte.

De rev. I.10 Die Sonne im Zentrum

In medio vero omnium residet Sol. Quis enim in hoc pulcherrimo templo lampadem hunc in alio vel meliore loco poneret, quam unde totum simul possit illuminare? Siquidem non inepte quidam lucernam mundi, alii mentem, alii rectorem vocant. [...] Ita profecto tamquam in solio regali Sol residens circumagentem gubernat astrorum familiam.

1 *residēre* thronen – 2 *lampas, -adis f* Leuchte – *hunc* greift *sōl* auf – 3 *illūmināre* beleuchten – 4 *siquidem* weil ja – *ineptē* unpassend – *lucerna* Lampe – 5 *rēctor, -ōris m* Lenker – 6 *tamquam* LW *De rev. praef.* IIb–IIIa – *solium* Thron – *rēgālis, -e* königlich – *circumagere* sich im Kreis drehen – 7 *gubernāre* lenken – *astrum* LW *De rev. praef.* IIIa

S Schreiben Sie alle Begriffe zum Sachfeld „Herrschaft" heraus.
T Arbeiten Sie heraus, wie Kopernikus Sonne und Universum darstellt. Beschreiben Sie, inwiefern sich die Darstellung von einer astronomischen Darlegung abhebt.

i **Wissenschaft und Wahrheit**
In seinem Vorwort zu *De revolutionibus* führte der Lutheraner Andreas Osiander (1498–1552) aus, dass Kopernikus' Theorie nicht als Wahrheit, sondern lediglich als sinnvolle mathematische Methode zu verstehen sei. Kopernikus selbst hingegen erhob für sich den Wahrheitsanspruch.
In der **modernen Physik** gibt es keine Beweise. Ein Denkmodell gilt so lange als gültige Grundlage, bis es **falsifiziert** ist. Eine gute Theorie muss falsifizierbar sein.
Nach einem Wort des Verhaltensforschers Konrad Lorenz (1903–1989) muss ein guter Wissenschaftler jeden Tag vor dem Frühstück eine Lieblingshypothese einstampfen. Erklären Sie diesen Ausspruch mit eigenen Worten.

i **Die Planetenbewegung**
Erst der Wissenschaftler **Johannes Kepler** (1571–1630) schlug vor, dass sich die **Planeten auf Ellipsenbahnen** bewegten. Er verhalf damit dem heliozentrischen Weltbild zur allgemeinen Anerkennung. Kepler wollte seine Vorstellungen nur als provisorische Theorie verstanden wissen. Er hatte sich noch nicht von der Vorstellung freigemacht, dass nur die Kreisbewegung vollkommen sei.
Zu Beginn des 17. Jahrhunderts entwickelte **Galileo Galilei** ein **Teleskop**, womit er empirisch weitaus effizienter arbeiten konnte, als es bislang möglich gewesen war. 1609 entdeckte er, dass der Jupiter von Satelliten umkreist wurde – eine Bestätigung dafür, dass sich tatsächlich nicht alle Himmelskörper um die Erde drehten.
Auch mit seinen Beobachtungen der Venus untermauerte Galilei die kopernikanische Theorie. Informieren Sie sich, was Galilei in diesem Zusammenhang entdeckte.

→ Arbeit mit Sachfeldern: S. 143
→ AH: Wortschatzarbeit: S. 68

LERNWORTSCHATZ

LW *De rev. praef.* IIb–IIIa

quamvīs	*Subj.* auch wenn; *Adv.* wenn auch
philosophus, -ī *m*	Philosoph
cōgitātiō, -ōnis *f*	Denken, Überlegung
vulgus, -ī *n*	Volk, Masse, Pöbel
propterea quod	deswegen weil
vēritās, -ātis *f*	Wahrheit, Wirklichkeit
prōrsus *Adv.*	überhaupt, völlig
absurdus, -a, -um	falsch, unpassend
existimāre, existimō, existimāvī, existimātum *m. dopp. Akk.*	halten für, einschätzen als
nōscere, nōscō, nōvī, nōtum	kennenlernen, erfahren; *Perf.* nōvisse kennen, wissen
tamquam	*Adv.* wie; *Subj.* wie wenn, als ob
haerēre, haereō, haesī, haesūrus	haften an, hängen bleiben, stecken bleiben; ratlos sein
commentārius, -ī *m*	Kommentar, Aufzeichnung
mōtus, -ūs *m*	Bewegung, Antrieb
cōnscrībere, cōnscrībo, cōnscrīpsī, cōnscrīptum	aufschreiben, verfassen
propinquus, -a, -um	benachbart, angrenzend; *Subst.* Verwandter, Freund
doctrīna, -ae *f*	Unterricht, Lehre, Wissenschaft
contemnere, contemnō, contempsī, contemptum	verachten, nicht beachten; verspotten
impendere, impendō, impendī, impēnsum	aufwenden
līberālis, -e	edel, freigebig
excitāre, excitō, excitāvī, excitātum	aufregen, hervorrufen, verursachen; ermuntern
intermittere, intermittō, intermīsī, intermissum	vorübergehen lassen; offen lassen; unterbrechen
vērum *Adv.*	aber; sondern
cunctārī, cunctor, cunctātus sum	zögern

LW *De rev. praef.* IIIa

quantō … tantō	je … desto
admīrātiō, -ōnis *f*	Bewunderung
quīlibet, quaelibet, quodlibet	jeder beliebige
circulus, -ī *m*	Kreis
astrum, -ī *n*	Stern, Gestirn
fīrmus, -a, -um	fest, stark
caelestis (*und* **coelestis**), -e	am Himmel, himmlisch; orbēs (-ium) coelestēs (-ium) *m Pl.* Himmelskreise; *Subst. Pl.* die Götter

LW *Comm. praef.*

sīdus, -eris *n*	Stern, Sternbild
valdē *Adv.*	sehr
aequus, -a, -um	eben, gleich, ruhig, gerecht
forte *Adv.*	zufällig; vielleicht

LW *De rev.* I.10

unde *Adv.*	woher; weshalb
simul	*Adv.* gleichzeitig, zugleich; *Subj.* sobald
mundus, -ī *m*	Welt, Weltall

Zusammenfassung: Nikolaus Kopernikus (1473–1543)

■ **Leben:** geboren in **Thorn,** später Domherr in Frauenburg (Polen), studierte Jura, Medizin und Astronomie,

■ **Werk:** handschriftlicher Kommentar ***(Commentariolus)*** mit ersten Theorien; Hauptwerk: ***De revolutionibus orbium coelestium.***

■ **Wirken und Theorien:**

- intensive **astronomisch-mathematische Studien,**
- Rückgriff auf antike Quellen, z. B. Aristarch von Samos mit früher heliozentrischer Vorstellung, aber auch auf die tradierten Weltbilder,
- Perspektivenwechsel von geo- zu **heliozentrischer Sicht,**
- neue **Berechnungen der Planetenkreisbahnen** mit weniger Epizykeln,
- Festhalten an den Planetenbahnen als Kreisbahnen.

■ **Fortwirken:**

- kein direkter Erfolg der Theorien zu Lebzeiten, Anfeindung durch die Kirche gemäßigt, zu Galileis Zeit kommt *De revolutionibus* auf den Index,
- erst **Kepler** und **Galilei** verhelfen Kopernikus' Theorie zum **Durchbruch:** Kepler mit der Erklärung der Planetenbahn als Ellipsenbahn, Galilei u. a. mit seinen Entdeckungen mithilfe des Teleskops.

Der Hexenhammer

Die griechische und römische Antike hatte bereits eine Reihe hervorragender **Denker** in verschiedenen Disziplinen hervorgebracht, und auch im **Mittelalter** blieb antikes Denken eine wichtige Quelle der Bildung. Im 15. und 16. Jahrhundert, also mit dem Aufkommen des **Humanismus,** dienten die in griechischen und lateinischen Schriften übermittelten **Gedanken antiker Philosophen, Literaten und Fachautoren** sogar als Richtschnur für eigene anspruchsvolle literarische und philosophische Werke v. a. in lateinischer Sprache.

Aber auch in diesen Zeiten waren Denkmuster, die nicht von Fortschritt und Vernunft, sondern vielmehr von **Aberglauben** geprägt waren, weit verbreitet. So gilt das Zeitalter der **Hexenprozesse** als **eines der düstersten Kapitel der frühen Neuzeit.** Zu dieser Zeit war das Gesellschaftsbild von der Allmacht der Kirche geprägt, die ein zunehmend frauenfeindliches Bild propagierte. So wurde von kirchlicher, v. a. aber auch weltlicher Seite in vielen Teilen Europas die Mär verbreitet, die Gesellschaft werde von einer Hexensekte unterwandert, die mit dem Teufel verkehre, um Menschen gezielt zu schädigen. Vor allem der Dominikanermönch **Heinrich Kramer** war davon zutiefst überzeugt und daher als Hexenjäger in Europa unterwegs. Als er jedoch die Stadt Innsbruck in einem **Inquisitionsprozess** mit recht zweifelhaften Methoden von Hexen befreien wollte, jagte man ihn aus der Stadt. Gekränkt zog sich Kramer zurück und verfasste im Jahr **1486** den sogenannten **Hexenhammer *(Malleus maleficarum),*** ein Werk, in dem er sein Vorgehen rechtfertigte und die Öffentlichkeit über die angebliche „Hexeninvasion" in Kenntnis setzte. Viel mehr noch: Er listete minutiös auf, wie eine Hexe aussieht, zu welchen Gräueltaten sie fähig ist, wie man sie erkennt, verhört, ihrer Verbrechen überführt und letztlich auch bestraft.

Um für eine möglichst weite Verbreitung seines Werkes zu sorgen, ging Kramer ungewöhnliche Wege. So fügte er dem Hexenhammer die **Bulle** (ein Dokument, das rechtlich wichtige Beschlüsse des Papstes verkündet) ***Summis desiderantes* von Papst Innozenz VIII.** bei, in der das harte Vorgehen gegen Hexen durch die katholische Kirche gerechtfertigt wird. Außerdem stellte er dem Werk zahlreiche – nachweislich gefälschte – Approbationen voran, um den Lesern eine scheinbare Legitimation von oberster Stelle vorzugaukeln – und das mit Erfolg. Dank der noch jungen Technik des **Buchdrucks** zählte ausgerechnet der Hexenhammer zu den ersten echten Verkaufsschlagern. In ganz Europa, v. a. aber in Deutschland avancierte das Werk in beinahe 30 Auflagen für mehr als 150 Jahre zum **Standardwerk** bei Hexenprozessen. Tausende von unschuldigen Frauen (und Männern) wurden unter seiner Anleitung der Zauberei bezichtigt und ermordet.

Frei von Kritik war der Hexenhammer jedoch von Anfang an nicht. **Humanisten,** aufgeklärte Theologen, erkannten das Werk nicht an, widerlegten den Hexenglauben und prangerten Kramers schamlose Methoden der Folter an. Besonders der Jesuit **Friedrich Spee** kritisierte – aus Angst vor Verfolgung anonym – in seiner ***Cautio criminalis*** („Rechtliches Bedenken") 1631 die juristischen Methoden, die bei den Hexenprozessen angewandt wurden, v. a. die Praxis der Folter, die noch weit bis ins 18. Jahrhundert an angeblichen Hexen durchgeführt wurde. Bis heute bleibt der Hexenhammer ein Stück Literatur, das die Denkart der frühen Neuzeit in erschreckender Weise dokumentiert.

Ende eines Hexenprozesses (Holzschnitt, 1555): die sogenannte *incineratio*. Leiten Sie das Wort aus dem Lateinischen ab und beschreiben Sie, wie die Zeit der Hexenverfolgung im Bild dargestellt wird.

→ Humanismus: S. 171

I.6 „Die Wurzel allen Übels“

Zu Beginn widmet sich der Hexenhammer der Frage, warum es unter den Verurteilten so viel mehr Frauen als Männer gibt. Kramer liefert eine – seiner Meinung nach – logische Erklärung.

Dicitur enim femina „fe“ et „minus“,
quia semper minorem habet et servat fidem,
et hoc ex natura quo ad fidelitatem,
licet ex gratia simul et natura fides in beatissima virgine numquam defecerat,
cum tamen in omnibus viris defecisset tempore passionis Christi.
Mala ergo mulier ex natura,
cum citius in fide dubitat,
etiam citius fidem abnegat,
quod est fundamentum in maleficis.
Quantum denique ad aliam potentiam animae, scilicet voluntatem,
ex natura,
cum odit aliquem,
quem prius amavit,
tunc aestuat per iram et impatientiam, et
sicut maris aestus semper bullit et currit,
sic talis ex tota impatiens.

Alludit huic rationi auctoritas diversa (*Sir.* 25.15): Non est ira super iram mulieris. Et Seneca tragoediis: Nulla vis flammae tumidique venti tanta nec teli metuenda torti, quanta cum coniunx viduata taediis ardet et odit. [...] Quaeramus, invenimus fere omnia mundi regna propter mulieres fuisse eversa. Primum enim, quod fuit regnum felix (scilicet Troiae), propter raptum unius feminae (scilicet Helenae) estructum est multis millibus Graecorum occisis. [...] Regnum Romanorum multa mala sustinuit propter Cleopatram reginam Aegypti, pessimam mulierem. Et sic de aliis. Unde et non mirum, si mundus iam patitur ob malitiam mulierum.

3 *quō ad (m. Akk.)* in Bezug auf – *fidēlitās, -ātis f* Zuverlässigkeit – 4 *licet* hier m. Indikativ (vgl. LW) – *grātia* (hier) Gnade – *fidēs in (m. Abl.)* Glaube an – 6 *cum* vgl. S2 – ergänze: *<fidēs> in omnibus virīs* – 7 *passiō (-ōnis f) Chrīstī* die Leidensgeschichte von Jesus Christus – 8 *ex natūrā* ergänze *est* – 10 *abnegāre* verleugnen – 12 *quantum ... ad* <*pertinet*> was betrifft – 13 *scīlicet* nämlich – 17 *aestuāre* aufbrausen – *impatientia* Unvermögen – 18 *bullīre* brodeln – 19 *ex tōtā* ~ *tōta*; ergänze *est* – *impatiēns, -entis* unfähig zu ertragen; ergänze *est* – 20 *allūdere (m. Dat.)* anspielen auf – *ratiō* (hier) Meinung – *auctōritās dīversa* verschiedene bedeutende Meinungen (um seine Thesen zu belegen, zitiert Kramer aus der Bibel sowie der antiken Literatur) – *Sir.* 25.15 Zitat angelehnt an das Buch *Jesus Sirach* bzw. *Ecclesiasticus* im Alten Testament – 22 *tragoedia* Tragödie; ergänze: Seneca *<in> tragoediīs <dicit>* – *tumidus* aufwallend – 23 ergänze *metuenda <est>* – 24 *viduātus* verlassen – *taedium* Leid – *quaerāmus* ergänze *et* – 27 *raptus, -ūs* Raub – 28 *ēstruere (PPP: ēstrūctum)* zerstören – *mīllibus* ~ *mīlibus* – 31 ergänze: *unde et nōn mīrum <est>; unde* (hier) daher – 32 *malitia* Unheil

T 1 Geben Sie mit eigenen Worten wieder, wie die Schlechtigkeit der *femina* mit der (angeblichen) Herkunft des Wortes begründet wird. Vergleichen Sie dieses Vorgehen mit der Beschäftigung mit Etymologie bei Isidor von Sevilla (vgl. S. 172). Überprüfen Sie schließlich unter Zuhilfenahme eines Wörterbuchs, woher der Begriff *femina* tatsächlich stammt.

T 2 Fassen Sie im Anschluss an die Übersetzung die gesamte Argumentationskette des Autors zusammen und beziehen Sie kritisch dazu Stellung.

S 1 Erklären Sie mithilfe der Einrückungen den Aufbau der ersten drei Sätze. Benennen Sie dabei auch das Stilmittel, das in Z. 8, Z. 12/13 und Z. 18 vorliegt.

S 2 *cum* in Z. 6 hat eine adversative Sinnrichtung. Ermitteln Sie die passende Übersetzung und stellen Sie alle Sinnrichtungen von *cum* mit Konjunktiv zusammen.

i **Hexen in der Antike**

Bereits in der Antike ist in literarischen Werken von Zauberinnen die Rede, die mit ihrer Macht Übernatürliches zu vollbringen wissen. Am bekanntesten sind hierbei wohl die Hexen der großen Epen und Tragödien, wie z. B. **Circe** oder **Medea**, die ihre eigenen Kinder tötet, wie es etwa **Seneca** in seiner gleichnamigen Tragödie beschreibt.
Aber auch in weiteren Werken treiben die Hexen ihr Unwesen. So fressen in dem im 2. Jahrhundert n. Chr. entstandenen Roman ***Metamorphosen*** (auch „Der goldene Esel“) des **Apuleius** Zauberinnen einem Schlafenden die Nase ab, um daraus Salben zu fertigen. Aus demselben Grund verschwindet in **Petrons** Roman ***Satyrica*** (ca. 1. Jh. n. Chr.) ein toter Junge spurlos. Und die Hexe Meroe – wiederum in Apuleius' *Metamorphosen* – reißt einem ehemaligen Liebhaber das Herz heraus, nachdem sie einer schwangeren Nebenbuhlerin absichtlich die Geburtswege verschlossen und diese so zu einer mehrjährigen Schwangerschaft gezwungen hat.
So skurril und grausam diese Episoden auch erscheinen mögen, eines macht das jeweils gewählte Genre klar: Es handelt sich hier eindeutig um **Fiktion**. Der Hexenhammer hingegen bemüht sich darum, die Vorkommnisse als real darzustellen. Stellen Sie anhand des nächsten Kapitels dar, wie der Autor dies zu erreichen versucht.

→ Petron: S. 51
→ Seneca: S. 106
→ Isidor, *Etymologiae*: S. 172
→ AH: Konjunktiv in Haupt- und Nebensätzen: S. 41

II.1.11 Die Hexe von Basel

Dass auch Männer gegen den Schadenszauber von Hexen nicht gefeit sind, zeigt der angebliche Augenzeugenbericht aus der Diözese *(dioecesis, -is f)* von Basel (Adj. *Basiliensis, -e*) – einer von knapp 50, die aus dieser Gegend im Zeitraum zwischen 1481 und 1488 bezeugt sind.

In dioecesi Basiliensi, in confinibus partium Lotharingiae et Alsaciae, cum quidam honestus laborator quaedam verba dura contra rixosam quandam mulierem protulisset, illa indignata minas adiecit, quod in brevi se de eo vindicare vellet. Et ille licet parvi pendisset, eadem tamen nocte sibi pustulam accrevisse sentit. Fricando tamen paululum et tangens totam faciem inflatam et tumefactam cum collo persensit, in tantum, ut horribilis species leprae etiam per totum appareret corpus. Qui non distulit, sed quanto citius amicis et consulibus accersitis rem gestam super comminatoria verba mulieris narravit et quod sic mori ea fide et suspicione vellet, quod illa sibi arte magica eadem malefica intulisset.
Quid plura? Mulier capitur, quaestionibus exponitur et crimen fatetur. At iudex de modo et causa diligentius inquirens, respondit: „Cum me verbis opprobiosis homo ille aggressus fuisset, ego ira succensa cum ad domum venissem, malignus spiritus causam tristitiae meae inquirere cepit. Cui cum singula enarassem et, ut me vindicare possem, eidem insinuando instarem, ille inquisivit dicens: ‚Quid ergo vis, ut ei faciam?' At ego respondi: ‚Vellem, ut inflatam faciem semper retineret.' Et sic ille abscessit et illam infirmitatem – ultra, quam petii – homini intulit. Ego enim, ut tali lepra eum percuteret, minime sperassem." Unde ea incinerata fuit.

S 1 Anstelle der Konstruktion in Z. 16/17 stünde im klassischen Latein ein *ablativus absolutus*. Formen Sie die Konstruktion in einen solchen um.

S 2 Erläutern Sie anhand von Beispielen aus dem Text die Funktion und Bedeutung der Präfixe *ad-*, *dis-*, *in-*, *per-*, *pro-* und *re-* in zusammengesetzten Verben (Komposita). Erklären Sie dabei auch den Begriff „Assimilation".

T 1 Fassen Sie in einer Tabelle Tathergang, Motiv, Gerichtsverfahren und Verurteilung zusammen und arbeiten Sie typisch frühneuzeitliche Verfahrensweisen heraus.

T 2 Weisen Sie nach, dass diesem Bericht – wie bereits dem Text I.6 – negative Vorurteile über das Verhalten von Frauen zugrunde liegen.

Holzschnitt aus der *Historia de gentibus septentrionalibus* des Olaus Magnus (1555). Beschreiben Sie die Abbildung und erklären Sie, wozu eine Hexe nach frühneuzeitlicher Vorstellung fähig ist.

1 *cōnfīnis, -is m* Grenzgebiet – *Lotharingia* Lothringen – 2 *Alsacia* Elsass – *laborātor, -ōris m* Arbeiter – 3 *rīxōsus* zänkisch – 4 *minae, -ārum f Pl.* Drohungen – *in brevī* in Kürze – 5 *sē vindicāre dē (m. Abl.)* sich rächen an – *licet* LW I.6 – *parvī pendere (Perf.: pependī)* für gering schätzen; *pendisset* ~ *pependisset* – 6 *pustula* Pustel – *accrēscere (Perf.: accrēvī)* (hinzu)wachsen – 7 *fricāre* reiben – *paululum* ein klein wenig – *īnflātus* aufgedunsen – 8 *tumefactus* geschwollen – *persentīre (Perf.: persēnsī)* genau fühlen – *in tantum* so sehr – 9 *lepra* Aussatz – 10 *quantō citius* möglichst schnell – 11 *cōnsul* (hier) Ratsherr – *accersere (PPP: accersītum)* herbeiholen – *comminātōrius* drohend – 13 *magicus* magisch – *malefica* LW I.6 – 15 *Quid plūra?* Was soll man noch weiter sagen? – *quaestiōnibus expōnere* peinlichen (schmerzhaften) Befragungen aussetzen – 17 *inquīrere* nachforschen – *respondit* Subjekt ist die Frau – *opprobiōsus* schimpflich – 18 *aggressus fuisset* ~ *aggressus esset* – *succendere (PPP: succēnsum)* (sehr) aufbringen – 18/19 ordne und ergänze: <et> *cum ego ... venissem* – 19 *malīgnus* bösartig – *trīstitia* Trauer – 20 *cepit* ~ *coepit* – *ēnarrāssem* ~ *ēnarrāvissem* – 21 *īnsinuāre* schmeicheln – *īnstāre* (hier) mit Nachdruck zusetzen – 24 *abscēdere (Perf.: abscessī)* verschwinden – *īnfīrmitās, -ātis f* Gebrechen – *ultrā, quam* mehr, als – 25 *petiī* ~ *petīvī* – *percutere* schlagen – 26 *spērāssem* ~ *spērāvissem* – *incinerāre* zu Asche verbrennen; *incinerāta fuit* ~ *incinerāta est*

i Mittellatein

Der vorliegende Ausschnitt vermittelt einen Einblick in sprachliche Besonderheiten, die sich v. a. im Laufe des Mittelalters herausgebildet hatten: Neben **neuer Schreibung** einiger Wörter (*cepit* für *coepit*, Z. 20) bilden sich viele **neue Wörter und Wendungen** heraus, die es in der klassischen Antike so nicht gab (*laborator*, Z. 2 oder *in brevi*, Z. 4). Auch die **Verbformen** werden oft anders gebildet (vgl. *aggressus fuisset* [Z. 18] oder *incinerata fuit* [Z. 26]), ebenso wie der **Satzbau**. So kann auf *narrare* auch ein *quod* folgen (Z. 12) oder ein *velle* mit einem *ut*-Satz angeschlossen werden (Z. 23).

→ Wortbildung und Assimilation: S. 53
→ Latein der Christen: S. 177
→ AH: Partizipien und *nd*-Formen: S. 16

LERNWORTSCHATZ

LW I.6

licet *m. Konj.*	auch wenn
simul	*Adv.* gleichzeitig, zugleich; *Subj.* sobald
beātus, -a, -um	glücklich, gesegnet; selig
citō *Adv. (Komp.* citius)	schnell, rasch
fundāmentum, -ī *n*	Grund, Grundlage, Fundament
malefica, -ae *f*	Hexe, Zauberin
anima, -ae *f*	Leben, Seele, Atem
scīlicet *Adv.*	selbstverständlich, natürlich; nämlich
ōdisse, ōdī, ōsūrus	hassen
prius *Adv.*	vorher, früher, zuerst
dīversus, -a, -um	verschieden, entgegengesetzt, feindlich
flamma, -ae *f*	Feuer, Flamme, Glut
tēlum, -ī *n*	Wurfwaffe, Waffe, Geschoss
torquēre, torqueō, torsī, tortum	drehen, schleudern; foltern
mundus, -ī *m*	Welt, Weltall
ēvertere, ēvertō, ēvertī, ēversum	zerstören, umstürzen; umstimmen
rēgīna, -ae *f*	Königin
mīrus, -a, -um	erstaunlich, wunderbar
ob *m. Akk.*	wegen

LW II.1.11

prōferre, prōferō, prōtulī, prōlātum	hervorbringen; zur Sprache bringen, bekannt machen
indīgnārī, indīgnor, indīgnātus sum	empört sein, sich ärgern
adicere, adiciō, adiēcī, adiectum	hinzufügen, hinzugeben
faciēs, -ēī *f*	Gesicht; Aussehen, Schönheit
collum, -ī *n*	Hals, Nacken
horribilis, -e	schrecklich, entsetzlich
appārēre, appāreō, appāruī	erscheinen, sich zeigen
differre, differō, distulī, dīlātum	aufschieben, sich unterscheiden
super	*m. Akk.* über (... hinaus), oben ... hinaus, oberhalb; *m. Abl.* oben auf, wegen
suspīciō, -ōnis *f*	Verdacht, Vermutung
spīritus, -ūs *m*	Atem, Seele, Geist; Lufthauch
singulus, -a, -um	je ein, jeder einzelne
unde *Adv.*	woher; weshalb

Zusammenfassung: Der Hexenhammer (1486)

- verfasst vom **Dominikanermönch Heinrich Kramer** vermutlich in Speyer,
- Abhandlung in mehreren Teilen: Definition einer Hexe, Schilderung ihres Schadenszaubers, Beschreibung juristischer Verfahren beim Verhör und anschließende Bestrafung einer Hexe,
- avanciert für mehrere Jahre zum **schärfsten juristischen Werkzeug** im Kampf gegen die angebliche Hexenplage,
- dank des Buchdrucks und einer geschickten Verbreitung im Volk einer der ersten **„Bestseller“** der beginnenden Neuzeit,
- schon zum Erscheinungsdatum nicht frei von **Kritik**; späterer Hauptkritiker: **Friedrich Spee** (*Cautio criminalis*, 1631).

Martin Luther: *Praefatio* zu den lateinischen Schriften

„Am 31. Oktober **1517** schlug Martin Luther seine berühmten **95 Thesen** gegen den Ablasshandel an die Tür der **Wittenberger Schlosskirche.** Dies war der Ausgangspunkt der **Reformation** – ein Ereignis, das in seinen historischen, auch heute noch aktuellen Auswirkungen auf Politik, Religion, Kultur und Gesellschaft von weltgeschichtlicher Bedeutung ist.“

Mit diesen Sätzen kündigt die Bundesregierung ihre Mitwirkung bei der Lutherdekade an, einer Veranstaltungsreihe, die, seit 2008 jährlich abgehalten, auf das 500-jährige Jubiläum des Thesenanschlags im Jahre 2017 hinzielt. Der **1483** in Eisleben geborene Reformator wurde zunächst in seinem Studienort Erfurt **Augustinermönch,** 1507 **Priester** und 1512 **Universitätslehrer** an der noch jungen Universität in Wittenberg. Als solcher widersprach er 1517 der **Ablasspraxis** von Johannes Tetzel; damit handelte er eigentlich völlig im Sinn der kirchlichen Theorie – eigensüchtige Interessen verhinderten aber, dass die berechtigte Kritik aufgenommen wurde. Die Landesfürsten kamen Luther zu Hilfe, weil sie das Geld ihrer Bürger lieber in ihrem eigenen Territorium halten wollten, statt es nach Rom fließen zu lassen. Außerdem konnten sie mit der Parteinahme für Luther ihre Unabhängigkeit vom Kaiser zeigen. Erst in der weiteren Entwicklung gelangte Luther zu echten theologischen Differenzen, die noch heute die katholische und die evangelische Kirche trennen (z. B. Fragen der Sakramente oder des kirchlichen Amtes).

2017 feiern die Kirchen der Reformation die 500. Wiederkehr des Thesenanschlags, von dem allerdings nur Luthers Mitarbeiter und Freund **Melanchthon** ausführlich erzählt. Der alte Luther hebt 1545 – ein Jahr vor seinem **Tod 1546** – in der **Vorrede *(praefatio)*** zum ersten Band der Werkausgabe seiner lateinischen Schriften, aus der alle Texte hier stammen – andere Stationen des Konflikts hervor. Diesen Text gestaltet er als Brief an seine Leser.

Einleitung

Martinus Lutherus Doctor pio lectori salutem

Multum diuque restiti illis, qui meos libros seu verius confusiones mearum lucubrationum voluerunt editas, tum quod nolui antiquorum labores meis novitatibus obrui et lectorem a legendis illis impediri, tum quod nunc Dei gratia exstent methodici libri quam plurimi, inter quos *Loci communes* Philippi excellunt, quibus theologus et episcopus pulchre et abunde formari potest, ut sit potens in sermone doctrinae pietatis, praesertim cum ipsa sacra biblia nunc in omni prope lingua haberi possint, mei autem libri (ut ferebat – immo cogebat! – rerum gerendarum nullus ordo) ita etiam ipsi sint quoddam rude et indigestum chaos, quod nunc nec mihi ipsi sit facile digerere. His rationibus adductus cupiebam omnes libros meos perpetua oblivione sepultos, ut melioribus esset locus.

1 *doctor, -ōris m* (Universitäts-)Lehrer – 3 *cōnfūsiō, -ōnis f* (hier) wirres Produkt – *lūcubrātiō, -ōnis f* Nachtarbeit – 4/5 *tum ... tum* damals ... und ebenso – 4 ordne: *quod tum – antiquōrum* ergänze *auctōrum* (die Kirchenschriftsteller des Altertums) – *novitās, -ātis f* Neuheit – 5 *obruere* verschütten – 6 *grātia* (hier) Gnade – *exstāre* vorhanden sein – *methodicus* wissenschaftlich – *quam plūrimī* (hier) sehr viele – 7 *Locī commūnēs* „Hauptbegriffe“, Titel eines theologischen Werks Philipp Melanchthons – *excellere* herausragen – 8 *abundē* im Überfluss – *fōrmāre* bilden – 10 *biblia, -ōrum n Pl.* (hier) Bibel – 11 *ferre* (hier) es mit sich bringen – 12 *nūllus ōrdō rērum gerendārum* das Fehlen einer Ordnung in der logischen Abfolge – 13 *rūdis, -e* roh – *indīgestus* unverdaut – *chaos* Chaos – 14 *dīgerere* ordnen – 15 *sepelīre (PPP: sepultum)* begraben; *sepultōs* ergänze *esse*

S 1 Erstellen Sie zum ersten Satz (Z. 2–14) eine syntaktische Analyse und markieren Sie die zentralen lateinischen Begriffe farblich.

S 2 Erklären Sie die Funktion von *ut* in Z. 9 und Z. 11. Beachten Sie dabei die Modi der Verben *sit* und *sint* (Z. 9 und 13) sowie *ferebat* und *cogitabat* (Z. 11).

T 1 Erklären Sie dieses und das folgende Kapitel in ihrer Funktion als Brief an den Leser.

T 2 Vergleichen Sie zu Z. 13 Ovid, *Met.* 1.7 (S. 62). Erklären Sie, wie Luther zitiert und was er damit sagen will.

→ Ovids *Metamorphosen*: S. 60
→ Melanchthon: S. 212
→ Projekt: Lateinische Briefliteratur: S. 242

Die ursprüngliche Motivation

Sed ante omnia oro pium lectorem [...], ut ista legat cum iudicio, immo cum multa miseratione. Et sciat me fuisse aliquando monachum et papistam insanissimum [...], ita ebrium, immo submersum in dogmatibus papae, ut paratissimus fuerim, omnes, si potuissem, occidere, aut occidentibus cooperari et consentire, qui papae vel unā syllabā oboedientiam detractarent. Tantus eram Saulus, ut sunt adhuc multi. Non eram ita glacies et frigus ipsum in defendendo papatu, sicut fuit Eccius et sui similes, qui mihi verius propter suum ventrem papam defendere videbantur, quam quod serio rem agerent, immo ridere mihi papam adhuc hodie videntur, velut Epicuraei.

2 *iūdicium* (hier) Verstand – *miserātiō, -ōnis f* Erbarmen – 3 *monachus* Mönch – *pāpista, -ae m* Papstanhänger – *īnsānus* wahnsinnig – 4 *ēbrius* trunken – *immō* LW Einleitung – *submersus* versunken – *dogma, -atis n* Lehrmeinung – 6 *cooperārī (m. Dat.)* zusammenarbeiten mit – 7 *syllaba* Silbe – *oboedientia* Gehorsam – *dētractāre* herabsetzen – 8 *Saulus* Name des Apostels Paulus vor seiner Bekehrung – *glaciēs, -ēī f* Eis – 9 *frīgus, -oris n* Frost – *papātus, -ūs* Papsttum – 10 *Eccius* Johannes Eck (katholischer Theologe) – 11 *sēriō* ernsthaft – 13 *Epicūraeus* Epikureer (vgl. S. 116)

S Fassen Sie alle Bedeutungsmöglichkeiten von *ut* in einer kleinen Übersicht zusammen und arbeiten Sie anschließend den Text hinsichtlich der jeweiligen Bedeutung dieser Subjunktion durch.

T Beschreiben Sie, wie Luther in den beiden Textabschnitten „Einleitung“ und „Die ursprüngliche Motivation“ deutlich macht, dass er sich von seinem ursprünglichen Standort weit distanziert hat. Beziehen Sie dabei auch die Abbildungen mit ein.

Eine weitere Stufe in der Entwicklung der reformatorischen Identität ist die Zulassung der Ehe auch für Geistliche. Luther selbst heiratete die ehemalige Nonne Katharina von Bora (Doppelporträt von Lucas Cranach, 1529).

Der Ablasshandel

Igitur cum anno MDXVII indulgentiae in his regionibus venderentur („promulgarentur“ volui dicere) turpissimo quaestu, ego tum eram concionator, iuvenis (ut dicitur) doctor theologiae, et coepi dissuadere populis, et eos dehortari, ne indulgentiariorum clamoribus aurem praeberent: habere eos meliora, quae facerent, et in iis certus mihi videbar me habiturum patronum papam, cuius fiduciā tunc fortiter nitebar, qui in suis decretis clarissime damnat quaestorum (ita vocat indulgentiarios praedicatores) immodestiam.

Luther erzählt, wie er den Ablasshandel in einem Brief an den zuständigen Erzbischof von Mainz und am 31. Oktober 1517 in öffentlich vorgelegten Thesen zur Disputation kritisierte.

Hoc erat coelum deturbasse et mundum incendio consumpsisse. Accusor apud papam, mittitur citatio mei ad Urbem, et consurgit totus papatus in me unicum. [...] Interim, quia fessi erant Germani omnes ferendis expilationibus, nundinationibus et infinitis imposturis Romanensium nebulonum, suspensis animis exspectabant eventum tantae rei, quam nullus antea neque episcopus neque theologus ausus esset attingere.

2 *prōmulgāre* öffentlich bekannt machen – 3 *quaestus, -ūs* Erwerb – *conciōnātor, -ōris m* Prediger – 4 *doctor, -ōris m* (Universitäts-)Lehrer – *dissuādēre* abraten – 5 *dēhortārī (m. Akk.)* abraten – *indulgentiārius* Ablass(-Verkäufer) – 6 ergänze: <*dīxī*> *habēre eōs* – 8 *patrōnus* prädikativ zu übersetzen – *pāpa* LW Die ursprüngliche Motivation – 9 *dēcrētum* Verordnung – *quaestor, -ōris m* Steuereintreiber – 10 *praedicātor, -ōris m* Prediger – *immodestia* Maßlosigkeit – 11 *hoc erat* dies bedeutete – *dētūrbāre* hinabstürzen; *dētūrbāsse* ~ *dētūrbāvisse* – 12 *citātiō, -ōnis f* Vorladung – 13 *Urbs* ~ *Rōma* – *cōnsurgere* aufstehen – *papātus, -ūs* Papsttum – 14 *fessus* erschöpft – 15 *expīlātiō, -ōnis f* Ausplünderung – *nūndinātiō, -ōnis f* das Schachern – *īnfīnītus* unendlich – *impostūra* Betrügerei – 16 *Rōmānēnsis* römisch – *nebulō, -ōnis m* Halunke – *suspēnsus* gespannt – 17 *ēventus, -ūs* Ausgang – 18 *episcopus* und *theologus* LW Einleitung

S Erklären Sie die Sinnrichtung des Konjunktivs *facerent* (Z. 7) und übersetzen Sie die Form entsprechend.

T 1 Überlegen Sie, warum Luther der Vorladung nicht gefolgt ist. Informieren Sie sich in diesem Zusammenhang über die Kirchenkritiker Giordano Bruno und Jan Hus.

T 2 Zeichnen Sie aus den Texten „Der Ablasshandel“ und „Konsequenzen in Luthers Denken“ (S. 210) die Stufen des Konflikts nach, wie Luther sie hier darstellt.

T 3 Weisen Sie an der Darstellung Luthers das Stilmittel der Ironie nach.

→ die Epikureer: S. 33 und S. 116
→ Rhetorische Stilmittel: S. 224
→ AH: Konjuktiv in Haupt- und Nebensätzen: S. 41
→ AH: Relativsätze: S. 57

Konsequenzen in Luthers Denken

Luther beschreibt die Schwierigkeiten, sich aus dem nach seiner Einschätzung allgemein verbreiteten Irrtum zu lösen:

Ego, qui iam tunc sacras litteras diligentissime privatim et publice legeram et docueram per septem annos [...], deinde primitias cognitionis et fidei Christi hauseram, scilicet non operibus, sed fide Christi nos iustos et salvos fieri, denique id, de quo loquor, papam non esse iure divino caput ecclesiae, iam defendebam publice, tamen id, quod consequens erat, non vidi, scilicet papam necessario esse ex diabolo. Quod enim ex Deo non est, necesse est ex diabolo esse. [...]
Si Moguntinus a principio, cum a me admoneretur, denique si papa, antequam me non auditum damnaret et bullis suis saeviret, hoc cepissent consilium, quod Carolus cepit – licet sero – et statim compescuissent Tetzelianum furorem, non evasisset res in tantum tumultum. Tota culpa est Moguntini, cuius sapientia et astutia eum fefellit, qua voluit meam doctrinam compescere, et suam pecuniam, per indulgentias quaesitam, esse salvam. Nunc frustra quaeruntur consilia, frustra coguntur studia. Dominus evigilavit et stat ad iudicandum populos; etiamsi nos occidere possent, non tamen haberent, quod volunt, immo minus haberent, quam nobis vivis et salvis habent. Id quod nonnulli inter eos, qui non omnino obesae naris sunt, satis olfaciunt.

S Schreiben Sie sämtliche Subjunktionen, die der Text enthält, heraus und fassen Sie sie je nach Bedeutung in verschiedene Kategorien zusammen (z. B. konditional, kausal, temporal). Arbeiten Sie unter Zuhilfenahme eines Lexikons die Bedeutungsnuancen bei Subjunktionen der gleichen Kategorie heraus.

T Mit seiner recht deftigen Ausdrucksweise passte Luther nicht nur in den Stil seiner Zeit, er verlieh auch einem theologischen Anliegen Nachdruck, der Durchsetzung der Wahrheit, wie er sie auffasste, nach ihrer Verdunkelung im Mittelalter. Stellen Sie aus dem Text die Charakterisierungen eigener und fremder Positionen zusammen und analysieren Sie die damit verbundenen Wertungen.

i Der Adressat der ablasskritischen Schrift Luthers und finanzielle Profiteur der Ablassbriefe war **Albrecht von Brandenburg** (1490–1545), Erzbischof von Mainz und Magdeburg, der außerdem das Bistum Halberstadt innehatte. Er verband eine fürstliche Lebensführung (Kunstmäzen, Verbindung mit einer Mätresse, die er oft auf Bildern darstellen ließ) mit persönlicher Frömmigkeit.

1 *prīvātim* als Privatmann – 2 *legere* (hier) eine Vorlesung halten – 3 *prīmitiae, -ārum f Pl.* Anfang – *cōgnitiō, -ōnis f* Kenntnis – *haurīre (Perf.: hausī)* schöpfen – 5 *pāpa* LW Die ursprüngliche Motivation – 7 *cōnsequēns, -entis* folgerichtig – 8 *necessāriō (Adv.)* notwendigerweise – *diabolus* Teufel – 10 *Moguntīnus* der Mainzer (ergänze *episcopus;* vgl. die Info-Box) – 12 *bulla* Bulle – 13 *Carolus* Karl von Miltitz (Unterhändler, der ein Stillhalteabkommen aushandelte) – *compēscere (Perf.: compēscuī)* bändigen – 14 *Tetzeliānus Adj.* zu Johannes Tetzel (vgl. die Einleitung auf S. 208) – *tumultus, -ūs* Aufruhr – 16 *astūtia* Verschlagenheit – *doctrīna* LW Einleitung – 17 *indulgentia* LW Der Ablasshandel – 19 *cōgere* (hier) konzentrieren – *ēvigilāre* erwachen – 22 *id quod ~ id* – 23 *obēsus* verstopft – *naris, -is f* Nase – 24 *olfacere* riechen

Lucas Cranach, „Kardinal Albrecht von Brandenburg als heiliger Hieronymus in der Studierstube" (1525). Beschreiben Sie das Bild und stellen Sie Gründe bzw. Motive zusammen, warum ein Fürst sich in dieser Weise darstellen lässt (zu Hieronymus vgl. S. 156).

→ Hieronymus: S. 156
→ Einwirken des Teufels bzw. böser Mächte auf den Menschen: S. 176 und S. 204
→ AH: Konjunktiv in Haupt- und Nebensätzen: S. 41

Schluss

Vale, lector, in Domino et ora pro incremento verbi adversus satanam, quia potens et malus est, nunc etiam furentissimus et saevissimus, sciens, quoniam breve tempus habet et regnum sui papae periclitatur. Confirmet autem Deus hoc in nobis, quod operatus est, et perficiat opus suum, quod incepit in nobis, ad gloriam suam. Amen.
V Martii, anno MDXLV.

1 *lector* LW Einleitung – *incrēmentum* Wachstum – 2 *satanās, -ae m* Satan – *potēns* LW Einleitung – 3 *furēns, -entis* rasend – *quōniam* (hier) dass – 4 *perīclitārī* in Gefahr sein – 5 *operārī* wirken – 7 *āmēn* (hebräisch) es geschehe – 8 *Mārtius* (ergänze *mēnsis*) März

S Schreiben Sie sämtliche Adjektive und Partizipien heraus, geben Sie an, wie diese dekliniert werden, und bestimmen Sie sie nach KNG.

T Untersuchen Sie, welche Rolle der göttliche Wille für Luther hier spielt. Setzen Sie die im Schlusswort geäußerten Gedanken zu den vorangehenden Ausführungen in Bezug.

LERNWORTSCHATZ

LW Einleitung

lector, -ōris *m*	Leser
seu (*und* **sīve**)	oder; oder wenn
impedīre, impediō, impedīvī, impedītum	(be)hindern, verhindern
theologus, -ī *m*	Theologe
episcopus, -ī *m*	Bischof
potēns, -entis	mächtig, stark, kundig
sermō, -ōnis *m*	Gespräch, Unterhaltung, Äußerung; *christl.* Predigt
doctrīna, -ae *f*	Lehre, Kenntnis, Bildung, Unterricht
praesertim (cum)	zumal, besonders (da, weil)
immō *Adv.*	ja sogar, im Gegenteil

LW Die ursprüngliche Motivation

pāpa, -ae *m*	Papst
cōnsentīre, cōnsentiō, cōnsēnsī, cōnsēnsum	übereinstimmen
venter, -tris *m*	Bauch

LW Der Ablasshandel

indulgentia, -ae *f*	Ablass
theologia, -ae *f*	Theologie
patrōnus, -ī *m*	Schutzherr, Anwalt, Beschützer
fidūcia, -ae *f*	Zuversicht, Vertrauen
nītī, nītor, nīsus/nīxus sum *m. Abl.*	sich stützen auf; sich bemühen um, streben nach
mundus, -ī *m*	Welt, Weltall
incendium, -ī *n*	Brand, Feuer
ūnicus, -a, -um	einzigartig
anteā *Adv.*	vorher
attingere, attingō, attigī, attāctum	berühren, erreichen

LW Konsequenzen in Luthers Denken

septem	sieben
fidēs, -eī *f*	Glaube, Treue, Vertrauen, Zuverlässigkeit
scīlicet *Adv.*	selbstverständlich; nämlich
ecclēsia, -ae *f*	Kirche
necesse est	es ist notwendig
prīncipium, -ī *n*	Anfang, Grundlage; Ursprung, Grundstoff
admonēre, admoneō, admonuī, admonitum	ermahnen, erinnern an; warnen; auffordern
antequam	ehe, bevor
saevīre, saeviō, saeviī, saevītum	wüten, toben, rasen
licet *m. Konj.*	auch wenn
sērō *Adv. (Komp.* sērius)	spät, zu spät
ēvādere, ēvādō, ēvāsī, ēvāsum	entkommen, herauskommen, hinaufsteigen, sich entwickeln
et(iam)sī	auch wenn, selbst wenn
nōnnūllī, -ae, -a	einige, manche

LW Schluss

saevus, -a, -um	wütend, wild, grausam

Zusammenfassung Reformatoren: Martin Luther (1483–1546) und Philipp Melanchthon (1497–1560, vgl. S. 212)

- Wirken in **Wittenberg** als entscheidende Protagonisten der Reformation: Luther als Theologieprofessor, Melanchthon als Rhetorikprofessor; beide ergänzten sich und arbeiten gerade mit ihren unterschiedlichen Stärken wirkungsvoll zusammen.
- Die **alten Sprachen** verlieren ihren Status als Gottesdienstsprache, bleiben aber für den reformierten **Unterricht** und als Wissenschaftssprache von Bedeutung. Die Neugestaltung des Schulwesens zielt besonders auf die Predigerausbildung.

→ Übung zur KNG-Kongruenz: S. 83
→ Erasmus von Rotterdam: S. 190
→ Melanchthon: S. 212
→ AH: Substantive, Adjektive, Adverbien und Pronomina: S. 4

Philipp Melanchthon: Philosophische und theologische Schriften

Geboren wurde **Philipp Schwarzerdt 1497** in Bretten (Kreis Karlsruhe). Nach dem frühen Tod des Vaters besuchte er die Lateinschule in Pforzheim und die Universitäten in Heidelberg und Tübingen. Sein Großonkel, der Humanist **Johannes Reuchlin,** förderte den jungen Mann – und **gräzisierte den Nachnamen** in humanistischer Manier zu **„Melanchthon"**.
Intensiv beschäftigte sich Melanchthon mit **antiken Philosophen, Rednern und Schriftstellern** und setzte sich für die **Beschäftigung mit lateinischer und griechischer Sprache** ein. Ab 1514 wirkte Melanchthon als Rhetoriklehrer und wurde 1518 auf Empfehlung Reuchlins vom sächsischen Kurfürsten an die Landesuniversität nach **Wittenberg** berufen. Dort wurde er Freund und wichtigster Mitarbeiter **Martin Luthers.** Zunehmend trat er als Theologe und politisch-diplomatischer Hauptvertreter der Reformatoren hervor. Sein Hauptwerk sind die ***Loci communes,*** die „Hauptbegriffe" reformatorischer Theologie, von 1521. Wegen seines Einsatzes als Pädagoge galt er als ***Praeceptor Germaniae,*** als „Lehrer Deutschlands". Melanchthon starb **1560** in Wittenberg.

Philipp Melanchthon (Kupferstich von Albrecht Dürer, 1526). Analysieren Sie die Darstellung des Gelehrten (Mimik, Gewand usw.), übersetzen Sie die Bildunterschrift (*pingere* „malen") und interpretieren Sie die Aussage über den Dargestellten.

Die Gestaltung des Bildungswesens

1. Latein und Griechisch

In seiner Antrittsrede in Wittenberg entwirft Melanchthon 1518 ein Programm seiner Tätigkeit und dringt auf eine Erneuerung des Bildungswesens. Besonders wichtig ist ihm, dass die Unterrichtsinhalte mit Bedacht ausgewählt werden:

Übersetzung:
Zur Genüge weiß ich, dass es kein Jahrhundert gab, weder bei den Griechen noch bei den Lateinern, das nicht in außerordentlicher Weise Unsinn getrieben hat beim Philosophieren – die Alten um einiges glücklicher als die Neuen. Deshalb ist es nötig, dass man zu diesen Studien einen scharfen Geist und Sorgfalt mitbringt, und dann, dass man einen Lehrer mit guter Urteilsfähigkeit hinzuzieht, der auswählt, was man in welcher Tiefe lernen soll. Es bereitet nämlich den Verständigen Schmerz, dass es Leute gibt, die überzeugt sind, dass alle Betätigungsfelder, die sie zu erringen versuchen, nichts nützen werden, wenn sie nicht diesen Unsinn gelernt haben. Sokrates war ein bescheidener Mann, der – obwohl er allgemein in dem Ruf der Weisheit verehrt wurde – sagte, dass er allein das wisse, dass er nichts wisse. Dagegen wissen jene dieses eine nicht: dass sie nichts wissen. Möge „Hermes der Wahrsager" [Hermes als Gott der Redegewandtheit] sie irgendwann in glücklicher Weise mit seiner Rute berühren, damit sie erwachen und erkennen, dass sie unvernünftig sind!

T 1 Arbeiten Sie aus dem Text heraus, welche Rolle antike Kultur in diesem Abschnitt für Melanchthon spielt.

> **i Reformatoren und alte Sprachen**
> Das Mittelalter hatte die Kenntnis des **Griechischen** weitgehend verloren. Erst im **Humanismus** wandten sich die Gebildeten wieder den griechischen Originaltexten zu. Die **Hochschätzung der Bibel** in der **Reformation** führte zu einer festen Verankerung der biblischen Sprachen, also des Griechischen, in geringerem Umfang auch des Hebräischen, im Schulunterricht.
> **Melanchthon** trug hierzu entscheidend bei, weil er die **Kenntnis der alten Sprachen** zu einer zentralen **Anforderung an die Prediger** machte. In der Schule wurde allerdings nicht das Neue Testament mit seinem Koiné-Griechisch (der gesprochenen Gemeinsprache des Hellenismus), sondern das klassische Griechisch der Tragiker oder Philosophen gelesen, die damit neben Homer die Unterrichtsinhalte bestimmten. Griechisch wurde so neben Latein zum zweiten Kernfach des humanistischen Gymnasiums.

T 2 Melanchthon verweist auf Sokrates. Erläutern Sie, welche Rolle der antike Philosoph in Melanchthons Argumentation spielt.

T 3 In seinem Werk *Tusculanae disputationes* (5.5–6) preist Cicero die Philosophie als *magistra morum et disciplinae* (S. 28). Vergleichen Sie diese Darstellung der Philosophie als einer Lehrerin mit Melanchthons Ansichten über die Funktion eines guten Lehrers. Benennen Sie Gemeinsamkeiten und Unterschiede in den Aussagen.

→ Sokrates: S. 102
→ „Ich weiß, dass ich nichts weiß": S. 152 und S. 191
→ Melanchthon über Kopernikus: S. 200
→ Martin Luther: S. 208

2. Die Antike im Schulunterricht

Puerilia studia, quae appellant προγυμνάσματα [progymnásmata], grammatica, dialectica, rhetorica, eatenus discenda sunt, qua ad dicendum ac iudicandum instructus fastigia studiorum non temere adfectes. Iungendae Graecae litterae Latinis, ut philosophos, theologos, historicos, oratores, poetas lecturus, quaqua te vertas, rem ipsam adsequare, non umbram rerum, velut Ixion cum Iunone congressurus in nubem incidit. Hoc quasi viatico comparato per compendia καὶ εὐπετῶς [kaí eupetós], ut Plato ait, philosophiam accede.

Nam in ea sum plane sententia,
ut,
qui velit insigne aliquid vel in sacris vel foro conari,
parum effecturus,
ni animam antea humanis disciplinis – sic enim philosophiam voco – prudenter et,
quantum satis est,
exercuerit.

Nolo autem philosophando quemquam nugari; ita enim fit, ut communis etiam sensus tandem obliviscare. Sed ex optimis optima selige eaque cum ad scientiam naturae, tum ad mores formandos attinentia. In primis hic eruditione Graeca opus est, quae naturae scientiam universam complectitur, ut de moribus apposite ac copiose dicere queas. […]
Iamne obscure intelligitis, quantum sit in renascentibus studiis momenti, quantum ad excolendas bonas mentes conducant?

Melanchthon ruft die jungen Lernenden zur eifrigen Beschäftigung mit den alten Sprachen auf und schließt:

Deligunt vobis praeceptores vestri, quae ex usu est scire, frivola secernunt, atque ii Latina quidem; simul tum Latinis Graeca disci et debent et facile possunt. […] Capessite ergo sana studia et, quod a poeta dictum est, animo volvite: „Dimidium facti, qui coepit, habet: sapere audete!“

S Schreiben Sie sämtliche im Text vorkommende *nd*-Formen heraus, bestimmen Sie, ob es sich um ein Gerund, ein attributives oder ein prädikatives Gerundiv handelt, und übersetzen Sie entsprechend.

T Arbeiten Sie aus dem Text die Stellen heraus, an denen es um die antike Philosophie geht. Beschreiben Sie davon ausgehend, worin Melanchthon den Nutzen der Beschäftigung mit der antiken Philosophie sieht. Entwickeln Sie weitere Argumente, mit denen man für die philosophischen Texte der Griechen und Römer werben könnte.

i **Ixion**, ein König der griechischen Mythologie, stellte bei einer Einladung im Olymp im Weinrausch **Hera** (lat. ***Iuno***), der Göttermutter und Gattin des **Zeus** (lat. ***Iuppiter***), nach. Zeus narrte ihn, indem er eine Wolke in Gestalt der Hera formte, mit der Ixion dann die **Zentauren** zeugte. Zur Strafe für den Missbrauch des Gastrechts wurde er in der Unterwelt auf ewig an ein brennendes Rad gebunden.
Beschreiben Sie, welchen Aspekt des Mythos Melanchthon bei seinen Hörern wachrufen will und was das für seine Einschätzung des Wissensstands seiner Hörer aussagt.

1 *puerīlis, -e* Kinder- – *progymnásmata* Vorübungen – 2 *grammatica* Sprachwissenschaft – *dialectica* Diskussionskunst – *rhētorica* Redekunst – 2/3 *eātenus … quā* insoweit … wie – 4 *fastīgium* Gipfel – *temere* unvorbereitet – *adfectāre* zu erringen suchen – 5 *iungendae* ergänze *sunt* – 6 *historicus* Historiker – *quāquā* wo(hin) auch immer – 7 *adsequī* erreichen; *adsequāre ~ adsequāris* – 8 *congredī (Part. Perf.: congressus)* zusammenkommen – *nūbēs, -is f* Wolke – 9 *viāticum* Wegzehrung – *comparāre* verschaffen – *compendium* Abkürzung – 9/10 *kaí eupetós* und bequem – 14 *sacra, -ōrum n Pl.* (hier) Kirche – *forum* (hier) Öffentlichkeit – 16 ergänze: *parum effectūrus <sit>* – 17 *nī ~ nisī* – *nūgārī Unsinn treiben* – 22 *sēnsus commūnis* gesunder Menschenverstand – *oblīvīscāre ~ oblīvīscāris* – 23 *sēligere* auswählen – 23/24 *cum … tum* wenn schon … dann ganz besonders – *scientia* Kenntnis – 24 *fōrmāre* bilden – *attinēre ad* betreffen – 24/25 *in prīmīs ~ imprīmīs* – 25 *ērudītiō, -ōnis f* Unterricht – 26 *appositus* geeignet – 27 *cōpiōsus* gedankenreich – 28 *obscūrus* ungefähr – 28/29 ordne: *quantum mōmentī in renāscentibus studiīs sit* – 28 *renāscī* wiedergeboren werden – 29 *mōmentum* Bedeutung – 30 *condūcere* beitragen – 31 *dēligere* auswählen – *ex ūsū* nützlich – 32 *frīvolus* nichtig – *sēcernere* aussondern – *quidem* (hier) besonders (ergänze *sēcernunt frīvola*) – 34 *capessere* ergreifen – 35 *dīmidium* Häfte – 36 *sapere* weise sein

i Das **Zitat** in Z. 35/36 stammt aus **Horaz** (*Epistulae* 1.2.40), dort steht es im Singular und ist ein Hexameter:
Dimidium facti, qui coepit, habet: sapere aude!
Der Philosoph Immanuel Kant (1724–1804) verwendet in seiner Beantwortung der Frage „Was ist Aufklärung?“ das Zitat als Leitgedanken der Aufklärung mit einem anderen Akzent: „Habe Mut, dich deines eigenen Verstandes zu bedienen.“ Beschreiben Sie die Unterschiede in der Verwendung des Zitats.
Geben Sie die Aussage des Horaz in eigenen Worten wieder und erörtern Sie, ob der Satz zutrifft. Beschreiben Sie die Unterschiede in der Verwendung des Zitats bei Melanchthon.

→ Prosa- und Versbriefe: S. 39
→ Horaz: S. 50
→ Ixion und die Sünder im Tartarus bei Ovid: S. 77
→ Renaissance und Humanismus: S. 181 und S. 190
→ der Hexameter: S. 228
→ AH: Partizipien und *nd*-Formen: S. 16

Aus dem Kolosserbriefkommentar

1. Die Orientierung auf die Wahrheit hin

Melanchthon betont, dass die Fähigkeit zum Erkennen der Wahrheit von Gott gegeben ist, und zeigt, wie die Menschen zu solcher Erkenntnis gelangen.

Neque dubium est, quin hi, qui res non animadversas vulgo deprehenderunt, divinitus incitati sint ad earum rerum inquisitionem. Quis tot plantarum vires, tot formas remediorum comperisset, quis illam varietatem caelestium motuum deprehendisset, nisi Deus excitasset et gubernasset hominum studia? Et quod de suo artificio poetae dixerunt, id verissime et sanctissime de omnium disciplinarum vel inventione vel illustratione dici potest: „Impetus hic sacrae semina mentis habet."

2 *dēprehendere* entdecken – *dīvīnitus (Adv.)* von Gott her – 3 *inquīsitiō, -ōnis f* Untersuchung – *planta* Pflanze – 4 *varietās, -ātis f* Vielfalt – 5 *excitāsset ~ excitāvisset* – 6 *gubernāre* steuern; *gubernāsset ~ gubernāvisset* – *artificium* Kunst – 8 *inventiō, -ōnis f* Erfindung – *illūstrātiō, -ōnis f* weitere Erhellung – 9 *impetus, -ūs* (hier) Impuls

S Schreiben Sie alle Formen des Irrealis aus dem Text heraus und übersetzen Sie sie. Erklären Sie die Häufigkeit dieser Formen gerade in dieser Textpassage.

T Belegen Sie aus dem Text, dass nach Melanchthons Ansicht auch die antiken Philosophen von Gott zur Suche nach der Wahrheit angetrieben wurden.

i Im Herbst 1527 erschien der aus einer Vorlesung hervorgegangene Kommentar *(Scholia)* zum Brief des Apostels **Paulus an die Kolosser**. Besonders ein Exkurs zu Kol. 2.8 *(Seht zu, dass niemand euch einfängt durch Philosophie und leeren Trug)* erregte Aufmerksamkeit.

Melanchthon zitiert hier **Ovids** Kalenderdichtung, die **Fasten** (6.1–8). Der Dichter leitet die mythologische Erklärung der Herkunft des Namens Juni ein, indem er den Wahrheitsgehalt hervorhebt:
Auch dieser Monat hat eine unsichere Erklärung für den Namen. / Du selbst [der Leser] wirst auswählen – nach der kompletten Darlegung –, welche Erklärung dir gefällt. / Ich werde die Wahrheit besingen; aber es wird welche geben, die sagen, dass ich lüge, / und glauben, dass Götter nicht von einem Sterblichen gesehen werden. / Es gibt einen Gott in uns; wir leben, weil er uns antreibt; / dieser Impuls hat Samen der Inspiration. / Es ist mir erlaubt, in besonderer Weise die Gesichter der Götter zu sehen, / entweder weil ich Dichter (Seherpriester) bin oder weil ich Heiliges besinge.
Analysieren Sie, wieso die Passage auch über das Zitat aus den Fasten hinaus für einen christlichen Theologen interessant war und Melanchthon im Gedächtnis blieb.

2. Die Bedeutung der Rhetorik

Nihil adhuc de eloquentia dixi, quae neque dignitate neque utilitate cedit aliis partibus philosophiae. Est autem eloquentia non, ut quidam indocti existimant, inanis quidam fucus orationis, sed, quae sentias, perspicue et cum quadam dignitate explicare. Nec, ut multi arbitrantur, inanem voluptatem aurium captat, sed utilitati seu necessitati servit. Sine hac enim nulla gravior causa aut paulo obscurior doceri potest.

Melanchthon hebt die Bedeutung der Rhetorik für das Rechtswesen und jede Art schriftlich festgehaltener Wissenschaft hervor. Daraus zieht er folgenden Schluss:

Donum linguarum sive donum interpretandi linguas quid aliud est quam eloquentia? Fateamur igitur eloquentiae studium utile esse Christianis, siquidem Paulo placet, ut linguarum donum exerceant Corinthii.

S Zeigen Sie, wie Melanchthon die Bedeutungsvielfalt von *lingua* einsetzt, und diskutieren Sie, ob ein solches Vorgehen zulässig ist.

2 *ūtilitās, -ātis f* Nutzen – *philosophia* LW Die Antike im Schulunterricht – 3 *indoctus* ungebildet – 3–5 ordne: *ēloquentia nōn est ... fūcus sed ... explicāre, quae sentiās* – 4 *fūcus* Schminke – *perspicuus* klar – 6 *captāre* Jagd machen auf – 8 *obscūrus* dunkel – 9 *interpretārī* (hier) übersetzen – 11 *sīquidem* da ja auch – 12 *Corinthius* Korinther

i Paulus ermuntert die Korinther (1. Kor. 14), prophetische Rede und **„Zungenrede"** (Glossolalie) in verantworteter Weise auszuüben. Ersteres ist offenbar eine kritisch-mahnende oder tröstende Predigt, letzteres das unverständliche Sprechen, vor allem im Gebet – eine der Gnadengaben (Charismen) des Heiligen Geistes.

T 1 Prüfen Sie an dem Nebeneinander der Zitate aus Ovids Fasten und dem ersten Korintherbrief des Paulus, welche Bedeutung heidnische und biblische Autoren für Melanchthons Bildungsbegriff haben.

T 2 Vergleichen Sie die hier entwickelte Konzeption von Rhetorik und ihr Verhältnis zur Philosophie mit der Auffassung Ciceros (S. 28).

→ Cicero: Rhetorische Schriften: S. 35
→ Ovid: S. 60
→ Dichterzitate bei christlichen Autoren: S. 149
→ AH: Konjunktiv in Haupt- und Nebensätzen: S. 41

3. Zur Rechtfertigungslehre

Glaubensfragen seien der Beurteilung durch die Vernunft entzogen. Nicht nur bei der Frage der Weltregierung (d. h., eines Eingreifens Gottes in die Welt) irre die Philosophie:

Secundo errat philosophia de iustificatione, si statuat coram Deo satis esse civilem iustitiam. At Christiana doctrina docet iustitiam coram Deo fidem esse in Christum. Et sicut in apibus naturales virtutes non efficiunt eas Christianas aut iustas coram Deo, sic nec civiles mores seu naturales virtutes nos faciunt iustos coram Deo.

Habent apes prudentiam, quia tecta construunt et constituunt rem publicam. Habent et iustitiam, quia suis regibus diligentissime obtemperant. Item iuvant se mutuo, levant onere fessas, a vi et iniuriis abstinent. Est in eis et mira fortitudo, quia acerrime dimicant cum fucis. Postremo magna temperantia in eis est, quia et venerem nesciunt et mella ad usus nostros conficiunt.

Et sicut ob has virtutes non dicuntur Christianae, ita neque homines sunt Christiani propter solos civiles mores, sed quia credunt, quod propter Christum Deus peccata nobis condonaverit et receperit nos in gratiam, sicut Paulus dicit: „Arbitramur iustificari hominem per fidem sine operibus legis“, et 1 Cor. 1: „Non glorietur omnis caro in conspectu eius, ex ipso autem vos estis in Christo Iesu, qui factus est nobis sapientia a Deo et iustitia et sanctificatio et redemptio.“

1 *secundō* zweitens – *philosophia* LW Die Antike im Schulunterricht – *iūstificātiō, -ōnis f* Rechtfertigung – 2 *cīvīlis, -e* (hier) im Bereich des Gemeinwesens – 4 *apis, -is f* Biene – *nātūrālis, -e* natürlich – 8 *cōnstruere* erbauen – 10 *obtemperāre* gehorchen – *mūtuō* wechselseitig – 11 *fessus* erschöpft – *abstinēre* sich fernhalten – 12 *dīmicāre* kämpfen – *fūcus* Drohne – 13 *temperantia* Mäßigung – *venus, -eris f* Sexualität – 14 *mel, mellis n* Honig – 18 *peccātum* Sünde – *condōnāre* vergeben – *grātia* (hier) Gnade – 19 *iūstificāre* rechtfertigen – 21 *carō, carnis f* Fleisch – *conspectus, -ūs* (hier) Angesicht – 23 *sānctificātiō, -ōnis f* Heiligung – *redēmptiō, -ōnis f* Erlösung

S Erklären Sie die Formen *diligentissime* (Z. 10) und *acerrime* (Z. 12).

T 1 Beschreiben Sie die Abbildung in ihren einzelnen Bildelementen. Vergleichen Sie dieses Dokument der theologischen Auseinandersetzung mit den Forderungen Melanchthons im abgedruckten Text.

T 2 Vergleichen Sie Melanchthons Begriff der Gerechtigkeit mit Luthers Kritik am Ablasswesen (S. 209).“

T 3 Arbeiten Sie heraus, welche Aspekte eines zivilisierten Zusammenlebens Melanchthon in diesem Text anführt. Vergleichen Sie dazu Ciceros Ausführungen zur Philosophie als einer Führerin durch das Leben (*Tusc.* 5.5–6, S. 28). Stellen Sie die Unterschiede zwischen beiden Texten zusammen.

„Der triumphierende Luther“ (Holzschnitt von 1568). Auf der linken Seite das katholische Lager; die Schreibfedern der Jesuiten vorne weisen auf eine geistige Auseinandersetzung, allerdings fehlen Bibeln wie bei den Protestanten rechts. Durch die erhöhte Stellung und das aufgeschlagene Buch erinnert Luther an Darstellungen des Mose mit den zehn Geboten. Beschreiben Sie die Personen und ihre Position auf dem Bild. Erklären Sie die Anspielung auf das Alte Testament und diskutieren Sie ihre Funktion.

→ *incineratio*: S. 204
→ Martin Luther: S. 208
→ AH: Substantive, Adjektive, Adverbien und Pronomina: S. 4

Rede über das Leid der Lehrer

In Aesopi apologis queritur apud Iovem asinus de suis aerumnis cottidianis se operis confici et enecari: sed est querela paedagogorum de suis miseriis iustior profecto, si res ad calculos revocetur, quam asini. Quis enim ullo in pistrino asinus tantum mali pertulit, quantum mediocris paedagogus in uno atque altero docendo tum laboris exhaurit, tum molestiae perpetitur? Quo in genere vitae quia mihi aliquamdiu versari contigit et experiri, quam sit calamitosum, libuit in praesentia de paedagogorum miseriis dicere et communia mala nostri ordinis deplorare. Est enim quaedam in malis voluptas libere conqueri, sicut Ovidius ait, cum scripsit: „Expletur lacrimis egeriturque dolor.“ […]

Pingunt apud inferos Sisyphum immane saxum in adversum montem volvere, quod tamen e summo iam vertice rursum labitur et plani raptim petit aequora campi, significarique scribunt eo commento inrito labore multos mortales confici. Mihi multo clarius repraesentari videretur inanis opera, si pingeretur ibi paedagogus cum eiusmodi puero, qualem paulo ante descripsimus. […]

Enarrat aliquid praeceptor, iam illi delicato somnus obrepit, et securus in utramque aurem dormit, dum se paedagogus dicendo rumpit. Novum illi negotium fit paedagogo expergefaciendi discipuli. Dictata repetuntur, experrectus adulescens iubetur adicere animum ad ea, quae traduntur, verum non est cura Hippoclidi, foris est animus tanquam in alio mundo, in ganeis, in alea, in perniciosi sodalicii ludis.

1 *Aesōpus* Aesop (griech. Fabelautor) – *apologus* Fabel – *asinus* Esel – 2 *aerumna* Mühsal – *cottīdiānus* täglich – *ēnecāre* fast zu Tode quälen – 3 *querēla* Klage – *paedagōgus* (Elementarschul-)Lehrer – 4 *ad calculōs revocāre* genau berechnen – 5 *pistrīnum* Mühle (angetrieben von einem Esel) – *mediocris, -e* durchschnittlich – 6/7 *tum …, tum* zum einen …, zum anderen; ergänze jeweils *quantum* – 7 *exhaurīre* durchmachen – *molestia* Belästigung – *perpetī* ertragen – 8 *aliquamdiū* eine Zeit lang – 9 *calamitōsus* verderblich – *in praesentiā* jetzt – 11 *ōrdō* (hier) Berufsstand – *dēplōrāre* laut bejammern – 12 *conquerī* beklagen – 13 *explēre* (hier) stillen (Zitat aus *Tristia* 4.3.38) – *ēgerere* nach außen tragen – 14 *pingere* malen – *īnferī, -ōrum m Pl.* die Unterwelt – *immānis, -e* entsetzlich – 14/15 *in adversum montem* einen Berg hinauf – 15 *volvere* LW Die Antike im Schulunterricht – 16 *vertex, -icis m* Gipfel – *lābī* (hier) rollen – *plānus* LW Die Antike im Schulunterricht – *raptim* eilends – *aequor, -oris n* Ebene – 17 *sīgnificārī (m. AcI)* bezeichnen, dass – *commentum* Trick – *inritus* ~ *irritus* unnütz – 18 *repraesentāre* vor Augen stellen – 19 *inānis* LW Die Bedeutung der Rhetorik – 20 *paulō* LW Die Bedeutung der Rhetorik – 21 *dēscrībere (Perf.: dēscrīpsī)* beschreiben – 22 *ēnarrāre* erklären – *dēlicātus* verwöhnt – 23 *obrēpere (m. Dat.)* überfallen – *sēcūrus* sorglos – 24 *sē rumpere* sich verreißen – 25 *expergēfacere* wecken – *dictāta, -ōrum n Pl.* Diktat – 26 *expergīscī (Part. Perf.: experrēctus)* aufwachen – *adicere* (hier) hinwenden auf – 27 *nōn est cūra Hippoclīdī* das kümmert Hippokleides nicht (Sprichwort um einen leichtsinnigen jungen Mann bei Herodot) – 28 *forīs* draussen – *tanquam* ~ *tamquam* – *gānea* Kneipe – 29 *ālea* Würfel – *perniciōsus* gefährlich – *sodālicium* Kameradschaft

S Schreiben Sie aus dem Text sämtliche Formen des Infinitiv Präsens heraus. Unterscheiden Sie dabei nach Infinitiv Präsens Aktiv und Passiv sowie dem Infinitiv des Deponens.

T 1 Benennen Sie Anzeichen von Ironie in der Rede.

T 2 Stellen Sie sämtliche im Text genannten Inhalte zusammen, die konkret mit der antiken Kultur zu tun haben. Erläutern Sie, inwieweit dies Melanchthons Bildungsideal widerspiegelt.

T 3 Vergleichen Sie diesen Text mit den Ausführungen zum Unterricht über antike Philosophie auf S. 213. Diskutieren Sie, welche Darstellung der Realität eher entsprechen dürfte.

T 4 Der Philosoph Seneca äußert sich in seiner Schrift über den Zorn (*De ira* 2.18.1 usw., S. 109) ebenfalls über die Rolle der Lehrer. Übersetzen Sie den Senecatext und erörtern Sie, inwieweit der bei Melanchthon beschriebene Lehrer Senecas Ansprüchen genügt. Entwickeln Sie zudem Argumente, mit denen Seneca einem gestressten Lehrer vor dem Hintergrund der stoischen Philosophie helfen könnte.

T 5 Schreiben Sie als Entgegnung auf die Rede Melanchthons eine „Rede über das Leid der Schüler“.

Die „Wolfsschule“ aus dem Freiburger Münster: Ein Mönch versucht, einem durch die Kapuze als Klosterschüler gekennzeichneten Wolf das Schreiben beizubringen („ABC“ in der Zone über dem Relief); dieser wird aber durch einen Widder (Symbol der Laster) abgelenkt. Beschreiben Sie die zweite Szene rechts und erschließen Sie die Aussageabsicht dieses Reliefs.

→ Sisyphus in der Unterwelt: S. 77
→ Seneca über die Lehrer: S. 109
→ Stoizismus: S. 116
→ Fabeln Aesops: S. 124
→ Herodot: S. 239
→ AH: Tempora: S. 35

LERNWORTSCHATZ

LW Die Antike im Schulunterricht

īnstruere, īnstruō, īnstrūxī, īnstrūctum	ausstatten, unterrichten
philosophus, -ī *m*	Philosoph
ōrātor, -ōris *m*	Redner, Sprecher
poēta, -ae *m*	Dichter
umbra, -ae *f*	Schatten
incidere, incidō, incidī (in) *m. Akk.*	hineinfallen; geraten (in)
philosophia, -ae *f*	Philosophie
plānus, -a, -um	flach, eben, deutlich; plānē *Adv.* völlig, deutlich
insīgnis, -e	berühmt, auffallend, außergewöhnlich
parum *Adv.*	(zu) wenig
anteā *Adv.*	vorher
prūdēns, -entis	klug, umsichtig, erfahren
philosophārī, philosophor, philosophātus sum	philosophieren
quisquam, quidquam (quicquam)	irgendjemand, irgendetwas
oblīvīscī, oblīvīscor, oblītus sum	vergessen
complectī, complector, complexus sum	umfassen, umarmen; darstellen, begreifen
quīre, queō, quīvī/quiī	können
excolere, excolō, excoluī, excultum	bebauen, ausarbeiten, verehren
praeceptor, -ōris *m*	Lehrer
simul	*Adv.* gleichzeitig, zugleich; *Subj.* sobald
volvere, volvō, volvī, volūtum	rollen, wälzen; erwägen

LW Die Orientierung auf die Wahrheit hin

dubius, -a, -um	zweifelhaft, ungewiss; gefährlich; zweifelnd
vulgō *Adv.*	allgemein, gewöhnlich
incitāre, incitō, incitāvī, incitātum	antreiben, erregen
remedium, -ī *n*	Heilmittel, Hilfsmittel
excitāre, excitō, excitāvī, excitātum	aufregen, hervorrufen, verursachen; ermuntern
sēmen, -inis *n*	Samen, Aussaat; Ursprung

LW Die Bedeutung der Rhetorik

ēloquentia, -ae *f*	Redegewandtheit, Ausdrucksfähigkeit
explicāre, explicō, explicāvī/ explicuī, explicātum/ explicitum *m. Akk.*/dē *m. Abl.*	aufrollen, ausbreiten; erklären
inānis, -e	eitel, unnütz; leer, gehaltlos
seu (*und* **sīve**)	oder; oder wenn
necessitās, -ātis *f*	Notwendigkeit, Not, Zwang
paulō *Adv.*	(um) ein wenig

LW Zur Rechtfertigungslehre

tēctum, -ī *n*	Dach; Haus, Behausung
cōram *m. Abl.*	in Gegenwart von, (öffentlich) vor
Chrīstiānus, -ī *m*/ **Chrīstiāna,** -ae *f*	Christ/Christin; *Adj.* christlich
doctrīna, -ae *f*	Unterricht, Lehre, Wissenschaft
fidēs, -eī *f*	Glaube, Treue, Vertrauen
levāre, levō, levāvī, levātum	heben, erleichtern, aufrichten
onus, -eris *n*	Last, Belastung
fortitūdō, -inis *f*	Tapferkeit, Mut, Stärke
ob *m. Akk.*	wegen
glōriārī, glōrior, glōriātus sum (dē) *m. Abl.*	sich (einer Sache) rühmen

LW Rede über das Leid der Lehrer

querī, queror, questus sum	klagen, (sich) beklagen
profectō *Adv.*	tatsächlich, gewiss, jedenfalls
ōrdō, -inis *m*	Ordnung, Reihe, Stand
experīrī, experior, expertus sum	versuchen, (durch Erfahrung) kennenlernen
libet (*und* **lubet**), libuit	es gefällt, es beliebt
saxum, -ī *n*	Fels, Stein
ēiusmodī	derartig, so beschaffen
somnus, -ī *m*	Schlaf
dormīre, dormiō, dormīvī, dormītum	schlafen
discipulus, -ī *m*	Schüler
tamquam	*Adv.* wie; *Subj.* wie wenn, als ob

Zusammenfassung

- Die Zusammenfassung der wichtigsten Informationen zu den Reformatoren finden Sie am Ende des Kapitels zu Martin Luther (S. 211).

Grundlegende Fertigkeiten für den Umgang mit lateinischen Texten

Für die Auseinandersetzung mit lateinischen Texten und dem kulturellen Hintergrund, vor dem sie verfasst wurden, sind zahlreiche Fähigkeiten, insbesondere die Beherrschung verschiedener Arbeitstechniken, notwendig. Einige der wichtigsten Kompetenzen für die Arbeit mit lateinischen Texten sind auf den kommenden Seiten zusammengefasst. Dabei geht es um die folgenden Themen:

- Vertiefte Interpretation lateinischer Texte
- Erkennen und Deuten rhetorischer Stilmittel
- Versanalyse
- Szenisches Spiel als Mittel zur Texterschließung
- Präsentation von Arbeitsergebnissen
- Projektarbeit

Vertiefte Interpretation lateinischer Texte

Einen Text zu interpretieren bedeutet, sich intensiv mit ihm zu beschäftigen, um ihn besser zu verstehen. Dabei befasst man sich mit **sprachlichen** und **inhaltlichen** Aspekten. Die sprachlichen und inhaltlichen Merkmale eines Textes sind häufig eng miteinander verknüpft und bilden eine Einheit: **Die verwendeten sprachlichen Mittel dienen dazu, den Inhalt auszudrücken**, und das soll durch die Interpretation deutlich werden. Folgende Punkte sind bei der Interpretation literarischer Texte zu beachten:

Inhalt und Struktur der Textpassage	▪ Hauptthematik ▪ Gedankenführung, Gliederung → **Herausarbeiten von Gliederungsmerkmalen**
Sprache und Stil	▪ typische stilistische Merkmale eines Autors/Werkes/einer Gattung; ggf. Dichtersprache ▪ Stilmittel (vgl. S. 224), Wortwahl, Satzbau → **Funktion der sprachlichen Mittel**
Literaturgeschichtliche Einordnung	▪ Einordnung der Stelle in das Werk (oder das Gesamtwerk des Autors) ▪ ggf. Einflüsse weiterer Autoren auf den Text/das Werk ▪ typische Gattungsmerkmale (vgl. den folgenden Punkt)
Charakterisierung der Gattung	▪ Prosa/Dichtung; Versmaß (z. B. Hexameter als Versmaß des Epos) ▪ für die Gattung typische Sprachebene (z. B. Elemente gesprochener Sprache im Brief) ▪ für die Gattung typische Themen (z. B. wechselvolle Liebeserfahrungen in der Elegie)
Geschichtliche Einordnung	▪ geschichtlich-sozialer, ggf. auch biografischer Kontext
Metrik/Versbau (bei Dichtung)	▪ Versmaß (ggf. auch als Gattungsmerkmal) ▪ für Dichtung typische Besonderheiten (z. B. Enjambement) und ihre Funktion ▪ Versbau und Gedankengang

Nicht alle diese Punkte werden bei der Interpretation jedes Textes dieselbe Bedeutung haben. Auch kann die Reihenfolge, in der diese Punkte abgehandelt werden, je nach dem Schwerpunkt des Textes variieren.

Achtung! Meist wird man den zu interpretierenden Text zunächst übersetzen, oder es wird – wie bei den hier präsentierten Musterinterpretationen – dem lateinischen Text eine **Übersetzung** beigefügt sein, um den Zugang zum Text zu erleichtern. Es ist jedoch wichtig, dass die eigentliche Interpretation anhand des **lateinischen Textes** erfolgt. Belege aus der Übersetzung sind dementsprechend nicht erlaubt. Teilweise empfiehlt es sich, zudem das **Wörterbuch** heranzuziehen und die genaue Bedeutung einzelner lateinischer Wörter zu ermitteln, die in der beigefügten Übersetzung möglicherweise etwas freier wiedergegeben werden.

Anhand zweier Texte, die ansonsten nicht in diesem Band enthalten sind, möchten wir verdeutlichen, wie die Auseinandersetzung mit sprachlichen und inhaltlichen Aspekten eines Textes zu seiner Interpretation führen können.

1. Interpretation zu Ovid, *Met.* 1.244–252: Die Götterversammlung

Aus Zorn über die Bösartigkeit der Menschen plant Jupiter, das Menschengeschlecht zu vernichten (vgl. S. 66). Er versammelt die übrigen Götter und teilt ihnen seinen Entschluss mit. Die Reaktionen der Götter werden im Folgenden beschrieben.
Interpretieren Sie den folgenden lateinischen Text nach sprachlichen und inhaltlichen Gesichtspunkten. Weisen Sie dabei anhand des vorliegenden Textes nach, dass die Götter bei Ovid auch komische Züge tragen können.

Dicta Iovis pars voce probant stimulosque frementi
adiciunt; alii partes adsensibus inplent.
246 Est tamen humani generis iactura dolori
omnibus, et, quae sit terrae mortalibus orbae
forma futura, rogant, quis sit laturus in aras
249 tura, ferisne paret populandas tradere terras.
Talia quaerentes (sibi enim fore cetera curae)
rex superum trepidare vetat subolemque priori
252 dissimilem populo promittit origine mira.

Die Worte Jupiters billigt ein Teil mit Zwischenrufen und stachelt den Wutschnaubenden zudem an; andere füllen durch Zustimmung ihre Rolle aus. Doch der Verlust des Menschengeschlechts bereitet allen Schmerz, und sie fragen, welche Gestalt die von den Sterblichen freie Erde haben werde, wer Weihrauch zu den Altären bringen werde und ob er vorhabe, die Erde den wilden Tieren zur Verwüstung zu überlassen. Während sie solches fragen, verbietet der König der Götter ihnen (er werde sich nämlich um das Übrige kümmern), in Unruhe zu sein, und verspricht ihnen ein von dem früheren unterschiedliches Geschlecht von wunderbarem Ursprung.

Die im Folgenden genannten Punkte können bei der Interpretation herausgearbeitet werden. Nicht alle der hier aufgeführten Ergebnisse müssen in einer Interpretation auch entwickelt werden. Gleichzeitig besteht aber die Möglichkeit, weitere Aspekte anzusprechen, denn mit den hier vorgeschlagenen Punkten ist sicher noch nicht alles über diesen Text gesagt.

Inhalt und Struktur der Textpassage	Gliederung: ▪ **gezeigte Reaktionen** der Götter auf Jupiters Ankündigung (V. 244/245) ▪ als Gegensatz dazu (V. 246: *tamen*): **innerliche Bestürzung** der Götter → **besorgte Fragen** (V. 246–249) ▪ **Beruhigung** der Götter durch Jupiter: **Ankündigung eines neuen Menschengeschlechts** (V. 250–252)
Sprache und Stil	▪ zunächst **Steigerung** in der Darstellung der Reaktionen: öffentliche Zustimmung (V. 244: *voce probant*) und weiteres Anstacheln des zornigen Jupiter (V. 244/245: *stimulosque frementi adiciunt*); dann aber auch Zustimmung, weil dieses Verhalten offenbar erwartet wird (V. 245: *partes inplent*) ▪ als Gegensatz dazu (V. 246: *tamen*): bei allen Schmerz (V. 246/247: *dolori omnibus*), der sich in an Jupiter gerichteten Fragen ausdrückt: V. 247–249: drei **indirekte Fragen** (die schnelle Abfolge der Fragen, die nun auf Jupiter „einprasseln“, wird durch ein **Asyndeton** ausgedrückt; besonders hervorgehoben durch ein **Trikolon**); zentrale Gedanken werden durch **Alliteration** gleichsam markiert und betont (V. 248: ***f**orma **f**utura*; V. 249: ***p**aret **p**opulandas **t**radere **t**erras*) ▪ als Antwort auf die Fragen: ein Verbot (V. 251: *vetat*) der Angst durch Jupiter ▪ Versprechen eines vom alten ganz verschiedenen Menschengeschlechts, ebenfalls durch **Alliteration** hervorgehoben (V. 251/252: *priori dissimilem **p**opulo **p**romittit*; das weite **Hyperbaton** mit Enjambement *priori ... populo* deutet dabei an, dass Jupiter eine umfassende Veränderung plant)

Literaturgeschichtliche Einordnung	▪ Ovids *Metamorphosen* als mythologische Weltgeschichte: Dazu gehört die Auslöschung und Wiedererschaffung der Menschheit. ▪ Die Betonung der Verschiedenheit des neuen Menschengeschlechts (V. 252: *dissimilem*) entspricht dem Konzept der *Metamorphosen* (Verwandlungssagen).
Charakterisierung der Gattung	▪ die *Metamorphosen* als Epos ▪ Versmaß: Hexameter ▪ typische Themen: Mythos, Götterwelt
Geschichtliche Einordnung	▪ Entstehung der *Metamorphosen* zur Zeit des Augustus *(„aurea aetas")*
Metrik/Versbau	▪ Abbildung der Bestürzung der Götter durch zahlreiche **Enjambements** (Zeilensprünge): Die über Zeilengrenzen hinausgehenden Fragen erwecken den Eindruck eines unruhigen Durcheinanders (V. 246–249). ▪ wirkungsvoller Abschluss des Versprechens mit **betonter Stellung** von *origine mira* (V. 252) am Versende als Zeichen, dass doch alles gut ausgehen wird
Zusammenfassung/Schlussfolgerung	Deutlich menschliche Züge der Götter, die teilweise komisch wirken: ▪ eilfertige öffentliche Zustimmung zu den Plänen des zornigen Jupiter – ja sogar weiteres Anstacheln des Herrschers –, obwohl etwas ganz anderes empfunden wird → Man mag hier an Menschen denken, die alles dafür tun, einem Höherstehenden zu gefallen. ▪ besorgte, hektische Fragen, die aber überhaupt nicht mit dem Schicksal der Menschen beschäftigt sind, sondern mit dem allgemeinen Zustand der Erde, u. a. mit dem Problem, dass die Götter ohne Menschen keine Verehrung erfahren (V. 248/249: *quis sit laturus in aras tura*) → Dieser Egoismus wirkt unangebracht und somit komisch. ▪ mögliche weiterführende Deutung: Denken Ovids Zeitgenossen bei dieser Darstellung an Augustus und seine Untertanen? Tatsächlich zog sich Ovid den Unwillen des Herrschers zu (Verbannung; vgl. S. 61) und wirkt in seinen Werken gegenüber Augustus ja auch bisweilen respektlos (vgl. S. 82); inwiefern seine Dichtung für die Verbannung verantwortlich war, ist allerdings unklar.

2. Interpretation zu Plinius, *Ep.* 9.23.2–3: „Plinius oder Tacitus?"

In einem Brief berichtet Plinius u. a. von einem Gespräch mit dem berühmten Historiker Tacitus, das ihm große Freude bereitete. **Interpretieren Sie den folgenden lateinischen Text nach sprachlichen und inhaltlichen Gesichtspunkten. Arbeiten Sie dabei ausgehend von dem vorliegenden Text heraus, wie Plinius seine Briefe auch zur Selbstdarstellung nutzt.**

Narrabat sedisse secum circensibus proximis equitem Romanum. Hunc post varios eruditosque sermones requisisse: „Italicus es an provincialis?" Se respondisse: „Nosti me, et quidem ex studiis." Ad hoc illum: „Tacitus es an Plinius?" Exprimere non possum, quam sit iucundum mihi, quod nomina nostra quasi litterarum propria, non hominum, litteris redduntur, quod uterque nostrum his etiam e studiis notus, quibus aliter ignotus est.

Er [Tacitus] erzählte, dass während der letzten Zirkusspiele ein römischer Ritter bei ihm saß. Dieser habe ihn nach verschiedenen gebildeten Gesprächen gefragt: „Bist du aus Italien oder aus der Provinz?" Er habe geantwortet: „Du kennst mich, und zwar wegen meiner Schriften." Darauf jener: „Bist du Tacitus oder Plinius?"
Ich kann gar nicht ausdrücken, wie erfreulich es für mich ist, dass unsere Namen gewissermaßen als charakteristisch für die Literatur genannt werden – nicht als Namen von Menschen, sondern für die Literatur – und dass beide von uns wegen dieser literarischen Aktivitäten sogar denen bekannt sind, denen wir sonst unbekannt sind.

Die im Folgenden genannten Punkte können bei der Interpretation herausgearbeitet werden. Nicht alle der hier aufgeführten Ergebnisse müssen in einer Interpretation auch entwickelt werden. Gleichzeitig besteht aber die Möglichkeit, weitere Aspekte anzusprechen, denn mit den hier vorgeschlagenen Punkten ist sicher noch nicht alles über diesen Text gesagt.

Inhalt und Struktur der Textpassage	Gliederung: - Bericht über ein Gespräch mit Tacitus, der darin seinerseits von einem Gespräch berichtet hat (Z. 1–5) - Plinius' Kommentar zu Tacitus' Bericht (Z. 6–9)
Sprache und Stil	- Darstellung der Ausführungen des Tacitus in **indirekter** Rede (eingeleitet von *narrabat* [Z. 1]); darin ist ein Dialog eingebettet, der in **wörtlicher Rede** wiedergegeben wird (Z. 3–5). - in der indirekten und in der wörtlichen Rede **sehr knappe, prägnante Formulierungen,** allein **Parataxe** (keine Nebensätze), **Ellipse** (Z. 5: *Ad hoc illum*) **→ typisch für gesprochene Sprache** - dagegen **sehr komplexer, hypotaktischer Satzbau** im Kommentar des Plinius (ein einziger Satz mit folgenden Bestandteilen: Z. 6: Hauptsatz – Z. 6: indirekter Fragesatz – Z. 7: Nebensatz mit *quod* – Z. 8/9: weiterer Nebensatz mit *quod* – Z. 9: davon abhängiger Relativsatz - **Wiederaufgreifen** des von Tacitus verwendeten Begriffs *studia* (Z. 4 und Z. 9) - Betonung, dass die persönliche Freude des Plinius (**1. Pers. Sg.:** *possum* [Z. 6], *mihi* [Z. 6]) aus der Popularität beider Männer – des Plinius und des Tacitus – erwächst (**1. Pers. Pl.:** *nostra* [Z. 7], *nostrum* [Z. 8]) - Ausdruck der weitreichenden Popularität durch das weite **Hyperbaton** *uterque ... notus* (Z. 8/9), das den Grund für die Bekanntheit, die literarische Tätigkeit, einschließt - **paradox wirkende Gegenüberstellung** von *notus* (Z. 9; „bekannt durch Literatur") und *ignotus* (Z. 9; „nicht bekannt durch persönliche Begegnung"), die umso deutlicher macht, welch große Wirkung die *studia* haben

Literaturgeschichtliche Einordnung	▪ Ausschnitt aus einem der Briefe, die Plinius in seinen Briefsammlungen selbst veröffentlichte; Einfluss des Cicero, doch die Briefe des Plinius haben eher den Charakter von Kunstbriefen ▪ typische Themen der Briefe des Plinius: u. a. Bildung und Literatur, Freundschaft mit Tacitus
Charakterisierung der Gattung	▪ Plinius' Kunstbriefe als Vertreter der Gattung Brief: ▪ Merkmale gesprochener Sprache (hier zudem Wiedergabe eines Dialogs in wörtlicher Rede) ▪ Möglichkeit, ganz alltägliche Begebenheiten zu schildern (hier: Bericht über ein Gespräch während der Zirkusspiele) ▪ Ausdruck persönlicher Haltungen und Gefühle (Z. 6: *Exprimere non possum, quam sit iucundum mihi*)
Geschichtliche Einordnung	▪ Entstehung während der Regierungszeit Trajans, als Plinius und Tacitus als Politiker/Literaten große Berühmtheit besaßen
Zusammenfassung/Schlussfolgerung	Der Brief trägt zur positiven Selbstdarstellung des Plinius bei (eines der führenden Gebildeten seiner Zeit): ▪ Bemühung, das Lob der eigenen Person nicht selbst zu formulieren: Plinius berichtet in indirekter Rede, wie Tacitus unter Verwendung der direkten Rede berichtet hat, was ein anonymer Ritter (ein Vertreter der Oberschicht) über die beiden gesagt hat. ▪ Die Knappheit und Nüchternheit des Berichts erweckt den Eindruck von Objektivität. ▪ Die sprachliche Komplexität des Kommentars zu Tacitus' Bericht untermauert dagegen den Anspruch des Plinius, zu den bedeutendsten Gelehrten der Zeit zu zählen. ▪ Die Bemühung, nicht nur die eigene Leistung zu preisen, sondern allein von der gemeinsamen Berühmtheit mit Tacitus zu sprechen, soll dem Eindruck entgegenwirken, Plinius wolle sich hier selbst loben. ▪ Das Bestreben nach positiver Selbstdarstellung ist auch in weiteren Briefen des Plinius spürbar (z. B. Tatkraft und Mut in den berühmten Vesuvbriefen; vgl. S. 134–137).

3. Zusammenhängende Darstellung einer Interpretation

Für das Festhalten der Interpretationsergebnisse in einem Text bietet die folgende Gliederung einen Anhaltspunkt. Selbstverständlich bestehen aber auch andere Möglichkeiten zur Darstellung der Interpretationsergebnisse.

1. Kurze Einleitung	▪ knapper Einleitungssatz ▪ Grundlegendes zum Werk, aus dem der Text stammt (Form, Inhalt, Gattung) ▪ Einbettung in den Werkkontext ▪ ggf. Formulierung einer (möglicherweise in der Interpretationsaufgabe vorgegebenen) Fragestellung, zu der in der Interpretation eine Antwort entwickelt werden soll
2. Gedankengang/Struktur/Inhalt der Passage	▪ Überblick über Aufbau (Benennung markanter Gliederungsmerkmale) ▪ knappe Paraphrase des Inhalts (Nennung zentraler Gedanken) ▪ Hinweise auf stilistische Mittel zur Hervorhebung bestimmter Aussagen/Gedanken im Text
3. Zusammenfassung/Abrundung	▪ Benennung des zentralen Ergebnisses der Textuntersuchung ▪ ggf. Beantwortung einer in der Interpretationsaufgabe vorgegebenen besonderen Frage

Stellen Sie nun die Ergebnisse zu einer der beiden hier präsentierten Interpretationsaufgaben in einem zusammenhängenden Text dar.

4. Weitere Interpretationsaufgaben

Ziehen Sie bei der Bearbeitung der folgenden Interpretationsaufgaben stets auch die Einleitung in Leben und Werk des Autors sowie die Anmerkungen und Arbeitsaufträge zu den jeweiligen Texten heran.

Cicero, *Cat.* 1.10[b] (S. 21)

In seiner Rede gegen Catilina fordert Cicero den Verschwörer auf, Rom zu verlassen.
Interpretieren Sie den lateinischen Text nach sprachlichen und inhaltlichen Gesichtspunkten. Arbeiten Sie dabei heraus, mit welchen Mitteln Cicero seine persönliche Abneigung gegen Catilina zum Ausdruck bringt.

Ovid, *Met.* 5.390–401 (S. 72)

Ovid beschreibt die Entführung der Proserpina durch den Unterweltsgott Dis.
Interpretieren Sie den lateinischen Text nach sprachlichen und inhaltlichen Gesichtspunkten. Arbeiten Sie dabei im Besonderen heraus, wie Ovid die zukünftige Königin der Unterwelt hier charakterisiert.

Erkennen und Deuten rhetorischer Stilmittel

In der Antike wurden literarische Texte sehr kunstvoll gestaltet. Besonders für **Redner** war es wichtig, ihre Reden mit **rhetorischen Stilmitteln** zu schmücken. Doch auch in anderen Textsorten – nicht zuletzt in **Gedichten** – spielen Stilmittel eine große Rolle. Die Gründe für die Verwendung von Stilmitteln sind vielfältig. Im Folgenden finden Sie eine Liste von Stilmitteln, die in diesem Buch vorkommen, kombiniert mit Vorschlägen, wie Sie diese für die vertiefte Interpretation der Texte (vgl. S. 218) nutzen können.

Typische Funktionen von Stilmitteln:
- Steigerung der Attraktivität eines Textes durch kunstvolle Sprache, insbesondere durch ansprechenden Wortklang und Satzrhythmus
- Hervorhebung eines Begriffs oder einer Aussage
- Beeinflussung oder sogar Steuerung der Gefühle und Meinungen des Lesers/Zuhörers

1. Wortstellung/Satzbau

Alliteration: Verwendung des gleichen Lauts am Beginn aufeinanderfolgender Wörter → Betonung einer Aussage bzw. der Zusammengehörigkeit von Wörtern	Cicero, *Cat.* 1.10[b] (S. 21): **P**atent **p**ortae. **P**roficiscere! Der enge Zusammenhang der beiden Aussagen, dass die Tore offenstehen und Catilina Rom verlassen solle, wird durch die Alliteration verdeutlicht. Zudem wirkt Ciceros Aufforderung durch die Häufung von p-Lauten akustisch umso nachdrücklicher.
Anapher: Wiederholung desselben Wortes oder Ausdrucks am Beginn von Sätzen, Teilsätzen oder Versen → Betonung (eines Aspekts) der Aussage	Ovid, *Met.* 1.98/99 (S. 64): **Non** tuba derecti, **non** aeris cornua flexi, **non** galeae, **non** ensis erat. Durch die ständige Wiederholung der Verneinung macht Ovid deutlich, wie unterschiedlich das goldene Zeitalter von der Jetztzeit ist.
Antithese: unmittelbare Gegenüberstellung inhaltlich gegensätzlicher Begriffe → Erreichen einer besonderen Prägnanz im Ausdruck durch Nennung eines Gegensatzpaars; Lenkung der Aufmerksamkeit auf den Gegensatz	Seneca, *Consolatio ad Marciam* 20.4 (S. 107): Nulla **publica** clades prospicitur, nulla **privata.** Der Umstand, dass Marcias Sohn im Tod weder öffentlichen noch persönlichen Schaden zu erwarten hat, soll der trauernden Mutter sämtlichen Schmerz nehmen.
Asyndeton: unverbundene Aufzählung → Verkürzung des Ausdrucks, manchmal als Zeichen von Erregung oder schneller Handlungsabfolge	Seneca, *Clem.* 1.25.2 (S. 113): Matura talem virum a tergo sequitur **aversio, odia, venena, gladii.** Die atemlose Aufzählung von tödlichen Konsequenzen, mit denen ein zu zorniger Herrscher zu rechnen hat, wirkt ohne Konjunktionen besonders eindringlich.
Chiasmus: Aufbau von Wendungen, Sätzen oder Teilsätzen in der Struktur a-b, b-a; schreibt man diese Strukturen untereinander, dann lassen sich die entsprechenden Begriffe zu dem griechischen Buchstaben X („chi") verbinden → Hervorhebung eines Ausdrucks durch besonders anspruchsvolle Wortstellung	Plinius der Jüngere, *Ep.* 6.20 (S. 137): Audires **ululatus** feminarum, infantum **quiritatus, clamores** virorum. Akkusativ Plural + Genitivattribut Genitivattribut + Akkusativ Plural Akkusativ Plural + Genitivattribut Hervorhebung der Panik, die im Anschluss an den Vesuvausbruch unter den Einwohnern herrscht, und abbildende Wortstellung, die das Durcheinander hervorhebt.

Ellipse: Auslassung eines Wortes, das aber leicht ergänzt werden kann (zumeist eine Form von esse oder ein Begriff aus dem vorangehenden Satz) → Verknappung des Ausdrucks; oft Zeichen der gesprochenen Sprache	Cicero, *S. Rosc.* 1–3 (S. 9): Audacissimus ego ex omnibus? Zu ergänzen wäre *sum*. Gerade in der Rede, die natürlich als mündlicher Text konzipiert ist, kommen solche Auslassungen immer wieder vor.
Hendiadyoin: Verwendung zweier bedeutungsähnlicher Begriffe, häufig durch „und" verbunden → Hervorhebung eines Sachverhalts durch Doppelung in seiner Beschreibung; am besten mit *einem* Begriff zu übersetzen	Cicero, *Verr.* 2.4.1 (S. 11): Venio nunc ad istius ... **morbum et insaniam.** „Ich komme nun zu seinem [Verres'] ... krankhaften Wahnsinn (‚Krankheit und Wahnsinn')." – Das Verhalten des Verres wird durch die Verwendung *zweier* Begriffe besonders nachdrücklich als wahnsinnig dargestellt.
Hyperbaton: Auseinanderrücken („Sperrung") aufeinander bezogener Begriffe (oft: Substantiv und Adjektiv) → Hervorhebung der gesperrt gestellten Wendung; bisweilen abbildende Wortstellung, wenn etwa eine weite Entfernung oder eine umfangreiche und aufwändige Handlung ausgedrückt werden soll	Ovid, *Met.* 1.1–2 (S. 62): In **nova** fert animus mutatas dicere formas **corpora.** Das weite Auseinanderstehen von Adjektiv *(nova)* und Substantiv *(corpora)* erzeugt einerseits Spannung, deutet jedoch auch die oft langwierigen und verschachtelten Handlungsstränge in den einzelnen Erzählungen Ovids an, in denen es letztendlich zu einer Verwandlung kommen wird. In diesen Versen hebt das Enjambement (Zeilensprung) das umso stärker hervor.
Klimax: inhaltliche Steigerung in den einzelnen Gliedern einer Aufzählung → Vermittlung des Eindrucks eines besonders bedeutenden oder intensiven Handlungsablaufs	Cicero, *Verr.* 2.4.108–109 (S. 13): Hoc dico, hanc ipsam Cererem antiquissimam, religiosissimam, principem omnium sacrorum ... a C. Verre ex suis templis ac sedibus esse sublatam. In einer steigernden Aufzählung bezeichnet Cicero das von Verres geraubte Ceres-Standbild zunächst als „älteste" Gottheit, dann als „ehrwürdigste" und schließlich als „Urheberin aller Kulte" und betont so die Bedeutung der Ceres umso stärker.
Parallelismus: paralleler Aufbau von Wendungen, Sätzen oder Teilsätzen (etwa Struktur a-b-c, a-b-c), z. B. durch gleiche Abfolge von Wörtern bestimmter Wortarten, Formen oder Bedeutungsfelder → Schaffung einer besonders klaren Ausdrucksweise; bisweilen Eindruck bedeutungsschwerer, erhabener oder feierlicher Abläufe	Isidor, *Etym.* 8.6.6–15 (S. 174): **Platonici** a Platone philosopho **dicti**. [...] **Stoici** a loco **dicti**. Durch die stete Abfolge von Philosophenschule, Namensgeber und demselben Hauptverb kann die Namensgebung der philosophischen Schulen unmittelbar nachvollzogen werden.
Polysyndeton: Aufzählung, deren Glieder jeweils durch eine Konjunktion (z. B. *et, -que, aut*) verbunden werden → Verlangsamung der Handlung; Erweckung des Eindrucks von Ausführlichkeit bzw. großem Aufwand der Handlungen	Isidor, *Etym.* 8.6.3–6 (S. 173): Idem autem philosophi triplici genere dividuntur: Nam **aut** Physici sunt **aut** Ethici **aut** Logici. Die ständig wiederkehrende Konjunktion macht die logische Systematik der Philosophie offenkundig.
Trikolon: Aufzählung, die aus genau drei Gliedern besteht → Betonung der Aussage, die durch die Nennung dreier Elemente besondere Bedeutung erlangt (hier verstärkt durch ein Asyndeton und eine Anapher)	Cicero, *Cat.* 1.10[b] (S. 21): **... non feram, non patiar, non sinam.** Gleich dreimal sagt Cicero aus, dass er Catilinas Anwesenheit nicht länger dulden wird („... Ich werde es nicht ertragen, nicht dulden, nicht zulassen").

2. Wortbedeutung/Bedeutung von Aussagen

Hyperbel: Übertreibung → besonders nachdrückliche Formulierung des eigenen Standpunkts	Cicero, *Cat.* 1.17–18 (S. 21): **Nullum** iam aliquot annis **facinus** exstitit **nisi per te, nullum flagitium sine te ...** Angeblich ist in Rom schon einige Jahre keine Untat begangen worden außer durch Catilina und kein Verbrechen ohne ihn.
Ironie: Ausdruck eines Gedankens mit Worten, die eigentlich das Gegenteil der Aussage bedeuten → humorvolle, aber oft auch aggressive Hervorhebung der eigenen Aussageabsicht; zumeist mit dem Ziel, die Aussagen oder das Verhalten von Personen als lächerlich darzustellen	Cicero, *Cat.* 1.1–2 (S. 16): Nos autem **fortes viri** satis facere rei publicae videmur, ... Dadurch, dass Cicero die Senatoren (sich eingeschlossen) als „tapfere Männer" bezeichnet, macht er auf drastische Weise deutlich, dass ihre Untätigkeit gegenüber Catilina gerade nicht tapfer ist.
Litotes: Verneinung des Gegenteils (oft doppelte Verneinung) → Verstärkung der Aussage	Plinius der Jüngere, *Ep.* 6.20 (S. 137): **Nec defuerunt,** qui fictis mentitisque terroribus vera pericula augerent. Die Menge an Leuten, die die Massenpanik nach dem Vesuvausbruch durch Falschmeldungen nur noch mehr schüren, wird durch die Aussage, dass diese nicht fehlten, als besonders störend dargestellt.
Metapher: bildhafter Ausdruck, der für etwas anderes steht als das, was er wörtlich bezeichnet (häufig für etwas Abstraktes, mit dem die ausgewählte Metapher aber eine Ähnlichkeit haben muss) → aufgrund der Bildhaftigkeit besondere Anschaulichkeit des Ausgedrückten	Augustinus, *Conf.* 3.4.7–8 (S. 163): ... tu, **lumen cordis mei, ...** Augustinus nutzt den bildhaften Ausdruck („Licht meines Herzens"), um die reinigende, im wahrsten Sinne des Wortes erhellende Wirkung in Worte zu fassen, die die Hinwendung zu Gott für sein Seelenleben bedeutet hat.
Oxymoron: Gegenüberstellung zweier sich widersprechenden Ausdrücke → Möglichkeit, den Rezipienten zum Stutzen, Innehalten und tieferem Auseinandersetzen mit einem bestimmten Umstand zu bewegen	Cicero, *Cat.* 1.21 (nicht im Band enthalten): ... cum **quiescunt, probant,** cum **patiuntur, decernunt,** cum **tacent, clamant.** Cicero relativiert die scheinbar tolerierende Haltung der Senatoren gegenüber Catilina, indem er darauf hinweist, dass deren Passivität („ruhig sein", „dulden", „schweigen") auch eine Art des Vorgehens gegen Catilina („zustimmen", „entscheiden", „schreien") darstellt.
Personifikation: Vermenschlichung einer – oft abstrakten – nicht belebten Sache durch die Darstellung als handelnde, denkende und oft sprechende Person → Möglichkeit, gerade besonders bedeutenden Sachen „eine Stimme zu geben"; in der Antike oft Betonung der Bedeutung der personifizierten Sache durch die Ähnlichkeit zu den Göttern	Ovid, *Met.* 1.129 (S. 65): ... Fugere **pudor, verum**que **fides**que. Die Tugenden Scham, Wahrheit und Treue gehen durch das ruchlose Verhalten der Menschen im ehernen Zeitalter nicht einfach verloren, sondern fliehen – angewidert vom lasterhaften Leben der Menschen – aktiv von der Erde.

Rhetorische Frage: Stellen einer Frage, auf die keine Antwort erwartet wird bzw. die Antwort bereits feststeht; Verwendung einer Frage als Aussagesatz → Verstärkung der Aussage durch Frageform; oft Einbeziehung des Lesers durch direkte Anrede	Cicero, *Cat.* 1.3–4 (S. 17): Catilinam orbem terrae caede atque incendiis vastare cupientem nos consules perferemus? Cicero will die Konsuln durch das Stellen der rhetorischen Frage zur einzig möglichen Entscheidung drängen: Catilina von seinem Vorhaben abzuhalten, die Erde mit Mord und Brandschatzung zu überziehen.
Vergleich: Gegenüberstellung zweier Bereiche, zwischen denen eine Ähnlichkeit bzw. inhaltliche Gemeinsamkeit besteht; diesen gemeinsamen Inhalt bezeichnet man als *tertium comparationis* → aufgrund der Bildhaftigkeit besondere Anschaulichkeit des Ausgedrückten	Erasmus, III Socrates 89–90 (S. 192): Idem dicere solet **mortem** esse **similem** **profundo somno** aut **diutinae peregrinationi.** Der Tod wird mit einem Tiefschlaf oder einer langen Wanderung verglichen. Das *tertium comparationis* von Tod und Schlaf ist das Bild der Ruhe. Die Ähnlichkeit mit der langen Wanderung basiert auf der Vorstellung vom Tod als einem Übergang in einen anderen Zustand.

Versanalyse

Antike Verse basieren auf der geordneten Abfolge von langen (Symbol: —) und kurzen (◡) Silben. Wir beschäftigen uns hier mit dem Versmaß des Hexameters sowie dem elegischen Distichon.

1. Eine Silbe gilt als lang,
   - wenn sie einen langen Vokal hat (**Naturlänge**),
   - wenn auf einen kurzen Vokal zwei oder mehr Konsonanten folgen (**Positionslänge**).

Zu den naturlangen Silben gehören zum Beispiel die **Diphthonge** (als ein Laut gesprochene Doppelvokale wie *ae*). Bei **zwei aufeinanderfolgenden** Vokalen, die **einzeln gesprochen** werden, ist der **erste normalerweise kurz** (z. B. *mĕus*).
Ebenso naturlang sind gewisse Kasusendungen, so zum Beispiel – um einige sehr häufige Endungen zu nennen: **-ā** im Abl. Sg. der a-Deklination *(causā)*, **-ō** im Dat. und Abl. Sg. der a- und o-Deklination sowie **-īs** im Dat. und Abl. Pl. der o-Deklination *(servō/servīs)*, **-ēs** im Nom. und Akk. Pl. der 3. Deklination *(mentēs)*, **-ūs** im Gen. Sg., Nom. Pl. und Akk. Pl. der u-Deklination *(frūctūs)* oder der Abl. Sg. **-ē** in der e-Deklination *(diē)*. Ziehen Sie also bei der Analyse von Versen ggf. auch Deklinationstabellen Ihrer Grammatik heran.
Die metrische Analyse kann bei der Bestimmung von Kongruenzen (v. a. zwischen Substantiv und Adjektiv) eine Hilfe sein, wenn man sich z. B. Folgendes merkt:

in der a-/o-Dekl.:	kurzes -***a*** in:	Nom. Sg. f
		Nom./Akk. Pl. n.
	langes -***ā*** in:	Abl. Sg. f.

Achtung! Die Konsonantenverbindung ***muta*** (b, p, d, t, g, c) ***cum liquida*** (l, r) führt meist nicht zu Positionslänge. Dagegen gelten auch x (c+s) und z (t+s) als Doppelkonsonanten und führen zu Positionslänge.

2. Die einzelnen Silben bilden Versfüße (Metren). Diese Versfüße sind für uns wichtig:

- der Daktylus: — ◡◡ (eine lange Silbe, zwei kurze Silben)
- der Spondeus: — — (zwei lange Silben)

3. Die Versfüße bilden die Verse. Der wichtigste Vers für die Lektüre in der Jahrgangsstufe 10 ist der Hexameter (Vers mit sechs Versfüßen):

Versfuß 1–4:	Daktylus oder Spondeus
Versfuß 5:	meist Daktylus, sehr selten Spondeus
Versfuß 6:	eine lange Silbe und eine Silbe, die lang oder kurz ist (***anceps*: x**)

— — | — — | — — | — — | — ◡◡ | — X
— ◡◡ | — ◡◡ | — ◡◡ | — ◡◡ | — ◡◡ | — X

Die blaue Markierung kennzeichnet unveränderbare Versfüße/Längen.

4. Der **Hexameter** ist in der antiken Literatur u. a. das Versmaß des **Epos** (z. B. in **Ovids *Metamorphosen***) und des **Lehrgedichts.** Angewandt auf den ersten Vers der *Metamorphosen* (1.1, S. 62) sieht das Schema so aus:

Īn nŏvă | fērt ănĭ|mūs mū|tātās | dīcĕrĕ | fōrmās

5. Im Versmaß des **elegischen Distichons** gibt es einen steten Wechsel von jeweils einem **Hexameter** und einem **Pentameter** (Vers mit fünf Versfüßen). Der Pentameter wird folgendermaßen gebildet:

Versfuß 1–2:	Daktylus oder Spondeus
gefolgt von:	einer langen Silbe (ein „halber“ Versfuß)
gefolgt von:	zwei Daktylen
gefolgt von:	einer langen oder kurzen Silbe (ein weiterer „halber“ Versfuß)

Man könnte auch sagen, der Pentameter besteht aus der Wiederholung des halben Hexameters. Dabei besteht jeder dritte Versfuß aus nur einer langen Silbe, und nur in der ersten Hälfte des Verses können die Daktylen durch Spondeen ersetzt werden.

— — | — — | — | — ◡ ◡ | — ◡ ◡ | X
— ◡ ◡ | — ◡ ◡ | — | — ◡ ◡ | — ◡ ◡ | X

Die blaue Markierung kennzeichnet unveränderbare Versfüße/Längen.

Das elegische Distichon kommt vor allem in **Epigrammen** und der **Liebesdichtung** vor. Angewandt auf die Klage der Dido in V. 35/36 in Ovids *Heroides* 7, sieht das Schema so aus:

Fāllŏr ĕt | īstă mĭ|hī fāl|sō iāc|tātŭr ĭm|āgō:
mātrĭs ăb | īngĕnĭ|ō | dīssĭdĕt | īllĕ sŭ|āe.

6. Endet ein Wort auf einen Vokal (oder Vokal + *m*) und beginnt das nächste mit Vokal (oder *h* + Vokal), dann entsteht ein so genannter **Hiat.** Dieser wird in der lateinischen Dichtung vermieden, indem die beiden Laute zu einem zusammengezogen werden. Dies geschieht folgendermaßen:

- durch **Elision:** der erste Vokal wird ausgestoßen und nicht gesprochen; vgl. Ovid, *Met.* 1.3 (S. 62):

  adspirate meis primaqu(e)‿ab origine mundi
  (sprich: ... *prima**quab*** ...)

- oder – wenn es sich bei dem zweiten Wort um *est* handelt – durch **Aphaerese;** vgl. Ovid, *Her.* 7.03 (S. 90):

  Nulla mora‿(e)st
  (sprich: *mor**ast***)

Achtung! Auch der Buchstabe *i* kann wie ein Konsonant verwendet werden (wie unser Buchstabe *j*). Steht ein konsonantisches *i* am Wortanfang, kommt es also nicht zur Elision (vgl. oben: *Her.* 7.35: *falso **i**actatur*).

7. Jeder Vers wird zusätzlich durch Einschnitte gegliedert, die einen Einfluss auf den Vortrag haben und durch Atem- bzw. Sinnpausen deutlich werden können (Symbol: ||). Oft führen diese Einschnitte dazu, dass die Aussage des Verses deutlicher wird. Liegt ein solcher Einschnitt am Ende eines Versfußes, spricht man von einer **Dihärese**. Fällt der Einschnitt am Wortende hingegen mitten in einen Versfuß, spricht man von einer **Zäsur.**

Die **bukolische Dihärese** ist die häufigste Form einer Dihärese. Beim Vortrag sorgt sie für eine kurze Sprechpause nach dem **vierten Versfuß**, z. B. Ovid, *Met.* 8.186 (S. 74):

ōbstrŭăt, | āt cāē|lūm cēr|tē pătĕt; || ībĭmŭs | īllāc

Bei den Zäsuren unterscheidet man zwischen

- der **Trithemimeres** (Einschnitt nach dem dritten Vershalbfuß), z. B. Ovid, *Met.* 1.508 (S. 67):

  Mē mĭsĕ|rūm! || Nē | prōnă că|dās īn|dīgnăvĕ| lāēdī

- der **Penthemimeres** (Pause nach dem fünften Vershalbfuß), z. B. Ovid, *Met.* 1.517 (S. 67):

  Iūppĭtĕr | ēst gĕnĭ|tōr. || Pēr | mē, quŏd ĕ|rītquĕ fŭ|ītquĕ

- der **Hephthemimeres** (Pause nach dem siebten Vershalbfuß, oft im Verbund mit einer Trithemimeres), z. B. Ovid. *Met.* 1.99 (S. 64):

  nōn gălĕ|āē, nōn | ēnsĭs ĕ|rāt: || Sĭnĕ | mīlĭtĭs | ūsū

Am häufigsten kommt die Penthemimeres vor.

8. Wie man antike Gedichte heute vorlesen sollte, ist umstritten. Im antiken Rom war es wohl üblich, beim Vortrag von Versen sowohl den Rhythmus des Verses als auch die **natürliche Betonung der Wörter** - also die Ihnen bereits bekannten Betonungen - zu beachten. Der antiken Lesepraxis dürfte also ein Vortrag nahekommen, der dem üblichen **Wortakzent** folgt, wobei aber auch Elisionen und Aphaeresen beachtet werden müssen.
In den modernen europäischen Sprachen und ihrer Dichtung spielt die Länge der Silben allerdings keine Rolle mehr, sodass wir beim Vortrag antiker Verse die Unterschiede zwischen langen und kurzen Silben kaum wahrnehmen. Daher hat sich bei der Rezeption antiker Dichtung im Laufe der Jahrhunderte als Behelfslösung für das Vorlesen antiker Verse eine **akzentuierende Vortragsweise** eingebürgert. Dabei betont man jeweils die erste Silbe eines Versfußes. Infolgedessen sind in den modernen Sprachen sogar Gedichte in antiken Versmaßen entstanden, und auch heute noch werden antike Gedichte bisweilen im Originalversmaß übersetzt. Es gibt also auch deutsche Hexameter und elegische Distichen, die in der Regel akzentuierend vorgetragen werden.

9. Beim Vortrag kann der Einsatz von Daktylen und Spondeen das Erzählte klanglich bzw. rhythmisch hervorheben. Daher findet sich z. B. in getragenen oder feierlichen Passagen oft eine auffällige Häufung von Spondeen, mit denen die Schwere der Situation unterstrichen werden soll. So enthält der Vers, in dem Ovid die Verwünschung der lykischen Bauern durch die Göttin Latona (*Met.* 6.369; S. 73) formuliert, gleich fünf Spondeen. Er besteht also vor allem aus langen Silben, was dem Götterspruch besonderes Gewicht verleiht:

„Aetēr|nūm stāg|nō“, dī|xīt, „vī|vātĭs ĭn | īstō!“

Hektisches Treiben, wie z. B. der Flug des Ikarus, der sich mit schnellen Flügelschlägen vom Kurs entfernt, wird hingegen mit zahlreichen Daktylen metrisch nachgeahmt (Ovid, *Met.* 8.224; S. 75):

dēsĕrŭ|ītquĕ dŭ|cēm cae|līquĕ cŭ|pīdĭnĕ | trāctŭs.

Achten Sie beim Interpretieren (vgl. S. 218) lateinischer Dichtertexte also auch darauf, wie der Versbau die Aussage die inhaltliche Aussage unterstützt.

Szenisches Spiel als Mittel zur Texterschließung

Die Texte, die Sie in diesem Buch finden, wirkten ursprünglich nicht nur als (gelesene) Texte: Sie wurden auch als Reden gehalten, öffentlich rezitiert oder zumindest von dem Rezipienten laut gelesen. In jedem Fall verlangte der Rezitationsvorgang großen Körpereinsatz. So bietet eine darstellende Interpretation einen wichtigen und reizvollen Zugang zum Text.
Einige Möglichkeiten, durch szenisches Spiel mehr über die Texte zu erfahren, finden Sie hier zusammengestellt. Dabei wird von dem Grundgedanken ausgegangen, dass die szenische Darstellung eines gelesenen Textes helfen kann, die Textaussage zu verstehen. Dabei kann sie auch zu (produktiven) Missverständnissen führen, sicher aber zu Gesprächsanlässen in der Gruppe.

Phasen des szenischen Interpretierens

Warm-up → Spannungen abbauen, Offenheit erreichen	
Lockern	▪ Ausschütteln von Armen und Beinen ▪ Heben und Fallenlassen der Schultern, Schulterkreisen etc.
Wecken	▪ Ausstreichen des Gesichts
Einen passenden Ort suchen	
Aktion und Bedeutung	▪ Wo haben Sie genügend Raum, Ihr Handeln zu entfalten? ▪ Gibt es Dinge, die die Atmosphäre stören (z. B. ein Tafelanschrieb aus einer vergangenen Stunde) und die Sie mit wenig Aufwand ändern können? ▪ Grundsätzlich hilft ein eher neutraler Ort, den Sie mit Ihrer Aktion umdefinieren können, oder das bewusste Verändern „übervertrauter" Orte.
Publikum	▪ Zum Ort gehört auch, den Platz für das Publikum zu bestimmen; bei manchen Formen ist es für das Publikum natürlich lohnend, die Perspektiven zu wechseln.
Phasentrennung	
Verabredung der Arbeitsform/Themenstellung	▪ zu verschiedenen Formen s. u.
Erarbeitung/Probe	▪ Die Phase der Erarbeitung/Probe kann bei improvisierenden Formen mit der Präsentation zusammenfallen. ▪ Grundsätzlich ist es sinnvoll, mehr zu tun (auszuprobieren, vorzuspielen) und weniger zu reden – natürlich muss man bei aller Spontaneität auch das gemeinsame Ziel und die getroffenen Vorgaben im Blick behalten. ▪ Spannend ist bei der Erarbeitung ein Prozess der Reduzierung und Vermeidung von Redundanzen: Was man sieht, braucht man nicht auch noch zu erklären; bei einer Darstellung des Europamythos erübrigt sich z. B. eine Erzählerfigur, die das Publikum darauf hinweist, dass Europa gerade gutgelaunt mit ihren Freundinnen spazieren geht.
Präsentation	▪ Überlegen Sie eine Form, mit der Beginn und Ende deutlich werden.

Reflexion	■ Gehen Sie bewusst aus der Rolle heraus (z. B. räumlich, in der Haltung). ■ Lassen Sie das Publikum beobachten und ggf. nachfragen. ■ Geraten Sie nicht vorschnell in ein Erklären oder gar Verteidigen. ■ Grundsätzlich sinnvoll ist eine Atmosphäre der Offenheit und der Wertschätzung. Äußern Sie als Publikum, was Sie gesehen haben, ohne gleich zu bewerten. ■ Die Präsentierenden erhalten eher am Schluss Gelegenheit, ihr Vorgehen zu reflektieren (Absichten, Veränderungen im Arbeitsprozess). ■ Ggf. ist die Bestimmung eines Moderators hilfreich, der darüber wacht, dass die Zuschauenden und dann die Präsentierenden Gelegenheit haben, ihre Eindrücke zu artikulieren, ohne in Angriff und Verteidigung überzugehen. ■ Grundsätzlich gibt es kein „Richtig" und „Falsch" bei solchen interpretierenden Umsetzungen; allerdings kann es offensichtliche Missverständnisse geben, die ihrerseits vielleicht wieder produktive Fragen aufwerfen. ■ Besonders wenig wertschätzend ist das Ignorieren des Gesehenen und das Sprechen über eigene Gegenentwürfe oder vergangene Seherfahrungen („Vor fünf Jahren sah ich in den Kammerspielen eine ganz andere Version, die viel besser war …") – das gilt auch für Lehrerkommentare.
(erneute Durchgänge)	■ Es kann sinnvoll sein, erneute Durchläufe von Präsentation und Reflexion zu unternehmen (modifizierte Rahmenbedingungen, alternative Schlüsse etc.). Legen Sie dies sinnvollerweise vorher gemeinsam fest, damit kein negativer Eindruck entsteht.

Arbeitsformen der szenischen Interpretation

Standbild	■ Nehmen Sie Körper- und Sprechhaltungen ein. ■ Richten Sie das Schlaglicht auf eine Situation. ■ Teilen Sie die Rollen „Bildhauer" und „Material", das zur „Statue" wird, auf. ■ Beachten Sie auch Blickrichtung, Mimik, Handhaltung usw. ■ Die Statue kann auf ein Zeichen hin (Berührung der Schulter) eine *spontane* Lautäußerung von sich geben (Ausruf, Wort, Satz – wichtig ist hierbei, dass Sie in die Figur hineingehen und nicht die eigene Empfindung artikulieren im Sinne von „Ach, ist das unbequem"). ■ Andere können hinter die Statue treten (deren Haltung einnehmen) und an ihrer Stelle eine Lautäußerung von sich geben. ■ Andere können sich zu der Statue gruppieren, eine Szene vervollständigen (eventuell mit eigenen Lautäußerungen). ■ Der „Bildhauer" darf allenfalls zuletzt sprechen, zunächst soll das Bild wirken, nicht eine Erklärung zu seiner Intention.	**Ovid, *Metamorphosen:*** ■ Apollo und Daphne – das Schlussbild: Apollo und der Lorbeerbaum (1.548–556; S. 68) ■ Orpheus singt in der Unterwelt (10.25–39; S. 76). ■ Pygmalions Statue erwacht zum Leben (10.280–294; S. 79). ■ Venus und Adonis vor dem Aufbruch zur Jagd (10.705–716; S. 81). **Ovid, *Heroides:*** ■ Acontius und Cydippe beim jeweiligen Schreiben bzw. Lesen der Briefe (S. 92) **Minucius Felix:** ■ Dialograhmen: Nachstellen der Gesprächssituation (S. 148)

Standbildfolge	▪ Teilen Sie die Geschehensabfolge auf mehrere Bilder auf (eine Art „lebender Fotoroman“, pantomimisch oder mit Lautäußerungen der Figuren oder mit Erzählerkommentar).	**Ovid, *Metamorphosen:*** ▪ Die Weltzeitalter (1.89–100; 125–150; S. 64/65) **Ovid, *Heroides:*** ▪ Ariadne stellt sich ihr weiteres Leben auf Naxos vor (S. 92).
Szenisches Spiel	▪ Achten Sie auf Gefühle, Empfindungen, Umschlagpunkte in der Handlung, Rhythmuswechsel etc. ▪ Erproben Sie alternative Verläufe. ▪ Gruppen-Aktionen	▪ **Ciceros Rede gegen Catilina** (S.16) **Ovid, *Metamorphosen:*** ▪ Apollo und Daphne: Apollos Rede beim „Dauerlauf“ (1.504–524; S. 67) ▪ Die Annäherung Europas an den Stier (verkörpert von einer Gruppe?) – von mehreren ausprobieren lassen (2.860–875; S. 69)
Rolleninterview	▪ Sprechen/Agieren Sie aus der Rolle entweder in der Form des Monologs (hierzu sollten Sie einen Redeanlass überlegen) oder tatsächlich als Interview. ▪ Die Fragen an die Figur können diese anreichern, Lücken im Text füllen etc.	**Ovid, *Metamorphosen:*** ▪ Interview mit Daedalus und Ikarus vor dem Flug (S. 74) **Ovid, *Heroides:*** ▪ Interview mit Penelope: Wie fühlt sich die Frau des Helden von Troia? (S. 88)
Fotografische/filmische Dokumentation	▪ Dokumentieren Sie die „eigentliche“ Präsentation (Ergebnissicherung) ▪ Kreieren Sie eigene Ausdrucksformen: z. B. Fotoroman (ggf. mit Sprechblasen), Filmszene	**Cicero** in verschiedenen Posen beim Halten der **Rede gegen Catilina** (S. 16) **Ovid, *Metamorphosen:*** ▪ Die lykischen Bauern (S. 73) ▪ Orpheus und Eurydike (S. 76)

Fruchtbar können Differenzen zwischen Gesehenem und Gehörtem oder Brechungen in der Darstellungsweise (Pathos, Ironie) sein. Interessant sind auch Variationen z. B. durch gegengeschlechtliche Besetzungen und das Überführen in andere Spielformen und Medien: Pantomime, Schatten- oder Figurentheater (Marionetten, Puppen), das Nachstellen mit Playmobilfiguren, Schlümpfen usw. und die Dokumentation auf Fotos.

Präsentation von Arbeitsergebnissen

Diese Seite soll Ihnen dabei helfen, **mediengestützt Vorträge** zu halten, z. B. um Ergebnisse von Gruppen- bzw. Projektarbeiten (vgl. S. 235) vorzustellen oder auch Texte anderen zu präsentieren.
Klären Sie vorab den organisatorischen und insbesondere den zeitlichen Rahmen für Ihre Präsentation.
Grundsätzlich ist es wichtig, mit Analysen die eigene Arbeit zu planen:

Sachanalyse: Was ist mein Thema?	**Publikumsanalyse:** Wen will ich erreichen?	**Zielanalyse:** Was will ich vermitteln?
Hierzu gehört die sachliche Vorbereitung und Recherche.	Welche Vorkenntnisse bringt mein Publikum mit, an welchen Stellen muss ich helfen? Als Prüfungsform wendet sich eine Präsentation z. B. an Fachlehrer, im Unterricht an Mitschüler.	Ergibt sich aus der Zusammenschau von Sach- und Publikumsanalyse.

Erst nach diesen Analyseschritten ergibt sich die Wahl **eines geeigneten Mediums**, das allerdings nur Instrument für die Vermittlung der Inhalte sein sollte (nicht Selbstzweck). In den Entscheidungsprozess spielt die Frage nach der Erreichbarkeit verschiedener Medien ebenso hinein wie die Frage, wie viel Aufmerksamkeit Sie während der Präsentation den Medien zuwenden wollen.
Je mehr Sie Ihre Aufmerksamkeit den von Ihnen verwendeten Medien zuwenden, desto weniger haben Sie Ihr Publikum im Blick. Schon im Vorfeld sollten Sie sich von der Praktikabilität der gewählten Medien überzeugen (bis hin zu Fragen der Schriftgröße oder Farbenwahl).

- Da es im Lateinunterricht normalerweise um die Arbeit mit Texten geht, sollte das Publikum diese Texte auch vor sich haben. Üblicherweise werden diese **schriftlich ausgeteilt** werden, wobei auf dem Blatt auch Thesen Ihres Vortrags oder Arbeitsaufträge an die Zuhörer (vgl. unten) festgehalten sein können.
- **Powerpoint-Folien** können Sie komplett vorbereiten, während Sie eine **Overhead-Folie** möglicherweise erst beschriften oder **Kartons** während der Präsentation aufhängen müssen.
- Dafür lassen sich **Overhead-Folien** und **Plakate** o. Ä. während der Präsentation viel leichter spontan verändern als **Powerpoint-Folien**.
- Manche Medien ermöglichen es, **Bilder oder Filmsequenzen** einzubinden. Achten Sie auch hier auf die Funktionalität visueller Effekte in Bezug auf die Aufgabenstellung, damit sie nicht zur bloßen Dekoration verkommen.

Im Lateinunterricht geht es in Präsentationen meist um die **Arbeit an lateinischen Texten.** Die besondere Chance ist es also, grafisch (mit farblichen Hervorhebungen, Unterstreichungen, Pfeilen, anderen Symbolen, Randkommentaren, Ein- und Ausblenden von Kontexten, Alternativen usw.) in dem Text zu arbeiten und dies Schritt für Schritt zu entwickeln. So wird nachvollziehbar, dass der mediengestützte Vortrag das Verständnis der Zuhörer erleichtert.

- Je nach Aufgabenstellung können sich **Hervorhebungen** und Erklärungen z. B. auf sprachliche, rhetorische, Gliederungs- oder Inhaltsfragen beziehen.
- Der Visualisierung dienen auch **Mindmaps**, die die Beziehungen verschiedener Sachverhalte (und Begriffe) aufzeigen.

Zu der Vorbereitung einer Präsentation gehört auch die Frage, was Sie vom **Publikum** erwarten bzw. wie Sie sich eine Ergebnissicherung vorstellen (ob Ihre Mitschüler mitschreiben sollen, ein von Ihnen erstelltes Blatt vervollständigen, ob Sie Ihre Präsentation im Anschluss irgendwo veröffentlichen etc.).

- Möglicherweise möchten Sie in Ihrer Präsentation Ihre Mitschüler zur **Mitarbeit** anregen. Dafür sollten Sie sich vorher **Arbeitsaufträge** überlegen.

Eine Sonderform der Präsentation ist die **Lecture-Performance,** bei der der Vortragende selbst zum Medium wird (vgl. zum szenischen Interpretieren S. 231).

- So könnten Sie bei der Analyse einer Passage aus einer Cicerorede zumindest phasenweise **in die Rolle Ciceros schlüpfen** und die Rede mit vollem Pathos und oratorischer Wucht vortragen, bevor Sie wieder in die sachliche Rolle des Referenten zurückgehen.

Wichtig ist, dass Sie alle verwendeten **Quellen** in Ihrer Präsentation (z. B. am Schluss in einer eigenen Folie) wie auch auf dem Ausdruck angeben.

Projektarbeit

In Projekten können Unterrichtsinhalte in sehr umfangreicher Form erarbeitet werden. Dabei werden nicht nur Themen und Arbeitsweisen verschiedener Fächer einbezogen, sondern man arbeitet auch unter Verwendung unterschiedlicher Methoden und Sozialformen (z. B. Recherche in Bibliotheken oder Internet, Gruppenarbeit, Präsentation usw.). Häufig wird ein Projekt nicht allein von der Lehrkraft, sondern unter aktiver Beteiligung der Schülerinnen und Schüler geplant, organisiert und durchgeführt. Einige Punkte, die dabei zu beachten sind, sind hier zusammengestellt. Auf den folgenden Seiten finden Sie dann Vorschläge für Projekte, die mit den Texten im Buch (sowie teilweise mit Ergänzungsmaterialien) durchgeführt werden können:

- Antike und neuzeitliche Weltbilder
- Die Vorsokratiker (mit lateinischen Ergänzungstexten)
- Lateinische Briefliteratur von der Antike bis in die Neuzeit
- Christliche Autoren und antike Tradition
- Naturkatastrophen in der Antike

Folgendes Vorgehen bietet sich für die Planung, Organisation und Durchführung eines Projekts an:

1. Festlegung des Projektthemas Da die Arbeit an einem Projekt einen längeren Zeitraum umfassen wird, ist es wichtig, dass ein Thema gewählt wird, das möglichst viele der Beteiligten interessiert. Häufig wird die Lehrkraft Themen vorschlagen und die Schülerinnen und Schüler in die Wahl einbeziehen, aber auch Schülervorschläge können geäußert werden.	■ Die genannten Themen bieten eine Auswahl; natürlich können auch andere Themen bearbeitet werden, die vom Aufeinandertreffen antiker und nachantiker Kulturen handeln. ■ Damit möglichst schnell ein Eindruck von den konkreten Inhalten eines Projektthemas entsteht, empfiehlt es sich, Leitfragen zu formulieren und so gleich zu Beginn mögliche Arbeitsschwerpunkte und Ziele des Projekts zu entwickeln.
2. Planung der Arbeit Wichtig ist, dass klar definiert wird, wie lange das Projekt dauern wird und welche Gesichtspunkte des gewählten Themas bearbeitet werden sollen. Dazu teilt sich die Klasse in Gruppen auf, von denen jede die Bearbeitung eines Themenbereichs übernimmt; innerhalb der Gruppen kann wiederum eine Aufteilung von Aufgaben vorgenommen werden. Den Großteil der Arbeit (z. B. Übersetzung eines lateinischen Textes) sollte die Gruppe aber gemeinsam erledigen. Bei der Planung ist wichtig, dass man sich realistische Ziele setzt, die für alle sichtbar festgehalten werden (dennoch kann später noch die Anpassung der Ziele notwendig sein; vgl. das Folgende).	■ Einteilung der Arbeitsgruppen ■ Auswahl der Materialien für die Projektarbeit in Gruppen (die genannten Projektvorschläge bieten z. B. zahlreiche Texte an, die sicher nicht alle bearbeitet werden können) ■ Festlegung, welche Gruppe welches Teilthema (z. B. welchen Autor, welche Texte, welche Themenbereiche) übernimmt ■ Möglichkeit, innerhalb der Gruppe arbeitsteilig vorzugehen (z. B. Wer recherchiert zu welchem Thema? Wer erstellt eine Computerpräsentation? Wer bereitet Inhalte anderer Fächer auf und bringt sie in die Gruppe ein?) ■ schriftliche Fixierung der Aufgabenverteilung und Arbeitsplanung sowie v. a. der Projektziele
3. Erarbeitungsphase Während der Durchführung des Projekts sollte es immer wieder zu Präsentationen von Teilergebnissen – sowohl innerhalb der Arbeitsgruppen als auch im Plenum – kommen. Die Inhalte werden also von einzelnen Schülerinnen und Schülern bearbeitet, dann in der Gruppe vorgestellt sowie überarbeitet und in der Klasse präsentiert.	■ Wechsel von Einzelarbeit (bzw. Partnerarbeit), Gruppenarbeit und Präsentation von Zwischenergebnissen im Plenum ■ An die Präsentationen in der Gruppe und in der gesamten Klasse können Phasen der weiteren Planung bzw. der Überarbeitung zuvor erstellter Arbeitspläne folgen.
4. Präsentation Nach der Durchführung sollte es Schlusspräsentationen der einzelnen Gruppen geben. Diese können ihrerseits zu einer Gesamtpräsentation der ganzen Klasse zusammengefasst werden (z. B. im Rahmen einer Ausstellung am Projekttag oder an einem Präsentationsabend).	■ zu Formen und Techniken von Präsentationen vgl. S. 234 ■ Bereits im Vorfeld sollte geklärt sein, ob und wie die Projektarbeit benotet wird: Häufig wird die Präsentation ein zentraler Bestandteil der Bewertung sein; die Kriterien müssen transparent gemacht werden.
5. Evaluation Sämtliche Teilnehmer sollten die Qualität der Planung und Zusammenarbeit sowie die Ergebnisse bewerten.	■ Abschlussgespräch im Klassenverband ■ möglicherweise Bewertung durch Evaluationsbögen, die im Rahmen des Projekts erstellt worden sein können

Ein Projekt war dann besonders erfolgreich, wenn die Schülerinnen und Schüler in eigenverantwortlicher Arbeit an einem Themenbereich zu relevanten Befunden gelangt sind.

Mögliche Projekte im Lateinunterricht

Auf den folgenden Seiten stellen wir verschiedene Projekte vor, anhand derer Sie sich ausführlich und unter Einbeziehung unterschiedlicher antiker und neuzeitlicher Quellen mit einem übergreifenden Thema befassen können. Dabei sind diese Kapitel ganz unterschiedlich angelegt: Sie verweisen entweder auf einzelne Themenbereiche, die in die Projektarbeit eingebracht werden können, oder gehen von lateinischen Texten aus, die in diesem Band enthalten sind. Das Projekt zu den Vorsokratikern beinhaltet v. a. weitere lateinische Originaltexte (mit Anmerkungen und Lernwortschatz).
Vergleichen Sie vor Beginn der Projektarbeit die Hinweise auf S. 235. Verteilen Sie dann die Bearbeitung der Abschnitte auf einzelne Gruppen. Es ist nicht notwendig, dass sämtliche Themenbereiche vergeben werden. Stellen Sie sich Ihre Ergebnisse in der Schlussbetrachtung gegenseitig in geeigneter Form vor (vgl. S. 234). Die Arbeitsaufträge sind als Anregungen gedacht, ebenso die Verweise auf zusätzliche Materialien.

Antike und neuzeitliche Weltbilder

Das Projekt „Weltbilder" stellt antike und neuzeitliche Quellen zusammen, in denen Vorstellungen vom Aufbau der Welt beschrieben werden. Es ist möglich, dieses Projekt in Verbindung mit dem Projekt über die Vorsokratiker (vgl. S. 238) durchzuführen.

Mythische Bilder

Text 1: Ovid, *Met.* 1.5–14 und 1.32–42

T Römische Dichter wie Ovid greifen in ihren Werken mythische Vorstellungen von Naturprozessen (vgl. die Info-Box) auf. Beschreiben Sie anhand der genannten Textstellen, wie der Autor den Mythos verwendet und welche Rolle der Mythos im Zusammenhang mit der Entstehung der Welt spielt (S. 62/63).

i Im alten Griechenland finden sich wie auch in anderen Kulturen **mythische Erklärungen und Beschreibungen für Naturprozesse und -erscheinungen.** Im 6. Jahrhundert v. Chr. wird erstmals deutlich Kritik an den traditionellen Göttervorstellungen und mythischen Bildern laut. Der Vorsokratiker **Xenophanes** schreibt: *Wenn die Pferde Götter hätten, sähen sie wie Pferde aus,* und: *Nicht von Anfang an haben die Götter den Sterblichen alles Verborgene gezeigt, sondern allmählich finden sie suchend das Bessere.*
Erläutern Sie, inwiefern Xenophanes als Urvater der griechischen Aufklärung bezeichnet werden könnte.

Rationale Ansätze

Text 2: Vitruv, *Arch.* 2.2.1

T Vitruv referiert die Aussagen der Vorsokratiker über den Grundstoff (S. 56). Ziehen Sie dazu auch die Projektmaterialien über die Vorsokratiker (S. 238) heran.

Text 3: Plinius der Ältere, *NH* 2.1–6

T 1 Arbeiten Sie heraus, wo deutlich wird, dass den Ausführungen des Plinius zu Welt und Kosmos Beobachtungen der Natur zugrunde liegen (S. 121). Benennen Sie Parallelen zu früheren Naturbeobachtungen (vgl. die Info-Box).

T 2 Erläutern Sie, inwiefern Anaximanders Deutung (vgl. die Info-Box) sich von mythischer Erklärung abhebt.

T 3 Beschreiben Sie, was Aristoteles wohl beobachtet hat (vgl. die Info-Box).

T 4 Informieren Sie sich über Aristarch von Samos und seine Entdeckungen (vgl. die Info-Box).

i **Beobachtung und Erkenntnis**

- **Anaximander** (ca. 611–546 v. Chr.) meinte, die Sonne sei ein Loch in einem feuergefüllten Ring, der die Erde umgibt und sich um sie dreht. Auch die Sterne seien Löcher, durch die das dahinterliegende Feuer zu sehen sei.
- Dass ein **Schiff am Horizont** zuerst an Segel und Mast zu erkennen ist, legte den antiken Beobachtern nahe, dass die Erde keine flache Scheibe sei. Schon **Aristoteles** (384–322 v. Chr.) ging fest von der **Kugelgestalt der Erde** aus. In seiner Schrift über den Himmel zog er Beobachtungen bei der Mondfinsternis als Argument hierfür heran.
- Laut **Archimedes** (ca. 287–212 v. Chr.) nahm **Aristarch** (4./3. Jh. v. Chr.) an, dass die Fixsterne und Sonne unbeweglich seien und die Erde sich um die Sonne, die in der Mitte der Erdbahn liege, in einem Kreis bewege. Vor Aristarch hatte bereits der Pythagoreer **Philolaos** (5. Jh. v. Chr.) ein heliozentrisches Weltbild angenommen.

Das erste kosmologische Modell

Im 2. Jahrhundert n. Chr. schuf **Ptolemäus** in Alexandria das erste vollständige **kosmologische Modell**. Er ging bei seinen rationalen Erklärungsversuchen von dem Dogma aus, die Erde ruhe im Zentrum des Universums. Um sie kreisten acht Sphären, in denen sich die fünf damals bekannten Planeten bewegen: Auf der äußeren Schale befänden sich die Fixsterne. Weil die Planetenbewegungen nicht als gleichmäßige Ost-West-Bahnen beobachtbar sind, ergab sich ein besonderer Erklärungsbedarf.

T Versetzen Sie sich in die Zeit des Ptolemäus. Sammeln Sie Argumente, die für ein geozentrisches Weltbild sprechen.

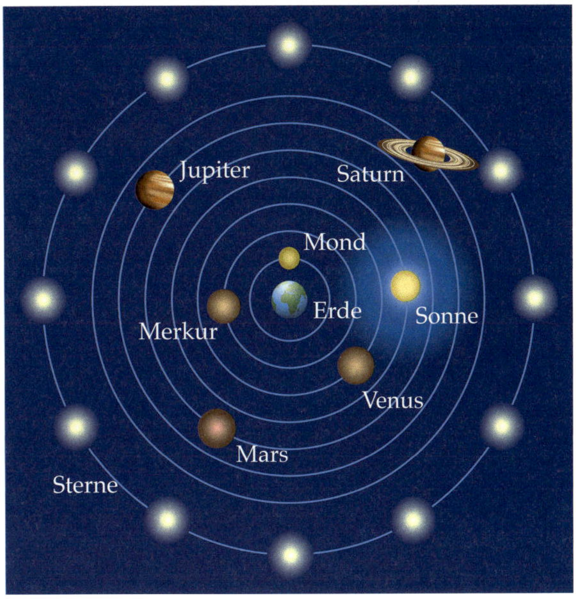

Das ptolemäische Planetenmodell. Beschreiben Sie die Abbildung.

Kopernikus, Kepler und Galilei

Text 4: Kopernikus, *Comm. praef.* 1

T Arbeiten Sie heraus, wo Kreisbewegungen, wie Kopernikus sie beschreibt (S. 201), bei antiken Denkern eine Rolle spielen.

Text 5: Kopernikus, *De rev.* I 10

T 1 Erläutern Sie, worin das Revolutionäre in den Ausführungen des Kopernikus über die Stellung der Sonne liegt (vgl. S. 202).

T 2 Galileo Galilei entdeckte mit seinem selbstgebauten Teleskop die Venusphasen. Informieren Sie sich, was die Venusphasen sind, und welche Bedeutung ihre Entdeckung für Galilei und seine Zeit hatte.

T 3 Veranstalten Sie eine Diskussionsrunde zum Thema „Ein neues Weltbild – Sinn oder Unsinn?“, in der Kirchenvertreter, Wissenschaftler und Vertreter aus dem Publikum zu Wort kommen.

Isaac Newton

T 1 Informieren Sie sich über Leben und Werk Newtons.

T 2 Erarbeiten Sie ein ansprechendes Wandplakat, auf dem ersichtlich wird, welchen Beitrag Newton zur Entwicklung des modernen Weltbildes geleistet hat.

Wenn Sie eine Formel in der Physical Review *sehen, die sich über eine viertel Seite erstreckt, vergessen Sie die Sache. Sie ist falsch. Die Natur ist nicht so kompliziert.*
Bernd T. Matthias, Physiker, 1918–1980

Die große Tragödie der Wissenschaft ist die Hinrichtung einer schönen Hypothese durch eine hässliche Tatsache.
Thomas Huxley, Biologe, 1825–1895

Wenn ich weiter als andere gesehen habe, dann nur deshalb, weil ich auf den Schultern von Riesen stand.
Isaac Newton, Brief an Robert Hooke, 1676

Informieren Sie sich über die Beiträge der drei Wissenschaftler Kopernikus, Kepler und Galilei zur Entwicklung eines neuen Weltbildes.
Überlegen Sie, inwiefern das Zitat des Physikers Matthias Überlegungen von Kopernikus nahekommt. Nehmen Sie Stellung zu Huxleys Zitat. Newtons Zitat greift auf eine übliche Vorstellung zurück. Erklären Sie, was Newton mit diesem Bild ausdrücken wollte.

Johannes Kepler (1571–1630) ging davon aus, dass die Planeten sich durch magnetische Kräfte um die Sonne bewegten. Er hatte erkannt, dass eine Kraft für die Bewegung ursächlich sei. Magnetische Kräfte allerdings waren es nicht. Erst **Isaac Newton** (1643–1727) erklärte, dass die Schwerkraft dafür verantwortlich sei, dass die Planeten die Sonne umkreisen. Er entwickelte eine mathematische Methode zur exakten Beschreibung, welche Auswirkungen eine Kraft hat, wenn sie auf einen Gegenstand einwirkt. Außerdem postulierte er, dass seine physikalischen Gesetze nicht nur für die Welt, sondern für das ganze Universum gelten.
Die Erde und unser Sonnensystem verloren fortan endgültig ihren besonderen Status und gliederten sich als Teile in ein größeres Universum mit unzähligen Sonnensystemen ein. Das moderne wissenschaftliche Weltbild und die moderne Wissenschaft waren geboren. Im 20. Jahrhundert n. Chr. entwickelte **Albert Einstein** (1879–1955) mit seiner allgemeinen **Relativitätstheorie** eine neue Philosophie der Gravitation und interpretierte die Planetenbahnen neu.

Die Vorsokratiker

Der Projektvorschlag zum Thema „Die Vorsokratiker" enthält v. a. lateinische Originaltexte, die mit Anmerkungen und Lernwortschatz aufbereitet sind. Sie können entweder als eigenständiges Projekt bearbeitet werden – z. B. arbeitsteilig in Gruppen – oder als Ergänzung zur Lektüre von Ciceros oder Senecas philosophischen Schriften dienen.

Aller wirkliche Fortschritt in der Welt ist im letzten Grunde durch Rationalismus gewirkt worden.
Albert Schweitzer

Die Bezeichnung Vorsokratiker für die frühen griechischen Philosophen entwickelte sich aus dem Glauben, dass Sokrates im Gegensatz zu allen Philosophen vor ihm erstmals die Philosophie vom Himmel auf die Erde geholt und sich als Erster mit dem Menschen philosophisch beschäftigt habe. Zu den Vorsokratikern, die sich als Erste gezielt mit philosophischen Fragen beschäftigten, rechnet man **Philosophen mit ganz unterschiedlichen Gedanken und Interessen.** Es existieren von ihnen keine genauen Lebensdaten oder schriftlich überlieferten Werke. Ihr Philosophieren lässt sich lediglich aus Fragmenten, Zitaten und Berichten anderer Autoren erschließen. Die ersten Vorsokratiker beschäftigten sich vor allem mit der **Naturphilosophie und allgemeinen Grundfragen des Philosophierens.** Magie und Religion dienten ihnen nicht mehr als Erklärung bzw. Beschreibung der Weltordnung. Es kam die konkrete Frage nach einem allem zugrunde liegenden **Urstoff** (ἀρχή *[arché]*) auf: Woraus besteht die Welt?
Die ersten Versuche, die Natur der Welt rational zu beschreiben, finden sich im 6. Jahrhundert v. Chr. in Ionien. Griechische Siedler hatten dort wohlhabende Städte errichtet, die in regem Austausch mit dem Mutterland, aber auch mit anderen Kulturen standen. Neue Einflüsse konnten sich hier mit kulturellen und literarischen Traditionen vereinen und frische Ideen und innovative Sichtweisen hervorbringen.
Die Stadt Milet allein brachte in einem einzigen Jahrhundert drei große Denker hervor: **Thales, Anaximander und Anaximenes.** Alle drei suchten nach dem einem Urstoff, aus dem die Welt mit ihren vielen Erscheinungen hervorgegangen sei. Sie **entmythologisierten** die Welt und stützten sich bei ihren Erklärungsversuchen für die Welt und das Sein nicht mehr auf Tradition und Religion, sondern suchten eigene **rationale Erklärungsmodelle.** Man bezeichnet sie gemäß ihrer Herkunft als die ionischen oder milesischen **Naturphilosophen.**
Ebenfalls aus Ionien stammen **Xenophanes,** der sich durch seine heftige Kritik an den konventionellen Göttervorstellungen hervortat, und **Heraklit** aus Ephesus. Im Westen wirkte der griechische Philosoph **Pythagoras.** Seine auf Zahlensymbolik beruhende Philosophie ist, soweit sie uns überliefert ist, religiös ausgerichtet und fügt sich in die von Mysterienkulten geprägte Region. Es waren Pythagoreer, die als Erste von einer Erddrehung ausgingen und das geozentrische Modell des Universums ablehnten.
Als **Atomisten** werden die jüngeren ionischen Naturphilosophen bezeichnet: **Leukipp aus Milet** und **Demokrit von Abdera.** Sie entwickelten die Idee der Urmaterie weiter und gingen von **unsichtbaren kleinsten Teilchen,** aus denen alles zusammengesetzt ist, aus. Mit **Anaxagoras** gelangte schließlich die ionische Naturphilosophie nach Athen. Die dort wirkenden **Sophisten** unterschieden sich deutlich von den meisten Vorsokratikern dadurch, dass sie sich mit dem Menschen und seiner Kultur auseinandersetzten. Sie gelten als die ersten Aufklärer der europäischen Geistesgeschichte.
Im Folgenden werden die **frühen Naturphilosophen** dargestellt, von denen man sagte, sie hätten den Wechsel **vom Mythos zum Logos,** zur rationalen Deutung, eingeleitet. Ihr Philosophieren kann als die Geburtsstunde der Naturwissenschaften angesehen werden.

Raffael, „Die Schule von Athen" (Fresko, 1510/11). Identifizieren Sie mithilfe von Nachschlagewerken oder des Internets die hier abgebildeten Philosophen und versuchen Sie die Gründe für die von Raffael gewählte Gruppierung der einzelnen Denker zu erklären.

→ die Frage nach dem Urstoff bei Cicero: S. 30
→ die Sophisten: S. 35
→ Vitruv zum Urstoff: S. 56
→ Sokrates: S. 102

Cicero, *Div.* 1.111–112 Über Thales (I)

Quos prudentes possumus dicere, id est providentes, divinos nullo modo possumus, non plus quam Milesium Thalem, qui, ut obiurgatores suos convinceret ostenderetque etiam philosophum, si ei commodum esset, pecuniam facere posse, omnem oleam, antequam florere coepisset, in agro Milesio coemisse dicitur. Animadverterat fortasse quadam scientia olearum ubertatem fore. Et quidem idem primus defectionem solis, quae Astyage regnante facta est, praedixisse fertur.

S Die Passivformen *dicitur* (Z. 6) und *fertur* (Z. 9) leiten hier einen NcI ein. Erklären Sie den Aufbau des NcI und erarbeiten Sie jeweils eine passende Übersetzung.

T 1 Arbeiten Sie heraus, inwiefern Thales bei Platon (vgl. die Info-Box oben) und Cicero unterschiedlich dargestellt wird.

T 2 Thales kennt man meist aus der Mathematik. Informieren Sie sich über die Erkenntnisse, die ihm zugeschrieben werden.

Cicero, *Nat. deor.* 1.25 Über Thales (II)

Thales enim Milesius, qui primus de talibus rebus quaesivit, aquam dixit esse initium rerum, deum autem eam mentem, quae ex aqua cuncta fingeret.

T Erklären Sie, was Thales unter dem Begriff „Gott“ versteht und wie dieser sich zur Urmaterie verhält.

Seneca, *Nat.* 3.14.1 Über Thales (III)

[…] Thaletis inepta sententia est. Ait enim terrarum orbem aqua sustineri et vehi more navigii mobilitateque eius fluctuare tunc, cum dicitur tremere.

1 *ineptus* untauglich – 2 *sustinēre* (hier) tragen – *navigium* Schiff – *mōbilitās, -ātis f* Bewegung – 3 *fluctuāre* mit den Wellen umhertreiben – *tremere* beben

T Beschreiben Sie, wie Thales das Naturereignis Erdbeben erklärt und wie er sich damit von bisherigen mythischen Erklärungsmustern unterscheidet.

i **Thales von Milet** (*Thales [-is/-etis] Milesius;* ca. 624–546 v. Chr.) gilt als einer der sieben Weisen. Platon berichtet, Thales sei bei seinen astronomischen Beobachtungen in einen Brunnen gefallen und von einer Magd verspottet worden: Er sei zwar begierig, die Dinge am Himmel kennenzulernen, habe aber keine Ahnung von dem, was zu seinen Füßen liege.

1 *prōvidēns, -entis* „voraus-sehend“ – 3 *obiūrgātor, -ōris m* Tadler – *convincere* widerlegen – 5 *olea* Olivenbaum (hier mit Plural zu übersetzen) – 6 *coemere (Perf.: coēmī)* aufkaufen – 7 *ūbertās, -ātis f* Reichtum – 8 *fore ~ futūram esse* – *defectiō, -ōnis f* Finsternis – 9 *Astyagēs, -is* König der Meder (vgl. den Paralleltext „Eine Sonnenfinsternis …“) – *prae-dīcere* vorhersagen

Eine Sonnenfinsternis am 28. Mai 585 v. Chr.

Der griechische Geschichtsschreiber Herodot berichtet im 5. Jh. v. Chr:

Als die Ionier gegen die Meder kämpften, wurde es plötzlich mitten am Tag finstere Nacht. Weil Thales dies den Ioniern vorausgesagt hatte, erschraken sie nicht. Die Meder aber glaubten an einen Fluch der Götter, ließen die Waffen fallen und verloren die Schlacht (Historien 1.74).

Etwa hundert Jahre zuvor schreibt der griechische Lyriker **Archilochos** anlässlich einer Sonnenfinsternis:

[…] unvorstellbares Ereignis – ganz unmöglich ist von nun an nichts mehr auf der Erde, seit Zeus den Mittag in Nacht verwandelt und der hellen Sonne Licht sich verbergen ließ. Die Menschen spürten plötzlich kalte Angst. Und seither ist nichts mehr verlässlich […] (Fragment 122 W).

Schon babylonische Priester konnten Sonnenfinsternisse berechnen. Erläutern Sie, inwiefern die Voraussage des Thales dennoch eine denkwürdige Leistung ist.

i Auch die Milesier **Anaximander** (ca. 611–546 v. Chr.) und **Anaximenes** (ca. 585–525 v. Chr.) gingen von einem einzigen Prinzip aus: Anaximander vom **„Unbegrenzten“** (ἄπειρον *[ápeiron]*), Anaximenes von der Luft. 494 v. Chr. wurde Milet von persischen Truppen vollkommen niedergebrannt. Das erste ionische Zentrum des rationalen Denkens war damit zerstört. Die drei milesischen Naturphilosophen des 6. Jahrhunderts v. Chr. hatten – obwohl sie einander Lehrer und Schüler waren – weit entfernt von einer gemeinsamen Schulmeinung und Dogmen drei verschiedene Erklärungssysteme entwickelt. Allen gemeinsam aber ist der Bruch mit dem magischen bzw. mythischen Zugang zur Umgebung und der religiösen Erklärung der sichtbaren Erscheinungen der Welt. Gemeinsam ist ihnen auch die **Suche nach einem einzigen Prinzip** als Grundlage der unendlichen Erscheinungen in der Welt und nach rationalen Erklärungen und die Tatsache, dass ihre **Theorien rational** und damit **angreifbar** sind.

→ Cicero: Philosophische Schriften: S. 28
→ die sieben Weisen: S. 29
→ Seneca über Erdbeben: S. 115
→ Plinius der Ältere über Erdbeben: S. 122
→ Projekt: Naturkatastrophen: S. 246
→ AH: AcI und NcI: S. 26

Walter Burley, *cap.* 47 Über Heraklit

Der mittelalterliche englische Philosoph Walter Burley (1274/1275–1344) beschreibt in seinen lateinischen Schriften auch das Wirken von Vorsokratikern. Unter anderem äußert er sich zu Heraklit.

Eraclitus, philosophus, cognomento Scotinos, Asianus, libros composuit adeo obscuros, quod studentes philosophi vix eos intelligunt. Huius hec sentencia est: Unus dies par omni est. In eundem fluvium bis descendimus et non descendimus. Hic dixit deos omnes ex igne constare. Dixit eciam animam esse scintillam stellaris essencie. Hic propter ipsius nimis obscuras sentencias dictus est philosophis Eraclitus tenebrosus.

i **Heraklit** (ca. 550–480 v. Chr.) aus Ephesos in der heutigen Westtürkei galt als intellektueller Aristokrat. Sein bekanntester Spruch lautet: **πάντα ῥεῖ** (*pánta rhei*, „alles fließt"). Damit erklärt er den **Wandel als kosmologisches Grundprinzip.** Heraklit bezeichnete das **Feuer als Urstoff.** Er soll gesagt haben, die Natur pflege sich zu verbergen und die unsichtbare Harmonie sei stärker als die sichtbare.

1 *philosophus* LW Cic., *Div.* 1.111–112 – *cōgnōmentum* Beiname – *Scotīnos* (σκοτεινός *[skoteinós*, „dunkel"]) der Dunkle – *Asiānus* asiatisch – 6/7 *scintilla stellāris essencie (~ essenciae)* Funke Sternenwesenheit – 8 *philosophīs* Dativ des Urhebers *(dativus auctoris)* – *tenebrōsus* dunkel

S Bei *hec sentencia* (Z. 3; s. a. Z. 7), *eciam* und *essencie* (Z. 6/7) handelt es sich um mittelalterliche Schreibweisen. Erschließen Sie die antike Schreibweise. Erklären Sie, was dies über die mittelalterliche Aussprache des Lateinischen aussagt.

T 1 Nennen Sie die Grundsubstanzen nach Thales und Heraklit. Erörtern Sie, wie sie zu der jeweiligen Annahme kommen konnten.

T 2 Sammeln Sie die Begriffe, die Heraklit bzw. sein Werk charakterisieren.

T 3 Recherchieren Sie die Bedeutung der Aussage *„pánta rhei"* und setzen Sie diese in Bezug zum lateinischen Text.

Ölgemälde von Hendrick ter Brugghen (1628). Beschreiben Sie, wie der Künstler Heraklit darstellt. Erschließen Sie, was ihn zu dieser Darstellung veranlasst haben könnte.

Cicero, *Fin.* 1.17 Über Demokrit (I)

Ille atomos, quas appellat, id est corpora individua propter soliditatem, censet in infinito inani, in quo nihil nec summum nec infimum nec medium nec ultimum nec extremum sit, ita ferri, ut concursionibus inter se cohaerescant, ex quo efficiantur ea, quae sint quaeque cernantur, omnia, eumque motum atomorum nullo a principio, sed ex aeterno tempore intellegi convenire.

1 *indīviduus* unteilbar – 2 *soliditās, -ātis f* Dichtheit – *īnfīnītus* unbegrenzt – *ināne, -is n* leerer Raum – 4 *ferrī* sich rasch bewegen – *concursiō, -ōnis f* Zusammenstoß – 5 *cohaerēscere* zusammenhängen – 7 Der Infinitiv *intellegī* ist abhängig von *censet,* und davon hängt der AcI ab.

i **Demokrit** (ca. 460–370 v. Chr.) und sein Lehrer **Leukipp** sind die ersten theoretischen **Atomforscher.** Der Elementenlehre der frühen ionischen Naturphilosophen begegnen sie mit einem neuartigen Erklärungsmodell für den Aufbau der sichtbaren Dinge und deren Werden und Vergehen: dem ersten **Atommodell** in unserer Geschichte.

→ Epikurs Atomlehre: S. 33
→ Cicero, *De finibus:* S. 33

Cicero, *Nat. deor.* 1.66 Über Demokrit (II)

Cicero gibt die Gedanken Demokrits in indirekter Rede wieder:

[Illas atomos] esse corpuscula quaedam levia, alia aspera, rotunda alia, partim autem angulata et hamata, curvata quaedam et quasi adunca. Ex iis effectum esse caelum atque terram nulla cogente natura, sed concursu quodam fortuito.

1 *atomus* LW Cicero, *Fin.* 1.17 – *corpusculum* kleiner Körper – *lēvis, -e* glatt – 2 *rotundus* rund – *angulātus* eckig – *hāmātus* hakenförmig – 3 *curvātus* gekrümmt – *aduncus* gebogen – 4 *concursus, -ūs* Zusammenstoß – 5 *fortuītus* zufällig

T 1 Beschreiben Sie, wie nach Demokrit Entstehen und Vergehen der sichtbaren Erscheinungen zu erklären sind.

T 2 Arbeiten Sie heraus, wie das Atom beschrieben wird und worin es sich von den sichtbaren Erscheinungen unterscheidet.

Beschreiben Sie Vorder- und Rückseite der griechischen Zehndrachmenmünze (geprägt 1990). Das abgebildete Modell entspricht nicht der antiken Theorie. Erklären Sie, warum es dennoch auf der Münze verwendet wurde, und erläutern Sie, inwiefern sich das antike Modell von dem heutigen unterscheidet. Gehen Sie dabei auch auf die Bedeutung des Begriffs „Atom" ein.

Weitere Texte über die Vorsokratiker: Cicero zu Pythagoras: *Tusc.* 5.8[b]-9 (S. 30); Vitruv zur Frage nach dem Grundstoff: *Arch.* 2.2.1 (S. 56); Isidor zu Pythagoras: *Etym.* 8.6.2-3 (S. 173); Kopernikus' Auseinandersetzung mit den Gedanken der pythagoreischen Philosophie: *De Rev.* IIb–IIIa (S. 199)

LERNWORTSCHATZ

LW Cicero, *Div.* 1.111-112

ostendere, ostendō, ostendī, ostentum	zeigen, erklären
philosophus, -ī *m*	Philosoph
commodus, -a, -um	angenehm, günstig
flōrēre, flōreō, flōruī	blühen, hervorragend sein
fortāsse *Adv.*	vielleicht
scientia, -ae *f*	Wissen, Kenntnis; Wissenschaft

LW Cicero, *Nat. deor.* 1.25

initium, -ī *n*	Anfang, Eingang

LW Seneca, *Nat.* 3.14.1

āit (*1. Pers. Sg.* āiō; *2. Pers. Sg.* āis; *3. Pers. Pl.* āiunt)	sagt er; sagte er
vehere, vehō, vēxī, vectum	fahren, tragen, ziehen; *Pass.* vehī, vehor, vectus sum *m. Abl.* sich fortbewegen, fahren mit/auf

LW Walter Burley, *cap.* 47

fluvius, -ī *m*	Fluss
bis *Adv.*	zweimal
cōnstāre, cōnstō, cōnstitī	feststehen, bestehen
anima, -ae *f*	Leben, Seele, Atem

LW Cicero, *Fin.* 1.17

atomus, -ī *f*	Atom
īnfimus, -a, -um	ganz unten
extrēmus, -a, -um	der äußerste, letzte
mōtus, -ūs *m*	Bewegung, Antrieb
prīncipium, -ī *n*	Anfang, Grundlage; Ursprung, Grundstoff

Zusammenfassung: Die Vorsokratiker

- **Thales, Anaximander, Anaximenes:** 6. Jh. v. Chr., aus Ionien, erste **Naturphilosophen,**
- suchen eine **einheitliche Ursubstanz,**
- geben **rationale Erklärungen** für die Erscheinungen,
- stützen sich **nicht mehr** auf **religiöse Traditionen** und **mythische Bilder,**
- **Fortwirken:** frühester Beginn wissenschaftlichen Denkens bzw. rationaler Theorienbildung,
- **Heraklit** aus Ephesos („der Dunkle"), 6./5. Jh. v. Chr.: Naturphilosoph aus der aristokratischen Schicht, sieht das Feuer als Urstoff und alles in ständiger Bewegung und Veränderung, reflektiert über erkenntnistheoretische Problematik,
- **Demokrit** und sein Lehrer Leukipp waren die Schöpfer eines Atommodells.

Lateinische Briefliteratur von der Antike bis in die Neuzeit

In den letzten Jahrzehnten hat sich die schriftliche Kommunikation zwischen den Menschen radikal verändert: Vor allem im privaten Bereich hat die E-Mail den klassischen Brief weitgehend ersetzt. Doch die Textsorte „Brief" hatte seit der Antike noch andere Funktionen als die des privaten Austauschs. Die folgenden lateinischen Texte stehen für ganz verschiedene Formen der Briefliteratur.

Texte über Briefe

Text 1a: Cicero, *Att.* 1.13.1

Ciceros Worte vermitteln einen Eindruck davon, wie schwierig es in der Antike sein konnte, einen Brief seinem Absender zukommen zu lassen (S. 39).

Text 1b/1c: Cicero, *Att.* 2.23.1 und 9.10.1

Cicero äußert sich zu Funktionen und typischen Inhalten von Privatbriefen (S. 40).

Der Privatbrief als persönliche Botschaft

Text 2: Cicero, *Fam.* 4.6.1–2

In einem Brief an einen Freund drückt Cicero seine Trauer über den Tod der geliebten Tochter aus (S. 46).

Der Privatbrief mit politischem Inhalt

Text 3: Cicero, *Att.* 13.52

Seinem Freund Atticus berichtet Cicero, wie Caesar in seiner Villa zu Besuch war (S. 47).

Der Kunstbrief in Versen

Text 4: Ovid, *Her.* 7

Ovid lässt Dido einen Brief an Aeneas schreiben (S. 89–91).

Der Brief als philosophischer Lehrtext

Text 5: Seneca, *Ep.* 1.1.1–2

In einem philosophischen Lehrbrief ruft Seneca zum bewussten Umgang mit der Zeit auf (S. 112).

Der Brief als kulturgeschichtliche Quelle

Text 6: Plinius der Ältere, *NH* 29.13–16

In seiner Darstellung über die Geschichte der Ärzte in Rom zitiert Plinius ein Schreiben Catos, in dem dieser seinen Sohn vor griechischen Ärzten warnt (S. 126).

Kunstbriefe (als Mittel zur Kommunikation?)

Text 7: Plinius der Jüngere, *Ep.* 1.1

Plinius berichtet, wie es dazu gekommen ist, dass er seine Briefe veröffentlicht (S. 131).

Text 8: Plinius der Jüngere, *Ep.* 1.6

Plinius beschreibt einen Jagdausflug und betont seine Liebe zur Literatur (S. 131).

Text 9: Plinius der Jüngere, *Ep.* 6.4.3–5

Plinius drückt die Sorge um seine Ehefrau aus (S. 133).

Text 10: Plinius der Jüngere, *Ep.* 9.6.1–2

Plinius schildert Alltägliches aus Rom: ein Wagenrennen (S. 140).

(Zu Plinius' Briefen über den Vesuvausbruch und dem Umgang mit Christen vgl. die Projekte zu den Themen „Naturkatastrophen in der Antike" und „Christliche Autoren und antike Tradition".)

Briefe als christliche Lehrtexte

Text 11: Hieronymus, *Ep.* 7.2.1–3

Hieronymus macht deutlich, wie wichtig ihm das Lesen von Briefen in der Fremde ist (S. 156).

Lateinische Briefe in der Tradition Ciceros

Text 12: Petrarca, *Fam.* 1.4

In einem lateinischen Brief preist Petrarca sich glücklich, ein Nachfahre der Römer zu sein (S. 181).

Eine Einleitung als Brief an den Leser

Text 13: Luther, Einleitung

Martin Luther formuliert das Vorwort zu seinen lateinischen Schriften als Brief an den Leser (S. 208).

Ein erhaltener lateinischer Brief aus der Antike

Text 14: Brief der Claudia Severa

Umschrift:

Cl(audia) severa Lepidinae [suae sa]l[u]tem. III Idus Septembr[e]s, soror, ad diem sollemnem natalem meum rogo libenter facias, ut venias ad nos, iucundiorem mihi [diem] interventu tuo factura, si [v]e[nie]s. Cerial[em t]uum salute. Aelius meus e[um] et filiolus salutant. Sperabo te, soror. Vale, soror, anima mea, ita valeam karissima, et have.

Sulpiciae Lepidinae Cerialis a S[e]vera.

Übersetzung:

Claudia Severa grüßt ihre Lepidina. Für den 11. September, Schwester, meinen Geburtstag, lade ich Dich freundlich ein, dass Du kommst und mir den Tag durch Dein Dazukommen angenehmer machst, wenn Du da bist (?). Grüße Deinen Cerialis. Mein Aelius und mein kleiner Sohn lassen ihn (?) grüßen. Ich werde dich erwarten, Schwester. Leb wohl, Schwester, meine liebste Seele, so wie es mir wohlergehen möge, und bleib gesund.

(*Rückseite:* An Sulpicia Lepidina, Frau des Cerialis, von Severa)

S Vergleichen Sie die Info-Box zu Besonderheiten von Privatbriefen (S. 40) und überprüfen Sie, inwieweit die dort genannten Merkmale auf diesen Brief zutreffen.

T 1 Vergleichen Sie diesen Brief mit dem Brief Ciceros über die Funktion eines Briefes (*Att.* 9.10.1 auf S. 40). Arbeiten Sie heraus, wie beide Briefeschreiber ihre Einstellung zum Adressaten darstellen und welche Rolle Gefühle beim Schreiben eines Briefes spielen.

T 2 Die Wissenschaft von der Entzifferung antiker Handschriften nennt man Paläografie. Vom Fund eines originalen Textzeugnisses wie des Täfelchens aus Vindolanda bis zur Veröffentlichung in einer für uns lesbaren Form ist es oft ein langer Weg. Erörtern Sie in der Klasse, auch unter Einbeziehung der Abbildung des Originaltextes, welche Probleme sich für einen Paläografen bei der Aufbereitung eines antiken Textzeugnisses für moderne Leser stellen dürften.

Fragment eines Briefes (um 100 n. Chr.), der im britischen Vindolanda gefunden wurde: die Einladung zum Geburtstag der Claudia Severa an eine gewisse Sulpicia Lepidina.

Neben den zu den einzelnen Texten genannten Arbeitsaufträgen können bei der Beschäftigung mit den lateinischen Texten auch die folgenden Themen beachtet werden:

- die Funktionen verschiedener Briefe,
- eine Diskussion darüber, ob der Inhalt eines bestimmten Briefes auch in anderen Textsorten (theoretische Abhandlung, sachlicher Bericht usw.) hätte dargestellt werden können,
- die Untersuchung der Rolle des Adressaten,
- die Untersuchung der Rolle einer breiten Leserschaft (v. a. bei Briefen, die veröffentlicht wurden),
- Recherchen über Briefromane und ihre Inhalte,
- Überlegungen über weitere Formen von Kommunikation und ihren Einfluss auf die Inhalte der Aussagen: Telefon/Fax/Chatrooms und Internet-Foren/E-Mail.

Christliche Autoren und antike Tradition

Zahlreiche Texte dieses Bandes zeigen verschiedene Stufen einer interreligiösen bzw. interkulturellen Begegnung und deren spezifische Probleme.

i Die meisten **Christen der Antike** gelangten entweder selbst aus paganen (heidnischen) religiösen Zusammenhängen zum Christentum oder folgten darin ihren Eltern. Was sie am Christentum interessierte, ist aus Schriften der Apologeten, der „Verteidiger" des Christentums, erkennbar: der **Monotheismus**, die **Intensität moralischer Vorschriften**, das **Zusammenleben in Gemeinden.** Gleichzeitig bedeutete die Konversion zum Christentum einen **Bruch mit ihrer Umwelt.** Schon von Anfang an werden einige Probleme deutlich:

- Zwar hatte das Christentum keine strengen Speisevorschriften, aber im Alltag ergaben sich Probleme v. a. mit Fleisch, das aus Schlachtungen bei Opferungen anfiel („Götzenopferfleisch").
- Mahlzeiten und andere Handlungen im alltäglichen Zusammenleben waren für Christen mit Opfergaben und paganen Gebeten verbunden.
- Bis auf Mysterienkulte (z.B. Mithras) gab es bei den Nichtchristen (Paganen) zwar kein Gemeindeleben, aber durchaus Kollegien mit kultischer Bedeutung und Praxis (bis hin zu Berufskollegien oder Bestattungsvereinen).
- Pagane Kultakte dienten der Demonstration politischer Loyalität; Funktionen z. B. im Kaiserkult dienten als Möglichkeit, gesellschaftliche Anerkennung zu erwerben.
- Bilder der paganen Götter waren in der Öffentlichkeit, aber auch in jedem Haus selbstverständlich präsent.
- Andere religiöse Entscheidungen (z. B. ob ein Familienmitglied individuell eine bestimmte Gottheit verehrte) waren viel leichter untereinander vermittelbar; die Bekehrung zum Christentum bedeutete demgegenüber einen starken Bruch.

Begegnung im Alltag

Text 1: Minucius Felix, *cap.* 4.4–6

Innerhalb eines Freundeskreises begegnen sich Angehörige verschiedener Religionen und unterschiedlich engagierte Angehörige derselben religiösen Gruppe (S. 148).

Suche nach Gemeinsamkeiten

Text 2: Minucius Felix, *cap.* 18.4 und 7

Aus allgemeinen Erfahrungsgrundsätzen und aus der römischen Geschichte findet Minucius Felix Argumente für den Monotheismus (S. 149).

Text 3: Minucius Felix, *cap.* 19.1–2

In Vergilzitaten findet Minucius Felix die christliche Gottesvorstellung wieder (S. 149).

Erfahrung von Diskriminierung und Misstrauen

Text 4: Plinius der Jüngere, *Ep.* 10.96.1–6

Staatliche Untersuchungsmaßnahmen und Versuche, Christen zum Widerruf zu bewegen (S. 141).

Text 5: Plinius der Jüngere, *Ep.* 10.96.7–10

Ein von Unverständnis und Fremdheit geprägter Blick auf den christlichen Gottesdienst (S. 142).

Text 6: Minucius Felix, *cap.* 31.8

Das Gemeindeleben wird von außen im Sinne einer Verschwörungstheorie begriffen (S. 150).

Text 7: Hieronymus, *Ep.* 123.15–16

Für politische Krisenzeiten wird das Christentum als Staatsreligion verantwortlich gemacht (S. 158, mit Info-Box).

Theologischer „Gegenangriff" – polemische Auseinandersetzung

Text 8: Minucius Felix, *cap.* 20.3–5 und 23.1–2

Kritik an der paganen Mythologie; rationalistische Erklärung der Mythenentstehung (S. 150).

Text 9: Laktanz, *Epit.* 26

Kritik an der paganen Philosophie (S. 152).

Text 10: Laktanz, *De ira* 17

Rechtfertigung der biblischen Rede vom Zorn Gottes gegenüber paganen Angriffen (S. 154).

Spezialfall Bildungsbetrieb

Unter den Texten dieses Bandes befassen sich einige explizit mit der Sicht christlicher Autoren auf ihre eigenen Bildungserfahrungen.

i Zugespitzt zeigten sich die genannten Probleme in der **Sicht christlicher Autoren auf den Bildungsbetrieb:** Offenbar erlebten sie gerade die Literatur und die von dieser bestimmten Schulen als „pagan belastet".
Ovid war zwar kein Schulautor, wurde aber zu allen Zeiten sehr intensiv gelesen. Sein Werk ist dabei zentral von Göttergeschichten geprägt (und/oder von Erotik, was es aus Sicht der Kirchenschriftsteller auch nicht besser machte). Ein zentraler Schulautor, der auf allen Stufen vom Spracherwerb im Elementarunterricht bis hin zur Oberstufe im Rhetorikunterricht intensiv rezipiert wurde, war **Vergil;** dieser bot mit manchen Tendenzen zu Vorstellungen einer einzigen Gottheit zwar Anknüpfungspunkte (Minucius Felix, Laktanz), aber auch hier standen die Götter als Handlungsfiguren einer unbelasteten Lektüre im Weg.
Die **Herkunft der meisten Kirchenschriftsteller aus dem antiken Bildungsbetrieb (Minucius Felix, Laktanz, Hieronymus, Augustinus)** bedeutete, dass sie von den antiken Autoren, zumal den Dichtern, und ihrer **Sprache** bis ins Innerste geprägt waren. Dies sahen sie nach ihrer Bekehrung jedoch sehr kritisch, zugleich mussten sie erleben, dass sie (und andere) die Bibel (noch dazu im ungelenken Latein der frühen Übersetzungen) als sprachlich unschön empfanden. Hieraus ergab sich für sie die missliche Situation, dass „die Wahrheit" (Gottes Wort) in hässlichem Gewand, die Lüge aber (mythologische Erzählungen über die paganen Götter) in der attraktiven Gestalt der lateinischen Epik auftrat.
Solange der pagane Kult noch als Realität in der Lebenswelt bestand, war eine **unbefangene Lektüre** mythologischer Schriften durch Christen und ein Verständnis als für die Christen unschädliche Fiktionalität (in der Bibel gibt es ja auch fiktionale Elemente, etwa die Gleichniserzählungen Jesu oder die gegenüber jeder Machtausübung kritische Jotamfabel in Richter 9.7–21) wohl gar **nicht möglich.**
Dies änderte sich im **Mittelalter,** wo man die Methode der **allegorischen Bibelinterpretation** auf die paganen Schriften übertrug (man sah dann z. B. in Juno ein Bild für den göttlichen Zorn oder in Venus eines für die göttliche Gnade oder man konnte in den Liebespaaren der *Metamorphosen* die Beziehung zwischen der Seele und Gott erkennen). Bei **Melanchthon** setzt sich eine **moderne Sicht** durch, dass die Lektüre paganer Autoren aus intellektueller Neugier zentral zur Bildung gehört (vgl. die Info-Box auf S. 212).

Polemische Auseinandersetzung

Text 11: Hieronymus, *Ep.* 22.30.4–6

Persönliche Abkehr von der Rhetorik Ciceros (S. 158).

Text 12: Augustinus, *Conf.* 3.3.6

Das Schulsystem als Teil des abgelehnten „alten" Lebenszusammenhangs (bes. ab Z. 22: *Et maior ...*) (S. 162).

Text 13: Augustinus, *Conf.* 3.4.7–8

Chancen und Gefahren der rhetorisch-philosophischen Bildung (S. 163).

Die Suche nach christlichen Bildungsvorbildern

Text 14: Augustinus, *Conf.* 5.13.23–14.24

Ambrosius als rhetorisches Vorbild (S. 164).

Text 15: Augustinus, *Conf.* 8.7.17–18

Praktische Vorbilder des christlichen asketischen Lebens (S. 165).

Die entspannte Sicht der frühen Neuzeit

Text 16: Melanchthon, Die Gestaltung des Bildungswesens

Positive Sicht auf die antiken Autoren; Verankerung der paganen Antike im Unterricht (S. 212).

Weiterführung in einem Projekt zum interkulturellen/interreligiösen Lernen:
- Überlegen Sie, wo in der heutigen Gesellschaft Menschen unterschiedlicher religiöser Einstellungen und/oder kultureller Prägungen aufeinandertreffen. Stellen Sie entsprechende Beispiele zusammen.
- Wählen Sie einen oder mehrere Aspekte aus den hier vorgestellten Texten aus und vergleichen Sie die Kontakte der Christen mit ihrer paganen Umwelt mit den von Ihnen gewählten Beispielen heutiger interreligiöser und interkultureller Kontakte und den dabei gemachten Erfahrungen der Beteiligten.
- Analysieren Sie dabei Gemeinsamkeiten und Unterschiede auf die jeweiligen Spezifika hin und diskutieren Sie Ihre Ansichten in der Gruppe.

Naturkatastrophen in der Antike

Die folgenden Texte befassen sich aus ganz unterschiedlicher Perspektive mit dem Phänomen der Naturkatastrophen.

In einer Programminformation schreibt der Fernsehsender 3sat zum Thema „Mythische Naturkatastrophen“ (2011) Folgendes:
Die biblische Sintflut ist das Urbild für eine Naturkatastrophe, die über die Menschen hereinbricht, weil sie von Gott für ihr Verhalten bestraft werden sollen. Ganz ausgelöscht wird der Mensch nicht. Dass Noah auserwählt ist zu überleben, ist wie eine letzte Warnung. Die Deutung, dass Gott das Übel auf die Welt sendet und es auch wieder zurücknehmen kann, blieb lange ein Deutungsmuster für Katastrophen.
Als im 15. Jahrhundert eine Maikäferplage in Bern die Ernte und den Waldbestand bedroht, spielt ein Priester mit dem Gedanken, diese Insekten vor den Bischof der Diözese zu zitieren. Auch in unserem säkularisierten Zeitalter werden Naturkatastrophen immer noch als Warnung interpretiert. Vielleicht sollen wir davor gewarnt werden, dass wir es mit unserer Technikgläubigkeit übertrieben haben. Mit den Bedrohungen seiner Lebenswelt vernünftig umzugehen, gehört zu den großen Aufgaben des Menschen.
„Die Bewohner der Nordseeküste haben sich schon seit Jahrhunderten an Extremwetterlagen und Sturmfluten angepasst, und ihre Anpassungsstrategien an diese extremen Umstände haben zu einer bestimmten Gesellschaftsstruktur geführt. Es gibt dort eine Kultur der solidarischen Bauweise und Unterhaltspflicht für Dämme, und es ist völlig klar, dass jemand, der dort lebt, eben seinen Teil beitragen muss.
Das kann in anderen Weltregionen anders sein. In Italien beispielsweise weiß man, dass der Vesuv ein gefährlicher Vulkan ist, der irgendwann explodieren wird. Trotzdem liegt an seinem Fuß die Großstadt Neapel. Obwohl die Italiener wissen, was dort passieren kann, werden die roten Zonen mit zum Teil illegalen Bauten besiedelt. Es gibt also soziale Konstellationen und wirtschaftliche Zwänge, die dazu führen, dass man diese Gefahr verdrängt. Zu den typischerweise von Naturkatastrophen betroffenen Opfern zählen Menschen, die sich die teuren Lagen nicht leisten können und in billigen Gegenden in Überschwemmungsgebieten leben müssen“, so Katastrophenhistoriker Gerrit Schenk.
Stellen Sie die verschiedenen im Artikel genannten Reaktionen der Menschen auf Naturkatastrophen zusammen. Ergänzen Sie die hier erwähnten Möglichkeiten durch weitere Ihnen bekannte Beispiele für Verhaltensweisen der Menschen im Angesicht von (drohenden oder bereits geschehenen) Naturkatastrophen.

Die mythologische Sichtweise

Text 1: Ovid, *Met.* 1.293–312

Aus Zorn über das Verhalten der Menschen schickt Jupiter eine Sintflut (S. 66).

Die naturphilosophische/naturwissenschaftliche Sichtweise

Text 2: Seneca, *Nat.* 6.1.1 und 6.1.3–4.1

Seneca beschreibt, wie während des Vesuvausbruchs im Jahr 79 n. Chr. gewaltige Erdbeben die Gegend um den Vulkan heimsuchen (S. 114).

Text 3: Seneca, *Nat.* 6.18.1–2, 27.1–4 und 29.1–2

Seneca diskutiert Thesen über die Entstehung von Erdbeben und beschreibt das Verhalten von Menschen und Tieren bei solchen Naturkatastrophen (S. 115).

Text 4: Plinius der Ältere, *NH* 2.192 und 196 (I)

Der ältere Plinius berichtet von der Entstehung von Erdbeben (S. 122, Z. 1–8).

Text 5: Plinius der Ältere, *NH* 2.192 und 196 (II)

Der ältere Plinius berichtet von Beobachtungen bei Seebeben (S. 122, Z. 9–15).

Der Augenzeugenbericht

Text 6: Plinius der Jüngere, *Ep.* 6.16 (I)

Der jüngere Plinius berichtet von den Beobachtungen, die vor dem Ausbruch des Vesuv im Jahr 79 n. Chr. gemacht wurden (S. 134, Z. 6–20).

Text 7: Plinius der Jüngere, *Ep.* 6.16 (II)

Der jüngere Plinius berichtet, wie sein Onkel beim Ausbruch des Vesuv ums Leben kam (S. 134/135 Z. 20–55).

Text 8: Plinius der Jüngere, *Ep.* 6.20 (I)

Der jüngere Plinius erzählt, wie er den Beginn des Vesuvausbruchs erlebt (S. 136, Z. 1–23).

Text 9: Plinius der Jüngere, *Ep.* 6.20 (II)

Der jüngere Plinius berichtet, wie die Menschen voller Panik von dem ausbrechenden Vulkan zu fliehen versuchen (S. 136/137, Z. 24–56).

Pompeji am Abend. Die Abbildung vermittelt einen Eindruck davon, welch großes Gebiet durch den Ausbruch des Vesuv (hier im Hintergrund) im Jahr 79 n. Chr. verwüstet wurde (vgl. auch die Karte auf S. 135). Informieren Sie sich über die Fläche, die von dem Ausbruch in Mitleidenschaft gezogen wurde, und über die Menge an Erde, Gestein und Asche, mit der Pompeji bedeckt wurde. Recherchieren Sie außerdem, wann weitere Ausbrüche des Vesuv stattfanden und wie hoch die Gefahr ist, dass es wieder zu einem schweren Ausbruch kommt.

Weiterführung: Neben den zu den einzelnen Texten genannten Arbeitsaufträgen können bei der Beschäftigung mit den lateinischen Texten auch die folgenden Themen beachtet werden:

- Beobachtungen von Naturkatastrophen in der Antike und heutige naturwissenschaftliche Erkenntnisse,
- Möglichkeiten, Naturkatastrophen vorherzusagen,
- das Verhalten der Menschen in Katastrophensituationen: der Umgang miteinander, Einzelschicksale usw.,
- die Idee der Naturkatastrophe als einer Strafe für die Menschheit von der Antike bis heute,
- Vergleiche der Vorgänge bei antiken und neuzeitlichen Naturkatastrophen → Sammlung von Informationen zu großen Naturkatastrophen der Geschichte, z. B.:
  - das Erdbeben von Lissabon (1755),
  - das Erdbeben und der Tsunami im Indischen Ozean (2004),
  - das Erdbeben in Japan und die Beschädigung des Atomreaktors von Fukushima (2011).

Grundwissen: Antike Kultur (Geschichte und Literaturgeschichte)

In eckigen Klammern wird auf Seiten in *Legamus!* verwiesen, auf denen Sie genauere Informationen zu den genannten Punkten erhalten. Das Pfeilsymbol ▶ verweist auf weitere Einträge in dieser Grundwissenszusammenfassung. Geordnet ist das Grundwissen nach folgenden Themenbereichen:

1. Epochen der römischen Geschichte/Kulturgeschichte
2. Autoren/Texte
3. Gattungen der antiken Literatur
4. Antike Mythologie
5. Sprache und Stil

1. Epochen der römischen Geschichte/Kulturgeschichte

Königsherrschaft

Römische Republik [S. 6–7]

Die frühe Republik (5./4. Jh. v. Chr. [S. 6]):

- Ständekämpfe zwischen Patriziern und Plebejern; Kämpfe mit äußeren Feinden, v. a. gallischen Stämmen

Die mittlere Republik (3./2. Jh. v. Chr. [S. 6]):

- drei Punische Kriege gegen Karthago, im Zweiten Punischen Krieg (218–201 v. Chr.) schmerzhafte Niederlage Roms in der Schlacht bei Cannae gegen Hannibal, Schreckensruf: *Hannibal ante/ad portas* [S. 23–24]; berühmter Ausspruch des M. Porcius Cato: *Ceterum censeo Carthaginem esse delendam* („Im Übrigen bin ich der Ansicht, dass Karthago zerstört werden muss.") [S. 126]; Zerstörung Karthagos im Dritten Punischen Krieg (146 n. Chr.)
- Sicherung der Vorherrschaft im Mittelmeerraum
- Aufkommen des Vorwurfs, die militärischen Erfolge sorgten für Dekadenz in Rom (▶ Autoren: Sallust)
- gescheiterte Versuche der Gracchen, die immer größer werdenden sozialen Probleme durch Landreformen zu beseitigen [S. 17]

Die späte Republik (1. Jh. v. Chr. [S. 6–7]):

- innere Auseinandersetzungen/Bürgerkriege um die Macht; zeitweilige Diktatur Sullas [S. 9, 17], später Bildung des sogenannten ersten Triumvirats durch Caesar (▶ Autoren), Crassus und Pompeius; vergebliche Bemühungen um den Erhalt der Republik durch Cicero (▶ Autoren), der sich gegen Caesars Machtfülle jedoch nicht durchsetzen kann; nach Ermordung Caesars (Iden des März 44 v. Chr.) weitere Bürgerkriege, aus denen Octavian (nach dem Sieg über Antonius und Kleopatra bei Actium 31 v. Chr.) als Sieger hervorgeht; faktisches Ende der Republik nach Annahme des Ehrentitels Augustus durch Octavian (27 v. Chr.)

Römische Kaiserzeit [S. 50–51]

Die Zeit des Augustus (27–14 n. Chr.) [S. 50]

- nach dem Sieg bei Actium und der Annahme des Ehrentitels Augustus faktische Alleinherrschaft Octavians mit nur scheinbarem Fortbestand der Republik (vgl. die Bezeichnung des Augustus als *princeps senatus* bzw. *primus inter pares*)
- langwährende Friedenszeit *(pax Augusta)*; u. a. ausgiebige Bautätigkeit repräsentiert den Herrscher in der Öffentlichkeit
- kennzeichnende Merkmale: Pflege des *mos maiorum*, besonders der guten Sitten (Verbot von Ehebruch [S. 60]), kulturelle Blütezeit, u. a. in der Literatur durch berühmte Autoren: ▶ Livius, v. a. der Dichtung: ▶ Vergil, ▶ Horaz, ▶ Ovid, Tibull und Properz (▶ Gattung: Elegie); Auftreten bedeutender Patrone, v. a. des Maecenas (vgl. unseren Begriff „Mäzen")

Die frühe und mittlere Kaiserzeit (1. bzw. 2./3. Jh. n. Chr.) [S. 50–51]

- Festigung des Prinzipats, teilweise Gewaltherrschaft, z. B. unter Nero: Tod des ▶ Autors Seneca
- Christenverfolgung
- bedeutende Herrscherfamilien: auf die julisch-claudische folgt die flavische Dynastie mit Vespasian, Titus und Domitian (▶ Autoren: Martial [S. 50]; Plinius der Ältere [S. 120]; später Trajan (▶ Autoren: Plinius der Jüngere [S. 130], Tacitus [S. 131])
- weitere bedeutende Autoren der frühen und mittleren Kaiserzeit: ▶ Phaedrus, ▶ Petron, ▶ Sueton
- bedeutendes Ereignis: Zerstörung der kampanischen Städte Pompeji und Herculaneum durch den Ausbruch des Vesuv (79 n. Chr.); ergiebige archäologische Funde, u. a. wurden Gipsabgüsse von Opfern der Katastrophe angefertigt [S. 114–115, 120, 127, 130, 134–137, 246–247]; berühmter Bericht bei dem ▶ Autor Plinius dem Jüngeren

Späte Kaiserzeit (4./5. Jh. n. Chr.) [S. 51]
- verstärktes Aufkommen des Christentums [S. 244–245]; nach dem Toleranzedikt von Mailand (313 n. Chr.) unter Kaiser Konstantin Ende der Christenverfolgung; noch im 4. Jh. wird das Christentum Staatsreligion
- bedeutende christliche Autoren: ▶ Augustinus, ▶ Hieronymus
- Niedergang der römischen Vormachtstellung, Teilung des Reiches in West- (Ende: 476 n. Chr.) und Ostrom (Bestand bis 1453)

Fortsetzung der römischen Herrschaftsidee und Kultur in Mittelalter und Renaissance [S. 170–171]

- der Franke Karl der Große (8./9. Jh.) als Nachfolger der römischen Kaiser (▶ Autoren: Einhard): Bewahrung und Reaktivierung antiken Wissens in der Karolingischen Renaissance [S. 170]
- „Wiedergeburt" der Antike im Renaissance-Humanismus (14.–16. Jh.), verstärkte Auseinandersetzung mit antiken Originaltexten [S. 180–181, 190, 204, 212]

2. Autoren/Texte

Aesop [S. 124, 216]
- (möglicherweise legendenhafter) bedeutendster griechischer Fabelerzähler

Apuleius (2. Jh. n. Chr.) [S. 205]
- Verfasser des Romans *Metamorphosen* (auch: „Der Goldene Esel")

Augustinus (um 400 n. Chr.) [S. 51, 120, 160]
- Kirchenvater; Verfasser der *Confessiones* („Bekenntnisse") [S. 160–169], in denen er sein Leben und seine „Bekehrung" zum Christentum schildert; weiterhin: *De civitate Dei* („Über den Gottesstaat")

Caesar (100–44 v. Chr.) [S. 6]
- als Redner, Politiker, Schriftsteller und Feldherr eine der zentralen Persönlichkeiten der späten Republik (▶ Epochen); enorme Machtfülle [S. 47]
- auch als Literat und Redner hoch angesehen [S. 45]; Beschreibung seiner Taten (z. B. *Commentarii de bello Gallico*)
- Ermordung an den Iden des März 44 v. Chr.
- Nachleben u. a. in Shakespeares Tragödie „Julius Caesar" [S. 47]

Catull (1. Jh. v. Chr.) [S. 120]
- bedeutender Dichter der späten Republik (▶ Epochen); schreibt u. a. *carmina* zu den Themen Spott und Liebe

Cicero (106–43 v. Chr.) [S. 6–8]
- als Politiker, Schriftsteller, Philosoph und größter Redner seiner Zeit eine der zentralen Persönlichkeiten der späten Republik (▶ Epochen)
- umfassende Ausbildung in Rechtswesen, Philosophie und Rhetorik (▶ Gattungen), u. a. durch eine Studienreise nach Griechenland
- erlangte 70 v. Chr. durch die erfolgreiche Anklage gegen Verres, den Verwalter der Provinz Sizilien (verteidigt durch Hortensius, den bis dahin bedeutendsten Redner Roms) [S. 10–15], großen Ruhm als Redner
- durchlief als *homo novus* („Emporkömmling" aus nichtpatrizischer Familie [S. 22]) den *cursus honorum* (Ämterlaufbahn) und wurde 63 v. Chr. Konsul
- als Konsul Aufdeckung der Verschwörung des Catilina (▶ Autoren: Sallust) [S. 16–22]; die Hinrichtung der Verschwörer ist aber 58 v. Chr. der Grund für seine Verbannung und politische Kaltstellung [S. 42]
- nach seiner Rückberufung aus der Verbannung (57 v. Chr.) [S. 43] vergebliche Bemühungen, das Fortbestehen der Republik zu bewahren
- ausgiebige literarische Tätigkeit: philosophische, staatsphilosophische und rhetorische Werke sowie Reden (Auswahl und Vermittlung an römische Verhältnisse angepasster Gedanken aus griechischen Schriften (Eklektizismus [S. 28]); Schaffung einer lateinischen philosophischen Fachsprache); im Bereich der Rhetorik Streben nach dem Ideal des *orator perfectus*, der rhetorische Fähigkeiten, große Bildung und hohe moralische Ansprüche (dem entspricht der für Cicero sehr wichtige Begriff *humanitas*) in sich vereint [S. 28, 35–36]
- nach Auseinandersetzungen mit Antonius („Philippische Reden" [S. 23–24]) 43 v. Chr. ermordet
- bedeutende Werke Ciceros:
  - Reden, z. B. gegen Verres [S. 10–15], gegen Catilina [S. 16–22] (darin der berühmte Ausruf *O tempora, o mores!* [S. 16]), für Milo [S. 44], „Philippische Reden" [S. 23–24]
  - rhetorische Schriften [S. 35–36], z. B. *De oratore* („Über den Redner")
  - staatsphilosophische Schriften, z. B. *De re publica* („Über den Staat"), *De legibus* („Über die Gesetze")
  - philosophische Schriften [S. 28–34], z. B. *De natura deorum* („Über das Wesen der Götter"), *De finibus bonorum et malorum* („Über das höchste Gut und größte Übel") [S. 33–34], *Tusculanae disputationes* („Gespräche in Tusculum") [S. 28–32, 34, 183], *De officiis* („Über die Pflichten")

■ Sammlungen von Briefen [S. 39–47], z. B. *Ad Atticum* (an seinen Freund Atticus) [S. 39–41, 43, 47], *Ad Quintum fratrem* (an seinen Bruder Quintus) [S. 44–45], *Ad Brutum* (an den Caesarmörder Brutus), *Ad familiares* (an Verwandte und Freunde) [S. 42, 46, 180], darin auch ganz private Einblicke in Ciceros Leben und Fühlen, z. B. nach dem Tod seiner Tochter Tullia [S. 46]

Einhard (8. Jh. n. Chr.) [S. 170]
■ Verfasser einer mittelalterlichen Biografie (▶ Gattung) Karls des Großen nach dem Vorbild des Autors ▶ Sueton

Hieronymus (um 400 n. Chr.) [S. 51, 124, 156, 210]
■ Kirchenvater; seine Bibelübersetzung *(Vulgata)* war bis in die frühe Neuzeit die maßgebliche Bibelausgabe

Horaz (1. Jh. v. Chr.) [S. 50, 126, 213]
■ Dichter der Zeit des Augustus (▶ Epochen), bekanntester Vertreter der Gattung ▶ Lyrik (und Satire) in Rom
■ gefördert von dem berühmten Maecenas
■ Schöpfer des bis heute geläufigen Ausspruchs *Carpe diem!*

Livius (1. Jh. v. Chr./1. Jh. n. Chr.) [S. 50]
■ bedeutender Vertreter der Geschichtsschreibung (▶ Gattung) in der Zeit des Augustus (▶ Epochen)
■ Werk: *Ab urbe condita* („Von der Gründung der Stadt an"), bedeutende Quelle für die römische Frühgeschichte

Lukrez (1. Jh. v. Chr.) [S. 7]
■ Verfasser des Lehrgedichts (▶ Gattungen) *De rerum natura* („Über die Natur der Dinge") über die epikureische Philosophie (▶ Gattungen)

Martial (1. Jh. n. Chr.) [S. 50]
■ römischer Dichter der frühen Kaiserzeit (▶ Epochen), bedeutendster Vertreter der Gattung ▶ Epigramm

Nepos (1. Jh. v. Chr.) [S. 40]
■ bedeutender Vertreter der Gattung ▶ Biografie in Rom
■ in seinem Hauptwerk *De viris illustribus* („Über berühmte Männer") u. a. Biografien von Feldherren und Königen; weiterhin eine Biografie des durch seinen Briefwechsel mit Cicero (▶ Autoren) berühmten Atticus

Ovid (43 v. Chr. in Sulmo – 17 n. Chr. in Tomi am Schwarzen Meer) [S. 50, 60–61, 214]
■ bedeutender Dichter der Zeit des Augustus (▶ Epochen)
■ wichtigste Werke: *Amores* [S. 185]: Gedichte der Gattung ▶ Elegie, die an eine Geliebte namens Corinna gerichtet sind; *Ars amatoria:* humorvolles Lehrgedicht (▶ Gattungen) für Männer und Frauen über die erlernbare „Kunst" der Liebe; *Metamorphosen:* Epos (▶ Gattungen) mit zahlreichen Sagen vom Anfang der Welt [S. 62] bis in Ovids Zeit [S. 82] (daher der Begriff *carmen perpetuum* [S. 62]), in denen Verwandlungen stattfinden (u. a. die berühmten Erzählungen von Apollo und Daphne [S. 67–68], Europa [S. 69], Pyramus und Thisbe [S. 70–71, 125], Daedalus und Ikarus [S. 74–75], Orpheus und Eurydike [S. 76–77], Pygmalion [S. 79, 179]); *Tristia:* Trauergedichte aus der Verbannung [S. 42]
■ Verbannung ans Schwarze Meer durch Augustus, wegen – wie Ovid selbst schreibt – *carmen et error;* mit *carmen* dürfte die *Ars amatoria* gemeint sein (die den Ehegesetzen des Augustus widersprochen haben mag), die genaue Bedeutung des *error* bleibt umstritten
■ umfassende Rezeption v. a. der *Metamorphosen* bereits im Mittelalter [S. 170], dann u. a. in W. Shakespeares Dramen „Romeo und Julia" sowie „Ein Sommernachtstraum" (16. Jh.), vgl. Pyramus und Thisbe [S. 70–71], in G. L. Berninis Skulptur „Apollo und Daphne" (17. Jh.) [S. 68] oder in G. B. Shaws Drama „Pygmalion" [S. 79]

Petron (1. Jh. n. Chr.) [S. 50]
■ Verfasser des berühmten lateinischen Romans *Satyrica* (▶ Epochen: frühe Kaiserzeit)

Phaedrus (1. Jh. n. Chr.) [S. 50]
■ römischer Fabeldichter; wohl ein Freigelassener

Plinius der Jüngere (1./2. Jh. n. Chr.) [S. 50, 130]
■ Politiker (Konsul: 100 n. Chr.; Statthalter der Provinz Bithynien), Schriftsteller und Finanzexperte aus der Zeit des Kaisers Traian
■ Verfasser zahlreicher Briefe (▶ Gattungen), u. a. zwei Briefe mit einem Augenzeugenbericht über den Ausbruch des Vesuv, bei dem sein Onkel, der ältere Plinius, ums Leben kam [S. 134–137], sowie ein Briefwechsel mit dem Kaiser über die Behandlung der Christen [S. 141–143]

Quintilian (1. Jh. n. Chr.)
- Verfasser der *Institutio oratoria,* eines umfangreichen Lehrbuchs zur Rhetorik (▶ Gattung) [S. 36, 45, 170]

Sallust (1. Jh. v. Chr.) [S. 6, 20]
- Vertreter der Geschichtsschreibung in der späten Republik (▶ Epochen)
- Beschäftigung mit Zeitgeschichte: Verschwörung des Catilina (▶ Autoren: Cicero); zentrales Thema: der Sittenverfall in der römischen Republik

Seneca (1. Jh. n. Chr.) [S. 46, 106]
- Philosoph und Schriftsteller der frühen Kaiserzeit (▶ Epochen); Erzieher des Kaisers Nero [S. 113], was ihm großen Reichtum einbrachte [S. 111]; 65 n. Chr. von Nero, der ihn der Mittäterschaft an einer Verschwörung verdächtigte, zum Selbstmord gezwungen
- Werke: philosophische Schriften [S. 107–113], v. a. die *Epistulae morales ad Lucilium* („Briefe an Lucilius", von der Stoa geprägte philosophische Lehrbriefe) [S. 112], Tragödien [S. 205] und naturwissenschaftliche Untersuchungen [S. 114–115]

Sueton (1./2. Jh.) [S. 50, 170]
- Biograf der frühen/mittleren Kaiserzeit (▶ Epochen); Abfassung von Herrscherbiografien (Caesar – Domitian)

Tacitus (1./2. Jh. n. Chr.) [S. 50, 131]
- Historiker zur Zeit des Kaisers Trajan (▶ Epochen: frühe/mittlere Kaiserzeit)
- bedeutende Geschichtswerke: *Annales* und *Historiae* (römische Geschichte des 1. Jh. n. Chr.), *Germania* (über das Leben germanischer Stämme)
- berühmtes Zitat: *sine ira et studio* (Anspruch auf eine objektive Darstellungsweise)

Vergil (1. Jh. v. Chr.) [S. 50, 89]
- Dichter aus der Zeit des Augustus (▶ Epochen), bedeutendster Vertreter der Gattung ▶ Epos in Rom; auch Verfasser der *Georgica,* eines Lehrgedichts (▶ Gattungen) über den Landbau [S. 185, 187]
- Verfasser des römischen Nationalepos *Aeneis* über Irrfahrten und Heldentaten des Troiaflüchtlings Aeneas (u. a. zu der karthagischen Königin Dido), dessen Nachkommen später Rom gründen werden [S. 136, 149]
- Bestätigung des Herrschaftsanspruchs des Augustus: dessen Adoptivvater Caesar (▶ Autoren) hatte sich als Nachkomme von Aeneas' Sohn Iulus präsentiert

3. Gattungen der antiken Literatur

Biografie: Lebensbeschreibung, bedeutende Vertreter sind die Autoren ▶ Nepos und ▶ Sueton, im Mittelalter ▶ Einhard

Brief [S. 39–40, 242–243]: galt in der Antike als „halber" Dialog (Gespräch zwischen Abwesenden) und zeigt daher häufig Merkmale gebildeter Umgangssprache; ein weiteres Merkmal ist die Kürze („Brief" leitet sich von lat. *brevis* ab); verfasst wurden Briefe auf Wachstafeln oder Papyrusblättern; für Privatbriefe gab es kein Postwesen, sodass Reisende Briefe als Boten überbrachten; typische Briefformeln: *Cicero Attico s(alutem) d(icit)* (als Gruß am Anfang) und *vale* (am Ende des Briefes); bedeutende Verfasser lateinischer Briefe sind die Autoren ▶ Cicero (Privatbriefe) [S. 39–47], ▶ Seneca (philosophische Briefe) [S. 112] und ▶ Plinius der Jüngere (Kunstbriefe) [S. 130]; die Dichter ▶ Horaz und ▶ Ovid verfassten Versbriefe [S. 88]

Elegie: Liebesdichtung, in der ein junger Sprecher von seiner (oft unglücklichen) Liebe berichtet; stets im Versmaß des elegischen Distichons (▶ Sprache: Metrik); bedeutende Vertreter: Properz und Tibull (▶ Epochen: Zeit des Augustus), (▶ Autoren) Ovid, *Amores,* starker Einfluss auf Ovids (▶ Gattungen) Lehrgedicht *Ars amatoria*

Epigramm: kurze (ursprünglich inschriftliche) Gedichtform [S. 51, 91], häufig mit humorvollem Inhalt, oft im Versmaß des elegischen Distichons (▶ Sprache und Stil: Metrik); häufige Struktur: Aufbau einer gespannten Erwartung, die in einer Schlusspointe (Aufschluss) aufgelöst wird

Epos: lange, in mehrere Bücher gegliederte Erzählung in Versen (meist Hexameter); bedeutendste Vertreter in Rom sind die Autoren ▶ Vergil *(Aeneis)* und ▶ Ovid (*Metamorphosen*); die wichtigsten griechischen Vorbilder sind die unter dem Namen Homers überlieferten Epen *Ilias* und *Odyssee* [S. 29, 89]

Geschichtsschreibung: Darstellung von Ereignissen aus früheren Zeiten; in der römischen Antike mit unterschiedlichem Anspruch auf Faktengenauigkeit; bedeutende Vertreter in Rom sind die Autoren ▶ Sallust, ▶ Livius und ▶ Tacitus

Lehrgedicht: dichterische Großform, in der etwa wissenschaftliche/philosophische Kenntnisse vermittelt werden; Versmaß: Hexameter; bedeutende Vertreter: z. B. *De rerum natura* von Lukrez (▶ Autoren) [S. 7], *Georgica* von Vergil (▶ Autoren) [S. 50]; Ovids (▶ Autoren) humorvolles Lehrgedicht *Ars amatoria* ist passend zu ihrem der Elegie (▶ Gattungen) entsprechenden Thema „Liebe" im elegischen Distichon (▶ Sprache: Metrik) verfasst [S. 60]

Lyrik: Gedichtgattung, in der es u. a. um Liebeserfahrungen geht; ein bedeutender Vertreter in Rom ist der Autor ▶ Horaz

Philosophie/Wissenschaft [S. 28, 52]: das griechische Wort Philosophie bedeutet „Liebe zur Weisheit" [S. 30, 172–173]; bei der Vermittlung griechischer Philosophie in Rom spielt Cicero (▶ Autoren) die zentrale Rolle; auch die Rezeption durch Seneca (▶ Autoren) ist von Bedeutung; vor dem Aufkommen philosophischer und wissenschaftlicher Ansätze dienten häufig Mythen zur Erklärung der Welt [S. 236]; die Beobachtung der Natur sorgte bereits in der Antike für die Entstehung der Theorie eines heliozentrischen Weltbilds (d. h. mit der Sonne im Mittelpunkt des Universums), dominierend war jedoch das antike Weltbild nach Ptolemäus mit der Erde im Mittelpunkt des Universums („ptolemäisches Weltbild", geozentrisches Weltbild; erst in der frühen Neuzeit durch Forschungen von Galilei, Kopernikus und Kepler [S. 121, 171, 198, 202, 237] durch das heliozentrische Weltbild abgelöst); besonders bedeutende antike griechische Philosophen/Naturphilosophen bzw. Philosophenschulen waren:

- die sogenannten Vorsokratiker (6. Jh. v. Chr.) [S. 30, 56, 58, 238], die sich mit naturwissenschaftlichen Fragen, z. B. nach dem Ursprung der Dinge befassten: Thales, der als Urstoff das Wasser annimmt [S. 239]; Pythagoras, der alles auf Zahlen zurückführt [S. 121, 174, 199], die Atomisten, die Atome als Urstoff voraussetzen
- Sokrates [S. 31–32, 102, 152, 191–192] (der selbst keine Schriften verfasste; über ihn informiert uns v. a. sein Schüler Platon): zentral ist nicht mehr die Beobachtung der Natur, sondern die Frage, wie der Mensch richtig lebt; diese Hinwendung zur Ethik bezeichnet man als „Sokratische Wende"
- Platon: Gründer der Philosophenschule der Akademie; besonders bedeutend ist seine Ideenlehre [S. 174]
- Aristoteles, Gründer der Schule des Peripatos [S. 28, 174]
- Diogenes [S. 34, 111, 116, 192–193]: nach seinem Spottnamen *kýon* („Hund") wurden seine Anhänger als Kyniker bezeichnet; zentral ist das Eintreten für ein einfaches, freies Leben und die Ablehnung von materiellem Besitz (er soll nicht in einem Haus, sondern in einer Tonne gewohnt haben)
- Archimedes (3. Jh. v. Chr.): Philosoph, Mathematiker, Erfinder; bei der Eroberung von Syrakus durch die Römer [S. 15] soll Archimedes, der gerade geometrische Figuren in den Sand zeichnete, zu einem römischen Soldaten gesagt haben: *Noli turbare circulos meos!* („Störe meine Kreise nicht!"), woraufhin ihn der Römer erschlug [S. 104]
- die Schule der Epikureer (gegründet von Epikur) [S. 33, 116, 174], deren Lehren u. a. der römische Dichter Lukrez (▶ Autoren) im 1. Jh. v. Chr. in seinem Lehrgedicht *De rerum natura* darstellt; als höchstes Gut sehen die Epikureer die *voluptas* („Lust"), die jedoch nicht als luxuriöses Leben missverstanden werden soll, sondern die Vermeidung von Schmerz und Ängsten bezeichnet; dazu gehört – sofern möglich – der Rückzug aus dem politischen Leben (vgl. Epikurs Maxime *Láthe biósas!*, „Lebe im Verborgenen!") und der Umgang mit Freunden
- die Schule der Stoa [S. 34, 116, 154, 174]: als höchstes Lebensziel sehen die Stoiker ein Leben gemäß der *ratio* („Vernunft"), geprägt von Gleichmut gegenüber dem Schicksal durch seelische Unerschütterlichkeit („stoische Ruhe"); politische Betätigung gilt als eine Pflicht
- ein bedeutendes Rezeptionsdokument der antiken Philosophie ist Raffaels Fresko „Die Schule von Athen" (1511) im Vatikan in Rom [S. 238]

Rhetorik und Rede: Redekunst in Theorie und Praxis; im öffentlichen Leben der Römer von besonderer Bedeutung; bedeutendster römischer Redner: Cicero (▶ Autoren; auch Verfasser rhetorischer Schriften); weiterer wichtiger Redetheoretiker: Quintilian (1. Jh. n. Chr.) (▶ Autoren), der ein umfangreiches Lehrbuch über die Ausbildung des Redners *(Institutio oratoria)* verfasste [S. 36, 45]
Ursprung im Griechenland des 5. Jh. v. Chr. beim Austragen politischer und rechtlicher Konflikte; Entwicklung der Rhetorik besonders durch die Sophisten, die v. a. von den Philosophen (▶ Gattung) Sokrates und Platon dafür kritisiert wurden, dass sie für ihre Tätigkeit Geld verlangten und die Rhetorik allein als Mittel zur Überredung sähen und nicht primär die Inhalte der Rede in den Blick nähmen [S. 35, 173]

- berühmtester Ort für öffentliche Reden In Rom: die Rednerbühne *(rostra)* auf dem Forum Romanum [S. 24]
- Gliederung der Schritte zur Erarbeitung einer Rede *(officia oratoris)* gemäß antiker Redetheorie [S. 36]:

1. *inventio:* Auffindung des Stoffes
2. *dispositio:* Gliederung
3. *elocutio:* stilistische Ausgestaltung
4. *memoria:* Auswendiglernen
5. *pronuntiatio/actio:* Vortrag

- Teile der Rede *(partes orationis)* [S. 9, 36, 76]:
1. *exordium:* Einleitung (oft mit *captatio benevolentiae,* dem Versuch, sich bei den Zuhörern einzuschmeicheln)
2. *narratio:* Darlegung des Sachverhalts
3. *propositio/partitio (divisio):* Gliederung der Beweisführung
4. *argumentatio:* Beweisführung
5. *peroratio/conclusio:* Schluss

- Redegattungen [S. 18]:

genus demonstrativum: Lobrede (aber auch Schmährede)
genus deliberativum: abwägende bzw. beratende (politische) Rede
genus iudiciale: Gerichtsrede

4. Antike Mythologie

Götter der Römer und Griechen:

- Apollo/Apollon: Gott u. a. der Weissagung, der Künste, der Heilkunst [S. 67–68, 73, 127]
- Bacchus/Dionysos: Gott des Weines [S. 75]
- Ceres/Demeter: Göttin der Feldfrüchte [S. 12–14, 72]
- Diana/Artemis: Göttin der Jagd [S. 73, 127]
- Jupiter/Zeus: Göttervater [S. 69, 72, 82]
- Pluto/Hades: Herrscher über die Unterwelt [S. 12–14, 72, 76–77]
- Proserpina/Persephone: Frau des Pluto, Tochter der Ceres [S. 12–14, 72, 76–77]
- Venus/Aphrodite: Göttin der Liebe und Schönheit; Mutter des Aeneas [S. 80–81]

Weitere mythologische Figuren:

- **Aeneas:** Held aus Troia, Sohn der Venus, gilt als Stammvater der Römer; nach seiner Flucht aus Troia wird er auf seiner Irrfahrt nach Karthago verschlagen [S. 136], wo sich Königin Dido in ihn verliebt und nach seiner Abreise Selbstmord begeht; später gelangt er nach Italien, wo seine Nachkommen Rom gründen werden; Caesar beanspruchte, ein Nachfahre des Aeneas und von dessen Mutter Venus zu sein [S. 82, 89–91, 127] (erzählt in Vergils (▶ Autoren) *Aeneis* [S. 50])
- **Daedalus:** bedeutendster Erfinder des Mythos; wird mit seinem Sohn Ikarus von König Minos auf Kreta gefangen gehalten; mit selbst gebauten Flügeln entkommen die beiden, doch Ikarus fliegt zu nah an die Sonne heran, stürzt ab und stirbt (erzählt in Ovids (▶ Autoren) *Metamorphosen* [S. 74–75])
- **Europa:** Namensgeberin unseres Kontinents; Tochter eines phönizischen Königs, die von dem in einen Stier verwandelten Jupiter nach Kreta entführt wurde (erzählt in Ovids (▶ Autoren) *Metamorphosen* [S. 69])
- **Odysseus:** griechischer Held; in dem Homerischen Epos (▶ Gattungen) *Odyssee* wird geschildert, welche Abenteuer er auf seinen Irrfahrten durchleben muss, bevor er zu seiner Frau Penelope zurückkehrt [S. 32, 42, 88–89]
- **Orpheus:** hervorragendster Sänger des Mythos, dessen Frau Eurydike stirbt, worauf er in die Unterwelt hinabsteigt und sie unter der Bedingung zurückerhält, dass er sich auf dem Rückweg nicht nach ihr umdreht; als er dies dennoch tut, verliert er sie endgültig (erzählt in Ovids (▶ Autoren) *Metamorphosen* [S. 76–77])
- **Prometheus:** Schöpfer der Menschen; als er den Menschen das Feuer bringt, kettet ihn Zeus zur Strafe an das Kaukasusgebirge; ein Adler hackt ihm jeden Tag die Leber aus, die immer wieder nachwächst [S. 29, 63, 179]
- **Sisyphus/Tantalus:** Büßer in der Unterwelt („Sisyphusarbeit“, „Tantalusqualen“) [S. 77]
- **Theseus:** griechischer Held, tötet den Minotauros (halb Stier, halb Mensch), der auf Kreta von König Minos in einem Labyrinth gehalten wird, mit Unterstützung von Minos' Tochter Ariadne, die ihm für den Rückweg aus dem Labyrinth einen Faden gegeben hat („Ariadnefaden“) [S. 75, 92]

5. Sprache und Stil

Rhetorische Stilmittel [S. 224–227]: Alliteration, Anapher, Antithese, Asyndeton, Chiasmus, Ellipse, Hendiadyoin, Hyperbaton, Ironie, Klimax, Litotes [S. 54], Metapher [S. 185], Oxymoron, Parallelismus, Personifikation [S. 21–22, 65], Polysyndeton, rhetorische Frage, Vergleich

Metrik [S. 228–230]: elegisches Distichon, Hexameter, Pentameter, Metrum, Daktylus, Spondeus, Hiat, Elision

Wortbildung: Verstärkung der Wortbedeutung durch Präfixe wie *con-* [S. 28, 98]; Assimilation (Angleichung zweier aufeinander folgender Konsonanten) bei Wortbildung; Verwendung der nichtassimilierten Form (z. B. *adsequi* statt *assequi*) als Zeichen altertümlichen Sprachgebrauchs oder der Dichtersprache [S. 53, 69]

Präsenz des Lateinischen bis heute in zahlreichen sprichwörtlichen Wendungen und Fachausdrücken, z. B. *Carpe diem!* [S. 50], *Cogito, ergo sum* [S. 171], *Hannibal ante/ad portas* [S. 23–24], *Homo homini lupus* [S. 123], *homo sapiens* [S. 55], *Noli turbare circulos meos!* [S. 104], *O tempora, o mores!* [S. 16], *Sapere aude!* [S. 213], *sine ira et studio* [S. 131] usw.

Es werden jeweils die Seiten angegeben, auf denen die genannten Begriffe in prägnanter Weise vorkommen. Die Zusammenfassungen am Ende der Kapitel wurden nicht aufgenommen, wohl aber die Zusammenfassung des Grundwissens (farblich hervorgehoben). Die Seitenangaben von Kapiteln zu einzelnen Autoren und lateinischen Originaltexten zum Thema sind ebenfalls markiert.

A

B

D

E

F

G

M

Q

R

T

Albrecht, Michael von: Geschichte der römischen Literatur, Band 1 und 2, München 1997.

ders.: Ovid. Eine Einführung, Stuttgart 2004.

Aurnhammer, Achim/Martin, Dieter (Hgg.): Mythos Pygmalion. Texte von Ovid bis John Updike, Leipzig 2003.

Baker, Simon: Rom. Aufstieg und Untergang einer Weltmacht, Stuttgart 2006.

Bartels, Klaus: Roms sprechende Steine, Zürich 2000.

Beard, Mary/Hopkins, Keith: Das Kolosseum, Stuttgart 2010.

Clarke, John R.: Roma Antiqua. Von Händlern, Hebammen und anderen Helden, Darmstadt 2009.

Coarelli, Filippo: Rom. Ein archäologischer Führer, Mainz 2000.

Conolly, Peter: Colosseum. Arena der Gladiatoren, Stuttgart 2005.

Demandt, Alexander: Die Geschichte der Spätantike. Das römische Reich von Diocletian bis Iustinian, München 2008.

Eck, Werner: Augustus und seine Zeit, München ^{5}2009.

Esch, Arnold: Wege nach Rom. Annäherungen aus zehn Jahrhunderten, München 2004.

Frank, Isnard Wilhelm: Reclams Lexikon des Mönchtums und der Orden, Stuttgart 2005.

Fuhrmann, Manfred: Geschichte der römischen Literatur, Stuttgart 2005.

Gehrke, Hans-Joachim: Kleine Geschichte der Antike, München 2003.

Greenblatt, Stephen: Die Wende. Wie die Renaissance begann, München 2012.

Giebel, Marion: Dichter, Kaiser, Philosophen. Ein literarischer Führer durch das antike Italien, Ditzingen 2007.

Gilliver, Kate: Auf dem Weg zum Imperium. Eine Geschichte der römischen Armee, Hamburg 2007.

Glücklich, Hans-Joachim: Pompeji lebt. 2000 Jahre Texte, Bilder, Opern und Filme, Vandenhoeck & Ruprecht, Göttingen 2008.

Grziwotz, Herbert/Döbertin, Winfried: Spaziergang durch die Antike. Denkanstöße für ein modernes Europa, Darmstadt 2002.

Hahn, Rainer: Lexikon zur lateinischen Literatur: Fachbegriffe und Autoren, Stuttgart 82005.

Hartmann, Elke: Frauen in der Antike. Weibliche Lebenswelten von Sappho bis Theodora, München 2007

Hartz, Cornelius: Römische Schriftsteller, Darmstadt 2010.

Herkomer, Huber/Schwinges, Rainer-Christoph (Hgg.): Engel, Teufel und Dämonen. Einblicke in die Geisterwelt des Mittelalters, Basel 2006.

Hirt, Annette: Lateinische Literatur – Schlag nach!, Göttingen 2009.

Hölscher, Tonio: Klassische Archäologie. Grundwissen, Darmstadt ^{2}2006.

Holzberg, Niklas: Applaus für Venus. Die 100 schönsten Liebesgedichte der Antike, München 2004.

ders.: Die römische Liebeselegie. Eine Einführung, Darmstadt ^{5}2012.

ders.: Ovid: Dichter und Werk, München ^{3}2006.

ders.: Ovids Metamorphosen, München 2007

Howatson, M. C.: Reclams Lexikon der Antike, Stuttgart 2006.

Irmscher, Johannes (Hg.): Lexikon der Antike, Köln 2010.

Jankrift, Kay Peter: Mit Gott und schwarzer Magie. Medizin im Mittelalter, Darmstadt 2005

Janson, Tore: Latein. Die Erfolgsgeschichte einer Sprache, Hamburg 2006.

Jehne, Martin: Die Römische Republik. Von der Gründung bis Augustus, München ^{2}2007.

Kolb, Frank: Das antike Rom. Geschichte und Archäologie, München ^{2}2010.

Köhler, Peter: Geh mir aus der Sonne! Anekdoten über Philosophen und andere Denker, Stuttgart 2003.

König, Ingemar: Kleine römische Geschichte, Stuttgart 2004

ders.: Vita Romana, Darmstadt 2004.

Krefeld, Heinrich (Hg.): Res Romanae, Berlin ^{2}2009.

Larsson, Lars O.: Antike Mythen in der Kunst – 100 Meisterwerke, Ditzingen 2009.

Le Goff, Jaques: Die Geburt Europas im Mittelalter, München 2004.

Letzner, Wolfram: Der römische Circus. Massenunterhaltung im römischen Reich, Mainz 2009.

Leven, Karl-Heinz: Antike Medizin. Ein Lexikon, München 2005.

Levy, Joel: Lost Cities. Versunkene Städte der Vergangenheit, Stuttgart 2008.

Liebs, Detlev: Vor den Richtern Roms. Berühmte Prozesse der Antike, München 2007.

Matyszak, Philip: Rom für 5 Denar am Tag. Ein Reiseführer in die Antike, München 2008.

Metternich, Wolfgang: Teufel, Geister und Dämonen. Das Unheimliche in der Kunst des Mittelalters, Darmstadt 2011.

Mickisch, Heinz: Basiswissen Antike, Stuttgart 2006.

Müller, Armin (Hg.): Die Welt der Römer, Münster 1999.

Nickel, Rainer/Waiblinger, Franz-Peter: Kleines Lexikon zur römischen Welt, Bamberg 2002.

Nida-Rümelin, Julian: Humanismus als Leitkultur. Ein Perspektivenwechsel, München 2006.

Nonn, Ulrich: Mönche, Schreiber und Gelehrte. Bildung und Wissenschaft im Mittelalter, Darmstadt 2012.

Pappalardo, Umberto: Pompeji. Leben am Vulkan, Darmstadt 2010.

Penrose, Jane: Rom und seine Feinde. Kriege – Taktik – Waffen, Stuttgart 2007.

Perler, Dominik/Beckermann, Ansgar: Klassiker der Philosophie heute, Stuttgart 2010.

Ranieri Panetta, Marisa/DeLuca, Araldo (Hgg.): Pompeji. Geschichte, Kunst und Leben in der versunkenen Stadt, Stuttgart 2005.

Rebello, Merryl: Antike – Schlag nach!, Göttingen 2009.

Rebenich, Stefan: Die 101 wichtigsten Fragen. Antike, München ^{2}2008.

Reinhardt, Volker: Geschichte Roms. Von der Antike bis zur Gegenwart, München 2008.

Renger, Almut-Barbara (Hg.): Mythos Europa. Texte von Ovid bis Heiner Müller, Leipzig 2003.

Ribhegge, Wilhelm: Erasmus von Rotterdam, Darmstadt 2009.

Schäublin, Christoph: Aus paganer und christlicher Antike. Ausgewählte Aufsätze zur Klassischen Philologie, Basel 2005.

Schmidt, Manfred G.: Einführung in die lateinische Epigraphik, Darmstadt ^{2}2010.

Schollmeyer, Patrick: Römische Tempel. Kunst und Architektur im Imperium Romanum, Mainz 2008.

Schuller, Wolfgang: Das Römische Weltreich. Von der Entstehung der Republik bis zum Ausgang der Antike, Stuttgart 2003.

Schwab, Gustav: Die schönsten Sagen des klassischen Altertums, Bindlach 2003.

Sonnabend, Holger: Unter dem Vesuv. Alltag in Pompeji, Darmstadt 2007.

ders.: Katastrophen in der Antike, Mainz 2013.

Steenblock, Volker: Kleine Philosophiegeschichte, Stuttgart 2003.

Stroh, Wilfried: Latein ist tot, es lebe Latein! Kleine Geschichte einer großen Sprache, Berlin 2008.

ders.: Die Macht der Rede. Eine kleine Geschichte der Rhetorik im alten Griechenland und Rom, München 2011.

Tetzner, Reiner/Wittmeyer, Uwe: Griechische Götter- und Heldensagen, Stuttgart 2008.

Volk, Katharina: Ovid. Dichter des Exils, Darmstadt 2011.

Wappenschmidt, Friederike: Metamorphosen: Antike Götter im Wandel von Glaube und Kunst, Mainz 2004.

Walther, Lutz: Antike Mythen und ihre Rezeption. Ein Lexikon, Leipzig 2003.

Weeber, Karl-Wilhelm: Alltag im Alten Rom. Das Landleben. Ein Lexikon, Zürich 2005.

ders.: Alltag im Alten Rom. Das Stadtleben. Ein Lexikon, Zürich 2010.

ders.: Nachtleben im Alten Rom, Darmstadt ^{3}2011.

ders.: Wagenrennen im antiken Rom, Darmstadt 2010.

Wiedemann, Thomas: Kaiser und Gladiatoren. Die Macht der Spiele im antiken Rom, Darmstadt 2001.

Zanker, Paul: Augustus und die Macht der Bilder, München ^{5}2008.

ders.: Die römische Kunst, München 2007.

Ziegler, Konrat/Sontheimer, Walther (Hgg.): Der Kleine Pauly. Lexikon der Antike in fünf Bänden, München ^{13}2006.

S. 20: Robert Harris, Titan. Übersetzt von Wolfgang Müller. Heyne, München 2009, S. 210–212

S. 66: Virginia Woolf, Orlando. Eine Biographie. Deutsch von Brigitte Walitzek. S. Fischer, Frankfurt 1990, S. 25/26

S. 82: Niklas Holzberg, Ovids Metamorphosen. C. H. Beck, München 2007, S. 117

S. 102: Bertolt Brecht, Der verwundete Sokrates, in: Ausgewählte Werke in sechs Bänden, Band 5: Prosa. Suhrkamp, Frankfurt am Main 1997, S. 198

S. 110: Antoine de Saint-Exupéry, Der Kleine Prinz. Übersetzt von Grete und Josef Leitgeb. Karl Rauch, Düsseldorf 1956, S. 65

S. 113: Niccolò Machiavelli, Der Fürst – die Kunst des Regierens. Übersetzt von Friedrich Oppeln-Bronikowski, bearbeitet von Beate Taudte-Repp. Taschen, Köln 2007, S. 124

S. 122: Interview mit Helmut Tributsch, „Welse spüren das“, in: die tageszeitung. URL: http://www.taz.de/1/archiv/archiv/?dig=2005/01/07/a0162 (30. April 2013)

S. 123: Mensch-Tier-Mischwesen in der Forschung. Stellungnahme. Hrsg. vom Deutschen Ethikrat. Berlin 2011, S. 91

S. 131: Matthias Ludolph, Epistolographie und Selbstdarstellung. Untersuchungen zu den „Paradebriefen“ Plinius des Jüngeren. Gunter Narr, Tübingen 1997 (Classica Monacensia 17), S. 96

S. 136: Vergil. Werke in einem Band. Aus dem Lateinischen übertragen von Dietrich Ebener. Aufbau, Berlin und Weimar 1987, S. 164

S. 137: Robert Harris, Pompeji. Übersetzt von Christel Wiemken. Heyne, München ^{7}2005, S. 311

S. 173: Franz-Peter Waiblinger/Rainer Nickel, Kleines Lexikon zur römischen Welt. Buchner, Bamberg 1985, S. 138

S. 183.1: Lemma „Aachen“ (Erich Meuthen), in: Lexikon des Mittelalters, Band 1. Wissenschaftliche Buchgesellschaft, Darmstadt 2009, Sp. 1–3; S. 183.2: Lemma „Köln“, in: Metzler Lexikon Antike. Hrsg. von Kai Brodersen und Bernhard Zimmermann. Metzler, Stuttgart/Weimar ^{2}2006, S. 301

S. 185: Herbert Vorgrimler, Neues Theologisches Wörterbuch, Lemma „Allegorie“. Herder, Freiburg 2000, S. 28

S. 200.1: Georg Joachim Rheticus, Erster Bericht über die sechs Bücher des Kopernikus etc. Übersetzt und eingeleitet von Karl Zeller. R. Oldenbourg, München 1943, S. 26; S. 200.2: Hans Günter Zekl, Nicolaus Copernicus. Das neue Weltbild. Felix Meiner, Hamburg 2006, S. LXIII, Anm. 118

S. 208: 2017: 500 Jahre „Beginn der Reformation“. URL: http://www.bundesregierung.de/Content/DE/StatischeSeiten/Breg/BKM/2011-03-17-reformationsjubilaeum.html (30. April 2013)

S. 246: Judith Ahues, Mythische Katastrophen – Krisenmanagement wird zur Nagelprobe. URL: http://www.3sat.de/page/?source=/scobel/153279/index.html (30. April 2013)

S. 4.1: akg-images, S. 4.2: akg-images/Erich Lessing, S. 4.3: akg-images – S. 7: Posner Memorial Collection, Carnegie Mellon University, Pittsburgh, PA – S. 8: akg-images – S 12: akg-images/Gilles Mermet – S. 14: Scala Archives, Florenz – S. 15: Wikimedia Commons/Giovanni Dall'Orto – S. 16: akg-images – S. 19: Michael Hotz, München – S. 20: Robert Harris: Titan. Heyne, 2009 – S. 22: Sven Lorenz, München – S. 24: bpk/Scala – S. 28: Universitätsbibliothek Leipzig, Ms 1253, fol. 3r – S. 29, S. 31: akg-images/Album/Oronoz – S. 32: Staatliche Antikensammlungen und Glyptothek München/Foto: Renate Kühling – S. 33: Interfoto/SuperStock/Fine Art Images – S. 34: The Walters Art Museum, Baltimore – S. 36: Malcolm Kushner: Rhetorik für Dummies. 2009, Copyright Wiley-VCH Verlag GmbH & Co. KGaA. Reproduced with Permission – S. 39: Ullstein Bild/The Granger Collection – S. 40: akg-images – S. 45: ddp images – S. 47: Allan Morgan as Julius Caesar in Julius Caesar, Bard on the Beach 2007. Photographer: David Cooper – S. 50: akg-images/Pirozzi – S. 51: akg-images/Erich Lessing – S. 52: akg-images/Cameraphoto – S. 54: akg-images/Hervé Champollion – S. 57: akg-images/Bildarchiv Steffens – S. 58: Rainer Jahns, Siegsdorf – S. 60: Wikimedia Commons/www.uvm.edu – S. 62: akg-images/Erich Lessing – S. 63: Mauritius Images/United Archives – S. 64: akg-images – S. 65: Wikimedia Commons/www.oldprints.ru – S. 67: akg-images/Werner Forman – S. 68: akg-images/Pirozzi – S. 69: akg-images – S. 71: Reinhard Werner/Burgtheater Wien – S. 72: akg-images/Erich Lessing – S. 75: akg-images/IAM – S. 77: Thomas M. Jauk/Stage Picture GmbH – S. 78: Interfoto/NG Collection/© Disney – S. 79: Fine Art Images – S. 81: akg-images – S. 82: Sven Lorenz, München – S. 88: akg.images – S. 89: The VRoma Project (www.vroma.org) – S. 90: akg-images/Gilles Mermet – S. 91: Universitätsbibliothek Heidelberg, Cod. Pal. germ. 403 (Heinrich von Veldeke: Eneit), fol. 51r – S. 93, S. 96: akg-images – S. 98: Joachim Schmitz, Aachen – S. 100: aus: Abrahamus Torrenius (Hrsg.), Valerii Maximi libri novem factorum dictorumque memorabilium, Leiden 1726 – S. 103: © Klaus G. Hofe, Freiburg – S. 104.1: akg-images/Erich Lessing, S. 104.2: Ullstein Bild/The Granger Collection – S. 106: akg-images – S. 107: Nancy Farmer, Sommerset/UK – S. 110: Antoine de Saint-Exupéry, Der Kleine Prinz © 1950 und 2012 Karl Rauch Verlag, Düsseldorf – S. 113: akg-images/Album/Oronoz – S. 114: Sven Lorenz, München – S. 115: Bildagentur Huber/G. Simeone – S. 120: Foto Deutsches Museum – S. 122: Nadine Querfurth – 123: bpk/CNAC-MNAM/Georges Meguerditchian/VG Bild-Kunst, Bonn 2013 – S. 124: akg/De Agostini Picture Library – S. 125: Sven Lorenz, München – S. 127.1: Wikimedia Commons/© Ad Meskens; S. 127.2: akg-images – S. 130: akg-images – S. 132: Staatliche Antikensammlungen und Glyptothek München/Foto: Renate Kühling – S. 134, S. 137: Sven Lorenz, München – S. 138: Fun World USA tm – S. 139.1: akg-images – S. 139.2, S. 140: Sven Lorenz, München – S. 141: akg-images – S. 143: aus: Wilpert, Joseph (Hrsg.), Die Malereien der Katakomben Roms (Tafeln), Freiburg i. Br., 1903 (Tafel 41) – S. 148: Schapowalow/Sime – S. 150: akg-images/Rabatti-Domingie – S. 152: Museum am Dom, Trier/Foto: R. Schneider – S. 154: bpk/Kupferstichkabinett, SMB/Volker H. Schneider – S. 156: Artothek – S. 158: aus: H. Cüppers, Die Römer in Rheinland-Pfalz. Stuttgart: Theiss 1990, S. 131 – S. 160: akg-images/Pirozzi – S. 161: akg-images/Orsi Battaglini – S. 162: Laif/Malte Jäger – S. 164: akg-images/Erich Lessing – S. 166: Cherbourg-Octeville, Musée d'art Thomas-Henry – S. 170: Universitätsbibliothek Heidelberg, Cod. Pal. germ. 403 (Heinrich von Veldeke: Eneit), fol. 17r – S. 171: akg-images – S. 172: Stiftsbibliothek Kloster Einsiedeln – S. 174: akg-images/Peter Connolly – S. 176: Caesarius Heisterbachensis. Dialogus miraculorum. Sig.: Ms. C 27. Die Handschrift ist Leihgabe der Stadt Düsseldorf an die Universitäts- und Landesbibliothek Düsseldorf – S. 179: Artothek – S. 180: akg-images/Rabatti-Domingie – S. 184: Photononstop/Gérard Labriet – S. 186: Fotoreporter Stefano Sirotti, Cesena – S. 187: akg-images – S. 190: aus: Desid. Erasm. Rot. Apophthegmata. Editio novissima, Amsterdam 1671 – S. 192: Prisma Bildagentur – S. 194.1: Ullstein Bild/Lombard; 194.2: Architect of the Capitol – S. 195: www.goethezeitportal.de Georg Jäger – S. 198, S. 200: akg-images – S. 202: akg-images/Rabatti-Domingie – S. 204: Geschäftsstelle „Luther 2017", c/o Stiftung Luthergedenkstätte in Sachsen-Anhalt – S. 205, S. 206, S. 208: akg-images – S. 210: Interfoto/Sammlung Rauch – S. 212, S. 215, S. 216, S. 238, S. 240: akg-images – S. 241: iStockphoto/ilbusca – S. 243: © The Trustees of the British Museum – S. 247: Sven Lorenz, München

Coverabbildungen:
aus: Animals. 1419 Copyright-free Illustrations of Mammals, Birds, Fish, Insects, etc. A Pictorial Archive from Nineteenth-Century Sources. Selected by Jim Harter. Dover Publications (Vögel) – akg-images/British Library (Hand Umschlagvorderseite) – Süddeutsche Zeitung Photo/Rue des Archives/Goodchild (Portrait Caesar Umschlagrückseite) – alle übrigen aus: The Complete Encyclopedia of Illustration by J. G. Heck. Gramercy Books, New York, 1979

A
B
C
D
E
1
2
3
4
5
6
RAETIA
Rhenus
Danuvius
NORICUM
ALPES MONTES
PANNONIA
ILLYRICUM
Comum
GALLIA CISALPINA
Vercellae
Mediolanum
Verona
VENETIA
Aquileia
Patavium
VIA POSTUMIA
Padus
Cremona
Mantua
Pola
LIGURIA
Parma
Mutina
VIA AEMILIA
Bononia
Ravenna
Genua
VIA AURELIA
Rubicon
Ariminum
Luca
APPENNINI MONTES
Mare Ligusticum
Florentia
UMBRIA
Pisae
Arnus
Volaterrae
Arretium
VIA FLAMINIA
Ancona
DALMATIA
Spalatum
ETRURIA
Lacus Trasimenus
Tiberis
Perusia
ILVA
Rosellae
SABINI
Mare Adriaticum
Volci
VIA CLODIA
Reate
Tarquinii
Veii
Caere
ROMA
CORSICA
Praeneste
SAMNIUM
APULIA
Ostia
Lavinium
LATIUM
Arpinum
Cannae
Tarracina
Capua
VIA TRAIANA
Olbia
CAMPANIA
Beneventum
Cumae
Vesuvius
Neapolis
Pompeii
Venusia
VIA APPIA
Brundisium
CAPREAE
Tarentum
Paestum
CALABRIA
LUCANIA
SARDINIA
Mare Tyrrhenum
Thurii
Cosentia
VIA POPILLIA
Croton
INSULAE LIPARAEAE
BRUTTIUM
Messana
AEGATES
Panormus
Rhegium
Mare Ionium
Segesta
Aetna
Tauromenium
SICILIA
Catina
Mare Africum
Selinus
Agrigentum
Syracusae
VIA VALERIA
Utica
Carthago
Tunes
NUMIDIA
Zama
Hadrumetum
AFRICA
MELITA
0
200 km
Nomentum
Tiberis
Veii
Allia
Fidenae
ROMA
Gabii
Alba Longa
Ostia
Corioli
Cumae
Puteoli
Neapolis
Vesuvius
Baiae
Misenum
Herculaneum
Sinus Cumanus
Pompeii
AENARIA
Surrentum
CAPREAE